2024年度版

管理業務主任者
基本テキスト

TAC管理業務主任者講座 編

TAC出版
TAC PUBLISHING Group

はじめに

管理業務主任者は，マンション管理会社が管理組合と管理委託契約の締結前に行う**重要事項の説明**や，契約締結後に交付する**管理委託契約書への記名押印等の法定業務を担うもの**であり，マンション管理会社の**事務所ごとに法定の人数の設置が義務付けられている国家資格**です。

試験の合格率は，20％程度ですが，ここ数年，**試験問題の難易度が上昇傾向**にあり，丸暗記型の勉強では合格は難しくなってきています。

本書は，このような出題傾向に対応して，これから管理業務主任者試験に向けて学習を始める方はもちろん，すでに受験経験のある方にも，**本試験の合格に必要な知識を効率よく学習できる**ような構成となっています。

本年度の改訂にあたり，試験内容を正確に理解し，応用の利く知識を習得することに重点をおき，特に**得点源とすべき分野**については，わかりやすく，かつ，詳しい解説を加えてあります。また，近年の法改正等を網羅し，安心して学習していただけるように配慮しました。

本書を“**学習の基幹となるテキスト**”として活用して，ぜひ合格を勝ち取られ，多くの方々が管理業務主任者としてご活躍されることを願っています。

2024年１月

TAC管理業務主任者講座

本書は，2023年12月現在施行されている法令等（令和６年４月１日施行予定のものを含む。）に基づいて執筆されています。**法改正等については,『法律改正点レジュメ』**をWeb登録で無料でご提供いたします。

【登録方法】 お手元に本書をご用意の上，インターネットの「情報会員登録ページ」からご登録ください（**要・パスワード**）。

TAC情報会員　**検索**

【登録用パスワード】 025-2024-0943-25

管理業務主任者本試験 受験ガイダンス

管理業務主任者は，管理の前提となる管理受託契約の重要事項の説明から，受託した管理業務の処理状況のチェック等・その報告まで，**マンション管理のマネジメント業務を担うもの**であり，事務所ごとに**30組合につき１名以上の設置**が義務付けられています。**管理業務主任者**となるには，**管理業務主任者試験に合格**し，管理業務主任者として**登録**し，管理業務主任者証の**交付**を受けることが必要です。

1　管理業務主任者試験について（例：令和５年度）

(1)　**受験資格**：年齢・性別・学歴・国籍等一切を問わず，誰でも受験できる。

(2)　**出題方法**：マークシート形式による50問・４肢択一形式

(3)　**試験実施時期**：12月３日㈰（令和５年度）

(4)　**受験料**：8,900円（令和５年度）

(5)　**管理業務主任者試験についてのお問合せ**：
一般社団法人　マンション管理業協会　試験研修部　03-3500-2720
ホームページ　http://www.kanrikyo.or.jp/

2　管理業務主任者試験の過去10年間の受験状況

実施年度	申込者数	合格者数	合格率
平成26年度	20,899人	3,671人	21.0%
平成27年度	20,317人	4,053人	23.8%
平成28年度	20,255人	3,816人	22.5%
平成29年度	20,098人	3,679人	21.7%
平成30年度	19,177人	3,531人	21.7%
令和元年度	18,464人	3,617人	23.2%
令和２年度	18,997人	3,739人	23.9%
令和３年度	19,592人	3,203人	19.4%
令和４年度	19,589人	3,065人	18.9%
令和５年度	**17,855人**	**3,208人**	**21.9%**

3　管理業務主任者本試験の出題範囲

	試験項目	内　容	本書での呼称
(1)	管理事務の委託契約に関すること	民法（「契約」および契約の特別な類型としての「委託契約」を締結する観点から必要なもの）	民法・区分所有法等
		標準管理委託契約書　など	管理委託契約書・規約・会計・その他関連知識
(2)	管理組合の会計の収入および支出の調定ならびに出納に関すること	簿記，財務諸表論　など	管理委託契約書・規約・会計・その他関連知識
(3)	建物および附属施設の維持または修繕に関する企画または実施の調整に関すること	建築物の構造および概要，建築物に使用されている主な材料の概要，建築物の部位の名称など，建築設備の概要，建築物の維持保全に関する知識およびその関係法令（建築基準法，水道法など），建築物等の劣化，修繕工事の内容およびその実施の手続に関する事項　など	マンションの維持・保全等，マンション管理適正化法
(4)	マンションの管理の適正化の推進に関する法律に関すること	マンションの管理の適正化の推進に関する法律，マンション管理適正化指針　など	管理委託契約書・規約・会計・その他関連知識
(5)	(1)から(4)に掲げるもののほか，管理事務の実施に関すること	建物の区分所有等に関する法律，集会に関すること等管理事務の実施を行うにつき必要なもの　など	民法・区分所有法等
		標準管理規約	管理委託契約書・規約・会計・その他関連知識

4　学習ガイダンス

本試験の出題傾向としては，過去に問われたことがないテーマからの出題や，事前の準備では正解にたどり着くのが困難であるような“難問”もあるものの，資格創設から10数年を経て，全体としては**毎年ほぼ同レベルの難易度の出題**が続いています。

まずは，「**はじめてアイコン**」の論点を読んで基礎を固めましょう。

合格レベルに到達するためには，上記「**3　管理業務主任者本試験の出題範囲**」のうち，まず出題数が多く，出題内容もある程度確定している「(1)(2)(4)(5)の分野（**法令・実務関連**）」を得意分野としてしっかり得点できる**力**を付けることが，**必要不可欠**です。

しかし，これらの分野に対して，「(3)の分野（**建築・設備関連**）」では，難問も多くみられ，学習に時間を割いたにもかかわらず，それが得点に結びつくとは必ずしも言えないため，むしろ，**過去問の範囲内の知識を確実に押さえる学習**に徹するほうが，効率的です。

以上のことを意識しながら，**本書をきっちりと読み進めて理解**し，それに平行して**該当する試験範囲の過去問**を解いて，ご自分の理解のレベルを常に確認するようにしましょう。そして，この流れを何度も繰り返すことが，最もおすすめできる学習方法といえます。

本書の構成

本テキストでは，重要語句は**ゴシック体（太字）**で，特に重要な語句は**色ゴシック体**で表記していますので，メリハリのきいた学習をすることができます。

はじめて	最初に学習すべき論点が，一目瞭然です。
出題 H26～R５	過去10年間（平成26年度～令和５年度）における出題箇所を，ひとめでわかるよう表示しました。
参考	本文に関連して知っておきたい重要な補足知識などです。
プラス	理解の助けとなる知識や本文に関連する追加論点を，執筆講師がアドバイスします。
用語解説	難解な専門用語の意味を，わかりやすく解説しました。
Point整理	各項目の重要ポイントをまとめてあります。知識の再確認や直前期の「総復習」にご利用ください。
注意	本試験における出題内容等のうち，ピンポイントで特に留意したい事柄をまとめました。

Contents

第1章
民法

民法関連の出題は，例年 8 問程度である。民法の基本的な理解がないと区分所有法等の他の法律のマスターも困難となるため，ある程度時間をかけて学習し，内容をしっかり理解していくことが必要である。
ここ数年，出題範囲が広がりつつあるが，まずは過去の出題の頻出項目についての基本事項を，正確に押さえよう。

1 契約の成立と有効性

参考

法律は大きく**私法**と**公法**とに分かれる。**私法**とは，個人間の私的な生活関係を規律する法をいい，**民法**や商法等がある。これに対して**公法**とは，国または地方公共団体と国民，市民との間の統治関係を規律する法をいい，**憲法**や刑法等がある。

1 民法とは　はじめて

民法とは，私達**個人**（**私人**（しじん）という）の間を規律する「市民社会のルール」である。所有や契約（売買，賃貸借等）といった**財産関係に関する規定**と婚姻や親子，相続といった個人の**身分関係に関する規定**に分かれ，このうち試験では，**財産関係に関する規定**を中心に出題される。

2 契約とは　はじめて

1．契約の成立

財産に関する規定の中では，「**契約**」が重要である。そこで最も基本的な契約である**売買契約**を例に，「**契約**」とはどのようなものか考えてみよう。

> Aは，Bとの間で自己所有のマンションを1,000万円で売る売買契約を締結した。

これはAを**売主**，Bを**買主**とする**売買契約**である。売主，買主それぞれの立場を契約の**当事者**という。**売買契約**は，売主の「買ってください」という「**申込み**」の**意思表示**と買主の「買いましょう」という「**承諾**」の**意思表示**（逆に，買主の「売ってください」という「申込み」の意思表示と売主の「売りましょう」という「承諾」の意思表示でもよい）の２つの**意思表示が合致すること**（**合意**）によって**成立**する（522条１項）。

用語解説

「意思表示」とは，一定の**法律上の効果の発生を望んで，その意思を外部に表現する行為**をいう。例えば，マンションを「買いたい」と思った者が売買契約の成立を望んで，相手方に「買いたい」という意思を言葉や文書で表すことである。

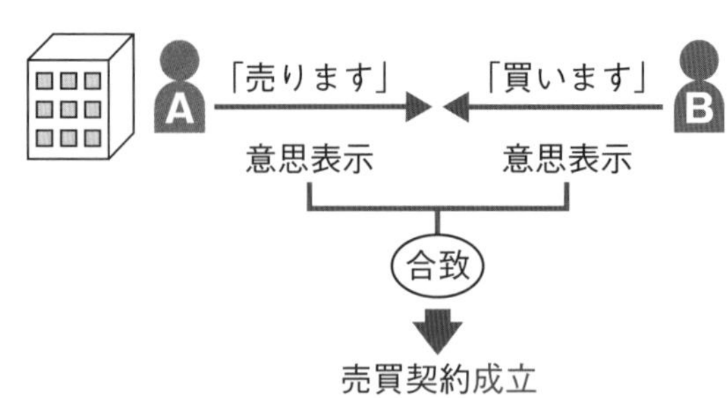

法律上，契約書の作成や契約書への押印の有無は，**契約が成立したかどうかとは関係がない**（522条2項）。契約書は，後にトラブルになった場合に備えてどういう内容で合意をしたのかを明確に記録して，**証拠**として残しておくことを目的に作成する。もちろん，契約書への押印が，**実印を用いていない場合でも契約の効力には影響はない。**

2．契約成立の効果

契約が成立すると，当事者間にいろいろな権利や義務が発生する。このような**権利・義務関係**を**法律関係**という。

売主Aと買主Bの間で売買契約が成立することによって，AB間では，次のような**法律上の効果**が生じる。

【マンションを1,000万円で売買する】

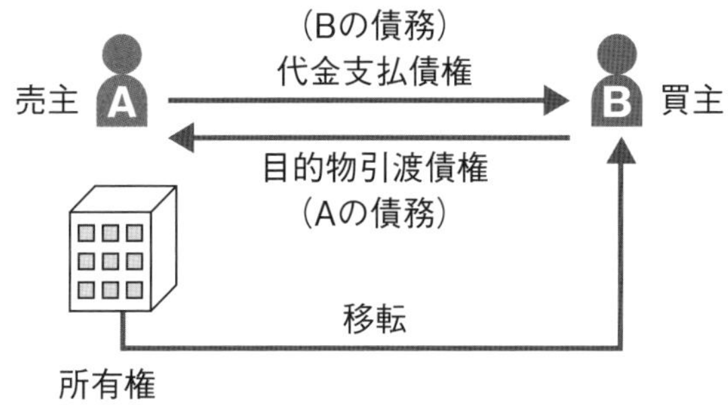

まず第一に，売主Aは，買主Bに対して，マンションの代金の支払いを請求できる権利を持ち，買主Bは，売主Aに対して「マンションを引き渡せ」と言える権利を持つことになる。それぞれを**代金支払債権**（さいけん），**目的物引渡債権**という。「**債権**」とは「**特定の相手方にある行為を要求できる権利**」である（➡P.67参照）。また，売主Aは，買主Bにマンションを引き渡す義務を負い，買主Bは，売主Aに代金を支払う義務を負うことになる。それぞれを**引渡義務**，**代金支払義務**という。この債権に対応する相手方の義務を「**債務**（さいむ）」という。つまり，売買契約の成立により，売主と買主は，お互いに権利（債権）を持ち，お互いに義務（債務）を負う関係になる。

参考

民法の法律関係は，すべて一定の**法律要件**（「～であれば」）を満たせば，一定の**法律効果**（「～である」）が生じるという形で規定されている。例えば，売買契約でいうと「売買契約の締結」が法律要件で，「代金の支払義務や目的物の引渡義務の発生」が法律効果となる。

なお，当事者が債務を実行することを一般的に「**履行**」といい，債務を負った者（債務者）の**故意または過失**（わざと，あるいはついうっかり不注意で）により債務が実行されないことを「**債務不履行**」という。

第二に，売主Ａのマンションを所有する権利（**所有権**）が，買主Ｂへ**移転**するという効果が生じる。この所有権という権利は，マンションという**物**（ぶつ）に対する権利であるため「**物権**（ぶっけん）」という。「物権」とは「**物を直接支配して，利益を受ける排他的な権利**」である（➡P.41参照）。所有権が買主に移転したことで，マンションの所有者は，売主Ａから買主Ｂに代わるのである。

3 契約の種類

民法で規定している契約は，売買契約を含めて**13種類**あり，これらを**典型契約**（➡P.96参照）という。なお，この典型契約に該当しない契約も，**公序良俗**（こうじょりょうぞく）（後述）に反しない限り，自由に締結することができる。これを**契約自由の原則**という。

4 契約の有効性等 はじめて

1．有効・無効と取消し

契約が**有効**であるとは，契約から**法律上の効果がちゃんと生じている**ことをいう。これに対して**無効**とは，当事者の望んだ**効果が初めから生じていない**ことをいう。また，契約を**取り消す**ことができるという場合がある。この場合，取り消すまで契約は**一応有効**として扱われ，取り消されると，**初めにさかのぼって無効**となる。

2．公序良俗違反の契約

契約の内容が，「**公の秩序，善良の風俗（公序良俗）**」に反する場合，その**契約**は**無効**である（90条）。社会の秩序や社会一般の道徳観念に反する契約は，社会的な妥当性がないから初めから効果を生じさせないということである。例えば，殺人契約とか人身売買契約は，当事者間に合意があっても無効である。また，過大な利息を取るような契約も，暴利行為として公序良俗違反となり，無効である。

参考
公序良俗違反の無効は**絶対的な無効**であり，善意の第三者にも対抗することができる。

3．強行規定と任意規定

法令の規定には，次のように**強行規定**と**任意規定**とがある。

強行規定	法令の規定に反する行為の効力を認めない旨の規定
任意規定	当事者の意思で法令の規定とは異なる約定（**特約**）をすることができる規定

どの規定が強行規定で，どの規定が任意規定かは，条文上は明白でなく，解釈によるものが多い。民法では，財産関係に関する規定は任意規定が多く，身分関係に関する規定は強行規定が多い。

プラス 例えば，前述のとおり売買契約は，当事者の意思表示の合致により成立する。ただ，この規定は**任意規定**であるので，当事者が「契約書の作成時に契約が成立したこととする」と約定すると，契約は，契約書の作成時に成立したことになる。これに対して，男女とも18歳で婚姻することができるが（731条），この規定は，**強行規定**であるので，15歳の男女が合意をしても婚姻は認められない。

4．善意と悪意

民法では，人の心理状態を善意と悪意という言葉を使って表現する。善意とは，**ある事実や事情を知らない**ことをいう。これに対して，悪意とは，**ある事実や事情を知っている**ことをいう。日常用語で使う「善良だ」とか「悪質だ」という意味はまったくない。さらに不注意で知らなかったことを**善意有過失**，不注意なく知らなかったことを**善意無過失**という。そして，過失については，重大な過失を**重過失**，軽い過失を**軽過失**という。つまり，人の心理状態は，**善意無過失**，**善意軽過失**，**善意重過失**，**悪意**の４段階に分かれる。なお，善意無過失と善意軽過失を合わせて**善意無重過失**という。

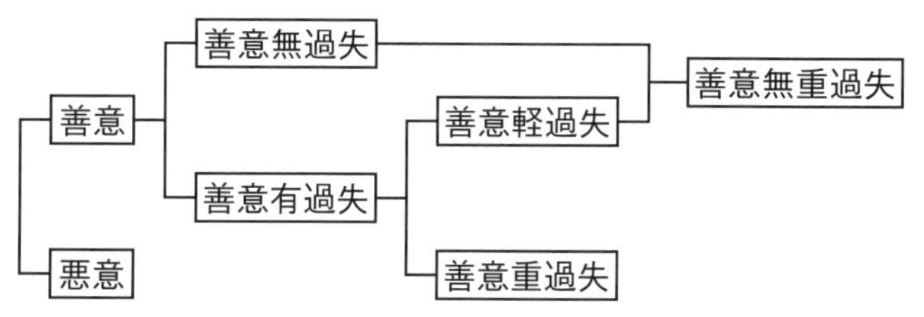

② 契約の主体

1 人

民法上，**権利義務の主体**（**契約の主体**）となることができる者のことを，「**人**」という。人は**自然人**と**法人**に分類される。**自然人**とは，生物である人間のことであり，**法人**とは，法が権利義務の主体になり得るものとして認めた者で，自然人以外の者をいう。例えば，株式会社や学校等である。

自然人が契約を有効に締結するためには，次の**3つの能力**が必要である。

1．権利能力

権利能力とは，**権利や義務の主体となり得る地位**のことである。「人」であれば誰でも権利能力を有している。自然人は，**出生により権利能力を取得し**（3条1項），**死亡により失う**。

> ⚠注意
> **胎児**は原則として**権利能力を有しない**が，**相続**（886条），**遺贈**（965条），不法行為に基づく損害賠償請求（721条）については権利能力が認められている。
> 出題 H30

2．意思能力

意思能力とは，**有効に意思表示をする判断能力**のことである。幼児や泥酔者，精神障害者のように**意思能力がない者**が行った契約は無効となる（3条の2）。

3．行為能力

行為能力とは，**単独で確定的に有効な意思表示をすることができる能力**のことである。民法では，契約に関して一般的に独立して契約をする能力が不十分とみられる者を類型化し，**制限行為能力者**とし，その者が**単独**で行った契約について，**取り消すことができる契約**として，制限行為能力者の財産の保護を図っている。制限行為能力者とされる者は，**1．未成年者**，**2．成年被後見人**，**3．被保佐人**，**4．被補助人**である。制限行為能力者には**保護者**が付けられ，有効な契約をするためには保護者の関与が必要とされる（**制限行為能力者制度**）。

2 制限行為能力者制度 はじめて

1．未成年者（4条～6条，120条1項）

(1)　**定義**

18歳未満の者である。社会経験が不足しているので，制限行為能力者とされている。

(2)　**未成年者の保護者**

親権者または**未成年後見人**である。これらの者を**法定代理人**という。

(3)　**未成年者が行った契約の効果**

未成年者は，法定代理人の**同意を得て**，または法定代理人が未成年者を**代理して**行うことにより**有効な契約をすることができる**。未成年者が法定代理人の同意を得ず**単独で契約**をした場合，原則としてその契約を**取り消すことができる**。

ただし，例外として，次の3つの行為は，**未成年者が単独で有効に行う**ことができる。

① **単に権利を得または義務を免れる行為**

[例] 単なる贈与を受けたり，借金を帳消しにしてもらう行為

② **法定代理人が処分を許した財産の処分行為**

[例] お小遣い，旅費，学費を処分する行為

③ **許可された営業に関する行為**

[例] 法定代理人から不動産業を営むことを許可された未成年者が，業として行う不動産の売買契約

プラス **法定代理人が，代理して契約した場合や法定代理人の同意を得て契約をした場合**には，完全に有効な契約として成立し，法定代理人も未成年者も，その契約を取り消すことができない。

(4)　**保護者の権限**

法定代理人には**同意権**，**代理権**，**取消権**，**追認権**がある。**追認**（➡P.21参照）とは，取り消すことのできる契約について，取消権を放棄して，**完全に有効にすること**をいう。

参考
婚姻は，**男女とも18歳**にならなければすることができない（731条）。

参考
営業の許可は，1個または数個の営業単位で**特定の営業**についてなされなければならない。1個の営業の一部やすべての営業を許可することはできない。

(5) **取り消すことができる者**

未成年者が単独でした契約を取り消すことができるのは，**未成年者本人**，**法定代理人**，行為能力者になった本人である。未成年者本人も法定代理人の同意がなくても，有効に取り消すことができる。

2．成年被後見人（7条～10条，120条1項）

(1) **定義**

出題 H26

精神上の障害（精神病や認知症）によって**事理（じり）を弁識する能力を欠く常況にある者**で，一定の者（本人，配偶者，四親等内の親族，未成年後見人，保佐人，検察官等）の請求によって**家庭裁判所**より**後見開始の審判を受けた者**をいう。また，成年被後見人は，家庭裁判所より「後見開始の審判の取消し」を受けることにより，行為能力者に戻る。

参考

成年後見人には，家庭裁判所が**職権で選任した者**がなる（843条1項）。法人でもよい。ただし，本人保護と自己決定権の尊重の観点から，本人の心身や財産状態，成年後見人となる者との利害関係の有無，そして本人の意見等すべての事情を考慮しなければならない（同4項）。

(2) **成年被後見人の保護者**

成年後見人という。未成年者の保護者と同様，**法定代理人**である。

(3) **成年被後見人が行った契約の効果**

① 成年被後見人が単独で行った行為は，**取り消すことができる**。ただし，**日用品の購入その他日常生活に関する行為**については，本人の自己決定権尊重の観点から，**取り消すことができない**。

出題 R5

② 成年被後見人が有効な契約をするには，保護者である成年後見人に**代理**してもらわなければならない（859条1項）。ただし，**成年後見人**が，成年被後見人の**居住の用に供する建物またはその敷地**について，**売却**，**賃貸借**，**抵当権の設定等の処分行為**をするには，**家庭裁判所の許可を得なければならない**（859条の3）。

(4) **保護者の権限**

出題 R2・5

成年後見人は，**代理権**，**取消権**，**追認権**を有するが，**同意権がない**。したがって，成年被後見人が，成年後見人の**同意を得て行った契約**も，**取り消すことができる**。

(5) **取り消すことができる者**

成年被後見人が行った契約を取り消すことができるのは，成年被後見人本人，法定代理人，行為能力者になった本人である。

3．被保佐人（11条～14条，120条１項）

(1) **定義**

精神上の障害により**事理を弁識する能力が著しく不十分な者**で，一定の者の請求によって**家庭裁判所**より**保佐開始の審判**を受けた者をいう。

(2) **被保佐人の保護者**

保佐人という。法律上当然には代理権を有しないので，法定代理人ではない。

(3) **被保佐人が行った契約の効果**

① **重要な財産上の行為**のみ**保佐人の同意**を必要とし，その同意を得ないでしたものは，**取り消すことができる**。成年被後見人と同様に日用品の購入その他日常生活に関する行為と，重要な財産上の行為以外の行為は，単独で有効に行うことができる。

【重要な財産上の行為】

1．元本を領収し，または利用すること
2．借財または保証をすること
3．**不動産その他重要な財産に関する権利の得喪（とくそう）を目的とする行為**をすること
　［例］マンションの**売買契約**，マンションを目的とした**抵当権の設定**
4．訴訟行為をすること
5．贈与，和解または仲裁合意をすること
6．相続の承認もしくは相続の放棄または遺産の分割をすること
7．贈与の申込みを拒絶し，遺贈を放棄し，負担付贈与の申込みを承諾し，または負担付遺贈を承認すること
8．**新築，改築，増築または大修繕を目的とする契約**（請負契約等）をすること
9．**土地について５年を超える，建物について３年を超える賃貸借**をすること（長期賃貸借）
10．上記1.～9.の行為を制限行為能力者の法定代理人としてすること

参考

保佐人には，家庭裁判所が**職権で選任**した者がなる（876条の２第１項）。本人の意見等すべての事情を考慮しなければならないのは，成年後見人と同様である（同２項）。

参考

期間を**５年以内とする土地の賃貸借**や**３年以内とする建物の賃貸借**等を「**短期賃貸借**」という（602条）。被保佐人は，この期間を超える長期賃貸借をする場合は，保佐人の同意が必要となるが，短期賃貸借の場合は単独で行うことができる。

11. 家庭裁判所が請求により特に同意を必要とするものと定めた行為

プラス 被保佐人はある程度判断能力があるので，保佐人の同意を必要とする行為を「**重要な財産上の行為**」に**限定**している。つまり，「**重要な財産上の行為**」以外の通常の契約等は**単独で有効**に行うことができる。

出題 R2

② 保佐人の同意を必要とする行為について，**保佐人**が，その行為が被保佐人の利益を害するおそれがないのにもかかわらず**同意をしない**ときは，**家庭裁判所**は，被保佐人の請求に基づいて，**保佐人の同意に代わる許可**を与えることができる。

(4) **保護者の権限**

出題 H28・R5

保佐人は，重要な財産上の行為について**同意権**，**取消権**，**追認権**を有する。原則として，代理権はないが，**本人**（被保佐人）および**一定の者の請求**（本人の同意が必要）による**家庭裁判所の審判**により，**特定の法律行為**（重要な財産上の行為に限定されない）について，**保佐人に代理権を与える**ことができる。

(5) **取り消すことができる者**

出題 H28

重要な財産上の行為について被保佐人が単独で行った場合，取り消すことができるのは，**被保佐人本人**，**保佐人**，行為能力者になった本人である。

4．被補助人 (15条～18条，120条1項)

(1) **定義**

精神上の障害により**事理を弁識する能力が不十分な者**で，一定の者の請求によって家庭裁判所より**補助開始の審判**（本人以外の者の請求のときは，**本人の同意が必要**）を受けた者をいう。ほとんど大丈夫だが，少し不安が残るという程度の判断能力の者が対象となる。被補助人は，家庭裁判所の審判が必要と判断した「特定の法律行為」についてのみ補助される。

(2) **被補助人の保護者**

補助人という。法律上当然には代理権を有しないので，法

参考

補助人には，家庭裁判所が**職権で選任**した者がなる（876条の7第1項）。本人の意見等すべての事情を考慮しなければならないのは，成年後見人や保佐人と同様である（同2項）。

定代理人ではない。

(3) 被補助人が行った契約の効果

① **特定の法律行為**に関して**補助人に同意権，代理権の一方または双方が与えられたとき**に，その行為についてのみ**補助人の同意や代理が必要**となる。同意を得なければならないにもかかわらず，同意を得ずにされた契約は**取り消すことができる**。成年被後見人，被保佐人と同様に，日用品の購入その他日常生活に関する行為と，同意権や代理権の対象となった特定の法律行為以外の行為は，単独で有効に行うことができる。

② 補助人の同意を要する行為を被補助人が行う場合に，その行為をしても被補助人の不利益になるおそれがないのに補助人が同意をしないときは，家庭裁判所は，被補助人の請求によって同意に代わる許可を与えることができる。

(4) 保護者の権限

補助人は，原則として，**代理権・同意権を有していない**が，**本人**（被補助人）および**一定の者の請求**（**本人の同意が必要**）による**家庭裁判所の審判**により，**特定の法律行為**について，**補助人に代理権・同意権を与える**ことができる。したがって，補助人は，**特定の法律行為**についての**代理権のみ**を有する者，**同意権**（取消権，追認権）**のみ**を有する者，**代理権と同意権**の双方を有する者の３タイプに分かれる。

(5) 取り消すことができる者

審判により同意が必要とされた行為について被補助人が単独で行った場合，取り消すことができるのは，**被補助人本人**，**補助人**，行為能力者になった本人である。

出題 R５

参考

「**特定の法律行為**」は，**同意権**の場合は被保佐人の重要な財産上の行為に限定されるが，**代理権**の場合は限定されない。

Point整理 制限行為能力者と保護者

	定義	保護者
未成年者	18歳未満の者	親権者または未成年後見人（法定代理人）
成年被後見人	精神上の障害により事理を弁識する能力を欠く常況にあり，家庭裁判所の**後見開始の審判**を受けた者	成年後見人（法定代理人）
被保佐人	精神上の障害により事理を弁識する能力が著しく不十分な者で，家庭裁判所の**保佐開始の審判**を受けた者	保佐人
被補助人	精神上の障害により事理を弁識する能力が不十分な者で，家庭裁判所の**補助開始の審判**を受けた者	補助人

Point整理 制限行為能力者の保護者の権限

保　護　者	取消権	追認権	同意権	代理権
未成年者の法定代理人	○	○	○	○
成年被後見人の成年後見人	○	○	×	○
被保佐人の保佐人（重要な財産上の行為のみ）	○	○	○	△※
被補助人の補助人	△※	△※	△※	△※

※　審判で定められた特定の法律行為

3 制限行為能力者の取消しとその効力

1．遡及効（121条）

制限行為能力を理由に契約が取り消されると，**契約をしたときにさかのぼって無効**になる。

2．第三者との関係

制限行為能力者の取消しは，**善意の第三者**にも**対抗（主張）することができる**。

例えば，未成年者Aが，自己所有のマンションを法定代理人の同意を得ずに，Bに売却し，さらに，Bが，善意のCにそのマンションを転売し，移転登記も完了した。この場合であって

用語解説
「第三者」とは，当**事者以外の者**をいう。ただし，当事者の包括承継人（相続人等）は該当しない。

も，Ａは，未成年を理由にＢとの契約を取り消して，Ｃに対してマンションの返還を求めることができる。

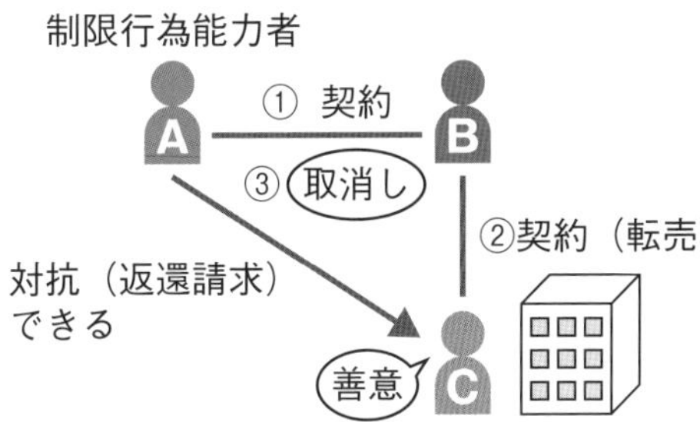

4 取引の相手方の保護　はじめて

１．相手方の催告権 (20条)

相手方は，１ヵ月以上の**期間**を定めて，**制限行為能力者の保護者**に対して「**取り消すのか，追認するのか**」という**催告**をすることができる。この催告に対して確答があればそれに従う。**確答がない**ときは，追認したものとみなされる。未成年者が成年に達したり，成年被後見人，被保佐人，被補助人が審判の取消しにより，行為能力を回復した場合，その本人に対しても催告ができ，確答がなかったときは，契約を追認したものとみなされる。

なお，**被保佐人，被補助人**に対しては，行為能力回復前でも本人に対して，「**保護者の追認をとってくれ**」と催告ができるが，この場合に**確答がないときは**，契約は**取り消したものとみなされる**。

Point整理　催告に確答がない場合の効果

催告の相手	効果
保護者	**追認とみなす**
行為能力者となった本人	追認とみなす
被保佐人・被補助人	取消しとみなす

２．制限行為能力者の詐術（さじゅつ） (21条)

制限行為能力者が，自分を行為能力者であると偽ったり，書

用語解説
「**対抗**」とは，効力が生じた法律関係を第三者に「**主張**」することをいう。

参考
未成年者と**成年被後見人には意思表示を受領する能力がない。**したがって，未成年者本人，成年被後見人本人に催告をしてもその催告は，その相手方に対抗できない。

出題 H28・R２

第１章　民法

類を偽造したりして，**行為能力者であると信じさせるため詐術を用いた場合**は，制限行為能力を理由に契約を**取り消すことはできない**。

出題 H28

プラス 「**制限行為能力者であることを**黙秘**した場合が**詐術**にあたるか**」について，**判例**は，単なる黙秘では詐術に該当しないが，黙秘が**他の言動などと相まって，相手方の誤信を誘発し，またはそれを強めた場合**には，詐術に該当し，**取り消すことができない**としている。

③ 意思表示

1 契約の有効性と意思表示の欠陥

売買契約が成立するためには，売主，買主の意思表示の合致（合意）が必要である。これにより契約は法律上，有効に成立し，一定の効果が当事者間に生じることになる。本来，この意思表示は当事者の自由な意思に基づいて行われるものであるが，もしこの意思表示に「欠陥」があった場合に，契約を有効として効果を生じさせてしまっては問題がある。そこで民法では，**意思（真意）と表示が食い違っている場合（心裡留保・通謀虚偽表示・錯誤）**や，**完全に自由に形成された意思に基づいてなされたものでない意思表示（詐欺・強迫）**について，「**無効**」や「**取り消すことができる**」としている。ただし，第三者等を保護するために，無効や取消しの主張が制限されることがある。

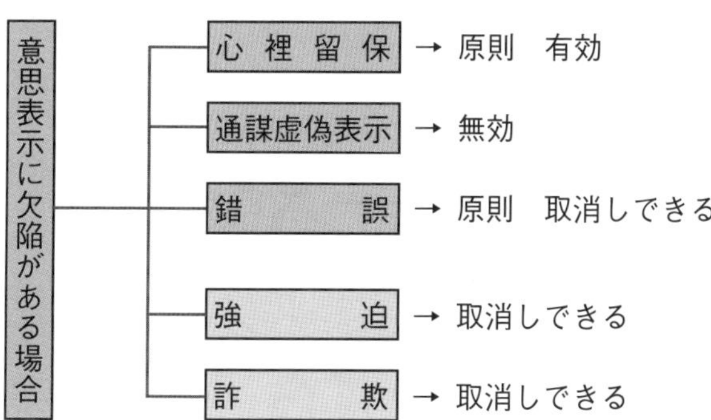

2 心裡留保（しんりりゅうほ）

当事者の一方が，**わざと真意と異なる意思表示**を行った場合を**心裡留保**という。例えば，A（表意者）は，B（相手方）がAのマンションを欲しがっているのを知っていたので，売る気もないのに冗談（嘘）で，Bに「自分のマンションを売ってやるよ」と言った場合である。

1．当事者間の効果（93条1項）

(1)　相手方（B）が**心裡留保**による意思表示を「表意者（A）

の真意である」と**過失なく信じた場合**（**善意無過失**）は，有効となる。嘘をついていない相手方（B）を保護する必要があるからである。

出題 R3

(2) 相手方（B）が**心裡留保**による意思表示を「表意者（A）の真意ではない」と知っていた場合（**悪意**）と，**注意すれば知ることができた場合**（**善意有過失**）は，相手方（B）を保護する必要がないので，無効となる。

2．第三者との関係（93条2項）

用語解説
「**第三者に対抗することができない**」とは，当事者間で生じた法律関係を第三者に主張できず，逆に第三者の方からこれを認めることができるという関係を表す。

無効となるときでも，事情を知らない**善意の第三者**に対しては**無効を対抗することができない**。嘘をついた者より，善意の第三者を保護する必要があるからである。

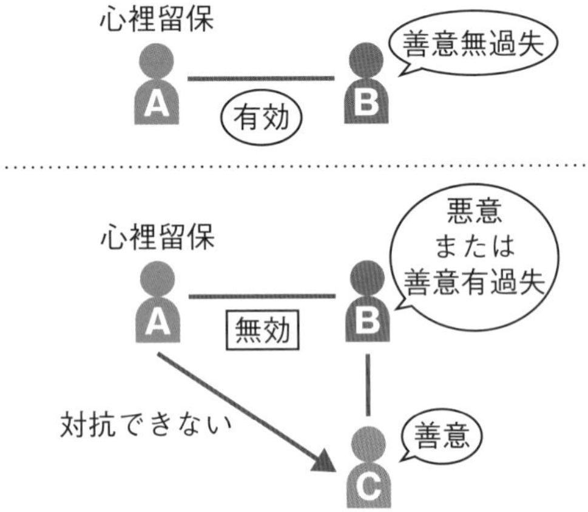

3 通謀虚偽表示（つうぼうきょぎひょうじ） はじめて

当事者が通謀して，**真意と異なる意思表示**をした場合を**通謀虚偽表示**という。当事者がグルになって，ありもしない契約をでっち上げることをいう。例えば，Aが，債権者からの差押え（強制執行）を免れるために，Bと通謀して，Bに自己所有のマンションを売ったことにし，名義もBに変えてしまう場合である。

プラス **差押え**（裁判所が，債務者に財産の処分を禁止する強制的な行為）は，原則として，債務者名義の財産にしか行えないので，債務者は事前に名義を変えることにより**差押え**を免れることができ，その際に**通謀虚偽表示**が行われることがある。

1．当事者間の効果（94条1項）

無効である。当事者に契約する意思はないし，相手方を保護するという必要もないからである。

2．第三者との関係（94条2項）

善意の第三者に対して**無効を対抗することはできない**。心裡留保の場合と同様に善意の第三者を保護する趣旨である。また，第三者は，善意であればよく，**過失があってもよい**（**善意有過失**）し，**登記を備えている必要もない**（判例）。

出題 H26・29・R3

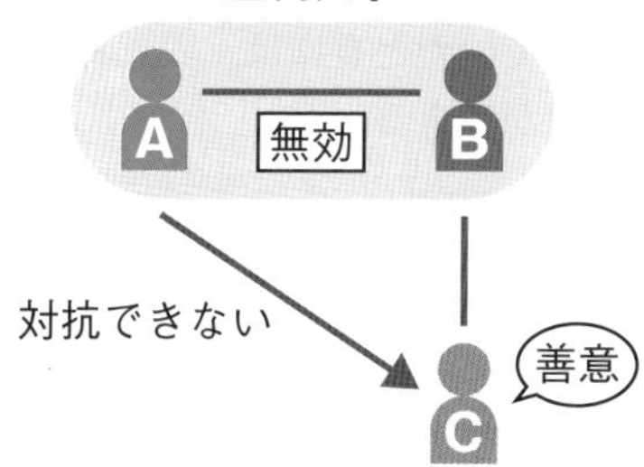

4 錯誤（さくご） はじめて

錯誤とは，表意者が，**自己の誤りに気付かずに勘違いによってなされた意思表示**をいう。

出題 H26・28

1．当事者間の効果（95条1～3項）

(1) **錯誤**には，次のような2種類があり，その**錯誤が法律行為の目的および取引上の社会通念に照らして重要なもの**であるときは，**取り消すことができる**。

① **意思表示に対応する意思を欠く錯誤（表示の錯誤）**
例えば，「1,000万円でマンションを売ろう」と思っていたのに，「100万円で売ります（**表示➡勘違い**）」と言ってしまった場合である。

② **表意者が法律行為の基礎とした事情についてのその認識が真実に反する錯誤（動機の錯誤）**
例えば，「今なら課税されない（**動機➡勘違い**）」から「マンションを売りたい」と思い，「売りたい」と言ってしまった場合である。

(2) 上記②の**動機の錯誤**の場合，その**動機が法律行為の基礎とされていることが表示されていたとき**に限り，**取り消すことができる**。なお，この表示は，**明示の表示**のみでなく，**黙示の表示**（言葉等で直接表示したわけではないが，周囲の状況や行動から相手方が動機に気が付いていた場合）でもよい（判例）。

用語解説
「**重過失**」とは，錯誤に陥ったことについて，通常の一般人に期待される注意を**著しく欠いている**ことをいう。

(3) **錯誤**が**表意者の重大な過失（重過失）**によるものであった場合には，**取り消すことができない**。ただし，相手方が表意者に錯誤があることを①**知り（悪意）**，または**重過失によって知らなかったとき（善意重過失）**や，②**相手方も同一の錯誤に陥っていたとき**には，表意者に**重過失**があっても**取り消すことができる**。

プラス 過失があったとしても「軽過失（過失）」であれば，錯誤による**取消し**を主張できる。

2．第三者との関係（95条4項）

錯誤による取消しは，取消し前に現れた**善意無過失の第三者**には**対抗することができない**。例えば，Aが，自己所有のマンションを錯誤によりBに売却し，その後，Bが，善意無過失のCにそのマンションを転売した場合，Aは錯誤を理由にBとの契約を取り消しても，取消しをする前に権利を取得したCに対して，マンションの返還を求めることができない。

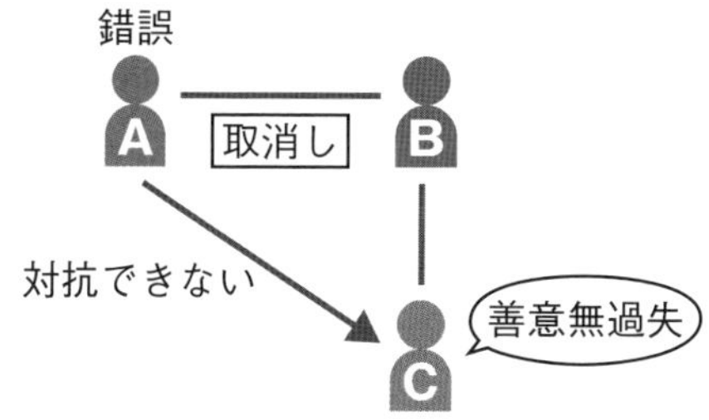

3．錯誤の主張権者

錯誤の主張は，勘違いをした表意者を保護するための制度であるので，原則として，**表意者しか主張することができない。** 表意者が主張しない場合，**相手方や第三者**は，**錯誤を主張することができない。**　出題 H29

5 詐欺（さぎ） はじめて

「**詐欺**」とは，**だまされた結果，錯誤に陥り，意思表示**（**契約**）**をする**ことである。例えば，1,000万円の価値しかないマンションをだまされて5,000万円の価値があると思いこみ売買契約をしてしまった場合である。

1．当事者間の効果（96条1項）

だまされた者は，契約を**取り消すことができる**。錯誤の場合と異なり，だまされたことに**重大な過失があった場合でも取消しを主張できる**。　出題 H29

2．第三者との関係（96条3項）

詐欺による取消しは，取消し前に現れた**善意無過失の第三者**には**対抗することができない**。だまされた者にも落ち度があるので，だまされた者（表意者）よりも善意無過失の第三者を保護する必要があるからである。　出題 R3

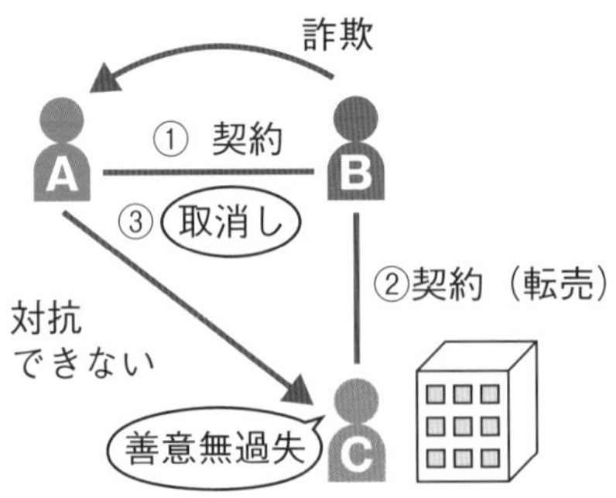

3．第三者の詐欺（96条2項）

出題 H26・28

第三者の詐欺とは，**契約の相手方以外の第三者の詐欺**によって契約をした場合をいう。この場合は，**相手方が善意無過失であれば取り消すことはできないが，知っていたとき（悪意）または知ることができたとき（善意有過失）であれば取り消すことができる。**

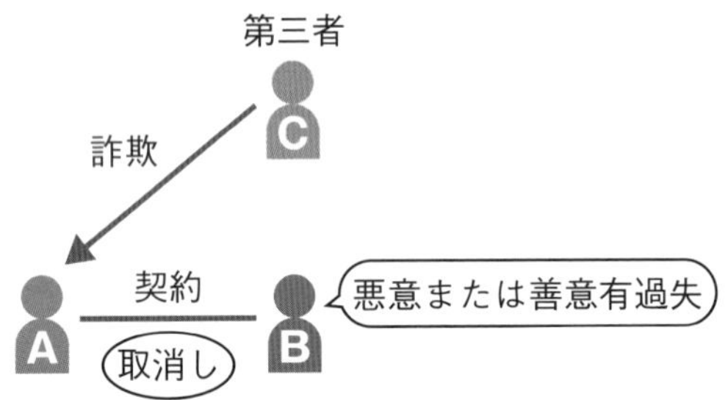

6 強迫（きょうはく） はじめて

「**強迫**」とは，**脅されて意思表示（契約）をする**ことをいう。

1．当事者間の効果（96条1項）

強迫された者は，契約を取り消すことができる。

2．第三者との関係

出題 H29・R3

強迫による取消しは，取消し前に現れた**善意無過失の第三者にも対抗することができる。**強迫の場合，脅された者には落ち度がなく，善意無過失の第三者より強迫された者を保護する必要があるからである。

3．第三者の強迫

第三者が強迫を行った場合は，**相手方の善意悪意にかかわらず取り消すことができる**。

プラス　詐欺の場合と異なり，強迫の場合は，善意無過失**の第三者**や第三者の強迫の場合の善意無過失**の相手方に対しても取消しをもって対抗することができ**，脅された者の保護が徹底されている。

Point整理　意思表示の効果と第三者との関係

	当事者間	対・第三者
心裡留保	原則：有効 例外：無効（相手方が悪意または善意有過失）	善意の第三者に無効を対抗できない
通謀虚偽表示	無効	善意の第三者に無効を対抗できない
錯誤	取消し可（次の要件を満たす場合） ① 重要な錯誤 ② 重過失がない（原則）	善意無過失の第三者に取消しを対抗できない
詐欺	取消し可 ※　第三者が詐欺を行った場合 相手が悪意・有過失 ➡ 取消し可 相手が善意無過失 ➡ 取消し不可	善意無過失の第三者に取消しを対抗できない
強迫	取消し可 ※　第三者が強迫を行った場合，相手方の善意悪意にかかわらず，取消し可	善意無過失の第三者に取消しを対抗できる

7 追認（ついにん）と取消権の時効消滅

1．追認（122条）

取り消すことができる契約は，**取り消して無効に確定**させることができるが，反対に**追認をして有効に確定**させることもできる。追認は，**取消原因となっていた状況が消滅し，かつ，取**

参考
追認という意思表示をしなくても，追認権を有する者が，追認することができる時以後に，追認したと思わせるような行為（債務の一部または全部の履行をする，相手方に履行を請求する等）をすると追認とみなされる（125条）。これを**法定追認**という。

消権を有することを知った後にすることができる（124条）。「取消原因となっていた状況が消滅した後」とは，制限行為能力者本人からの追認の場合は，「**行為能力者になった後**」であり，錯誤の場合は「**錯誤を脱した後**」，詐欺の場合は「**だまされたことに気が付いた後**」，強迫の場合は「**脅されている状態を脱した後**」をいう。

2．取消権の時効消滅（126条）

出題 H28

追認できる時から５年，または**行為のあった時から20年**のいずれか早い時が経過すると，もはや**取り消すことができなくなる**。取消権が消滅すれば，契約は完全に有効となり，その後は取消しができなくなる。

8 意思表示の到達と受領

1．到達主義の原則（97条）

(1) **意思表示**は，その通知が**相手方に到達した時点で効力が発生する**（到達主義）。したがって，意思表示が到達しなければ，効力は発生せず，**到達前であれば撤回することも可能である**。

(2) **相手方**が手紙の受け取りを拒否するなど**正当な理由なく**，意思表示の通知が到達することを妨げたときは，その通知は，「**通常到達すべきであった時**」**に到達したものとみなされる**。

(3) 表意者が，通知を発した後に**死亡**し，**意思能力を喪失**し，または，**行為能力の制限を受け**たときであっても，意思表示は効力を失わず，**到達により効力を生じる**。意思表示は，発信時にすでに成立しているからである。

2．受領能力（98条の２）

意思無能力者，**未成年者**および**成年被後見人**は，**意思表示の受領能力**（他人から受けた意思表示の内容を理解する能力）**がない**。したがって，これらの者が意思表示を受領しても，相手方はその効力を主張できない。なお，被保佐人および被補助人は受領能力を有する。

④代　理

1 代理 はじめて

1．代理とは

代理とは，**代理人が本人のためにすることを示して，相手方に意思表示をし**，または，意思表示を受け，その**効果が本人に直接帰属する**制度をいう。例えば，Aは，その所有するマンションを売却したいが，不動産取引の経験がないため，知人の不動産に関する知識が豊富なBに売却を依頼し，Bが，買主となるCを探し出し，Aの代理人としてCと売買契約を締結した場合，AとCとの間で売買契約が締結されたことになる。

2．代理の仕組み（99条）

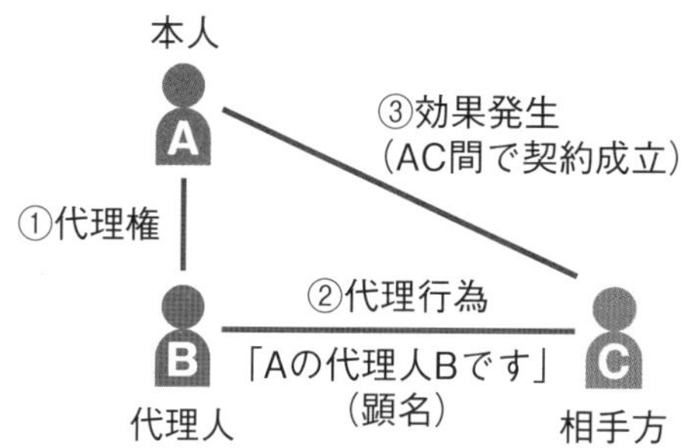

⑴　**代理権**

　AがBに**代理権**を与える場合に，Aを**本人**，Bを**代理人**という。

⑵　**代理行為**

　Bは与えられた代理権の範囲内で，Aに代わって本人のためにすることを示して（**顕名**（けんめい）），**相手方**Cと契約等を行う。

⑶　**効果の帰属**

　Bが行った契約等は，**すべてAに対して直接にその効力が生じる**。つまり，BC間の合意によって，Aにその効果が帰属し，**AC間に売買契約が成立**（**効果が発生**）する。

3．代理の種類

代理には，**任意代理**と**法定代理**がある。**任意代理**とは，本人

参考

任意代理の場合，代理権の付与は，委任状（書面）の交付によることが多いが，口頭で行うこともできる。また，代理人を選任した後であっても本人が自ら行為をすることもできる。

の意思に基づいて代理権が与えられる場合であり，**法定代理**とは，制限行為能力者の法定代理人のように，法律上代理権が与えられる場合である。**任意代理人**の場合は，本人が代理権を与えれば，**制限行為能力者でもなることができる**が，本人は**代理人の制限行為能力**を理由に**代理行為を取り消すことはできない**（102条）。

出題 H30・R２～３

４．代理権の範囲

(1) **法定代理**

法律の規定により定まる（824条，859条）。

(2) **任意代理**

代理権授与の際に定められた範囲となる。

範囲が定められていない場合（権限の定めのない代理人）は，**次の行為のみ**行うことができる。

保存行為	財産の**現状を維持**する行為 ［例］マンションの修繕をする
利用行為	財産の性質を変えない範囲内で，財産について**収益をもたらす**行為 ［例］マンションを賃貸する
改良行為	財産の性質を変えない範囲内で，財産の**価値を高める**行為 ［例］マンションにエアコン等の造作を設置する

５．代理権の濫用（107条）

出題 H27・R３

代理権の濫用とは，代理人が代理権の範囲内の行為をしたが，実際には本人のためではなく，**代理人自身**，**または**，**第三者の利益を図る目的**があった場合をいう。この場合，相手方が代理人の**真意を知り**（**悪意**），または，**知ることができた**（**善意有過失**）場合においては，**代理行為**は**無権代理行為**（後述）**とみなされる**。

プラス　例えば，BはAの代理人として，AのマンションをCに売却したが，**Bが売却代金を自己の借金の返済にあてるつもりだった場合**，その行為は**無権代理行為**とみなされ，原則として，Aに対して効果は生じない。しかし，CがBの意図について**善意無過失**であれば，Aに対してマンションの**引渡しを請求することができる**（後述）。

6．代理権の消滅（111条）

本人，代理人に次の事由が生じると**代理権は消滅**する。

	本　人	代　理　人
法定代理	死亡	死亡・破産手続開始の決定・後見開始の審判
任意代理	死亡・破産手続開始の決定	

プラス　もともと成年被後見人である者を，任意代理人に選任することは可能である。これに対して，選任された任意代理人が，その後，**後見開始の審判**を受けて成年被後見人になってしまうと**代理権は消滅する**。また，**保佐開始の審判**や**補助開始の審判**を受けたことは，**代理権の消滅原因ではない**。

出題 H28

7．自己契約・双方（そうほう）代理・利益相反（りえきそうはん）行為（108条）

(1)　自己契約

自己契約とは，**代理人が本人の相手方として契約等をする**ことをいう。例えば，Aからマンションの売却を依頼された代理人Bが，自分を買主としてＡＢ間に売買契約を締結する場合である。

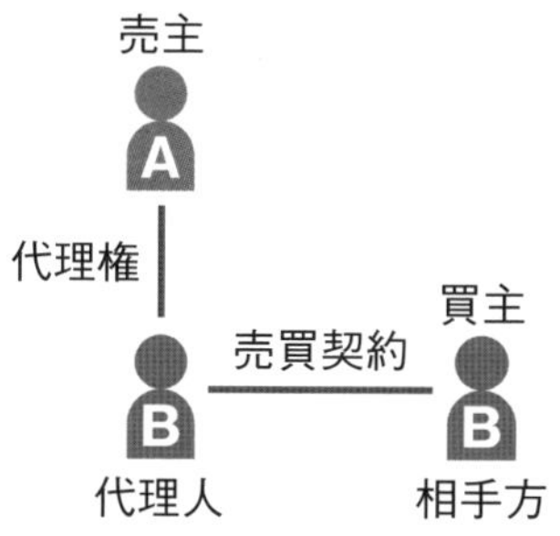

(2) 双方代理

双方代理とは，**代理人が当事者双方の代理人となる**ことをいう。例えば，Ａからマンションの売却を依頼された代理人Ｂが，Ｃからもマンションの購入の代理権を授与され，ＡＣ間に売買契約を締結させる場合である。

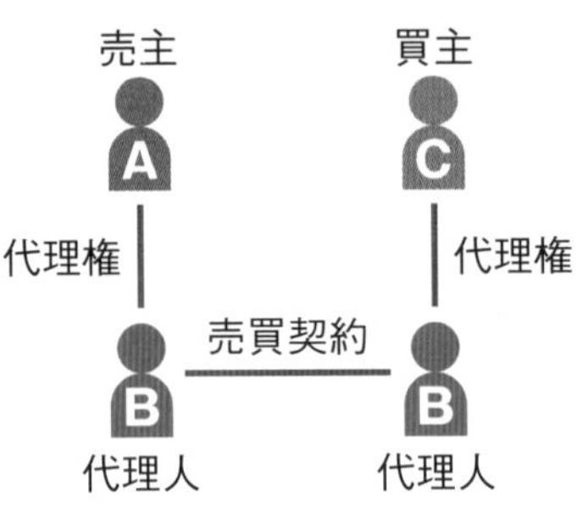

(3) 自己契約・双方代理の原則禁止

自己契約や**双方代理**は，実質的に代理人が１人で契約を締結することになる。したがって，いずれの場合でも本人に不利益を与えるおそれがあるので，**自己契約・双方代理が行われた場合**，**無権代理行為**（後述）とみなされ，その行為は原則として，**効力を生じない**。ただし，次のいずれかの場合には**代理として有効に成立する**。

> ① 本人があらかじめ**許諾**している行為
> ② 本人に不利益を生じさせるおそれのない**単なる債務の履行**

例えば，すでに成立しているＡ・Ｂ間の業務の委託契約に基づいて，Ｃが**双方の代理人**として，Ｂに対して委託業務費の支払いをすることは，②の**債務の履行**として認められる。

注意

ＡＢ間の売買契約に基づいて売主Ａから買主Ｂへの**所有権移転登記手続**を行うことは，本文②の**債務の履行**に該当するため，第三者Ｃは，ＡとＢの**双方を代理することができる**（判例）。出題 H29

(4) 利益相反行為

自己契約や双方代理のほか，代理人にとって利益となるが本人にとっては不利益となるような，**代理人と本人との利益が相反する行為**についても，原則として，**無権代理行為**とみなされ，その効力を生じない。ただし，**本人があらかじめ許**

諾している行為は，無権代理行為にはならない。

7．代理行為（99条，100条，101条）

(1) **顕名**

代理人が代理行為を行うときは，相手方に**本人のためにする（本人に効果を帰属させせようとする意思）**ことを示して行う必要がある。これを**顕名**という。**顕名が行われなかった場合**，原則として，契約の効果は本人に帰属せず，**代理人が自分のために行ったとみなされる**。ただし，相手方が，その契約が代理行為であることを**知っていたとき**（**悪意**），または，**知ることができたとき**（**善意有過失**）は，契約の効果は**本人に帰属する**。

出題 H27

(2) **代理行為の意思表示の瑕疵**

① 実際に行為するのは代理人であるから，**意思表示に問題があったかどうか**（心裡留保，通謀虚偽表示，錯誤，詐欺，強迫），行為時において**善意か悪意か**ということについては，**代理人を基準に決める**。例えば，代理人が相手方から強迫されて契約をした場合，本人は強迫されていなくても，その契約は取り消すことができる契約になる。この場合，代理人の行為の効果は直接本人に帰属するから，**取消権は本人が行使**できる。

② **特定の法律行為**を委託された代理人が，その行為をした場合，**本人が悪意または有過失**であれば，**代理人の善意を主張できない**。

プラス 例えば，代理人が**錯誤**により契約をした場合，本人**が取消しを主張できる**。しかし，**代理人に重大な過失**があれば，**本人は錯誤を主張をすることができない**。

参考 **相手方が代理人に対してした意思表示に問題があった場合も，善意か悪意か**ということについては，**代理人を基準に決める**（101条2項）。例えば，相手方が心裡留保により代理人に意思表示をした場合，代理人が善意無過失ならば有効となるが，悪意または善意有過失ならば，無効となる。

8．復代理人（104条～106条） 出題 H30

復代理人とは，**代理人が選任する本人の代理人**のことである。復代理人はあくまでも**本人の代理人**であって，**代理人の代理人ではない**。したがって，復代理人のした行為の効果は，**直接本人に帰属する**。復代理人の代理権の範囲は，代理人の代理権の範囲を越えることはない。また，代理人の代理権が消滅すると，

注意 代理人が復代理人を選任しても，代理人の**代理権が消滅するわけではない**ので，代理人は引き続き，代理行為をすることができる（判例）。つまり，**代理人と復代理人の両者が本人の代理人となる**。
出題 H29

復代理人の代理権も消滅する。

代理人はどのような場合に復代理人を選任できるのか，代理人が復代理人のした行為についてどの程度責任を負うかについては，**法定代理**と**任意代理**で次のように異なる。

⑴ **法定代理の場合**

法定代理人は，**いつでも**復代理人を**選任することができ**，復代理人の行為について**全責任を負う**。ただし，やむを得ない事由により選任したときは，その選任および監督について過失があった場合のみ責任を負う。

⑵ **任意代理の場合**

出題 H30・R３

任意代理人は，原則として復代理人を**選任することはできない**。本人の信任により選任されたのだから，代理人自ら行為すべきだからである。ただし，**次のいずれかの場合**は**復代理人を選任することができる**。

① **本人の許諾**があった場合
② **やむを得ない事由**がある場合

任意代理人は，復代理人が起こした不始末に関して，本人に対し，本人と代理人間の事務処理の契約の**債務不履行として責任を負う**ことになる。

2 無権代理 はじめて

1．無権代理と表見(ひょうけん)代理

（広義の）無権代理 ─┬─（狭義の）無権代理
　　　　　　　　　　└─ 表見代理

代理権のない者（無権代理人）が，**代理人と称して代理行為を行った場合**，どうなるのであろうか。例えば，Aから何も依頼されていないのに，Bが，Aの代理人と称して，Aのマンションを C に売却してしまった場合である。この場合，その**無権代理行為の効果**は，原則として**本人に帰属しない**。これを「**狭義の無権代理**」という。

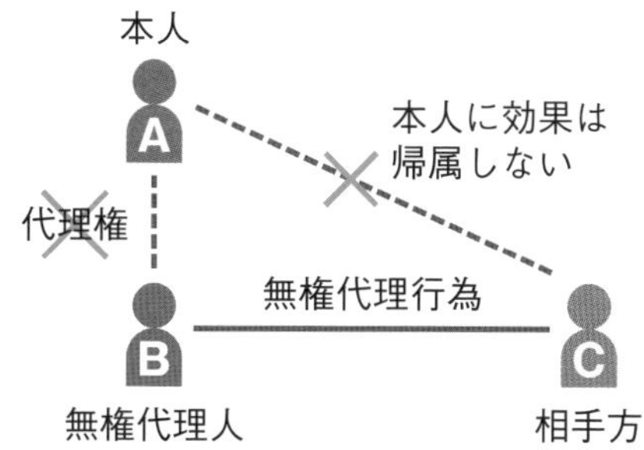

これに対して，例外として，無権代理ではあるが，相手方を保護する必要性が高いために，無権代理人の行った行為の効果が**本人に帰属する**場合がある。これを**表見代理**という。

2．狭義の無権代理（113条～117条）

(1) 本人の追認権

無権代理人の行った行為（無権代理行為）の効果は，表見代理（後述3.）の場合を除いて，**本人に帰属しない**。しかし，無権代理行為が本人にとって有利に働くこともある。例えば，A所有の時価1,000万円のマンションを無権代理人Bが，2,000万円で売却したような場合である。このような場合，本人は**追認**して**無権代理人の行った行為の効果を受ける**ことができる。

① 追認の効果

本人が追認をするとその効果は，原則として**無権代理行為をしたときにさかのぼり，確定的に有効**となる。つまり，最初から有効な代理行為であったことになる。ただし，第三者の権利を害することができない。　出題 H26・R5

② 追認の方法

追認の意思表示は，**相手方または無権代理人のどちらに対して行ってもよい**。ただし，**無権代理人に対して追認したときは，相手方が追認があったことを知るまで**，本人は相手方に対して**追認の効果を主張できない**。　出題 H26

③ 本人の追認拒絶

本人は追認を拒絶することができ，これにより無権代理行為は，**無効に確定**する。

(2) 無権代理人の相手方の保護

無権代理人と取引をした相手方は，無権代理行為が有効となるのか無効となるのかが本人の追認の有無によって定まるため，不安定な立場におかれる。そこで，相手方を保護するため，**無権代理人の相手方**には，次のような権利が与えられる。

① 催告権

出題 H26・29・R2～3・5

相手方（善意・悪意は問わない）は本人に対して，**相当の期間を定めて「追認するか，追認を拒絶するか」の催告**をすることができる。この期間内に本人からの**確答がない場合**は，本人は，**追認を拒絶したものとみなされる**。

② 取消権

出題 H26・R2

相手方は善意であれば，**過失の有無を問わず，本人が追認するまで**は，この契約を**取り消すことができる**。この取消権は**本人が追認**をすると，もはや**行使することはできない**。

③ 無権代理人への責任追及

出題 R2・5

原則として，相手方は，代理人が自己の代理権を証明せず，または**本人が追認しない場合**に，無権代理人に対して，**責任追及として履行の請求または損害賠償の請求のどちらか**をすることができる。

また，次のいずれかの場合，**無権代理人は責任を負わない**。

出題 H29

(ア) 無権代理人が代理権を有しないことを**相手方が知っていた場合（悪意）**

(イ) 無権代理人が代理権を有しないことを**相手方が過失により知らなかった場合（善意有過失）**

ただし，この場合でも**無権代理人が自己に代理権がないことを知っていた場合（悪意）には責任を負わなければならない**。

出題 R2

(ウ) **無権代理人**が**制限行為能力者**であった場合

プラス 無権代理人に対して**履行の請求**ができるのは，**無権代理人でも代わりにできる契約内容である場合**に限られる。例えば，コシヒカリ100kgの売買契約であれば，無権代理人が他から調達をして引き渡せばよい。ところが，**マンションの売買契約の場合**，本人が追認してくれないのであれば，無権代理人がその引渡しをするのは不可能であるので，この場合の責任追及は，**損害賠償請求によることになる。**

Point整理 無権代理の相手方の保護

○…できる　×…できない

主観／手段	善意		悪意	備考
	無過失	有過失		
催告	○	○	○	確答がない場合，追認拒絶とみなす
取消し	○	○	×	追認があるまでに行う
責任追及	○	×※	×	履行の請求または損害賠償

※ ただし，無権代理人が自己に代理権がないことを知っていたときは，無権代理人は責任を負う

3．表見代理（109条，110条，112条）

表見代理とは，無権代理であっても，無権代理人が代理権を有するような**外観**を有し，本人と無権代理人との間に，本人に責任を負わせるのが妥当である事情がある場合に，その外観を信じた**善意無過失**の相手方を保護するために，**有効な代理行為として扱う制度**をいう。

(1) 表見代理の種類

出題 H27～28

まず，次の**いずれかに該当**し，かつ，**相手方が善意無過失**（**権限があると信じる正当な理由がある**）である場合，**表見代理が成立**する。

① **代理権授与の表示による表見代理**

本人が相手方に対し，他人に代理権を与えたかのような表示をしたが，**実際には与えていなかった場合**

[例] 代理権を与えられていないのに，本人から委任状が交付されていて，その委任状を使用して代理行為が行

われた。

② **権限外の行為の表見代理**

出題 H27

代理人が，**与えられた代理権（基本代理権）の範囲を越えて**代理行為をした場合

［例１］**賃貸借契約の代理権**しか与えられていないのに，**売買契約**をした。

［例２］管理組合の**管理者**が**職務の範囲外の行為**をした。

③ **代理権消滅後の表見代理**

出題 H28

代理権がなくなったにもかかわらず，代理人だった者が代理行為を行った場合

［例１］代理権授与の後，**後見開始の審判を受け代理権が消滅**したが，その後代理行為をした。

［例２］かつて管理組合の管理者であったが，**現在は解任されて管理者ではない者が，自ら管理者と称して**マンション管理業者と管理委託契約を締結した。

さらに，①**や**③**の場合**で，**表示された代理権の範囲を越えた場合**（①＋②）や，**消滅前の代理権の範囲を越えた場合**（③＋②）も，相手方が善意無過失であれば**表見代理が成立**する。

(2) **表見代理の効果**

相手方は，表見代理の成立を主張して，**本人に履行を求めることができる**。本人は，有効な代理行為が行われたのと同一の効果が自分に生じることを，否定することができない。何らかの責任がある本人よりも，代理人であると正当に信頼してしまった相手方を保護する必要があるからである。

出題 H30

プラス **表見代理が成立する場合**でも，同時に無権代理であることには変わりはない。この場合，相手方は善意無過失であるので，**表見代理**を主張して，**本人に履行請求**をしてもいいし，狭義の**無権代理**を主張して，**取消権**や無権代理人に対する責任追及権を**行使する**こともできる（判例）。

5 時　効

時効とは，一定の事実状態が一定期間継続した場合に，その事実状態が真実の事実状態であるか否かを問わず，その**継続した事実状態を尊重する制度**である。

時効には，一定の時の経過によって，権利を取得する①**取得時効**と，権利が消滅する②**消滅時効**の２種類がある。例えば，他人の所有地であっても一定期間使っていると，その土地を自分のものにできるのが取得時効であり，借金（債務）があっても一定期間経つと，もう返さなくてよくなるのが消滅時効である。

1 取得時効

取得時効とは，例えば，他人の物を自分の物として**一定期間占有（事実上の支配をする）を継続する**ことで，その権利を取得することができる制度である。

1．取得できる権利

所有権，地上権，地役権（ちえきけん）（継続的に行使され，かつ，外形上認識することができるものに限る），永小作権，不動産賃借権等である。出題 R4

用語解説
「**地上権**」とは，工作物または竹木を所有する目的で他人の土地を利用する権利をいい，「**地役権**」とは，他人の土地を自己の土地の便益に供する権利をいう。

2．所有権の取得時効の要件・期間（162条）

所有の意思をもって，**平穏に，かつ，公然**と他人の物を**一定の期間占有を継続**することが要件である。

(1) 所有の意思

自分が所有者であるとの意思をもって占有することをいう（自主占有）。**所有の意思**の有無は，占有に至った原因によっ**て客観的に決まる**。したがって，**賃貸借契約に基づく占有**には客観的にみて所有の意思は認められないので，賃借人は何年占有を継続しても**取得時効により所有権を取得することはできない**（判例）。

(2) **平穏かつ公然**

平穏とは，占有の取得や維持に**違法な行為がない**ことであり，公然とは，**隠匿しない**ことである。

(3) **一定の期間占有を継続**

① 占有開始の状態が善意無過失の場合➡ 10年
② 占有開始の状態が悪意または善意有過失の場合➡ 20年

なお，占有期間は占有開始の時の状態で決まるので，善意無過失で占有を開始した者が，その後**事実を知って悪意になったとしても，10年で時効取得できる**（判例）。

2 消滅時効 はじめて

消滅時効とは，権利を行使することができるにもかかわらず，権利を行使しないでいる期間が一定期間継続すると，今までもっていた**権利**や負っていた**義務**が**消滅**するという制度である。

1．消滅する権利

所有権以外の財産権（地上権・地役権・永小作権・抵当権），**債権**（請求権・賃借権等）である。

プラス **所有権は，時効によって消滅することはない**が，他人が時効取得したために所有権を失うことはあり得る。例えば，Aが所有地を何年も放置していても，消滅時効で所有権は消滅しないが，Bがその土地に取得時効を完成させると，Aは所有権を失い，Bがその土地の所有権を取得することになる。

出題 R 4

プラス **抵当権**は，債務者と抵当権設定者に対しては，**被担保債権と同時でなければ，時効により消滅することはない**（396条）。被担保債権の弁済がなされていないのに，債務者と抵当権設定者に抵当権の消滅を主張させることは不公平だからである。

2．消滅時効の期間（166条，168条）

出題 H26・28・30

債権（原則） 注：10年または5年のどちらか短い期間	**債権者が権利を行使することができることを知った時から**	**5年**
	債権者が権利を行使することができる時から	**10年**
「債権または所有権」以外の財産権 ［例］地上権・地役権・抵当権等	**債権者が権利を行使することができる時から**	**20年**

上記の「**権利を行使することができる時**」とは，次のように，債権の種類によって異なっている。

債権の種類	消滅時効の起算点
確定期限付債権	**期限到来時（支払期日，弁済日）**
[例] 12月10日に代金を支払う	（12月10日）
不確定期限付債権	**期限到来時**
[例] 父が死んだら代金を支払う	（父が死んだ時）
期限の定めのない債権	**債権の成立・発生時**
[例] 売買契約の目的物の引渡時期を定めていない	（売買契約を締結した時）

出題 H26～27

用語解説
「**期限**」とは，到来することが確実なものをいう。**確定期限**とは，到来する時期が明確に定まっているものであり，**不確定期限**とは，到来することは確実だが，いつ到来するかが不明確なものをいう。

プラス
「**権利を行使することができる時**」とは，**権利の行使を妨げる法律上の障害がないこと**を意味する。**事実上の障害**（債務者が期限の到来を知らない，債権者が病気になった等）があっても**消滅時効の進行は開始する**。出題 H27

マンションの管理組合の有する**管理費等に対する債権**は，一般的な債権として，「**債権者が権利を行使することができることを知った時から5年**」または「**権利を行使することができる時から10年**」のどちらか短い方が消滅時効の期間となる。

通常，債権者である管理組合が「**権利を行使することができることを知った時**」は，「**債権の発生した時点（支払期日）**」と一致するので，「**支払期日**」から**5年**が**管理費等の消滅時効の期間**である。

出題 H28・30

3．判決で確定した権利の時効期間（169条）

確定判決，または，**確定判決と同一の効力を有するもの（確定判決等）によって確定した権利**の消滅時効は，**10年**より短い時効期間のものであっても，次の時効完成までの期間は**10**年となる。

出題 R3

3 時効の完成猶予と更新 はじめて

時効の完成猶予とは，時効が，完成すべき時が到来してもいったん**時効の進行が止まり，その完成が猶予される（先延ばしされる）**ものであり，**更新**は，**進行してきた時効期間がリセッ**

用語解説
「**時効の完成**」とは，一定の事実状態の継続が，取得時効・消滅時効に必要な**法定の期間を経過すること**をいう。

トされる（振り出しに戻される）ものをいう。

時効の完成が猶予されたうえで更新されるタイプ（**完成猶予・更新型**），**時効の完成が猶予されても更新されずに**，さらなる時の経過で時効が完成するタイプ（**完成猶予型**），**時効の完成が猶予されずに更新のみが行われるタイプ**（**更新型**）がある。

1．完成猶予・更新型（147・148条）

(1) 裁判上の請求等

① 次の(ア)～(エ)は，**時効の完成の猶予事由**となり，その手続き中は，**時効は完成しない**。

(ア) **裁判上の請求（訴えの提起）**
出題 H29　(イ) **支払督促**（➡P.558参照）
出題 H29　(ウ) **民事訴訟法の和解・民事調停法による調停等**
出題 R1　(エ) **破産手続参加（破産債権の届出）**等

出題 H27・R1

プラス　管理費を滞納している者が，「**破産手続開始の決定**」を受けた場合でも，管理組合が管理費債権を**破産債権として届け出て破産手続に参加**することによって，**消滅時効の完成が猶予される**。つまり，「**破産手続開始の決定**」によって時効の完成が猶予されるのではないことに注意。

出題 H28・R4

② ①の事由により，**時効の完成が猶予**された場合でも，**確定判決等によって権利が確定**したときは，**時効が更新**され，その**確定**した時から**新たに進行を開始**する。また，その権利が確定することなく，**中途で終了（訴えの取下げ等）**した場合には，その終了の時から**6ヵ月を経過するまでの間は，時効の完成が猶予される**。

(2) 強制執行等

① **強制執行・担保権の実行等**も**時効の完成の猶予事由**となる。

② ①の事由により，**時効の完成が猶予**された場合でも，**強制執行・担保権の実行等の事由が終了**したときは，**時効が更新**され，その**終了**した時から**新たに進行を開始**する。ただし，**申立ての取下げ**等があった場合には，時効は更新されず，その終了の時から**6ヵ月を経過するまでの間は，時効の完成が猶予される**。

2．完成猶予型（149～151条，161条）

(1) 仮差押え等

仮差押え・仮処分がある場合には，その終了の時から**6ヵ月を経過するまでの間は，時効の完成が猶予される。**

> プラス 仮差押え等の場合は，**時効の完成の猶予のみで，時効の更新の効力は生じない**。なぜなら，強制執行等とは異なり，その開始に**債務名義**（➡P.558参照）**は不要**であり，権利の確定は，その後の裁判上の請求等によってなされる**暫定的な手続き**だからである。

(2) 催告

① **催告（内容証明郵便による督促のような裁判「外」での履行の請求）**があった場合，その時から**6ヵ月を経過するまでの間は，時効の完成が猶予される。**

出題 H26・28・30・R1

② **催告**によって時効の完成が猶予されている間に**繰り返し催告**をしても，その催告には**時効の完成猶予の効力は生じない**。つまり，**再度の催告は無効**である。

出題 H26・28・R1・3～4

> プラス 催告も**暫定的な手続き**であり，権利が確定したわけではないため，**時効の完成の猶予のみで**，**時効の更新の効力は生じない**。

(3) 協議を行う旨の合意

権利についての**協議を行う旨の合意**が**書面，または，その内容を記録した電磁的記録**でされたときは，次の①～③のいずれか早い時までの間は，**時効の完成が猶予される。**

① 合意があった時から**1年を経過した時**
② 合意において**1年未満の協議期間**を定めたときは，**その期間を経過した時**
③ **協議の続行を拒絶する旨の通知**が書面でされたときは，その通知の時から**6ヵ月を経過した時**

3．更新型（152条）

時効は，**権利の承認**があったときは，その時から**新たに進行を開始する**（更新）。**承認**とは，**時効の利益を受ける者（債務**

出題 H26・29・R1・3～5

者等）が，時効によって権利を失う者（債権者等）に対して，その権利があることを知っていると表示することである。例えば，請求に対する支払猶予の申出，支払う旨の返答，承認書・承諾書の提出，はいずれも承認にあたる。また，債務の一部の支払いである旨を明示して，弁済したときは，その残額についても時効が更新する。

出題 H26～27・29・R1

プラス 「債権者（管理者）・債務者の死亡や長期入院」，「管理費を滞納している区分所有者の区分所有権等の売却」は，いずれも時効の完成猶予・更新事由ではない。

Point整理 消滅時効の時効期間等

時効期間	一般の債権	5年または10年
	地上権・地役権等の財産権	20年
	確定判決によって確定した債権	確定後10年
	※所有権は消滅時効にかからない	
時効の起算点	確定期限付債権	期限到来時（支払期日）
	不確定期限付債権	期限到来時
	期限の定めのない債権	債権成立時

Point整理 時効の完成猶予・更新の事由

○：該当する　×：該当しない

事由	時効の完成猶予	更新
裁判上の請求・支払督促・破産手続参加等	○	○
強制執行・担保権の実行等	○	○
仮差押え・仮処分	○	×
催告	○	×
協議を行う旨の合意	○	×
承認	×	○

4 時効の効力 はじめて

1．時効の援用（えんよう）（145条）

時効が完成しても，当然にその権利が取得できたり，債務が消滅したりするわけではない。これに加えて時効の完成によって利益を受ける者が，**その利益を受けるべきことを主張しなければ，時効完成の効力は生じない**。この主張を**時効の援用**という。

2．時効の援用権者

時効の援用権者は，**当事者**である。例えば，土地の所有権の取得時効では，土地を占有している者であり，**金銭債権の消滅時効**では，**債務者**のほか，**保証人**，**物上保証人**（➡P.59参照），**第三取得者**等の権利の消滅について**正当な利益を有する者**も援用権者となる。

3．援用の効果（144条）

時効を援用すると，その**効果は起算日（権利を行使できる時）にさかのぼる**。例えば，AがBの土地を占有し，時効が完成した場合，Aは占有開始の時からその土地の所有権を取得していたものとして取り扱う。また，A管理組合がB組合員に対して管理費債権を有している場合，**支払期日からBはAに対して債務を負っていなかった**ことになり，Bは，**遅延損害金も支払う必要はない**。

出題 R4

5 時効の利益の放棄 はじめて

時効の利益の放棄とは，**時効完成後**，**得るはずの利益**（権利を取得し，または義務を免れる地位）**を放棄する意思表示**のことをいう。

出題 R4

1．放棄の可否（146条）

時効の利益の放棄ができるのは**時効完成後**に限られ，**時効完成前にあらかじめ放棄しておくことはできない**。例えば，**管理規約**において，「**管理費債務について時効を援用しない**」旨を全員の合意で定めたとしても，その規約の定めは**無効**となる。また，区分所有者全員が，「**管理費債務の消滅時効の主張**」**はしない旨の文書をあらかじめ管理組合に提出**したとしても，各区分所有者は**時効を援用することができる**。

出題 H27・R3

2．時効完成後の債務の承認等

債務者が**時効の完成を知らないで債務を承認**した場合は，債権者はもはや時効が援用されることがないと考えることから，この債権者の信頼を保護するために，**その後に債務者が時効を援用することは許されない**（判例）。

時効の完成を知らないで「支払った場合」や「支払猶予を求めた場合」も同様に，その後時効の援用をすることはできない。

Point整理　時効の援用・時効の利益の放棄

時効の援用	① 時効の効果を発生させるには，時効によって直接利益を受ける者からの援用（時効の利益を受ける旨の意思表示）が必要 ※ 消滅時効の場合，援用があると起算日にさかのぼって債権が消滅する（時効期間中の遅延損害金の支払も不要） ② 援用権者 当事者・保証人・連帯保証人・物上保証人・第三取得者等
時効の利益の放棄	時効完成前にあらかじめ時効の利益を放棄することはできない ※ 区分所有者全員による滞納管理費の消滅時効を援用しない旨の合意は無効

6 物　権

1 物

1．物とは（85条）

物とは**有体物**をいう。固体，液体，気体のすべてを含む。

2．不動産とは（86条1項）

土地およびその定着物が，不動産である。定着物とは，主に建物である。建物と土地は民法上別々の不動産として，権利の客体となる。

3．動産とは（86条2項）

物の中で，**不動産以外のもの**はすべて**動産**である。

4．主物と従物とは（87条）

独立した物でありながら，一方が他方に従属して他方の効用を助ける関係にある場合，一方を**従物**，他方を**主物**という。例えば，納屋と母屋，机と教室，鞘と刀のような関係である。なお，**従物（従たる権利）は主物（主たる権利）の処分に従う**とされている。例えば，主物である母屋を売却した場合には，買主は従物である納屋の所有権も取得することになる。

参考
「**従物**」となる要件は，①継続的に主物の効用を助けること，②主物に附属すると認められる程度の場所的関係にあること，③主物と同一の所有者であること，④独立性を有すること，である。

2 物権

1．物権とは

物権とは，一定の**物**を**直接支配し，利益を受ける排他的な権利**である。

プラス
「**直接支配**」とは，所有権であれば，相手方とは関係なく物を直接自分で支配して，自由に使用，収益，処分することができることをいう。また，「**排他的**」とは，ひとつの物の上には同じ内容の物権が成立することはなく（一物一権主義），例えば，自分の所有地に他人が所有権を主張してきたときにその者を排除して，その土地を支配していくことができることをいう。

2．物権の種類

物権は強力な権利であるので，民法その他の法律によって定められた種類，内容のものに限り認められ，新しい物権を作り出したり，法定された内容を変更することはできない（物権法定主義）。民法で規定されている物権は，**所有権**，占有権，**地上権**，永小作権，地役権，入会権（いりあいけん），留置権（りゅうちけん），**先取特権**（さきどりとっけん），質権，**抵当権**である。

3 物権的請求権

1．物権的請求権とは

物権は，物に対する**排他的な支配権**であるから，その物権の侵害に対しては，その**回復・予防のための請求権**が認められる。これを**物権的請求権**という。

2．物権的請求権の種類

(1) 物権的返還請求権

他人が権原なく，目的物の不動産を不法占拠するなどして，**物権が完全に妨害された場合**に，当該**目的物の引渡しを求める権利**である。例えば，Aの所有地を，Bが不法に占拠した場合，AはBに対して土地の返還を請求できる。

(2) 物権的妨害排除請求権

他人が権原なく，目的物の一部を占有するなどして，**物権の行使が部分的に妨げられている場合に侵害をやめることを請求する権利**である。例えば，Aの所有地の一部にBが自動車を放置した場合，AはBに対してその排除を請求できる。

(3) 物権的妨害予防請求権

侵害が未だ現実のものではなく，**将来侵害が発生する可能性が強い場合**に，その**妨害を予防することを請求する権利**である。例えば，Aの所有地の隣接地であるBの所有地の樹木がAの所有地に倒れてくるおそれがある場合，AはBに対して樹木が倒れてこないような措置を講じるよう請求できる。

プラス　**物権的請求権**は，明確な条文（明文）はなく，解釈で認められている権利である。なお，所有権は消滅時効にかからないので，**所有権に基づく返還請求権も**消滅時効にかからない。

4 物権変動の対抗要件　はじめて

1．対抗要件とは（177条，178条）

物権変動とは，物権の**発生**（**取得**）・**変更**・**消滅**（**喪失**）をいう。例えば，売買契約が成立すれば，売主から買主に所有権が移転（取得）する。このような場合における買主の所有権の取得を第三者に対して**主張（対抗）するための要件**を「**対抗要件**」という。**対抗要件**は，**不動産**については「**登記**」であり，**動産**については「**引渡し**」である。

例えば，Aは自己所有のマンションを，BおよびCへ**二重に売却した**（**二重譲渡**）場合，BまたはCの**どちらか先に所有権移転登記を済ませた方**（先に対抗要件を備えた方）が所有権を取得し，もう一方に対して所有権を対抗することができる。

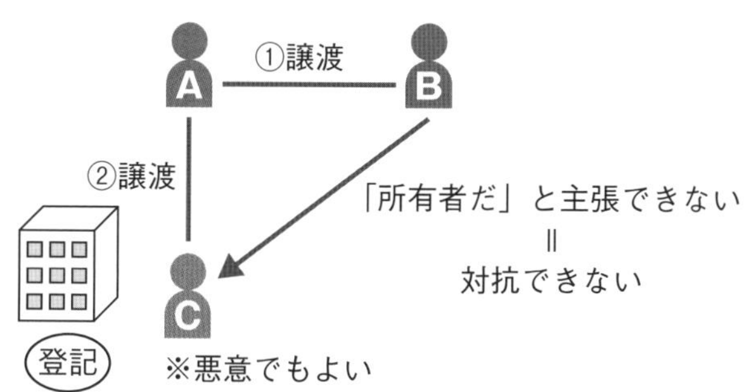

プラス　不動産の物権変動では，**登記**をすれば「**悪意または善意有過失（知っていたか，過失によって知らなかった）**」であっても**自分の権利を主張できる**。例えば，二重譲渡の場合で自分より先に契約した者がいると知って契約した場合でも，登記を先にしてしまえば，後に契約した者が所有権を主張できる。

出題 H26

2．不動産の物権変動（登記がなくても対抗できる第三者）

不動産の物権変動は，登記がなければ第三者に対抗することができないが，次の者に対しては**登記がなくても対抗することができる**。

① **全くの無権利者**
② **不法行為者・不法占拠者**
③ **背信的悪意者**
④ 詐欺または強迫によって登記申請を妨げた者
⑤ 他人のために登記申請をする義務のある者

参考
背信的悪意者とは，単に事実を知っている者ではなく，**いわゆる「悪質」な者である**。例えば，前の買主が登記をしていないことをいいことに，その者に高値で売り付けて利益を得る目的で買い受けて，先に登記を備えた者等をいう。

出題 H28

プラス 共同相続人の１人Aが，不動産について勝手に単独名義で相続した旨の登記をし，さらに第三者に売却して所有権の移転登記をした場合，**他の相続人は，第三者に対して，自己の相続分を登記がなくても対抗することができる**（判例）。他の相続人の相続分に関する限り，売主（勝手に単独名義で登記をした相続人A）も買主である第三者も，上記の「①全くの無権利者」に該当するからである。

3．動産の物権変動（178条，192条～194条）

(1) 対抗要件

動産の物権変動では，「**引渡し**」が対抗要件である。つまり，動産を譲り受けた者が，動産の所有権を第三者に主張するには，**占有の移転を受けなければならない**。

例えば，Bが，Aの所有するパソコンを譲り受けた場合，実際にパソコンの所持をAからBに移転させることで，Bは，第三者Cに対してもパソコンの所有権を主張できる。

このような占有の移転を**現実の引渡し**という。

参考
引渡しには，「**現実の引渡し**」の他に，「**簡易の引渡し**」（すでにBが貸与を受けてパソコンを所持している場合に，Aの意思表示のみにより，Bに占有が移転したことにする），「**指図による占有移転**」（Aがパソコンを第三者Cに貸与している場合に，AがCに対してBのために所持するように命じて，Bがこれを承諾することにより，占有が移転したことにする），「**占有改定**」（Aがパソコンを所持したまま，これ以後はBのために占有する旨の意思表示をBにすることにより，占有が移転したことにする）がある。

(2) 即時取得（そくじしゅとく）

即時取得とは，動産を占有する者を，**善意かつ無過失**で権利者と信じて取引した者を保護するため，**取引の相手方が無権利者であっても**，その**動産の権利を取得**できる制度をいう。

例えば，Aは自己所有のパソコンをBに貸していたが，Bが，自分の所有物だと偽ってCに売却してしまった場合，CがBを所有者だと過失なく信じていたのであれば，Cはパソコンの所有権を取得することができる。

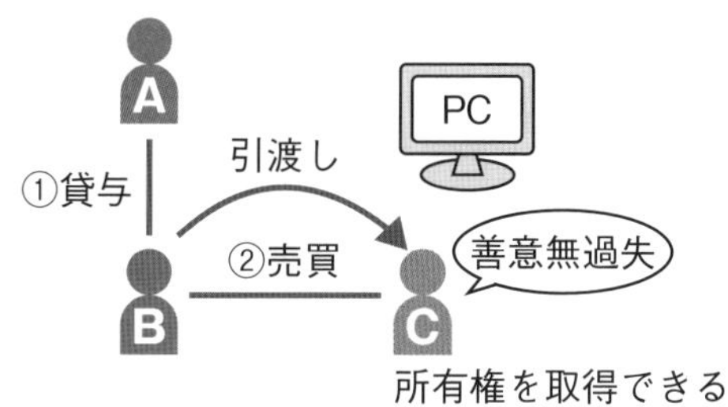

即時取得が成立する要件は，次のとおりである。

① **動産**であること。

② **有効な取引行為**が存在すること。
　取引行為ではなく，例えば，動産を**拾得**した場合，**即時取得は成立しない**。

③ **無権利者または無権限者からの取得**であること。

④ 平穏，公然，善意・無過失に占有を取得したこと。

⑤ 占有を始めること。

(3) 盗品または遺失物についての特則

① 即時取得の目的物が「**盗品または遺失物**」であるときは，権利者である被害者または遺失主は，**盗難または遺失の時から2年間**は，占有者に対してその物の**回復（返還）請求ができる**。

② ①の場合，原則として被害者または遺失主は，**代価を弁償する必要がない**。例外として，占有者が**競売や公の市場，商人（質屋等）から善意で買い受けた場合**は，その支払った**代価を弁償しなければ回復請求をすることができない**。
　例えば，A所有のパソコンをBが盗み，これを第三者Cに譲渡した場合には，Aは，盗難の時から2年間は，Cに対してパソコンの返還請求をすることができる。ただし，Cが質屋から善意で買い受けていた場合には，Cが支払った代価を弁償しなければ，返還請求をすることができない。

7 占有権・用益物権

1 占有権とは

占有権とは，**自己のためにする意思をもって**，物を所持（現実に支配）することによって取得される権利である（180条）。単に「手に持っている」あるいは，その家に「住んでいる」というだけの事実状態としての支配も，占有権として法律上保護される。また，占有者は，**所有の意思**をもって，**善意**で，**平穏**に，かつ，**公然と占有**するものと**推定**される（186条）。「**無過失」は推定されない**ので，**10年の取得時効**を主張する者は，「**無過失」である点については立証しなければならない**。出題 R5

用語解説

「**推定**」とは，当事者が取り決めていない場合や反対の証拠がない場合に，ある事柄について**法律で一応の判断をしておくこと**をいう。もし，反対の証拠の提出があれば，その判断を覆すことができる。これに対して「**みなす**」とは，**法律がそのように決めてしまうこと**をいう。「みなす」の場合は，反対の証拠の提出があったとしても，その判断は覆らない。

2 占有訴権

民法では本当の権利（所有権等）を有するか否かを問わず，占有権を有している者が占有を奪われたり，妨害されたりした場合，占有権を保護するために，**占有訴権**という権利が認められている。この占有訴権は，占有に対する侵害の態様に応じて，次の3つの種類がある（197～202条）。

【占有訴権の種類と内容】

	占有保全の訴え	占有保持の訴え	占有回収の訴え
要件	占有を他人に**妨害**される**おそれ**のある場合	占有を他人が**妨害**する場合	占有を他人に**奪われた**場合
内容	妨害の予防**または**損害賠償の担保の請求	妨害の停止および損害賠償の請求	返還請求および損害賠償の請求
行使期間	妨害の危険が生じている間	・妨害されている間 ・妨害が消滅した後1年以内	占有を奪われた時から**1年以内**
備考	妨害が工事によるものであるときは，工事着手後1年以内または工事終了まで行使できる。		**善意の特定承継人**に対しては**訴えを提起できない**。

3 用益物権

用益物権とは，他人の所有権を基礎として，物の使用・収益権能のみを行使し得る権利である。民法上には，**地上権**・地役権・永小作権等が規定されている。

1．地上権（265条）

他人の土地において，**工作物**（建物，道路，トンネル等）または**竹木**（植林等）を所有するためにその土地を使用する権利である。したがって，自家用車を駐車するために更地のまま土地を使用する場合には，**地上権を設定することはできない**。この場合は，賃貸借契約に基づき**賃借権**を設定することになる。

2．永小作権（270条）

小作料を支払って，耕作または牧畜をするために他人の土地を利用する権利である。

3．地役権（280条）

自己の土地の**便益**（利用価値）を増加させるために，他人の土地を利用する権利である。他人の土地から便益を受ける土地を**要役地**といい，要役地に便益を与える土地を**承役地**という。例えば，自己の土地（要役地）から公道に出るために他人の土地（承役地）を通行させてもらうような場合である（通行地役権）。

8 所有権と共有

1 所有権の性質

所有権は，物に対する全面的な支配権であり，その物の所有者は，法令の制限内において，所有物を自由に**使用・収益・処分**することができる（206条）。

2 相隣関係

隣接する不動産の所有者相互の利用の調整を図るものが，相隣関係の規定である。

1．隣地使用権（209条）

土地の所有者は，①境界またはその付近における**障壁や建物等の築造・収去・修繕**，②境界標の調査または境界に関する測量，③越境した枝の切取り，のいずれかの目的のため必要な範囲内で，**隣地を使用する権利**がある。ただし，住家には隣人の承諾がない限り立ち入ることはできない。なお，使用により隣人に損害を与えた場合は償金を支払わなければならない。

2．他の土地の通行権（210条）

他の土地に囲まれた公道に通じない土地（**袋地**）**の所有者**は，公道に至るために，その土地を囲んでいる**他の土地を通行する権利**がある。

> **参考**
> **その他の相隣関係の規定**として，隣地から水が自然と流れて来るのを妨げてはいけない（214条），建物は，境界線から50cm以上隔てて建てなければならない（234条1項），境界線から1m未満の距離のところに他人の宅地を見通すことができる窓や縁側，ベランダを設ける場合は，目隠しを設けなければならない（235条1項）等がある。

3．境界標の設置等（223条，224条，229条）

土地の所有者は，隣地の所有者と**共同の費用**で，**境界標を設け**ることができる。境界標の**設置および保存の費用**は，**双方が等しい割合で負担**するが，**測量費用**は**面積に応じて分担**する。また，境界線上に設けた境界標，障壁等は，相隣者の**共有に属**する**ものと推定**する。

4．竹木の枝の切除および根の切取り（233条）

境界線を越える**竹木の枝**は，その所有者に**切除させることができる**。ただし，①切除するよう**催告**したが，相当の期間内に切除しない，②竹木の所有者が**所在不明**，③**急迫の事情**がある，のいずれかに該当するときは，土地の所有者は自らその枝を切り取ることができる。なお，隣地の**竹木の根**が境界線を越えるときは，このような要件を満たしていなくても，**自らその根を切り取る**ことができる。

3 共有　はじめて

数人の者が共同して1つの物を所有することを**共有**という。この数人の者を**共有者**という。

1．持分（250条）

持分（**共有持分**）とは，各共有者が共有物に対して有する**所有権の割合**である。**持分権**（**共有持分権**）ともいう。例えば，A・B・Cの3人が，それぞれ500万円ずつを出して，別荘を1,500万円で購入し，それぞれ1/3の割合で所有権を有することにした場合，この別荘は，A・B・Cの共有であり，持分は各1/3となる。**持分**は，このように当事者間で定められたり，法律の規定で定められたりするが，**共有者の持分が不明の場合**は，**各共有者の持分は相等しいものと推定される**。

> プラス　マンションの1つの部屋（専有部分）は，数人で共有することができる。また，マンションの**共用部分**（廊下，階段，エントランス等）や**敷地**は，マンションの住人である区分所有者全員の共有となる。なお，**共用部分や敷地の共有**については，第3章「建物の区分所有等に関する法律」で詳述する。

2．共有物の使用（249条）

(1)　各共有者は，**持分の割合に応じて**，共有物「**全部**」**の使用をすることができる**。例えば，共有の別荘について，共有者が協議によって「**1週間ずつ使用する**」というように定めることができる。出題 H26

(2)　共有者は，別段の合意（使用を無償とする合意等）がある場合を除いて，他の共有者に対し，**自己の持分を超える使用の対価を償還する義務**を負う。例えば，AとBが共有するマンションをAが単独で使用している場合，AはBに対してその使用料相当額を支払う義務を負う。

> 注意
> **持分割合が小さい共有者も共有物全部を使用する権利を有する**ので，過半数を超えて持分を有する共有者であっても，**共有物を単独で占有する他の共有者に対して，当然にその引渡しを請求することはできない**（判例）。
> 出題 H29

(3) 共有者は**善良な管理者の注意**（**善管注意義務**➡P.119参照)）をもって，共有物を使用しなければならない。

3．持分の処分

出題 H28

各共有者が**自己の持分を処分**することは，**自由**である。持分を譲渡したり，持分に対して抵当権を設定する等の処分は，**他の共有者の同意がなくてもできる**。

> プラス 質権の設定には目的物の引渡しが必要であるが，持分のみの引渡しは不可能なので，**自己の持分についてだけ質権を設定することはできない**（判例）。

4．共有物の管理，変更 (251条，252条)

共有者は，共有物の管理方法や処分について協議により決定していくことになるが，その際のルールが，次のように規定されている。

(1) **保存行為**

出題 H26・29

共有物の**現状を維持する行為**である。保存行為は**各共有者が単独**で行うことができる。

［例］共有物の修繕，不法占拠者への明渡し請求

> ❗参考
> **不法占拠者への損害賠償請求**は，**持分の割合**に限られる。

(2) **管理行為**

共有物の性質を変えないで，**利用・改良する行為**である。管理行為を行うには，**各共有者の持分価格の過半数の同意**が必要である。

［例］賃貸借契約の締結・解除，共有物の**管理者の選任および解任**

賃貸借契約の締結については，**短期賃貸借**に制限される。**建物の賃貸借**であれば，**３年を超えない期間**で設定する場合が管理行為に該当する。

> プラス あくまで「持分価格の過半数」だけであり，**共有者の頭数（人数）は考慮しない。**

(3) **変更行為**

① **軽微な変更**

出題 H26・29

共有物の**形状**（外観・構造等）**または効用**（機能・用途等）**の著しい変更を伴わない変更**をいう。軽微な変更行為を行うには，**各共有者の持分価格の過半数の同意**が必要である。

[例] **玄関や窓ガラスの一斉交換，階段にスロープを設置する工事**

② **著しい変更**

共有物の**形状または効用の著しい変更を伴う変更**をいう。共有物の**処分**は，著しい変更行為に該当する。**著しい変更・処分行為**を行うには，**共有者全員の同意が必要**である。

[例] **共有物の譲渡（売却），共有物に対する抵当権の設定，** 建替え・増改築

なお，**所在等不明共有者**（必要な調査を尽くしても氏名等や所在が不明な共有者）がいる場合には，**裁判所の決定を得て**，所在等不明共有者以外の**共有者全員の同意**により，共有物に変更を加えることができる。

Point整理　共有物の管理，変更

行為	内容	具体例	決定方法
保存	現状維持行為	① 修繕 ② 不法占拠者への明渡し請求	単独でできる
管理	利用・改良行為	① 賃貸借契約の締結・解除※ ② 管理者の選任・解任	持分価格の過半数の同意
変更	軽微な変更	① 玄関や窓ガラスの一斉交換 ② 階段にスロープを設置	
	著しい変更	① 譲渡，抵当権の設定 ② 建替え・増改築	全員の同意

※**賃貸借契約の締結**については，**短期賃貸借**に制限される。

(4) 共有物を使用する共有者がある場合

共有物を使用する共有者がある場合であっても，**その者の承諾を得ることなく**，管理行為および軽微な変更行為について，**各共有者の持分価格の過半数の同意**で決定することができる。ただし，この決定が共有者間の決定に基づいて共有物を使用する共有者に特別の影響を及ぼす場合には，その共有者の同意を得なければならない。

(5) 所在等不明・賛否不明の共有者がいる場合

次の①②のいずれかに該当する場合には，**裁判所の決定**を受けて，**「①または②」以外の共有者の持分の価格の過半数**

により，**管理行為や軽微変更**を行うことができる。所在等不明な共有者等がいる場合でも，共有物の管理ができるようにするためである。

① **所在等不明共有者**がいる。

② 共有物の管理に関心を持たず，相当の期間を定めて**催告してもその期間内に賛否を明らかにしない共有者**がいる。

5．共有物の管理者（252条の2）

共有物の管理者とは，共有者から共有物の管理行為および軽微な変更をする権限を与えられた者であり，共有者であるか否かは問わない。共有物の**管理者の選任・解任**は**各共有者の持分価格の過半数による**。**共有物の管理者**は，共有者全員の同意を得なければ，共有物の著しい変更はできないが，**所在等不明共有者**がいる場合には，**裁判所の決定を得て，共有物に著しい変更行為**を行うことができる。

6．共有物に関する費用債権（253条）

各共有者は，その**持分に応じて**共有物の管理費用を支払い，**共有物に関する負担**をしなければならない。もし，共有者が**1年以内**にこの義務を行わないときは，他の共有者は，**相当な償金を支払って**その者の持分を取得することができる。

7．共有物に関する債権（254条）

他の共有者に対して債権を有する共有者は，その者の**特定承継人**（共有持分を譲り受けた者等）に対しても，その権利を行使できる。

8．持分の放棄および共有者の死亡（255条）

出題 H26・29・R2

共有者の1人が，その**持分を放棄**したとき，または**相続人なし**で**死亡**したときは，その持分は，それぞれの持分に応じて**他の共有者に帰属**する。ただし，相続人がいない場合には**特別縁故者**（➡P.134参照）の請求があれば，相続財産の全部または一部が分与される（958条の2）。したがって，他の共有者が持分を取得するのは，共有者の1人が相続人なしで死亡し，その持分について，**特別縁故者への分与の審判がなかった場合**である（判例）。

9．共有物の分割請求（256条，258条，261条）

共有物の分割とは，**共有関係を解消**することをいう。

(1) 分割請求の時期

出題 H28・R5

各共有者は，**いつでも共有物の分割を請求**することができる。ただし，共有者は全員で，**5年以内の期間を定めて分割しない旨の契約**（不分割特約）をすることができる（256条）。この特約は更新できるが，更新後の期間も，上限は5年とされる。なお，分割請求に**正当な理由は不要である**。

(2) 分割の方法

共有者からの分割請求に基づき**協議**によって行う。協議は共有者全員でしなければならない。協議による分割の方法としては，**現物分割，代金分割，価格賠償**の3つの方法がある。

現物分割	例えば，A・B共有地を甲土地と乙土地に分筆して，甲土地をAの，乙土地をBの，それぞれ単独所有とすること
代金分割	共有物を第三者に売却し，その代金を各共有者で分割すること
価格賠償	共有者の1人が共有物の所有権を取得し，他の共有者に金銭を支払うこと

(3) 裁判所による分割

出題 R5

共有者による協議が調わない，または共有者間で協議をすることができないときは，各共有者は，**裁判所に分割請求をする**ことができる。**裁判所**は，**現物分割**または**価格賠償**の方法によって，共有物を分割することを命じることができる。現物分割または価格賠償の方法によって分割できないとき，または分割によって著しく価格を減ずるおそれがあるときは，**競売を命じて，代金を分割させる**ことができる。

(4) 分割における共有者の担保責任

各共有者は，他の共有者が共有物の分割によって取得した物について，売主と同様に**持分割合に応じた担保責任**を負う。

プラス 所有権以外の財産権（地上権・抵当権等）を数人の者が共同で有する場合を**準共有**といい，**共有の規定が準用**される（264条）。**債権**にも**準共有**が成立し，例えば，数人で共有するマンションの一室を共有者全員の合意により売却した場合，**代金請求権は，持分割合に応じて売主である各共有者に帰属**する。したがって，各共有者は，別段の意思表示がない限り，買主に対して自己の持分を超えて，**売却代金全額を請求することはできない。** 出題 H28

Point整理 共有のまとめ

持分の処分		各共有者が**自己の持分を自由に処分**（**譲渡，抵当権の設定等**）することができる ※　持分の処分に他の共有者の承諾は不要
管理費の負担		① 各共有者は，その**持分に応じて管理費用を負担** ② 共有者が1年以内に①の義務を履行しない場合，他の共有者は相当の償金を払ってその者の持分の取得をすることができる
持分放棄等		共有者の1人が，**持分を放棄したとき・相続人なしで死亡し特別縁故者への分与の審判がなかったとき**は，その持分は他の共有者に帰属する
分割	原則	① いつでも協議により**共有物の分割を請求すること**ができる ② 分割の方法には，現物分割，代金分割，価格賠償がある ※　協議が調わない➡**裁判所**へ分割請求できる
	例外	**不分割特約**（5年以内）がある場合は，分割できない

⑨ 担保物権

1 担保物権の種類 はじめて

担保（たんぽ）とは，**債務が弁済されない場合**に備えて債権者に提供され，**債務の弁済を確保する手段（肩代わり）**となるものをいう。**担保物権**とは，債権者が債務者または第三者の物を担保として支配することによって弁済を促したり，**その物を処分（競売等）してその代金から優先弁済を受けたりする**ことができる権利である。この場合に担保の対象となる債権を，**被担保債権**（ひたんぽ）という。

担保物権は，民法上では4種類あり，これらはさらに，**約定担保物権**と**法定担保物権**に分けられる。

1．約定担保物権

当事者の**契約によって成立**するもので，**抵当権**，質権がある。

2．法定担保物権

一定の債権について，**法律上当然に成立**するもので，**先取特権**と留置権がある。

2 担保物権の概要

1．抵当権

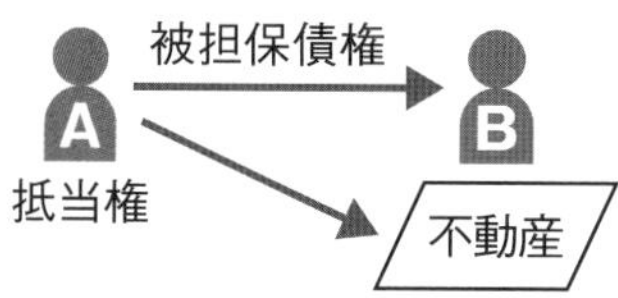

AとBの合意により成立する。Bが弁済できない場合，Aは，この不動産等を処分（競売等）し，その代価から優先的に弁済を受けることができる。

2．質権

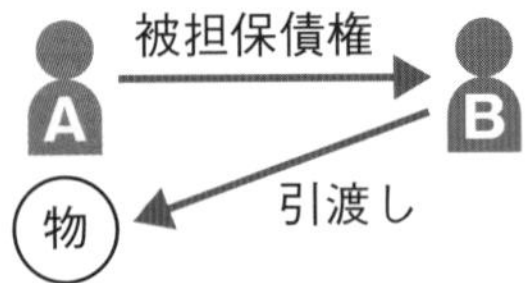

BがAに目的物を引き渡すことにより成立する。Bが弁済できない場合，Aは，この物を処分（競売等）し，その代価から優先的に弁済を受けることができる。

3．先取特権（さきどりとっけん）

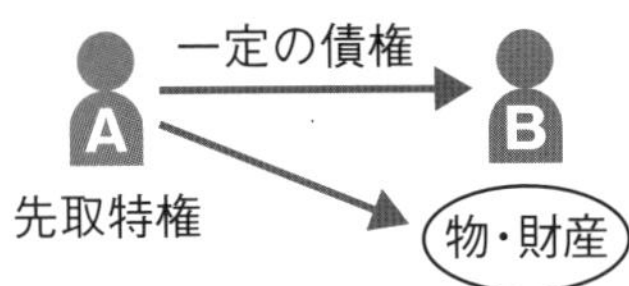

法律で定められた一定の債権を取得すると，当然に成立する。Bが弁済できない場合，Aは，債務者Bの所有する物や財産を処分（競売等）することができ，その代価から優先的に弁済を受けることができる。

4．留置権（りゅうちけん）

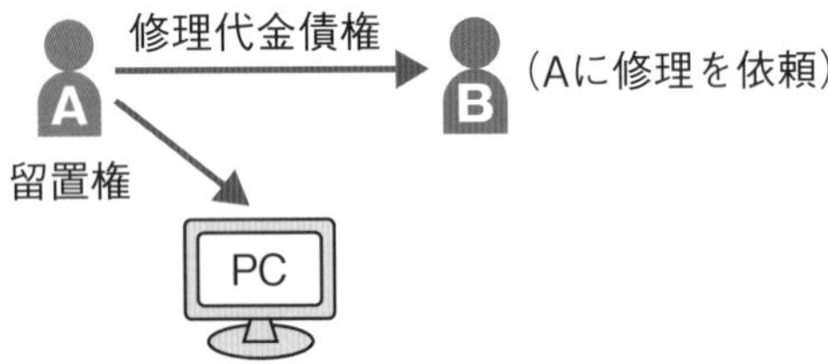

例えば，パソコンを修理したAは，パソコンに留置権を取得する。Aは，Bが修理代金を弁済するまで，パソコンを留置することができる。しかしながら，留置権には，基本的に物の返還を拒んで債権の弁済を促す効力しかない（優先弁済的効力がない）。

3 担保物権の性質

担保物権は，共通して次の4つの性質を有する（ただし，留置権のみ物上代位性を有しない）。

1．付従性（ふじゅうせい）

担保物権は，**債務が存在している間に限り成立**する。これを**付従性**という。債務がなくなれば，担保物権もなくなる。例えば，債務が弁済や時効により消滅した場合，たとえ登記簿に登記が残っていても抵当権は当然に消滅する。

2．不可分性（ふかぶんせい）

担保物権は，**債務の全額が弁済されるまで**，その担保の目的となる**物の全部について存続**する。これを**不可分性**という。

プラス　例えば，100㎡のマンションに抵当権が設定されている場合，債務を半分弁済すれば50㎡について抵当権が消滅するのではなく，**引き続き100㎡全体について抵当権は存続する。**

3．随伴性（ずいはんせい）

担保物権は，**被担保債権とともに移転**し，これを**随伴性**という。

プラス　例えば，被担保債権が**債権譲渡**（➡P.86参照）された場合，譲受人は，被担保債権だけではなく担保権も取得する。

4．物上代位性（ぶつじょうだいいせい）　出題 R5

担保物権の対象となっている物が他の財産権に変わる場合に，その財産権に対して**担保物権の効力が及ぶ**。これを**物上代位性**という。ただし，物上代位によって担保物権を行使するには，**払渡し前の差押えが必要**である。例えば，抵当権が設定された建物が火災によって焼失した場合は，その火災保険金の**払渡し前に差押えをする**ことにより，抵当権を行使できる。

プラス　なお，**留置権**は，目的物を留置することがその主たる内容であり，目的物の交換価値を把握するものではないので，**物上代位性を有しない。**

参考
火災保険金を物上代位の対象とする場合，実際に差し押さえるのは保険会社に対する**火災保険金請求権**である。ほかにも物上代位の対象となるものとしては，売買契約に基づく**売買代金請求権**，不法行為に基づく**損害賠償請求権**，賃貸借契約に基づく**賃料請求権**等がある。

4 担保物権の効力

1．優先弁済的効力

担保物権が設定された目的物の「**交換価値**」を債権者が把握できる効力をいう。つまり，債務者が債務の弁済をしない場合，債権者はその目的物を競売により売却して金銭に換えて，この金銭から**他の債権者より優先して弁済を受けることができる効力**である。これは，先取特権，質権，抵当権に認められている。

2．留置的効力

担保物権が設定された目的物を債権者の手元に「**留置**」させ，債務者に「**弁済しないと目的物を返還しない**」という心理的なプレッシャーを加えることで弁済を促すことができる効力をいう。これは，留置権と質権に認められている。

Point整理 担保物権の性質

○…あり　×…なし

	抵当権	質権	先取特権	留置権
付従性	○	○	○	○
不可分性	○	○	○	○
随伴性	○	○	○	○
物上代位性	**○**	○	**○**	×
優先弁済的効力	○	○	○	×
留置的効力	×	○	×	○

5 担保物権の対抗要件

不動産について**担保物権**を設定する場合，**登記**がないと**第三者に対抗することができない**。例えば，Aが所有している建物に，債権者Bのために抵当権が設定されている場合，Bが，自分の抵当権をこの建物の賃借人や譲受人（買主）に対抗するには，抵当権設定の登記をしなければならない。なお，留置権の対抗要件は，占有であり，登記することはできない。一般の先取特権は，不動産について，登記することもできるが，その登記がなくても一般の債権者には対抗することができる。

⑩ 抵当権

1 抵当権の設定 はじめて

抵当権とは，**債務者**または**第三者**が，その目的物の**占有**（使用収益権）を手元に残したまま，**債務の担保に供する**ことのできる担保物権である(369条)。債権者は債務が弁済されない場合，抵当権を設定した不動産等に対し裁判所に競売の申立てを行い（これを「抵当権を実行する」という），その競売による売却代金から，他の債権者よりも優先して弁済を受けることになる(**優先弁済的効力**)。抵当権は，現に成立している債権の他，将来発生する債権を目的として，設定することもできる。

プラス 土地や建物に抵当権が設定された場合でも，目的物の占有は**抵当権設定者**（債務者や物上保証人）に残っている。したがって，**抵当権設定者**は今までどおり，土地や建物の使用を続けることができる。抵当権は，抵当権者が土地や建物を支配するわけではないので，「**非占有担保**」ともいわれる。このように**目的物の使用収益を継続しながら，担保に供することができる**点が，抵当権の大きな特徴である。

1．抵当権設定契約

抵当権設定契約は，**抵当権者**と**抵当権設定者**との間の**合意**によって成立する。**登記**は**第三者に対する対抗要件**であるため，抵当権の登記をすれば，登記後に賃借権を取得した者や目的物を譲り受けた者に対して抵当権を対抗できる。

抵当権設定者は，必ずしも債務者とは限らない。債務者以外の者の財産に抵当権を設定することを「**物上保証**」といい，この第三者を**物上保証人**という。なお，抵当権設定者は，抵当権が設定されても，所有権を失うわけではないので，**抵当権者の同意がなくても**，自由に目的物を**使用**し，**収益**（賃貸等）し，**処分**（売却等）することも可能である。

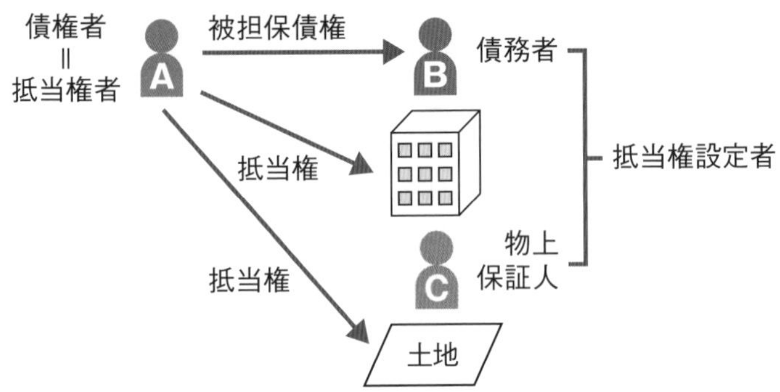

2．抵当権の目的物（369条）

不動産（**土地・建物**）および**地上権・永小作権**である。賃借権には抵当権を設定することはできない。

2 抵当権の性質

付従性，不可分性，随伴性，物上代位性を有している。

3 抵当権の効力 はじめて

1．抵当権の効力が及ぶ目的物の範囲（370条～372条）

(1) **建物と土地**

出題 R4

建物と土地はそれぞれ独立した不動産であるから，**建物のみに設定した抵当権の効力は土地に及ばず，土地のみに設定した抵当権の効力は建物には及ばない。**つまり，原則として，土地に設定した抵当権の行使として，土地上の建物を，建物に設定した抵当権の行使として，底地の土地を競売にかけることはできない。

(2) **付加一体物**（ふかいったいぶつ）

出題 R5

付加一体物とは，**不動産の構成部分となり独立性を失っている物**をいう。例えば，建物の増築部分や雨戸，庭木等である。**付加一体物**については，付加された時期が**抵当権設定の前か後か**を問わず，**抵当権の効力が及ぶ**。

(3) **従物，従たる権利**

① **抵当権設定当時に存在した従物**については，**抵当権の効力が及ぶ**。例えば，物置小屋，畳，建具や取外しのできる

庭石，石灯籠等である。

② **従たる権利**についても，抵当権設定当時に存在していれば，原則として**効力が及ぶ**（判例）。例えば，借地上の建物に抵当権を設定した場合の借地権である。

(4) **果実（天然果実・法定果実）**

① **天然果実**とは，自然から生み出される生産物（果物，野菜，米等）である。**法定果実**とは，物の使用の対価（地代，賃料等）である。抵当権は，その**担保する債権について不履行があったときは**，その後に生じた**抵当不動産の果実に及ぶ**。

② **法定果実**には，物上代位の規定により**払渡し前の差押え**をもってその**効力を及ぼすことができる**（判例）。

注意 不可一体物にも従物にも該当しない**抵当不動産内に備え付けられた動産**には抵当権の効力は及ばない。
出題 R5

2．被担保債権の範囲（375条）

出題 R4

抵当権によって担保される**被担保債権の範囲**は，どこまでであろうか。**元本**については**全額担保**される。**利息**や**遅延損害金**については，**満期となった最後の2年分**に限られる。ただし，この規定は，後順位の抵当権者や他の債権者を保護するために設けられているので，債務者または設定者に対しては2年分に制限されない（判例）。つまり債権全額について抵当権を主張することができる。

プラス **後順位の抵当権者や他の債権者がいない場合**も，被担保債権の範囲は，**最後の2年分に制限されない**。

4 法定地上権

1．法定地上権とは（388条）

建物が建っている土地のみに抵当権が設定された後，抵当権が実行されると，抵当権の効力は建物には及ばないので，土地と建物の所有者が異なることになる。この場合，建物の所有者は，土地の利用権がないので，土地所有者からの請求があれば建物を収去して土地を明け渡さなければならない。そこで，一定の場合に，抵当権の実行により土地と建物の所有者が異なることになったときには，建物所有者のために，**法定地上権**という権利が発生する。

2．法定地上権の成立要件

次の要件を満たすと，建物の所有者は**法律上当然に，地上権を取得**する。

(1) **抵当権設定当時**，土地の上に**建物が存在**し，それぞれ**同一の所有者**であること。

抵当権設定当時，土地とその上にある建物が同一の所有者である限り，次のような場合にも法定地上権の成立を認めている（判例）。

① 建物について保存登記が未だなされていない場合

② 土地について抵当権が設定された当時に存在した建物が火災等で滅失し，抵当権実行前に同様の建物が再築された場合

③ 抵当権設定後，土地と建物の所有者が異なるに至った場合

(2) 土地と建物の一方または双方に抵当権が存在すること。

(3) 抵当権の実行によって，**土地と建物の所有者が別々になったこと**。

> **!参考**
> **抵当権設定の当時建物は未だ完成しておらず**，更地としての評価に基づき抵当権が設定されたときは，抵当権者が建物の築造をあらかじめ承認していたとしても，**法定地上権は成立しない**（判例）。

【法定地上権が成立するケース】

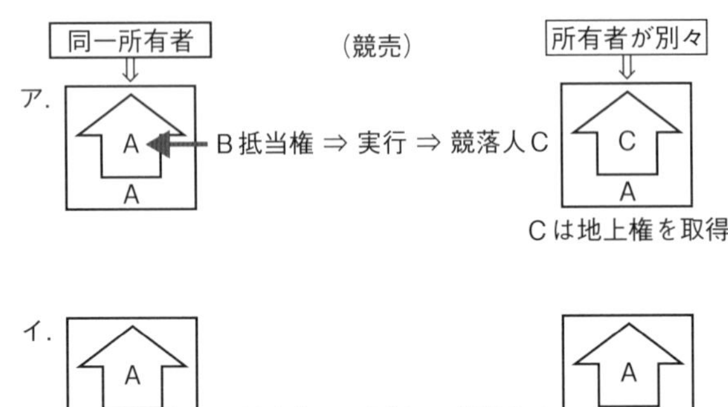

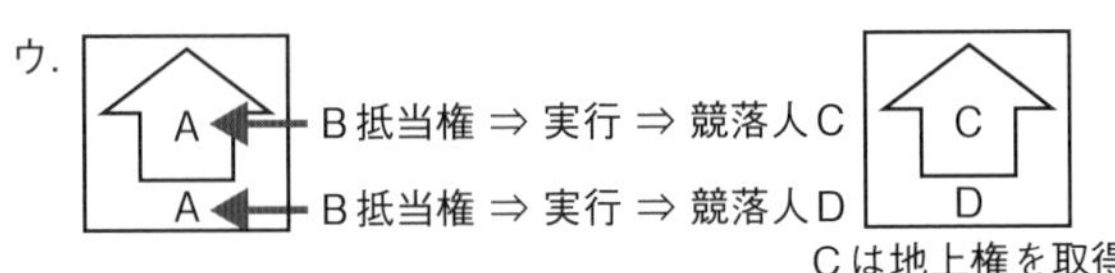

5 賃貸借の保護

抵当権が設定された土地や建物を賃貸借契約の対象とするときに，賃借人の保護はどのようになっているのであろうか。

1．抵当権設定登記前の賃借人（605条，177条）

抵当権設定登記「**前**」に，土地や建物について賃借権が設定され，その賃借権に対抗要件が備えられていれば，**賃借人**は，抵当権者や競売による買受人に**賃借権を対抗することができる**。

2．抵当権設定登記後の賃借人（605条，177条）

⑴　**抵当権設定登記**「**後**」の賃貸借は，**その期間の長短を問わず**，たとえ対抗要件を備えていたとしても，原則として，**賃借人**は，抵当権者や買受人に**対抗することができない**。つまり，賃借人は，建物を競売によって買い受けた者に「出て行け」と言われたら，賃借権を主張できず，**退去しなければならない**。

⑵　**抵当権者の同意を得た賃貸借**（387条）

⑴の例外として，**登記された賃貸借**は，その登記前に登記した**すべての抵当権者が同意**し，その**同意の登記**があるときは，これによりその同意した抵当権者に**対抗することができる**。

⑶　**建物明渡し猶予制度**（395条）

抵当権者に対抗できない賃貸借により，競売手続開始前から建物を使用または収益する者等は，その建物の競売の場合に，**買受人の買受時より6ヵ月を経過するまで**は，その建物を買受人に**引き渡す必要はない**。

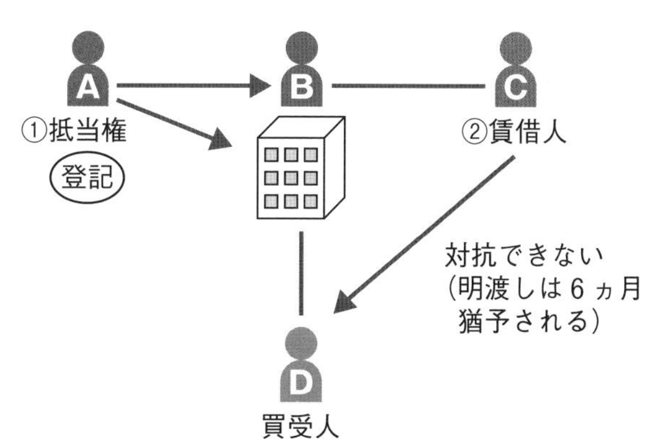

参考

明渡し猶予期間中，建物使用者は買受人に使用料を支払わなければならないが，この使用料に不払いが生じた場合，買受人が相当の期間を定めてその1ヵ月分以上の支払いを催告し，その相当の期間内に支払いがないときは，買受人は直ちに**建物の明渡しを請求**することができる（395条2項）。

⑪ 抵当権以外の担保物権

1 先取特権（さきどりとっけん） はじめて

(1) **先取特権**とは，法律で定める特定の債権を有する債権者が，その債務者の財産につき**他の債権者よりも先に自己の債権の弁済を受けることができる権利**をいう（303条）。先取特権は，法定担保物権であり，その成立に当事者間の**契約（約定）は不要である**。

(2) 債務者のどの財産から優先弁済を受けることができるかによって，一般，動産，不動産の３種類の先取特権に分けられる。先取特権には，付従性，不可分性，随伴性，**物上代位性**がある。ただし，一般の先取特権は債務者の総財産に及ぶので物上代位性は問題とならない。

1．一般の先取特権（４種類）（306条～310条）

一般の先取特権とは，**債務者の総財産**から優先弁済を受けることができるというものである。一般の先取特権は４種類あり，優先順位の高いものから，「**共益費用**（債務の時効の完成猶予・更新にかかった費用，**管理費等**）」「雇用関係」「葬式費用」「日用品供給」となっている。

2．動産の先取特権（８種類）（311条～324条）

動産の先取特権とは，**債務者の所有する特定の動産**から優先弁済を受けることができるというものである。

動産の先取特権は，８種類あり，特に**不動産の賃貸借の先取特権**が重要である。

(1) **不動産の賃貸借の先取特権**

不動産の賃料その他の賃貸借契約から生じた賃借人の債務を担保するために，賃借人が賃借している**建物に備え付けた動産**（建物に持ち込んだ金銭・有価証券・宝石等を含む）を目的に成立する。

例えば，賃借人が家賃を滞納している場合，**不動産賃貸の先取特権**に基づいて，家主は，賃借人が家屋に備え付けた家具類・賃借人が家屋内に持ち込んだ時計・宝石等の動産を競

参考

動産の先取特権は，次の８種類である。①**不動産の賃貸借**，②旅館の宿泊，③旅客または荷物の運輸，④動産の保存，⑤動産の売買，⑥種苗または肥料の供給，⑦農業の労務，⑧工業の労務

売し，その代金について他の債権者に優先して滞納した家賃の弁済を受けることができる。

なお，賃借権の譲渡または転貸があった場合には，不動産賃貸の先取特権は，**譲受人または転借人の動産にも及ぶ**。

(2)　**先取特権と第三取得者**（333条）

先取特権の目的物である動産が**第三者に譲渡され，引き渡されると，先取特権は行使することができなくなる**。先取特権の追及力を制限して第三者を保護するためである。

出題 H27

3．不動産の先取特権（3種類）（325条～328条）

不動産の先取特権は，**債務者の所有する特定の不動産**から優先弁済を受けることができるものであって，**不動産保存の先取特権**（修繕費等），**不動産工事の先取特権**（新築，増改築費等），不動産売買の先取特権（代金やその利息）がある。例えば，マンション建築の注文者が，請負人に代金を支払わないとき，請負人はマンションを競売し，その代金の中から他の債権者に優先して請負代金の弁済を受けることができる（不動産工事の先取特権）。

！参考

一般の先取特権と**特別の先取特権**が競合した場合，原則として，**特別の先取特権**が優先する。この場合でも，その一般の先取特権が「**共益費用の先取特権**」である場合には，「**共益費用の先取特権**」が**特別の先取特権**に優先する。「共益費用の債権」は，すべての債権者の利益になる行為によって生じたものなので，最初に弁済を受けさせようという趣旨である。

4．一般の先取特権の効力

(1)　**行使についての制限**（335条）

一般の先取特権についての優先弁済権を行使する場合には，まず**不動産以外の財産**（**建物に備え付けた動産**等）から弁済を受け，**なお不足がある場合にはじめて不動産から弁済を受ける**。また，不動産から弁済を受ける場合でも，数個の不動産があるときは，特別担保（特別の先取特権，質権，抵当権）の付いていないものから先に弁済を受けなければならない。出題 H27

(2)　**一般の先取特権の対抗力**（336条）

一般の先取特権の被担保債権は，比較的少額であることが多く，実際に登記されることが期待できない。そのため，**不動産については，登記をしなくても一般の債権者には対抗することができる**。ただし，**登記をした第三者**（**抵当権者等**）に対しては，**登記なしでは対抗できず**，共に登記がある場合には，**登記の前後によって優劣が決まる**。

出題 H27・R5

2 質権

質権とは，債権者がその債権の担保として債務者または第三者から**受け取った物を占有**し，その物につき他の債権者に先だって，自己の債権の弁済を受ける権利である（342条）。質権には，抵当権と同様に，付従性，不可分性，随伴性，物上代位性がある。

3 留置権 はじめて

留置権とは，他人の物の占有者が**その物に関して生じた債権**を有するときに，その債権の弁済を受けるまで**その物を返さないでいられる権利**である（295条）。目的物を留置することで，間接的に弁済を強制する機能を有する。留置権には，付従性，不可分性，随伴性はあるが，**物上代位性はない**。出題 R1

例えば，賃貸借期間中に建物に**修繕費（必要費）**を支出した賃借人は，賃貸借契約が終了しても，賃貸人がこの必要費を支払うまで，**建物を留置することができる**。また，マンションの**売買契約**において，買主が**代金**を支払わずにマンションを第三者に転売し，移転登記を済ませた場合でも，売主は，第三者からの所有権に基づく引渡請求に対し，**留置権**を主張して，マンションの**引渡しを拒むことができる**。出題 R1

プラス 建物の賃貸借契約が終了し，賃借人が賃貸人に対して**造作買取請求権**（➡P.145参照）を行使した場合，賃借人は，その**造作買取請求権**を被担保債権として，「**建物**」について**留置権を主張することはできない**（判例）。**造作買取請求権**は「**建物**」について生じた債権ではなく，「**造作**」について生じた債権だからである。

参考 占有が**不法行為**によって始まった場合には，**留置権は行使できない**（295条2項）。例えば，賃借人の債務不履行により賃貸借契約が解除された後に，賃借人が**建物を不法に占有して必要費を支出**した場合には，留置権を行使して**建物の返還を拒否することはできない**（判例）。

出題 R1

⑫ 債務不履行等

1 債権とは

債権とは，**特定の者に対してある行為を要求することができる権利**である。債権を有する者を債権者といい，特定の者を債務者という。「ある行為」を債務の**履行**または**弁済**という。

2 履行の強制と損害賠償

債務者が任意に債務を履行しないときは，債権者は，民事執行法等の規定による**直接強制・代替執行・間接強制等による履行の強制を裁判所に請求**することができる。強制執行をしても，なお損害があれば，加えて**損害賠償請求**をすることもできる（414条）。

3 債務不履行 はじめて

債務不履行とは，**債務者が債務の本旨に従った**（契約で定めた内容どおりの）**履行をしないこと**をいう。債務不履行は，①**履行遅滞**，②**履行不能**，③**不完全履行**の３つに分けることができる。

1．履行遅滞（412条）

(1) 履行遅滞となる要件

① **履行が可能**であること

② **履行期を過ぎている**こと

債務の種類	遅滞となる時期
確定期限付債務 **【例】**令和５年12月2日に代金を支払う	**期限の到来時**
不確定期限付債務 **【例】**父が死んだら代金を支払う	期限の到来した後に，債務者が，**履行の請求を受けた時**，または，**期限の到来したことを知った時**の，どちらか早い時
期限の定めのない債務 **【例】**目的物の引渡時期を定めていない	債務者が**履行の請求を受けた時**

参考
期限を定めない消費貸借においては，貸主は返還の催告をするには相当の期間を定めなければならず，その期間内に返還されないときに**履行遅滞**となる。

③　不履行が**違法**であること

留置権や**同時履行の抗弁権**が行使されていることにより，履行がされないのであれば，不履行が違法とはならず，債務不履行とならない。

⑵　**効　果**

①　**債権者は債務者に対して，相当の期間を定めて催告**をし，その期間内に履行されなければ，債権者から**契約の解除ができる**（541条）。

なお，相当の期間を経過した時における債務の不履行が，その契約や取引上の社会通念に照らして**軽微**であるときは，**解除できない**。

出題 R2

プラス　**契約の解除**は，債権者を契約の拘束力から解放するための制度であり，**債務者の責任を追及する手段ではない**。したがって，債権者が契約を解除するための要件として，「**債務者の責めに帰すべき事由（帰責事由）**」は不要である。

②　履行遅滞により解除をする場合でも，解除をしない場合でも，債権者は損害を被ったのであれば，債務者に対して**損害賠償請求**をすることができる。

ただし，その債務の不履行が，災害による場合等，契約その他の債務の発生原因および取引上の社会通念に照らして「**債務者の責めに帰することができない事由**」によるものであるときは，**損害賠償請求をすることができない**（415条１項）。

つまり，**損害賠償請求**をするには，契約の解除と異なり，「**債務者の責めに帰すべき事由**」が**必要**である。

２．履行不能

⑴　**履行不能となる要件**

①　履行期に**履行が不可能**になったこと

履行が不能かどうかは，契約等の債務の発生原因や取引上の社会通念に照らして判断される（412条の２第１項）。

②　履行不能が**違法**であること

⑵　**効果**

債権者は債務者に対して，**催告なしに直ちに契約の解除**

をすることができる（542条）。不可能な履行を求めても無意味だからである。

また，債権者は，履行遅滞の場合と同様，**損害賠償請求**をすることもできる（415条1項）。

3．不完全履行

(1) 不完全履行となる要件

① 履行が一応あったが，**不完全**であったこと

② 不完全履行が**違法**であること

(2) 効果

① **追完が不可能な場合**

直ちに契約の解除ができる（542条）。また，債権者は，履行遅滞の場合と同様，損害賠償の請求もあわせてできる（415条1項）。

② **追完が可能な場合**

完全な履行が可能な場合は，完全な履行を請求できる。また，債権者は，履行遅滞の場合と同様，損害賠償の請求もあわせてできる（415条1項）。

用語解説
「**追完**」とは，法律上の必要な要件を欠くために効果を生じない行為について，後にその**要件を補完することにより効果を生じさせる**ことをいう。

4 損害賠償の範囲等 はじめて

1．損害賠償の範囲（416条）

債務不履行によって債権者が請求できる**損害賠償の範囲**は，債務不履行と**相当因果関係のある通常生ずべき損害**（**通常損害**）であるとされている。また，**特別の事情によって生じた損害**（**特別損害**）も，当事者（債務者）がその**事情を予見すべきであった場合**には，債権者はその**賠償を請求することができる**。出題 H30

用語解説
「**相当**」とは，ふさわしい，**誰がみても妥当**であることをいう。「**因果関係**」とは，ある事実とある事実との間に「**原因**」と「**結果**」の**関係**があることをいう。

2．損害賠償の方法（417条）

損害賠償は，特約がない限り，**金銭でその額を定める**ものとされている（金銭賠償の原則）。

3．過失相殺（418条）

過失相殺とは，公平の観点から，損害賠償額を決定する際に**債権者の過失割合分を控除**することをいう。債務の不履行，

損害の発生・拡大に関して**債権者に過失**があったときは，**裁判所は，これを考慮して，損害賠償の責任・額を定める**。

4．金銭債務の特則（419条）

金銭を目的とする債務（代金債務，貸金債務等）については，金銭の特殊性から，特別の規定（特則）がある。マンションの売買代金債務や**管理費等の支払債務**は，**金銭債務**なので，**この特則が適用される**。

出題 H26・28・30・R3・5

(1) 金銭債務では実際に生じた損害にかかわらず，債務者が**履行遅滞の責任を負った最初の時点**における**法定利率**（年3％：変動あり）によって計算した**遅延損害金を請求**できる。ただし，**当事者が法定利率より高い利率を約定している場合**には，その**約定利率による**。

出題 H30・R4～5

(2) **不可抗力**によることを証明しても，**損害賠償責任を負わなければならない**（**帰責事由は不要**）。

(3) 債権者は，債務不履行の事実だけ証明できれば，実際の**損害の証明をすることなく損害賠償請求ができる**。

5．損害賠償額の予定（420条）

出題 H30

参考

当事者が定めた予定額が「**暴利**」であるような場合は，**公序良俗に違反**するものとして，特約自体が**無効**となる（判例，90条）。

当事者間で，損害賠償請求権が発生した場合に備えて，**あらかじめ損害賠償の額を定めておく**ことができる。これを**損害賠償額の予定**という。債権者が債務不履行による損害賠償請求をするには，原則として，**損害の発生および損害額**を証明しなければならないが，**賠償額の予定**をしておけば，それらを**証明する必要がなくなる**。予定額を定めた場合は，たとえ実損額がその額より高くても低くても，当事者は，**その額を増減することはできない**。例えば，損害賠償額を100万円と定めたら，実際の損害額が50万円であろうと150万円であろうと，100万円が損害賠償額となる。

損害賠償額の予定

意義	債務不履行の場合に債務者が賠償すべき額をあらかじめ当事者間の特約で定めておくこと
効果	① 債権者は，債務不履行の事実さえ証明すれば，損害の発生やその額の立証は不要で，損害賠償請求をすることができる ② 当事者は，原則として，予定された損害賠償額を増減できない

5 債権者代位権（423条～423条の7）

1．債権者代位権とは

債権者代位権とは，債権者が**自己の債権（被保全債権）を保全**するため必要があるときに，その**債務者に属する権利（被代位権利）を債務者に代わって行使**することである。例えば，AがBに対し金銭債権を有しており，BはC（**第三債務者**）に対して金銭債権を有している。この場合において，Bには他にめぼしい財産がないにもかかわらず，Cに対する債権を行使せずに放置しているときは，AはBに代わって，Cに対して弁済を請求することができる。

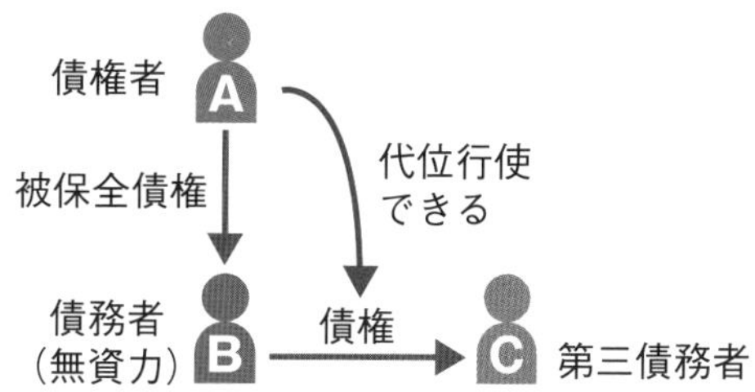

2．要件

債権者代位権を行使するためには，次の要件を満たしている必要がある。

(1)　**債権保全の必要性があること（債務者の無資力）**

債権者代位権は，原則として債権者の金銭債権（被保全債権）を保全するために，**債務者の責任財産（強制執行の対象となり得る財産）を確保する制度**であるから，債権保全の必要性が生じるためには**債務者が無資力**（債務の弁済ができるだけのプラスの財産を有していないこと）でなければならない。

(2) **債務者が権利を行使しないこと**

債務者が**自ら権利を行使**しているときは，債権者はそれを**代位行使することはできない**。そして，たとえ債務者の権利行使の方法が債権者にとって不利益であっても，その代位行使は認められない。

(3) **代位行使できる権利であること**

出題 H27

代位行使できる権利は，債務者の責任財産を構成する「**強制執行の対象となり得る財産**」でなければならない。したがって，恩給請求権・扶養請求権等のように，その権利を行使するかどうかを**債務者の自由な意思に任せるべき権利（一身専属権）**や労働者の給料債権・**国民年金の受給権等，法律で差押えが禁止されている債権**は，代位行使することができない。

(4) **被保全債権の履行期が到来していること**

① **原則**

債権者代位権は，債務者の責任財産を確保し，これに対する強制執行の準備手続を目的とするものであるから，代位権を行使する債権者の債権は，**弁済期が到来**していなければならない。

② **例外**

出題 H27

債務者の財産の現状を維持する行為，例えば，**時効の完成猶予・更新**をする，未登記の不動産を登記する，等の**保存行為**については，**弁済期到来前でも代位行使することができる**。

3．代位権の行使

出題 R3

債権者は，自己に固有の権利として「**自己の名**」で債務者の権利を，裁判上でも裁判外でも代位行使することができる。つまり「**債務者の代理人」として行使するのではない**。

4．代位行使の範囲

出題 H27・R3

債権者が債務者に対する金銭債権に基づいて，債務者の第三債務者に対する金銭債権を代位行使する場合には，債権者は，**自己の被保全債権額の限度（範囲内）においてのみ，債務者の権利を代位行使することができる**。例えば，AがBに対して有する被保全債権が100万円で，BがCに対して有する債権が150

万円の場合，Aが債権者代位権によってCに対して弁済を請求することができるのは，100万円までとなる。

5．相手方の抗弁

出題 R3

相手方（第三債務者）は，債権者から被代位権利の行使を受けた場合，**債務者に対して主張することができる抗弁を，債権者に対しても主張することができる**。例えば，第三債務者が債務者に対して主張できる契約の無効・取消し・解除の抗弁，消滅時効の抗弁，同時履行の抗弁，**反対債権を有する場合の相殺の抗弁**を行使して，**被代位権利の履行を拒むことができる**。

6．効果

出題 H27・R3

債権者が被代位権利を行使した場合，被代位権利が**金銭の支払**や動産の引渡しを目的とするものであるときは，債権者は，第三債務者に対し，その**支払**や引渡しを**自己に対してすることを求める**ことができる。したがって，代位行使によって**金銭の支払を受ける場合**には，債権者が**直接金銭を受領することが認められている**。

プラス　**登記**をしなければ権利の得喪・変更を第三者に対抗することができない財産を譲り受けた者は，その譲渡人が第三者に対して有する**登記手続をすべきことを請求する権利**を行使しないときは，**その権利を代位行使することができる（登記請求権を保全するための債権者代位権）**。例えば，A➡B➡Cと不動産が譲渡されたが，登記はAにあり，Bが移転登記に協力しない場合，CはBのAに対する移転登記請求権を代位行使することができる（なお，この場合，直接A➡Cへの移転登記は認められない）。

⑬ 多数当事者の債権債務関係

1 多数当事者の債権債務関係とは

多数当事者の債権債務関係とは，債権関係の当事者である**債権者または債務者，もしくはその双方が複数の場合**をいう。多数当事者の債権債務関係の種類としては，「**分割債権・分割債務**」「**不可分債権・不可分債務**」「連帯債権」「**連帯債務**」「**保証債務**」がある。

このうち試験対策に重要な「**分割債権・分割債務**」「**不可分債権・不可分債務**」「**連帯債務**」「**保証債務**」について解説をする。

2 分割債権・分割債務

1．分割債権・分割債務関係（427条）

出題 H28

民法は，多数当事者の債権債務関係について，**分割債権・分割債務を原則**としている。

分割債権・分割債務関係とは，**可分（分けることが可能）**の給付を目的として，その給付が**各債権者または各債務者に分割される関係**をいう。例えば，Ａ・Ｂ共有のマンションを，Ｃに対して1,000万円で売却した場合には，ＡとＢは，それぞれ独立した500万円の代金債権（**分割債権**）をＣに対して有することになる。これに対して，ＡとＢが，Ｃから1,000万円を借り受けた場合，ＡとＢは，それぞれ独立した500万円の貸金債務（**分割債務**）をＣに対して負うことになる。

【マンションを1,000万円で売却する】

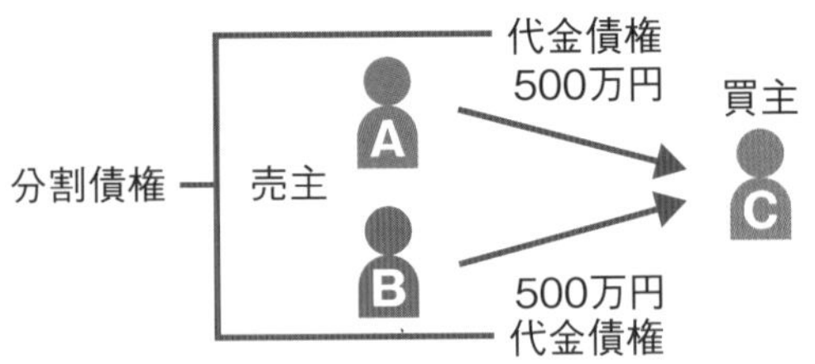

【1,000万円の金銭消費貸借をする】

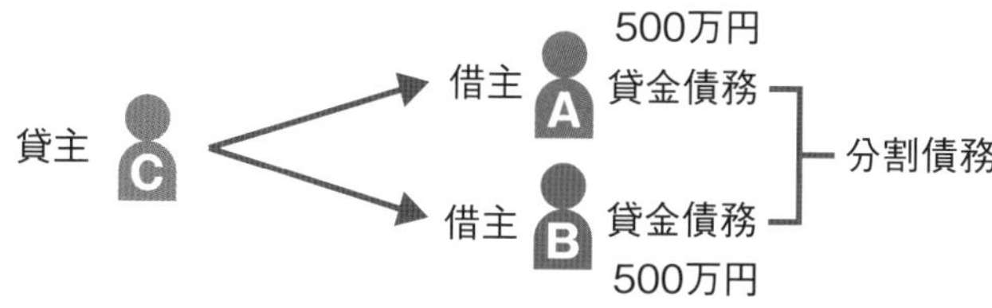

プラス　前記の「**分割債務**」の場合に，例えば，Aが破産して無資力になったときは，債権者のCは，Aの分の500万円をBに対して請求することができない。つまり，CはAの500万円については回収できず，Bから500万円の弁済を受けることしかできなくなる。このように，**分割債務**は，**債権者にとって不利になる場合もあるという短所**がある。

2．分割債権・分割債務関係の効力

1人の債権者または債務者に生じた事由は，他の債権者や債務者に**影響を及ぼさない**（**相対的効力**（そうたいてき））。

用語解説
「**相対的効力**」とは，数人の債権者または債務者のうち1人について生じた事由が**他の者には影響を与えない**（生じたことにならない）ことをいう。

3 不可分債権・不可分債務

1．不可分債権関係（428条）

不可分債権関係とは，**不可分**（**分けることが不可能**）**の給付を目的とする場合**において，**数人の債権者がいるとき**の多数当事者の債権関係である。不可分債権関係となるのは，**債権の目的が性質上不可分**（社会通念により判断）の場合である。

例えば，AとBが共同でC所有のマンションを購入した場合の**マンションの引渡請求権**は，**不可分債権**である。

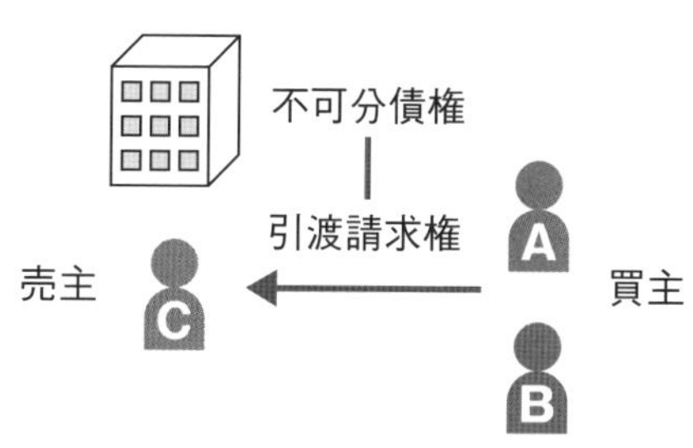

不可分債権関係においては，各債権者は債務者に対して**単独で全部の履行の請求をすることができ**，債務者は各債権者に対して全部の履行をすることができる。

2．不可分債務関係（430条）

⑴ 不可分債務とは

不可分債務関係とは，**不可分の給付を目的とする場合**において，**数人の債務者がいるとき**の多数当事者の債務関係である。不可分債務関係となるのは，**性質上の不可分**の場合である。なお，不可分債務には，連帯債務（後述）の規定が準用される。

例えば，ＡとＢが共有しているマンションをＣに売り渡した場合のＡとＢの**引渡債務**は，**不可分債務**である。

また，**賃料債務**は分けることが可能な金銭債務であるが，**共同賃借人**は建物を不可分的に利用しているので，その対価である**賃料債務**も**不可分債務**とされている（判例）。

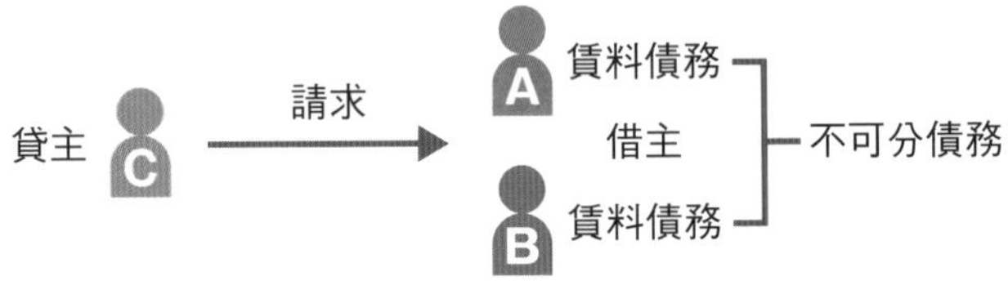

債権者は，債務者の**１人に対し**，または**同時にもしくは順次にすべての者に対し**，**全部または一部の履行を請求**することができる。そして，不可分債務者のうちの**１人が弁済**すれば，**すべての不可分債務者の債務は消滅**する。

【不可分債務の例】

①　マンションを**共有する者が負う管理費等の支払債務** ②　**共同賃借人**（マンションを**2人以上で賃借**する等）**の賃料債務** ③　マンションを共有する2人が，**当該マンションを賃貸する場合に負う引渡債務** ④　管理組合が，マンション管理会社に支払うべき**管理委託契約に基づく委託業務費の支払債務**

出題 R3

(2)　**債務者の1人について生じた事由の効力**

①　**相対的効力**

不可分債務者のうちの1人に，**弁済**，**更改**，**相殺**（**弁済等**）**以外の事由**が生じたとしても，その事由は他の債務者に**影響を及ぼさない**。

②　**絶対的効力**

不可分債務者のうちの1人が**弁済等**すれば，すべての不可分債務者の**債務は消滅**するから，不可分債務者のうちの1人が債権者に対して行った弁済等は，他の債務者へも**影響を及ぼす**。

用語解説
「**絶対的効力**」とは，**他の者にも影響を与える**（生じたことになる）ことをいう。

4 連帯債務　はじめて

1．連帯債務とは（436条）

出題 R3

連帯債務とは，**債務の目的がその性質上可分**である場合において，**法令の規定や当事者の意思表示**（**特約**）によって数人が連帯して**債務を負担**するときは，債権者は，**債務者の1人**に対し，**同時**に，もしくは**順次**に**全員**に対して，**債務の全部**，または**一部の履行を請求**することができ，債務者のうちの**1人が弁済**すれば，**他の債務者の債務も消滅する**という多数当事者の債務関係である。

例えば，A・B・Cが共同でDから1,200万円のマンションを購入する場合，原則として，この代金債務は分割債務となり，各自が400万円ずつ債務を負う。この場合，Aが破産して無資力になってしまうと，Dは，BやCにはAの債務は請求できない。そこで，**特約**により，A・B・Cの代金債務を**連帯債務**とすると，Dは，A・B・C（連帯債務者）の誰に対しても1,200万円全額の請求をすることができる。ただ，誰か１人が弁済をすれば，他の債務者はもはや弁済しなくてもよくなる。これが連帯債務であり，債権者にとって連帯債務は債権を確実に回収するための１つの手段（担保）だといえる。

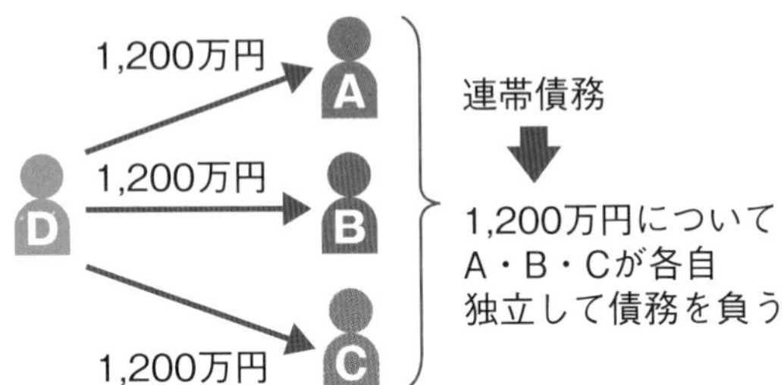

2．負担部分（442条）

出題 H29・R３

連帯債務者は，債権者に対しては債務の**全額を弁済**しなければならないが，連帯債務者同士の**内部関係**においては，１人で全額を負担する必要はなく，それぞれが**分担すべき割合**を決めることができ，これを**負担部分**という。そして，連帯債務者は，自己の負担部分を超えるかどうかにかかわらず，弁済等をして共同の免責を得た場合には，**各自の負担部分に応じた額**について**他の連帯債務者に対して求償することができる**。

例えば，前記の例でＡ・Ｂ・Ｃの負担部分を「均等」と定めた場合，各自の負担部分は400万円となり，全額を弁済したＡは，ＢとＣに対して，負担部分として400万円ずつ求償することができる。

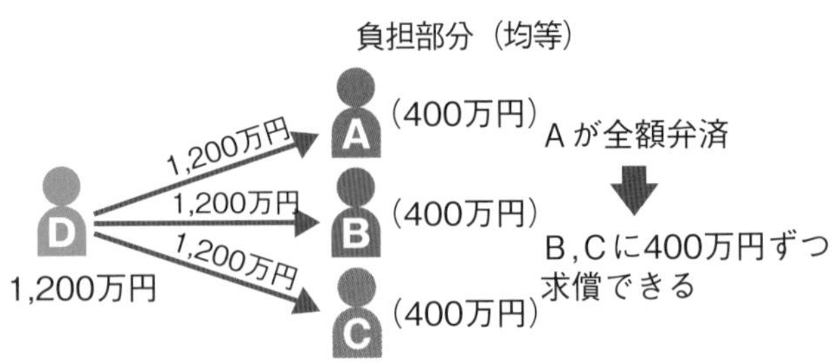

プラス　連帯債務者の中に償還をする**資力のない者**があるときは，その償還をすることができない部分は，**過失のない求償者および他の資力のある者の間で，各自の負担部分に応じて分割**して負担する（444条１項・３項）。例えば，Ａが全額を弁済したが，Ｂに資力がない場合，Ｂから償還を受けることができないことについてＡに過失がないときは，Ａは，Ｃに対して600万円を請求することができる。

出題 R３

３．連帯債務の効力（438条～441条）

⑴　相対的効力

原則として，１人の連帯債務者について生じた事由の効力は，他の連帯債務者に**影響を及ぼさない**。

⑵　絶対的効力

例外として，**１人の連帯債務者について生じた事由**の効力が**他の連帯債務者に対して影響を及ぼす**ものがある。

①　**弁済**（➡P.89参照）・**代物弁済**（➡P.91参照）・**供託**（きょうたく）（➡P.93参照）**等**

連帯債務者の１人が弁済等をして債務を消滅させると，他の連帯債務者も債務を免れる。

②　**相殺**（そうさい）（➡P.94参照）

連帯債務者の１人が債権者に対して反対債権を有している場合，**相殺を援用する**と弁済をしたのと同じ効果が生じるので，**その分だけ他の連帯債務者は債務を免れる**。また，反対債権を有する連帯債務者が相殺を援用しない場合，**その連帯債務者の負担部分の限度**において，他の連帯債務者は，債権者に対して**債務の履行を拒むことができる**。例えば，Ａ・Ｂ・Ｃは，Ｄに対して1,200万円の連帯債務を負っていて，各連帯債務者の負担部分は均等とする。一方，ＡはＤに対して1,200万円の反対債権を有している。

ア．Ａが反対債権全額で相殺をした場合

Ｂ・Ｃは，1,200万円全額について**債務を免れる**。

イ．Ａが相殺をしない場合

Ｂ・Ｃは，Ｄからの請求に対し，Ａの**負担部分**であ

参考　**債権者**と**他の連帯債務者の１人**が別段の意思表示（**特約**）をした場合は，相対的効力を有するとされている事由を**絶対的効力**とすることができる（441条ただし書）。

出題 H29

出題 R３

る400万円を限度に**債務の履行を拒むことができる**。

③ **更改**

更改とは，**新たな債務を成立させ，旧債務を消滅させる契約**をいう。連帯債務者の１人が債権者との間で更改契約を行うと，連帯債務は消滅し，他の連帯債務者は債務を免れることになる。

④ **混同**

混同とは，**債権者の地位と債務者の地位が同一人に帰属すること**をいう。債務者が債権者を相続することにより混同が生じる。連帯債務者の１人と債権者との間に混同が生じると，その連帯債務者は**弁済したものとみなされ**，他の連帯債務者も債務を免れることになる。

5 保証債務 はじめて

１．保証債務とは

保証債務は，**本来の債務者（主たる債務者）の債務**に関して，**第三者（保証人）が自分の財産で担保する制度**である。つまり，他人の債務を保証した者は，本来の債務者が債務を履行できない場合，代わって債務を履行する義務を負う。これにより，債権者は債務の弁済をより確実に受けることができる。

２．保証債務の成立（446条，450条）

⑴ **保証契約**

保証人となるためには，**債権者との間で保証契約が成立**していることが必要である。つまり，**債権者**と**保証人**との間で，**保証契約**を締結していなければならず，主たる債務者から「保証人になってくれ」と頼まれただけでは，保証人とはならない。保証人になるには，主たる債務者から委託を受けていようがいまいが（主たる債務者の意思に反していても），債権者との間に保証契約を締結しさえすればよい。また，**保証契約**は，書面またはその内容を記録した**電磁的記録**でしなければ，**その効力を生じない**。

出題 H29・R５

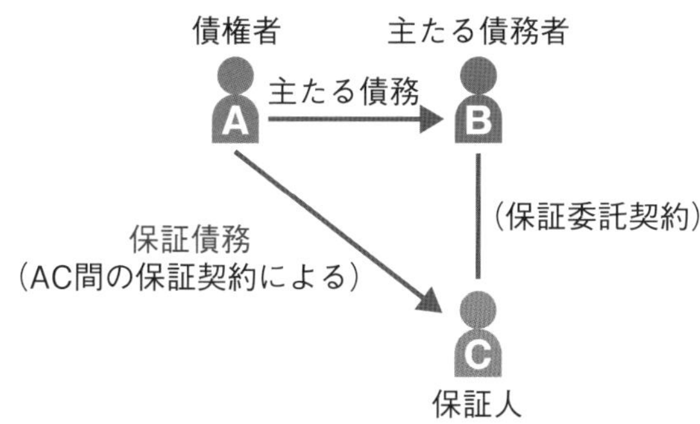

> **参考**
> **保証**は，貸金返還債務や売買代金の支払債務といった金銭債務について行われることが多いが，「**マンションの引渡債務**」のような金銭債務以外の債務についても，あるいは現時点では存在していないが将来発生する可能性がある「**債務不履行に基づく損害賠償債務**」を担保するためにも成立する。

(2)　**保証人の資格**

保証人の資格については，**特に制限はない**。ただし，契約や法律の規定により主たる債務者が保証人を立てる義務がある場合，保証人に**弁済の資力**があり，かつ，**行為能力者**でなければならない。

3．保証債務の性質 (448条，452条，453条)

(1)　**付従性**

主たる債務が有効に存在しなければ，**保証債務は成立せず**，主たる債務が弁済等で消滅すれば**保証債務も消滅**する。また，保証債務の内容が主たる債務より軽くなることはあるが，**重くなることはない**。主たる債務が減縮されると**保証債務も減縮**される。

(2)　**随伴性**

主たる債務が移転すれば，保証債務もそれに伴って移転する。

(3)　**補充性**

保証債務は，主たる債務が履行されない場合に，その補充として二次的に履行されるべき債務である。

この**補充性**が具体化したのが，次の**2つの抗弁権**である。

①　**催告の抗弁権**

債権者が主たる債務者に催告せず直接保証人に請求した場合，保証人は「**まず主たる債務者に催告せよ**」と主張することができる。

②　**検索の抗弁権**

> **参考**
> **催告の抗弁権**は，主たる債務者が**破産手続開始の決定**を受けたり，**行方不明**である場合には，行使することができない(452条ただし書)。

債権者が主たる債務者に催告をした後であっても，保証人は次のア．イ．の２つの事実を証明することにより「**まず主たる債務者の財産から執行せよ**」と主張することができる。

ア．主たる債務者に弁済の資力があること イ．執行が容易であること

4．保証債務の範囲（447条）

出題 R1

⑴ **保証債務の範囲**は，**元本のほか，利息，違約金，損害賠償，その他すべて主たる債務に従たる性質を持つものをすべて包含**する。例えば，売買契約における売主の**目的物引渡債務の保証人**は，契約が解除された場合の売主の**代金返還債務**についても責任を負わなければならない。

⑵ 主たる債務と保証債務は別々の債務であり，契約当事者も異なるので，**保証債務**についてのみ，**違約金または損害賠償の額を約定**することができる。

5．保証債務の効力（457条）

⑴ **保証人が主張できること**

① 保証人は，**同時履行の抗弁権**など，主たる債務者の有する抗弁を主張することができる。

② 主たる債務について**消滅時効が完成**した場合，保証人は**消滅時効を援用**することができる（判例）。

③ 主たる債務者が債権者に対して**相殺権・取消権・解除権**を有する場合，これらの権利の行使によって**主たる債務者がその債務を免れる限度**において，保証人は，**債権者に対して債務の履行を拒むことができる。**

⑵ **主たる債務者または保証人について生じた事由の効力**

① **主たる債務者について生じた事由**は，原則として**保証人に効力を及ぼす**。例えば，債権者が主たる債務者に対して**履行の請求**をし，主たる債務者の主たる債務について**時効の完成猶予や更新**があったときは，**保証人の保証債務**についても**時効の完成猶予や更新の効力が生じる。**

② **保証人について生じた事由**は，その**主たる債務を消滅させる行為**（弁済，代物弁済，相殺，更改等）のみ主た

る債務者にも効力を及ぼすが，**それ以外は及ぼさない**。

6．共同保証（456条）

共同保証とは，同一の主たる債務について，**数人が保証債務**を負担するものをいう。この場合の数人の保証人を**共同保証人**というが，共同保証人には**分別**（ぶんべつ）**の利益**が認められている。分別の利益とは，主たる債務の額を保証人の**頭数で割った額のみ保証**すればよいという共同保証人の利益である。例えば，DがAに2,000万円を貸し，そのAの債務についてBとCが共同保証をしている。この場合，B・Cはそれぞれ2,000万円を頭割りした額（1,000万円ずつ）で保証をすればよい。

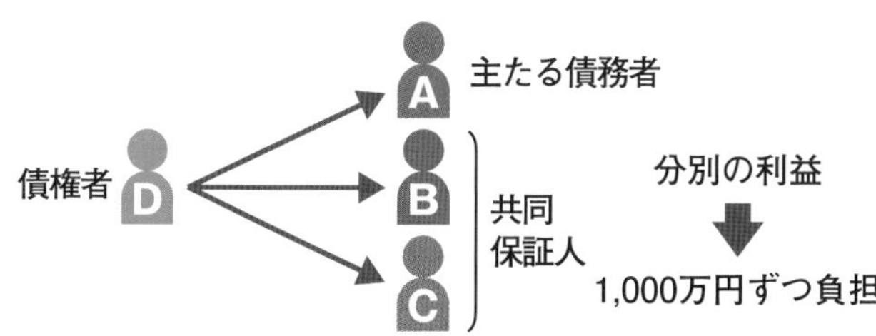

7．連帯保証債務（454条）

連帯保証とは，主たる債務者と**連帯して**その債務を保証することをいう。連帯保証も保証の一種であるから，保証債務と同様の性質を有するが，次の点において異なる。

(1)　**催告・検索の抗弁権がない**（**補充性がない**）。

(2)　共同保証が連帯保証の場合，連帯保証人には，**分別の利益がない**。したがって，複数の連帯保証人が共同保証しているときでも，全連帯保証人がそれぞれ，全額について保証債務を負わなければならない。

(3)　連帯保証人について生じた**混同**は，主たる債務者にも**効力を及ぼす**。

プラス
連帯保証が成立するためには，保証契約において「**連帯する旨の特約**」**が必要**である。連帯保証になると，保証人は債務者と同じ立場で弁済する義務を負うことになるので，**担保としての効力が強く**，実務において保証といえば，連帯保証であることが一般的である。

Point整理 連帯保証と普通保証

○…あり　×…なし

	普通保証	連帯保証
付従性	○	○
補充性	○ 催告・検索の抗弁権あり	× 催告・検索の抗弁権なし
分別の利益	○	×
保証人に生じた混同	主たる債務者に及ばない	主たる債務者に及ぶ

8．保証人の求償権（459条・460条・462条）

⑴　委託を受けた保証人の求償権

保証人が**主たる債務者の委託を受けて保証**をした場合に，**保証人**が主たる債務者に代わって**弁済**その他**自己の財産をもって債務を消滅させる行為**（**債務の消滅行為**）をしたときは，その保証人は，**主たる債務者に対して求償権**を有する。この場合，その保証人は主たる債務者に対して**支出した財産の額**のほか，**支出後の利息や必要費等**を請求することができる。また，すでに主たる債務が弁済期にあるとき等は，主たる債務者に対して，**あらかじめ求償権を行使**することもできる（**事前求償権**）。

⑵　委託を受けない保証人の求償権

① **主たる債務者の委託を受けずに保証**をした者が**債務の消滅行為**をした場合，その保証人は，主たる債務者が**弁済の当時に利益を受けた限度**において**求償権**を有する。

出題 R1　② **主たる債務者の意思に反して**保証をした者は，主たる債務者が**求償の当時に利益を受けている限度**においてのみ**求償権**を有する。

出題 R1　③ **委託を受けない保証人**は，**事前求償権を行使することができない**。

保証人の求償権

○：行使できる　×：行使できない

保証人の種類	事前求償権	事後求償権の範囲
委託を受けた保証人	○	支出した財産の額（支出後の利息・必要費を含む）
委託を受けず，主たる債務者の意思に反しない保証人	×	弁済の当時に利益を受けた限度
委託を受けず，主たる債務者の意思に反する保証人	×	求償の当時に利益を受けている限度

14 債権譲渡・債務引受・債権の消滅

⚠注意

債権譲渡の時点では，まだ発生していない，**将来発生する債権**でも，**譲渡することができる**（466条の6第1項）。

1 債権譲渡

1．債権の譲渡性（466条）

債権は，**原則**として，**自由に譲渡すること**ができる（債権譲渡自由の原則）。**債権譲渡**は，**譲渡人と譲受人の合意**（AとCの合意）によって成立する。債権譲渡には，**債務者の承諾や同意は不要**である。また，当事者が**債権の譲渡を禁止し，または，制限する旨の意思表示**（**譲渡制限特約**）をしたときであっても，債権の譲渡は，**その効力を妨げられない**。つまり，**譲渡制限特約に反する債権譲渡**も有効である。出題 R5

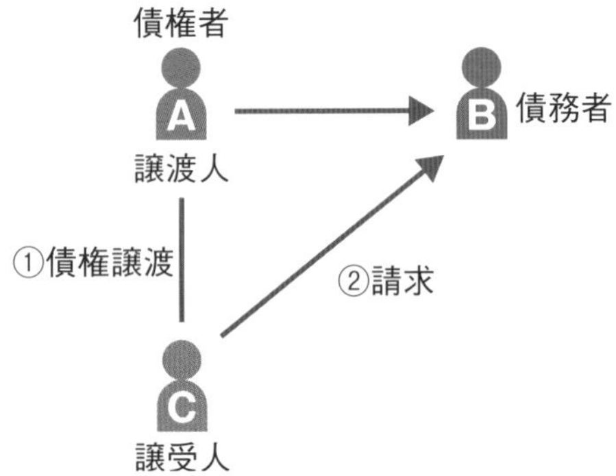

ただし，**譲渡制限特約に反して，債権譲渡**がされた場合，譲受人がその特約について知っていたか（**悪意**），または，**重大な過失によって知らなかった**（**善意重過失**）ときは，債務者は，譲受人からの**債務の履行を拒む**ことができ，かつ，譲渡人に対する**弁済その他の債務を消滅させる事由をもって譲受人に対抗することができる**。

例えば，**譲渡制限特約**についてCが**悪意**であった場合には，Bは，Cに対して債務の**履行を拒む**ことができ，かつ，Aに対してすでに弁済をしているのであれば，そのことを**Cに対抗する**ことができる。

2．債権譲渡の対抗要件（467条）

(1)　債務者への対抗要件

債権譲渡（将来発生する債権の譲渡を含む）による**譲受人**（**新債権者**）が**債務者**に対して譲り受けた債権を主張するためには，①**譲渡人から債務者に対する通知**，または②**債務者からの承諾**を得る必要がある。通知や承諾によって債務者が債権譲渡の事実を知っていれば，債務者が二重に弁済してしまうおそれがなくなるからである。

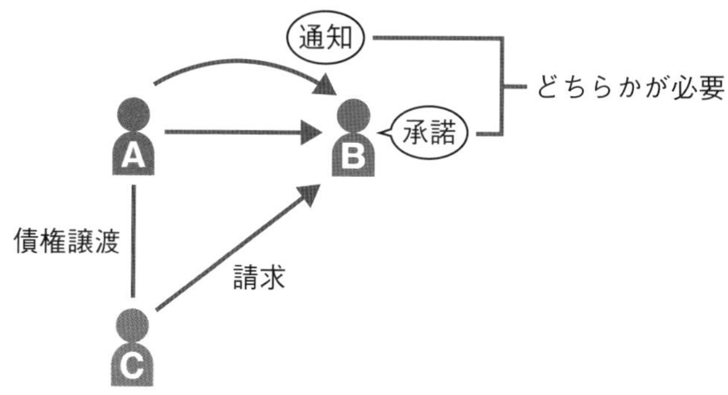

(2)　**二重譲渡の場合の譲受人間の対抗要件**

債権が二重に譲渡された場合，債務者に対する対抗要件である**通知**または**承諾を確定日付のある証書**（通知なら内容証明郵便，承諾なら公証人の認証印のある承諾書）**によって備えること**が対抗要件となる。つまり，**確定日付のある証書による通知**，または**承諾**を備えた者が**優先**することになる。なお，**両方とも確定日付のある証書**による通知を備えている場合は，**確定日付の先後ではなく**，**通知が債務者に到達した日時の早い方**が弁済を受けられる（判例）。

> **参考**
> 「**確定日付のある証書による通知**」が**同時に到達した場合に**は，**いずれの譲受人**も債務者に対して**全額請求**することができ，債務者は，一方の譲受人の請求に対して，もう一方の譲受人に弁済した等の理由がない限り，**弁済を拒絶することができない**（判例）。

2 債務引受

債務引受とは，債務をその**同一性を維持したまま引受人**（第三者）**に移転**する契約をいう。**債務引受**には，**旧債務者と新債務者の双方が債務を負担**する**併存的債務引受**と，債務者とは別に**新しい債務者が債務を引き受け**，新しい債務者だけが債務を負担する**免責的債務引受**の２種類がある。

１．併存的債務引受（470条，471条）

(1)　**併存的債務引受の要件と効果**

出題 H26

① **併存的債務引受**の**引受人**（C）は，**債務者**（B）**と連帯して**，債務者（B）が債権者（A）に対して負担する債務と**同一の内容の債務を負担**する。

② **併存的債務引受**は，**債権者と引受人との契約**（**債務者の意思に反していてもよい**，判例）で成立する。また，**債務者と引受人との契約**でもよく，この場合，**債権者**が**引受人**となる者に対して**承諾**をした時に契約の効力が生じる。

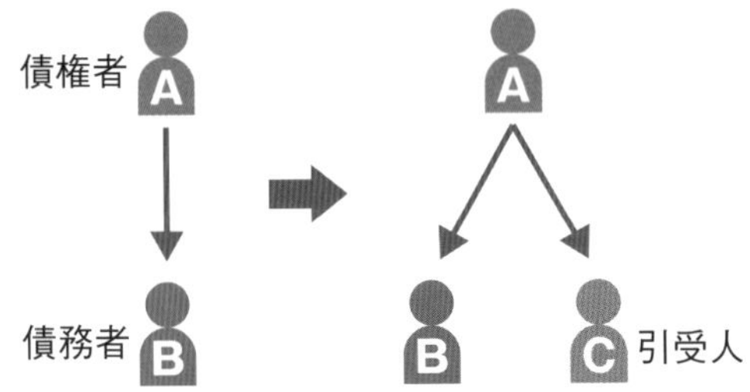

(2) 併存的債務引受における引受人の抗弁等

① **引受人**は，自己の債務について，その効力が生じた時に**債務者が主張することができた抗弁権**（同時履行の抗弁権等）を債権者に主張することができる。

② 債務者が債権者に対して**取消権**や**解除権**を有するときは，**引受人**は，これらの権利の行使によって**債務者が債務を免れる限度**（**範囲**）で，債権者に対して債務の履行を拒むことができる。

2．免責的債務引受（472条，472条の2～4）

(1) 免責的債務引受の要件・効果

出題 H26

① **免責的債務引受**の**引受人**（C）は，**債務者**（B）が債権者（A）に対して負担する債務と同一の内容の債務を負担し，**債務者は自己の債務を免れる**。

② **免責的債務引受**は，**債権者**と**引受人**との契約で成立し，この場合，**債権者**が**債務者**に対してその契約をした旨を**通知**した時に契約の効力が生ずる。また，**債権者**が**引受人**に対して**承諾**をすれば，**債務者**と**引受人**の契約でも成立する。

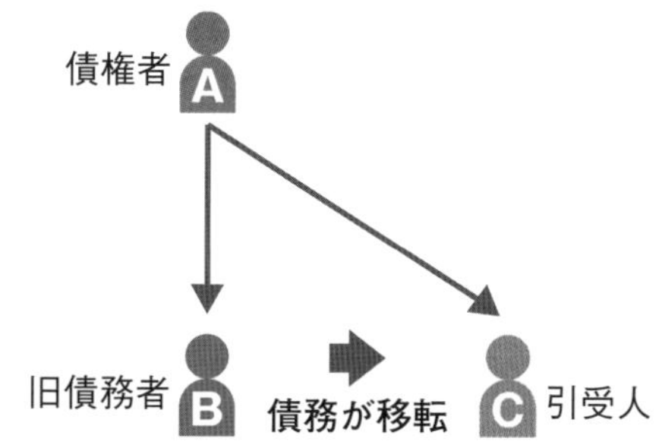

⑵　**免責的債務引受における引受人の抗弁等**

引受人は，債務者が有している抗弁権等を債権者に主張できることは，**併存的債務引受と同じ**である。

3 債権の消滅 はじめて

債権が消滅する原因には，弁済・代物弁済・供託・更改・免除・混同・相殺などがある。ここでは，**弁済・代物弁済・供託・相殺**についてみていこう。

1．弁済 (473条，474条，478条)

⑴　**弁済**

弁済とは，**履行**と同じ意味で，例えば借金をした場合に約束どおりに返済する，というように，債務の内容である給付を，その**債務の本旨に従って実現**する行為をいう。債務者が債権者に対して**債務の弁済**をしたときは，その**債権**は，消滅する。

⑵　**第三者による弁済** 出題 H27

債務の弁済は，**債務者以外の第三者**でもすることができる。債権者は，通常弁済を受ければそれで満足だからである。しかし，「**弁済をするについて正当な利益を有しない第三者**」は，**債務者の意思に反する**ときは，**弁済することができない**。ただし，**債務者の意思に反する**ことを**債権者が知らなかった**ときは，**弁済は有効**となる。

また，「**弁済をするについて正当な利益を有しない第三者**」は，**債権者の意思に反する**ときも，**弁済をすることができ**

> **参考**
> **第三者による弁済**は，次の場合にも**できない**(474条4項)。①ある歌手がコンサートをする等の，**債務の性質が第三者による弁済を許さない**場合，②当事者間で**第三者による弁済をさせないという特約**がある場合

ない。ただし，その第三者が**債務者の委託を受けて弁済**をする場合において，そのことを**債権者が知っていた**ときは，**弁済は有効**となる。

Point整理　第三者の弁済の可否

○：できる　×：できない

	正当な利益を有する者	正当な利益を有しない者
債務者の意思に反する	○	× 債権者が善意で受領 ➡ 弁済は有効
債権者の意思に反する	○	× 債務者の委託を受けて弁済 ➡ 債権者が悪意だと弁済は有効

プラス　ここでいう「**弁済をするについて正当な利益を有する者**」とは，例えば，弁済をしないと自分が請求を受け，自分の財産が強制執行されることになる**物上保証人**・**抵当不動産の第三取得者**等である。

(3)　**受領権限のない者に対する弁済**

弁済は，原則として，**受領権者（債権者や法令の規定，または当事者の意思表示によって弁済を受領する権限を付与された第三者）**に対して行わなければならない。

ただし，受領権者以外の者であって**取引上の社会通念に照らして受領権者としての外観を有する者**（受取証書の持参人等）に対して弁済がされたときは，その弁済をした者が**善意無過失**であれば，**弁済は有効**となる。

2．差押え後の弁済（481条）

出題 H27

第三債務者が**差押え**を受けた場合，その債務を弁済しても，差押債権者は，**受けた損害の限度内**で，**第三債務者**に対し，さらに**弁済を請求することができる**。例えば，AがBに対して有する100万円の債権を回収するため，Bが第三債務者Cに対して有する150万円の債権を差し押えた場合，差押え後に，CがBに対して150万円を弁済したとしても，Cは，さらにAに対して100万円を弁済しなければならない。

3．代物弁済（482条）

弁済をすることができる者（債務者や第三者）が，債権者との間で，債務者の負担した給付に代えて**他の給付**（例えば，金銭に代えて，不動産の給付）をすることにより**債務を消滅させる旨の契約**をした場合，その弁済者が**他の給付をしたとき**に，弁済と同様に**債権の消滅の効力が生じる**。不動産の場合，所有権移転登記等が完了しなければ債権消滅の効力は生じない（判例）。

4．弁済充当（488条・489条・490条）

弁済充当とは，債務者が債権者に対して複数の債務を負担している状況で，**債務者の給付がすべての債務を消滅させるには足りないものである場合**（**一部弁済**），その給付によって**どの債務を消滅させ，どの債務を残存させるかの弁済の割振方法**をいう。例えば，数ヵ月分の滞納管理費に対して，一部の支払があったときに，それをどの部分に充当するのかという問題である。

弁済充当は，次の(1)→(2)→(3)**の順序**でなされる。

(1)　**合意による充当**

弁済者（**組合員**）と**受領者**（**管理組合**）に合意があれば，その**合意に従う**。**管理規約に充当の順序について定め**があれば，それに従う。　出題 R4

(2)　**指定による充当**

合意がない場合，**弁済者**（滞納**組合員**）は，給付の時に，その**弁済を充当する債務を指定**することができる。弁済者が指定しない場合，**受領者**（**管理組合**）**が弁済を充当する債務を指定**することができるが，弁済者が直ちに異議を述べた場合は，指定の効力が認められない。債務に利息や費用が発生していれば，**費用→利息→元本の順で充当**される。　出題 R4

(3)　**法定充当**

指定がないときは，次の①→②→③→④**の順序**で充当される。この場合も，債務に利息や費用が発生していれば，**費用→利息→元本の順で充当**される。　出題 R4

出題 R4

出題 R4

① 弁済期にあるものと弁済期にないものとがあるときは，**弁済期にあるものから**先に充当する。

② すべての債務が弁済期にあるとき，または弁済期にないときは，**債務者（滞納組合員）のために弁済の利益が多いものから**先に充当する。

③ 債務者のために弁済の利益が相等しいときは，**弁済期が先に到来したもの**，または先に到来すべきものから充当する。

④ ②③が相等しい債務の弁済は，**各債務の額に応じて**充当する。

5．弁済の提供（492条・493条）

弁済の提供とは，債務者において**給付を実現するために必要な準備をして債権者の協力を求めること**（債務者がなすべきことをすること）をいう。弁済は，ほとんどの場合，債権者の協力（受領行為）が必要となるが，そもそも債権者の受領がないと，弁済は完了せず債務は消滅しない。それでは債務者はいつまでも債務を負い続けることになり，債務者に酷なため，債務者が弁済の提供をすれば，**債務を履行しないことによって生ずる責任を負わない**とされている。

(1) 弁済の提供の方法

出題 H27

弁済の提供は，原則として，債務の本旨に従って，**現実にしなければならない（現実の提供）**。

しかし，例外として，次の場合には，**弁済の準備をしたことを通知してその受領を催告**すればよい（**口頭の提供**）。

① 債権者が**あらかじめ受領を拒んでいる場合** ② 債務の履行について債権者の行為を要する場合

②は，取立債務のような場合である。例えば，売買契約で店に品物がなかった場合に「入荷したら連絡して，買主が品物を取りにくる」という前提で契約したときに売主が負う債務が取立債務である。この場合，売主は，債権者である買主に対して入荷したことを通知すれば，弁済の提供をしたことになる。つまり，口頭の提供でよいことになる。

(2) 弁済の提供の効果

弁済の提供が終われば，債務者はそれ以後，**債務を履行しないことによって生ずる責任を負わない**。したがって，債権者は損害賠償請求を行うことはできない。また，**相手方の同時履行の抗弁権も同時に失われる**。同時履行の抗弁権は，あくまで相手方の弁済の提供があるまで，自己の債務の履行を拒むことができる権利であるから，債務者の弁済の提供があった以上，債権者はもはや自己の債務の履行を拒むことはできないわけである。

出題 H27

6．供託（494条）

供託とは，弁済の目的物を**供託所に預けることによって債務を免れる**ことをいう。供託をするには次のいずれかの理由が必要である。出題 H27

① **弁済の提供**に対し，債権者が弁済の**受領を拒んだとき**
② 債権者が弁済を**受領できないとき**
③ 弁済をする者が**過失なく，債権者を確知できないとき**

プラス 供託には，上記の供託原因が必要であるため，「収納請求の事務上の負担を軽減する」というような単なる債権者の便宜のために債務者に**供託を強制することはできない**。

用語解説
「**供託所**」とは，供託される金銭・有価証券を保管し，**供託事務を取り扱う国の機関**（役所）をいう。法務局・地方法務局またはそれらの支局・出張所が，供託所としてその事務を取り扱っている。

7．弁済による代位（499条・500条・501条１項）

第三者が債務者に代わって弁済を行った場合，債務者に対し「肩代わりした分を払え」といえる**求償権**を取得する。この**求償権**を確保するために，債権者が有していた債権や**抵当権等の担保権を第三者に移転**させ，**第三者は債権者に代わってこれらの権利を行使**することができる。これを**弁済による代位**という。弁済による代位には，次のように第三者が弁済について**正当な利益を有する**場合である**法定代位**と，**有しない**場合の**任意代位**の２種類がある。

出題 R1

弁済者	代位の要件・種類
正当な利益を有する第三者	法律上当然に代位（法定代位）
正当な利益を有しない第三者	債務者への対抗要件（債権譲渡と同じ）を備えた場合のみ代位（任意代位）

8．相殺（そうさい）(505条)

⑴　相殺とは

相殺とは，お互いに債権を有している場合に，**一方的な意思表示**によって，**その対当額でお互いの債権債務を消滅させる**ことをいう。

例えば，AはBにマンションを売却し，1,200万円の代金債権を有し，BはAに対して1,000万円の貸金債権を有している。この場合に，AがBに「相殺して，マンションの代金を200万円に減額しますから，借金は返さなくていいですね」と言える，ということである。この場合に「**相殺しよう**」と言うAの有する**代金債権**を**自働債権**といい，その反対債権であるBの**貸金債権**を**受働債権**という。

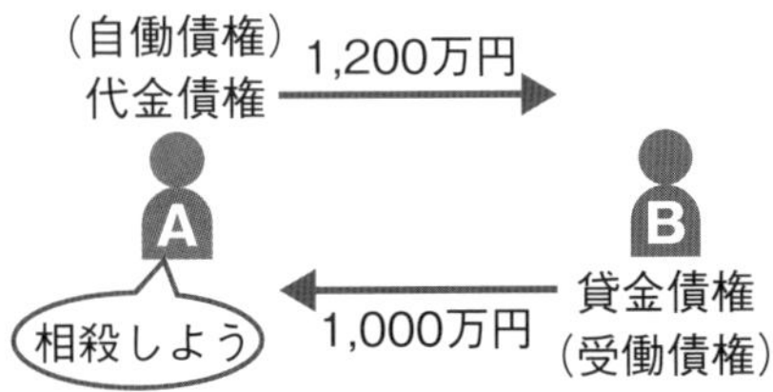

プラス　相殺により，**決済を簡便・安全**に行うことができる。

⑵　相殺の要件（505条１項）

次の事由のすべてに該当すれば相殺できる（**相殺適状**）。

①　双方の債権が**弁済期にある**こと。

ただし，自働債権が弁済期にあれば，受働債権の弁済期が到来していなくても，相殺することができる（判例）。

②　それぞれが**互いに同種の対立した債権**を有していること。

③　債権の性質が**相殺を許すもの**であること。

⑶　相殺できない場合

次の事由のいずれかに該当する場合は，相殺できない。

①　当事者間に**相殺禁止・制限特約**がある場合（505条１項）

②　**受働債権が一定の不法行為**（➡P.123～参照）**等によって発生した債権**（**損害賠償請求権**）である場合（509条）

次の債務における債務者は，原則として，**相殺をする**

ことができない。

(ア)　悪意による不法行為に基づく損害賠償の債務

悪意の加害者が，被害者に対して有する債権を自働債権として，損害賠償請求権を受働債権として相殺することはできない。不法行為による損害賠償請求権は，被害者救済のため現実に支払われるべきだからである。なお，この場合の「悪意」は，「損害を与える意図（害意）」を意味する。

出題 R1

プラス　被害者が，不法行為により生じた損害賠償請求権を自働債権として，悪意の加害者が被害者に対して有する債権を受働債権として相殺することはできる（判例）。

(イ)　人の生命または身体の侵害による損害賠償の債務

これには不法行為だけではなく，債務不履行による損害賠償債務も含まれる。

⑮ 契約総論

1 契約の分類

民法に規定がある**13種類**の契約を**典型契約**という。民法は，典型的な契約を類型化し，規定を設けている。典型契約以外の契約を非典型契約という。典型契約は，さらに次のように分類することができる。

1．諾成(だくせい)契約・要物(ようぶつ)契約

当事者の合意だけで成立する契約を「**諾成契約**」といい，合意の他に物の引渡し等の行為がないと成立しない契約を「**要物契約**」という。

2．双務(そうむ)契約・片務(へんむ)契約

契約の当事者双方がそれぞれ義務を負う契約を「**双務契約**」といい，契約の当事者の一方だけが義務を負う契約を「**片務契約**」という。

3．有償契約・無償契約

契約の内容に対価等の支払いのあるものを「**有償契約**」といい，契約の内容に対価等の支払いのないものを「**無償契約**」という。

2 典型契約のまとめ（13種類）

名　称	内　容	分　類
売買	売主が財産権を買主に移転，買主がそれに代金を支払う	諾成・双務・有償
交換	当事者が財産権を交換する	諾成・双務・有償
贈与	贈与者が財産権を無償で受贈者に与える	諾成・片務・無償
賃貸借	貸主は物を借主に使用収益させ，借主はそれに賃料を支払い，終了時にその物を返還する等の原状回復を行う	諾成・双務・有償

使用貸借	貸主は物を借主に無償で使用収益させ，借主は使用後にその物を返還する	諾成・片務・無償
消費貸借（書面でする場合を除く）	貸主は物を借主に引き渡し，借主は借りた物は消費し，その物と種類，品質および数量が同じ物を返還する	要物・片務・無償（有償）
委　任	委任者の委託を受け受任者が法律行為等の事務処理をする	諾成・片務・無償（双務・有償）
寄　託	寄託者から預かった物を受寄者が保管する	諾成・片務・無償（双務・有償）
請　負	注文者から依頼された仕事を請負人が完成させ，注文者がそれに報酬を与える	諾成・双務・有償
和　解	当事者が法律関係について存する紛争を互いに譲歩して解消する	諾成・双務・有償
雇　用	労働者が労働に従事し，使用者がそれに報酬を支払う	諾成・双務・有償
組　合	数人の者が出資をして共同事業を遂行することを約する	諾成・双務・有償
終身定期金	当事者の一方が自己，相手方の死亡までその相手方に金銭等を給付する	諾成・双務・有償（片務・無償）

プラス　要物契約は「**消費貸借**（原則）」**のみ**であり，残りは**諾成契約**である。また，**片務契約**は，「**使用貸借，消費貸借，贈与**」であり，残りは**双務契約**である。さらに**無償契約**は「**使用貸借，贈与**」であり，残りは**有償契約**である。なお，「**消費貸借**」は，利息が付かない場合は無償となり，「**委任，寄託**」は，報酬の支払いがない場合は，片務・無償であるが，特約で報酬を支払うこととする場合には，双務・有償となる点を注意しよう。

3 同時履行の抗弁権（533条）　はじめて

同時履行の抗弁権とは，**双務契約**の当事者の一方は，**相手方がその債務の履行**（**債務の履行に代わる損害賠償の債務の履行を含む**）をするまでは，自己の債務の履行を拒否するこ

参考　**消費貸借契約**において，当事者が返還の時期を定めなかったときは，貸主は，**相当の期間を定めて返還の催告ができる**（591条1項）。

出題 R1

第1章　民法

とができる権利である。例えば，Aが自己所有のマンションをBに売り渡した場合，Aは，Bが代金の支払いをせずにマンションの引渡しを求めてきたときは，マンションの引渡しを拒否することができ，一方，BもAがマンションの引渡しをすることなく，代金の支払いを求めてきたときは，代金の支払いを拒否できる。ただし，自己の債務の履行期が到来しているが，相手方の債務の履行期が到来していない間は，同時履行の抗弁権は行使できない。

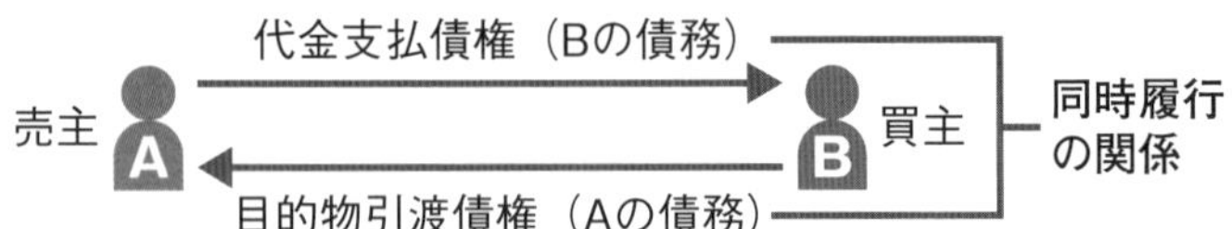

同時履行の関係にあるものとないものを整理すると次の通りである。

同時履行の関係にあるもの（同時履行の抗弁権を行使できる）
① **契約の解除**の場合の当事者双方の**原状回復義務**
出題 R1 ② **詐欺による取消し**による双方の**原状回復義務**
③ **弁済**と**受取証書の交付**
出題 R1 ④ 借地人が**建物買取請求権**を行使した場合における借主の**土地の明渡しと貸主の建物代金の支払い**
同時履行の関係にないもの（同時履行の抗弁権を行使できない）
① 借家人が**造作買取請求権**を行使した場合の借主の**建物の明渡し**と貸主の**造作代金の支払い**（建物の明渡しが先）
出題 R1 ② **賃貸借契約**における**貸主の敷金の返還**と**借主の目的物の明渡し**（目的物の明渡しが先）
出題 R1 ③ **債務の弁済**と**抵当権設定登記の抹消**（弁済が先）

4 危険負担

1．危険負担とは

双務契約において，契約の成立後，**一方の債務が**，**当事者**双方の責任ではなく履行不能となり消滅した場合に，**もう一方の債務の履行請求を拒否することができるか**というのが**危険負担**（当事者のどちらがリスクを負担するのか）である。

2．債務者の危険負担等（536条）

出題 H28

(1) **当事者双方の責めに帰することができない事由**によって**一方の債務を履行することができなくなった**ときは，**債権者**は，**反対給付の履行を拒むことができる**。つまり，履行できなくなった債権の**債務者が危険を負担する**ことになる。例えば，AとBとの間で管理委託契約が締結された場合，**A・B双方の責めに帰することができない事由**によって，Bが委託業務に係る債務を履行することができなくなった場合，**A**は，**Bからの委託業務費の支払請求を拒むことができる**。つまり，Aは，Bに対して委託業務費を支払う必要がないのである。

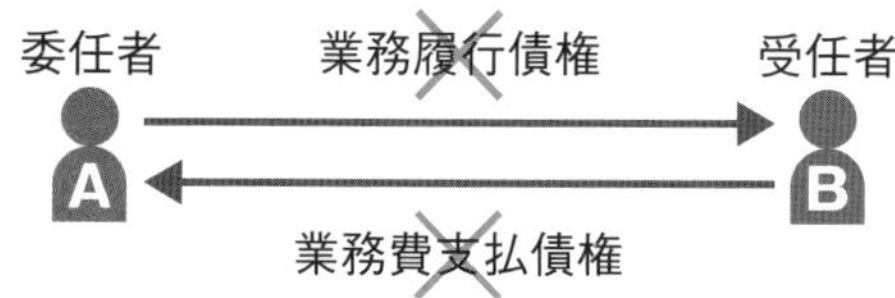

(2) **債権者の責めに帰すべき事由**で債務の履行ができなくなった場合には，**債権者**は，**反対給付の履行を拒むことができない**。上記の例でいうと，Bが委託業務に係る債務を履行することができなくなったのが，**Aの責めに帰すべき事由**による場合は，**A**は，**Bからの委託業務費の支払請求を拒むことができず**，Bに対して委託業務費を支払う必要がある。

5 契約の解除　はじめて

1．契約の解除とは

契約の解除とは，契約が締結された後に，**当事者の一方の意思表示**によって，**契約の効果を，はじめからなかったことにすること**をいう。

> プラス　契約をはじめからなかったことにするという「解除」の効果は，「取消し」の効果と同じである。「**取消し**」は，**制限行為能力，詐欺等の取消し原因**のある契約を取り消して，なかったことにすることをいい，「**解除**」は，**完全に有効に成立した契約**を解除権に基づき，なかったことにすることをいう。

2．解除権の発生

契約を解除できる事由には，次の３つの種類がある。

① **法定解除**

法律の規定により解除権が発生する。例えば，債務不履行や売主の契約不適合責任による解除である。

② **約定解除**

特約により解除権が発生する。例えば，解約手付，買戻し特約等による解除である。

③ **合意解除**

当事者間の合意によって解除権が発生する。

3．解除の方法（540条）

(1) 解除権を有する者が，**一方的に解除の意思表示**をすることによって解除される。**相手方の承諾等は不要**である。

出題 R2

(2) **解除の意思表示**をしたら，それを**撤回することはできない**。

(3) **当事者の一方が複数いる**ときは，**全員から**，または，**全員に対して**行わなければならない（解除権の不可分性，544条）。

4．催告解除と無催告解除（541条，542条）

債務不履行の場合，債権者が**相当の期間を定めて**債務者に対して，その**履行の催告**をし，その期間内に履行がないときは，**契約の解除**をすることができる（**催告解除**）。

これに対して，次のような場合には，債権者は，**催告をすることなく，直ちに契約の解除**をすることができる（**無催告解除**）。**無催告解除**ができるのは，債務不履行によって，契約の目的が達成できなくなった場合である。

出題 R2

① 債務の**全部の履行が不能**であるとき

② 債務者がその債務の**全部の履行を拒絶する意思を明確に表示**したとき

出題 R2

③ 債務の**一部の履行が不能**である場合，または債務者がその**債務の一部の履行を拒絶する意思を明確に表示**した場合において，**残存する部分のみでは契約をした目的を達することができない**とき

④　契約の性質，または当事者の意思表示により，特定の日時または一定の期間内に履行をしなければ契約をした目的を達することができない場合（定期行為）において，債務者が履行をしないでその時期を経過したとき等

5．解除の効果（545条，546条）

(1)　原状回復義務

解除されると**契約は，はじめからなかったもの**となる。したがって，両当事者は，まだ履行されていない債務は履行する必要がなくなり，すでに履行されて受領しているものがあるのであれば，相互に返還しなければならない（**原状回復義務**）。この原状回復義務も**同時履行の関係**にあるので，当事者双方はそれぞれの返還義務について**同時履行の抗弁権**を持つ。

①　**返還すべきものが金銭の場合** 出題 R２
受領の時からの利息をつけて返還しなければならない。

②　**返還すべきものが転売されている場合**
契約の解除による原状回復によって，**第三者の権利を害することはできない**。原状回復によって返還すべきものが不動産の場合，それが第三者に転売され，その第三者が**権利保護の要件として登記を備えているときは，返還を請求することはできない**（判例）。例えば，Bが，Aから買ったマンションを，さらにCに転売し，Cは登記を済ませたとする。その後，Bの売買代金不払いを理由にAがＡＢ間の契約を解除した。この場合，Aは登記を備えた第三者Cには対抗できない。たとえCが悪意であろうが，登記を備えたCは保護される。

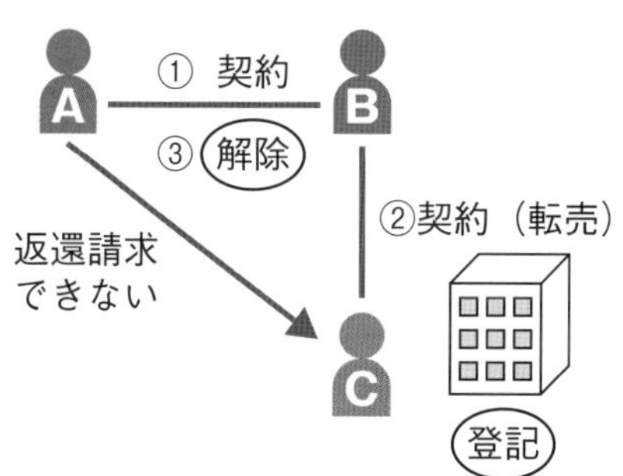

参考
建物の売買契約が解除された場合，売主は**受け取った代金に利息を付けて返還**する必要がある。このこととの均衡から買主は，建物の返還とともに，**使用料相当額を売主に返還**しなければならないとされている（判例）。

(2) 損害賠償

解除をしても損害が生じていれば，**損害賠償の請求**ができる。

6．解除権の消滅（544条，547条，548条）

(1) 催告による消滅

解除権の行使について期間の定めがなく，解除権を有する者が解除しないときは，その相手方から相当の期間を定めて「**解除するか否か**」**催告**をすることができ，その期間内に**確答がない**ときは，**解除権は消滅**する。

(2) 解除権者の行為等による解除権の消滅

解除権を有する者が，**故意または過失**によって著しく契約の目的物を**損傷**させたり，加工などをして性質を変えたときは，**解除権は消滅**する。

(3) 解除権の不可分性

解除権を有する者が複数いる場合において，そのうちの**1人の解除権が消滅**すると，**他の者の解除権も消滅**する。

Point整理　契約の解除のまとめ

方法等	① 解除権を有する者の**一方的な意思表示**で解除することができる（相手方の承諾は不要） ② 一度解除の意思表示をしたら，**撤回できない** ③ 当事者が複数いる場合，**全員から**，または，**全員に**対して行う ④ **履行遅滞**の場合，相当な期間を定めて**催告**し，その期間を経過した後に解除することができる **履行不能等一定の場合**，**催告不要で直ちに解除する**ことができる
効果	① 返還すべきものが**金銭**の場合，受領の時**からの利息**を付して返還しなければならない ② 返還すべきものが転売されている場合，**第三者の権利を害することができない**。目的物が不動産の場合，第三者が保護されるためには，**登記**を備えていることが必要である ③ 解除をしても，損害が生じていれば**損害賠償請求**することができる

⑯ 契約各論

1 贈与 はじめて

1．贈与とは（549条）

贈与とは，**当事者の一方**（**贈与者**）が，ある**財産を相手方に無償で与える**意思を表示し，**相手方**（**受贈者**）がこれを受諾することによって**成立する契約**である。

出題 H27

2．書面によらない贈与（550条）

「**書面によらない贈与**」は，**履行の終わった**（**履行が終了した**）**部分を除いて**，各当事者が**解除することができる**。不動産の贈与について，判例は，不動産の**引渡し**があれば，**登記**がされていなくても，「**履行の終了**」と認めている。また，引渡し前であっても，**所有権移転登記**がされた場合も，「**履行の終了**」とされている。したがって，不動産の場合，「**引渡し**」または「**移転登記**」があると**解除**が**できなくなる**。

出題 H27・R1

3．贈与者の引渡義務（551条）

贈与者は，原則として，贈与の目的である物・権利を，**贈与の目的として特定した時の状態**で引き渡し，または移転することを約束したものと**推定**される。つまり，贈与者は，**目的物が特定された時の状態**で受贈者に引き渡せばよい。

出題 H27・R1

4．負担付贈与（553条）

負担付贈与とは，受贈者に一定の負担を負わせる贈与である。例えば，マンションをタダで与える代わりに自分（贈与者）を扶養してもらう等である。**負担付贈与**には，双務契約の規定が適用される。したがって，**目的物の移転と負担の履行は同時履行の関係に立つ**ので，先述の例では，受贈者が**扶養を始めない限り**，贈与者はマンションの**引渡し**を**拒否することができる**。

出題 R1

5．死因贈与（554条）

出題 H27・R1

死因贈与とは，贈与者の死亡によって効力が生じる贈与契約である。契約であるので，死因贈与の**成立**には，**受贈者の承諾が必要**である。死因贈与は，死亡が効力の発生の要件である点で**遺贈**（遺言で贈与すること）と類似しているので，その性質に反しない限り，**遺贈の規定**（➡P.135参照）が準用される。したがって，**死因贈与が書面**でなされた場合，**遺言の撤回**の規定に従って，贈与者は，**いつでもこの死因贈与を書面で撤回することができる**。

2 売買契約　はじめて

1．売買とは（555条，560条）

!参考
売買の**目的物の引渡しについて期限があるときは，代金の支払いについても同一の期限を付したものと推定**する（573条）。売買の両当事者は通常，同時履行の抗弁権を有するので，目的物の引渡しと同時に代金は支払われるものであると推定するのが衡平だからである。

売買とは，当事者の一方がある**財産権を相手方に移転**することを約束し，相手方がこれに対してその**代金を支払う**ことを約束することによって成立する契約である。なお，売主は，買主に対し，売買の目的である権利の移転について，**登記**等の**対抗要件を備えさせる義務**を負う。

プラス
売買契約が有効に成立するためには，**買主への所有権移転登記は必要ではない**。売主・買主の合意によって成立をする。登記は，あくまで第三者に対して所有権の取得を主張するための対抗要件である。

2．手　付（557条）

手付とは，契約の締結に際して，**当事者の一方から相手方に渡す金銭等**である。手付には契約を締結した証拠という趣旨の「証約手付」としての性質が最低限あるとされ，さらにその目的により，次の２つの種類がある。

(1)　**解約手付**

手付の額の損失で，相手方に債務不履行がなくても契約の解除ができるという趣旨で交付される手付である。約定解除権の一種である。

(2)　**違約手付**

買主の債務不履行に備えて交付される手付である。違約金として没収される。

なお，手付の目的は当事者間の取り決めによるが，特に目的を定めなかった場合は，「**解約手付**」と**推定**される。

3．解約手付による解除（557条）

相手方が契約の履行に着手する前であれば，**買主からは手付を放棄して，売主からは手付の倍額を現実に提供して，契約の解除**ができる。したがって，自ら履行に着手していても，**相手方が履行に着手していない間は解除できる**。なお，**解約手付による契約の解除**は，債務不履行による解除と異なるから，解除しても**損害賠償等を請求することはできない**。

出題 H30

4．売主の契約不適合責任（562条～564条，566条，572条）

売主の契約不適合責任とは，売買契約において，**引き渡された目的物が，種類・品質・数量に関して契約内容と適合しないもの**（**契約不適合**）である場合に，**売主が買主に負う責任**をいう。

売主が負う，この責任の内容は，次のとおりである。

⑴　**追完請求権**

①　**契約不適合**のときは，買主は，売主に対し，**目的物の修補・代替物の引渡し・不足分の引渡しによる履行の追完**を**請求**することができる。ただし，売主は，買主に不相当な負担を課すものでないときは，買主が請求した方法と異なる方法による履行の追完をすることができる。

出題 H27・30

②　「**売主の責めに帰すべき事由**（**売主の責任**）」は，①の**履行の追完請求の要件ではない**。したがって，**契約不適合**について**売主に責任がなくても，買主は追完請求をすることができる**。しかし，**契約不適合**が「**買主の責めに帰すべき事由**（**買主の責任**）」によるものであるときは，**買主は，履行の追完の請求をすることができない**。

出題 H28～29

⑵　**代金減額請求権**

①　買主が相当の期間を定めて**履行の追完の催告**をしたのにもかかわらず，その期間内に**履行の追完がないときは，買主は**，その不適合の程度に応じて**代金の減額**を**請求**することができる。

出題 H26

②　次の㋐～㋒の場合には，**買主は**，催告をすることなく，

直ちに代金の減額を請求することができる。

(ア) 履行の追完が不能であるとき

(イ) 売主が履行の追完を拒絶する意思を明確に表示したとき

(ウ) 契約の性質または当事者の意思表示により，特定の日時または一定の期間内に履行をしなければ契約をした目的を達することができない場合（定期行為）において，売主が履行の追完をしないでその時期を経過したとき等

出題 H28

③ 「売主の責めに帰すべき事由」は，①の代金の減額請求の要件ではない。したがって，契約不適合について売主に責任がなくても，買主は代金の減額請求をすることができる。しかし，契約不適合が「買主の責めに帰すべき事由」によるものであるときは，買主は，代金の減額請求をすることができない。

(3) 損害賠償請求・解除権の行使

出題 H26〜28

① 契約不適合がある場合，買主が追完請求権や代金減額請求権を行使できる場合であっても，債務不履行として，要件を満たしたときは，買主は損害賠償請求（415条）や解除権の行使（542条）をすることもできる。

出題 H28

② 「売主の責めに帰すべき事由」がない場合には，買主は損害賠償請求をすることができない。また，「売主の責めに帰すべき事由」がない場合でも，買主は解除権を行使することができるが，「買主の責めに帰すべき事由」があるときは，解除権を行使することはできない。

(4) 種類・品質に関する契約不適合責任の期間の制限

出題 H26・29〜30

① 種類・品質に関して契約不適合の場合において，買主がその不適合を知った時から1年以内にその旨を売主に通知しないときは，買主は，その不適合を理由として，履行の追完の請求・代金の減額の請求・損害賠償の請求・契約の解除をすることができない。

出題 H28

② 売主が引渡しの時にその不適合を知っている（悪意），または，重大な過失によって知らなかった（善意重過失）ときは，この期間の制限はない。

(5) 契約不適合責任に関する特約

出題 H26〜27・29〜30

① 特約により契約不適合責任を免除したり，責任の内容

を軽減することができる（**任意規定**）。例えば，売主と買主間の「**買主は追完の請求はできるが，損害賠償請求はできない**」または「**売主は引渡しの日から２ヵ月間のみ契約不適合責任を負う**」，「**売主は契約不適合責任を負わない**」旨の特約は有効である。ただし，売主が**契約不適合を知っていながら買主に告げなかった場合**，売主が自ら目的物に第三者のための権利を設定したり，譲渡した場合は，**このような特約をしたとしても責任を免れることはできない**。

② 売買契約の当事者間において，**契約不適合責任について何ら特約をしなかった場合**，売主は，**民法の規定どおり責任を負わなければならない**。

出題 H27・30

3 使用貸借 はじめて

1．使用貸借とは（593条）

使用貸借とは，**当事者の一方**（**貸主**）がある物を引き渡すことを約束し，**相手方**（**借主**）が，その受け取った物について，**無償で使用・収益をして契約が終了したときに返還をすることを約束することによって成立する契約**である。出題 H26

> **注意**
> **使用貸借契約の契約期間**について，民法上，制限する規定はないため，当事者が定めた期間が契約期間となる。したがって，**１年未満の期間の定めも有効**である。

2．貸主による使用貸借の解除（593条の２）

「**書面によらない使用貸借**」については，**貸主**は，借主が借用物を受け取るまで，契約の**解除をすることができる**。

3．借主による使用収益（594条）

借主は，貸主の承諾がなければ，第三者に目的物を使用させ，または収益させることができない。

4．借主の費用負担（595条）

借主は，目的物の**通常の必要費**（目的物の現状維持に必要な修繕費等）**を負担**しなければならない。特別の必要費や有益費は，貸主に償還請求できる。

5．使用貸借の終了（597条）

(1) **期間を定めた場合**

定めた期間の満了によって終了する。

(2) **期間を定めなかった場合**

使用・収益の目的を定めたときは，**借主がその定められた目的に従い使用・収益を終えた時に終了**する。

(3) **借主の死亡**

使用貸借は，**借主の死亡によって，終了する**。したがって，使用借権は借主の**相続人には承継されない**。これに対して，**貸主の死亡**によっては当然には**終了しない**。

6．使用貸借の解除（598条）

(1) **貸主の解除**

① **期間の定めがなく目的が定められている場合**

貸主は，その目的に従い借主が**使用・収益をするのに足りる期間を経過**したときは，契約の**解除**をすることができる。

② **期間の定めがなく目的も定めなかった場合**

貸主は，**いつでも**契約の**解除**をすることができる。

(2) **借主の解除**

借主は，**いつでも**契約の**解除**をすることができる。

7．損害賠償および費用償還請求権の期間（600条）

貸主の借主に対する**用法違反による損害賠償請求権**や借主の貸主に対する**費用償還請求権**は，貸主が目的物の**返還を受けた時から１年以内に請求**しなければならない。なお，損害賠償の請求権については，貸主が返還を受けた時から１年を経過するまでは，消滅時効は完成しない。

4 賃貸借 はじめて

1．賃貸借とは（601条）

出題 H26

賃貸借とは，**賃貸人**（貸主）が，**賃借人**（借主）に**目的物を使用・収益をさせることを約束**し，これに対して**賃借人**が**賃料を支払うこと・引渡しを受けた物を契約が終了したときに返還することを約束**する契約である。双務契約であるので，賃貸人，賃借人それぞれに義務が課せられる。

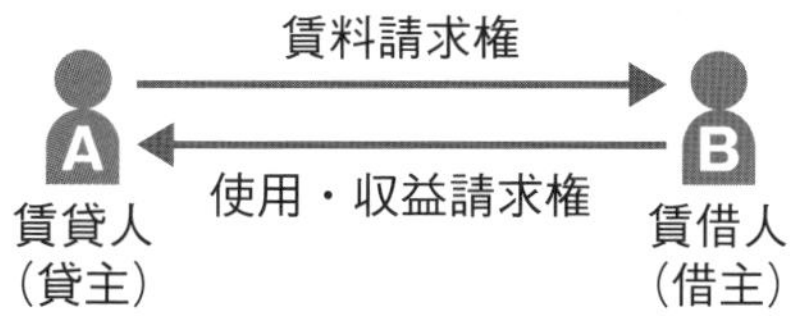

2．賃貸人の義務（606条，608条）

賃貸人は，賃借人に物を**使用・収益**させなければならない。

(1)　**修繕義務**

賃貸人は，目的物の使用・収益に**必要な修繕**を行わなければならない。ただし，**賃借人の責めに帰すべき事由**（**賃借人の責任**）によって修繕が必要となったときは，その必要はない。一方，賃借人も目的物の保存に**必要な修繕行為を拒むことはできない**。

プラス　賃借物の修繕が必要な場合で，次の①②のときは，**賃借人**は，**自らその修繕をすることができる**（607条の2）。
① 賃借人が賃貸人に修繕が必要である旨を**通知**し，または，**賃貸人がその旨を知った**にもかかわらず，賃貸人が相当の期間内に**必要な修繕をしない**とき
② **急迫の事情**があるとき

(2)　**費用償還義務**

必要費（物を使用・収益する上で必要な費用）について，賃借人は，**支出後ただちに**，賃貸人に対して**償還請求**することができる。

また，**有益費**（物の価値を増加させるためにかかった費用）は，**賃貸借契約終了後**，賃貸人の選択により，**支出額または価値の増加額のいずれか**を，賃借人に対し返還しなければならない。

参考　「**有益費**」とは，例えば，和式トイレを洋式に替える場合や壁紙を張り替える場合にかかる費用をいう。必要費のように必要不可欠な費用ではないので，支出後ただちに返還請求をすることができない。

3．賃借人の義務（601条，621条）

(1)　**賃料支払義務**

賃借人は賃貸人に対し**賃料を支払う**義務を負う。**賃料の支払時期**は，特約がない限り，**動産・建物・宅地**については**毎月末日**（12月の賃料の支払期日は，12月31日）である。

出題　R2

(2)　**目的物返還義務**

賃借人は賃貸借契約が終了した場合は，**目的物を返還し**

なければならない。

(3) **原状回復義務**

賃借人は，賃借物を**受け取った後にこれに生じた損傷**がある場合，賃貸借終了時に，その**損傷を原状に復さなければならない**。ただし，その**損傷**が賃借人の責任ではないとき，または，**通常の使用・収益によって生じた損耗**（**通常損耗**）や**経年変化**によるものについては，この**義務を負わない**。

注意
借地借家法により，**建物の賃借権**については「**引渡し**」も対抗要件となる（➡P.144参照）。

出題 H28・30

4．不動産の賃貸借の対抗要件（605条）

賃貸借契約の目的物が**不動産**の場合，**第三者に対する対抗要件**は，**賃借権の登記**である。ただし，賃貸人には賃借権の登記に協力する義務はない。

5．不動産の賃貸人の地位の移転（605条の2，605条の3）

賃借人が賃貸借の**対抗要件**を備えている場合，その不動産が譲渡されたときは，**賃借人の承諾**（**同意**）**がなくても**，不動産の賃貸人たる地位は，原則として，その**譲受人**（**新所有者**）**に移転する**。ただし，賃貸人たる地位の移転は，賃貸物である不動産について**所有権の移転の登記**をしなければ，賃借人に対抗することができず，譲受人は，**賃料等を請求することができない**。

6．賃貸借の存続期間（604条，617条，619条）

(1) **期間を定める場合**

最長期間は50年で，50年を超えて定めた場合はその期間は**50年に短縮される**。期間満了により賃貸借契約は終了するが，更新することもでき，更新後の期間も50年以内としなければならない。

(2) **期間を定めない場合**

当事者は，**いつでも解約の申入れ**をすることができる。解約の申入れをすると，次の期間経過後に賃貸借契約は終了する。

土地	1年
建物	3ヵ月

⑶　**黙示の更新**

賃貸借契約の期間満了後，賃借人が物の使用・収益を継続しているにもかかわらず，賃貸人がそれを知っていて**異議を述べない**ときは，前の契約と同じ条件で**賃貸借契約を更新したものと推定**する。この場合，期間については定めのない契約となる。

7．期間の定めのある賃貸借の中途解約（618条）

⑴　**期間を定めた場合**であっても，**中途解約の特約**を定めたときは，当事者は賃貸借契約を**解約することができる**。この場合，予告期間を定めなかったときは，**6．**⑵の期間経過後に契約は終了する。　出題 R 3

⑵　**中途解約の特約がない場合**には，当事者は，契約期間中に賃貸借契約を一方的に**解約することができない**。　出題 R 2

8．賃貸借の終了

⑴　賃貸借契約は，期間の満了，当事者の解除権の行使等によって終了する。

⑵　賃貸借契約は，**賃借物の全部が滅失して使用・収益をすることができなくなった**場合，終了する（616条の2）。

⑶　**当事者（賃貸人・賃借人）の死亡によっては賃貸借契約は終了せず**，相続人がいる場合，その地位は相続人に承継される。　出題 H27

9．賃借権の譲渡・転貸（612条，613条）

賃貸借契約の成立により，賃借人は賃借権を取得する。賃借人は，**賃貸人の承諾**があれば，**賃借権を第三者に譲渡**したり，**賃借物を転貸（又貸し）**したりすることができる。

⑴　**譲渡の効果**

例えば，賃借人Ｂが賃貸人Ａの承諾を得て，賃借権をＣに譲渡した場合，**Ｂは賃貸借関係から離脱**し，新たにＡＣ間に賃貸借関係が発生する。したがって，譲渡後に発生した賃料等については，ＡはＢに対して請求することはできない。

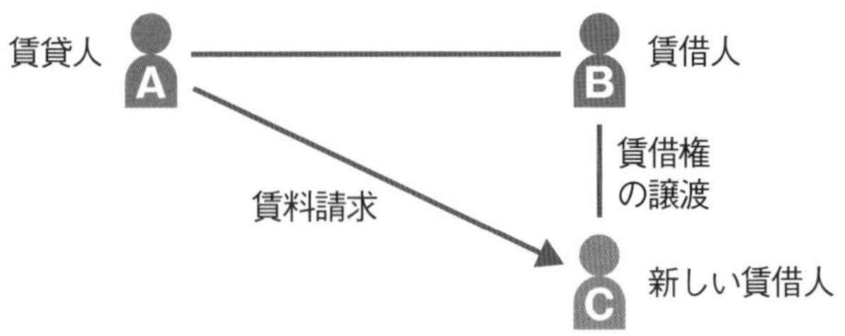

⑵ **転貸の効果**

例えば，A所有のマンションをBが賃借している場合に，Bは Aの承諾を得て，マンションをCに転貸した。この場合，A（賃貸人）・B（賃借人・転貸人）・C（転借人）の間は，次のような法律関係になる。

出題 H30

① Bは賃貸借関係から離脱しない。AB間，BC間にそれぞれ**賃貸借契約**，**転貸借契約**が存在するが，AC間には直接契約関係は発生しない。ただし，Cは，AとBとの間の賃貸借に基づく**Bの債務の範囲を限度**として，Aに対して転貸借に基づく**債務を直接履行する義務**を負う。

出題 H27

② AはCに**賃借料と転借料の範囲内（少額の方）**で，**賃料の支払請求**をすることができる。

③ 賃貸人と賃借人が賃貸借契約を**合意解除**しても，賃貸人はその解除の効果を**転借人に対抗することはできない**。つまり，AはCに出て行けとはいえない。

出題 H27・30

④ 賃借人の**債務不履行**により，賃貸借契約が**解除**（**法定解除**）により終了した場合，**転借人**は，**転借権**を**賃貸人に対抗できない**。つまり，AはCに「出て行け」と言える。また，この場合，賃貸人Aは，転借人Cに対して通知をする必要はなく，**賃借人Bに代わってCが賃料を支払う機会を与える必要もない**（判例）。

(3)　**無断譲渡・無断転貸の禁止**

出題 H27・30・R2

①　原則として，**賃貸人の承諾を得なければ**賃借権を譲渡したり，**賃借物の転貸**をすることはできない。

②　**無断譲渡・転貸**をし，**第三者に目的物を使用・収益**させたときは，**賃貸人は**，**契約の解除**をすることができる。無断譲渡・転貸は，**無効ではなく**，賃借人と譲受人または転借人との間においては**有効な契約として成立するが**，それを賃貸人には対抗することができない（判例）。なお，無断譲渡・転貸があってもそれが**背信的行為（賃貸人との信頼関係を破壊するような行為）にあたらない特段の事情がある場合**，賃貸人は**解除できない**（判例）。

プラス　転貸借契約においては，転貸人は転借人に対して，**賃貸人の承諾を得る義務を負う**ことになる。もし，転貸人が賃貸人の承諾を得ることができない場合は，**転貸人の債務不履行と**して，**転借人は転貸借契約を解除することができる**。また，賃借権の無断転貸や無断譲渡がなされた場合，**賃貸人は契約の解除をしなくても**，転借人や譲受人に対して**所有権に基づき明渡しを請求することができる**（判例）。この場合の転借人や譲受人は，不法占拠者に該当するからである。

10. 敷金（622条の2）

敷金とは，その名称を問わず，賃貸借契約締結時に，**賃借人が賃貸人に支払う**もので，**賃貸借終了後に返還する**ことを前提としている金銭である。

参考　賃借人に賃料の不払いがあれば，**賃貸人**は，契約期間中でも終了後でも，敷金をこれに充当することができる。しかし，**賃借人**の側から不払賃料を「敷金から差し引け」と主張することはできない。

(1)　**敷金の交付の目的**

敷金は，**賃貸借契約に基づいて生ずる賃借人の賃貸人に対する金銭債務**を担保する。例えば，滞納した賃借料や，目的物を使用したこと等による自然の消耗以外の損傷があった場合などの原状回復費は，敷金から充当される。

(2)　**敷金返還請求権**

出題 R1

敷金返還請求権は，賃貸借契約が終了して**目的物の明渡し完了時**に，それまでに生じた賃借人に対する債権を**控除した残額について発生**する。**先に明渡しをする必要がある**ので，「**明渡し**」と「**敷金の返還**」は，**同時履行の関係にはならない**。したがって，賃借人は，敷金が返還されないことを理由に目的物の返還を拒むことはできない。賃貸借契約存続中に，賃貸人や賃借人に変更が生じた場合は次のとおりとなる。

① **賃貸人が変更した場合**

賃貸人が，専有部分等を第三者に譲渡し賃貸人の地位が移転した場合，敷金返還債務は，旧賃貸人に対する未払賃料等を控除した残額について，**新所有者（新賃貸人）に承継される**（605条の２第４項）。

② **賃借人が変更した場合**

出題 H30

賃貸人の承諾を得て賃借権が旧賃借人から新賃借人に移転された場合でも，敷金に関する権利義務関係は，特段の事情がない限り，**新賃借人に承継されない**（判例）。

賃貸借契約のまとめ

<table>
<tr><td rowspan="2">存続期間</td><td>最長</td><td>50年を超えることができない</td></tr>
<tr><td>最短</td><td>制限なし</td></tr>
<tr><td rowspan="2">終了</td><td>期間を定める場合</td><td>期間満了により終了</td></tr>
<tr><td>期間を定めない場合</td><td>解約の申入れ
※　土地の賃貸借は，申入れ後１年で終了
※　建物の賃貸借は，申入れ後３ヵ月で終了</td></tr>
<tr><td>対抗要件</td><td colspan="2">賃借権の登記（賃貸人に登記請求に応じる義務はない）</td></tr>
<tr><td>修繕</td><td colspan="2">賃貸人が修繕義務を負う（賃借人は保存に必要な修繕を拒めない）</td></tr>
<tr><td rowspan="2">費用償還</td><td>必要費</td><td>直ちに，賃貸人に対し全額償還請求できる</td></tr>
<tr><td>有益費</td><td>賃貸借終了時に，賃貸人の選択に従って支出額または現存増価額を償還請求できる</td></tr>
<tr><td>譲渡・転貸</td><td colspan="2">①　賃借人が賃借権の譲渡・転貸を行う場合，賃貸人の承諾が必要
②　賃貸人の承諾を得た転貸借の場合，転借人は賃貸人に対して直接に義務（賃料支払義務）を負う
③　賃借人が無断譲渡・転貸を行い，第三者が現実に賃借物の使用収益を開始したときは，賃貸人は賃貸借契約を解除することができる
④　賃借人が無断譲渡・転貸を行い，第三者が現実に賃借物の使用収益を開始したときでも無断譲渡・転貸が背信的行為にあたらない特段の事情がある場合は，解除できない（判例）</td></tr>
<tr><td>敷金</td><td colspan="2">①　賃貸借契約から生じる一切の債務（滞納した賃料，明渡義務不履行に基づく損害賠償金・不当利得の返還金，通常損耗以外の損傷の原状回復費用等）に充当される
②　目的物の明渡しと敷金の返還は同時履行の関係にはならない
※　明渡しが先履行である
③　賃貸借契約期間中に当事者に変更が生じた場合
<table><tr><td>賃貸人が変更</td><td>敷金関係は，新賃貸人に承継される</td></tr><tr><td>賃借人が変更</td><td>敷金関係は，新賃借人に承継されない</td></tr></table></td></tr>
</table>

5 請負 はじめて

1．請負とは（632条）

請負とは，**当事者の一方（請負人）が仕事を完成させること**を**約束し，相手方（注文者）**がその仕事の完成に対して，**報酬を支払うこと**（成功報酬）**を約束**する契約である。例えば，工務店が注文を受けてマンションを建設し，代金を受領したり，マンション管理業者が注文を受けて清掃業務を行い，業務委託費を受領する等の契約である。

2．請負人の義務

請負人には，契約に定められた**仕事を完成させる義務**がある。仕事の完成が目的であるから，請負人自らがそれをせずに，**第三者に請け負わせることもできる**（下請負）。

3．注文者の義務（633条，634条）

注文者には，**報酬を支払う義務**があるが，仕事の目的物の引渡しが必要な場合は，**注文者は仕事が完成した時に報酬を支払えばよい**。したがって，**請負人の目的物引渡義務**と**注文者の報酬支払義務**とは，**同時履行の関係**に立ち，目的物の引渡しがあるまで，注文者は報酬の支払を拒むことができる。

なお，仕事が完成しなければ，請負人は全く報酬が受けられなくなるのではなく，次の①②の場合には，請負人がすでにした仕事の結果のうち，可分な部分の給付によって注文者が利益を受けるときは，**注文者が受ける利益の割合に応じて報酬を請求**することができる（**割合的報酬請求権**）。

① **注文者の責任ではなく**，仕事を完成することができなくなった場合

② 請負契約が仕事の**完成前に解除**された場合

4．請負人の契約不適合責任（636条，637条）

請負人の契約不適合責任とは，請負契約において，仕事の目的物が，**種類・品質に関して契約内容と適合しない**もの（**契約不適合**）である場合に，**請負人が注文者に負う責任**をいう。請負契約は有償契約であることから，**売買契約における目的物の契約不適合の規定が準用**され，注文者は，請負人に，次

のような請求をすることができる。

(1) **追完請求権**

注文者は，原則として，**目的物の修補（修理）等の履行の追完を請求**することができる。なお，修補に過分の費用を要するなど，「取引上の社会通念」に照らして**修補が不能**であるときは，追完請求は認められない。

(2) **報酬額（代金）減額請求権**

出題 R2

注文者が相当の期間を定めて**履行の追完の催告**をしたのにもかかわらず，その期間内に**履行の追完がないときは**，注文者は，原則として，その**不適合の程度に応じて報酬額（代金）の減額を請求**することができる。

(3) **損害賠償請求・解除権の行使**

出題 H28

① 注文者は，原則として，**契約不適合**を理由として，請負人に対して**損害賠償請求**をすることができる。注文者は，**追完請求に代えて**，または，**追完請求とともに損害賠償請求**をすることが可能である。例えば，修補が不能であれば，修補に代わる損害賠償請求をすることができる。

② 注文者が，請負人に修補するよう**催告**したにもかかわらず，相当な期間を経過しても修補されないときは，注文者は，原則として，**請負契約を解除**することができる。契約不適合のため**契約の目的を達成できない**ときは，**無催告解除**も可能である。

(4) **契約不適合責任の期間の制限**

出題 H28・R2・4

注文者が，**契約不適合を知った時から1年以内**にその旨を請負人に**通知**しないときは，注文者は，その不適合を理由として，**履行の追完の請求・報酬の減額の請求・損害賠償の請求・契約の解除をすることができない**。ただし，仕事の目的物を注文者に**引き渡した時**（引渡しが不要な場合には，仕事が終了した時）において，請負人が**契約不適合を知り**（悪意），または，**重大な過失によって知らなかった**（**善意重過失**の）ときは，この期間の制限はない。

(5) **請負人が契約不適合責任を負わない場合**

① **注文者が提供した材料の性質**，あるいは**注文者が出した指図**のために**契約不適合が生じた場合**は，**請負人は契**

約不適合責任を負わない。ただし，請負人がその材料または指図が不適切であることを知っていながら注文者に告げなかった場合は，契約不適合責任を負わなければならない（636条）。

② 請負人は，**契約不適合責任を負わないとする特約**をすることができる。ただし，**請負人が知っていて告げなかった事実等**については，その**責任を免れない**。

5．請負契約の終了（641条，642条）

出題 H28・R2・4

(1) **注文者**は，**請負人が仕事を完成させる前**であれば，**いつでも損害を賠償して，請負契約を解除することができる**。

出題 H30・R2

(2) **請負人**または**破産管財人**は，**注文者が破産手続開始**の**決定を受けた**ときは，**契約を解除することができる**。

Point整理 請負契約のまとめ

内容	請負人が仕事を完成させることを約束し，注文者がその仕事の結果に対して**報酬を支払う**（後払いが原則）ことを約束する契約 ※ 請負人が**履行補助者**や**下請人**に任せるのは自由
解除	① **注文者**は，仕事の完成前であれば，**損害を賠償して解除できる** ② **請負人**は，**注文者**が**破産手続開始の決定**を受けたときは，**解除できる**（この場合，注文者の破産管財人も解除できる）

参考
例えば，マンションの管理や賃貸不動産の管理等の法律行為（契約）以外の事務処理を委託するものを**準委任**（準委託）という。**準委任**にも委任の規定が準用される。

参考
管理者については，後出「第３章　建物の区分所有等に関する法律」で詳述する。

6 委任 はじめて

1．委任とは（643条） 出題 H30

委任とは，**当事者の一方**（**委任者**）が**法律行為**（**契約の事務処理等**）**をすることを相手方**（**受任者**）**に委託し，相手方がこれを承諾**することによって成立する契約をいう。例えば，マンション管理業者が，管理組合の承認を得て，管理組合の経費の支払いを行ったり，集会の決議によって選任された管理者が，その職務を行うことは，委任契約に該当する。委任は，原則として**片務・無償の契約**である。ただし，当事者間に**報酬を支払う旨の特約**があれば，**双務・有償の契約**となる。

2．受任者の義務と権利（644条～650条）

(1) 受任者の義務

① 善管注意義務

受任者は，**善良な管理者としての注意**（善管注意義務）をもって委任事務を処理しなければならない。受任者は，**報酬の有無にかかわらず善管注意義務**を負う。違反した場合には，受任者は**債務不履行責任を負う**。

出題 H26・29

用語解説
「**善管注意義務**」とはある職業・地位に属する人に要求される，**レベルの高い注意義務をいう。**

② 自己服務義務

受任者は，原則として，**自ら委任事務を履行する義務**を負う。ただし，**委任者の許諾**を得たとき，または**やむを得ない事由**があるときは，**復受任者に復委任**することができる。

出題 H29

③ 事務処理状況の報告義務

受任者は，委任者の**請求があるときは，いつでも**，委任事務の処理状況を報告し，また，**委任事務終了後は遅滞なく**，その結果を報告しなければならない。

出題 H26・R4

④ 受取物等の引渡義務

受任者は，委任事務を行うにあたって**受け取った金銭，物等を委任者に引き渡さなければならない**。また，委任者のために受任者の名前で取得した権利も移転しなければならない。

⑤ 金銭不正消費の賠償責任

受任者は，委任者に引き渡すべき金銭を**自分のために使ったときは**，その**使ったときからの利息**を付けて引き渡さなければならない。

出題 H30

(2) 受任者の権利

① 報酬請求権

(ア) 原則として委任契約は**無償**なので，受任者は委任者に報酬を請求できないが，**特約があれば，請求することができる**。なお，報酬の特約がある場合に，委任者の責めに帰することができない事由によって**委任事務の履行をすることができなくなった**とき，または，**委任が履行の中途で終了**したときは，受任者は，**すでにした履行の割合に応じて報酬を請求**することができる。

出題 R4

(イ) 報酬が支払われる委任には，**履行割合型**（事務処理を行ったことに対して報酬が支払われる場合）と**成果完成型**（事務処理の成果に対して報酬が支払われる場合）の２種類があり，**報酬の支払時期**はそれぞれ次のようになる。

i） **履行割合型**

当事者の特約がなければ，**後払い**となる。

ii） **成果完成型**

その成果が**引渡しを要する**ときは，報酬は，その**成果の引渡しと同時**（引渡しが不要な場合は，成果の完成後）となる。

② **費用前払請求権**

出題 H26

受任者が委任事務のため費用を要する場合は，受任者からの**請求があったときは**，委任者は，**前払いをもって受任者に支払わなければならない**。

③ **費用償還請求権**

出題 H30

委任事務を処理するのに必要とされる費用を受任者が立て替え払いをしたような場合は，受任者は**費用を支出した日からの利息を付けて償還を請求することができる**。

④ **損害賠償請求権**

出題 H29

受任者が委任事務を処理するにあたって，**自己に過失がないのに損害を受けた**ときは，委任者に対して，その**損害賠償請求**をすることができる。

3．委任の終了 (651条，653条)

(1) **告知による契約解除**

出題 R４

委任契約は相手方に債務不履行等がなくても，**委任者，受任者双方からいつでも自由に解除**することができる。この場合は，相手方に生じた損害を賠償する必要はない。ただし，①委任者および受任者は，**相手方の不利な時期に解除**する場合，または，②委任者が**受任者の利益**（専ら報酬を得ることを目的とする場合を除く）**をも目的**とする委任を解除した場合は，やむを得ない場合を除き，**損害の賠償をする必要がある**。

出題 H26・29

(2) **委任者，受任者に次の事由**が生じると**委任契約は当然に**

終了する。なお，**委任者**や**受任者**が**保佐開始の審判**や**補助開始の審判**を受けても**委任契約は終了しない**。

○…終了する　×…終了しない

	死亡	破産手続開始の決定	後見開始の審判
委任者	○	○	×
受任者	○	○	○

4．委任契約解除の効果（652条，654条）

(1)　解除の遡及効

出題 H30

委任契約を解除してもその効果は**遡及せず**，解除をしたときから**将来に向かって**その**効果がなくなる**にすぎない。

(2)　委任終了後の善処義務

委任が終了した場合でも，**急迫した事情があるときは**，受任者やその相続人またはその法定代理人は，委任者やその相続人またはその法定代理人が**必要な委任事務を処理することができるようになるまで**，必要な処理をする必要がある。

プラス

契約が解除されると，**契約ははじめからなかった**ことになる（**解除の遡及効**）。ただし，委任契約のような継続的な契約関係では，委任契約を前提に積み上げられた様々な法律関係がすべて覆されることになるので，解除したときから**将来に向かって**効果がなくなる。**賃貸借契約の解除**も同様の理由で遡及しないとされている。

委任契約のまとめ

<table>
<tr><td>内容</td><td colspan="3">① 委任者が法律行為をすることを受任者に委託し，受任者が承諾することによって効力が生じる
② 原則として無償であり，受任者は，特約がない限り委任者に対して報酬を請求できない</td></tr>
<tr><td rowspan="6">受任者の義務</td><td>善管注意義務</td><td colspan="2">報酬の有無にかかわらず，負う</td></tr>
<tr><td rowspan="2">自己服務義務</td><td>原則</td><td>受任者は委任事務を第三者に任せてはならない</td></tr>
<tr><td>例外</td><td>委任者の許諾，またはやむを得ない事由があるときは，復委任することができる</td></tr>
<tr><td rowspan="2">報告義務</td><td colspan="2">委任者の請求時 ➡ いつでも委任事務の処理状況を報告</td></tr>
<tr><td colspan="2">委任が終了した後 ➡ 遅滞なく，経過と結果を報告</td></tr>
<tr></tr>
<tr><td rowspan="4">委任者の義務</td><td rowspan="2">報酬支払義務</td><td>原則</td><td>なし（無償）</td></tr>
<tr><td>例外</td><td>特約があれば，あり（有償）</td></tr>
<tr><td>費用前払義務</td><td colspan="2">受任者から請求があれば前払いをしなければならない</td></tr>
<tr><td>費用償還義務</td><td colspan="2">事務処理に必要な費用のほか支払日以後の利息の支払いをしなければならない</td></tr>
<tr><td>解除</td><td colspan="3">委任者・受任者双方から，いつでもすることができる
<table><tr><td rowspan="2">損害賠償責任</td><td>原則</td><td>相手方が不利な時期に解除した等によって，相手方に損害が生じた場合，負う</td></tr><tr><td>例外</td><td>やむを得ない事由によって解除した場合は，負わない</td></tr></table></td></tr>
</table>

⑰ 不法行為等

1 一般の不法行為 はじめて

不法行為とは，**他人の権利や利益を違法に侵害して損害を与える行為**をいう。そして，故意または**過失**によって，**他人の権利や法律上保護される利益**を侵害した者（**加害者**）は，**被害者**に対してその**損害を賠償**しなければならない（709条）。

例えば，マンションの201号室に居住しているAが水道栓を閉め忘れたために，階下の101号室に水漏れを発生させ，101号室のBに損害を与えた場合には，過失によって他人に損害を与えたことになるので，Aは加害者として，被害者であるBに対して損害を賠償しなければならない。不法行為は，被害者を救済して，発生した損害を加害者にも公平に分担させるための制度である。なお，契約当事者間においては，それぞれの成立要件を満たせば，**債務不履行責任のみならず，不法行為責任を負う場合がある**。

プラス マンションの建設が**近接する地域の景観に影響を与える場合**に，マンションの建設が「権利の侵害」にあたるかが争われた事案について，**判例**は，近隣の居住者に，良好な景観の恵沢を享受する利益（景観利益）を超えて，**私法上の権利といい得るような明確な実体を有する「景観権」を認めることはできない**とし，マンションの建設は「**権利（景観権）の侵害**」**にあたらない**としている（判例）。 出題 H26

⚠注意
不法行為による損害賠償債務については，債務者（加害者）は，**損害発生と同時に履行遅滞となる**（判例）。
出題 H29・R 2

⚠注意
他人の生命を侵害した者は，**被害者の父母・配偶者・子**に対しては，その財産権が侵害されなかった場合でも，**損害賠償責任を負う**（711条）。
出題 R 1

2 特殊な不法行為 はじめて

1．使用者責任（715条）

出題 H26・29～30

ある事業のために**他人を使用する者（使用者）**は，**使用されている者（被用者）**がその**事業の執行**について**第三者に加えた損害を賠償する責任を負う**。

プラス 例えば，マンション管理業者（使用者）が雇用している管理員（被用者）が，業務の執行について管理組合の組合員に損害を与えた場合，**マンション管理業者は，その組合員に損害賠償責任を負う**ことになる。

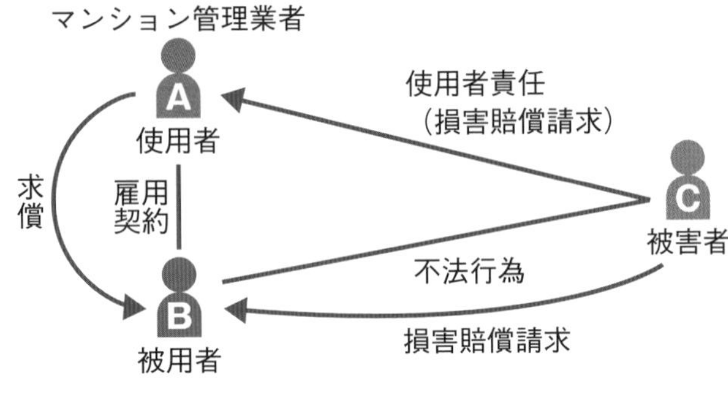

(1) **使用者責任の成立要件**は次のとおりである。

① **使用者がある事業のために他人を使用していること**

この場合の「**使用している**」とは，通常，**委任・雇用等の契約に基づく**ものであることが多い。しかし，契約がない場合であっても実質的に仕事をさせており，使用者と被用者の間に**事実上の指揮・監督関係**が認められるときには，「**使用している**」関係があるといえる。また，**下請負**の場合，使用者と下請負人の間に**事実上の指揮・監督関係**があるときは，「使用している」関係があるとされ，**使用者責任が成立**する。

出題 H26

プラス 例えば，マンション管理業者から**再委託を受けた清掃業者の従業員（下請負人）**が管理組合の組合員に損害を与えた場合，マンション管理業者が**使用者責任を負う**ことがある。

! 参考

外形標準説によれば，相手方の信頼を保護するためのものであるので，相手方に**悪意**または**重過失**があるときは，**使用者責任を追及することができない**とされる。

② **被用者が事業の執行（職務の範囲内）につき不法行為を行ったこと**

被用者が，**事業の範囲外**で行った私生活上の行為により他人に損害が発生しても，**使用者責任は成立しない**。職務の範囲内に属するか否かについては，被用者の行為の外形を基準として客観的に判断する（**外形標準説**，判例）。

③ **被用者と第三者との間に，不法行為が成立していること** 出題 R5

出題 H26

ここでいう**不法行為**は，財産権を侵害するものだけでなく，**身体・自由・名誉を侵害する不法行為**でもよい（710条）。例えば，マンション管理業者の被用者が管理組合の組合員の**名誉を棄損**した場合，マンション管理業者が**使用者責任を負う**ことがある。

④ **使用者**が，**被用者の選任・監督について**「**相当の注意をしていたこと**，または，**相当の注意をしていても損害の防ぎようがなかったこと**」を証明していないこと　出題 H26・29～30

プラス　つまり，**使用者が被用者の選任・監督について相当の注意をしていた**こと，または**相当な注意をしていても損害が生ずべきであった**ことを証明した場合，**使用者は使用者責任を負わない**。

(2) 使用者に代わって事業を**監督する者**がいる場合は，その者も**損害を賠償する責任を負う**。

(3) 使用者または監督者が損害を賠償したときは，その不法行為をした**被用者に対して求償権を行使できる**。しかし，無制限に求償権の行使を認めると被用者にとって酷な結果となることが多い。そこで，判例は，損害の公平な分担という見地から，損害賠償債務を負担したことにより損害を被った使用者は，**信義則上相当と認められる限度**において求償の請求をすることができるとしている。つまり，求償権が制限されることがある。　出題 R5

2．注文者の責任（716条）

注文者は，**請負人**がその仕事について**第三者に加えた損害を賠償する責任を負わない**。ただし，注文または指図についてその**注文者に過失があった**ときは，**損害を賠償する責任を負わなければならない**。　出題 H29・R2・5

3．工作物の責任（717条）

土地の工作物の設置または保存に瑕疵があったために他人に損害を与えたときは，その工作物の**占有者**や**所有者**が，被害者に対して，その**損害を賠償する責任を負う**。

(1) **損害賠償責任を負う者**

損害賠償責任は，**第１次的には占有者が負う**が，占有者が，損害の発生を防止するのに必要な注意を尽くしていたことを証明した場合，**第２次的には所有者が責任を負う**。この場合，所有者は自らの無過失を立証しても責任を免れない　出題 H30・R1～2

（無過失責任）。

(2) **他に責任を負う者がある場合**

出題 R5

損害を賠償した占有者や所有者は，瑕疵を生じさせたことについて**他に責任を負う者**がある場合，その者に対して**求償権を行使できる**。例えば，外壁の修繕工事を請け負った建設業者の手抜き工事が原因で，外壁が落下し，通行人が負傷した場合には，損害を賠償した占有者や所有者はその業者に対して，**求償権を行使**できる。

出題 R2

プラス **損害の原因について他に責任を負う者**があるときでも，損害を賠償した**占有者または所有者**は，その者に対して求償権を行使できるだけであり，**被害者に対する不法行為責任を免れるわけではない**。

(3) **竹木への準用**

竹木の栽植・支持の瑕疵による損害の場合，**竹木の所有者・占有者が工作物責任と同様の責任を負う**。

4．動物の占有者等の責任（718条）

動物の占有者は，原則として，その動物が他人に加えた損害を**賠償する責任を負う**。また，**占有者に代わって動物を管理する者**も，原則として，同様に**損害を賠償する責任を負う**。

5．共同不法行為（719条）

(1) **数人が共同の不法行為**によって他人に損害を加えたときは，**各自が連帯して損害賠償責任を負う**。共同行為者中，誰が損害を加えたかわからないときも，各自が連帯して損害賠償責任を負う。

(2) **共同不法行為の成立要件は，次のとおりである。**

① **各人の行為が独立して不法行為の要件を備えていること**
② **各行為者の間に共同関係があること**

6．不法行為責任の消滅時効（724条，724条の2）

出題 H28

(1) **不法行為による損害賠償請求権**は，被害者またはその法定代理人が**損害および加害者を知ったときより3年**，または**不法行為のときから20年**経過することによって**時効消滅**する。

⑵　**人の生命または身体を害する不法行為による損害賠償請求権**は，被害者またはその法定代理人が**損害および加害者を知った時から５年**，または**不法行為のときから20年**経過することによって，**時効消滅**する。

3 不当利得

出題 R５

法律上の原因がないにもかかわらず，**他人の財産または労務**により**利益**を受け，それによって他人に**損害**を与えた場合，**受けた利益を返還する義務**がある（703条，704条）。これを**不当利得の返還義務**という。例えば，管理組合が，建設会社との間でマンションの外壁補修工事を内容とする請負契約を締結した場合，建設会社が，管理組合に対し契約で定めた代金より高い金額を請求し，管理組合がそれに気付くことなく請求されたとおりに金額を支払った場合，管理組合は，建設会社に対して**過払い金を不当利得として返還請求することができる**。

4 特殊な不当利得

1．非債弁済（705条）

債務が存在しないのに，弁済として給付を行った場合のことである。法律上の原因がないので，不当利得として弁済者は，その**給付の目的物の返還を請求できる**はずであるが，例えば，弁済者Ａが，債務が存在しないことを**知りながら**Ｂに弁済した場合には，**給付した目的物の返還を請求することができない**。実質的にはＢに対する贈与であり，Ａを保護する必要はないからである。

2．期限前の弁済（706条）

期限到来前であっても債務は存在し，弁済することは債務者の自由であるから，**期限前の弁済は有効**であり，**給付した目的物の返還請求をすることはできない**。例えば，管理費を毎月月末に当月分を支払う定めがある場合，**５月分の管理費**

を5月1日に**支払った者**は，5月末日の到来前に，管理組合に対して，その**支払額の返還を請求することができない**。

3．他人の債務の弁済（707条）

他人の債務を自己の債務と錯誤して弁済した場合には，原則として，弁済は無効であり，債権者の不当利得として**給付した給付物の返還請求をすることができる**。しかし，債権者が，有効な弁済があったと信じて（善意で），債権証書を破棄し，担保を放棄し，消滅時効によってその債権を失った場合には，債権者を保護するために，弁済者は返還を請求することができない。この結果，債権者の債権は消滅し，債務者は法律の原因なくして債務を免れることになるので，弁済者は債務者に対して，不当利得として弁済額を請求することができる。

4．不法原因給付（708条）

給付行為が不法な原因に基づいて行われていたために，その原因行為が無効とされる場合，その給付は本来**不当利得**となる。例えば，麻薬の売買契約をするような場合である。この場合，支払った代金の返還請求権を買主に認めることは，麻薬の取引をした者に法的な保護を与えることになってしまう。そこで，このような**不法な原因に基づく給付行為が行われた場合**，給付者に対する一種の制裁として，**返還請求権を認めない**としたものである。

(1)　**要件**

①　**給付の原因が公序良俗に反する法律行為であること**

②　**給付行為がなされること**

返還請求権が認められなくなるためには，給付が終局的なものでなければならない。例えば，**登記済みの不動産**については，引渡しだけでは足りず，**移転登記**がされること，**未登記不動産**については，**引渡し**がされることが必要である。

(2)　**効果**

給付した目的物の返還請求をすることができない。ただし，不法の原因が，利益を得た受益者のみに存在するような場合には，受益者に対する返還請求権が認められる。例えば，麻薬の売買のための資金を借り受けたが，貸し付けた側がそのような金であることを知らなかったような場合，損失者である貸主は，貸金の返還請求をすることができる。

Point整理　特殊な不法行為のまとめ

使用者責任	① **事業のために他人を使用する者**（使用者）は，**使用されている者**（被用者）が**事業の執行**につき他人に損害を与え，被用者と相手方の間に一般の不法行為が成立する場合，**損害賠償責任を負う** ② 使用者は，被用者に**求償できる**（**信義則上，相当な限度で**） ③ 使用者は，**選任**およびその事業の**監督**に**相当な注意を払っていたことを立証**すれば**責任を免れる**
工作物責任	① 土地の工作物（マンション等）の**設置または保存に瑕疵**があったため他人に損害を与えた場合，**1次的に占有者が損害賠償責任を負う**（過失責任） ② 占有者が損害発生防止に相当な注意を尽くしていたことを証明したときは，**2次的に**所有者**が責任を負う**（**無過失責任**） ③ 損害の原因について他に責任を負う者がある場合，占有者または所有者は，その者に対して**求償することができる**
共同不法行為	数人が**共同の不法行為**によって他人に損害を加えたときは，**各自が連帯して**，被害者に対して**全額の損害賠償責任を負う**（全員で不真正連帯債務を負う）

18 相　続

出題 H26・30・R4～5

1 相続とは　はじめて

相続は，**被相続人の死亡**によって**開始**する（882条）。**相続**とは，**相続人**が，**相続開始の時**から，被相続人の財産に属した**一切の権利義務を承継する**ことをいう（896条）。相続人が一切の権利義務を承継するので，例えば，被相続人が死亡する前に建物を賃貸した場合には，相続人は，**賃貸人の地位を承継**し，賃借人に賃料を請求することができる。また，被相続人が死亡する前にマンションの**管理費を滞納していた場合**には，そのマンションに**居住しているか否かにかかわらず**，**相続人**が**滞納管理費の支払債務を承継する**ことになる。この支払債務は，相続人が複数いる場合，**分割債務**として**各相続人に法定相続分**（**2**）**に応じて承継される**。したがって，管理組合は，**遺産分割**（**4** **2.**）によりそのマンションの区分所有権を取得する**相続人が決定する前**であっても，**各相続人に対して分割承継された滞納管理費の額**について，**請求することができる**。

2 法定相続

1．相続人と相続分（887条，889条，890条，900条）

出題 R2

(1)　**配偶者**は，常に**相続人**となる。

(2)　相続人になることができるのは**配偶者**と**子**（**胎児を含む**），子がいなければ**配偶者**と**直系尊属**（父母・祖父母など），直系尊属もいなければ**配偶者**と**兄弟姉妹**である。相続分は，遺言で指定できるが，指定がないと次の**法定相続分**による。

法定相続人		法定相続分		
配偶者		1／2	2／3	3／4
血族	第１順位　子（養子・胎児を含む）	1／2	—	—
	第２順位　直系尊属（父母，祖父母）	—	1／3	—
	第３順位　兄弟姉妹	—	—	1／4

(3)　子，直系尊属，兄弟姉妹が**複数いる場合**の相続分は，**頭割り**となる。

用語解説
「**直系尊属**」とは，父母，祖父母，曾祖父母といった，自分の世代より上の直系の血族をいう。これに対して，子，孫，曾（ひ）孫といった，自分の世代より後の直系の血族を「**直系卑属**」という。

プラス　直系尊属が相続人となる場合，親等の異なる者の間では，**親等が近い者**が優先する。例えば，直系尊属として父母と祖父母がいる場合は，**父母のみ**が相続人となる。

用語解説
「**代襲相続**」とは，相続人である**子**または**兄弟姉妹**が，相続開始前に**死亡**したとき，または**相続欠格・廃除**により相続権を失ったとき，**その者の子**がその者に代わって相続することをいう。代襲相続人は，相続人であった被代襲者の相続分を承継する。

(4)　**子**が被相続人の死亡以前に**死亡**していれば，**孫**が自分の親の相続分を**頭割り**で**代襲**（だいしゅう）**相続**し，**兄弟姉妹**が相続人となる場合に兄弟姉妹が被相続人の死亡以前に**死亡**していれば，**おい，めい**が自分の親の分を頭割りで**代襲相続**する。また，孫も死亡していて孫に子（曾孫）があれば，**曾孫が代襲相続**する（**再代襲**）。しかし，兄弟姉妹の場合は１代限りであり，再代襲は認められない。出題 R４

(5)　**相続分の具体例**

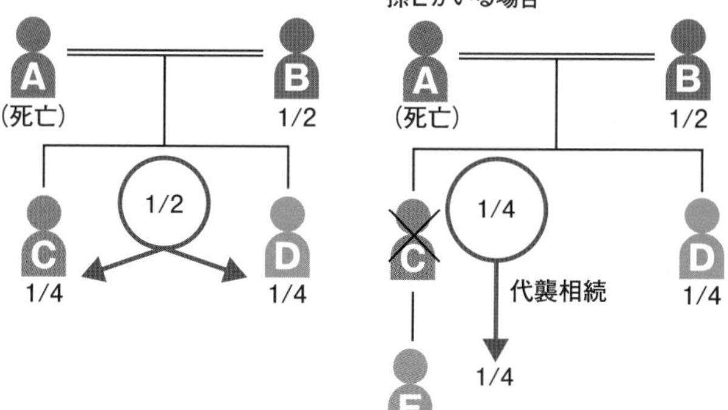

2．同時死亡の推定（32条の２）

出題 R２

相続人は，被相続人が死亡した時に存在していなければならない（同時存在の原則）。したがって，**被相続人より前に死亡**していたり，**被相続人と同時に死亡**した者は**相続人**とはならず，被相続人と**いずれが先に死亡したか明らかでない**ときは，**同時に死亡したものと推定**される。

プラス 同時死亡の推定を受けた死亡者間では，**相続は起きない。**例えば，Aに，配偶者Bと子C，母Dがいる場合で，**AとCが同時死亡**したときは，AとCとの間では相続が起きない。したがって，**Aの相続人**は，**BとD**であり，**Cの相続人**は**B**のみとなる。

3 欠格と廃除

法定相続人であっても，次の要件に該当する者は，相続人とはならない。

1．欠格（891条）

出題 H28

故意に被相続人，または自分よりも先順位または自分と同順位にある者を死亡するに至らせ刑に処せられたり，あるいは，**相続に関する遺言書を偽造したり，隠したりした者等は，欠格事由にあたり**，相続人となることができない。

2．廃除（はいじょ）（892条）

被相続人は，**被相続人を虐待した者，重大な侮辱を加えた者，著しい非行のあった者について**，生前において**家庭裁判所**に対し遺留分を有する相続人の**廃除を請求**（この者に相続を受けさせないように請求）することができる。

4 相続財産の帰属

1．相続財産の共有（898条，899条）

相続人が数人いるとき（共同相続），相続財産は，その者たちの**共有**となる。また，各共同相続人は，その相続分に応じて被相続人の権利義務を承継する。

出題 H28

参考 **遺産分割**がなされた場合，各共同相続人は，他の共同相続人に対して，売主と同じく，その相続分に応じて**担保責任**を負う（911条）。

2．遺産分割（907条～909条）

(1) **共同相続人**は，次の①②の場合を除いて，**いつでも，協議によって分割**をすることができる。
① **被相続人**が，遺言で，**相続開始の時から５年を超えない期間**を定めて，**遺産の分割を禁止**した場合
② **共同相続人**が，**５年以内の期間**を定めて，**分割をしない旨の契約**をした場合（この期間の終期は**相続開始の時から**

10年を超えることができない）

(2) 遺産の分割は，**相続開始の時にさかのぼって**その効力が生ずるが，第三者の権利を害することはできない。

プラス　共同相続人の共有となっている**相続財産の共有関係を解消する手続**を「**遺産分割**」という。遺産分割をするかどうかは共同相続人の任意であり，遺産分割をしない場合は，法定相続人が法定相続分どおりに相続することになる。

5 相続の承認と放棄　はじめて

1．承認・放棄の期間（915条，919条）

自己のために**相続開始のあったことを知った時から３ヵ月以内**（**熟慮期間**）に，**単純承認**，**限定承認**，**放棄**をしなければならない。また，相続の承認・放棄は，**相続開始前**にすることはできない（判例）。ただし，**制限行為能力**（**未成年が法定代理人の同意を得ずに相続を放棄した等**）の場合や**詐欺・強迫・錯誤**による場合は，それらを理由に**取り消すことは可能**である。出題 R１

参考　いったん行った承認・放棄の意思表示は，**３ヵ月の熟慮期間内**であっても**撤回することはできない**（919条１項）。

2．単純承認（920条，921条）

単純承認とは，被相続人の**資産および負債をすべて包括的に承継**することをいう。**熟慮期間内**に**限定承認または相続の放棄をしなかった場合等**は，**単純承認をしたものとみなされる**（法定単純承認）。

3．限定承認（922条～924条）

限定承認とは，**相続によって得た財産の範囲内**においてのみ被相続人の債務を弁済することを留保して，相続を承認することをいう。**限定承認は相続人が全員で共同して**行わなければならない。限定承認は，**家庭裁判所**に相続財産の目録を提出し，限定承認する旨を**申述**しなければならない。

出題 R１

4．放棄（938条，939条）

出題 R３・５

(1) **相続の放棄**とは，被相続人の**資産および負債を一切承継しない**ことをいう。例えば，マンションの管理費の滞納者が，滞納したまま死亡した場合，その相続人が**相続を放棄**したときは，負債である滞納管理費の債務は相続人に承継されないので，その相続人に対して管理組合は**滞納管理費を請求することができない**。

出題 H28

プラス 相続の放棄によって，相続人は，その相続に関し，**初めから相続人にならなかったものとされる**。したがって，相続の放棄の前後を問わず，第三者が相続の放棄をした者の相続持分を差し押さえた場合でも，初めからその相続持分はなかったことになるので，その**差押えは効力を生じない**（判例）。

(2) 相続の放棄をしようとする者は，**家庭裁判所に申述**しなければならない。相続の放棄をした者は，その相続に関しては，**初めから相続人とならなかった**ものとみなされる。したがって，**相続を放棄した者の子**については，**代襲相続は生じない**。

出題 R1・4

出題 R4

プラス これに対して，欠格事由に該当した者や廃除された者の子は，代襲相続することができる。

6 特別縁故者(とくべつえんこしゃ)への財産分与

相続人がいない場合，被相続人と生計を同じくしていた者（内縁の配偶者，事実上の養子等）や被相続人の療養看護に努めた者などの被相続人と**特別の縁故のあった者**（**特別縁故者**）は，**家庭裁判所の審判**により，相続財産の全部または一部の分与を受けることができる（958条の2）。この特別縁故者に対する分与がない場合，相続財産は**国庫に帰属**する（959条）。

7 遺言(いごん)

遺言は，**法律で定める方式**に従って行う。遺言でできることは，相続分や遺産分割方法・遺言執行者の指定または指定の委託，遺贈等のように法定されている。

参考
遺言の方式は，**普通方式**と**特別方式**に分けられる。普通方式は「**自筆証書遺言**」「**公正証書遺言**」「**秘密証書遺言**」に分けられ，特別方式は「危急時遺言」「隔絶地遺言」に分けられる。

1．制限行為能力者の遺言能力（961条，973条）

未成年者でも**15歳**に達した者は，**単独で遺言**をすることができる。成年被後見人は，事理を弁識する能力を一時回復したときに，医師２名以上の立会いがあれば遺言をすることができる。被保佐人・被補助人は，単独で有効に遺言をすることができる。

2．遺言の撤回（1022条～1024条）

遺言者は，**いつでも**，**遺言の方式に従って**，その**遺言の全部または一部を撤回**することができる。前にした遺言と後にした遺言が抵触するときや遺言と遺言後の売買などの生前処分とが抵触するときは，その抵触する部分について，**前にした遺言は撤回**したものとみなされる。また，遺言者が遺言書を故意に破棄した場合も，その破棄した部分については，撤回したものとみなされる。

3．遺言の効力（985条）

遺言は，遺言者の**死亡の時**からその効力を生ずる。遺言に停止条件が付いていて，条件が遺言者の死亡後に成就したときは，その条件成就の時からその効力を生ずる。

4．遺贈（964条）

遺贈とは，**遺言による贈与**であり，財産の全部または一部を包括的に贈与する包括遺贈と特定の財産を贈与する特定遺贈とがある。ただし，**遺留分**に関する規定に反することができない。

8 遺留分

1．遺留分（1042条）

遺留分とは，被相続人の遺贈によっても奪うことができない**特定の法定相続人**が，相続財産に対して主張することができる**一定の割合**（**最低限保障されている相続財産の割合**）をいう。

遺留分の割合は，

> ①　**直系尊属のみ**が相続人の場合…**1/3**
> ②　**その他の場合**（例えば，配偶者と子が相続人となる場合。**兄弟姉妹を除く**）…**1/2**

用語解説

「**直系卑属**」とは，子，孫，曾孫といった，**自分の世代より下の直系の親族**をいう。

2．遺留分侵害額請求権（1046条）

遺留分を侵害された者は，**遺留分侵害額に相当する金銭の支払いを請求**することができる。この請求権を**遺留分侵害額請求権**という。なお，遺留分を侵害する贈与・遺贈や相続分の指定がなされても，それが当然に無効となるわけではない。その場合，遺留分権利者は，侵害額請求権を行使し，侵害された**遺留分の取り戻しができる**のである。

3．遺留分侵害額請求の具体例

被相続人が，「**1億円の遺産すべてをDに贈与する**」という遺言を残して死亡した。被相続人に，法定相続人である**配偶者Aと子B・Cがいた場合**，A・B・Cは3人で1億円の1/2の5,000万円を遺留分として，Dから取り戻すことができる。

そして，A・B・Cは5,000万円に対して，各自が法定相続分に応じた遺留分を有する。

① **Aの遺留分**……5,000万円×1/2＝**2,500万円**
② **Bの遺留分**……5,000万円×1/2×1/2＝**1,250万円**
③ **Cの遺留分**……5,000万円×1/2×1/2＝**1,250万円**

A・B・Cは，Dに対して，**自己の遺留分**について**侵害額請求権を行使することができる**。

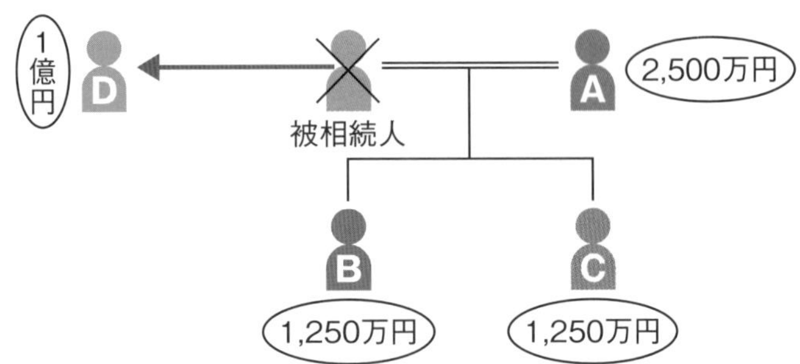

4．遺留分侵害額請求権の消滅時効（1048条）

相続の開始および遺留分を侵害する贈与・遺贈があったことを**知った時から1年**，または**相続開始の時から10年**を経過すると，**遺留分侵害額請求権は消滅**する。

5．遺留分の放棄（1049条）

遺留分の放棄は，**相続開始前**であっても家庭裁判所の許可を受けたときに限り，行うことができる。

相続人の１人が遺留分を放棄しても，他の相続人の遺留分には影響を及ぼさない。例えば，上記の例の場合，Ａが遺留分を放棄したとしても，ＢやＣの遺留分は変わらず，1,250万円ずつである。

Point整理　相続の放棄と遺留分の放棄

○…できる　×…できない

	相続開始前	相続開始後
相続の放棄	×	○　家庭裁判所に申述
遺留分の放棄	○　家庭裁判所の許可	○

第2章

借地借家法

借地借家法は，例年１問程度出題される（今年５年はなし）。借地権については，ほとんど出題されておらず，借家権に関する出題が中心である。
民法の賃貸借と比較しながら借家権の基本事項（存続期間と更新，対抗要件，造作買取請求権等）と，定期建物賃貸借に関する事項を押さえておこう。

1 借地権

1 借地借家法とは

民法の賃貸借契約の規定は，賃貸人（貸主）と賃借人（借主）が対等であることを前提に設けられている。しかし，建物所有を目的とした土地の賃貸借や建物の賃貸借の場合，所有者である賃貸人の立場が強くなるのが一般的である。そこで，立場の弱い**賃借人保護**のために，**民法の特別法**として規定された法律が**借地借家法**である。

民法と借地借家法は，一般法と特別法の関係にあり，２つの法律に抵触する規定がある場合は，特別法である**借地借家法が優先して適用される**ことになる。

2 借地権

１．用語の定義（２条）

⑴　**借地権**

借地権とは，**建物の所有を目的とする**「**地上権**」と「**土地賃借権**」を総称するものである。

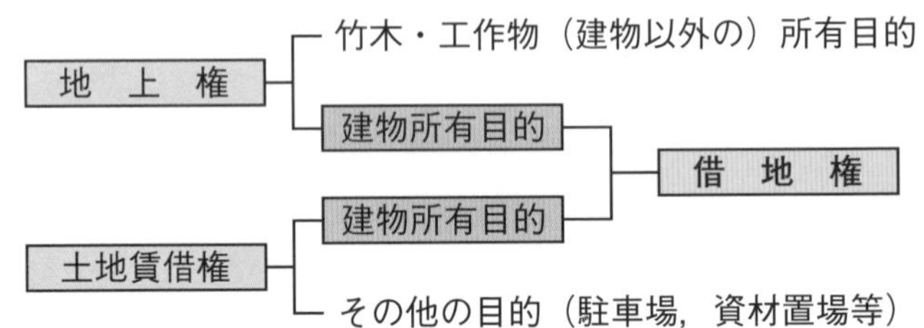

⑵　**借地権者**

借地権を有する者で，建物を所有するための土地を利用する者，いわゆる**借地人**のことである。

⑶　**借地権設定者**

借地権者に対して，借地権を設定している者，いわゆる土地を利用させる**地主**のことである。

2．借地権の存続期間（3条）

借地権を設定する場合の存続期間は，**30年以上**でなければならない。ただし，契約でこれより長い期間を定めたときは，その定めた期間とする。

30年以上で定めた場合	その定めた期間
30年未満で定めた場合	30年
期間を定めなかった場合	30年

3．借地権の更新（4条・5条）

(1)　合意更新

借地権者と借地権設定者の**合意による更新**である。期間は，**最初の更新**に関しては**最低20年**，**2回目以降は最低10年**で定めなければならない。これより短い期間で定めた場合は，それぞれ20年，10年となる。合意更新の場合，期間満了時に**借地上に建物が存在しているか否かにかかわらず**，更新することができる。

(2)　請求による更新

借地上に建物が存在している場合に限って，借地権者からの**更新の請求**（地主の承諾等がなくても）により，更新される。期間は，最初の更新時では20年，2回目以降の更新時では10年となる。期間以外の条件は，従前の契約と同一の条件となる。ただし，地主が**遅滞なく正当事由ある異議を述べた場合は更新されない**。

(3)　法定更新

借地上に建物が存在している場合に限って，**期間満了後も借地権者が引き続き土地の使用を継続**することにより，更新される。期間は，最初の更新時では20年，2回目以降の更新時では10年となる。期間以外の条件は，従前の契約と同一の条件となる。ただし，地主が**遅滞なく正当事由ある異議を述べた場合は，更新されない**。

参考

「**正当事由**」の有無は，地主および借地人双方が土地を必要とする事情，借地に関する従前の経過，土地の利用状況，地主が土地の明渡しに際して支払うもの（立退き料）があるか等の**さまざまな事情を総合的に考慮して判断**する。

! 参考

借地権が賃借権である場合，**借地権の譲渡・転貸には，地主の承諾が必要**となる（民法612条１項）。ただし，借地借家法では，賃借権の譲渡・転貸により賃貸人が不利となるおそれがないにもかかわらず承諾を与えない場合，**裁判所**は，借地権者の申立てにより，**地主の承諾に代わる許可を与えることができる**としている（19条）。

4．建物買取請求権（13条）

借地契約の期間が満了した場合において，**借地上に建物が存在**しているのに，地主が正当事由ある異議を述べて**更新を拒絶**した等，**契約が更新されなかったとき**は，借地権者は，地主に**建物を時価で買い取るように請求**することができる。

5．借地権の対抗要件（10条）

賃借権は登記することは可能であるが，地上権と異なり，土地所有者に登記協力義務がないため，民法上は，賃借人が賃借権を第三者に確実に対抗する方法がなく，賃借人の立場が不安定となる。そこで借地借家法では，次のような借地権の対抗要件を認めている。

⑴ 借地上の建物の登記

借地上に所有する**建物の登記**を行えば，借地権を第三者に対抗することができる。つまり，借地上の**建物の登記**が，**対抗要件**として認められている。建物の登記名義人と借地権者は，同一人でなければならず，妻名義や長男名義の建物登記では，借地権の対抗要件として認められない。また，建物の登記は，権利の登記（所有権保存登記）に限られず，**表題登記**（表示の登記）で足りるとされている（判例）。

⑵ 掲示による保全

借地権を借地上の**建物の登記で対抗**している場合，借地上の建物が火災などで滅失してしまうと，その借地権は，再築されるまで対抗力を失うことになる。そこで，借地借家法では，建物が滅失しても，そこに建物が存在していたこと，および再築の予定等につき，**掲示を行うことによって**，**建物滅失の日から２年間**は第三者に対抗できるとしている。

2 借家権

1 借家権 はじめて

借家権とは，**建物の賃借権**のことである。ただし，**明らかな一時使用目的の建物の賃貸借**には，借地借家法は**適用されない**(40条)。

出題 H26・28・30

プラス 無償の貸借である使用借権にも，借地借家法は**適用されない**。賃借人（借家人）は，個人に限られず，**法人（株式会社等）**であっても借地借家法は**適用される**。また，建物の用途は問わないので，居住用だけではなく，**事業用（事務所用等）**であっても借地借家法が**適用される**。

2 存続期間と更新 はじめて

1．期間を定める場合

(1) 存続期間

出題 H26

民法604条（最長50年）の規定は，建物の賃貸借である借家契約には適用されない(29条2項)。したがって，借家契約については，**50年を超えることができる**。最長期間には制限がない。例えば，当事者が60年と定めたときは60年となる。ただし，**1年未満の期間**を定めた場合は，**期間の定めがない賃貸借契約**とみなされる(29条1項)。

プラス 存続期間を1年未満の**期間**として定めたとしても，**契約が無効となるわけではない**。

出題 R2

なお，期間を定めて賃貸借契約を締結し，その期間内に**解約できる旨の特約を定めなかった場合**には，賃貸人はもちろん賃借人からもその期間内は，**中途解約をすることはできない**（民法618条）。「**賃借人からの中途解約を認めない**」旨の特約も**有効**である。

(2) 更新

① 当事者が**契約期間満了の1年前から6ヵ月前までの間に更新拒絶の通知**，または条件を変更しなければ更新しない旨の通知をしなかったときは，**従前の契約と同一の条件**（ただし，契約期間については**期間の定めがない契約**となる）

で**更新したものとみなされる**（**法定更新**，26条１項）。**賃貸人**が更新拒絶を行う場合は，**正当事由が必要**である（28条）。

② 更新拒絶の通知があった場合であっても，期間満了後，賃借人（転借人）が**使用を継続**し，賃貸人がそれに対して**遅滞なく異議を述べなかった**ときは，同様に**更新したものとみなされる**（**法定更新**）。

> **参考**
> 「**正当事由**」の有無は，建物の賃貸人および賃借人（転借人を含む）が建物の使用を必要とする事情，建物の賃貸借に関する従前の経過，建物の利用状況および建物の現況，立退料等の申出があるか等の**さまざまな事情を総合的に考慮して判断する**。

２．期間を定めない場合

(1) 解約の申入れ

借家契約は，**期間を定めないですることができる**。この場合，当事者は，**いつでも解約の申入れ**を行うことができるが，**賃貸人**が行う場合は**正当事由が必要**である。解約の申入れを行うと，次の期間経過後に賃貸借契約は終了する。 出題 H28

賃貸人から解約の申入れを行った場合（27条）	6ヵ月
賃借人から解約の申入れを行った場合（民法617条）	3ヵ月

(2) 更新

賃貸人が解約の申入れを行ってから６ヵ月経過した場合でも，賃借人（転借人がいるときは転借人）が**使用を継続**し，賃貸人がそれに対して**遅滞なく異議を述べなかった**ときは，**更新したものとみなされる**（27条２項）。

出題 H27

> **プラス**
> **借家権の譲渡・転貸**には，**賃貸人の承諾**が必要である（民法612条１項）。なお，借家権の場合には，借地権の場合とは異なり，「**賃貸人の承諾に代わる裁判所の許可**」という制度はない（➡P.142 参考 参照）。

3 借家権の対抗要件 はじめて

賃借権の登記があれば，第三者に対抗することができるが（民法605条），賃借権の登記をするには，賃貸人（所有者）の協力が必要である。しかし，賃貸人には登記に協力する義務はない。そこで，借地借家法では，**賃借権の登記がなくても建物の引渡しを受けていれば**，賃借人はその後物権を取得した**第三者に対抗できる**としている（31条）。したがって，マンションの賃借人は，マンションの引渡しを受けた後にそのマンションを買い受けた新しい所有者に対して，**賃借権を主張することができる。**

4 借賃増減請求権 はじめて

出題 H28・30

建物の借賃が経済事情の変動等により不相応となった場合，当事者は**将来に向かって**，**借賃の増額または減額の請求**をすることができる。ただし，「**一定期間増額しない**」旨の**特約**がある場合は，その期間は**増額の請求をすることができない**（32条）。これに対して「**一定期間減額しない**」旨の**特約**があっても，これは賃借人に不利益となる規定であるため，**減額を請求することができる**（判例）。

5 造作買取請求権 はじめて

賃借人は，**賃貸人の同意**を得て建物に付加した**造作**（エアコン，畳，建具等）を，賃貸借契約が**期間の満了**または**解約申入れ**によって終了するときに，建物の賃貸人に対して，時価で**買い取るべきことを請求**することができる（33条）。ただし，この規定は**特約で排除することができる**（37条）。

> **参考**
> 賃借人の賃料未払い等により賃貸借契約が**債務不履行**を理由に解除される場合は，**造作買取請求権**を行使することはできない。

出題 R２〜３

> プラス
> 「特約で排除できる」とは「造作買取請求権を行使しない」という特約は有効だということである。

6 借家権の承継

賃借人が，**相続人なしに死亡**した場合において，その当時死亡した借家人と事実上の夫婦関係または養親子関係にあった同居者は，**借家人の権利義務を承継**する（36条）。ただし，その同居者が，相続人なしに借家人が死亡したことを**知ったときから１ヵ月以内**に，賃貸人に対して反対の意思表示をしたときは，借家人の権利義務は承継されない。

> 「借家権の承継を排除する」旨の特約も**有効**である。

7 定期建物賃貸借 はじめて

一般の借家契約では，家主からの更新拒絶には正当事由が必要であり，正当事由がなかなか認められないことから，賃貸人が賃貸することを拒否したり，賃料を引き上げる等が行われ，十分な優良な賃貸住宅の供給がなされていなかった。そこで，借地借家法において，**更新のない借家権（定期建物賃貸借）**が規定されている（38条）。

プラス 定期建物賃貸借の場合，契約は更新しないが，当事者の合意で**「再契約」をすることは可能**である。ただし，借家人からの再契約の申入れを，賃貸人は拒否することができる。

1．要件

出題 H29・R1
(1) **期間の定めのある賃貸借**であること。なお，**1年未満のものでもよい**。つまり，**6ヵ月**と定めれば**6ヵ月**となる。

出題 H27・29・R1
(2) 契約締結にあたって，**賃貸人**は賃借人に対し，あらかじめ，契約の更新がなく，期間満了によって賃貸借が終了することにつき，**その旨を記載した書面（契約書とは別の書面）を交付して説明する必要がある**。この書面による説明がないときは，**更新がないこととする旨の定めは無効となる**。

(3) **賃貸人**は，(2)の書面の交付に代えて，**賃借人の承諾を得て**，書面に記載すべき事項を**電磁的方法により提供**することができる。

出題 H27・R1
(4) 契約の締結は，**公正証書等の書面**またはその内容を記録した**電磁的記録**によって行わなければならない。

出題 H26・29・R1
プラス 書面でする場合，**公正証書「等」，何らかの書面**であればよく，必ずしも**公正証書に限られていない**。

出題 R1
(5) **契約の目的**は，居住用には限られず，**事業用**（店舗・事務所等）**であってもよい**。

2．終了

(1) **賃貸人からの通知**

出題 H27
期間が**1年以上**の賃貸借であるときは，賃貸人は，期間満了の**1年前から6ヵ月前までの間**（通知期間）に，**賃借人に賃貸借が終了する旨の通知**をしなければ，その終了を**賃借人に対抗することができない**。なお，この通知は**書面**ですることは**義務付けられていない**。

また，通知期間経過後に賃借人に対しその旨を通知したときは，その**通知のときから6ヵ月の経過によって終了**する。

(2)　**賃借人からの中途解約**

賃貸借の対象となる**床面積が200㎡未満，かつ，居住用建物**の賃貸借において，**転勤，療養，親族の介護その他やむを得ない事情**によって，賃借人が建物を生活の本拠として使用することが困難となったときは，**賃借人は解約申入れ**をすることができる。この場合においては，賃貸借は**解約申入れから1ヵ月で終了**する。

(3)　(1)(2)に反する特約で，**賃借人に不利な特約は無効**である。

3．借賃の改定に関する特約

出題 H29・R1

定期建物賃貸借契約において，**借賃の改定に関する特約**がある場合には，**借賃増減請求権に関する規定**は**適用されない**。したがって，「**相互に借賃の増減請求をすることはできない**」旨の特約は，**有効**となる。

プラス　普通建物賃貸借契約の場合，「一定期間減額請求しない」旨の特約があっても，賃借人は**減額を請求することできる**が，**定期建物賃貸借**の場合は，この特約が有効であるため，賃借人は，**減額を請求することができない**。

Point整理 定期建物賃貸借のまとめ

成立	① 書面（電磁的記録）で行う 　※　書面の場合，**公正証書に限られない** ② 契約に「更新しない旨」を入れる必要がある
期間	1年未満も可（6ヵ月としたら6ヵ月）
説明	**賃貸人**が，賃借人に対し，期間満了とともに契約は終了し，更新しない旨をあらかじめ書面を交付（電磁的方法で提供）して説明することが**必要**
中途解約	**賃借人**は下記のすべてに該当する場合，契約期間中でも**解約できる** ① 居住用**建物**である ② 床面積が200㎡未満である ③ 転勤や療養等**やむを得ない事情**で生活の本拠として使用することが困難である 　➡ 解約申入れから1ヵ月経過で終了
終了	1年以上の期間を定めた定期建物賃貸借は，期間満了の**1年前から6ヵ月前**までの間に，賃貸人が賃借人に対し終了する旨の**通知**をしなければ終了を賃借人に対抗できない 　➡ 期間経過後の通知は，**通知後6ヵ月経過で終了**

8 取壊し予定の建物の賃貸借

法令（建物が土地区画整理事業の対象等）または**契約**（定期借地権上の建物の賃貸借）により，一定の期間経過後に**建物を取り壊すべきことが明らかな場合**において，建物の賃貸借をするときは，**建物を取り壊すこととなる時に賃貸借が終了する旨を定める**ことができる（39条）。この特約は，**書面**（**または電磁的記録**）によって行う。

9 特約が無効となる場合　はじめて

出題 H26・30・R3

原則として，借地借家法の規定に反する特約で，**賃借人または転借人に不利なものは無効となる**（30条，37条）。例えば，「**賃貸人が，自己使用の必要が生じたときには，契約期間内でも解約できる**」旨の特約は予告期間を設けたとしても，あるいは「**賃貸人が専有部分を第三者に譲渡した場合は，その時から6ヵ月後に賃貸借契約は終了する**」旨の特約は，前述の期間の定めがある場合の賃貸人からの更新拒絶に関する規定（前出

2 **1.** (2)①) に対して**借主にとって不利であるので**無効**となる。**
ただし，次の場合は，借主に不利となる場合でも**有効**である。

- **造作買取請求権を排除する特約**（前出**5**）
- **借家権の承継を排除する特約**（前出**6**）
- **定期建物賃貸借における更新しない旨の特約**（前出**7**）

第3章

建物の区分所有等に関する法律（区分所有法）

区分所有法からは，例年10問程度出題される。マンション管理に関する最も基本的な法律であり，かつ，民法や標準管理規約との複合問題も多く出題される，この試験における最重要科目でもある。
難問は少ないが，細かい規定についても出題される可能性があるので，基本事項は繰り返し学習し，しっかり理解しておくことが必要だ。

1 総則・専有部分・共用部分等

1 区分所有法とは

区分所有法は，多数のマンションが出現し始めた1962（昭和37）年に，**民法の特別法**として制定された，一棟の建物の内部を複数に区切って，それぞれを独立して所有する場合を対象とする法律である。一般に「**マンション法**」と呼ばれている。マンションでは，一棟の建物において多くの人が共同生活を営んでおり，住民間のトラブルや管理上の混乱が生じる恐れがあるため，**権利者間の法律関係**や**建物等の管理の仕組み**について明確にしておくことを目的としている。

2 建物の区分所有 はじめて

1．建物の区分所有（1条，2条1項・2項）

出題 H26・28

一棟の建物に構造上区分された数個の部分（**構造上の独立性**）で，独立して**住居**，店舗，事務所または倉庫その他**建物としての用途に供することができる**（**利用上の独立性**）ものがあるときは，その各部分は，区分所有法の規定に基づき，それぞれ**所有権の目的とすることができる**。つまり，一棟の建物の内部を区分して，その区分された部分ごとに別々の所有権を認めるのである。そして，このような一棟の建物自体を，通常，**区分所有建物**という。

出題 H28

「**構造上の独立性**」とは，**壁・床・天井等によって，他の部分と遮断されている**ことをいう。ただし，その範囲が明確であればよく，周囲すべてが**完全に壁で遮断されていることを要しない**。例えば，店舗は三方が壁で，一方がシャッターやガラスになっていても，範囲が明確なので，構造上区分されたものといってよい。

「**利用上の独立性**」とは，その部分を**独立して住居，事務所，店舗等の用途に供することができる**ことをいう。この「**利用上の独立性がある**」といえるためには，その建物の部分に**外部に通じる独立の出入口が必要である**。つまり，隣室を通行しなければ出入りできないものは，ここでいう利用上の独立性があるとはいえない。なお，用途は「**住居**」**に限られていない**。

このように「**構造上・利用上の独立性のある部分**」を目的とする所有権を**区分所有権**といい，区分所有権を有する者を**区分所有者**という。区分所有者は，自然人でも法人でもかまわない。

プラス
民法では，所有権は１つの独立した物についてのみ成立し，建物は「棟」の単位で１つと数えられるものについてのみ１つの所有権の成立が認められる。これを「**一物一権主義の原則**」という。
　これに対して，区分所有法は，一棟の建物の内部にある複数の区画部分が，上記の要件を満たしている場合には，それらの区画ごとに１つの所有権（区分所有権）の成立を認めている。したがって，区分所有権は，「**一物一権主義の例外**」といえる。

２．専有部分（２条３項）

構造上・利用上の独立性があり，区分所有権の目的となる建物の部分を**専有部分**という。

出題 H28

判例は，この建物の部分の内部に共用設備がある場合，その部分を専有部分とすることができるか否かについて，車庫部分に建物の共用設備である排気管およびマンホールが設置されていた事案について，①**共用設備が占める割合が小部分**にとどまり，②車庫部分の**権利者の排他的使用に支障がなく**，かつ，③**排他的使用によって共用設備の利用にも支障をきたさない**，この３つすべての要件を満たすのであれば，車庫部分は**専有部分として区分所有権の目的にすることができるとしている**。

出題 H27

3 共用部分等　はじめて

一棟の建物は，**専有部分**と**共用部分**で構成されている。**共用部分**とは，区分所有者の共用に供される部分であり，**法定共用部分**と**規約共用部分**に分かれる。**法定共用部分**とは，**法律上当然に共用部分**となるものをいい，**規約共用部分**とは，もともと専有部分や別棟の附属の建物であったものを，区分所有者の自主ルールである**規約によって共用部分**としたものをいう。

プラス
一棟の建物について，専有部分以外の建物部分は**すべて共用部分**である。専有部分でも共用部分でもない部分は**存在しない**。

注意

専有部分（201号室）の専用に供されてはいるが，**階下の専有部分**（101号室）の**天井裏を通っている排水管**は，点検・修理のために101号室に立ち入る必要があり，201号室の区分所有者だけで点検・修理を行うことが困難であるという事実関係の下においては，**専有部分に属しない建物の附属物**に当たり，「**共用部分**」である（判例）。

出題 H26・28・R3

1．法定共用部分（4条1項）

(1) **数個の専有部分に通じる廊下，階段室その他構造上区分所有者の全員またはその一部の共用に供される建物の部分は，法定共用部分**である。また，**建物の基本的構造部分**（建物全体を維持するために必要な支柱，耐力壁，屋根，外壁等）や**建物の附属物**（建物に附属し，効用上その建物と不可分の関係にあるもので，エレベーター設備，電気設備，消防用設備，電話・ガス・水道等の配線・配管，テレビ受信施設，冷暖房施設等）も，**法定共用部分**である。

> プラス バルコニーやベランダは，基本的構造部分の外壁の一部を構成する部分であり，管理組合が管理する**法定共用部分**であるとされている（判例）。

(2) 法定共用部分のうち，**区分所有者の全員**の共用に供される共用部分を，**全体共用部分**という。これに対して**一部の区分所有者のみ**の共用に供されるものを**一部共用部分**という。例えば，各階に停止するエレベーターは全体共用部分であるが，高層階にしか停止しないエレベーターは，高層階の区分所有者のみの共用に供されるので，高層階の区分所有者たちの一部共用部分である。出題 R2

2．規約共用部分（4条2項）

出題 R3

(1) 「**専有部分**」や「**附属の建物**（一棟の建物とは独立した建物）」は，**規約**により**共用部分**とすることができる。これを**規約共用部分**という。例えば，ある専有部分を**集会室**や管理人室，キッズルーム等にした場合や附属の建物を**管理棟**にした場合である。

出題 R2

(2) **規約共用部分**は，外見上は共用部分であることがわからないので，それが規約共用部分である旨を**登記**しておかなければ，規約共用部分であることを**第三者に対抗することができない**。なお，登記は第三者に対する対抗要件にすぎず，**規約共用部分とするための要件ではない**。

プラス　共用部分である管理事務室（管理事務を行う部屋）と機能的に分離できない管理人室（常駐の管理人が居住する部屋）は，**利用上独立性があるとはいえず**，区分所有権の目的にすることはできない（専有部分にならない）とされている（判例）。

Point整理　共用部分

法定共用部分	構造上区分所有者の全員または一部の共用に供されるべき建物の部分 ① **廊下，階段室，玄関，ロビー，バルコニー，ベランダ等** ② **建物の基本的構造部分**（躯体部分） ③ **建物の附属物**（設備，水道・排水の本管等）
規約共用部分	**専有部分・附属の建物** ※ 登記をしなければ第三者に対抗できない

3．共用部分の権利関係（11条）

⑴ **共用部分**は，**区分所有者全員の共有**に属する（**全体共用部分**）。ただし，**一部共用部分**は，これを**共用すべき一部の区分所有者の共有**に属する（**一部共用部分**）。　出題 R2

⑵ ⑴について，**規約で別段の定め**をすることができる。例えば，規約で定めれば**一部共用部分を全員の共有**とすることもできる。また，共用部分は本来，区分所有者の共有だが，規約によって，**管理者**または**特定の区分所有者**の**所有**とすることもできる。このような管理形態を**管理所有**（➡P.160参照）という。この「所有」はあくまで管理の便宜のための所有であり，**民法上の所有権とは内容が異なる**。なお，管理所有者には，原則として，区分所有者以外の者がなることはできないが，管理者が管理所有者であり，管理者が区分所有者以外の者である場合には，例外的に区分所有者以外の者が管理所有者になることもあり得る。

⑶ **民法177条の規定**（**不動産に関する物権変動は，登記をしなければ，第三者に対抗することができない**）は，**共用部分には適用されない**。民法上の共有の場合には，不動産の共有者はその持分を自由に譲渡でき，譲受人は持分の取得を登記　出題 R2

しなければ第三者に対抗することができない。しかし，区分所有法では，共用部分の共有者（各区分所有者）がその持分だけを処分することは，原則として禁止されており，その処分は専有部分に従うとされている（後述）。したがって，共用部分の共有持分の取得について登記を備えていなくても，**専有部分の登記**をもって，**共用部分について生じた物権変動の対抗要件として取り扱う**こととされている。

4．共用部分の使用（13条）

共用部分の共有者である区分所有者は，**共用部分をその用方に従って使用することができる**。「**用方に従って使用する**」とは，その部分の**本来の使用方法に基づき使用する**，ということである。例えば，専有部分に通じる廊下は，通行のためにだけ使用し，物品を置いてはいけないということである。

民法では，各共有者は共有物について，持分に応じた使用ができるとしている（民法249条１項）。しかし，例えば，エレベーターの使用頻度を共用部分の共有持分の割合に応じて決めるというのは，実際には不可能であるから，区分所有法では民法の規定をこのように修正しているのである。

5．共用部分の持分の割合（14条）

出題 H26・R３

(1) **共用部分**（**全体共用部分・一部共用部分**）の**各共有者の持分**は，その有する**専有部分の床面積の割合**による。

プラス 例えば，建物全体の専有部分の床面積の合計が4,000㎡の区分所有建物の場合，**100㎡の専有部分の区分所有者の持分**は，100/4,000（**1/40**）であり，**80㎡の専有部分の区分所有者の持分**は，80/4,000（**1/50**）となる。

この割合は，**規約で別段の定め**をすることができる。例えば，「**床面積の端数を切り捨てた持分割合**」としたり，専有部分の床面積がそれほど違わないものについては，「**同一の持分割合**」とすることができる。出題 H27

(2) **一部共用部分で床面積を有するもの**（階段室・廊下・エレベーター室等）がある場合は，その一部共用部分の床面積については，これを**共用する各区分所有者の専有部分の床面積の割合により配分**し，それぞれその区分所有者の専有部分の

床面積に算入して，**全体の持分割合を計算**する。出題 H27

(3)　(1)(2)の床面積は，壁その他の区画の**内側線**で囲まれた部分の**水平投影面積**による（**内のり計算**）。これも**規約で別段の定め**をして，例えば，壁の中心線から測る「**壁心計算**」とすることができる。出題 H30

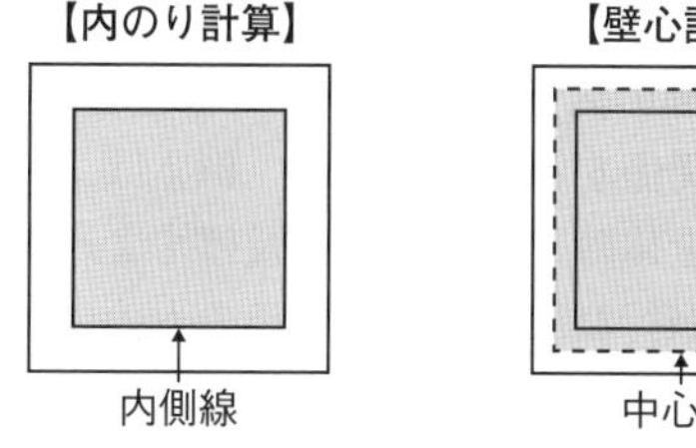

6．共用部分の持分の処分（15条）

(1)　専有部分が処分された場合は，それに伴い，**共用部分上の持分と一体として処分される**。例えば，専有部分を売却した場合，専有部分のみが売買契約の対象となるのではなく，共用部分の共有持分も当然に対象となり，あわせて買主に移転する。

プラス　共用部分の持分は，専有部分と一緒に処分されるため，**専有部分を**時効取得すると**共用部分の共有持分も取得**する（出題 R5）。また，**専有部分に設定された抵当権の実行**により買受人は**共用部分の共有持分も取得**することになる（出題 R5）。この規定（15条1項）は**強行規定**のため，**規約で別段の定めをすることはできない**。

(2)　**共用部分の持分**は，**専有部分と分離して処分することができない**（**分離処分の禁止**）。つまり，専有部分と共用部分の共有持分とを別々に売却することはできない。民法上，持分の処分は自由であるが，共用部分の持分は専有部分を利用するためには必要不可欠な権利であり，分離処分を認める必要がないことに加え，分離処分を認めると共用部分の権利関係が複雑化してしまうからである。

ただし，**法律（区分所有法）に別段の定め**がある場合は**分離処分が可能**である。具体的には，次の2つの場合のみである。

①　規約によって，共用部分を**管理所有**とする（11条2項）
②　規約によって，**持分の割合を変更**する（14条1項・4項）

参考
【P.156(2)の具体例】
区分所有者A・B・Cの各専有部分の床面積が100㎡，160㎡，240㎡で，B・Cのみが共用する一部共用部分の床面積が100㎡であるとする。この一部共用部分の床面積をB・Cの各専有部分の床面積比で配分すると160：240＝40㎡：60㎡になる。これにより全員の持分割合を計算する際に使用するB・Cの各専有部分の床面積は，Bは160＋40＝200㎡，Cは240＋60＝300㎡であり，専有部分の床面積の合計は，100＋160＋240＋100＝600㎡となる。したがって，**全員の共用部分に対する持分割合は，A＝100㎡／600㎡＝1／6，B＝200㎡／600㎡＝2／6，C＝300㎡／600㎡＝3／6**となる。

出題 R3

注意
「**法律に別段の定め**」がある場合に限られているので，「**規約で別段の定め**」をして，「専有部分と共用部分を分離して処分することができる」とすることは**できない**。

出題 H26・28・R2

7．一部共用部分の管理（16条）

一部共用部分の管理のうち，「**区分所有者全員の利害に関係する場合**」，または「**区分所有者全員の規約に定めがある場合**」は，**区分所有者全員で管理**し，**その他の場合**（**区分所有者全員の利害に関係せず，かつ，全員の規約に定めがない場合**）は，これを共用する**一部の区分所有者のみで管理**する。「**区分所有者の全員の利害に関係する場合**」とは，例えば，一部共用部分である外壁が建物全体の美観に影響を及ぼすような場合や，一部共用部分の修繕が行われないと建物そのものの強度に影響がある場合である。

Point整理 一部共用部分の管理

全員の利害に関係する場合		区分所有者全員で管理する
全員の利害に関係しない場合	規約に定めがある場合	区分所有者全員で管理する
全員の利害に関係しない場合	規約に定めがない場合	一部共用部分を共用すべき区分所有者のみで管理する

出題 H27～28

8．共用部分の管理（18条）

(1) 共用部分の**管理に関する事項**（**管理行為**）は，**区分所有者および議決権の各過半数による集会の決議**（**普通決議**）（➡P.192参照）で決する。ただし，**保存行為**（緊急を要するか，軽度の現状維持行為）は，**各区分所有者が単独で行うことができる**。

[管理行為の例] 共用廊下への掲示板・夜間灯の設置，共用部分である車庫を賃貸し，賃料を得る　等

[保存行為の例] エレベーターの保守，廊下の掃除　等

出題 R1

(2) **管理行為**と**保存行為**については，**規約で別段の定めをする**ことができる。例えば，「**管理行為**（**保存行為**）は，**管理者が行うことができる**」とすることも可能である。

出題 R3

(3) **管理行為**が，**専有部分の使用に特別の影響を及ぼす**ときは，その**専有部分の所有者の承諾を得なければならない**。しかし，**保存行為**を行う場合は**その必要はない**。

プラス 「専有部分の使用に特別の影響を及ぼすべきとき」とは，例えば，非常階段を設置することにより，ある専有部分への出入りが不自由になる場合や，採光・通風が悪化するような場合である。

(4) 共用部分につき**損害保険契約**をすることは，**共用部分の管理に関する事項**とみなされ，原則として，**集会の決議が必要**となる。ただし，規約で**理事会の決議により行う旨**を定めることもできる。　出題 H26

9．共用部分の変更（17条）

(1) **軽微変更**

形状（外観・構造）または効用（機能・用途）の著しい変更を伴わない変更（軽微変更）は，**区分所有者および議決権の各過半数**による**集会の決議**で決する。ただし，**規約で別段の定め**をすることができる。例えば，「**共用部分の軽微変更は，議決権の過半数で決する**」とすることができる。また，共用部分の軽微変更が**専有部分の使用に特別の影響**を及ぼすべきときは，その**専有部分の所有者の承諾**を得なければならない。　出題 H27・29

［軽微変更の例］	手すり部の塗装工事，計画修繕（屋上等防水工事，給水管更新工事等）　等

(2) **重大変更**

共用部分の変更（その形状または効用の著しい変更を伴わないものを除く）は，**区分所有者および議決権の各3/4以上**の多数による**集会の決議（特別決議）**で決する。ただし，この**区分所有者の定数は，規約でその過半数まで減ずることができる**。減ずることができるのは，「**区分所有者の定数**」であり，「**議決権の定数**」**を減ずることはできない**。また，「**区分所有者の定数**」は，減じたとしても**過半数まで**であるから，過半数より少ない**1/2にしたり，1/3にしたりすることはできない**。　出題 H26～28・R1・3～4

そして，共用部分の重大変更が**専有部分の使用に特別の影響**を及ぼすべきときは，その**専有部分の所有者の承諾を得なければならない**。　出題 H28・R3

［重大変更の例］ 階段を壊してエレベーターを設置する，
屋上全面に太陽光パネルを設置する，
集会室を賃貸店舗に転用する　等

Point整理　共用部分の管理・変更

<table>
<tr><th colspan="2">行　為</th><th>要　件</th><th>特別の影響を受ける者の承諾</th><th>規約で別段の定め</th></tr>
<tr><td colspan="2">保　存</td><td>単独で可</td><td>不要</td><td>できる</td></tr>
<tr><td colspan="2">管　理</td><td rowspan="2">集会の普通決議</td><td rowspan="3">必要</td><td rowspan="2">できる</td></tr>
<tr><td rowspan="2">変更</td><td>軽微</td></tr>
<tr><td>重大</td><td>集会の特別決議</td><td>区分所有者の定数のみ過半数まで減ずることができる</td></tr>
</table>

10. 共用部分の負担および利益収取（19条）

出題 H26・R1・3

各共有者は，**規約に別段の定め**がない限りその**持分に応じて**，**共用部分の管理費等**の**費用を負担**し，共用部分から生じる**利益を収取**する（利益の配分を受ける）ことができる。**規約に定めれば**，費用の負担について「**共用部分の共有持分にかかわらず，同額とする**」とすることができるし，利益について配分せずに「**管理費に組み入れる**」とすることもできる。

プラス　「共用部分から生じる利益」とは，例えば，敷地に置かれた自動販売機や屋上の広告から生じた収入等のことである。

11. 管理所有者の権限（20条）

出題 R2

マンションの設備について，官庁に届出や検査の申請をする場合や共用部分に損害保険契約を締結する場合，本来は所有者である区分所有者全員の名義で行う必要がある。しかし，実際に全員でこうした対外的な手続を行うことは煩雑であるため，**共用部分を，特定の区分所有者の単独所有にする**ことが認められている。この所有形態を**管理所有**という。

(1)　**規約により共用部分の所有者**（管理所有者）**と定められた**

区分所有者は，区分所有者全員（一部共用部分については，これを共用する区分所有者）のために，その**共用部分を管理する義務を負う**。管理所有者は，対外的には所有権者であるが，実質的には共用部分の管理をゆだねられているにすぎない。また，管理所有者は，区分所有者に対し，**管理に要した相当な管理費用**を請求することができる。

プラス　**集会の決議**によって管理所有者を定めることはできない。また，共用部分に「**管理所有である旨**」の登記はされない。

(2)　管理所有者の所有権は，使用・収益・処分からなる通常の所有権とは異なる。管理所有者は，単独で共用部分の保存行為，管理行為および軽微変更を行うことはできるが，**処分行為である重大変更をすることはできない**。

Point整理　管理所有者の権限　○…あり　×…なし

保存	管理・軽微変更	重大変更
○	○	×

12. 共用部分に関する規定の準用（21条）

建物の敷地または共用部分以外の附属施設（これらに関する権利を含む）が**区分所有者の共有**に属する場合には，前記**８．～10.** の規定は，その**敷地または共用部分以外の附属施設にも適用される**。例えば，**敷地に機械式駐車場を新設**するには**敷地の重大変更**として**特別決議**が必要となる。また，**敷地または共用部分以外の附属施設には11.** の管理所有についての規定は適用されないので，**敷地または共用部分以外の附属施設を管理所有とすることはできない**。

13. 先取特権（７条，８条）

(1)　**区分所有者**は，以下の①②**の債権**について，**管理者または管理組合法人**は，③**の債権**について，債務者である区分所有者の「**区分所有権**」**および**「**建物に備え付けた動産**」の上に**先取特権を有する**。この先取特権は，**優先権の順位および効力**については，一般の先取特権の１つである**共益費用の先取**

参考
管理所有に要した管理費用は，規約に別段の定めがない限り，各区分所有者が**共用部分の共有持分の割合**に応じて負担する。

出題 R2

出題 H27・R2

参考
区分所有者全員が共有するマンションの**敷地の一部を分筆の上，売却をする場合**は，重大変更には該当せず，共有物の処分として区分所有者「**全員の同意**」が必要である（民法251条）。

特権とみなされる（➡P.64）。したがって，その回収に当たっては，まず「**建物に備え付けた動産**」から弁済を受け，それでもなお**不足がある場合に「区分所有権」から弁済を受ける**。出題 H27・29・R5

なお，民法の共益費用の先取特権と異なり，**債務者の「総財産」に対して先取特権を行使できるのではない**。

> ⚠注意
> **先取特権の被担保債権の範囲**は，区分所有法で本文の①～③が法定されており，**規約で別段の定めをすることはできない**。出題 R1

① **共用部分，建物の敷地，共用部分以外の建物の附属施設につき他の区分所有者に対して有する債権** 出題 H27・29・30
　［例］**管理費**・公租公課を立て替えて支払った場合の**立替金償還債権**

② **規約または集会の決議に基づき他の区分所有者に対して有する債権** 出題 H27・29・30
　［例］**各区分所有者が負担すべき管理費・修繕積立金・遅延損害金の支払債権**，組合費等を定めた場合の支払債権

③ **その職務または業務を行うにつき区分所有者に対して有する債権** 出題 H29
　［例］訴訟追行のために必要となる費用，共用部分の緊急点検費用等の**費用前払請求権，費用償還請求権**

出題 H26～28・30・R1～2

(2) (1)の債権は，**債務者である区分所有者の特定承継人**（**売買契約，贈与契約，競売等により権利を取得した者**）**に対しても請求することができる**。管理費等の債権を回収しやすくするために特定承継人に債務を承継させることにしたのである。なお，ここでいう特定承継人には，**専有部分を賃借している者や区分所有者と同居している親族は含まれない**。

> プラス
> 特定承継人が生じた場合でも，**本来の債務者である前区分所有者に対して支払請求をすることは可能**である。また，特定承継人のみならず権利義務の一切を承継することとなる相続人等の**包括承継人**に対しても，当然に請求することができる。なお，売買契約において**「買主は，売主が滞納している管理費に係る支払債務を承継しない」旨の明確な合意**をしていても，これは当事者間の特約にすぎず，また，買主は，**滞納の事実を知らなかった**としても**管理費の支払義務を免れない**。

出題 H27

(3) **即時取得**（➡P.44）の規定は，(1)**の先取特権に準用**される。

例えば，区分所有者Ａが管理組合法人Ｂに対して管理費を滞納している場合，Ａが第三者Ｃから借りて一時的に備え付けている動産について，ＢがＣのものと**知らず，かつ，知らないことに過失がなかった**（**善意無過失**）とき，Ｂは，その動産について**先取特権を取得**する。したがって，Ｂは，第三者のものではあるが，Ａに対する滞納管理費債権を回収するため，Ｃの動産を競売にかけることができる。

14. 建物の設置または保存の瑕疵に関する推定（9条）

建物の設置または保存に瑕疵があることにより他人に損害を生じたときは，その工作物の占有者または所有者が損害賠償責任を負う（工作物責任，民法717条１項）。戸建建物等の区分所有建物以外の建物においては，瑕疵が建物のどの部分にあるかが明らかにされなくても，その瑕疵によって損害が生じたことが立証されれば，被害者はその建物の占有者や所有者にその損害賠償を請求できる。

これに対して，**区分所有建物**の場合，建物が専有部分と共用部分に分かれていて，どこに瑕疵があるかにより，誰が損害賠償責任を負担するのかが異なる。つまり，瑕疵が**専有部分にある場合**は，**専有部分の占有者または区分所有者**が責任を負い，**共用部分にある場合**には，**共用部分の占有者または所有者**が責任を負うことになる。しかし，実際には区分所有建物では，**瑕疵が専有部分にあるのか共用部分にあるのかが不明**であることが多い。

そこで，そのような場合は，**瑕疵は共用部分の設置または保存にあるものと推定**し，**共用部分の占有者または区分所有者（つまり区分所有者全員）が損害賠償責任を負う**こととされ，損害賠償請求をする者（被害者）の立証責任を軽減している。

プラス
本来，瑕疵により損害を受けたため賠償請求をする者は，その瑕疵の存在場所や賠償義務者（加害者）を特定しなければならない。しかし，**区分所有建物で漏水事故やガス爆発があった場合**のように，**その瑕疵がどこにあったのかが明らかでない**ことが多いことから，このような**推定規定**が置かれている。

参考
「**設置の瑕疵**」とは，瑕疵が建物の建設当時から存在していた場合で，「**保存の瑕疵**」とは，その後の維持管理において瑕疵が生じた場合をいう。

参考
共用部分は，区分所有者全員が共同で使用し，全員が共同で所有（共有）している。したがって，**共用部分の占有者も所有者も区分所有者であり**，瑕疵が共用部分にある場合は，区分所有者全員が損害賠償義務を負うことになる。

建物の設置または保存の瑕疵

民法（717条1項）	**専有部分**の瑕疵による場合	当該専有部分の区分所有者または**占有者**が損害賠償責任を負う
	共用部分の瑕疵による場合	区分所有者全員（共用部分の所有者または占有者）が損害賠償責任を負う
区分所有法（9条）	瑕疵の**存在場所**が**不明**の場合	**共用部分に瑕疵がある**ものと「**推定**」され，区分所有者全員が損害賠償責任を負う

② 敷地・敷地利用権

1 敷地 はじめて

1．敷地の種類

⑴　**法定敷地**（2条5項）

区分所有建物が物理的に所在する**一筆**または**数筆の土地**（**所有者が同一の者であることを要しない**）を**法定敷地**という。まさに建物が建っている土地のことである。

出題 H26・R2

⑵　**規約敷地**（5条1項）

建物および法定敷地と一体として管理または使用する庭，通路その他の土地で規約により建物の敷地とされた土地をいう。**法定敷地と隣接している必要はなく**，例えば，法定敷地と道路を隔てた土地を，駐車場にするために規約敷地とすることも可能である。

出題 H26・29・R2

参考

区分所有建物・法定敷地と一体的に管理・使用できないほど**遠方にある土地**は，規約敷地にすることはできない。

⑶　**みなし規約敷地**（5条2項）出題 H26・29・R2

①建物が所在する土地が，**建物の一部の滅失により建物が所在する土地以外の土地**となった場合，②建物が所在する土地の一部が**分割により建物が所在する土地以外の土地**となった場合，その土地は，**規約で建物の敷地と定められたものとみなされる**。

プラス

敷地の一部が建物の建っていない土地になってしまった場合，敷地に関する権利関係が複雑になってしまうので，区分所有法の規定により**規約敷地**になったという扱いをする。

2 敷地利用権 はじめて

1．敷地利用権とは（2条6項）

専有部分を所有するための建物の敷地に関する権利のことを，**敷地利用権**という。この敷地を利用する権利には，**所有権，借地権（地上権または賃借権），使用借権**がある。区分所有者は，これらの権利を**共有**または**準共有**（敷地利用権が借地権または使用借権の場合）することになる。

2．分離処分の禁止 (22条1項)

(1) 原則

出題 H29

敷地利用権が数人で有する所有権その他の権利である場合には，区分所有者は，その有する**専有部分とその専有部分に係る敷地利用権とを分離して処分（譲渡・抵当権の設定等）することができない。**専有部分と共用部分の共有持分の分離処分が禁止されていたのと同様に，専有部分と敷地利用権を分離処分することも禁止されている。敷地利用権は，専有部分を所有するためには必要な権利であり，もし分離処分を認めると登記簿の記録が複雑となってしまうことに加え，建物と敷地利用権の所有者が異なることにより敷地の管理がスムーズに行えなくなってしまうからである。したがって，専有部分を売却した場合や専有部分に抵当権を設定した場合には，敷地の持分も売却されたり，抵当権が設定されたことになる。

(2) 例外

出題 H29・R1

この**分離処分の禁止**は，**規約に別段の定めをすることができる。**分離処分が禁止されるのは，主に敷地登記簿の記録が複雑になることを避けるためなので，そのおそれが少ない小規模の区分所有建物の場合は，専有部分と敷地利用権の分離処分の禁止を，規約によって排除することができる。

プラス **専有部分と共用部分の共有持分との分離処分**は，「法律に別段の定め」がある場合でなければできないが，**専有部分と敷地利用権の持分との分離処分**は，「**規約に別段の定め**」をすれば可能である。

3．敷地利用権の持分割合

共用部分の共有持分の割合（専有部分の床面積の割合）と異なり，**敷地利用権の共有持分の割合**については，**区分所有法上には直接定める規定はない。**通常は分譲時において，分譲業者と各区分所有者との売買契約の内容として敷地利用権の持分割合が定められる。したがって，これらで定められていないときは，**民法の共有の規定**により，各共有者（区分所有者）の持分は**相等しいものと推定**される。

4．区分所有者が数個の専有部分を所有する場合の持分割合（22条２項）

出題 R３

１人の区分所有者が数個の専有部分を所有する場合に，そのうちの一戸のみを譲渡するときにその譲渡された専有部分に係る敷地利用権は，その**専有部分の床面積の割合**で算定する。ただし，**規約でこれと異なる割合を定める**こともできる。

プラス　22条２項は，**敷地利用権の持分割合を定めた規定ではなく，１人の区分所有者が数個の専有部分を所有している場合の規定**である。例えば，Ａが，100㎡の101号室と50㎡の102号室を所有していて，Ａの敷地利用権の持分割合が２室あわせて定められている場合，101号室に割り当てられる持分割合は，それらをあわせて定められている敷地利用権の持分割合の100/150（2/3）であり，102号室は50/150（1/3）となる。

5．分離処分の無効の主張の制限（23条）

⑴　原則

専有部分と敷地利用権の分離処分の禁止に反する契約は**無効**である。

⑵　例外

出題 H29

この無効は，**分離処分が禁止されていることを知らずに契約をした善意の相手方**に対しては**主張できない**。ただし，**敷地権の登記**（➡P.352）**がされた後に契約した者**に対しては，分離処分の禁止による契約の**無効を主張することができる**。

不動産登記法に基づき敷地利用権が登記されると，敷地利用権は専有部分と分離して処分することができない**敷地権**となる。通常，不動産の取引をする者は登記簿を確認するので，敷地権の登記があれば分離処分禁止について知らずに取引したとはいえないからである。

6．民法255条の適用除外（24条）

民法255条の内容は，共有者の１人が，その持分を**放棄**したとき，または**相続人なしで死亡**したときは，その共有持分は**他の共有者に帰属**するというものである。しかし，**敷地利用権が共有または準共有**の場合，**敷地利用権には，この規定は適用されず**，敷地利用権の持分は専有部分と一体的に**特別縁故者がいれば特別縁故者に，いなければ国庫に帰属**する。民法255条により敷地利用権が他の共有者に帰属することになると，専有部分と敷地利用権が分離処分されることになってしまうからである。

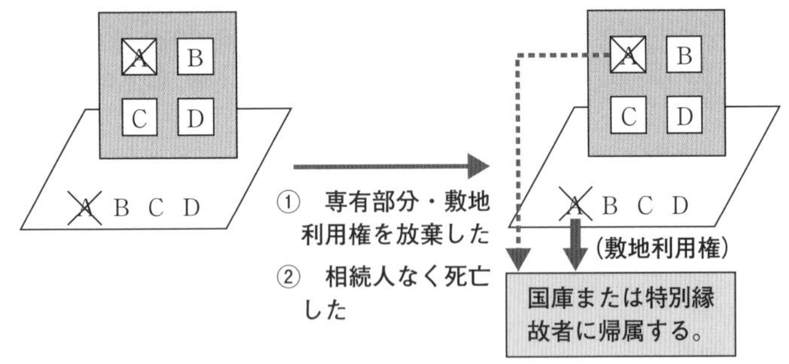

7．区分所有権の売渡請求権（10条）

敷地利用権を有しない区分所有者があるときは，その**専有部分の収去を請求する権利を有する者**は，その区分所有者に対し，区分所有権を時価で**売り渡すべきことを請求することができる**。

例えば，敷地利用権が賃借権である場合に，賃料滞納によって，**土地賃貸借契約を解除され，敷地利用権を失った区分所有者**に対し，その**専有部分の収去を請求する権利を有する者**（土地の賃貸人）は，区分所有権を時価で**売り渡すべきことを請求することができる**。出題 R４

> **プラス** 本来，**土地の所有者である土地の賃貸人**は，専有部分の収去請求をすることができるはずであるが，区分所有建物から一戸の専有部分を収去することは**物理的に不可能**である。そこで，**収去請求することができる者は，収去請求に代えて，売渡請求をすることができる**としたのである。

> **参考** この**売渡請求権**は，**形成権**（権利者の一方的な意思表示により一定の法律関係を生じさせる権利）であり，行使されると相手方の同意がなくても売買契約が成立したことになる。

Point整理 区分所有者の権利

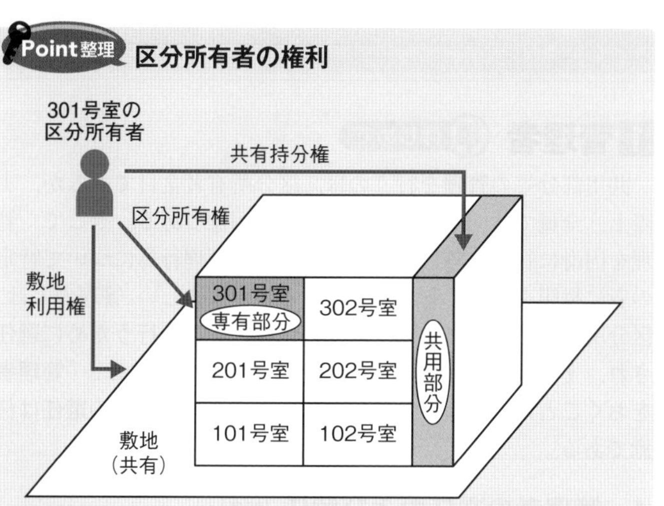

Point整理 敷地の権利関係

敷地利用権	専有部分を所有するための建物の敷地に関する権利	
持分の割合	区分所有法に直接の定めがなく，分譲契約による（契約にも定めがない場合は，**相等しいものと推定される**）	
分離処分の禁止	原則	**専有部分と敷地利用権の分離処分は禁止**
	例外	規約で別段の定めがある場合
分離処分の無効の主張の制限	原則	分離処分の禁止に反する処分の無効は善意の相手方に主張することができない
	例外	敷地権の登記をした後は，善意の相手方にも主張できる
民法255条（持分帰属）の適用除外	敷地利用権の持分は，下記の場合，他の共有者に帰属しない ① 共有者の１人が持分を放棄したとき ② **相続人なしで死亡**したとき	

③ 管理者・管理組合法人

1 管理者 はじめて

共用部分等の管理を行うのは，区分所有者全員であるが，実際上，全員で共同して管理を行うのは困難である。そこで，管理を円滑に行うためには，一定の範囲の管理行為について特定の者に権限を与えて管理を行わせるのが望ましい。管理者とは，区分所有法の規定により，**建物の保存・管理を行うために選任され，その就任を承諾した者**である。区分所有法は，「**管理者をおくことができる**」としており，あくまで**管理者の選任は任意**である。

出題 H26

1．管理者の選任および解任（25条）

出題 H29

(1) 管理者は，**規約に別段の定め**がなければ，**集会の決議**（**区分所有者および議決権の各過半数の決議**）によって**選任・解任**される。規約の別段の定めとしては，「規約で特定の者を管理者と定める場合」「選出方法を定める場合」「**区分所有者および議決権の各2/3以上の多数による集会の決議**とする場合」等がある。

出題 H28

(2) 管理者に不正な行為その他その職務を行うに適しない事情がある場合，**各区分所有者**は，**裁判所にその解任を請求することもできる**。この請求は**区分所有者が単独ですることができ**，また，管理者の解任の議案が，集会で否決された場合でもできる。

2．管理者の資格等

(1) 管理者には，**区分所有法上資格制限がない**。したがって，区分所有者以外の者からでも選任することができ，**個人・法人のいずれからでもよい**。**マンション管理業者**を管理者に選任することもできる。また，**員数や任期についても制限はない**。

出題 H26・28

(2) 区分所有法には「**理事長**」に関する規定はないので，管理者とは別に，規約で「**理事長**」という役職を設けることができる。この場合，**管理者と理事長が同一人である必要はなく**，理事長と管理者を**別に選任することを禁止する規定もない**ので，例えば，**理事長には区分所有者**を，**管理者には区分所有者以外の第三者**を，それぞれ選任することもできる。

3．管理者の権限等（26条）

(1)　管理者の職務

管理者は，共用部分，敷地および附属施設（共用部分等）について次の行為をする**権利を有し，義務を負う**。

① **保存行為**（共用部分等の滅失・毀損を防止して現状の維持を図る）をすること。

［例］エレベーターの点検や階段室の破損箇所の小修繕を行う。

② **集会の決議を実行する**こと。

［例］共用部分の清掃のために人を雇うことが集会の決議で決定した場合，被用者を決め，雇用契約を結ぶ。

③ **規約で定めた行為をする**こと。

［例］共用部分等の管理事項の特定の事項（損害保険契約の締結等）を，管理者にゆだねる旨の規約の定めに基づき管理を行う。

プラス
共用部分について損害保険契約をすることは「**管理行為**」であるから，管理者は自己の判断ですることはできず，原則として**集会の決議が必要**となる。

(2)　管理者の代理権

出題 H26・28・R1

管理者は，前記(1)の「**職務**」**に関し**，**区分所有者全員を代理する**。また，**共用部分についての損害保険契約に基づく保険金額**ならびに**共用部分等について生じた損害賠償金**および**不当利得による返還金の請求**および**受領に関しても区分所有者を代理する**。

プラス
「**共用部分等について生じた損害賠償金**」とは，第三者が，共用部分等を毀損した場合に生じる損害賠償金のことであり，「**不当利得による返還金**」とは，第三者が，共用部分等を不法占拠して無権限で使用した場合に，不当利得として請求する賃料相当額の金銭のことである。

出題 H27

(3) 管理者の代理権の制限

管理者がその職務の範囲内で第三者との間でした行為の効果は，**区分所有者に帰属**することになる。規約または集会の決議で管理者の**代理権に制限を加えた場合**であっても，これを**善意の第三者に対抗することはできない**。例えば，集会の決議で，特定の共用部分について行う職務については管理者は代理権を有しないと決めても，善意の第三者には対抗できない。

出題 H28

(4) 訴訟追行権の授与

訴訟に際し，区分所有者全員の名で行うことは困難である。そこで管理者は，**規約または集会の決議**により，前記(1)（基本的な職務）および(2)（保険金・共用部分等についての損害賠償金・不当利得による返還金の請求・受領）の職務に関して区分所有者のために，**原告または被告となる**（訴訟追行する）ことができる。また，**規約**により**原告または被告となったときは**，遅滞なく，区分所有者にその旨を**通知**しなければならない。これに対して**集会の決議**で原告または被告となったときは，各区分所有者はその内容を知ることができるので，区分所有者にその旨を**通知する必要はない**。

！参考

訴訟追行権は，管理者に選任されることによって当然に生じるものではない。**規約に「管理者に訴訟追行権を授与する」旨の定め**をするか，その訴訟の**案件ごとに集会の普通決議**で**管理者に訴訟追行権を授与**する必要がある。

4．管理所有（27条，6条2項，20条）

(1) 共用部分は，原則として区分所有者全員の共有であるが，より円滑に共用部分を管理できるように，**管理者**は，規約に特別の定めがあるときは，**共用部分を管理所有することができる**。

出題 R2

＋プラス **管理所有者**になれるのは，①管理者，または②区分所有者に限られる。したがって，管理者でも区分所有者でもない者は，**管理所有者になることはできない**。また，**区分所有者以外の者が管理者**であれば，その者は**管理所有者になることができる**。つまり，**区分所有権を有しない者でも管理所有者となれる場合がある**。

出題 R2

(2) **管理所有者である管理者**は，共用部分を保存し，または改良するため必要な範囲内において，**他の区分所有者の専有部分または自己の所有に属しない共用部分の使用を請求**することができる。したがって，**管理所有者ではない管理者**には，専有部分等の**一時使用請求権は認められない**。

(3) **管理所有者である管理者**は，区分所有者全員（一部共用部分については，これを共用する区分所有者）のためにその**共用部分を管理する義務を負う**。この場合，管理所有者である管理者は，区分所有者に対し，相当な管理費用を請求することができる。ただし，**共用部分の重大変更をすることができない**。

5．委任の規定の準用（28条）

区分所有法および規約に定めるもののほか，管理者の権利義務は，民法の**委任に関する規定**に従う。

［例1］管理者には，**善管注意義務**があり，違反した場合，債務不履行責任を問われる（民法644条，415条）。

［例2］任期途中の管理者を集会によって**いつでも解任**でき，また，管理者はいつでも**辞任できる**（651条）。

［例3］職務を行うにあたっての**費用**は，区分所有者に対し**前払請求ができる**（649条）。

［例4］管理者は，**職務上受け取った金銭その他の物**を区分所有者に**引き渡さなければならない**（646条）。

［例5］管理者は，**必要費**を支出したときは，区分所有者に対して，**その費用および支出の日以後の利息の償還請求ができる**（650条1項）。

［例6］管理者が，職務を行うため**自己に過失なく損害を受けた**ときは，区分所有者に対して，**損害賠償請求ができる**（650条3項）。

6．区分所有者の責任等（29条）

出題 R2

(1) **管理者がその職務の範囲内において第三者との間でした行為は，区分所有者全員**が共用部分の持分割合に応じてその**責任を負担する（分割責任）**。例えば，管理者が，共用部分の補修工事を工務店に依頼した場合，工事費の債権者である工務店に対して各区分所有者は，共用部分の持分割合に応じて支払義務を負うことになる。ただし，規約で，管理に関する経費につき，負担の割合が定められているときは，その割合による。

(2) 管理者と取引をした第三者が区分所有者に対して債権を有した場合に，その後に専有部分が譲渡されたときは，その第三者は，前区分所有者と共に**特定承継人（専有部分の譲受人）**に対してもこの債権を行使することができる。

2 区分所有者の団体（管理組合）（3条）

はじめて

出題 R2

(1) 区分所有者は，**全員で，建物，その敷地，附属施設の管理を行うための団体（管理組合）を構成**し，区分所有法の定めにより，**集会を開き，規約を定め，管理者を置くことができる**。**一部共用部分**を一部の区分所有者が管理するときも，その一部の区分所有者で，**団体（一部管理組合）を構成**し，**集会を開き，規約を定め，管理者を置くことができる**。一部管理組合が成立する場合，区分所有者全員の管理組合と一部管理組合は併存することになる。

出題 H28・R2

(2) 区分所有者の団体である管理組合は，複数の区分所有者が生じれば区分所有法の規定により，**当然に成立する**。**区分所有者の契約（合意）により成立するのではない**。これに対して，集会の開催，規約の設定，管理者の選任は，**区分所有者の任意**である。

(3) 管理組合の構成員は，区分所有者のみであり，専有部分の占有者（賃借人等）は，管理組合の構成員にはならない。

3 管理組合法人 はじめて

区分所有者全員で構成される団体である管理組合は，一定の手続きを経ることにより**管理組合法人**となる。法人となることにより管理組合は，権利能力を取得し，法律上，**権利・義務の主体となることができる**。

法人化のメリットには，①管理組合法人の財産と区分所有者の財産との区別が明確になる，②管理組合法人名義で**不動産の登記**や預貯金等ができる，③法人登記により，その存在と代表者が公示されるので第三者との契約をしやすくなる等がある。

プラス　一般の法人には，**人の集団**である「**社団**」と**財産の集合体**である「**財団**」とがある。このうち**管理組合法人**は，「**社団**」**に該当する**。なお，一般の社団の成立は，一般社団法人及び一般財団法人に関する法律等の定めによるが，**管理組合法人の成立は，区分所有法の規定による**。

1．管理組合法人の設立要件（47条1項）

出題 H28

管理組合は，次の**2つの要件**(1)(2)を備えることによって**法人**となることができる。新たに法人としての**規約や定款を作成**することは**設立の要件ではない**。また，**一部共用部分**を共用する区分所有者だけでも，**法人を設立することができる**。

なお，管理組合法人には，**理事**および**監事**を必ず置かなければならない。

出題 R5

(1) **区分所有者および議決権の各3/4以上の多数による集会の決議**（**特別決議**）で，法人となる旨およびその名称，事務所を定める。

(2) **主たる事務所の所在地**で，**法人登記**をする。

登記後は，**名称中に管理組合法人という文字を用いなければならない**（48条1項）。例えば，「○○管理組合法人」または「管理組合法人○○」と称することになる。また，登記事項は，**登記した後でなければ，第三者に対抗することができない**。

【管理組合法人に関して登記すべき事項】
（47条3項，組合等登記令2条）

① 目的・業務
② 名　称
③ 事務所
④ **代表権を有する者の氏名・住所・資格**
⑤ **共同代表の定め**があるときは，その定め

参考
管理組合法人は，**登記事項に変更**が生じたときは，主たる事務所の所在地において**2週間以内**に，変更の登記をしなければならない（組合等登記令3条1項）。

プラス　各理事が代表権を有する場合は，「**理事全員の氏名・住所**」が，代表理事を定めた場合は「**代表理事のみの氏名・住所**」が**登記事項となる**。「**監事の氏名・住所**」や「**代表権を有しない理事の氏名・住所**」は登記事項ではない。

2．法人成立前の規約・集会決議の効力等 (47条5項)

出題 R5

管理組合法人の成立前の集会の決議，規約および**管理者の職務の範囲内の行為**は，管理組合法人について**効力を生じる**。管理組合法人は，すでに存在していた区分所有者の団体（管理組合）と同一性をもって設立されたものであるからである。

3．管理組合法人の権限 (47条6項～8項)

(1) 管理組合法人の代理権

出題 H26・29・R3

管理組合法人は，その事務に関し，**区分所有者を代理する**。**損害保険契約に基づく保険金額**ならびに**共用部分等について生じた損害賠償金**および**不当利得による返還金**の**請求および受領**に関しても**区分所有者を代理する**。また，管理組合法人の**代理権**に**加えた制限**は，**善意の第三者**に**対抗することができない**。

プラス 管理組合法人において，**区分所有者を代理する権限**を有するのは，管理組合法人の「**理事**」ではなく，「**管理組合法人自身**」である。理事は，管理組合法人の「**代表**」である（後述）。

(2) 管理組合法人の訴訟追行権

出題 H26～27・29

管理組合法人は，**規約**または**集会の決議**により，その事務に関し，区分所有者のために，**原告または被告となることができる**。**規約**により原告または被告となったときは，遅滞なく，区分所有者にその旨を**通知**しなければならない。

プラス 管理組合法人の理事（後述）は，法人の代表機関であり，かつ，業務執行機関でもあるので，実際には訴訟追行に関わる事務を行っていくのは「理事」である。しかし，あくまで訴訟当事者として「原告または被告」となるのは，「**管理組合法人**」であり，「**理事**」ではない。

4．代表者の不法行為 (47条10項，一般社団法人及び一般財団法人に関する法律78条)

出題 H29

管理組合法人は，**代表権を有する理事**が，その職務を行うについて**第三者**に**加えた損害を賠償する責任を負う**。

5．管理者制度との関係 (47条11項)

区分所有者全員の代理人である管理者の存在は，管理組合法人とは相容れないものであるため，**管理者の規定**（25条～29条）は，**管理組合法人には適用されない**。したがって，**管理組合法人では管理者を選任することはできず**，管理者が選任されている管理組合が法人となると，その管理者は法人成立時に，当然に退任（職務権限を喪失）した扱いとなる。

出題 H26・R1・3・5

> プラス　管理所有の規定（27条）も適用されない。管理者に管理所有させていた場合，法人化により「管理所有」という制度は消滅する。

6．財産目録および区分所有者名簿（48条の2）

⑴　管理組合法人は，**設立のとき**および**毎年1月から3月までの間に財産目録を作成**し，常にこれをその**主たる事務所に備え置かなければならない**。ただし，特に事業年度を設けるものは，**設立のとき**および**毎事業年度の終了のときに財産目録を作成**しなければならない。

⑵　管理組合法人は，**区分所有者名簿**を備え置き，区分所有者の変更があるごとに**必要な変更を加えなければならない**。

出題 H26

7．理事（49条，49条の2，49条の3）

理事とは，**管理組合法人の事務を執行**し，対外的には**法人を代表する必須の機関**として実際に活動する者をいう。

⑴　**理事の設置**

管理組合法人には，**必ず理事を置かなければならない**。理事の**員数には制限がない**。また，**資格にも制限がない**ので，**区分所有者以外の者を理事に選任する**こともできる。ただし，自然人に限られ，**法人を理事とすることはできない**。

⑵　**理事の代表権**

①　**理事**は，**管理組合法人を代表する**。**理事が数人あるときは**，**各自が管理組合法人を代表する**のが原則であるが，**規約もしくは集会の決議**によって，管理組合法人を**代表する理事**（**代表理事**）を定めたり，**数人の理事が共同して管理組合法人を代表する旨**（**共同代表**）を定めたりすることもできる。また，**規約**の定めに基づき**理事の互選**によって**代表理事**を定めることもできる。なお，**代表理事**を定めると，その他の理事は**代表権を有しない**ことになる。つまり，管

出題 R1～3・5

用語解説
「**代表**」とは，理事の職務権限内の行為がそのまま管理組合法人の行為となり，理事の行為の効果はすべて管理組合法人に帰属する制度をいう。

第3章　建物の区分所有等に関する法律（区分所有法）

理組合法人は**代表権を有しない理事**を置くことができる。

② **理事の代理権（代表権）**に加えた制限は，**善意の第三者に対抗することができない**。出題 R３

⑶　**理事の選任および解任**

理事の**選任および解任**には，**管理者**の**規定が準用**される。

① 理事は，規約に別段の定めがなければ，**集会の決議**によって**選任・解任**される。

② 理事に不正な行為その他その職務を行うに適しない事情がある場合，**各区分所有者**は，**裁判所にその解任を請求することもできる**。

⑷　**理事の任期**

出題 H26・R１～２・４～５

① 原則として２年である。ただし，**３年以内**であれば，**規約で別段の期間を定める**ことができる。例えば，任期を１年とすることはできるが，**５年とすることはできない**。**再任することもできる**。

② 理事が欠けた場合または規約で定めた理事の員数が欠けた場合には，**任期の満了**または**辞任**により退任した**理事**は，新たに選任された理事が就任するまで，その職務を行わなければならない（**職務続行義務**）。なお，解任された理事には職務続行義務はない。

出題 H27・29

⑸　**理事の代理行為の委任**

理事は，**規約**または**集会の決議**によって**禁止されていないときに限り**，特定の行為の代理を，**他人に委任する**ことができる。

プラス　ある管理組合法人の「**理事に事故があり，理事会に出席できないときは，その配偶者または一親等の親族に限り，これを代理出席させることができる**」旨の規約の定めの有効性が争われた事案で，**判例**は，「理事に事故がある場合に限定し，被選任者の範囲を一定の者に限って，当該理事の選任に基づいて，理事会への代理出席を認めるものであるから，この条項が**管理組合の理事への信認関係を害するものということはできない**」とし，**本規約の定めは有効だとしている**。

８．監事（50条）

監事は，理事と同様に法人の**必須の機関**であり，**管理組合法人の財産状況**および**理事の業務状況を監査**する内部機関である。

(1)　**監事の設置**

管理組合法人には，**必ず監事を置かなければならない**。

(2)　**兼任の禁止**　出題 R1

監事は，**理事**または**管理組合法人の使用人**と兼ねてはならない。監事は，理事の業務状況を監査するので，監事が理事や使用人を兼ねると，監査の実効性が確保できなくなるからである。

(3)　**監事の職務**

監事の職務は，次のとおりとする。

① 管理組合法人の**財産の状況を監査**すること。

② 理事の**業務の執行の状況を監査**すること。

③ 財産の状況または業務の執行について，**法令もしくは規約に違反**し，または**著しく不当な事項がある**と認めるときは，**集会に報告**すること。　出題 H26・R2

④ ③の報告をするため必要があるときは，**集会を招集**すること。　出題 R2

(4)　**監事の選任および解任**

監事の選任および解任にも，管理者の規定が準用される。

① 監事は，規約に別段の定めがなければ，**集会の決議**によって**選任・解任**される。　出題 H26

② 監事に不正な行為その他その職務を行うに適しない事情がある場合，各区分所有者は，裁判所にその解任を請求することもできる。

(5)　**監事の任期**

① 原則として**2年**である。ただし，**3年以内**であれば，**規約で別段の期間を定める**ことができる。例えば，任期を1年とすることもできる。　出題 H26・R3～4

② 監事が欠けた場合，または規約で定めた監事の員数が欠けた場合には，任期の満了または辞任により退任した監事は，新たに選任された監事が就任するまで，その職務を行わなければならない（職務続行義務）。なお，解任された監事には職務続行義務はない。

(6)　**監事の代表権**（51条）

管理組合法人と**理事**との**利益が相反する事項**については，　出題 H26～27・R2

理事は法人を代表することができず，監事が管理組合法人を代表する。

例えば，敷地内に駐車場が不足していることから管理組合法人が代表理事個人の所有する土地を買うという場合，この契約は利益相反取引に該当し，監事が管理組合法人を代表して，その理事と契約をすることになる。

出題 H27

プラス 「管理組合法人と理事との**利益が相反する事項**」とは「その理事が，自分自身の利益を優先させて，法人の利益を犠牲にするおそれがある事項」ということである。また，**利益が相反する事項**かどうかは，**行為の外形から判断**する。外形上，利益が相反する可能性があれば，**実際に管理組合法人が不利益を被るか否かを問わず**，利益が相反する事項になる。例えば，管理組合法人所有の土地を代表理事が購入する場合には，**その価格が適正なものであっても，監事が管理組合法人を代表して代表理事に売却する必要がある。**

Point整理 理事・監事

<table>
<tr><th colspan="2"></th><th>理事</th><th>監事</th></tr>
<tr><td colspan="2">設置</td><td colspan="2">必ず設置</td></tr>
<tr><td colspan="2">選任</td><td colspan="2">規約に別段の定めがない限り，集会の決議で選任・解任可</td></tr>
<tr><td colspan="2">資格</td><td>制限なし（法人は不可）</td><td>① 制限なし（法人は不可）
② 理事または使用人と兼任不可</td></tr>
<tr><td colspan="2">員数</td><td colspan="2">1人でも複数でも可</td></tr>
<tr><td rowspan="2">任期</td><td>原則</td><td colspan="2">2年</td></tr>
<tr><td>例外</td><td colspan="2">規約で3年以内において別段の定めは可</td></tr>
<tr><td colspan="2">職務権限</td><td>① 業務執行，代表機関
② 理事が数人ある場合，法人の事務は理事の過半数で決する
③ 規約または集会決議で禁止されていない場合に限って，特定の行為を他人に委任することができる</td><td>① 管理組合法人の財産状況・理事の業務執行を監視する監査機関
② 法令・規約違反，著しく不当な事項がある場合，集会への報告義務があり，集会を招集できる
③ 理事の行為が，管理組合法人と利益相反となる場合，監事が法人を代表する</td></tr>
<tr><td colspan="2">欠員</td><td colspan="2">「理事・監事が欠けた場合」または「規約で定めた理事・監事の員数が欠けた場合」には，任期満了または辞任で退任した理事・監事は，新たに理事・監事が就任するまで職務を行う（職務続行義務）</td></tr>
</table>

9．事務の執行（52条，49条2項）

⑴　管理組合法人の事務は，原則として，**集会の決議**によって行う。ただし，特別決議事項と義務違反者に対する行為の停止等の請求訴訟の提起を除いて，**規約**で，**理事その他の役員が決する**ものとすることができる。

出題 H29

⑵　集会の決議がなくても，管理のための必要な事務については，**理事が決定**できる。この場合，**理事が数人**あるときは，規約に別段の定めがない限り，**理事の過半数**で事務を決定する。

⑶　**保存行為**は，理事が単独で決することができる。

10．区分所有者の責任（53条）

⑴　管理組合法人は，法人自身が権利義務の主体となるので，法人の債務は，まずは**法人自身の財産**で弁済することになる。しかし，**管理組合法人の財産ではその債務を完済することができないとき**は，**区分所有者は，共用部分の持分割合に応じて債務の額を分割して弁済する責任を負わなければならない**。つまり，**各区分所有者はその分割された範囲で無限責任を負う**ことになる。なお，規約で管理に要する経費について別途負担割合が定められているときは，その割合によって弁済する。

出題 H27・29・R2

注意
「**法人の財産**」とは，交換価値を有する法人の一切の資産をいう。**管理費等，法人が有する不動産・動産等の財産権，預金利息，賃料収入等**が**該当**する。これに対して**専有部分**および**共用部分，建物の敷地や附属施設**は「**法人の財産**」**ではない**。
出題 H27

⑵　管理組合法人の財産に対する**強制執行がその効を奏しなかったときも**，同様に区分所有者が責任を負う。

⑶　区分所有者が負う責任は，あくまで二次的・補充的な責任であるので，債権者が区分所有者に対して，管理組合法人の債務を弁済するように請求した場合でも，区分所有者は，**管理組合法人に資力があり**，かつ，**執行が容易であることを証明**したときは，**責任を免れる**ことができる。

用語解説
「**無限責任**」とは，債務者の**全財産が債務の引当て**（担保）となることをいう。この場合，債権者は，債権全額の支払を受けるまで，債務者の全財産に対して強制執行ができる。

11．解散（55条）

管理組合法人は，次の事由によって**解散**する。

⑴　**建物の全部の滅失**　出題 H28

［例］建物が地震等で全部滅失した場合，建替え決議により建物が取り壊された場合。

⑵　**建物に専有部分がなくなったこと**

[例] 一棟の建物は存続しているが，専有部分の間の壁が除去された場合。

⑶ **集会の決議**

区分所有者および議決権の**各3/4以上の多数による集会の決議**（**特別決議**）が必要である。この場合，区分所有関係そのものは，**法人格を有しない区分所有者の団体である管理組合として，なお存続する**。

出題 H27

プラス **区分所有者が1人となったこと**は，管理組合法人の**解散事由には該当しない**。後日，区分所有者が2人以上になることもあり得るからである。

12. 清算（55条の2～4，55条の9，56条，56条の2）

⑴ **清算中の管理組合法人の能力**

解散した管理組合法人は，清算の目的の範囲内において，その**清算の結了に至るまではなお存続するものとみなされ**，清算の手続に入ることになる。

⑵ **清算人の就任**

① 管理組合法人が解散したときは，破産手続開始の決定による解散の場合を除き，**理事がその清算人となる**。ただし，規約に別段の定めがあるとき，または集会において理事以外の者を選任したときはこの限りではない。

② ①により清算人となる者がないとき，または清算人が欠けたため損害を生ずるおそれがあるときは，**裁判所**は，利害関係人や検察官の請求により，または職権で，**清算人を選任することができる**。

⑶ **清算中の管理組合法人についての破産手続の開始**

① 清算中に管理組合法人の財産が**その債務を完済するのに足りないことが明らかになったとき**は，清算人は，直ちに**破産手続開始の申立て**をし，その旨を公告しなければならない。

② 清算人は，清算中の管理組合法人が破産手続開始の決定を受けた場合において，破産管財人にその事務を引き継いだときは，その任務を終了する。

③ ②の場合において，清算中の管理組合法人が既に債権者に支払い，または権利の帰属すべき者に引き渡したものが

あるときは，破産管財人は，これを取り戻すことができる。

⑷　**残余財産の帰属**

解散した管理組合法人の財産は，**規約に別段の定めがある**場合を**除いて，共用部分の持分割合と同一の割合で各区分所有者に帰属する**。

出題 R1

⑸　**裁判所による監督**

管理組合法人の解散および清算は，**裁判所の監督**に属する。

4 規約・集会

1 規約 はじめて

規約は，区分所有者が全員で，建物，その敷地および附属施設の維持管理と共同生活を円滑に行うために定めた**自主ルール**である。**規約を定めるかどうかは任意**であるが，規約を定めた場合には，根本的なルールとして，それに区分所有者全員が拘束される。

1．規約事項（30条）

(1) 規約で定めることができる事項

建物，敷地，附属施設の管理または使用に関する区分所有者相互間の事項は，区分所有法に定めるもののほか，**規約で定める**ことができる。規約で定められる事項は，必ず規約で定めなければならない「**絶対的規約事項**」と，集会の決議等規約以外の方法でも定めることができる「**相対的規約事項**」とに，区別することができる。

> プラス 「各専有部分に属する排水枝管を管理組合が定期的に点検・補修を行う」旨の規約の定めも，**建物の管理に関する区分所有者相互間の事項**として効力を有する。出題 H27

(2) 一部共用部分に関する事項　出題 H26

一部共用部分に関する事項で，**区分所有者全員の利害に関係しないもの**は，これを共用する**一部の区分所有者の規約で定めることで管理する**ことができるが，**区分所有者全員の規約に別段の定め**をすれば，**区分所有者全員で管理する**こともできる。

(3) 規約の基準

規約で定める内容は，次の基準を満たすものでなければならない。この基準に反する内容の規約条項は，**無効**である。

① **規約**は，専有部分，共用部分，建物の敷地，附属施設（建物の敷地または附属施設に関する権利を含む）につき，これらの形状，面積，位置関係，使用目的および利用状況ならびに区分所有者が支払った対価その他の事情を総合的に考慮して，**区分所有者間の利害の衡平が図られる**ように定

！参考

【絶対的規約事項の具体例】
規約共用部分の定め（4条2項），管理所有（11条2項），共用部分の共有持分の割合（14条4項），専有部分の敷地利用権の分離処分を認める定め（22条1項）等

【相対的規約事項の具体例】
管理者への訴訟追行権の付与（26条4項），管理組合法人の代表理事または共同代表の定め（49条5項）等

出題 R3

めなければならない。

② 規約の定めにより，**区分所有者以外の者の権利を害することができない。**

(4) **規約の作成**

規約は，書面または**電磁的記録により作成**する。

出題 R５

2．規約の設定，変更および廃止（31条）

(1) **規約の設定，変更および廃止**

区分所有者および議決権の各3/4以上の**多数による集会の決議**（特別決議）によって行う。**規約によっても**，この定数を**増減できない**。また，規約の設定，変更または廃止が**一部の区分所有者の権利に特別の影響を及ぼすべきとき**は，その**承諾を得なければならない**。

出題 H27～28

プラス 「**一部の区分所有者の権利**」に影響が及ぶときであるから，その影響が**区分所有者全体に一律に及ぶ**場合には，**個々の区分所有者の承諾は必要ではない**。また，一部の区分所有者の権利に「**特別の影響**」を及ぼすべきときとは，**規約の設定・変更・廃止の必要性および合理性と，これによって受ける一部の区分所有者の不利益とを比較して**，一部の区分所有者が**受忍すべき程度を超える不利益を受ける**と認められる場合であると解されている（判例）。出題 H28

注意
権利に影響を受ける区分所有者が，**白紙委任状を提出**していたとしても，その区分所有者の**承諾があったものとは認められない**（判例）。

「一部の区分所有者の権利に特別の影響を及ぼす場合の承諾の要否」についてまとめると，次のようになる。

ケース	変更内容・相手方	承諾の要否
専有部分の用途に何ら定めがない場合	「用途を住居専用とする」旨を定める場合の，すでに専有部分を事務所として使用している区分所有者	必要
ペットの飼育について何ら定めがない場合	「ペットの飼育を制限する」旨を定める場合の，すでにペットを飼育している区分所有者	不要
楽器演奏について何ら定めがない場合	「夜間のピアノ演奏を制限する」旨を定める場合の，ピアノ演奏を行う区分所有者	不要

駐車場の専用使用権をマンションの分譲業者から有償で取得していた場合	「駐車場の専用使用権を消滅させる」旨を定める場合の，その専用使用権を有する区分所有者	**必要**
一部の区分所有者が駐車場専用使用権を有している場合	「専用使用料を増額する」旨を定める場合の，その専用使用権を有する区分所有者（必要性・合理性・増加額が社会通念上相当額と認められた場合）	**不要**
管理費について，共用部分の共有持分に応じて算出されている場合	利用状況にかかわらず「法人である区分所有者の管理費を個人である区分所有者の２倍とする」旨を定める場合の，住居として使用している法人である区分所有者	**必要**
議決権について「１住戸１議決権」と定められている場合	「**１区分所有者１議決権とする**」旨に変更する場合の，２住戸以上を有する区分所有者	**必要**
共用部分の重大変更の決議要件に何ら定めがない場合	区分所有者の定数を3/4以上から「**過半数とする**」旨に変更する場合の，２住戸以上を有する区分所有者	**不要**

出題 H26

出題 R３・５

出題 H27

出題 H27

(2) 一部共用部分に関する規約の設定，変更および廃止

区分所有者全員の利害に関係しないものについて，区分所有者全員の規約の設定，変更または廃止は，**一部共用部分を共用する一部の区分所有者の1/4を超える者またはその議決権の1/4を超える議決権を有する者が反対**したときは，行うことができない。一部の区分所有者の意思を尊重するためである。

プラス

例えば，20人の区分所有者の管理組合において，１階の区分所有者４人のみで共有している全員の利害に関係しない一部共用部分に関する管理について，全員の規約の設定を集会で決議するとする。なお，議決権は一戸につき１個である。この場合，２階以上の区分所有者16人（各3/4以上）がこの規約の設定に賛成したとしても，１階の区分所有者４人のうち２人が反対をすると，**一部の区分所有者の1/4（議決権においても1/4）を超える者が反対している**こととなり，この決議は成立しない。

Point整理　一部共用部分の管理

区分所有者全員の利害に関係する	区分所有者**全員の規約**に定める
区分所有者全員の利害に関係しない	区分所有者**全員の規約**に定める。ただし，一部の区分所有者の1/4を超える者またはその議決権の1/4を超える議決権を有する者が反対したときはできない
	一部の区分所有者のみの規約に定める（区分所有者全員の規約がない場合）

3．公正証書による規約（原始規約）の設定（32条）

最初に建物の専有部分の全部を所有する者（分譲業者等）は，次の事項についてのみ**公正証書**（公証役場で作成された文書）により，規約を設定することができる。出題 R2

① **規約共用部分**に関する定め
② **規約敷地**に関する定め
③ **敷地利用権の分離処分ができる**旨の定め
④ **敷地利用権の持分割合**

プラス　例えば，建物内に集会室がある場合，それが規約共用部分になるのか，専有部分として分譲業者がそのまま所有するのかについては，あらかじめ分譲前に確定されているほうが購入者も安心であり，後日のトラブルも防止できる。そのため，上記の①～④の事項については，分譲業者等の**最初に専有部分の全部を所有する者**が，**公正証書**によって単独で規約を設定しておくことが認められている。

! 参考
最初に建物の専有部分の全部を所有する者とは，例えば，**マンションを新築して専有部分をすべて最初から所有する分譲業者等**が該当する。したがって，中古マンションの専有部分を買い上げて全部を所有することになっても，公正証書による規約設定はできない。

4．規約の保管および閲覧（33条）

(1) 規約の保管

規約は，原則として，**管理者が保管しなければならない**。ただし，**管理者がないとき**は，**建物を使用している区分所有者**または**その代理人**（賃借人，区分所有者と同居している者等）で，**規約または集会の決議で定める者**が保管しなければならない。　出題 R4

(2) 規約の閲覧

規約を保管する者は，**利害関係人**の請求があったときは，規　出題 R4

約の**閲覧を拒んではならない**。ただし，業務時間外に閲覧請求があった場合等**正当な理由があれば**，**閲覧を拒否できる**。また，規約が電磁的記録で作成されているときは，電磁的記録に記録された情報内容を紙面や出力装置の映像面（パソコンのモニター画面）に表示する方法により閲覧させればよい。

プラス **利害関係人**とは，区分所有者，賃借人，区分所有権を取得・賃借しようとする者，管理業務の受託者，担保権者等をいう。

(3) **規約の保管場所**

出題 R4 **規約の保管場所**は，管理組合所定の掲示場，集会室・管理人室，建物の出入口等建物内の**見やすい場所に掲示**しなければならない。

Point整理 **規約の保管・閲覧**

保管	管理者あり	管理者が保管	
	管理者なし	規約または集会の決議で定められた次の者が保管する ① 建物を使用している区分所有者 ② その代理人（賃借人でも可）	
閲覧	利害関係人からの請求	原則	規約の閲覧を拒めない
		例外	正当な理由がある場合は拒める
保管場所	建物内の見やすい場所に掲示する		

2 集会 はじめて

区分所有者は，**集会を開くことができる**。この集会は，区分所有者の団体の**最高意思決定機関**である。建物や敷地等の管理に関する事項は，原則として，この集会の決議により決定される。規約も集会の決議によって設定，変更，廃止がされ，管理者も集会において選任，解任される。例外的に，集会の決議によらない場合として，「公正証書による規約の設定（32条）」および「書面または電磁的方法による決議（45条）」がある。

1．集会の招集（34条）

(1) **管理者による招集**

出題 H30 **管理者**は，少なくとも**毎年1回集会を招集しなければなら**

ない。いわゆる「通常集会」「定時集会」である。

(2)　**少数区分所有者の集会招集請求**

①　**区分所有者の1/5以上で議決権の1/5以上を有する者**（少数区分所有者）は，管理者に対し，会議の目的たる事項を示して，**集会の招集を請求することができる**。ただし，この**定数**は，規約で減ずる**ことができる**。この招集請求に対して，**管理者は「自らの名」で集会の招集通知を発することができる**。

出題 R4

プラス 「**この定数**」とは，**区分所有者の1/5および議決権の1/5**を指すので，規約により，両方の1/5の割合を減じてもよいし，区分所有者か，議決権のいずれかのみ減じてもよい。また，**減じることができるだけで**，**増やすことはできない**。例えば，1/5を**1/6**や**1/10**にすることはできるが，**1/2**や**1/4**にすることはできない。

出題 R4

②　①により集会の招集請求がされた場合，**2週間以内**にその請求の日から**4週間以内の日を会日**とする集会の招集の通知が管理者から発せられなかったときは，その**請求をした区分所有者**は，**自ら集会を招集することができる**。この場合，1/5以上という定足数を満たしているかを明確にするため，「**全員の連名**」で**集会の招集通知を発する**。

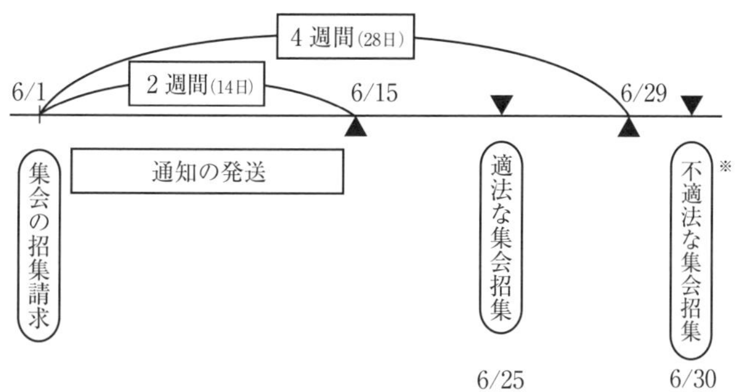

※「不適法な集会招集」とは，次のようなケースをいう。
　ア．「2週間以内」に招集通知が発せられなかった。
　イ．2週間以内に招集通知が発せられたが，「4週間以内」の日を会日としなかった。

(3) **管理者が選任されていない場合の招集**

区分所有者の1/5以上で議決権の1/5以上を有するものは，自ら集会を招集することができる。ただし，この定数は，規約で減ずることができる（上記(2)①と同じ）。

2．集会の招集の通知（35条）

(1) **招集通知期間**

出題 H26・30・R2・4～5

集会の招集の通知は，会日より**少なくとも1週間前に**，**会議の目的たる事項**（議題）を示して，**各区分所有者に発しなければならない**。この期間は，**規約で伸縮**（**伸長または短縮**）することができる。「**伸縮**」することができるので，**伸長して**「**2週間前**」や「**10日前**」とすることができるし，**短縮して**「**5日前**」や「**3日前**」とすることもできる。また，この「**1週間**」とは，**発信の翌日から会日の前日までに**「**中7日必要**」ということである。

なお，招集通知は1週間前に発信すればよく，1週間以内**に到達する必要はない**（**発信主義**）。

> **!参考**
> 招集通知に「到達主義」ではなく，「**発信主義**」を採用しているのは，招集者が到達までの所要日時に配慮して招集通知を発するのは，著しく不便であるし，到達の遅延をめぐって区分所有者間において紛争を生じる恐れが大きいからである。

> **プラス** 招集通知の**発送日の翌日から集会の前日までに1週間**（**7日間**）**必要**であるから，**12月13日が集会の会日**であれば，招集通知は**12月5日までに発する**必要がある。

(2) **招集通知の宛先**

① 専有部分が数人の**共有**に属する場合は，集会の招集通知は，**共有者が定めた議決権を行使する者**（定まっていないときは，共有者の1人）に発すれば足りる。出題 R5

② 区分所有者が管理者に対して**通知を受けるべき場所**（宛先）**を通知していた場合**は，**その場所**に発すればよい。また，**通知していなかった場合**は，その区分所有者の所有する**専有部分が所在する場所**に宛てて発すれば，通常それが到達すべき時に到達したものとみなされる。出題 R2・5

(3) **掲示による通知**

出題 R2・5

次の者に対する招集通知は，**規約に特別の定め**があれば，**建物内の見やすい場所に掲示して**することができる。この場合，通知は，掲示した時に到達したものとみなされる。

①　建物内に住所を有する**区分所有者** ②　**管理者等に対して通知場所を通知していない区分所有者**

したがって，規約に特別の定めを設けて掲示による通知を行う場合でも，建物内に住所を有さないで，その通知場所を通知した区分所有者には，その場所に宛てて個別に通知する必要がある。

(4)　重要な決議事項の場合の通知

集会で，次の決議をしようとする場合には，集会の招集通知において，その**議案の要領**（決議内容についての案を要約したもの）を，**あわせて通知**しなければならない。 出題 R2～3

①　**共用部分の重大変更** 出題 R3 ②　**規約の設定・変更・廃止** 出題 R3 ③　**建物の大規模滅失の場合の復旧** ④　**建替え** ⑤　団地規約の設定についての各棟の決議事項 ⑥　団地内の建物の建替え承認決議事項

プラス　特別決議事項のうち「管理組合法人の設立・解散」と「義務違反者に対する競売請求等」は，議案の要領の通知が不要である。なお，規約に「会議の目的たる事項とともに，その議案の要領を通知しなければならない」旨を定めておくこともでき，この場合は，すべての議題について議案の要領を通知する必要がある。 出題 R5

3．招集手続の省略（36条）

集会は，**区分所有者全員の同意**があるときは，**招集の手続を経ないで開催できる**。これにより招集された集会では区分所有者にあらかじめ通知された事項でなくても，決議をすることができる。そもそも招集通知が存在しないので，招集通知を前提にした規定を適用することができないからである。 出題 H29・R2・4～5

プラス　例えば，区分所有者が少ない小規模マンションでは，**区分所有者が全員集まったその場で直ちに集会を開く**ことも，電話での連絡等により，**即日あるいは翌日に集会を開催する**ことも可能である。

集会の招集

<table>
<tr><td>招集通知</td><td colspan="3">会日より少なくとも1週間前に会議の目的たる事項を示して発しなければならない（発信主義）。この期間は規約で伸縮できる</td></tr>
<tr><td rowspan="4">宛て先</td><td colspan="2">通知を受ける場所を通知している場合</td><td>その場所に通知</td></tr>
<tr><td colspan="2">通知を受ける場所を通知していない場合</td><td>専有部分が所在する場所に通知</td></tr>
<tr><td rowspan="2">共有の場合</td><td>議決権行使者が定められている</td><td>その者に通知</td></tr>
<tr><td>議決権行使者が定められていない</td><td>共有者のうち任意の1人に通知</td></tr>
<tr><td>掲示による通知</td><td colspan="3">規約に特別の定めがあれば，「建物内に住所を有する区分所有者」「招集通知を受けるべき場所を通知していない区分所有者」に対する通知を建物内の見やすい場所に掲示して代えることができる</td></tr>
<tr><td>招集手続の省略</td><td colspan="3">区分所有者の全員の同意がある場合</td></tr>
</table>

4．決議事項の制限（37条）

出題 R1・4

集会において決議できるのは，あらかじめ通知した事項に限られる。しかし，**規約で別段の定め**があれば，**特別決議事項以外の事項**（つまり普通決議事項）**に限り**，通知していない事項も決議できる（2項）。

プラス　この場合の「**別段の定め**」とは，例えば「集会においてあらかじめ通知した事項でなくても決議することができる」旨の定めのことである。

5．議事等（38条，39条）

(1)　議事

出題 H30

集会の議事(決議要件)は，区分所有法または規約に別段の定めがない限り，**区分所有者および議決権の各過半数**で決する。

このような「**普通決議**」の場合は，**規約で別段の定めができる**ので，例えば，決議要件を軽減（「**出席した区分所有者の過半数で決する**」等）または加重（「**区分所有者および議決権の各3分の2以上で決する**」等）することができ，また，集会の決議を不要とし，「**管理者が単独で行うことができる**」とすることもできる。また，「**各過半数**」とは，区分所有者および議決権の**いずれの定数も過半数であることが必要**であるということである。つまり，区分所有者が過半数でも議決権が過半数に満たない場合は，決議は否決となる。

プラス　区分所有法には，**集会の成立要件についての規定はない。**また，これを定めることを禁止する規定もないので，例えば，**規約で「議決権総数の2/3以上の組合員の出席が必要」と定めることができる。**なお，**標準管理規約**では，「議決権総数の半数以上を有する組合員が出席しなければならない」としている（➡P.307参照）。

出題 R４

⑵　**区分所有者の定数**

決議要件である「**区分所有者**」とは，**区分所有者の頭数**のことである。**１人の区分所有者が複数の専有部分を所有**する場合でも区分所有者は，「**１**」である。また，**１つの専有部分を複数の者が共有**する場合でも，区分所有者は「**１**」となる。

⑶　**議決権**

出題 H27

決議要件である「**議決権**」とは，**規約に別段の定めがない**限り，**共用部分の持分割合**（専有部分の床面積の割合）である。したがって，１人で複数の専有部分を所有する場合は，議決権もそれだけ多くなる。議決権は規約で別段の定めができるので，専有部分の面積にかかわらず，「議決権は専有部分一戸につき１個」とすることもできる。また，**特別決議事項に関する議決権割合を「専有部分の床面積の割合」**とし，**普通決議事項に関する議決権割合を「１住戸１議決権」とすることも可能**である。

プラス　集会の決議要件は，「区分所有者および議決権の各過半数」というように**区分所有者（頭数）と議決権（共用部分の持分）**とを併用する。例えば，普通決議の場合，たとえ区分所有者の頭数の過半数が賛成をしても，賛成者の共用部分の持分割合の合計が全体の過半数に満たない場合には，「否決」となる。このように決議要件に，区分所有者の頭数だけではなく議決権も加えるのは，集会で決議される建物・敷地の管理に関する事項は，「**共有物の管理**」という実質を有するので，共用部分の持分割合も考慮する必要があるからである。

> **参考**
> 区分所有者が裁判所から**破産手続開始の決定**を受けると，その区分所有者に属する権利の管理・処分権限は，裁判所が選任した**破産管財人に属する**ことになる（破産法78条1項）。この場合，議決権行使者は，**破産管財人**となる。

> **参考**
> いわゆる「**委任状**」の提出は，書面による議決権の行使ではなく，**代理人による議決権の行使**に該当する。

(4) 議決権の行使方法

① 議決権を有するのは，**区分所有者**であり，原則として**集会に出席して議決権を行使**する。例外として，集会に出席せずに，書面（**書面による投票**）または**代理人によって議決権を行使**することもできる。**代理人の資格**については，区分所有法上，特に**制限はない**。したがって，**未成年者を代理人**とすることもできる。ただし，規約によって一定範囲の者に限定することは可能である。出題 R 2

> **プラス** 議決権行使者は，**区分所有者**である。したがって，①「**売れ残った住戸がある場合**」➡**分譲業者**（売主），②「**住戸が債権者に差し押えられている場合**」➡**差し押えられた区分所有者**（差し押えた債権者ではない），③「**住戸の区分所有者が行方不明の場合**」➡**行方不明の区分所有者**が，それぞれ議決権行使者となる。出題 H27

② 区分所有者は，**規約または集会の決議**により，書面による議決権の行使に代えて，**電磁的方法**（電子メール，ウェブサイトへの書き込み等）**によって議決権を行使する**ことができる。出題 R 5

> **プラス** 「**書面または代理人による議決権の行使**」は，区分所有者の権利として当然に行うことができる。これに対して，「**電磁的方法による議決権の行使**」は，**規約**で定めているか，**集会の決議**がなければ行うことができない。

(5) 議決権行使者の指定（40条）

出題 H28

専有部分が数人の**共有**に属する場合は，共有者は，**議決権を行使すべき者1人**を定めなければならない。

> **プラス** 専有部分が数人の共有であっても，**議決権行使者は1人**であり，規約で定めても共有者が持分割合に応じて，**各々議決権を行使することはできない**。

6．決議事項

集会の決議事項は，原則として**区分所有者および議決権の各過半数**で決するが，重大なものについては，次のような特別な規定がある。

⑴　**区分所有者および議決権の各4/5以上**の賛成を必要とするもの……建物の建替え

⑵　**区分所有者および議決権の各3/4以上**の賛成を必要とするもの（**特別決議事項**）

① 規約の設定・変更・廃止
② 管理組合法人の設立・解散
③ 義務違反の区分所有者に対する「専有部分の使用禁止請求」および「区分所有権の競売請求」のための提訴
④ 義務違反の占有者に対する「契約解除請求」および「占有者に対する専有部分の引渡し請求」の提訴
⑤ 建物価格の1/2を超える滅失（大規模滅失）の場合の復旧決議
⑥ 共用部分の重大変更

⑶　**区分所有者および議決権の各過半数**の賛成を必要とするもの（**普通決議事項**）

① 管理者の選任，解任
② 義務違反者または義務違反の占有者に対する行為の停止等の請求の提訴
③ 建物価格の1/2以下の滅失（小規模滅失）の場合の復旧決議
④ 共用部分の軽微変更（その形状または効用の著しい変更を伴わないもの）
⑤ 共用部分の管理
⑥ その他　前記⑴⑵以外の行為

プラス　**普通決議事項**については，**規約で別段の定めができる**ので，例えば，決議機関を「理事会」としたり，決議要件を「各過半数」から「出席組合員の議決権の過半数」に改めることができる。これに対して，**特別決議事項**については，原則として**規約で別段の定めをすることはできない**。例えば，決議要件を「各3/4以上」から「各2/3以上」に改めることはできない。しかし，「共用部分の重大変更」については，区分所有者の定数のみ，規約で過半数まで減ずることができる。

7．事務の報告（43条）

出題 H27

管理者は，集会において，**毎年1回一定の時期**に，その事務に関する**報告をしなければならない**。この報告を行うために，管理者は年1回の集会の開催が義務付けられている。したがって，規約の定めで**文書の配布**や**電子メールの送信**をもって，この**報告に代えることはできず**，また，**区分所有者全員の合意**があっても**省略することはできない**。

8．占有者の意見陳述権（44条）

出題 H28～29・R2

参考
占有者は，「**集会に出席して**」意見の陳述ができるので，集会の招集者が，占有者の意見陳述について，**文書の提出のみを認め占有者の集会への出席を認めないことは，許されない**。

(1) **区分所有者の承諾を得て専有部分を**占有する者は，会議の目的たる事項につき**利害関係を有する**場合には，集会に出席して**意見を述べることができる**（例えば，専有部分の**賃借人**や使用貸借契約に基づく**使用借人**）。占有者であっても**区分所有者に無断で専有部分を使用している者**（**不法占拠者**）または**区分所有者と同居する者**（**家族等**）は，「区分所有者の承諾を得て専有部分を占有する者」には含まれず，**意見陳述権は認められない**。

> **プラス** すでにペットを飼育している賃借人が，ペットの飼育制限の規約設定を議題とする集会には出席することができるが，**管理費等の値上げが議題であれば出席できない**。管理費等の負担義務は区分所有者にあり，占有者は**直接利害関係を有しない**からである。

なお，占有者は意見陳述ができるだけで，**議決権を行使することはできない**。

出題 H28～29

(2) 集会を招集する者は，区分所有者に対して招集の通知を発した後**遅滞なく**，**集会の日時**，**場所および会議の目的たる事項**を**建物内の見やすい場所に掲示しなければならない**。占有者に議題を告知する必要があるからである。

9．集会を開催せずに決議をする方法（45条）

(1) **書面または電磁的方法による決議**

出題 R2～3・5

① 区分所有法または規約により集会において決議をすべき場合において，**区分所有者全員の承諾**があるときは，実際には**集会を開催せずに**，**書面または電磁的方法による投票**をすることで，集会が開催されて決議が成立したものとす

ることができる。これを「書面または電磁的方法による決議」という。

② 「**全員の承諾**」とは，**集会を開催せずに，書面または電磁的方法による決議をすること（決議の方法）に対する承諾**のことである。区分所有者全員の承諾は，個々の決議についてそれぞれ得る必要があり，あらかじめ決議全般についてまとめて承諾を得ておくということはできない。また，各議案（決議の内容）については，**普通決議事項であれば，各過半数で，特別決議事項であれば，各3/4以上という多数決で決する**。

(2) 書面または電磁的方法による全員の合意

出題 R2

① 区分所有法または規約により集会において決議すべきものとされた事項については，**区分所有者全員の書面または電磁的方法による合意（全員の一致）**があったときは，「**書面または電磁的方法による決議」があったものとみなされる**。

② 「**全員の合意**」は，**議案（決議の内容）についての合意であり，決議の方法についてではない**。つまり，**普通決議事項か，特別決議事項かを問わず，全員の合意が必要となる**。この方法による場合は，区分所有者が全員一致して賛成（合意）しているので，集会の決議があったのと同様に扱っても問題ない。

(3) 書面または電磁的方法による決議の効力

出題 R2

区分所有法または規約により集会において決議すべきものとされた事項についての「**書面または電磁的方法による決議**」は，**集会の決議と同一の効力を有する**。つまり，実際には集会は開催されていないが，集会が開催されて決議があった場合と同じ効力が生じるのである。

(4) 保管および閲覧

(1)(2)の書面または電磁的方法により作成される電磁的記録は，**規約と同様，保管・閲覧および保管場所の掲示の対象**となる（➡P.187参照）。

10. 議長および議事録（41条，42条）

⑴ 議長

出題 H28

集会においては，**規約に別段の定めがある場合および別段の決議をした場合を除いて**，**管理者または集会を招集した区分所有者の１人が議長となる**。

⑵ 議事録

出題 R5

① **集会の議事**については，**議長**は，書面または**電磁的記録**により，**議事録を作成**しなければならない。

② **議事録**には，**議事の経過の要領**および**その結果**（議題，議案，討議の内容・表決方法等の要点と表決の結果が可決か否決かということ）を記載し，または記録しなければならない。

③ **議事録**には，議長および**集会に出席した区分所有者の２人**（つまり合計３人）が，これに**署名**（議事録が電磁的記録で作成されているときは，法務省令で定める署名に代わる措置）しなければならない。

④ **議事録**は，**規約と同様**，**保管・閲覧および保管場所の掲示の対象**となる（➡P.187参照）。

11. 規約および集会の決議の効力（46条）

⑴ **規約および集会の決議**は，区分所有者の**特定承継人**（譲受人等）に対しても，その効力を生ずる。なお，相続人等の**包括承継人**にも，当然に効力が及ぶ。

⑵ **占有者**は，建物またはその敷地もしくは附属施設の**使用方法について**，区分所有者が規約または集会の決議に基づいて負う義務と**同一の義務を負う**。例えば，占有者は，専有部分について「専ら住居として使用すべき」旨の規約または集会の決議がある場合，その専有部分を事務所として使用することができない。

プラス

判例は，契約において，当事者である区分所有者のみならず**特定承継人をも拘束し得る制限条項を設ける**ためには，すべて画一的に規約または集会の決議によってこれを明記しておくことが必要であり，**契約の当事者間の合意のみによる権利制限の条項を規約で定められた制限条項と同視することは**認められないとしている。

したがって，マンションの専有部分を駐車場以外に変更することができない旨の制限条項を，マンションの分譲業者とその買受人である区分所有者との間で設けた場合でも，この制限条項は規約で定めた場合とは異なり，**当該区分所有者の特定承継人に対して効力を有することはない**（判例）。

出題 H26

Point整理　集会の決議，議事録等

決議事項の制限	原則	あらかじめ**通知した事項**のみ決議できる
	例外	**規約で別段の定め**がある場合（**特別決議事項以外の事項**）
議決権の行使	原則	区分所有者が自ら出席して行使する
	例外	①　**書面による投票** ②　**代理人**を選任し，代理人が集会に出席して行使 ③　**電磁的方法**（**規約または集会の決議が必要**）
議長	原則	**管理者**または**集会を招集した区分所有者の１人**
	例外	①　**規約に別段の定め** ②　集会で議長について**別段の決議**があった場合
議事録	作成	議長が，**書面**または**電磁的記録**で作成
	記載事項	**議事の経過の要領**および**その結果**
	署名	議長および**集会に出席した区分所有者２人**（計３人）
	保管場所	建物内の**見やすい場所に掲示**しなければならない

⑤ 義務違反者に対する措置

1 区分所有者の権利義務等

1．区分所有者等の義務（6条1項，3項）

区分所有者および**占有者**は，**建物の保存に有害な行為**その他建物の管理または使用に関し，区分所有者の**共同の利益に反する行為**をしてはならない。

2．区分所有者の権利（6条2項）

出題 R2

区分所有者は，その専有部分または共用部分を**保存**し，または**改良**するため必要な範囲内において，**他の区分所有者の専有部分**または**自己の所有に属しない共用部分**の**使用を請求することができる**。この場合において，他の区分所有者が損害を受けたときは，その償金を支払わなければならない。

プラス 「専有部分または共用部分を**保存**し，または**改良**する」とは，例えば，他の区分所有者との境界にある壁・床・天井内部の電気・水道等の配線・配管を修理したり増設したりすることである。

参考
専有部分の**占有者**には，他の区分所有者の専有部分等の**使用**を**請求する権利はない**。その必要があれば，賃貸人である区分所有者を通じて使用請求をすればよいからである。

2 共同の利益に反する行為の類型

多数の者が共同生活を営む区分所有建物では，他の者に対して迷惑をかけないように**各区分所有者**および**占有者**は，次のように**建物の保存に有害な行為**および**共同の利益に反する行為**をしてはならない。この「建物の保存に有害な行為・共同の利益に反する行為」とは，次のようなものをいう。

(1) 不当利用・損傷行為

共用部分の不当利用・損傷行為	・廊下に荷物や資材を放置する ・外壁に貫通孔（穴）を開けて，バランス釜や換気扇を設置する ・バルコニーにサンルーム，温室，パラボラアンテナを設置する ・１階の床下を掘り下げて地下室を増築する ・外壁を周囲と異なる色に塗装する ・外壁，ベランダに看板やネオンを設置する ・悪質な敷地内違反駐車

専有部分の不当利用行為	・大音量での楽器，カラオケ演奏 ・悪臭，騒音を発生させるペットの飼育 ・大量のゴミの放置による悪臭の発生 ・危険物，重量物の持ち込み

(2)　**「共同の利益に反する行為に当たる」とされた判例**

①　**管理費・修繕積立金等の管理経費の不払が長期間にわたり，多額に滞納**されたことにより建物の管理上，重大な支障となっており，かつ，将来とも改善の可能性がない場合は，建物の管理に関し「**共同の利益に反する行為**」に**該当する**。

②　区分所有者が，業務執行に当たっている**管理組合の役員らをひぼう中傷する内容の文書を配布**し，マンションの防音工事等を受注した業者の業務を妨害する行為は，単なる特定の個人に対するひぼう中傷の域を超えるものであり，それにより管理組合の業務遂行や運営に支障が生ずる等でマンションの正常な管理・使用が阻害される場合には，「**共同の利益に反する行為**」に**該当する**余地がある。　出題 H27

③　管理規約と同視することができる建築協定に**バルコニー（共用部分）の改築を禁止する旨の定め**がある場合，**バルコニーに加えられた改築工事**は，バルコニーの改築を禁止する建築協定に違反するものであり，「**共同の利益に反する行為**」に**該当する**。　出題 H26

3 義務違反者に対する措置の内容

はじめて

1．共同の利益に反する行為の停止等の請求（57条）

(1)　**区分所有者**や**占有者**が，義務違反行為をした場合またはその行為をするおそれがある場合には，**他の区分所有者の全員**または**管理組合法人**は，区分所有者の共同の利益のため，その**行為を停止**し，その行為の**結果を除去**し，またはその**行為を予防**するため必要な措置を執ることを請求することができる。この請求は**訴訟**もしくは**訴訟外**でも行うことができる。　出題 H28

(2)　訴訟を提起するには，**集会の決議**（普通決議）が必要である。この決議には，義務違反者である区分所有者に対し，**弁**

明する機会を与える必要はない。

(3) 訴訟による場合，管理組合が法人であれば**法人自身が当事者**として訴訟を追行する。法人ではない場合は，**管理者**または**集会において指定された区分所有者**が，集会の決議により，他の区分所有者の全員のために当事者となり，**訴訟を提起することができる。**

❗参考

裁判所が定めた相当な期間中は，義務違反者である区分所有者自身による使用だけではなく，その**家族や使用人による使用も禁止**される。ただし，専有部分を賃貸して第三者に使用させることはできる。

2．使用禁止請求（58条）

(1) 義務違反者である**区分所有者**に対して，行為の停止等の請求だけでは区分所有者の共同生活上の障害が著しく，その障害を除去して共用部分の利用の確保や共同生活の維持を図ることが困難であるときは，**他の区分所有者の全員**または**管理組合法人**は，**集会の決議**に基づき，**訴えをもって**，相当の期間その区分所有者による**専有部分の使用の禁止**を請求することができる。

(2) 集会の決議は，**区分所有者および議決権の各3/4以上の多数（特別決議）**で行う。

出題 R 5

(3) 決議をするには，あらかじめ，義務違反者である区分所有者に対し，**弁明する機会を与えなければならない。**

(4) 訴訟による場合，管理組合が法人であれば**法人**が訴訟を追行する。法人ではない場合は，**管理者**または**集会において指定された区分所有者**が，集会の決議により，他の区分所有者の全員のために**訴訟を提起することができる。**

3．区分所有権の競売の請求（59条）

出題 H28

(1) 義務違反者である**区分所有者**に対して，**区分所有者の共同生活上の障害が著しく**，他の方法によってはその障害を除去して共用部分の利用の確保や区分所有者の共同生活の維持を図ることが困難であるときは，**他の区分所有者の全員**または**管理組合法人**は，**集会の決議**に基づき，**訴えをもって**，義務違反者の**区分所有権および敷地利用権の競売**を請求することができる。

(2) 集会の決議は，**区分所有者および議決権の各3/4以上の多数（特別決議）**で行う。

(3) 決議をするには，あらかじめ，義務違反者である区分所有者に対し，**弁明する機会を与えなければならない**。

(4) 訴訟による場合，管理組合が法人であれば**法人**が訴訟を追行する。法人ではない場合は，**管理者**または**集会において指定された区分所有者**が，集会の決議により，他の区分所有者の全員のために**訴訟を提起することができる**。

出題 H28

(5) 判決に基づく**競売の申立て**は，その**判決が確定した日から６ヵ月**を経過したときは，することができない。なお，この期間は**規約で伸長することも短縮することもできない**。

出題 H26

(6) 判決に基づく競売においては，**競売を申し立てられた区分所有者**または**その者の計算において買い受けようとする者**は，買受けの申出をすることができない。

参考
「その者の計算において」とは，義務違反者である区分所有者が，競売代金を買受申出人に提供していたり，あらかじめ買受申出人から転売の約束を得ている等，実質的には，**買受人が義務違反者である区分所有者であるような場合**をいう。

４．占有者に対する引渡し請求 (60条)

(1) 義務違反者である**占有者**（賃借人，使用借人，同居人，不法占拠者等）に対して，区分所有者の共同生活上の障害が著しく，他の方法によってはその障害を除去して共用部分の利用の確保や区分所有者の共同生活の維持を図ることが困難であるときは，**区分所有者の全員**または**管理組合法人**は，**集会の決議**に基づき，**訴えをもって**，その占有者が占有する**専有部分の使用または収益を目的とする契約の解除およびその専有部分の引渡し**を請求することができる。

(2) 集会の決議は，**区分所有者および議決権の各3/4以上の多数**（**特別決議**）で行う。

(3) 訴訟による場合，管理組合が法人であれば**法人**が訴訟を追行する。法人ではない場合は，**管理者**または**集会において指定された区分所有者**が，集会の決議により，他の区分所有者の全員のために**訴訟を提起することができる**。

(4) 決議をするには，あらかじめ，**占有者に対し**，**弁明する機会を与えなければならないが**，その専有部分の**区分所有者**には，**弁明の機会を与える必要はない**（判例）。

出題 H28・30・R３

(5) 判決に基づき**専有部分の引渡しを受けた者**（通常は，訴訟の原告である管理組合法人または管理者）は，遅滞なく，その**専有部分を占有する権原を有する者**（専有部分の区分所有者）に専有部分を**引き渡さなければならない**。

プラス **請求の相手方**は，占有者が賃借人等の占有権原のある占有者であるときは，**区分所有者と占有者を「共同被告」**として，占有者が占有権原を有しないとき（不法占拠者）は，**占有者のみを被告**として訴訟を提起する。

5．各請求権の関係等

(1) 例えば，**暴力団抗争をしている暴力団が事務所として使用しているケース**などのように，当初から行為の停止等の請求では共同生活の維持を図れないことが明らかな場合であれば，行為の停止等の請求の訴訟を経ずに，**使用禁止請求や競売請求の訴訟を提起することが認められる**。また，競売請求も，必ずしも使用禁止請求を経なくても認められる。

(2) 契約解除および引渡しの請求は，必ずしも行為の停止等の請求を経なくても認められる。

(3) 各訴訟の提起を決議する集会において，**義務違反者である区分所有者も議決権を行使することができる**。

Point整理　義務違反者に対する措置のまとめ

	行為の停止等	使用禁止	競売	引渡し
対象	区分所有者・占有者	区分所有者	区分所有者	占有者
方法	訴訟（普通決議）訴訟外も可	訴訟（特別決議）	訴訟（特別決議）	訴訟（特別決議）
弁明の機会の付与	不要	必要	必要	必要（占有者のみに与えればよい・判例）

❻ 復旧・建替え

1 復旧

区分所有建物の一部が地震や火災で**滅失**した場合，その滅失した部分を滅失前の状態に**復旧**（**原状回復**）する必要がある。区分所有法では，この復旧の場合の手続を，**小規模滅失**と**大規模滅失**の場合に分けて定めている。

> **参考**
> 「**滅失**」とは，火災，地震，風水害，土砂崩れ，ガス爆発，自動車飛び込み等の偶発的な事故によって生じる**建物の部分の消滅**のことをいう。偶発的な事故であれば，それが自然力によるか，人為的な力によるかを問わない。また，物理的な消滅だけではなく，建物としての使用上の効用を確定的に失ったため社会通念上建物の部分と見られなくなった場合も含まれる。

1．小規模滅失の復旧（61条） 出題 H30

建物の価格の1/2以下**に相当する部分が滅失した場合**が，**小規模滅失**にあたる。

> **プラス**
> 例えば，滅失前の建物価格が**10億円**であったものが，地震による滅失により**6億円**になってしまったような場合である（**滅失分の建物価格**は**4億円**となる）。

小規模滅失の復旧は，次の手続による。

(1)　**専有部分**

各区分所有者が，各自の費用負担で自己の専有部分を復旧する。

(2)　**共用部分**

①　**原則**

各区分所有者は，**各自で復旧する**ことができる。この場合，共用部分を復旧した者は，他の区分所有者に，**復旧に要した金額**を共用部分の持分の割合に応じて**償還請求**することができる。償還請求を受けた区分所有者は，裁判所に対して，償還金の支払い時期につき，相当の期限の許与を求めることができる。

②　**例外**

出題 H30

復旧の決議（普通決議），**建替え決議**，または**団地内の建物の一括建替え決議**があった場合は，**各区分所有者は復旧ができなくなり**，その決議に従わなければならない。

出題 R 4

> **プラス**
> **小規模滅失**の場合，規約で別段の定めをしておくことも可能である。例えば，共用部分について各区分所有者による単独復旧を認めず，「**組合員総数および議決権総数の過半数の賛成による集会の決議を必要とする**」と定めることもできる。

2．大規模滅失の復旧（61条）

建物の価格の1/2を超える**部分が滅失**した場合が，**大規模滅失**にあたる。

プラス 例えば，滅失前の建物価格が10億円であったものが，地震による滅失により４億円になってしまったような場合である（滅失分の建物価格は６億円となる）。

大規模滅失の復旧は，次の手続による。

⑴ **専有部分**

各区分所有者が各自の費用負担で自己の専有部分を復旧する。これは大規模滅失の場合でも変わらない。

⑵ **共用部分**

各区分所有者が単独で復旧することは認められず，**区分所有者および議決権の各3/4以上の多数（特別決議）による復旧の決議**で復旧することができる。この際の集会の議事録には，誰が誰に対して買取請求権（次の⑶）を取得したかを明確にするために，その決議についての各区分所有者の賛否をも記載し，また記録しなければならない。

プラス **小規模滅失**の場合でも**大規模滅失**の場合でも，復旧の決議を経ずに，**建替え決議**をすることもできる。

⑶ **買取請求権**

出題 H30

① 大規模滅失の復旧決議があった場合，その決議の日から**２週間を経過したとき**は，その**決議に賛成した区分所有者（決議賛成者）以外の区分所有者**は，**決議賛成者の全部または一部**に対し，建物およびその敷地に関する権利を時価で**買い取るべきことを請求することができる**。

復旧決議が成立すると復旧決議に反対した区分所有者も共用部分の持分割合に応じて復旧費用を負担しなければならない。しかし，反対者の中には復旧には参加せずに，区分所有関係から離脱することを望む者もいる。そのため，このような者に，決議賛成者に対する買取請求を認めたのである。

② 買取請求権が行使されると，決議賛成者の承諾がなくても売買契約が成立する。このような権利を**形成権**という。この場合，決議賛成者が直ちに代金を支払うことができない場合には，**裁判所**に対して，代金の支払い時期につき，**相当の期限の許与**を求めることができる。

③ **買取請求を受けた決議賛成者**は，その請求の日から２ヵ月以内に，**他の決議賛成者の全部または一部**に対し，決議賛成者以外の区分所有者を除いて算定した**共用部分の持分割合**に応じて，建物およびその敷地に関する権利を時価で**買い取るべきことを請求**することができる。

(4) 買取指定者の指定があった場合の買取請求権

大規模滅失の復旧決議の日から２週間以内に，**決議賛成者がその全員の合意**により建物およびその敷地に関する権利を**買い取ることができる者を指定**し，かつ，その指定された者（**買取指定者**）がその旨を**決議賛成者以外の区分所有者に対して書面で通知**したときは，その通知を受けた区分所有者は，**買取指定者**（復旧事業を行うマンションデベロッパー等）**に対してのみ，買取請求をすることができる**。これは決議賛成者である区分所有者が，買取請求権を行使されることによる負担を免れるための制度である。出題 H30

(5) 決議賛成者以外の者に対する催告権

集会を招集した者（買取指定者の指定がされているときは，買取指定者）は，**決議賛成者以外の区分所有者**に対し，４ヵ**月以上の期間**を定めて，買取請求をするか否かを確答すべき旨を**書面で催告**することができる。この期間を経過したときは，催告を受けた区分所有者は，**買取請求をすることができなくなる**。

(6) 決議が成立しない場合

大規模滅失した日から６ヵ月以内に，**復旧決議，建替え決議，団地内の建物の一括建替え決議がない**ときは，各区分所有者は，**他の区分所有者**に対し，建物およびその敷地に関する権利を時価で**買い取るべきことを請求することができる**。

注意

買取指定者が，買い取った建物および敷地の売買代金の支払をしない場合，**決議賛成者**は，**買取指定者と連帯してその弁済をしなければならない**。ただし，決議賛成者は，買取指定者に資力があり，かつ，強制執行が容易であることを証明したときは，この連帯責任を免れる（61条10項）。出題 H30

参考

(4)の**買取指定者の書面による通知**，(5)の**書面による催告**に代えて，**決議賛成者以外の区分所有者の承諾**を得て，**電磁的方法**により通知や催告をすることができる（９・12項）。

プラス (6)は，**大規模滅失**があったにもかかわらず，**6ヵ月たっても復旧や建替えの決議が成立せず**，そのままの状態になってしまっている場合についての規定である。これにより，**復旧や建替えを望まない者**が，**望む者**に対して買取請求権を行使することで，望まない者は区分所有関係から離脱でき，それに伴い望む者の割合が増加することで，**いずれ復旧決議や建替え決議が成立する状態になる**ことが期待できる。

Point整理 大規模滅失の復旧

決議	復旧決議（特別決議）により復旧することができる
買取請求権	① 復旧決議の日から2週間を経過したときは，**決議に賛成した区分所有者以外の区分所有者**は，**決議賛成者**に対し，建物・敷地に関する権利を時価で買取請求できる ② ①の請求を受けた決議賛成者は，請求日から2ヵ月以内に，他の決議賛成者に対し，各共有者の**持分割合**に応じて，買取請求できる ③ 復旧決議の日から2週間以内に，決議賛成者**全員の合意**により買取指定者が指定されている場合，**買取指定者**に対してのみ買取請求できる （下表参照） ④ 集会招集者は，決議賛成者以外の区分所有者に対し，**4ヵ月以上**の期間を定め，**書面で催告**（確答がない場合，買取請求権は消滅）する ⑤ 建物の一部が滅失した日から6ヵ月以内に復旧決議・建替え決議・団地内建物の一括建替え決議がないとき，**各区分所有者**は，**他の区分所有者**に対し，買取請求できる

請求者	買取指定者	相手方
決議賛成者以外の区分所有者	なし	**決議賛成者の全部・一部**
	あり	**買取指定者**

2 建替え

建替えとは，「建物を取り壊して再建する」という意味であるから，建物が現に存在していることが前提となる。したがって，**建物が全部滅失している場合**には，**建替えに関する規定は適用されない**。

1．建替え決議（62条1項・8項）

集会においては，**区分所有者および議決権の各4/5以上の多**

数で，建物を取り壊し，かつ，**当該建物の敷地もしくはその一部の土地または当該建物の敷地の全部もしくは一部を含む土地に新たに建物を建築する旨の決議（建替え決議）**をすることができる。なお，集会の議事録には，誰が誰に対して，売渡請求権（後述）を取得したかを明確にするために，その決議についての各区分所有者の賛否をも記載または記録しなければならない。

①　従前の敷地と同一の敷地を，再建建物（建替えにより新たに建築する建物）の敷地とする
（従前の敷地＝再建建物の敷地）

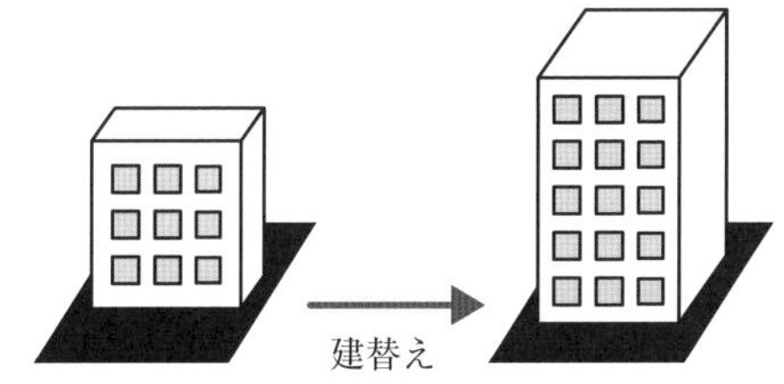

②　従前の敷地の一部を，再建建物の敷地とする
（従前の敷地の一部＝再建建物の敷地）

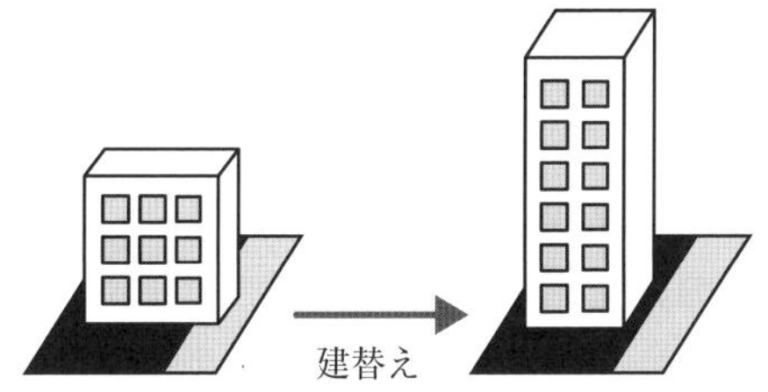

③　従前の敷地を，再建建物の敷地の一部とする
（従前の敷地＝再建建物の敷地の一部）

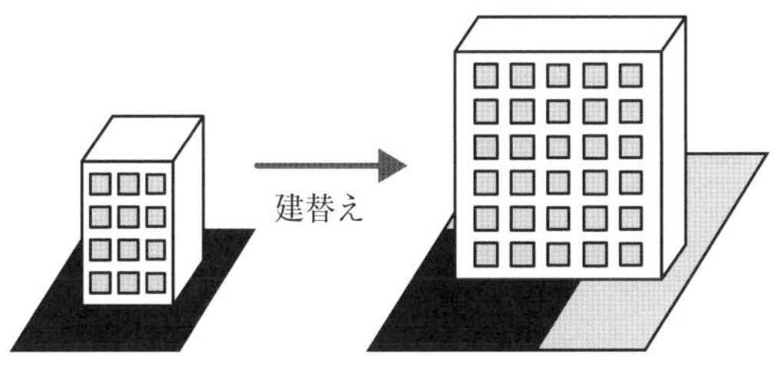

参考
一般的に，管理組合において建替えが検討されるのは，①震災等による**大規模滅失**，②建築後相当な年数経過による**老朽化**，③当初から耐震性等の建物の安全や居住性に問題がある（**欠陥マンション**）の3つの場合が考えられる。

④　**従前の敷地の一部を，再建建物の敷地の一部とする**
（従前の敷地の一部＝再建建物の敷地の一部）

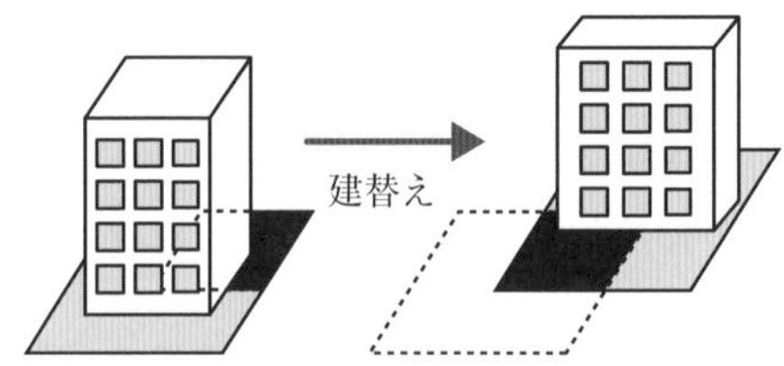

プラス　建替えにおける敷地に関する要件は，建替え前の敷地と建替え後の敷地が，**少しでも重なっていればよい**ということである。また，建物の使用目的は，建替え前と建替え後とで**同一である必要はない**。例えば，住居専用の区分所有建物を店舗または事務所のみのものに建て替えることも可能である。

2．建替え決議で定める事項（62条2項）

① **新たに建築する建物（再建建物）の設計の概要**
② **建物の取壊しおよび再建建物の建築に要する費用の概算額**
③ ②に規定する**費用の分担に関する事項**
④ **再建建物の区分所有権の帰属に関する事項**

3．建替え決議の集会（62条4項～7項）

(1) 招集通知の発送

出題 H26

建替え決議を会議の目的とする集会を招集するときは，**集会の招集の通知**は，集会の会日より少なくとも**2ヵ月前に発しなければならない**。ただし，この期間は**規約で伸長することはできるが，短縮はできない**。

(2) 通知事項

建替え決議を会議の目的とする**集会の招集通知**には，**議案の要領**のほか，**次の事項をも，あわせて通知**しなければならない。

① 建替えを必要とする理由
② 建物の建替えをしないとした場合における当該建物の効用の維持または回復（建物が通常有すべき効用の確保を含む）をするのに要する費用の額およびその内訳
③ 建物の修繕に関する計画が定められているときは，当該計画の内容
④ 建物につき修繕積立金として積み立てられている金額

(3) 説明会の開催

建替え決議を会議の目的とする集会を招集した者は，集会の会日より少なくとも1ヵ月前までに，招集の際に通知すべき事項について区分所有者に対し説明を行うための説明会を開催しなければならない。この説明会の招集通知は，会日より少なくとも1週間前に発しなければならない。ただし，この期間は，規約で伸長することはできるが，短縮はできない。

4．区分所有権等の売渡し請求等（63条）

(1) 賛成しなかった者への催告

建替え決議があったときは，集会を招集した者は，遅滞なく，建替え決議に賛成しなかった区分所有者（その承継人を含む）に対し，建替えに参加するか否かを回答すべき旨を書面で催告しなければならない。催告日（催告を受けた日）から2ヵ月以内に回答しなかった区分所有者は，建替えに参加しない旨を回答したものとみなされる。

(2) 売渡請求権　出題 R3

建替え決議に賛成しなかった区分所有者が催告を受けた日から2ヵ月を経過したときは，建替え参加者（建替え決議に賛成した各区分所有者・建替え決議の内容により建替えに参加する旨を回答した各区分所有者）または建替え参加者の全員の合意により区分所有権および敷地利用権を買い受けることができる者として指定された者（買受指定者，例えば建替え事業を行うマンションデベロッパー）は，その2ヵ月の期間満了の日から2ヵ月以内に，建替え不参加者（催告に対して「不参加」の回答をした者と期間内に回答をしなかった者）に対し，区分所有権および敷地利用権を時価で売り渡すべき

参考
(1)の書面による催告に代えて，建替え決議に賛成しなかった区分所有者の承諾を得て，電磁的方法により催告することができる（2項）。

注意
催告に対して「不参加」の回答をした者でも2ヵ月の期間内であれば，これを撤回して，参加者となることができる。しかし，いったん「参加」の回答をした者は，その回答を撤回することができず，参加者として扱われる。

ことを請求することができる。

> プラス 復旧の場合は，建物は取り壊されないので，反対者に**買取請求権**を与え，区分所有関係から離脱する手段を残しておけばよかったが，**建替え**の場合は，建物を取り壊すので，区分所有者全員が建替えに賛成していないと工事に入ることができない。しかし，建替えの場合にも不参加者に対して買取請求権を認めると，いつまでも買取請求権が行使されず，不参加者が残ったままとなり，建替えがスムーズに進まなくなるおそれがある。そこで，**参加者のほうから強制的に不参加者の区分所有権を買い受けることができるようにするために**，**売渡請求権**を認めることにしたのである。

(3) 明渡し期限の許与

売渡請求権も**形成権**である。したがって，売渡請求権が行使されると売買契約が成立し，代金の提供を受けた不参加者は，専有部分を明け渡さなければならなくなる。この場合において，建物の明渡しによりその生活上著しい困難を生ずるおそれがあり，かつ，建替え決議の遂行に甚だしい影響を及ぼさないものと認めるべき顕著な事由（例えば，高齢者や病人がいる等）があるときは，裁判所は，その者の請求により，代金の支払または提供の日から**1年を超えない範囲内**において，**建物の明渡しについて相当の期限を許与する**ことができる。

5．建替えに関する合意の擬制（64条）

次の者およびその承継人は，**建替えを行う旨の合意をしたものとみなされる**。

① 建替え決議に賛成した各区分所有者
② 催告に対し建替え決議の内容により建替えに参加する旨を回答した各区分所有者
③ 区分所有権または敷地利用権を買い受けた各買受指定者

Point整理　建替え決議後の手続き

催告	① 決議後，**遅滞なく**，集会を招集した者は，賛成しなかった区分所有者に対し，建替えに参加するか否かを回答すべき旨を**書面で催告する** ② 催告を受けた日から**2ヵ月以内**に回答しなかった区分所有者は，建替えに参加しない旨を**回答したものとみなされる**	
売渡請求権	請求者	① **建替え決議に賛成した各区分所有者** ② 参加する旨を回答した各区分所有者 ③ **買受指定者**（参加者全員の合意により指定）
	請求される者	建替えに参加しない旨を回答した区分所有者
	期　間	催告の回答期間満了日から**2ヵ月以内**
	請求内容	**区分所有権・敷地利用権を時価で売り渡すべきこと**

⑦ 団　地

1 団地とは　はじめて

(1)　団地の成立要件（65条）

出題 R4

次の**2つの要件**を満たすものを団地という。

> ①　一団の土地の区域内に**数棟の建物**（区分所有建物に限らず，戸建てでもよい）があること
> ②　その区域内の**土地**（敷地，通路等）または**附属施設**（集会所・管理事務室等）が，それらの建物の所有者（区分所有建物にあっては，区分所有者）の**共有**に属すること

(2)　団地の形態　出題 R4

注意
建物が分譲マンションの場合だけではなく，賃貸用の公営アパートであるときも，一般的に「団地」と呼ばれている。しかし，**区分所有法上**の「**団地**」は，「一区画内に**数棟の建物**（戸建てでもよい）があり，**土地**または**附属施設**をこれらの建物の所有者が**共有**している場合」に限られる。

①　戸建て建物の所有者全員で土地（通路）を共有，各戸建て建物の敷地は各戸建て建物の所有者が単独所有

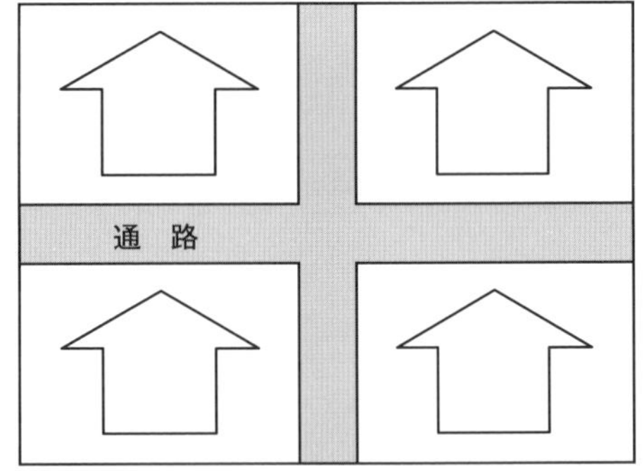

②　区分所有建物の所有者全員で敷地全体を共有

敷地

③　区分所有建物の所有者全員で附属施設（集会所）を共有，各区分所有建物の敷地は，各棟の区分所有者で共有

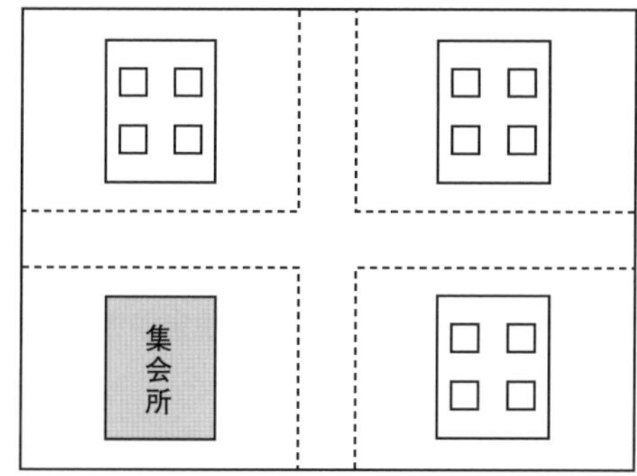

④　戸建て建物と区分所有建物が混在していて，土地（通路）を戸建て建物の所有者と区分所有建物の区分所有者で共有，各戸建て建物の敷地は各戸建て建物の所有者が単独所有，各区分所有建物の敷地は各棟の区分所有者で共有

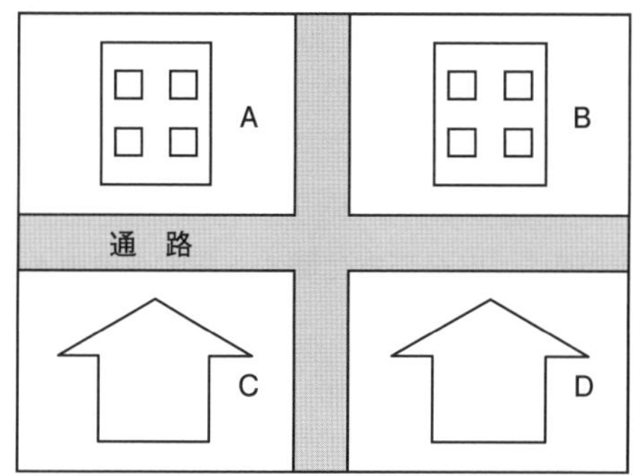

2 団地建物所有者の団体

団地建物所有者は，**全員**で，その団地内の土地，附属施設および専有部分のある建物の管理を行うための**団体**（**団地管理組合**）を，当然に構成する。そして，**集会**（**団地集会**）を開き，**規約**（**団地管理規約**）を定め，**管理者**を置くことができる（65条）。団地管理組合が成立しても，団地内に区分所有建物がある場合，**棟管理組合も存続**し，両者は併存の関係にある。例えば，**1**(2)②の団地では，各区分所有建物の**棟の管理組合が4つ**あり，敷地を管理するための**団地管理組合が1つ**あるので，**全部で5つの管理組合が併存**していることになる。

団地管理組合も，一棟の区分所有建物の管理組合と同様に「**法人**」となることができる（**団地管理組合法人**）。

団地管理規約は，**団地建物所有者および議決権の各3/4以上の多数**による団地管理組合の集会の決議によって**設定，変更または廃止**ができる（66条，31条１項）。

3 団地の管理

団地の管理には，区分所有建物の管理に関する規定が準用される。ただし，団地全体に及ぼす必要がない規定や各棟ごとに処理すべき事項に関する規定は，準用されていない。

(1) 団地の管理に，区分所有に関する規定が準用されるもの（66条）

① 先取特権（７条）
② 先取特権の特定承継人の責任（８条）
③ 共用部分の変更，管理等（17条～19条）
④ 管理者の選任および解任（25条）
⑤ 管理者の権限（26条）
⑥ 管理者の権利義務に関する委任の規定の準用（28条）
⑦ 区分所有者の責任等（29条）
⑧ 規約および集会についての規定（30条１項・３項～５項，31条１項，33条～46条）
⑨ 管理組合法人（47条～56条の７）

(2) 団地の管理に，区分所有に関する規定が準用されない主なもの

① 敷地利用権（22条～24条）
② 共用部分の管理所有（11条２項，27条）
③ **義務違反者に対する措置**（57条～60条）
④ **復旧および建替え**（61条～64条）

4 団地共用部分

一団地内の**附属施設たる建物**や**区分所有建物の専有部分**は，**規約**により**団地共用部分**とすることができる。この場合，団地共用部分である旨の**登記**をしなければ，これを**第三者に対抗することができない**。また，一団地内の数棟の建物の全部を所有する者は，公正証書により，団地規約共用部分を設定することができる（67条）。

5 規約の設定の特例

(1)　**一団地内の土地**または**附属施設**が**団地内の一部の建物の所有者の共有**に属するときは，それらを団地管理組合の管理対象とすることができる。この場合，**団地管理規約を定める**とともにそれらの**共有者の3/4以上で，その持分の3/4以上を有する者の同意**が必要である（68条1項1号）。

(2)　**団地内の専有部分のある建物（区分所有建物）の共用部分**を，団地管理組合の管理対象とすることができる。この場合，**団地管理規約を定める**とともに区分所有建物の管理組合において**区分所有者および議決権の各3/4以上の多数により決議（特別決議）**が必要である（68条1項2号）。

(3)　**「団地管理」の具体例**

一団地内にＡ棟・Ｂ棟の区分所有建物とＣ・Ｄの戸建て建物があり，Ａ～Ｄまでの建物所有者が，その団地内の土地（団地敷地または団地内の通路）を共有している場合

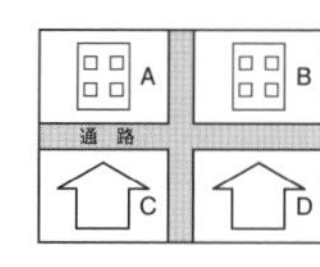

①　Ａ～Ｄの建物所有者は，全員で，共有する土地の管理を行うための団体を当然に構成し，この団体（団地管理組合）が共有する土地について管理を行う。

②　団地内のＡ棟・Ｂ棟の各区分所有建物（共用部分）の管理は，各棟の区分所有者の団体（棟管理組合）が行う。また，一棟（Ａ棟またはＢ棟）の区分所有者のみが共有する土地（駐車場，駐輪場等），附属施設（車庫，倉庫等）は，A棟またはB棟の管理組合で管理を行う。

③　②の区分所有建物（共用部分），区分所有者のみが共有する土地または附属施設についても，団地規約の定めとＡ棟またはＢ棟の管理組合の集会において特別決議を経ることで，団地管理組合の管理対象とすることができる。

これに対し，団地内の建物であっても，区分所有建物でないＣ・Ｄの建物（外壁，屋根等）およびこれらの建物所有者のみの共有に属する土地または附属施設（Ｃ・Ｄの共有の通路，Ｃ・Ｄの共有の車庫）については，団地管理組合の管理の対象とすることはできない。

Point整理 団地管理組合の管理対象

<table>
<tr><th>管理対象</th><th colspan="2">管理対象とするための要件</th></tr>
<tr><td>団地建物所有者の全員の共有に属する団地内の土地または附属施設</td><td colspan="2">当然に管理対象となる</td></tr>
<tr><td>団地内建物所有者の一部の建物所有者の共有に属する団地内の土地または附属施設</td><td rowspan="2">団地集会において団地建物所有者および議決権の各3/4以上の多数による団地規約設定の決議（特別決議）</td><td>共有者の3/4以上で，その持分の3/4以上を有する者の同意</td></tr>
<tr><td>団地内の区分所有建物（共用部分）</td><td>棟集会において区分所有者および議決権の各3/4以上の多数による決議（特別決議）</td></tr>
<tr><td>団地内の戸建所有者だけの共有に属する土地または附属施設</td><td colspan="2" rowspan="2">管理対象とすることはできない</td></tr>
<tr><td>団地内の戸建て住宅（外壁，屋根等）</td></tr>
</table>

6 団地内の建物の建替え

1．団地内の建物の建替え承認決議（69条）

団地内建物について，建物の所在する**土地が共有**である場合，建替えには，原則として共有物の変更として土地の共有者全員の同意が必要である（民法251条1項）。しかし，建替えにあたり，土地共有者**全員の同意**が必要となると，団地内の建物の建替えは実現できなくなるおそれがある。そこで，次の手続により，全員の同意がなくても，土地共有者が建物の**建替えを承認**することができることとなる。

出題 R5

(1) **一団地内にある数棟の建物（団地内建物）の全部または一部が専有部分のある建物**であり，かつ，その**団地内の特定建物（建て替える建物）の所在する土地が団地建物所有者の共有**に属する場合に，次の要件を満たすときは，その特定建物を取り壊し，かつ，土地またはこれと一体として管理もしくは使用する団地内の土地に新たに建物を建築することができる。

① **特定建物が専有部分のある建物である場合**は，**建替え決議**または**区分所有者の全員の同意**があること（特定建物が専有部分のある建物でない場合は，その建物の所有者の同意）。

② **団地管理組合（団地管理組合法人）の集会**において**議決権の3/4以上の多数**による**承認の決議（建替え承認決議）**を得たとき。

プラス　団地内建物のすべてが区分所有建物でない場合でも，**建替え承認決議**の対象となる。

出題 R5

(2) 建替え承認決議における各団地建物所有者の**議決権割合**は，規約に別段の定めがある場合であっても，特定建物の所在する**土地の共有持分の割合**による。

プラス　土地共有者の承認なので，区分所有者の数は考慮されず，**議決権**（土地の共有持分の割合）のみで決議する。

(3) 建替え承認決議においては，**特定建物の団地建物所有者**は，建替え承認決議について**賛成する旨の議決権の行使**をしたものとみなされる。

(4) 建替え承認を決議するための集会については，集会の招集の通知は，集会の会日より少なくとも２ヵ月前に，議案の要領のほか，**新たに建築する建物の設計の概要**をも示して発しなければならない。ただし，この期間は，規約で伸長することができるが，短縮はできない。

(5) 特定建物の建替えによって，他の建物に**特別の影響を及ぼすべきとき**は，その影響を受ける建物が専有部分のある建物の場合は，**その区分所有者全員の議決権の3/4以上**の議決権を有する区分所有者（区分所有建物でない場合は，その建物所有者）が**建替え承認決議に賛成**している必要がある。

出題 R5

プラス　「**他の建物に特別の影響を及ぼすべきとき**」とは，例えば，Ａ棟とＢ棟の２棟の区分所有建物で敷地を共有している団地において，先行して行われるＡ棟の建替えによって，敷地全体の建築可能な容積率の大半を使用してしまい，**将来においてＢ棟の建替えが不可能となったり，現在より小さな容積の建物しか建てられなくなってしまうような場合**が該当する。

(6) 特定建物が２以上あるときは，特定建物の団地建物所有者は，各特定建物の団地建物所有者の合意により，それらを一括して建替え承認決議に付することができる。特定建物が専有部分のある建物である場合，それぞれの建替え決議の集会において，区分所有者および議決権の各4/5以上の多数で，特定建物の建替えについて，一括して建替え承認決議に付する旨の決議をすることができる。

Point整理 建替え承認決議

要件等	① 団地内建物の全部または一部が**区分所有建物**であること ② 土地が団地内建物所有者の共有であること ③ **建替え決議**または区分所有者全員の同意があること ④ 団地管理組合の集会において**議決権**（土地の持分割合）の3/4以上の多数による承認決議があること（建替え承認決議） ⑤ 建替え承認決議において，特定建物（建て替える建物）の所有者は，全員，賛成する旨の議決権を行使したものとみなされる
承認決議の集会	① 集会の会日の**２ヵ月前**に招集通知を発する（規約で伸長のみ可） ② 招集通知には「議案の要領＋再建建物の設計の概要」を記載
他の建物に特別の影響を及ぼす場合	特定建物の建替えが他の建物の建替えに**特別の影響**を及ぼす場合，次の者が建替え承認決議に**賛成**していることが必要となる ① 他の建物が**区分所有建物** 他の建物の区分所有者全員の**議決権の3/4以上を有する区分所有者** ② 他の建物が区分所有建物以外 建物の所有者

2．団地内の建物の一括建替え決議（70条）

一括建替え決議とは，**団地内建物につき一括して**，その全部を取り壊し，一定の土地に，**新たに建物を建築する旨の決議**である。

団地内の複数の棟を，一括して建替えの決議をすることができるようにすれば，住戸数を増やすことや，高層化することが容易になり，区分所有者の出費を抑えるというメリットも期待できる。

(1) **次の①～③の要件を満たす場合**は，団地内建物の**団地管理組合（団地管理組合法人）の集会**において，**団地内建物の区分所有者および議決権の各4/5以上の多数**で，団地内建物につき一括して，その全部を取り壊し，**新たに建物を建築する旨の決議（一括建替え決議）**をすることができる。　出題 H29

> ① **団地内建物の全部が専有部分のある建物**であること。戸建てが団地内に含まれていれば，一括建替えはできない。　出題 R5
>
> ② 団地内建物の**敷地が当該団地内建物の区分所有者の共有**に属すること。　出題 R5
>
> ③ **団地内建物について団地規約が定められている**こと。つまり，団地内の各建物が**団地管理規約により，団地管理組合の管理の対象**とされている必要がある。　出題 R5

(2) 団地集会において，各団地内建物ごとに，**それぞれその区分所有者および議決権の各2/3以上**の者が，その**一括建替え決議に賛成**していることが必要である。　出題 H29

> プラス
> 「各2/3以上の者がその一括建替え決議に賛成」とは，別途各棟の集会を開催して各2/3以上で決議するという意味ではなく，**可決された一括建替え決議の内訳において**，棟ごとに各2/3以上の区分所有者が一括建替えに賛成している必要がある，ということである。

(3) 一括建替え決議における各団地建物所有者の**議決権**は，規約に別段の定めがある場合であっても，当該団地内建物の**敷地の持分の割合**によるものとする。

(4) 団地内建物の一括建替え決議においては，**次の事項を定めなければならない**。

出題 H27

出題 H27

① **再建団地内敷地の一体的な利用についての計画の概要**
② **新たに建築する建物（再建団地内建物）の設計の概要**
③ **団地内建物の全部の取壊しおよび再建団地内建物の建築に要する費用の概算額**
④ ③に規定する**費用の分担に関する事項**
⑤ **再建団地内建物の区分所有権の帰属に関する事項**

プラス 数棟ある団地の中で特定の棟が小規模・大規模滅失した場合でも団地で**一括建替え決議**をすることができる。なお，「一括復旧決議」という規定はない。

(5) 一括建替え決議を会議の目的とする集会については，**集会の招集の通知**は，集会の会日より少なくとも2ヵ**月前に発しなければならない**。ただし，この期間は，規約で伸長することができるが短縮はできない。この場合，**議案の要領のほか，次の事項をも，あわせて通知しなければならない**。

出題 H27

① **建替えを必要とする理由**
② **建物の建替えをしないとした場合**における当該建物の**効用の維持または回復をするのに要する費用の額およびその内訳**
③ **建物の修繕に関する計画**が定められているときは，当該**計画の内容**
④ 建物につき**修繕積立金として積み立てられている金額**

Point整理 団地内建物の一括建替え決議

要件	① 団地内建物の全部が区分所有建物であること ② 敷地が団地内建物所有者の共有であること ③ **団地内建物の管理**について団地規約が定められていること（棟の管理も団地管理組合が行っている）
決議	① 団地管理組合の集会において**団地建物所有者および議決権の各4/5以上**の多数による決議が必要 ② 一括建替え決議において，団地内の区分所有建物ごとに，**区分所有者および議決権の各2/3以上が賛成**していることが必要

8 罰　則

1 20万円以下の過料（71条）

次に該当する場合には，20万円以下の過料に処せられる。

(1) 管理者，管理組合法人・団地管理組合法人の理事が，規約，集会の議事録，書面決議による合意書面，電磁的記録の保管をしなかったとき。

(2) 管理者，管理組合法人・団地管理組合法人の理事が，正当な理由なしで，(1)の書類，電磁的記録に記録された情報の内容を一定方法により表示したものの閲覧を拒んだとき。

(3) 集会の議長が，議事録を作成せず，または議事録に記載・記録すべき事項を記載・記録せず，もしくは虚偽の記載・記録をしたとき。 出題 R1

(4) 管理者，管理組合法人・団地管理組合法人の理事が，事務の報告をせず，または虚偽の報告をしたとき。

(5) 管理組合法人・団地管理組合法人の理事・清算人が，管理組合法人について，政令で定める登記を怠ったとき。 出題 H26・R1

(6) 管理組合法人・団地管理組合法人の理事が，管理組合法人に関する財産目録を作成せず，または財産目録に不正の記載・記録をしたとき。

(7) 管理組合法人・団地管理組合法人の理事が，理事もしくは監事が欠けた場合または規約で定めたその員数が欠けた場合において，その選任手続を怠ったとき。 出題 H26・R1

(8) 管理組合法人・団地管理組合法人の清算人が，管理組合法人において，債権申出または破産手続開始の申立ての公告を怠り，または不正の公告をしたとき。

(9) 管理組合法人・団地管理組合法人の清算人が，管理組合法人において，破産手続開始の申立てを怠ったとき。 出題 H26

プラス 「法人ではない管理組合の清算人が，破産手続開始の申立てを怠った場合」や「監事が，集会の議事において，管理者の管理事務についての監査報告を怠った場合」は，過料を課されることはない（「監事に対する罰則はない」と覚えておこう）。 出題 R1

⑽　管理組合法人において，裁判所が行う解散・清算の監督に必要な検査を妨げたとき。

2 10万円以下の過料（72条）

管理組合法人でないものは，その名称中に管理組合法人という文字を用いてはならないが，この規定に違反した者は，10万円以下の過料に処せられる。

第4章

被災区分所有建物の再建等に関する特別措置法

（被災区分所有法）

被災区分所有法は，政令指定災害によりマンションが全部滅失または大規模滅失した場合に適用される法律である。平成19年に１肢出題されたのみであるので，各決議の決議要件を中心に基本事項を押さえておけば十分である。

1 被災区分所有建物の再建等に関する特別措置法（被災区分所有法）とは

! 参考

東日本大震災についても，平成25年７月31日に政令が公布・施行され，**被災区分所有法が適用**されている。

区分所有建物が一部滅失した場合，区分所有法の規定により，復旧や建替えを行うことができるが，**全部が滅失した場合**，区分所有法は適用されない。そこで，平成７年の**阪神・淡路大震災**を契機に，滅失した区分所有建物の再建等を容易にし，被災地の健全な復興を図ることを目的に，被災区分所有法が制定された。

被災区分所有法は，**政令で指定された大規模な火災・震災その他の災害（政令指定災害）**により，**①全部が滅失した区分所有建物の再建**及び**その敷地の売却**，**②一部が滅失した区分所有建物およびその敷地の売却**，**区分所有建物の取壊し等**を容易にする特別の措置を講ずることにより，被災地の健全な復興に資することを目的としている（1条）。

2 区分所有建物の全部が滅失した場合（全部滅失）における措置

1．敷地共有者等集会（2条・3条）

(1) **政令指定災害**により，区分所有法に規定する専有部分が属する一棟の建物（区分所有建物）の**全部が滅失した場合**において，その建物に係る敷地利用権が数人で有する所有権その他の権利であったときは，その権利（**敷地共有持分等**）を有する者（**敷地共有者等**）は，その**政令の施行の日から起算して３年が経過する日までの間**は，**集会**（**敷地共有者等集会**）**を開き，管理者を置くことができる**。

> **プラス** 敷地共有者等集会は，再建決議や敷地売却決議が行われるまでの暫定的な管理を目的とするものであるから，**規約を定めることはできない**。

(2) ここでいう区分所有建物の「**全部が滅失した場合**」には，政令指定災害により区分所有建物の**全部が滅失した場合**はもちろん，**大規模滅失**した場合において区分所有建物が**取壊し決議**（後述）または区分所有者全員の同意に基づき**取り壊されたときも含まれる**。

(3) 敷地共有者等集会を招集する者が，**敷地共有者等の所在を知ることができず，かつ，知らないことについて過失がない場合**には，集会の招集通知は，**滅失した区分所有建物に係る建物の敷地内の見やすい場所に掲示**してすることができる。

プラス この場合，通知は，**掲示をした時**に敷地共有者等に**到達したものとみなされる。**

2．再建決議（4条）

(1) **内容**

政令指定災害により区分所有建物の**全部が滅失した場合**に**敷地共有者等集会**において，**敷地共有者等の議決権の4/5以上の多数**で，滅失した区分所有建物に係る建物の敷地もしくはその一部の土地または当該建物の敷地の全部もしくは一部を含む土地に**建物を建築する旨の決議（再建決議）**をすることができる。この再建決議における敷地共有者等の議決権は，**敷地共有持分等の価格の割合**による。

プラス **「建物の敷地もしくはその一部の土地または当該建物の敷地の全部もしくは一部を含む土地」**とは，**区分所有法の建替え決議**の敷地に関する要件と同じである（➡P.208参照）。

また，**建替え決議**の場合には，現存している建物（専有部分を含む）を取り壊すことを内容としており，区分所有者の居住の利益も考慮する必要があるので，議決権に加えて区分所有者（頭数）の4/5以上の多数も要件としていたが，**再建決議**の場合には，すでに建物が全部滅失しており居住の利益については考慮する必要がないので，**敷地共有者等の頭数は要件とせず**，敷地共有持分等の価格の割合である**議決権の4/5以上の多数のみで決議する**こととしている。

(2) 再建決議で定める事項

① 新たに建築する建物（再建建物）の設計の概要 ② 再建建物の建築に要する費用の概算額 ③ ②に規定する費用の分担に関する事項 ④ 再建建物の区分所有権の帰属に関する事項

(3) 招集通知の発送

再建決議を会議の目的とする敷地共有者等集会は，原則として管理者が招集をする。管理者がいない場合には，議決権の1/5以上を有する敷地共有者等が招集する。集会の招集通知は，集会の会日より少なくとも**2ヵ月前に発しなければならない**。この場合，**議案の要領**のほか，**再建を必要とする理由**をも通知しなければならない。

(4) 説明会の開催

再建決議を会議の目的とする敷地共有者等集会を招集した者は，集会の会日より少なくとも**1ヵ月前までに**，招集の際に通知すべき事項について敷地共有者等に対し説明を行うための**説明会を開催しなければならない**。この説明会の招集通知は，会日より，少なくとも1週間前に発しなければならない。また，再建決議をした敷地共有者等集会の議事録には，その決議についての敷地共有者等の賛否をも記載，または記録しなければならない。

(5) 売渡請求権

区分所有法の建替えにおける手続の規定が準用され，再建も，次のように，建替えと同様の手順で行われる。

① 賛成しなかった者に対する参加の催告 ② 敷地共有持分等の売渡し請求 ③ 再売渡し請求 ④ 再建に関する合意の擬制

3．敷地売却決議（5条）

政令指定災害により，区分所有建物の**全部が滅失した場合に敷地共有者等集会**において，**敷地共有者等の議決権の4/5以上の多数で**，**敷地共有持分等に係る土地を売却する旨の決議**（**敷地売却決議**）をすることができる。

4．敷地共有持分等に係る土地等の分割請求に関する特例（6条）

民法の共有物の分割請求の規定が適用されると，再建を望まない者は，敷地等の分割請求ができることになり，建物の再建が不可能となるおそれがある。そこで，被災区分所有法では，**政令指定災害**により，区分所有建物の**全部が滅失した場合**に，**敷地共有者等**は，**政令の施行日から起算して1ヵ月を経過する日の翌日以降，当該施行の日から起算して3年を経過する日まで**の間は，敷地共有持分等に係る土地またはこれに関する権利について，原則として，**分割請求することができない**としている。ただし，「1/5を超える議決権を有する敷地共有者等が，分割の請求をする場合」および「その他再建の決議ができないと認められる顕著な事由（例えば，都市計画の決定により再建できないことが明らかな場合等）がある場合」は，分割請求をすることができる。

3 区分所有建物の一部が滅失（一部滅失）した場合における措置

1．区分所有者集会の特例（7条，8条）

(1) **政令指定災害**により**区分所有建物の一部が滅失**（大規模滅失）**した場合**には，区分所有者は，その**政令の施行の日から起算して1年が経過する日までの間**は，被災区分所有法と区分所有法の規定に基づき**集会**（**区分所有者集会**）**を開くことができる**。

(2) 大規模滅失した場合には，建物は存続しているので，区分所有法が適用されなくなるわけではないが，区分所有法の通常の手続により集会を招集することは困難になることが予想される。そこで，被災区分所有法では，区分所有者集会の招集通知については，区分所有者が**災害発生後に管理者に対して通知を受けるべき場所を通知**していたときは，**その場所に宛てですれば足りる**としている。また，区分所有者集会を招集する者が**区分所有者の所在を知ることができず，かつ，知らないことについて過失がない場合**には，招集通知は，**区分所有建物またはその敷地内の見やすい場所に掲示**してするこ

参考

被災区分所有法上の「**一部が滅失した場合**」とは，区分所有法でいう「**大規模滅失**」のみが該当し，小規模滅失の場合には，被災区分所有法に定める措置は適用されない。

とができる。

プラス この場合，通知は，**掲示をした時**に区分所有者に到達したものとみなされる。

2．建物敷地売却決議（9条）

(1) **内容**

政令指定災害により区分所有建物が**大規模滅失**した場合に，**区分所有者集会**において，**区分所有者，議決権**および**敷地利用権の持分の価格の各4/5以上**の多数で，**区分所有建物およびその敷地を売却する旨の決議（建物敷地売却決議）**をすることができる。なお，建物を原状有姿のまま敷地と共に売却することが，この決議の内容となる。

プラス 区分所有法の建替え決議とは異なり，「**敷地利用権の持分の価格の4/5以上の多数**」を売却の要件としているのは，建物敷地売却決議は，建物のみならず**敷地の処分を伴う**からである。

(2) **建物敷地売却決議で定める事項**

① 売却の相手方となるべき者の氏名または名称
② 売却による代金の見込額
③ 売却によって各区分所有者が取得することができる金銭の額の算定方法に関する事項

(3) **招集通知の発送**

建物敷地売却決議を会議の目的とする区分所有者集会は，原則として管理者が招集をする。管理者がいない場合には，議決権の1/5以上を有する敷地共有者等が招集する。集会の招集通知は，集会の会日より少なくとも**2ヵ月前**に発しなければならない。この場合，議案の要領のほか，次の事項をも通知しなければならない。

① 売却を必要とする理由
② 復旧または建替えをしない理由
③ 復旧に要する費用の概算額

(4) **説明会の開催**

建物敷地売却決議を会議の目的とする区分所有者集会を招

集した者は，集会の会日より少なくとも**1ヵ月前**までに，招集の際に通知すべき事項について区分所有者に対し説明を行うための**説明会を開催しなければならない**。この説明会の招集通知は，会日より，少なくとも1週間前に発しなければならない。また，建物敷地売却決議をした区分所有者集会の議事録には，その決議についての区分所有者の賛否をも記載，または記録しなければならない。

(5) **売渡請求権**

区分所有法の建替えにおける手続の規定が準用され，建物敷地売却も，次のように，建替えと同様の手順で行われる。

① 賛成しなかった者に対する参加の催告
② 敷地共有持分等の売渡し請求
③ 再売渡し請求
④ 建物敷地売却に関する合意の擬制

3．建物取壊し敷地売却決議（10条）

政令指定災害により区分所有建物が**大規模滅失**した場合に，**区分所有者集会**において，**区分所有者，議決権および敷地利用権の持分の価格の各4/5以上**の多数で，**区分所有建物を取り壊し，かつ，これに係る建物の敷地を売却する旨の決議**（**建物取壊し敷地売却決議**）をすることができる。

4．取壊し決議（11条）

政令指定災害により区分所有建物が**大規模滅失**した場合に，**区分所有者集会**において，**区分所有者および議決権の各4/5以上**の多数で，**区分所有建物を取り壊す旨の決議**（**取壊し決議**）をすることができる。

プラス **建物敷地売却決議**および**建物取壊し敷地売却決議**とは異なり，敷地の処分については決議の内容ではないため，敷地利用権の持分の価格の割合は要件となっていない。

区分所有建物の再建等に関する決議要件のまとめ

規模	決議	決議要件
全部滅失	再建決議	議決権の4/5以上
	敷地売却決議	
大規模滅失	建物敷地売却決議	区分所有者，議決権および敷地利用権の持分の価格の各4/5以上
	建物取壊し敷地売却決議	
	取壊し決議	区分所有者および議決権の各4/5以上

4 建物の一部が滅失した場合の復旧等に関する特例

区分所有建物の一部が滅失した場合，区分所有法61条12項では，「建物の一部が滅失（大規模滅失）した日から**6ヵ月以内**に復旧決議，建替え決議または団地内建物の一括建替え決議がないときは，各区分所有者は，**他の区分所有者**に対し，建物およびその敷地に関する権利を時価で**買い取るべきことを請求できる**」としている（➡P.207参照）。

しかし，**政令指定災害**があった場合，6ヵ月以内に復旧決議または建替え決議等を行うことは困難であろう。そこで，被災区分所有法では，その滅失に係る災害を定める**政令の施行の日から起算して1年以内**とし，この期間を延長している（12条）。

5 団地内の建物が滅失した場合における措置

団地内の建物が滅失した場合に，滅失した建物の所有者を含めた集会（**団地建物所有者等集会**）を開き，管理者を置くことができるものとして，団地内の建物の再建や建替えを行う間の暫定的な土地の管理等を行うことができる。

団地建物所有者等集会についても，規約を定めることができるものとしていないこと，所在を知ることができない者がいる場合における集会の招集通知の特例が設けられていることは，**敷地共有者等集会**と同様である。

また，区分所有法の建替え承認決議に準じて，**再建承認決議**（15条），**建替え承認決議**（16条），**建替え再建承認決議**（17条）の制度を設けている。これにより団地建物所有者等の議決権の3/4以上の賛成が得られた場合には，団地内の滅失した建物の再建や建替えを行うことができる。これらの再建承認決議等を行う場合の手続は，区分所有法の建替え承認決議と同様である。さらに区分所有法の一括建替え決議に準じて，**一括建替え等決議**（18条）の制度も設けている。

これにより団地建物所有者は，団地建物所有者等集会において，①団地建物所有者等および議決権の各4/5以上の賛成，かつ，②滅失した建物については敷地共有持分等の価格の割合の2/3以上の，現存する建物については区分所有者および区分所有法38条に規定する議決権の合計2/3以上の各賛成が得られた場合には，滅失した区分所有建物の再建を含む団地内の建物の一括的な建替えを行うことができる。

第5章

マンションの建替え等の円滑化に関する法律

（建替え等円滑化法）

建替え等円滑化法は，直近の10年では，平成27・29，令和元・４年に各１問出題された。老朽化したマンションの建替え等の円滑化を図るための法律である。
出題は建替えの主体である「建替組合」の部分に集中しているので，過去問を素材にして「建替組合」の基本事項を押さえておこう。

! 参考

この法律は，区分所有法による**建替え決議が行われた後**に，その内容に則して事業計画や権利変換計画により計画の具体化・詳細化を図る方法等を規定することにより，**マンションの建替え等の円滑化を図る**ものである。

1 マンションの建替え等の円滑化に関する法律（建替え等円滑化法）とは

建替え等円滑化法は，マンション建替事業や，除却する必要があるマンションに係る特別の措置，マンション敷地売却事業および敷地分割事業について定めることにより，**マンションにおける良好な居住環境の確保**，さらに**地震によるマンションの倒壊その他の被害からの国民の生命，身体および財産の保護を図る**ことを目的としている（1条）。

なお，建替え等円滑化法により建替え（マンション建替事業）を行うか否かは任意であり，**建替え等円滑化法によらずに建替え事業を行うこともできる**（**任意建替え**）。

2 用語の定義

用語	定義
(1) マンション	**2以上の区分所有者が存する建物**で，人の居住の用に供する**専有部分**のあるもの
(2) マンションの建替え	現に存する1または2以上のマンションを除却するとともに，当該マンションの敷地（これに隣接する土地を含む）にマンションを新たに建築すること
(3) 再建マンション	・マンションの建替えにより「**新たに建築されたマンション**」のこと ・建替え等円滑化法によるマンション建替事業により建築された施行再建マンションと，マンション建替事業以外の任意建替えにより建築されたマンションを合わせて**再建マンション**という
(4) マンション建替事業	**建替え等円滑化法**で定めるところに従って行われる，マンションの建替えに関する事業およびこれに附帯する事業のこと
(5) 施行者	マンション建替事業を施行する者
(6) 施行マンション	マンション建替事業を施行する現に存する「**旧マンション**」のこと
(7) 施行再建マンション	マンション建替事業の施行により新たに建築された再建マンションのこと

(8) マンション敷地売却	現に存するマンション及びその敷地（マンションの敷地利用権が借地権であるときは，その借地権）を売却すること
(9) マンション敷地売却事業	建替え等円滑化法で定めるところに従って行われるマンション敷地売却に関する事業
(10) 売却マンション	マンション敷地売却事業を実施する現に存するマンション
(11) 敷地分割	団地内建物の団地建物所有者の共有に属する当該団地内建物の敷地またはその借地権を分割すること
(12) 敷地分割事業	建替え等円滑化法で定めるところに従って行われる敷地分割に関する事業
(13) 分割実施敷地	敷地分割事業を実施する団地内建物の敷地

3 施行者 はじめて

(1) マンション**建替組合**はマンション建替事業を施行することができる（5条1項）。

(2) 区分所有者またはその同意を得た者は，**1人または数人共同**してマンション建替事業を施行することができる（**個人施行者**，同2項）。

出題 H27・R1

4 マンション建替組合 はじめて

1．法人格（6条）

建替組合は，認可されると**法人格を取得**し，**法人**となる。

2．設立の認可（9条）

(1) **定款・事業計画の策定**（9条1項）

区分所有法64条の規定により，建替え決議の内容により**建替えを行う旨の合意をしたものとみなされた者**は，**5人以上**共同して，**定款および事業計画**を定め，**都道府県の知事**（市の区域内にあっては，市の長。以下「都道府県知事等」という）の**認可を受けて**，**組合を設立することができる**。

(2) **建替え合意者の同意**（2項）

組合の設立について，**建替え合意者の3/4以上の同意を得なければならない**。この場合，同意した者の議決権の合計が，

! 参考
建替組合の「**定款**」には，組合の名称，施行マンションの名称・所在地，建替事業の範囲，参加組合員に関する事項，**事業に要する経費の分担に関する事項**等が定められる。

建替え合意者の議決権の合計の3/4以上であることが必要である。

(3) **都道府県知事の認可・公告**（12条，13条，14条）

組合は，**認可**によって**成立**する。都道府県知事等は，申請が認可基準に適合していると認める場合はその認可をしなければならず，認可をしたときは，遅滞なく**公告**をする。

3．売渡し請求（15条）

出題 H27・R1

建替組合は，**認可の公告の日から2ヵ月以内**に，**建替えに参加しない旨を回答した区分所有者**（その承継人を含み，その後に建替え合意者となったものを除く）に対し，**区分所有権および敷地利用権を時価で売り渡すべきことを請求することができる**。この請求は，正当な理由がある場合を除き，建替え決議等の日から1年以内にしなければならない（2項）。

4．組合員（16条）

出題 H27・R1

施行マンションの**建替え合意者**（その**承継者**を含む）は，**すべて組合の組合員**とする。また，マンションの一の専有部分が数人の共有に属するときは，その数人を1人の組合員とみなす。

5．参加組合員（17条）

出題 H27・R1

組合が施行するマンション建替事業に**参加することを希望**し，かつ，それに**必要な資力**および**信用を有する者**であって，**定款で定められたもの**は，**参加組合員**として，**組合の組合員**となる。主にデベロッパー等が該当する。

参考

参加組合員には，組合員に関する一般的な規定は，すべて適用される。したがって，総会での議決権に加え，役員または総代の選挙権および被選挙権が与えられる（21条1項，32条1項，33条1項）。

プラス

建替事業では，建築工事などに多額の費用を要したり，建替え対象の建物が大規模かつ高層のものであることが多く，建築に関する専門知識などが必要となるので，デベロッパーなどが事業に参画できるようにし，組合がそのノウハウや資金を活用できるようになっている。

6．役員（20条，21条）

(1) 組合には，**理事を3人以上**，**監事を2人以上**設置する。また，**理事の互選**により，**理事長を1人**選任する。

(2) 組合員（法人ならその役員）のうちから，総会で選挙により選任する。ただし，特別の事情がある（組合員以外を役員とした方が組合運営が円滑に行える場合等）ときは，組合員以外の者からも，総会で選任することができる。

7．総会（26条～31条）

(1) 総会の組織（26条）

組合の総会は，総組合員で組織する。

(2) 総会の決議事項（27条）

次の事項は，総会の議決を経なければならない。

> ① **定款の変更**
> ② **事業計画の変更**
> ③ 借入金の借入れおよびその方法，借入金の利率，償還方法
> ④ 経費の収支予算
> ⑤ 予算をもって定めるものを除く他，組合の負担となるべき契約
> ⑥ 賦課金の額および賦課徴収の方法
> ⑦ **権利変換計画およびその変更**
> ⑧ 施行者による管理規約
> ⑨ 組合の解散
> ⑩ その他定款で定める事項

(3) 総会の招集（28条）

① **理事長**は，**毎事業年度につき1回**，**通常総会**を招集しなければならない。

② 理事長は，必要があると認めるときは，いつでも，臨時総会を招集することができる。

③ 組合員が総組合員の**1/5以上の同意**を得て，会議の目的である事項および招集の理由を記載した書面を組合に提出して総会の招集を請求したときは，理事長は，その請求のあった日から起算して**20日以内**に臨時総会を招集しなければならない。

④ 招集請求があった場合において，理事長が正当な理由がないのに総会を招集しないときは，**監事**は，③の期間経過後**10日以内**に臨時総会を招集しなければならない。

参考

総会は，「**通常総会**」「**臨時総会**」「**役員または審査委員を選挙し，または選任するための総会**」に分けられる。「**通常総会**」は，毎事業年度1回招集しなければならず，「**臨時総会**」は，必要に応じて随時招集することができる。「**役員または審査委員を選挙し，または選任するための総会**」も必要に応じて随時招集されることになるが，組合が設立されて最初の役員を選挙し，または選任するための総会は，組合設立の認可の公告があった日から30日以内に招集しなければならない（28条5項）。

参考

③の場合に，電磁的方法により議決権および選挙権を行使することが定款で定められているときは，組合員は，**書面の提出に代えて**，書面に記載すべき事項を**電磁的方法により提供**できる（4項）。

⑤ 組合設立認可を受けた者（組合の設立発起人）は，その認可の公告があった日から起算して30日以内に，最初の理事および監事を選挙し，または選任するための総会を招集しなければならない。

⑥ 総会を招集するには，少なくとも会議を開く日の５日前までに，会議の日時，場所および目的である事項を組合員に通知しなければならない。ただし，緊急を要するときは，２日前までにこれらの事項を組合員に通知して，総会を招集することができる。

(4) **総会の議事等**（29条）

① **総会**は，**総組合員の半数以上**の出席がなければ議事を開くことができず，その議事は，原則として，**出席者の議決権の過半数で決し**，可否同数のときは，議長の決するところによる。

② 議長は，総会において選任される。

③ 議長は，原則，組合員として総会の議決に加わることができない。ただし，特別の議決については，この限りではない。

④ 総会においては，あらかじめ通知した会議の目的である事項についてのみ議決することができる。

(5) **特別の議決**（30条）

① **定款の変更，事業計画の変更のうち重要な事項**，施行者による管理規約，組合の解散は，**組合員の議決権および持分割合の各3/4以上**で決する（１項）。

出題 H27・R1

② **権利変換計画およびその変更**は，**組合員の議決権および持分割合の各4/5以上**で決する（３項）。

プラス ここにいう「**組合員の議決権および持分割合**」の「組合員の議決権」は区分所有法における「区分所有者（頭数）」と，「持分割合」は区分所有法における「議決権（共用部分の持分割合）」と，それぞれ同じ意味である。

(6) **総代会**（31条）

組合員の数が50人を超える組合は，総会に代わってその権限を行わせるために，**総代会**を設けることができる（１項）。

組合員の数が多数になると議事の運営が困難となるので，

総代会を設けて，総会の権限を総代会に譲ることにより，組合運営の効率化を確保しているのである。

8．経費の賦課徴収（35条）

(1) **組合**は，その事業に要する経費に充てるため，**賦課金**として**参加組合員以外の組合員**に対して**金銭を賦課徴収**することができる。

(2) 賦課金の納付について，**相殺**をもって組合に**対抗することはできない**。組合が実質的に経費にあてる賦課金を取得できないと意味がないからである。

9．審査委員（37条）

(1) 建替組合には，**審査委員を3人以上**設置しなければならない。

(2) 審査委員は，土地および建物の権利関係または評価について特別の知識経験を有し，かつ，公正な判断をする者のうちから総会で選任する。

10．マンション建替組合の解散（38条）

(1) **解散事由**

組合は，次の理由により解散する。

① 設立についての**認可の取消し**
② **総会の議決**
③ **事業の完成またはその完成の不能**

(2) **公告**

都道府県知事等は，設立認可の取消しをしたとき，総会の議決による解散，事業の完成またはその完成の不能による**解散の認可**をしたときは，遅滞なく，その旨を**公告**しなければならない。

5 マンション建替事業 はじめて

1．権利変換手続開始の登記（55条）

施行者は，建替組合設立の認可の公告があったときは，遅滞なく，登記所に，区分所有権・敷地利用権等について，**権利変**

！参考
総代会が総会に代わって行う権限は，「役員の選挙または選任ならびに特別の議決を要する事項」以外のすべての事項である（31条3項）。

！参考
建替えの円滑化のためには，区分所有権，借家権，抵当権等の関係権利が施行マンションから施行再建マンションへ確実に移行することを保証する制度が必要となる。このため，建替え等円滑化法では，**市街地再開発事業**において用いられている権利変換手続にならって，関係権利の変換のための制度が設けられている。

換手続開始の登記を申請しなければならない。

2．権利変換を希望しない旨の申出（56条1項）

施行マンションの区分所有権または敷地利用権を有する者は，建替組合の**設立認可の公告のあった日から起算して30日以内に，権利の変換を希望せず，金銭の給付を希望する旨**を施行者に**申し出る**ことができる。

3．権利変換計画の策定（57条）

(1) 施行者は，前記**2．**の申出期間の経過後，遅滞なく，**権利変換計画**を定め，**都道府県知事等の認可**を受けなければならない。

(2) 施行者は，認可を申請しようとする場合，原則として，権利変換計画について，あらかじめ，**総会の議決**を経るとともに，施行マンションまたはその敷地について権利を有する者（組合員を除く）および隣接施行敷地がある場合における当該隣接施行敷地について権利を有する者の**同意**を得なければならない。

4．審査委員の関与（67条）

施行者は，権利変換計画を定め，または変更しようとするときは，**審査委員の過半数の同意**を得なければならない。

5．権利の変換

(1) **権利変換の処分**（68条）

権利変換計画が都道府県知事等の認可を受けると，施行者はその旨を**公告**するとともに関係事項を**書面で通知**しなければならない。

(2) **敷地に関する権利の変換等**（70条）

土地に関しては，権利変換計画の定めるところに従い，**権利変換期日**において，施行マンションの敷地利用権は失われ，**施行再建マンションの敷地利用権**は新たに当該**敷地利用権を与えられるべき者が取得**する。

(3) **施行マンションに関する権利の変換**（71条）

権利変換期日において，施行マンションは，**施行者に帰属**し，施行マンションを目的とする**区分所有権以外の権利**は，

参考

権利変換期日において，**保留敷地**に関する権利（所有権，借地権）を施行者が取得する（70条3項）。施行者は，その取得した保留敷地を第三者に譲渡することにより，その譲渡代金を事業費に充当することになる。

原則として，**消滅**する。また，権利変換計画の定めるところに従い，施行再建マンションの区分所有権は，新たに施行再建マンションの区分所有権を与えられるべき者が取得する。もっとも，権利変換期日には施行再建マンションは存在していないため，建替え工事完了後に施行再建マンションの区分所有権を取得する権利を債権的に取得するにとどまる。また，従前の借家権者については，施行再建マンションに借家権を取得するものとされ，その居住の継続が保証されている。

(4) **担保権等の移行**（73条）

施行マンションの区分所有権または敷地利用権について**担保権等の登記に係る権利**は，**権利変換期日以後**は，権利変換計画に定めるところに従い，**施行再建マンションの区分所有権等の上に存する**ものとみなされる。

(5) **権利変換の登記**（74条1項）

施行者は，**権利変換期日後**遅滞なく，**施行再建マンションの敷地**（保留敷地を含む）につき，権利変換後の土地に関する権利について必要な**登記を申請**しなければならない。

6．施行マンション等の明渡し（80条）

施行者は，**権利変換期日後**マンション建替え事業に係る**工事のため必要があるとき**は，施行マンションまたはその敷地を占有している者に対し，期限を定めて，その**明渡しを求める**ことができる。この**明渡しの期限**は，**請求をした日の翌日から起算して30日を経過した後の日**でなければならない。

7．工事完了等に伴う措置

(1) **建築工事の完了の公告等**（81条）

施行者は，施行再建マンションの建築工事が完了したときは，速やかにその旨を**公告**するとともに，施行再建マンションに関し権利を取得する者に**通知**しなければならない。

(2) **施行再建マンションに関する登記**（82条）

施行者は，施行再建マンションの建築工事が完了したときは，遅滞なく，**施行再建マンションおよび施行再建マンションに関する権利**について必要な**登記を申請**しなければならない。

(3) **施行再建マンションの区分所有権等の価額等の確定・清算**

① **価額等の確定**（84条）

施行者は，マンション建替事業の工事が完了したときは，速やかに，当該事業に要した費用の額を確定するとともに，それぞれの権利の額（施行再建マンションの区分所有権・敷地利用権の価額，施行者が賃貸する施行再建マンションの部分の家賃額）を確定し，各権利者にその確定した額を通知しなければならない。

② **清算**（85条）

施行再建マンションの区分所有権または敷地利用権の価額と，これを与えられた者がこれに対応する権利として有していた施行マンションの区分所有権または敷地利用権の価額に差額があるときは，施行者は，その差額に相当する金額を徴収し，または交付しなければならない。

Point整理 建替組合

設立	① 建替え合意者が5人以上共同して，**定款および事業計画**を定める ② 建替え合意者の**3/4以上の同意**により組合設立申請 ③ **都道府県知事等の**認可によって成立し，**法人格**を取得する
組合員	建替え合意者等
参加組合員	建替事業に参加することを希望し，かつ，それに必要な資力・信用を有する者であって，定款で定められたもの
役員等	① 総会において，**理事3人以上**，**監事2人以上**を選任する ② **理事の互選**により，**理事長を1人選任**する ③ 総会において，**審査委員3人以上**を選任する
総会の議事	① 総会は**総組合員の半数以上**の出席で成立，**出席者の議決権の過半数**で決する ② **定款の変更・事業計画の変更**のうち重要な事項は，**組合員の議決権および持分割合の各3/4以上**で決する ③ **権利変換計画およびその変更は**，**組合員の議決権および持分割合の各4/5以上**で決する
売渡し請求	建替組合を設立したときは，**建替組合**が，認可の公告日から**2ヵ月以内**に，建替えに参加しない旨を回答した区分所有者に，**売渡し請求**をすることができる

6 マンション除却認定（102条）

マンションの管理者等（管理者または区分所有者集会において指定された区分所有者，管理組合法人の理事）は，特定行政庁に対し，マンションを除却する旨の申請をすることができる。この申請があった場合，特定行政庁は，マンションが次のいずれかに該当するときは，マンションの除却の必要性を認定する（同2項）。この認定を受けたマンションを「要除却認定マンション」という。

出題 H29・R4

① 地震に対する安全性に係る建築基準法またはこれに基づく命令もしくは条例の規定に準ずるものとして国土交通大臣が定める基準に適合していないと認められるとき

② 火災に対する安全性に係る建築基準法またはこれに基づく命令もしくは条例の規定に準ずるものとして国土交通大臣が定める基準に適合していないと認められるとき

③ 外壁，外装材その他これらに類する建物の部分（外壁等）が剥離し，落下することにより周辺に危害を生ずるおそれがあるものとして国土交通大臣が定める基準に該当すると認められるとき

④ 給水，排水その他の配管設備（その改修に関する工事を行うことが著しく困難なものとして国土交通省令で定めるものに限る）の損傷，腐食その他の劣化により著しく衛生上有害となるおそれがあるものとして国土交通大臣が定める基準に該当すると認められるとき

⑤ バリアフリー法に規定する建築物移動等円滑化基準に準ずるものとして国土交通大臣が定める基準に適合していないと認められるとき

! 参考

①～③のいずれかに該当し，認定（特定要除却認定）を受けたマンション（特定要除却認定マンション）の区分所有者は，区分所有者集会を開くことができる（106条）。

出題 R4

7 容積率の特例（105条）

敷地面積が政令で定める規模以上である要除却認定マンションの建替えにより新たに建築されるマンションで，交通上，安全上，防火上及び衛生上支障がなく，かつ，市街地の環境の整備改善に資すると認められる場合，特定行政庁は，建築基準法で定められた容積率を緩和する許可をすることができる。

出題 R4

8 マンション敷地売却事業 はじめて

1．敷地売却決議（108条・109条）

出題 H29・R4

(1) **特定要除却認定マンション**（6①～③に該当するもの）については，**区分所有者集会**を開催して，**区分所有者，議決権および当該敷地利用権の持分の価格の各4/5以上**の多数で，当該**特定要除却認定マンションおよびその敷地**（当該敷地利用権が借地権であるときは，その借地権）**を売却する旨の決議**（マンション敷地売却決議）をすることができる。

(2) マンション敷地売却決議においては，次に掲げる事項を定めなければならない。

① **買受人となるべき者**の氏名または名称 ② 売却による代金の見込額 ③ 売却によって各区分所有者が取得することができる金銭（「**分配金**」）の額の算定方法に関する事項

(3) 買受人は，マンション敷地売却決議前に，特定要除却認定マンションに関わる**買受計画**を作成し，**都道府県知事等の認定**を受けなければならない。

2．マンション敷地売却組合（119条・120条・122条・125条）

出題 H29

(1) マンション敷地売却決議の内容により**マンション敷地売却の合意をしたものとみなされた者**（マンション敷地売却合意者）は，**5人以上**共同して，**都道府県知事等の認可**を受けて，マンションおよび敷地を売却する主体として**マンション敷地売却組合を設立することができる**。ただし，組合の設立について，**マンション敷地売却合意者の3/4以上の同意**を得なければならない。

出題 H29

(2) 組合は**法人格**を取得する。また，組合は，名称中に「**マンション敷地売却組合**」という**文字を用いなければならない**。

(3) マンション敷地売却合意者は，**すべて組合員**となる。

3．売渡し請求（124条）

組合は，決議に反対した区分所有者に対し，その区分所有権と敷地利用権を時価で売り渡すよう請求することができる。

4．分配金取得手続等（140条～142条）

⑴　組合は，設立認可の公告後，遅滞なく，**分配金取得計画**を定めて，**都道府県知事等の認可**を受けなければならない。分配金取得計画は，建替え事業における権利変換計画にあたるものである。

⑵　**分配金取得計画**においては，国土交通省令で定めるところにより，次に掲げる事項を定めなければならない。

①　組合員の氏名または名称および住所 ②　組合員が売却マンションについて有する区分所有権または敷地利用権 ③　**組合員が取得することとなる分配金の価額** ④　売却マンションまたはその敷地に関する権利（組合員の有する区分所有権および敷地利用権を除く。）を有する者で，この法律の規定により，権利消滅期日において当該権利を失うものの氏名または名称および住所，失われる売却マンションまたはその敷地について有する権利ならびにその価額 ⑤　売却マンションまたはその敷地の明渡しにより④の者（売却マンションまたはその敷地を占有している者に限る。）が受ける損失の額 ⑥　補償金の支払に係る利子またはその決定方法 ⑦　**権利消滅期日** ⑧　その他国土交通省令で定める事項

5．マンションおよび敷地利用権等の帰属（149条）

組合が定め，かつ，都道府県知事等の認可を受けた分配金取得計画で定めた**権利消滅期日**に，売却マンションおよび敷地利用権は組合に帰属し，区分所有関係は消滅する。また，当該売却マンションを目的とする所有権以外の権利（借家権，担保権等）は消滅する。

6．分配金および補償金の支払（151条・153条）

組合は，権利消滅期日までに，組合員に対し分配金を支払うとともに，消滅した権利を有していた者に補償金を支払う。

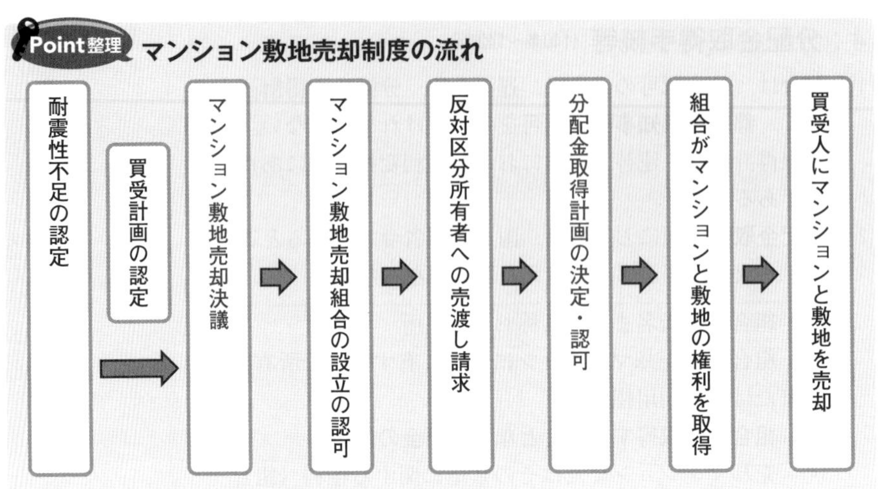

参考

法改正により**団地型マンションの再生**に係る合意形成を図りやすくし**敷地分割による特定要除却認定マンションの売却・建替えの円滑化**を図るため**団地における敷地分割制度**が創設された。これにより**団地型マンション**において，複数棟の一部を残しながら，**老朽化している建物の敷地だけ分割して，棟単位で建替えや売却をすることができる**ようになった。

9 敷地分割事業

1．敷地分割決議（115条の4）

特定要除却認定マンションについては，団地建物所有者集会を開催して，**特定団地建物所有者および議決権の各5分の4以上**の多数で，当該**特定団地建物所有者の共有に属する団地内建物の敷地またはその借地権を分割する旨の決議**(敷地分割決議)をすることができる。

2．敷地分割組合（164条・165条・167条・168条・174条）

(1) 敷地分割決議の内容により**敷地分割を行う旨の合意をしたものとみなされた者**（敷地分割合意者）は，**5人以上共同**して，定款および事業計画を定め，**都道府県知事等の認可**を受けて，**敷地分割組合を設立することができる**。ただし，認可を申請しようとする敷地分割合意者は，組合の設立について，**敷地分割合意者の4分の3以上の同意**を得なければならない。

(2) 組合は**法人格**を取得する。また，組合は，名称中に「**敷地分割組合**」**という文字を用いなければならない**。

(3) 敷地分割合意者は，**すべて組合員**となる。

3．敷地権利変換（190条・193条・201条）

(1) 組合は，設立認可の公告後，遅滞なく，**敷地権利変換計画**を定め，**都道府県知事等の認可**を受けなければならない。

(2) 敷地権利変換計画においては，**除却マンション敷地となるべき土地に現に存する団地内建物の特定団地建物所有者**に対しては，**除却敷地持分**が与えられるように定めなければならない。また，**非除却マンション敷地となるべき土地に現に存する団地内建物の特定団地建物所有者**に対しては，**非除却敷地持分等**が与えられるように定めなければならない。

(3) **敷地権利変換期日**において，敷地権利変換計画の定めるところに従い，分割実施敷地持分は失われ，**除却敷地持分または非除却敷地持分等は新たにこれらの権利を与えられるべき者**が取得する。

Point整理　要除却認定の種類と適用される制度の関係

○：対象となる　×：対象とならない

<table>
<tr><th colspan="3">除却の必要性に係る認定</th><th>容積率の特例</th><th>敷地売却事業</th><th>敷地分割事業</th></tr>
<tr><td rowspan="5">要除却認定</td><td rowspan="3">特定要除却認定</td><td>① 地震に対する安全性の不足</td><td>○</td><td>○</td><td>○</td></tr>
<tr><td>② 火災に対する安全性の不足</td><td>○</td><td>○</td><td>○</td></tr>
<tr><td>③ 外壁等が剥離等することにより周辺に危害を生ずるおそれがある</td><td>○</td><td>○</td><td>○</td></tr>
<tr><td colspan="2">④ 給排水管の腐食等により著しく衛生上有害となるおそれ</td><td>○</td><td>×</td><td>×</td></tr>
<tr><td colspan="2">⑤ バリアフリー基準への不適合</td><td>○</td><td>×</td><td>×</td></tr>
</table>

第6章

マンション標準管理規約（標準管理規約）

区分所有法や民法との複合問題を含めて，例年8問程度出題される。
標準管理規約は，区分所有法と比較する視点をもって学習することが必要である。特に，区分所有法の内容を変更する規定と，区分所有法に規定がないオリジナルの規定に注意しよう。また，条文だけではなく，本書に掲載している関係コメントにも目を通しておこう。

1 マンション標準管理規約とは

> **【注意！】**
> 本書では「マンション標準管理規約およびマンション標準管理規約コメント（単棟型）」を原文に近い形で掲載しています。ただし，「関係コメント」は，重要度の高いものを厳選して掲載していますので，コメントの番号が原文の番号（過去問題集等の解説に記載された番号）と異なるものがありますので，ご注意ください。なお，文中の「○○」は「任意の数字」という意味です。

1 マンション標準管理規約とは　はじめて

本来，管理規約は，区分所有法の規定に則っていれば，マンションごとに自由に制定することができる。しかし，従来の管理規約は，分譲会社や管理業者が個々にその「案」を作成していたため，内容がまちまちであるうえ，区分所有者のニーズに応えていない不十分なものが多かった。そこで，昭和57年に，管理組合の役員，消費者団体，分譲会社，管理業者等からの意見を踏まえて，具体的な**管理規約を制定する際のモデル（ヒナ型）**として「中高層共同住宅標準管理規約」が作成された。また，同規約には，規約を作成し，これを使用し実際に管理をしていく際に的確な運用が可能となるように，各条文に「**関係コメント**」として，注釈も記載された。

その後，「マンションに関する法制度の充実」や「マンションを取り巻く情勢の変化」を踏まえた数度の改正が行われ，現在の**「マンション標準管理規約」**（以下，「**標準管理規約**」）に至っている。

2 標準管理規約の種類

標準管理規約には次の３つの種類がある。試験では**単棟型が中心に出題**されるため，本書でも**単棟型**を中心に掲載し，団地型と複合用途型は，ポイントのみを掲載する。

単棟型	一般分譲の**住居専用**の単棟型マンションを想定
団地型	一般分譲の**住居専用**のマンションが数棟所在する団地で，団地内の土地および集会所等の附属施設がその数棟の区分所有者（団地建物所有者）全員の共有となっているものを想定
複合用途型	一般分譲の**住居・店舗併用**の単棟型マンションで，大規模な再開発等による形態のものや低層階に店舗があり，上階に住宅という形態で住宅が主体のものを想定

3 標準管理規約（単棟型）

■全般関係コメント（抜粋）

① この標準管理規約が対象としているのは，**一般分譲の住居専用の単棟型マンションで，各住戸の床面積等が，均質のものもバリエーションのあるものも含めている。**

② この標準管理規約で示している事項については，マンションの**規模，居住形態等それぞれのマンションの個別の事情**を考慮して，**必要に応じて，合理的に修正し活用することが望ましい。**

③ 近年，マンションの高経年化の進行等による管理の困難化やマンションの高層化・大規模化等による管理の高度化・複雑化が進んでおり，これらの課題への対応の1つとして，**外部の専門家の活用**が考えられる。以前から，管理組合がマンション管理士等の専門家に対し，相談，助言，指導その他の援助を求めることについては規定してきたが，さらに進んで，外部の専門家が直接管理組合の運営に携わることも想定する必要がある。

外部の専門家が管理組合の運営に携わる際の基本的なパターンとしては，⑴**理事・監事外部専門家型**または**理事長外部専門家型**，⑵**外部管理者理事会監督型**，⑶**外部管理者総会監督型**の3つが想定される。

出題 H30

上記③の**外部の専門家活用**に挙げらている⑴～⑶の**概要**は次の通りである。

形式	概要
⑴理事・監事外部専門家型	●**理事会管理方式**（従来通り理事会を設ける）において，**理事や監事に外部専門家**が加わり，理事会の運営面の不全の改善を図る方式 ●外部役員の選任・解任規定，役員の欠格要件，外部役員の業務執行のチェック体制について規約の規定等の整備が必要
⑴理事長外部専門家型	●**理事会管理方式**において，**理事長に外部専門家**が加わる方式 ●理事長の選任・解任規定，理事長の業務執行に関する理事会の監督体制について規約の規定等の整備が必要
⑵外部管理者理事会監督型	理事長が管理者を兼任することを撤廃し，**外部専門家による管理者管理方式**をとるもので，**理事会が監事的立場**となり，外部管理者の業務執行を直接に監視

出題 H30

出題 H30

出題 H30

出題 H30

(3)外部管理者総会監督型	理事会制度を撤廃し，管理者管理方式をとるもので，**管理者を外部専門家が担当**し，区分所有者から**監事を選任**して監視するとともに，**全区分所有者で構成する総会が監視**するものであり，**総会の役割が重要**

② 総　則

1 目　的（1条）

この規約は，マンションの管理または使用に関する事項等について定めることにより，区分所有者の共同の利益を増進し，良好な住環境を確保することを目的とする。

2 定　義（2条）

標準管理規約では，用語の意義は，建物の区分所有等に関する法律（区分所有法）によって，それぞれ次のように定められている。

⑴　**区分所有権**

区分所有法２条１項の区分所有権をいう。

⑵　**区分所有者**

区分所有法２条２項の区分所有者をいう。

⑶　**占有者**

区分所有法６条３項の占有者をいう。

⑷　**専有部分**

区分所有法２条３項の専有部分をいう。

⑸　**共用部分**

区分所有法２条４項の共用部分をいう。

⑹　**敷地**

区分所有法２条５項の建物の敷地をいう。

⑺　**共用部分等**

共用部分および附属施設をいう。

⑻　**専用使用権**

敷地および共用部分等の一部について，**特定の区分所有者が排他的に使用できる権利**をいう。

出題 H28

⑼　**専用使用部分**

専用使用権の対象となっている敷地および共用部分等の部分をいう。出題 H28

⑽　**電磁的方法**

電子情報処理組織を使用する方法その他の情報通信の技術を利用する方法であって次のものをいう。

参考

電磁的方法の具体例には，**電子メールの送信**や**ウェブサイト（ホームページ）への書込み**の利用，**CD-R等の交付**による方法等がある（２条関係コメント①）。

① 送信者の使用に係る電子計算機と受信者の使用に係る電子計算機とを電気通信回線で接続した電子情報処理組織を使用する方法であって，当該電気通信回線を通じて情報が送信され，受信者の使用に係る電子計算機に備えられたファイルに当該情報が記録されるもの

② 磁気ディスクその他これに準ずる方法により一定の情報を確実に記録しておくことができる物をもって調製するファイルに情報を記録したもの（電磁的記録）を交付する方法

⑾ **WEB会議システム等**

電気通信回線を介して，即時性および双方向性を備えた映像および音声の通信を行うことができる会議システム等をいう。

3 規約および総会の決議の遵守義務（3条）

⑴ 区分所有者は，円滑な共同生活を維持するため，この**規約および総会の決議を誠実に遵守しなければならない。**

⑵ 区分所有者は，同居する者に対してこの**規約および総会の決議を遵守させなければならない。**

4 対象物件の範囲（4条）

この規約の対象となる物件の範囲は，**別表第1**に記載された敷地，建物および附属施設（対象物件）とする。

別表第1　対象物件の表示

物件名		
敷地	所在地	
	面　積	
	権利関係	
建物	構造等	造　地上　階　地下　階 塔屋　階建共同住宅 延べ面積　㎡　建築面積　㎡
	専有部分	住戸戸数　戸 延べ面積　㎡

附属施設	塀，フェンス，駐車場，通路，自転車置場，ごみ集積所，排水溝，排水口，外灯設備，植栽，掲示板，専用庭，プレイロット等建物に附属する施設

■別表第１関係コメント
① 敷地は，規約により建物の敷地としたものも含むものである。
② 所在地が登記簿上の所在地と住居表示で異なる場合は，両方を記載すること。

5 規約および総会の決議の効力（5条）

(1) この**規約および総会の決議**は，区分所有者の**包括承継人**および**特定承継人**に対しても，その**効力を有する**。
(2) **占有者**は，対象物件の**使用方法**につき，区分所有者がこの**規約および総会の決議に基づいて負う義務と同一の義務を負う**。

6 管理組合（6条）

(1) 区分所有者は，区分所有法３条に定める**建物ならびにその敷地および附属施設の管理を行うための団体**として，この規約の目的を達成するため，区分所有者全員をもってマンション管理組合（管理組合）を構成する。
(2) 管理組合は，事務所を〇〇内に置く。
(3) 管理組合の業務，組織等については，第７節（➡P.286～参照）に定めるところによる。

■第６条関係コメント
管理組合は，「**建物ならびにその敷地および附属施設の管理を行うための団体**」（区分所有法３条）であって，マンションの管理をより円滑に実施し，もって区分所有者の共同の利益の増進と良好な住環境の確保を図るため構成するものであり，区分所有者全員が加入するものである。区分所有法によれば，区分所有者の数が２名以上の管理組合は法人となることができるが，この規約では管理組合を**法人とはしていない**。したがって，ここにいう管理組合は**権利能力なき社団**である。
管理組合は，**区分所有者全員の強制加入の団体**であって，脱退の自由がないことに伴い，任意加入の団体と異なり，区

用語解説
「**権利能力なき社団**」とは，団体としての組織を備え，多数決の原則がとられ，組合員の変更にもかかわらず団体そのものが存続し，その組織において，**代表の選出方法・総会の運営・財産の管理その他団体としての主要な点が確定**しているものをいう（判例）。法人格は有しないが，構成員個人とは別人格として，法律関係において当事者になることが認められる。

分所有者は全て管理組合の意思決定に服する義務を負うこととなることから，管理組合の業務は，区分所有法３条の目的の範囲内に限定される。ただし，建物等の物理的な管理自体ではなくても，それに附随し，または附帯する事項は管理組合の目的の範囲内である。各専有部分の使用に関する事項でも，区分所有者の共同利益に関する事項は目的に含まれる。その意味で，区分所有法３条の「**管理**」**概念は，専有部分の使用方法の規制，多数決による建替え決議など，団体的意思決定に服すべき事項も広く包摂するといえる**。

プラス　法人ではない社団で代表者の定めがあるものは，その名において訴え，また，訴えられることができる（民事訴訟法29条）。したがって，**管理組合が権利能力なき社団に該当**する場合，法人ではない管理組合であっても，訴訟において**原告適格**（原告として訴訟を進行し判決を受けるための資格）**が認められる**。

③ 専有部分等の範囲

1 専有部分の範囲（7条） はじめて

⑴　対象物件のうち区分所有権の対象となる**専有部分**は，**住戸番号を付した住戸**とする。

⑵　専有部分を他から区分する構造物の帰属については，次のとおりとする。

①　**天井，床**および**壁**は，**躯体部分を除く部分**を**専有部分**とする（このような考え方を「上塗り説」という）。

②　**玄関扉**は，**錠**および**内部塗装部分**を**専有部分**とする。

③　**窓枠**および**窓ガラス**は，**専有部分に含まれない**ものとする。出題 H30

⑶　専有部分の専用に供される設備のうち共用部分内にある部分以外のものは，専有部分とする。

出題 H30

出題 H28・30・R1

用語解説

「**躯体部分**」とは，建築物の建具・造作・仕上・設備等を除いた部分。柱，床，壁等の主要な構造部分をいう。

■**第7条関係コメント（抜粋）**

①　専有部分として倉庫または車庫を設けるときは，「**倉庫番号を付した倉庫**」または「**車庫番号を付した車庫**」を加える。また，すべての住戸に倉庫または車庫が附属しているのではない場合は，管理組合と特定の者との使用契約により使用させることとする。

②　**雨戸**または**網戸**がある場合は，⑵③**に追加する**。

③　⑶について「専有部分の専用に供される」か否かは，設備機能に着目して決定する。

出題 H28・30・R1

プラス 玄関扉の外部塗装部分や窓枠・窓ガラス・雨戸・網戸は，共用部分である。

2 専有部分・共用部分の範囲の考え方

1．上塗り説

参考

「**上塗り説**」のほかに壁の厚さの中央線までが専有部分とする「**壁心説**」と躯体部分と上塗り部分によって囲まれた空間だけが専有部分とする「**内壁説**」がある。

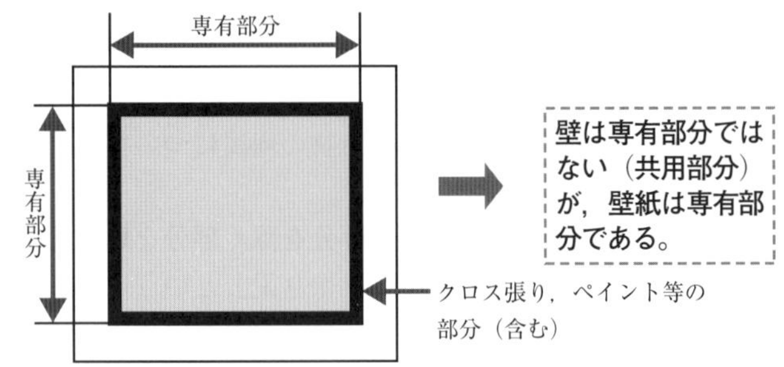

2．専有部分の専用に供される設備

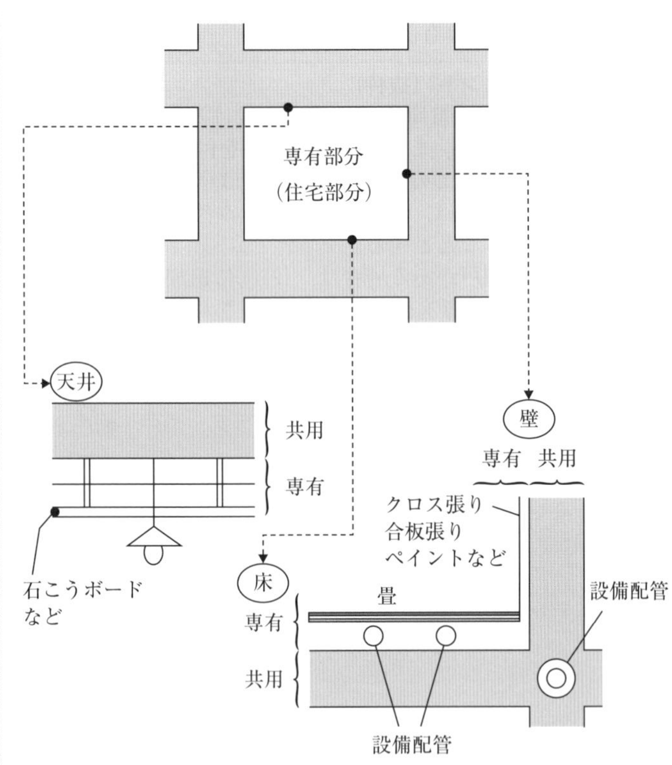

Point整理 **専有部分と共用部分の範囲**

天井，床，壁	躯体部分	共用部分
	躯体部分を除く上塗り部分	専有部分
玄関扉	錠，内部塗装部分	
	外部塗装部分	共用部分
窓枠・窓ガラス・雨戸・網戸		

3 共用部分の範囲（8条） はじめて

対象物件のうち**共用部分の範囲**は，**別表第2**に掲げるとおりとする。

別表第2　共用部分の範囲

① **エントランスホール**，廊下，階段，エレベーターホール，エレベーター室，共用トイレ，屋上，屋根，塔屋，ポンプ室，自家用電気室，機械室，受水槽室，高置水槽室，**パイプスペース**，**メーターボックス**（**給湯器ボイラー等の設備を除く**），内外壁，界壁，床スラブ，床，天井，柱，基礎部分，バルコニー等専有部分に属さない「建物の部分」　出題 H28・R1

② エレベーター設備，電気設備，**給水設備**，**排水設備**，**消防・防災設備**，**インターネット通信設備**，**テレビ共同受信設備**，オートロック設備，宅配ボックス，避雷設備，**集合郵便受箱**，**各種の配線配管**（**給水管については，本管から各住戸メーターを含む部分**，**雑排水管および汚水管については，配管継手および立て管**）等専有部分に属さない「建物の附属物」　出題 H28・R1・3

③ **管理事務室**，管理用倉庫，清掃員控室，集会室，トランクルーム，倉庫およびそれらの附属物　出題 R1

■別表第2関係コメント

① ここでいう共用部分には，**規約共用部分**のみならず，**法定共用部分**も含む。

② **管理事務室等**は，区分所有法上は専有部分の対象となるものであるが，区分所有者の共通の利益のために設置されるものであるから，これを**規約により共用部分**とすることとしたものである。

③ 一部の区分所有者のみの共有とする共用部分があれば，その旨も記載する。

④ 敷地および共用部分等の共有

1 共　有（9条）

規約の対象となる物件（前出別表第１参照）のうち**敷地**および**共用部分等**は，**区分所有者の共有**とする。

2 共有持分（10条）　はじめて

各区分所有者の共有持分は，**別表第３**に掲げるとおりとする。

別表第３　敷地および共用部分等の共有持分割合

	持分割合	
住戸番号	敷　地 および 附属施設	共用部分
○○号室 ○○号室 ○○号室 ・ ・ ・	○○○分の○○ ○○○分の○○ ○○○分の○○ ・ ・ ・	○○○分の○○ ○○○分の○○ ○○○分の○○ ・ ・ ・
合計	○○○分の○○○	○○○分の○○○

■第10条関係コメント

出題 H27

①　**共有持分の割合**については，**専有部分の床面積の割合**によることとする。ただし，**敷地**については，**公正証書**によりその割合が定まっている場合，**それに合わせる必要がある**。

出題 H27・30

登記簿に記載されている面積は，**内のり計算**によるが，共有持分の割合の基準となる面積は，**壁心計算**（**界壁の中心線で囲まれた部分の面積を算出する方法をいう**）によるものとする。

②　**敷地および附属施設の共有持分**は，規約で定まるものではなく，**分譲契約等によって定まるもの**であるが，本条に確認的に規定したものである。なお，共用部分の共有持分は規約で定まるものである。

③　なお，46条関係コメント③で述べている価値割合による議決権割合を設定する場合には，分譲契約等によって定ま

る敷地等の共有持分についても，価値割合に連動させることが考えられる。

Point整理　専有部分の床面積の算出方法の比較

区分所有法（14条３項）	内のり計算（原則）
不動産登記法	**内のり計算**（区分建物）
標準管理規約	壁心計算
建築基準法	**壁心計算**

	区分所有法	標準管理規約
床面積の算出方法	**内のり計算**	壁心計算
専有部分と共用部分の境界	規定なし	**上塗り説**

3 分割請求および単独処分の禁止（11条）

(1)　**区分所有者**は，敷地または共用部分等の**分割を請求することはできない**。

(2)　**区分所有者**は，専有部分と敷地および共用部分等の共有持分とを**分離して譲渡，抵当権の設定等の処分をしてはならない**。

プラス　(1)は，敷地または共用部分等の**共有関係の解消を禁止**する規定であり，(2)は，専有部分と敷地，専有部分と共用部分等の**分離処分を禁止**する規定である。

■第11条関係コメント

①　住戸を**他の区分所有者**または**第三者に貸与することはここでいう禁止に当たらない**。

②　倉庫または車庫も専有部分となっているときは，倉庫（車庫）のみを**他の区分所有者に譲渡する場合を除き**，住戸と倉庫（車庫）とを分離し，または専有部分と敷地および共用部分等の共有持分とを分離して**譲渡，抵当権の設定等の処分をしてはならない**。

5 用　法

1 専有部分の用途（12条） はじめて

区分所有者は，その**専有部分を専ら住宅として使用する**ものとし，**他の用途に供してはならない。**

〔※住宅宿泊事業に使用することを可能とする場合，禁止する場合に応じて，次のように規定〕

（ア）住宅宿泊事業を可能とする場合

⑴　区分所有者は，その専有部分を**専ら住宅として使用**するものとし，他の用途に供してはならない。

⑵　区分所有者は，その**専有部分**を住宅宿泊事業法３条１項の届出を行って営む**住宅宿泊事業に使用することができる。**

（イ）住宅宿泊事業を禁止する場合

⑴　区分所有者は，その専有部分を専ら住宅として使用するものとし，他の用途に供してはならない。

出題 R1 ⑵　区分所有者は，その**専有部分**を**住宅宿泊事業法３条１項の届出を行って営む住宅宿泊事業に使用してはならない。**

■第12条関係コメント

①　住宅としての使用は，**専ら居住者の生活の本拠があるか否か**によって判断する。したがって利用方法は，生活の本拠であるために必要な平穏さを有することを要する。

出題 R1 ②　住宅宿泊事業法２条３項に規定する**住宅宿泊事業**については，⑵のように，**可能か禁止かを明記することが望ましい**。また，旅館業法３条１項の簡易宿所の許可を得て行う「民泊」については，旅館業営業として行われるものであり，通常は⑴の用途に含まれていないと考えられるため，可能としたい場合には，その旨を明記することが望ましい。**旅館業法や住宅宿泊事業法に違反して行われる事業**は，管理規約に明記するまでもなく，**当然に禁止されている**との趣旨である。さらに，「区分所有者は，その専有部分を，宿泊料を受けて人を宿泊させる事業を行う用途に供してはならない」のような規定を置くこともあり得る。

出題 R1 ③　**（イ）**の場合において，住宅宿泊事業の実施そのものだけでなく，さらに，その**前段階の広告掲載等をも禁止する旨を明確**に規定するため，「区分所有者は，⑴⑵に違反する用途で使用することを内容とする**広告の掲載その他の募**

集または勧誘を行ってはならない」のような規定を置くこともあり得る。
④　暴力団の排除のため，**暴力団事務所としての使用や，暴力団員を反復して出入りさせる等の行為について禁止する旨の規定を追加**することも考えられる。

Point整理　**用途の比較**

	区分所有法	標準管理規約
専有部分の用途	住居・店舗・事務所・倉庫等	専ら住宅の用途

2 敷地および共用部分等の用法（13条）

区分所有者は，敷地および共用部分等をそれぞれの**通常の用法に従って使用しなければならない**。

■第13条関係コメント
「通常の用法」の具体的内容は，**使用細則で定めることとする**。例えば，「自転車は，一階の○○に置きます。それ以外の場所に置いてはいけません。」

3 バルコニー等の専用使用権（14条）

はじめて

(1)　区分所有者は，別表第4に掲げる**バルコニー**，**玄関扉**，**窓枠**，**窓ガラス**，**1階に面する庭**および**屋上テラス**（**バルコニー等**）について，次のとおり，**専用使用権**を有することを承認する。

別表第4　バルコニー等の専用使用権

		専用使用部分			
		バルコニー	玄関扉 窓　枠 窓ガラス	1階に面する庭	屋上テラス
区分	(1)位　置	各住戸に接するバルコニー	各住戸に附属する玄関扉，窓枠，窓ガラス	別添図のとおり　※	別添図のとおり　※
区分	(2)専用使用権者	当該専有部分の区分所有者	同　左	○○号室住戸の区分所有者	○○号室住戸の区分所有者

※：実際には，該当箇所を示した図を添付する

(2) **1階に面する庭**について**専用使用権を有している者**は，別に定めるところにより，管理組合に**専用使用料**を納入しなければならない。

出題 H30

(3) 区分所有者から**専有部分の貸与を受けた者**（**賃借人等**）は，その区分所有者が専用使用権を有している**バルコニー等を使**用することができる。

■**第14条関係コメント（抜粋）**

① **専用使用権**は，その対象が敷地または共用部分等の一部であることから，それぞれの通常の用法に従って使用すべきこと，管理のために必要がある範囲内において，**他の者の立ち入りを受けることがある等の制限を伴うもの**である。また，工作物設置の禁止，外観変更の禁止等は使用細則で物件ごとに言及するものとする。

② バルコニーおよび屋上テラスが**全ての住戸に附属しているのではない場合**には，別途**専用使用料の徴収について規定する**こともできる。

4 駐車場の使用 (15条) はじめて

(1) 管理組合は，駐車場について，**特定の区分所有者に駐車場使用契約**により使用させることができる。

(2) (1)により駐車場を使用している者は，別に定めるところにより，管理組合に**駐車場使用料**を納入しなければならない。

出題 H30

(3) 区分所有者がその所有する専有部分を，**他の区分所有者**または**第三者**に**譲渡**または**貸与**したときは，その区分所有者の**駐車場使用契約は効力を失う**。

■**第15条関係コメント（抜粋）**

① 本条の規定は，マンションの住戸の数に比べて駐車場の収容台数が不足しており，駐車場の利用希望者（空き待ち）が多い場合を前提としている。近時，駐車場の需要が減少しており，空き区画が生じているケースもある。駐車場収入は駐車場の管理に要する費用に充てられるほか，修繕積立金として積み立てられるため，**修繕積立金不足への対策等の観点から組合員以外の者に使用料を徴収して使用させることも考えられる**。その場合，税務上，全てが収益事業として課税されるケースもあるが，区分所有者を優先する条件を設定している等のケースでは，外部貸しのみが課税対象となり区分所有者が支払う使用料は共済事業として非課税とする旨の**国税庁の見解およびこれに対する回答**（➡

P.564参照）が公表されているため，参照されたい。
② 本条の規定のほか，使用者の選定方法をはじめとした具体的な手続き，使用者の遵守すべき事項等駐車場の使用に関する事項の詳細については，「駐車場使用細則」を別途定めるものとする。また，駐車場使用契約の内容（契約書の様式）についても駐車場使用細則に位置づけ，あらかじめ総会で合意を得ておくことが望ましい。
③ (3)は，家主同居型（住宅宿泊事業者が自己の生活の本拠として使用している専有部分において宿泊させるタイプの民泊）の住宅宿泊事業を実施する場合は，対象としていないと考えられる。
④ **車両の保管責任**については，**管理組合が負わない旨を駐車場使用契約または駐車場使用細則に規定する**ことが望ましい。
⑤ 駐車場使用細則，駐車場使用契約等に，**管理費，修繕積立金の滞納等の規約違反の場合**は，**契約を解除できる**かまたは次回の選定時の参加資格をはく奪することができる**旨の規定を定めることもできる**。
⑥ **駐車場使用者の選定**は，最初に使用者を選定する場合には抽選，2回目以降の場合には抽選または申込順にする等，公平な方法により行うものとする。また，マンションの状況等によっては，契約期間終了時に入れ替えるという方法または契約の更新を認めるという方法等について定めることも可能である。例えば，**駐車場使用契約に使用期間を設け，期間終了時に公平な方法により入替えを行う**こと（**定期的な入替え制**）が考えられる。
⑦ 駐車場が全戸分ない場合等には，駐車場使用料を近傍の同種の駐車場料金と均衡を失しないよう設定すること等により，区分所有者間の公平を確保することが必要である。なお，**近傍の同種の駐車場料金との均衡**については，**利便性の差異も加味して考えることが必要**である。

また，平置きか機械式か，屋根付きの区画があるかなど**駐車場区画の位置等による利便性・機能性の差異**や，使用料が高額になっても特定の位置の駐車場区画を希望する者がいる等の状況に応じて，**柔軟な料金設定を行う**ことも考えられる。

出題 R5

5 敷地および共用部分等の第三者の使用
（16条）　はじめて

(1) 管理組合は，次に掲げる敷地および共用部分等の一部を，それぞれ当該各号に掲げる者に使用させることができる。

① **管理事務室，管理用倉庫，機械室その他対象物件の管理の執行上必要な施設**
　管理事務を受託し，または請け負った者

② **電気室**
　対象物件に電気を供給する設備を維持し，および運用する事業者

③ **ガスガバナー**
　当該設備を維持し，および運用する事業者

出題 H27・R3・5

(2) 上記のほか，管理組合は，**総会の決議**を経て，**敷地および共用部分等（駐車場および専用使用部分を除く）の一部**について，**第三者**に**使用させる**ことができる。

■第16条関係コメント
① 有償か無償かの区別，有償の場合の**使用料の額**等について使用条件で明らかにすることとする。
② (2)の対象となるのは，**広告塔，看板等**である。

出題 R3

プラス　組合員が利用していない屋上部分を**電信電話会社に携帯電話基地局設置のために賃貸する場合**も，**総会の決議が必要**である。

6 専有部分の修繕等（17条）　はじめて

〔※管理組合における電磁的方法の利用状況に応じて，次のように規定〕

（ア）電磁的方法が利用可能ではない場合

出題 R5

(1) **区分所有者**は，その**専有部分**について，修繕，模様替えまたは建物に定着する物件の取付けもしくは取替え（**修繕等**）であって**共用部分または他の専有部分に影響を与えるおそれのあるもの**を行おうとするときは，**あらかじめ，理事長にその旨を申請し，書面による承認を受けなければならない**。

（イ）電磁的方法が利用可能な場合

(1) 区分所有者は，その専有部分について，修繕，模様替えまたは建物に定着する物件の取付けもしくは取替えであって共用部分または他の専有部分に影響を与えるおそれのあるものを行おうとするときは，あらかじめ，理事長にその旨を申請し，書面または**電磁的方法**による承認を受けなければならない。

(2) 修繕等の申請を受けようとする場合において，**区分所有者**は，設計図，仕様書および工程表を添付した申請書を**理事長に提出しなければならない**。

(3) **理事長**は，修繕等の申請について，**理事会の決議**により，その**承認または不承認を決定**しなければならない。

出題 H29～30・R5

(4) 承認があったときは，区分所有者は，**承認の範囲内**において，専有部分の修繕等に係る**共用部分の工事**を行うことができる。

(5) 理事長またはその指定を受けた者は，施行に必要な範囲内において，**修繕等の箇所に立ち入り**，**必要な調査を行う**ことができる。この場合において，区分所有者は，**正当な理由がなければこれを拒否してはならない**。

出題 R1

(6) 理事長の承認を受けた**修繕等の工事後**に，当該工事により共用部分または他の専有部分に影響が生じた場合は，**当該工事を発注した区分所有者の責任と負担により必要な措置をとらなければならない**。

出題 R1

(7) 区分所有者は，**理事長の承認を要しない修繕等のうち**，工事業者の立入り，工事の資機材の搬入，工事の騒音，振動，臭気等工事の実施中における共用部分または他の専有部分への影響について管理組合が事前に把握する必要があるものを行おうとするときは，**あらかじめ，理事長にその旨を届け出なければならない**。

出題 R1

プラス 例えば，区分所有者は，**工事業者に依頼し，畳の交換や壁紙の張替え**を行う場合，**「理事長の書面による承認」は不要**であるが，あらかじめ，**理事長にその旨を届け出る必要**がある。

出題 R1

■第17条関係コメント（抜粋）

① 「**専有部分**の修繕，模様替えまたは建物に定着する物件の取付けもしくは取替え」の工事の具体例としては，**床のフローリング，ユニットバスの設置**，主要構造部に直接取り付けるエアコンの設置，**配管（配線）の枝管（枝線）の取付け・取替え**，間取りの変更等がある。

② 本条は，配管（配線）の枝管（枝線）の取付け，取替え工事に当たって，**共用部分内に係る工事**についても，理事長の承認を得れば，区分所有者が行うことができることも想定している。

③ 承認を行うに当たっては，専門的な判断が必要となる場合も考えられることから，専門的知識を有する者（建築士，建築設備の専門家等）の意見を聴く等により**専門家の協力を得る**ことを考慮する。

特に，フローリング工事の場合には，構造，工事の仕様，材料等により影響が異なるので，専門家への確認が必要である。

④ 承認の判断に際して，**調査等により特別な費用がかかる場合**には，**申請者に負担させる**ことが適当である。

⑤ 工事の躯体に与える影響，防火，防音等の影響，耐力計算上の問題，他の住戸への影響等を考慮して，承認するかどうか判断する。なお，工事内容が**上下左右の区分所有者に対して著しい影響を与えるおそれがある**と判断される場合には，当該**区分所有者の同意を必要とする**ことも考えられる。

⑥ 修繕等の箇所への立入り，調査に関しては，施工状況を確認する必要があるものについて，工事中の現場で管理組合の理事等（または組合から依頼を受けた技術者）が**立ち会って確認する**ことが考えられる。人手や工期などにより実際に立ち会うことが難しい場合には，抜き打ちで検査することをアナウンスしたり，工事業者に写真等の記録を取らせ報告させたりすることが考えられる。施工状況を確認する場合，図面の読み方や工事の進め方を知っている外部の専門家の協力が必要になる。確認が必要なものとしては，例えば，次のようなものが考えられる。

- 全面リフォームを行う工事について，壁，床等をはがして耐力壁を撤去しないか，工事対象を確認する。
- 躯体コンクリートにスリーブをあける際やアンカーを打ち込む際に，鉄筋を探査してから穴をあけているか，手順を確認する。

⑦　**承認を受けないで**，専有部分の修繕等の工事を行った場合には，**67条の規定**（➡P.328参照）により，**理事長**は，その是正等のため必要な**勧告または指示もしくは警告を行う**か，その**差止め，排除または原状回復のための必要な措置等をとる**ことができる。**修繕等の箇所への立入り，調査の結果，理事長に申請または届出を行った内容と異なる内容の工事が行われている等の事実が確認された場合**も，同様である。

出題 R1

7 使用細則（18条）

対象物件の使用については，別に**使用細則**を定めるものとする。

■第18条関係コメント（抜粋）

①　使用細則で定めることが考えられる事項としては，**動物の飼育やピアノ等の演奏に関する事項等専有部分の使用方法に関する規制や，駐車場，倉庫等の使用方法，使用料，置き配を認めるルール等敷地，共用部分の使用方法や対価等に関する事項等**があげられ，このうち専有部分の使用に関するものは，その基本的な事項は規約で定めるべき事項である。また，マンション内における感染症の感染拡大のおそれが高いと認められた場合において，使用細則を根拠として，居住者による共用部分等の使用を一時的に停止・制限することは可能であると考えられる。

　なお，使用細則を定める方法としては，これらの事項を１つの使用細則として定める方法と事項ごとに個別の細則として定める方法とがある。

②　犬，猫等のペットの飼育に関しては，それを認める，認めない等の規定は規約で定めるべき事項である。基本的な事項を規約で定め，手続等の細部の規定を使用細則等に委ねることは可能である。

③　専用使用部分でない共用部分に物品を置くことは原則として認められないが，宅配ボックスが無い場合等，例外的に共用部分への置き配を認める場合には，長期間の放置や大量・乱雑な放置等により避難の支障とならないよう留意する必要がある。

プラス　規約自体には基本的な事項のみを掲げ，具体的な手続や運用ルール等の詳細は，**使用細則**で定める。**使用細則の制定，変更，廃止**には，**総会の普通決議**が必要となる。

出題 H27

8 専有部分の貸与（19条）

(1) 区分所有者は，その**専有部分を第三者に貸与する場合**には，この規約および使用細則に定める事項をその**第三者に遵守させなければならない**。

出題 R5

(2) 区分所有者は，**貸与に係る契約**にこの**規約および使用細則に定める事項を遵守する旨の条項を定める**とともに，契約の**相手方（借主）**に，この**規約および使用細則に定める事項を遵守する旨の誓約書**を，**管理組合に提出させなければならない**。

9 暴力団の排除（19条の2）

〔※専有部分の貸与に関し，暴力団員への貸与を禁止する旨の規約の規定を定める場合〕

(1) 区分所有者は，その**専有部分を第三者に貸与する場合**には，8に定めるもののほか，**次に掲げる内容を含む条項をその貸与に係る契約に定めなければならない**。

出題 H30

出題 H30

① 契約の相手方が**暴力団員ではないことおよび契約後において暴力団員にならないことを確約すること**

② 契約の相手方が暴力団員であることが判明した場合には，**何らの催告を要せずして，区分所有者は当該契約を解約することができること**

③ 区分所有者が②の解約権を行使しないときは，**管理組合は，区分所有者に代理して解約権を行使することができること**

〔※管理組合における電磁的方法の利用状況に応じて，次のように規定〕

（ア）電磁的方法が利用可能ではない場合

(2) (1)の場合において，区分所有者は，(1)③による**解約権の代理行使を管理組合に認める旨の書面**を提出するとともに，契約の相手方に**暴力団員ではないことおよび契約後において暴力団員にならないことを確約する旨の誓約書**を**管理組合に提出させなければならない**。

（イ）電磁的方法が利用可能な場合

(2) (1)の場合において，区分所有者は，(1)③による解約権の代理行使を管理組合に認める旨の書面の提出（当該書面に記載すべき事項の**電磁的方法による提供を含む**）をするとともに，契約の相手方に暴力団員ではないことおよび契約後において暴力団員にならないことを確約する旨の誓約書を管理組合に提出させなければならない。

■第19条の２関係コメント

① 19条の２は，専有部分の貸与に関し，暴力団員への貸与を禁止する旨の規約の規定を定める場合の規定例である。なお，必要に応じ，暴力団員だけでなく，**暴力団関係者**や**準構成員等**を追加する場合は，その範囲について，各都道府県が定めている**暴力団排除条例などを参考に規定する**ことが考えられる。

⑴②③の前提となる**区分所有者の解約権**は，区分所有者と第三者との間の契約における解除原因に係る特約を根拠とするものであり，**管理組合は，区分所有者から当該解約権行使の代理権の授与を受けて**（具体的には⑵に規定する解約権の代理行使を認める書面の提出（当該書面に記載すべき事項の電磁的方法による提供を含む）を受ける），**区分所有者に代理して解約権を行使する**。管理組合の解約権の代理行使は，理事会決議事項とすることも考えられるが，理事会で決定することを躊躇するケースもあり得ることから，**総会決議によることが望ましい**。

② なお，暴力団員への譲渡については，このような賃貸契約に係るものと同様の取決めを区分所有者間で結ぶといった対応をすることが考えられる。

敷地内における**暴力行為や威嚇行為等の禁止**については，67条１項（➡P.328参照）の「**共同生活の秩序を乱す行為**」や区分所有法６条１項の「**共同の利益に反する行為**」等に該当するものとして，**法的措置をはじめとする必要な措置を講ずることが可能**であると考えられる。

③ なお，措置の実行等に当たっては，暴力団関係者かどうかの判断や，訴訟等の措置を遂行する上での理事長等の身の安全の確保等のため，**警察当局や暴力追放運動推進センターとの連携が重要**であり，必要に応じて協力を要請することが望ましい。

6 管　理

1 総　則 はじめて

1．区分所有者の責務（20条）

区分所有者は，対象物件について，その価値および機能の維持増進を図るため，常に適正な管理を行うよう努めなければならない。

2．敷地および共用部分等の管理（21条）

出題 H28・R 5
(1) **敷地および共用部分等の管理**については，**管理組合**がその責任と負担においてこれを行うものとする。ただし，**バルコニー等の保存行為**のうち，通常の使用に伴うものについては，**専用使用権を有する者**が**その責任と負担**においてこれを行わなければならない。

出題 R 4
(2) **専有部分である設備のうち共用部分と構造上一体となった部分の管理を共用部分の管理と一体として行う必要があるとき**は，**管理組合がこれを行うことができる**。

プラス **専有部分である設備のうち共用部分と構造上一体となった部分の管理**を管理組合が行うためには，**総会の普通決議**が必要である（➡P.312 7.⑨）。

〔※管理組合における電磁的方法の利用状況に応じて，次のように規定〕

（ア）電磁的方法が利用可能ではない場合

出題 R 5
(3) 区分所有者は，「**通常の使用に伴うバルコニー等の保存行為を行う場合**」または「**あらかじめ理事長に申請して書面による承認を受けた場合**」を除き，**敷地および共用部分等の保存行為を行うことができない**。ただし，**専有部分の使用に支障が生じている場合**に，当該専有部分を所有する区分所有者が行う保存行為の実施が，**緊急を要するもの**であるときは，**この限りでない**。

（イ）電磁的方法が利用可能な場合

出題 H28
(3) 区分所有者は，「通常の使用に伴うバルコニー等の保存行為を行う場合」または「あらかじめ理事長に申請して書面または**電磁的方法による承認**を受けた場合」を除き，敷地及び共用部分等の保存行為を行うことができない。ただし，専有部分の使用に支障が生じている場合に，当該専有部分を所有する区分所有者が行う保存行為の実施が，緊急を要するものであるときは，この限りではない。

(4)　(3)の申請および承認の手続については，**専有部分の修繕等の規定**（➡P.269 6 (2)(3)(5)(6)）**を準用**する。

(5)　(3)に**違反して保存行為を行った場合**には，当該保存行為に要した費用は，当該**保存行為を行った区分所有者が負担**する。　出題 R5

(6)　**理事長**は，**災害等の緊急時**においては，**総会または理事会の決議によらずに**，敷地および共用部分等の**必要な保存行為を行うことができる**。

■第21条関係コメント

①　(1)(3)は，区分所有法18条1項ただし書において，保存行為は，各共有者がすることができると定められていることに対し，同条2項に基づき，規約で別段の定めをするものである。

②　**駐車場の管理**は，管理組合がその責任と負担で行う。

③　**バルコニー等の管理**のうち，管理組合がその責任と負担において行わなければならないのは，**計画修繕**等である。

④　(1)の**「通常の使用に伴う」保存行為**とは，**バルコニーの清掃や窓ガラスが割れた時の入れ替え**等である。　出題 R5

⑤　バルコニー等の経年劣化への対応については，③のとおり，管理組合がその責任と負担において，計画修繕として行うものである。ただし，バルコニー等の劣化であっても，**長期修繕計画作成ガイドラインにおいて管理組合が行うものとされている修繕等の周期と比べ短い期間で発生したもの**であり，かつ，**他のバルコニー等と比較して劣化の程度が顕著である場合**には，特段の事情がない限りは，**当該バルコニー等の専用使用権を有する者の「通常の使用に伴う」ものとして，その責任と負担において保存行為を行うものとする**。なお，この場合であっても，結果として管理組合による計画修繕の中で劣化が解消されるのであれば，管理組合の負担で行われることとなる。

⑥　バルコニー等の破損が**第三者による犯罪行為等によることが明らかである場合の保存行為の実施**については，通常の使用に伴わないものであるため，**管理組合がその責任と負担においてこれを行う**ものとする。ただし，**同居人や賃**　出題 H28

借人等による破損については,「通常の使用に伴う」ものとして,**当該バルコニー等の専用使用権を有する者（区分所有者）がその責任と負担において保存行為を行う**ものとする。

出題 R4～5

⑦ (2)の対象となる設備としては,**配管,配線**等がある。**配管の清掃等に要する費用**については,「**共用設備の保守維持費**」として**管理費を充当**することが可能であるが,**配管の取替え等に要する費用**のうち**専有部分に係るもの**については,**各区分所有者が実費に応じて負担**すべきものである。

なお,共用部分の配管の取替えと専有部分の配管の取替えを同時に行うことにより,専有部分の配管の取替えを単独で行うよりも費用が軽減される場合には,これらについて一体的に工事を行うことも考えられる。その場合には,あらかじめ長期修繕計画において専有部分の配管の取替えについて記載し,その工事費用を修繕積立金から拠出することについて規約に規定するとともに,先行して工事を行った区分所有者への補償の有無等についても十分留意することが必要である。

⑧ (3)のただし書は,例えば,**台風等で住戸の窓ガラスが割れた場合に,専有部分への雨の吹き込みを防ぐため,割れたものと同様の仕様の窓ガラスに張り替える**というようなケースが該当する。また,(5)は,区分所有法19条に基づき,規約で別段の定めをするものである。承認の申請先等は理事長であるが,承認,不承認の判断はあくまで**理事会の決議**によるものである（➡P.319 4.(1)⑤参照）。

⑨ 区分所有法26条1項では,敷地及び共用部分等の保存行為の実施が管理者（標準管理規約では理事長）の権限として定められている。(6)では,災害等の緊急時における必要な保存行為について,理事長が単独で判断し実施できることを定めるものである。**災害等の緊急時における必要な保存行為**としては,**共用部分等を維持するための緊急を要する行為**又は**共用部分等の損傷・滅失を防止して現状の維持を図るための比較的軽度の行為**が該当する。後者の例としては,給水管・排水管の補修,共用部分等の被災箇所の点検,破損箇所の小修繕等が挙げられる。

出題 H29

⑩ **災害等の緊急時**において,保存行為を超える応急的な修繕行為の実施が必要であるが,**総会の開催が困難**である場合には,**理事会においてその実施を決定することができる**こととしている（➡P.319 4.(1)⑩参照）。しかし,**大規模な災害や突発的な被災**では,理事会の開催も困難な場合があることから,そのような場合には,**保存行為に限らず**,

応急的な修繕行為の実施まで理事長単独で判断し実施することができる旨を，規約において定めることも考えられる。さらに，理事長をはじめとする役員が対応できない事態に備え，**あらかじめ定められた方法により選任された区分所有者等の判断により保存行為や応急的な修繕行為を実施することができる旨を，規約において定めることも考えられる。**なお，理事長等が単独で判断し実施することができる保存行為や応急的な修繕行為に要する費用の限度額について，あらかじめ定めておくことも考えられる。

⑪　(6)の災害等の緊急時における必要な保存行為の実施のほか，**平時における専用使用権のない敷地または共用部分等の保存行為について，理事会の承認を得て理事長が行えるとする**ことや，**少額の保存行為であれば理事長に一任する**ことを，**規約において定めることも考えられる。**その場合，理事長単独で判断し実施することができる保存行為に要する費用の限度額について，あらかじめ定めておくことも考えられる。

Point整理　敷地および共用部分等の管理

管理対象となるもの	管理する者
敷地，共用部分等 ［例］駐車場等	管理組合
バルコニー等の管理のうち，**通常の使用に伴うもの** ［例］バルコニー等の清掃や窓ガラスが割れた時の入れ替え等	**専用使用権を有する者**
バルコニー等の計画修繕等 ［例］バルコニーの防水等の計画修繕等	**管理組合**
専有部分の設備（配管・配線等）のうち，共用部分と構造上一体となった部分の管理を共用部分の管理と一体として行う必要があるとき ※　配管の清掃等に要する費用 「共用設備の保守維持費」として**管理費を充当することができる** ※　配管の取替え等に要する費用 各区分所有者が**実費に応じて負担**すべき	**総会の決議**により，**管理組合**が管理することができる

3．窓ガラス等の改良（22条）

出題 R5

(1) 共用部分のうち各住戸に附属する**窓枠**，**窓ガラス**，**玄関扉**その他の**開口部に係る改良工事**であって，**防犯**，**防音**または**断熱等の住宅の性能の向上等に資するもの**については，**管理組合**がその責任と負担において，**計画修繕としてこれを実施する**ものとする。

〔※管理組合における電磁的方法の利用状況に応じて，次のように規定〕

（ア）電磁的方法が利用可能ではない場合

出題 H28

(2) 区分所有者は，管理組合が**窓ガラス等の開口部の改良工事**を速やかに実施できない場合には，**あらかじめ理事長に申請して書面による承認を受ける**ことにより，当該工事を**当該区分所有者の責任と負担において実施することができる**。

（イ）電磁的方法が利用可能な場合

(2) 区分所有者は，管理組合が窓ガラス等の開口部の改良工事を速やかに実施できない場合には，あらかじめ理事長に申請して書面または**電磁的方法による承認**を受けることにより，当該工事を当該区分所有者の責任と負担において実施することができる。

(3) (2)の申請および承認の手続については，**専有部分の修繕等の規定**（➡P.269 6(2)(3)(5)(6)）**を準用**する。

■**第22条関係コメント（抜粋）**

① (2)は，開口部の改良工事については，治安上の問題を踏まえた防犯性能の向上や，結露から発生したカビやダニによるいわゆるシックハウス問題を改善するための断熱性の向上等，**一棟全戸ではなく一部の住戸において緊急かつ重大な必要性が生じる場合もあり得る**ことに鑑み，計画修繕によりただちに開口部の改良を行うことが困難な場合には，専有部分の修繕等における手続と同様の手続により，**各区分所有者の責任と負担において工事を行うことができるよう規定したもの**である。承認の申請先等は理事長であるが，承認，不承認の判断はあくまで**理事会の決議**によるものである（➡P.319 4.(1)⑤参照）。

② 「共用部分のうち各住戸に附属する窓枠，窓ガラス，玄関扉その他の開口部に係る改良工事であって，防犯，防音

または断熱等の住宅の性能の向上等に資するもの」の工事の具体例としては，防犯・防音・断熱性等により優れた複層ガラスやサッシ等への交換，既設のサッシへの内窓または外窓の増設等が考えられる。

4．必要箇所への立入り（23条）

⑴　前記「**2．敷地および共用部分等の管理**」（21条），「**3．窓ガラス等の改良**」（22条）**により管理を行う者**は，管理を行うために**必要な範囲内**において，他の者が管理する**専有部分**または**専用使用部分への立入りを請求することができる**。　出題 H28

⑵　⑴により**立入りを請求された者**は，**正当な理由がなければこれを拒否してはならない**。

⑶　⑵の場合において，**正当な理由なく立入りを拒否した者**は，その結果生じた**損害を賠償しなければならない**。　出題 H28

⑷　⑴〜⑶にかかわらず，**理事長**は，**災害**，**事故等が発生**した場合であって，緊急に立ち入らないと共用部分等または**他の専有部分に対して物理的にまたは機能上重大な影響を与えるおそれがあるとき**は，**専有部分または専用使用部分に自ら立ち入り**，または**委任した者に立ち入らせる**ことができる。　出題 H28・R5

⑸　**立入りをした者**は，速やかに立入りをした箇所を**原状に復さなければならない**。　出題 H28

■**第23条関係コメント**

①　⑷の緊急の立入りが認められるのは，**災害時等における共用部分に係る緊急的な工事に伴い必要な場合**や，専有部分における大規模な水漏れ等，**そのまま放置すれば，他の専有部分や共用部分に対して物理的にまたは機能上重大な影響を与えるおそれがある場合**に限られるものである。

②　⑷の実効性を高めるため，管理組合が各住戸の合い鍵を預かっておくことを定めることも考えられるが，プライバシーの問題等があることから，各マンションの個別の事情を踏まえて検討する必要がある。

5．損害保険（24条）

⑴　**区分所有者**は，共用部分等に関し，管理組合が火災保険，地震保険その他の**損害保険の契約を締結**することを**承認する**。　出題 H26

出題 H26・29・R1

(2) **理事長**は，損害保険の契約に基づく**保険金額の請求および受領**について，**区分所有者を代理**する。

プラス 区分所有法では，共用部分における**損害保険契約**の締結は，管理行為として集会の決議が必要であるとしている。しかし，標準管理規約では，別段の定めとして，管理組合が損害保険契約を締結することを区分所有者が「**承認する**」こととし，これにより管理組合が別途，**総会の決議は不要で自由に損害保険の契約をできる**ようにしている。

2 費用の負担 はじめて

1．管理費等（25条）

(1) 区分所有者は，敷地および共用部分等の管理に要する経費に充てるため，次の**費用**（管理費等）**を管理組合に納入**しなければならない。

① 管理費
② 修繕積立金

出題 H26・29

(2) **管理費等の額**については，**各区分所有者の共用部分の共有持分に応じて算出**するものとする。

■第25条関係コメント

出題 H29～30

① **管理費等の負担割合を定める**に当たっては，**使用頻度等は勘案しない**。

出題 H30

② 管理費のうち，**管理組合の運営に要する費用**については，組合費として**管理費とは分離して徴収**することもできる。

出題 H30

③ 議決権割合の設定方法について，**1戸1議決権や価値割合を採用する場合**であっても，これとは別に**管理費等の負担額**については，(2)により，**共用部分の共有持分に応じて算出**することが考えられる。

プラス 例えば，エレベーターは専有部分の位置によって使用頻度が異なるが，使用頻度に基づいて管理費等を算定することは現実的には困難であるので「**勘案しない**」としている。

2．承継人に対する債権の行使（26条）

管理組合が管理費等について有する債権は，区分所有者の**特定承継人**に対しても行うことができる。

プラス　区分所有者が管理費等を滞納したまま住戸を第三者に売却したり，競売により買い受けられた場合に，管理組合はその**特定承継人である第三者**に対しても**滞納管理費等を請求できる**。**区分所有法８条と同様の規定**である。なお，標準管理規約では，**包括承継人**については定めていないが，相続等の包括承継によって区分所有権が移転した場合，権利義務の一切が相続人等の包括承継人に引き継がれるので，滞納管理費等の債務が包括承継人に承継されるのは当然である。

3．管理費（27条）

管理費は，次に掲げる**通常の管理に要する経費**に**充当**する。

① **管理員人件費**
② **公租公課**
③ **共用設備の保守維持費および運転費** 出題 R５
④ **備品費**，通信費その他の事務費 出題 R４～５
⑤ **共用部分等に係る火災保険料，地震保険料その他の損害保険料** 出題 R１・４
⑥ **経常的な補修費**
⑦ 清掃費，消毒費およびごみ処理費
⑧ **委託業務費** 出題 R１
⑨ **専門的知識を有する者の活用に要する費用**
⑩ **管理組合の運営に要する費用** 出題 R１
⑪ その他管理組合の業務に要する費用（後出**４．**(1)の修繕積立金を取り崩すことができる特別の管理に要する経費を**除く**） 出題 R５

出題 R１・４～５

プラス　例えば，③**共用設備の保守維持費**には「**共用部分と構造上一体となった専有部分の配管の清掃等に要する費用**」，④**備品費**には「**ＷＥＢ会議システムで理事会を開催するためのパソコン購入費用**」，⑥**経常的な補修費**には「**エントランスの共用ドアが故障した際の補修費**」や「**階段すべり止めの剥離箇所の修理費**」，そして，⑩**管理組合の運営に要する費用**には「**役員として官公署との打合せに出席するための交通費**」，⑪**管理組合の業務に要する費用**には「**町内会等との渉外業務に要する費用**」が，それぞれ該当する。

■第27条関係コメント

① **管理組合の運営に要する費用**には**役員活動費も含まれ**，これについては**一般の人件費等を勘案して定める**ものとするが，役員は区分所有者全員の利益のために活動することに鑑み，適正な水準に設定することとする。

② 管理組合は，区分所有法３条に基づき，区分所有者全員で構成される強制加入の団体であり，居住者が任意加入する地縁団体である自治会，町内会等とは異なる性格の団体であることから，管理組合と自治会，町内会等との活動を混同することのないよう注意する必要がある。

各居住者が**各自の判断で自治会または町内会等に加入する場合に支払うこととなる自治会費または町内会費等**は，地域住民相互の親睦や福祉，助け合い等を図るために居住者が任意に負担するものであり，**マンションを維持・管理していくための費用である管理費等とは別のものである。**

自治会費または町内会費等を管理費等と一体で徴収している場合には，以下の点に留意すべきである。

ア）自治会または町内会等への加入を強制するものとならないようにすること。

イ）自治会または町内会等への加入を希望しない者から自治会費または町内会費等の徴収を行わないこと。

ウ）自治会費または町内会費等を管理費とは区分経理すること。

エ）管理組合による自治会費または町内会費等の代行徴収に係る負担について整理すること。

③ 管理組合の法的性質からすれば，マンションの管理に関わりのない活動を行うことは適切ではない。例えば，**一部の者のみに対象が限定されるクラブやサークル活動経費，主として親睦を目的とする飲食の経費**などは，マンションの管理業務の範囲を超え，マンション全体の資産価値向上等に資するとも言い難いため，区分所有者全員から強制徴収する管理費をそれらの費用に充てることは適切ではなく，**管理費とは別に，参加者からの直接の支払や積立て等によって費用を賄うべき**である。

４．修繕積立金（28条）

出題 H27

(1) 管理組合は，各区分所有者が納入する**修繕積立金**を積み立てるものとし，積み立てた**修繕積立金**は，次に掲げる**特別の管理に要する経費**に充当する場合に限って**取り崩すことがで**

きる。

① 一定年数の経過ごとに計画的に行う修繕
出題 H27・R1
② 不測の事故その他特別の事由により必要となる修繕
出題 H27・28・R5
③ 敷地および共用部分等の変更 出題 H27・R5
④ 建物の建替えおよびマンション敷地売却（建替え等）に係る合意形成に必要となる事項の調査
出題 H27～28・R4～5
⑤ その他敷地および共用部分等の管理に関し，区分所有者全体の利益のために特別に必要となる管理 出題 H27

(2) (1)にかかわらず，**区分所有法の建替え決議または建替えに関する区分所有者全員の合意の後**であっても，マンションの建替えの円滑化等に関する法律（建替え等円滑化法）9条のマンション建替組合の設立の認可または建替え等円滑化法45条のマンション建替事業の認可までの間において，**建物の建替えに係る計画または設計等に必要がある場合には，その経費に充当するため**，管理組合は，修繕積立金から管理組合の消滅時に建替え不参加者に帰属する修繕積立金相当額を除いた金額を限度として，**修繕積立金を取り崩すことができる**。 出題 H28

(3) (1)にかかわらず，建替え等円滑化法の「マンション敷地売却決議」の後であっても，マンション敷地売却組合の設立の認可までの間において，マンション敷地売却に係る計画等に必要がある場合には，その経費に充当するため，管理組合は，修繕積立金から管理組合の消滅時にマンション敷地売却不参加者に帰属する修繕積立金相当額を除いた金額を限度として，修繕積立金を取り崩すことができる。

(4) 管理組合は，**特別の管理に要する経費**に充てるため**借入れ**をしたときは，**修繕積立金**をもって**その償還に充てる**ことができる。 出題 H28・R1

(5) **修繕積立金**については，**管理費**とは**区分**して**経理**しなければならない。 出題 R1

プラス
(2)は，建替え決議が成立した後，建替組合等の設立までの間に建替えのための準備費用が発生することがあり，その費用を不参加者に返却する額を除いた金額を限度にして，**修繕積立金から充当**することができるということである。

■第28条関係コメント（抜粋）

出題 H28・R5

① 分譲会社が分譲時において将来の計画修繕に要する経費に充当していくため，**一括して購入者より修繕積立基金として徴収している場合**や，修繕時に，既存の修繕積立金の**額が修繕費用に不足すること等から，一時負担金が区分所有者から徴収される場合**があるが，これらについても**修繕積立金として積み立てられ，区分経理されるべきもの**である。

出題 H28・R5

② **建替え等に係る調査に必要な経費**の支出は，各マンションの実態に応じて，**管理費から支出する旨管理規約に規定することもできる**。

5．使用料（29条）

出題 H27・R4

駐車場使用料その他の敷地および共用部分等に係る**使用料**は，それらの**管理に要する費用に充てる**ほか，**修繕積立金として積み立てる**。

■第29条関係コメント

出題 H27

機械式駐車場を有する場合は，その維持および修繕に多額の費用を要することから，**管理費および修繕積立金とは区分して経理**することもできる。

Point整理　費用の負担

<table>
<tr><td>管理費</td><td colspan="2">下記の通常の管理に要する経費に充当する
① 管理員人件費
② 公租公課
③ 共用設備の保守維持費・運転費
④ 備品費，通信費その他の事務費
⑤ 共用部分等に係る火災・地震保険料等の損害保険料
⑥ 経常的な補修費
⑦ 清掃費・消毒費・ごみ処理費
⑧ 委託業務費
⑨ 専門的知識を有する者の活用に要する費用
⑩ 管理組合の運営に要する費用
⑪ その他管理組合の業務に要する費用</td></tr>
<tr><td>修繕積立金</td><td colspan="2">下記の特別の管理に要する経費に限って取り崩すことができる
① 一定年数の経過ごとに計画的に行う修繕
② 不測の事故等により必要となる修繕
③ 敷地および共用部分等の変更
④ 建物の建替え・マンション敷地売却に係る合意形成に必要となる事項の調査
⑤ その他敷地および共用部分等の管理に関し，区分所有者全体の利益のために特別に必要となる管理</td></tr>
<tr><td>区分経理</td><td colspan="2">修繕積立金は，管理費とは区分して経理しなければならない</td></tr>
<tr><td rowspan="2">使用料</td><td>種類</td><td>① 駐車場使用料
② 敷地および共用部分等に係る使用料</td></tr>
<tr><td>徴収目的</td><td>① 駐車場等の管理に要する費用に充当
② 修繕積立金として積み立てる</td></tr>
</table>

7 管理組合

1 組合員

1．組合員の資格（30条）

組合員の資格は，区分所有者となったときに**取得**し，区分所有者でなくなったときに**喪失**する。

2．届出義務（31条）

〔※管理組合における電磁的方法の利用状況に応じて，次のように規定〕

（ア）電磁的方法が利用可能ではない場合

出題 R2

新たに組合員の資格を取得しまたは**喪失**した者は，直ちにその旨を**書面**により管理組合に届け出なければならない。

（イ）電磁的方法が利用可能な場合

新たに組合員の資格を取得しまたは喪失した者は，直ちにその旨を書面または**電磁的方法**により管理組合に届け出なければならない。

2 管理組合の業務 はじめて

1．業　務（32条）

管理組合は，建物ならびにその敷地および附属施設の管理のため，次に掲げる業務を行う。

① 管理組合が管理する**敷地および共用部分等**（組合管理部分）の保安，**保全**，保守，清掃，消毒およびごみ処理
② 組合管理部分の修繕
③ **長期修繕計画の作成または変更に関する業務および長期修繕計画書の管理**
④ 建替え等に係る合意形成に必要となる事項の調査に関する業務
⑤ 適正化法103条1項に定める，**宅地建物取引業者から交付を受けた設計図書の管理**
⑥ 修繕等の履歴情報の整理および管理等

⑦　共用部分等に係る火災保険，地震保険その他の損害保険に関する業務
⑧　区分所有者が管理する専用使用部分について管理組合が行うことが適当であると認められる管理行為
⑨　敷地および共用部分等の変更および運営
⑩　修繕積立金の運用
⑪　官公署，町内会等との渉外業務 出題 R1
⑫　マンションおよび周辺の風紀，秩序および安全の維持，防災ならびに居住環境の維持および向上に関する業務
⑬　広報および連絡業務
⑭　管理組合の消滅時における残余財産の清算
⑮　その他建物ならびにその敷地および附属施設の管理に関する業務

プラス　例えば，敷地内の樹木を伐採する（①），町内会の防災対策についての情報収集のため町内会の会合に出席する（⑪），組合員向けに広報誌を発行する（⑬）ことは，管理組合の業務である。しかし，組合員から自治会費を徴収し，自治会に支払う，専有部分全住戸の予備錠を保管する，居住者間の紛争を解決することは，上記のいずれにも該当せず，管理組合の業務ではない。

■第32条関係コメント（抜粋）
①　**長期修繕計画の内容**としては次のようなものが**最低限必要**である。
1．計画期間が**30年以上**で，かつ**大規模修繕工事が2回含まれる期間以上**とすること。
2．計画修繕の対象となる工事として**外壁補修，屋上防水，給排水管取替え，窓および玄関扉等の開口部の改良**等が掲げられ，各部位ごとに**修繕周期，工事金額**等が定められているものであること。
3．**全体の工事金額**が定められたものであること。
また，長期修繕計画の内容については**定期的な見直しをすることが必要**である。
②　**長期修繕計画の作成または変更**および**修繕工事の実施の前提**として，**劣化診断**（建物診断）**を管理組合として併せて行う**必要がある。

出題 R5

出題 R5

③ **「長期修繕計画の作成または変更に要する経費」**および**「長期修繕計画の作成等のための劣化診断**（建物診断）**に要する経費」**の充当については，管理組合の財産状態等に応じて**管理費または修繕積立金のどちらからでもできる。**ただし，**「修繕工事の前提としての劣化診断**（建物診断）**に要する経費」**の充当については，修繕工事の一環としての経費であることから，原則として**修繕積立金から取り崩すこととなる。**

④ **修繕等の履歴情報**とは，大規模修繕工事，計画修繕工事および設備改修工事等の**修繕の時期，箇所，費用**および**工事施工者**等や，**設備の保守点検**，建築基準法12条1項および3項の**特定建築物等の定期調査報告**および**建築設備**（昇降機を含む）**の定期検査報告**，消防法8条の2の2の防火対象物定期点検報告等の法定点検，耐震診断結果，石綿使用調査結果など，維持管理の情報であり，整理して後に参照できるよう管理しておくことが今後の修繕等を適切に実施するために有効な情報である。

Point整理　長期修繕計画の経費

① 長期修繕計画の作成または変更に要する経費	管理組合の財産状態等に応じて，**管理費または修繕積立金**のどちらからでも充当できるとする
② 長期修繕計画の作成等のための劣化診断（建物診断）に要する経費	

2．業務の委託等（33条）

管理組合は，前記**1．**に定める業務の全部または一部を，マンション管理業者等第三者に委託し，または請け負わせて執行することができる。

3．専門的知識を有する者の活用（34条）

管理組合は，マンション管理士その他**マンション管理に関する各分野の専門的知識を有する者**に対し，管理組合の運営その他マンションの管理に関し，**相談**したり，**助言**，**指導**その他の**援助を求めたりする**ことができる。

■第34条関係コメント（抜粋）
① 管理組合が支援を受けることが有用な専門的知識を有する者としては，**マンション管理士**のほか，マンションの権利・利用関係や建築技術に関する専門家である，**弁護士**，司法書士，**建築士**，行政書士，公認会計士，税理士等の国家資格取得者や，区分所有管理士，マンションリフォームマネジャー等の民間資格取得者などが考えられる。
② 専門的知識を有する者の活用の具体例としては，管理組合は，専門的知識を有する者に，管理規約改正原案の作成，管理組合における合意形成の調整に対する援助，建物や設備の劣化診断，安全性診断の実施の必要性についての助言，診断項目，内容の整理等を依頼することが考えられる。

3 役　員　はじめて

1．役　員（35条）

(1) 管理組合に次の役員を置く。

① **理事長**
② **副理事長**「○名」　出題 R２
③ **会計担当理事**「○名」　出題 R２
④ 理事（理事長，副理事長，会計担当理事を含む）「○名」
⑤ **監事**「○名」

(2) **理事および監事**は，**総会の決議**によって，**組合員のうちから**，**選任**し，または**解任**する。　出題 H26・R１

(3) **理事長，副理事長および会計担当理事**は，**理事会の決議**によって，**理事のうちから**，**理事会で選任**し，または**解任**する。　出題 H27・R３～４

役員は，マンションに**現住している必要はない**。　出題 H30

外部専門家を役員として選任できることとする場合

(2) **理事および監事**は，**総会の決議**によって，**選任**し，または**解任**する。

(3) 理事長，副理事長および会計担当理事は，理事会の決議によって，理事のうちから，理事会で選任し，または解任する。

(4) **組合員以外の者から理事または監事を選任**する場合の**選任**　出題 R５

方法については細則で定める。

■第35条関係コメント（抜粋）

① 管理組合は，建物，敷地等の管理を行うために区分所有者全員で構成される団体であることを踏まえ，役員の資格要件を，当該マンションへの居住の有無に関わりなく区分所有者であるという点に着目して，「組合員」としているが，必要に応じて，**マンション管理に係る専門知識を有する外部の専門家の選任も可能とするように当該要件を外す**ことも考えられる。この場合においては，「外部専門家を役員として選任できることとする場合」の(4)のように，選任方法について細則で定める旨の規定を置くことが考えられる。この場合の専門家としては，マンション管理士のほか弁護士，建築士などで，一定の専門的知見を有する者が想定され，当該マンションの管理上の課題等に応じて適切な専門家を選任することが重要である。なお，それぞれのマンションの実態に応じて，「**○○マンションに現に居住する組合員**」とするなど，**居住要件を加える**ことも考えられる。

② 理事の員数については次のとおりとする。

ア）おおむね**10～15戸**につき**1名**選出するものとする。

イ）員数の範囲は，**最低3名程度**，**最高20名程度**とし，「**○～○名」という枠**により定めることもできる。

③ 標準管理規約における管理組合は，権利能力なき社団であることを想定しているが，役員として意思決定を行えるのは自然人であり，法人そのものは役員になることができないと解すべきである。したがって，**法人**が区分所有する専有部分があるマンションにおいて，法人関係者が役員になる場合には，**管理組合役員の任務に当たることを当該法人の職務命令として受けた者等を選任する**ことが一般的に想定される。外部専門家として役員を選任する場合であって，法人，団体等から派遣を受けるときも，同様に，当該法人，団体等から指定された者（自然人）を選任することが一般的に想定される。なお，法人の役職員が役員になった場合においては，特に利益相反取引について注意が必要である。

④ (4)の選任方法に関する細則の内容としては，選任の対象となる外部の専門家の要件や選任の具体的な手続等を想定している。

⑤ 外部の専門家を役員として選任する場合には，その者が期待された能力等を発揮して管理の適正化，財産的価値の最大化を実現しているか監視・監督する仕組みが必要であ

る。このための一方策として，法人・団体から外部の専門家の派遣を受ける場合には，派遣元の法人・団体等による報告徴収や業務監査または外部監査が行われることを選任の要件として，(4)の細則において定めることが考えられる。

2．役員の任期（36条）

(1)　**役員の任期**は「**○年**」とする。ただし，**再任を妨げない**。　出題 R２

(2)　**補欠の役員**の任期は，前任者の**残任期間**とする。

(3)　**任期の満了**または**辞任**によって**退任する役員**は，後任の役員が就任するまでの間**引き続きその職務を行う**。　出題 R１

(4)　**役員が組合員でなくなった場合**には，その役員は**その地位を失う**。

プラス　役員が解任された場合や区分所有権を第三者に譲渡し**組合員でなくなった**ことにより退任した場合には，**職務を続行する義務は発生しない**。　出題 R１

外部専門家を役員として選任できることとする場合

(4)　**選任**（再任を除く）**の時に組合員であった役員**が組合員でなくなった場合には，その役員は**その地位を失う**。

プラス　**外部の専門家として選任された後に組合員になった場合**にまで，組合員でなくなれば当然に役員としての地位を失うことは妥当ではない。そこで，組合員でなくなったときに，外部の専門家である役員がその地位を失う場合を「**選任の時に組合員であった役員**」に**限定**しているのである。

■**第36条関係コメント（抜粋）**

①　**役員の任期**については，組合の実情に応じて**１～２年**で設定することとし，選任に当たっては，その就任日および任期の期限を明確にする。

②　業務の継続性を重視すれば，役員は**半数改選**とするのもよい。この場合には，役員の任期は**２年**とする。

③　**役員が任期途中で欠けた場合**，総会の決議により新たな役員を選任することが可能であるが，外部の専門家の役員就任の可能性や災害時等緊急時の迅速な対応の必要性を踏まえると，**規約において，あらかじめ補欠を定めておくこ**

とができる旨規定するなど，**補欠の役員の選任方法について定めておく**ことが望ましい。また，**組合員である役員が転出，死亡その他の事情により任期途中で欠けた場合**には，**組合員から補欠の役員を理事会の決議で選任することができる**と，**規約に規定する**こともできる。なお，理事や監事の員数を，「○～○名」という枠により定めている場合には，その下限の員数を満たさなくなったときに，補欠を選任することが必要となる。

3．役員の欠格要件（36条の2）

次のいずれかに該当する者は，**役員となることができない**。

① **精神の機能の障害**により**役員の職務を適正に執行するに当たって必要な認知，判断および意思疎通を適切に行うことができない者**または**破産者で復権を得ない者**

② **禁錮以上の刑**に処せられ，その執行を終わり，またはその執行を受けることがなくなった日から**5年を経過しない者**

③ **暴力団員等（暴力団員または暴力団員でなくなった日から5年を経過しない者をいう）** 出題 H30

■第36条の2関係コメント

① 選択肢として，役員の資格を組合員に限定することを改め外部の専門家を役員に選任することができるようにしたことを踏まえ，役員の欠格条項を定めるものである。なお，暴力団員等の範囲については，公益社団法人および公益財団法人の認定等に関する法律を参考にした。

② **外部の専門家からの役員の選任**について，細則で選任方法を定めることとする場合，本条に定めるほか，細則において，次のような**役員の欠格条項を定める**こととする。

ア）**個人の専門家の場合**

・マンション管理に関する各分野の専門的知識を有する者から役員を選任しようとする場合にあっては，**マンション管理士の登録の取消し**，または当該分野に係る資格についてこれと同様の**処分を受けた者**

イ）**法人から専門家の派遣を受ける場合**（アに該当する者に加えて）

次のいずれかに該当する法人から派遣される役職員は，外部専門家として役員となることができない。

! 参考

役員の欠格要件は，「外部の専門家を役員として選任できることとする場合」だけではなく，**役員資格を組合員に限定する場合にも適用される**。

・銀行取引停止処分を受けている法人
・**管理業者の登録の取消しを受けた法人**

4．役員の誠実義務等（37条）

⑴　**役員**は，法令，規約および使用細則その他細則（使用細則等）ならびに総会および理事会の決議に従い，組合員のため，**誠実にその職務を遂行する**ものとする。

⑵　**役員（理事・監事）**は，**別に定めるところ**により，役員としての活動に応ずる**必要経費の支払**と**報酬を受ける**ことができる。

出題 R５

プラス　役員の報酬は，「役員活動費」として，**管理費**から充当する。その額や支払方法の決定には，総会の普通決議が必要である。

■第37条関係コメント

①　役員は，管理組合の財産の毀損の防止およびそのために必要な措置を講じるよう努めるものとする。特に，**外部の専門家の役員就任**に当たっては，判断・執行の誤りによる財産毀損に係る**賠償責任保険への加入に努め，保険限度額の充実等にも努めるべき**である。さらに，故意・重過失による財産毀損は，保険の対象外のため，財産的基礎の充実による自社（者）補償や積立て等による団体補償の検討等にも取り組むよう努めるべきである。

②　マンションの高経年化，区分所有者の高齢化，住戸の賃貸化・空室化等の進行による管理の困難化やマンションの高層化・大規模化等による管理の高度化・複雑化が進んでおり，マンションの円滑な管理のために，**外部の専門家の役員就任**も考えられるところである。この場合，当該役員に対して，必要経費とは別に，**理事会での協議・意見交換の参画等に伴う負担**と，**実際の業務の困難性や専門的技能・能力等による寄与などを総合的に考慮**して，**報酬**を支払うことも考えられる。その際，理事会の議事録の閲覧の活用等により，役員の業務の状況を適切に認知・確認することが望ましい。

注意

「利益相反取引」
➡P.180のプラス参照。

5．利益相反取引の防止（37条の2）

役員は，次に掲げる場合には，**理事会**において，**当該取引につき重要な事実を開示**し，その**承認を受けなければならない**。

出題 R1

① **役員が自己または第三者のために管理組合と取引**をしようとするとき（直接取引）。
② **管理組合が役員以外の者との間において管理組合と当該役員との利益が相反する取引**をしようとするとき（間接取引）。

■第37条の2関係コメント

役員は，マンションの資産価値の保全に努めなければならず，管理組合の利益を犠牲にして自己または第三者の利益を図ることがあってはならない。とりわけ，外部の専門家の役員就任を可能とする選択肢を設けたことに伴い，このようなおそれのある取引に対する規制の必要性が高くなっている。そこで，役員が，**利益相反取引**（**直接取引または間接取引**）を行おうとする場合には，**理事会**で当該取引につき重要な事実を開示し，**承認を受けなければならない**ことを定めるものである。

【直接取引の具体例】
・ある役員が管理組合を代表し，その役員の所有する土地について売買契約を締結する場合
・ある役員が管理組合を代表し，マンションの補修工事について，その役員が経営する会社（第三者）との間で請負契約を締結する場合

【間接取引の具体例】
・管理組合が，ある役員の所有する専有部分の補修工事の代金債務について，連帯保証人となる場合

6．理事長（38条）

注意

管理組合を代表する理事は理事長1人である。出題 R2

(1) 理事長は，**管理組合を代表**し，その**業務を統括**するほか，次の業務を遂行する。

> ①　**規約**，使用細則等または**総会**もしくは**理事会の決議**により，**理事長の職務として定められた事項**
> ②　**理事会の承認**を得て，**職員を採用**し，または**解雇**すること。

出題 H29

(2)　理事長は，**区分所有法に定める管理者**とする。
(3)　理事長は，**通常総会**において，**組合員に対し**，**前会計年度における管理組合の業務の執行に関する報告**をしなければならない。
(4)　理事長は，「○ヵ月に１回」以上，**職務の執行の状況を理事会に報告**しなければならない。
(5)　理事長は，**理事会の承認**を受けて，**他の理事に**，**その職務の一部を委任**することができる。

出題 H29

(6)　**管理組合と理事長との利益が相反する事項**については，理事長は，**代表権を有しない**。この場合においては，**監事または理事長以外の理事**が管理組合を代表する。

出題 H28・R１～２

■第38条関係コメント
①　例えば植栽による日照障害などの日常生活のトラブルの対応において，日照障害における植栽の伐採などの重要な問題に関しては，総会の決議により決定することが望ましい。
②　(3)について，WEB会議システム等を用いて開催する通常総会において，**理事長が当該システム等を用いて出席し報告を行うことも可能**であるが，WEB会議システム等を用いない場合と同様に，各組合員からの質疑への応答等について適切に対応する必要があることに 留意すべきである。
③　(4)は，理事長が職務の執行の状況を理事会に定期的に（例えば，「３ヵ月に１回以上」等）報告すべき旨を定めたものである。なお，WEB会議システム等を用いて開催する理事会において，**理事長が当該システム等を用いて出席し報告を行うことも可能**であるが，WEB会議システム等を用いない場合と同様に，各理事からの質疑への応答等について適切に対応する必要があることに留意すべきである。

７．副理事長（39条）

副理事長は，**理事長を補佐**し，**理事長に事故があるとき**は，その**職務を代理**し，**理事長が欠けた**ときは，**その職務を行う**。

出題 H26・R１

プラス 例えば，理事長に事故がある場合には，**副理事長**が総会を招集する。

8．理　事（40条）

(1) 理事は，**理事会を構成**し，**理事会の定める**ところに従い，**管理組合の業務を担当**する。

出題 H28・R1～2・5
(2) 理事は，**管理組合に著しい損害を及ぼすおそれのある事実があることを発見**したときは，直ちに，当該事実を**監事に報告しなければならない**。

出題 H27・29
(3) **会計担当理事**は，**管理費等の収納**，**保管**，**運用**，**支出**等の会計業務を行う。

> **■第40条関係コメント**（注：上記(2)に関するもの）
> 理事が，管理組合に著しい損害を及ぼすおそれのある事実があることを発見した場合，その事実を監事に報告する義務を課すことで，**監事による監査の実施を容易にする**ために規定したものである。

9．監　事（41条）

出題 H26・29
(1) 監事は，**管理組合の業務の執行および財産の状況を監査**し，その結果を**総会に報告**しなければならない。

出題 H29・R1・4
(2) 監事は，いつでも，**理事**および理事会の承認を得て採用された**職員に対して業務の報告を求め**，または**業務および財産の状況の調査をする**ことができる。

出題 H26～27・R1～5
(3) 監事は，**管理組合の業務の執行および財産の状況について不正があると認めるとき**は，**臨時総会を招集**することができる。

出題 H26・28～29・R1・4
(4) 監事は，**理事会に出席**し，**必要があると認めるときは，意見を述べなければならない**。

出題 H28～29・R1・3～4
(5) 監事は，①**理事が不正の行為をし，もしくは当該行為をするおそれがある**と認めるとき，または②法令，**規約，使用細則等，総会の決議もしくは理事会の決議に違反する事実もしくは著しく不当な事実がある**と認めるときは，遅滞なく，その旨を**理事会に報告しなければならない**。

出題 R1～3
(6) 監事は，(5)の場合において，必要があると認めるときは，**理事長に対し，理事会の招集を請求する**ことができる。

(7) (6)による請求があった日から**５日以内**に，その請求があった日から２週間以内の日を**理事会の日とする理事会の招集の通知が発せられない**場合は，その請求をした監事は，**理事会を招集することができる。**

■第41条関係コメント
① (1)では，監事の基本的な職務内容について定める。これには，理事が総会に提出しようとする議案を調査し，その調査の結果，法令又は規約に違反し，または著しく不当な事項があると認めるときの総会への報告が含まれる。また，(2)は，(1)を受けて，具体的な報告請求権と調査権について定めるものである。
② (4)は，従来「できる規定」として定めていたものであるが，監事による監査機能の強化のため，**理事会への出席義務を課す**とともに，**必要があるときは，意見を述べなければならない**としたものである。ただし，理事会は招集手続を経た上で，理事の半数以上が出席すれば開くことが可能であり，**監事が出席しなかったことは，理事会における決議等の有効性には影響しない。**
③ (5)により監事から理事会への報告が行われた場合には，理事会は，当該事実について検討することが必要である。(5)の報告義務を履行するために必要な場合には，監事は，理事長に対し，理事会の招集を請求することができる旨を定めたのが，(6)である。さらに，(7)で，理事会の確実な開催を確保することとしている。

プラス　**監事による臨時総会の招集**には，**理事会の決議は不要**である。また，招集事由は「業務の執行および財産の状況に不正があるとき」に限定されているので，「**新理事長の選任**」や「**理事の解任**」を議題とする総会の招集はできない。また，「**通常総会が開催されない場合**」や「**業務の執行および財産の状況に不正があると認める場合**」でも「**通常総会**」を招集することはできない。監事が招集できるのは，あくまで「**臨時総会**」である。

注意
監事は，**理事会への出席義務がある**ので，管理組合の業務執行および財産の状況について**特段意見がない場合であっても，理事会に出席しなければならない。**
出題 R１

管理組合の役員の比較

	区分所有法	標準管理規約
役員の種類,資格,員数,任期	**管理組合(非法人)** 種類:**管理者** 資格:法人や区分所有者以外も可 員数:制限なし 任期:制限なし **管理組合法人** 種類:**理事・監事** 資格:**自然人** 区分所有者以外でも可(監事は理事・使用人との兼任は不可) 員数:制限なし 任期:**2年**(規約で3年以内とするのは可)	種類:**理事**(理事長・副理事長・会計担当理事・その他の理事)・**監事** 資格:**自然人** 員数:おおむね10戸～15戸に1人,最低3名・最高20名程度とし,「○～○名」と枠で定めるのも可 任期:組合の実情により1～2年で設定,再任も可

4 総　会　はじめて

1．総　会 (42条)

(1)　管理組合の総会は,総組合員で組織する。

(2)　総会は,**通常総会**および**臨時総会**とし,区分所有法に定める集会とする。

出題 H30
(3)　**理事長**は,**通常総会**を,**毎年1回新会計年度開始以後2カ月以内**に招集しなければならない。

出題 R2
(4)　**理事長**は,**必要と認める場合**には,**理事会の決議**を経て,いつでも**臨時総会**を招集することができる。

出題 H26
(5)　**総会の議長**は,**理事長**が務める。

■第42条関係コメント
① (3)について，災害または感染症の感染拡大等への対応として，WEB会議システム等を用いて会議を開催することも考えられるが，やむを得ない場合においては，通常総会を必ずしも「新会計年度開始以後２ヵ月以内」に招集する必要はなく，これらの状況が解消された後，遅滞なく招集すれば足りると考えられる。
② 総会において，議長を選任する旨の定めをすることもできる。

2．招集手続（43条）

(1) 総会を招集するには，**少なくとも会議を開く日の２週間前**（会議の目的が**建替え決議**または**マンション敷地売却決議**であるときは**２ヵ月前**）**までに**，会議の日時，場所（WEB会議システム等を用いて会議を開催するときは，その開催方法）および目的を示して，**組合員に通知を発しなければならない**。 出題 H30・R２～３

(2) 前項の通知は，管理組合に対し組合員が届出をしたあて先**に発する**ものとする。ただし，その**届出のない組合員**に対しては，対象物件内の**専有部分の所在地あてに発する**ものとする。 出題 R２

(3) 通知は，「**対象物件内に居住する組合員**」および「**届出のない組合員**」に対しては，その内容を**所定の掲示場所に掲示することをもって**，これに代えることができる。 出題 R２

(4) 通知をする場合において，会議の目的が**規約の制定，変更または廃止，敷地および共用部分等の重大変更，大規模滅失の復旧の決議**または**建替え決議**もしくは**マンション敷地売却決議**であるときは，その**議案の要領をも通知**しなければならない。

プラス 特別決議事項のうち「**管理組合法人の設立・解散**」と「**義務違反者に対する競売請求等**」は，**議案の要領の通知が不要**である。

(5) 会議の目的が建替え決議であるときは，議案の要領のほか，次の事項を通知しなければならない。

① 建替えを必要とする理由
② 建物の建替えをしないとした場合における当該建物の効用の維持および回復（建物が通常有すべき効用の確保を含む）をするのに要する費用の額およびその内訳
③ 建物の修繕に関する計画が定められているときは，当該計画の内容
④ 建物につき修繕積立金として積み立てられている金額

(6) 会議の目的がマンション敷地売却決議であるときは，(4)に定める議案の要領のほか，次の事項を通知しなければならない。

① 売却を必要とする理由
② 次に掲げる場合の区分に応じ，それぞれ次に定める事項
イ 耐震性が不足するマンションとして建替え等円滑化法の特定要除却認定を受けている場合
i. 耐震改修法に規定する耐震改修またはマンションの建替えをしない理由
ii. 耐震改修に要する費用の概算額
ロ 火災に対する安全性に係る法令の基準に適合しないマンションとして建替え等円滑化法の特定要除却認定を受けている場合
i. 火災に対する安全性の向上を目的とした改修またはマンションの建替えをしない理由
ii. 改修に要する費用の概算額
ハ 外壁等の剝離等により危害が生じる恐れがあるマンションとして特定要除却認定を受けている場合
i. 外壁等の剝離および落下の防止を目的とした改修またはマンションの建替えをしない理由
ii. 改修に要する費用の概算額

(7) 建替え決議またはマンション敷地売却決議を目的とする総会を招集する場合，少なくとも会議を開く日の１ヵ月前までに，当該招集の際に通知すべき事項について組合員に対し説

明を行うための説明会を開催しなければならない。

⑻　専有部分を占有する者が，総会に出席して意見を述べようとする場合には，組合員に通知を発した後遅滞なく，その通知の内容を，所定の掲示場所に掲示しなければならない。

⑼　前記⑴（建替え決議またはマンション敷地売却決議であるときを除く）にかかわらず，**緊急を要する場合**には，**理事長**は，**理事会の承認**を得て，**５日間を下回らない範囲**において，**通知期間を短縮**することができる。

■第43条関係コメント

①　⑴について，WEB 会議システム等を用いて会議を開催する場合における通知事項のうち，「開催方法」については，当該WEB 会議システム等にアクセスするためのURLが考えられ，これに合わせて，なりすまし防止のため，WEB会議システム等を用いて出席を予定する組合員に対しては個別にIDおよびパスワードを送付することが考えられる。

②　⑶⑻について，所定の掲示場所は，建物内の見やすい場所に設ける。

③　⑺について，総会と同様に，WEB会議システム等を用いて説明会を開催することも可能である。

３．組合員の総会招集権（44条）

⑴　組合員が**組合員総数の1/5以上および議決権総数の1/5以上に当たる組合員の同意**を得て，会議の目的を示して総会の招集を請求した場合には，**理事長は，２週間以内にその請求があった日から４週間以内の日**（会議の目的が建替え決議またはマンション敷地売却決議であるときは，**２ヵ月と２週間以内の日**）を会日とする**臨時総会の招集の通知を発しなければならない**。　出題 H29・R３

⑵　**理事長が通知を発しない場合**には，**招集請求をした組合員**は，**臨時総会を招集することができる**。　出題 H26

〔※管理組合における電磁的方法の利用状況に応じて，次のように規定〕

（ア）電磁的方法が利用可能ではない場合

⑶　**招集された臨時総会**においては，**議長**は，**総会に出席した組合員**（書面または代理人によって議決権を行使する者を含む）の**議決権の過半数**をもって，**組合員の中から選任**する。　出題 H26

（イ）電磁的方法が利用可能な場合

(3) 招集された臨時総会においては，議長は，総会に出席した組合員（書面，電磁的方法または代理人によって議決権を行使する者を含む）の議決権の過半数をもって，組合員の中から選任する。

Point整理 総会の招集・議長のまとめ

	招集権	要件	議長
通常総会	理事長	毎年１回新会計年度開始後２ヵ月以内	理事長
臨時総会		理事会の決議を経て，いつでも	
		各1/5以上の組合員の同意により総会の招集請求があった場合には，理事長は，２週間以内に請求があった日から４週間以内の日を会日とする臨時総会を招集	**出席組合員の議決権の過半数で，組合員の中から選任**
	組合員	**各1/5以上の組合員の同意**により総会の招集請求があったにもかかわらず理事長が招集しない場合	
	監事	**業務執行・財産状況について不正がある**と認められるとき	理事長

4．出席資格（45条）

出題 H29

(1) 組合員のほか，**理事会が必要と認めた者**は，**総会に出席**することができる。

出題 H29・R２

(2) **区分所有者の承諾を得て専有部分を占有する者**は，**会議の目的につき利害関係を有する場合**には，**総会に出席して意見**を述べることができる。この場合において，総会に出席して意見を述べようとする者は，**あらかじめ理事長にその旨を通知しなければならない**。

■**第45条関係コメント**
理事会が必要と認める者の例としては，**マンション管理業者（従業員）**，管理員，**マンション管理士**等がある。

管理費を含めた賃料を支払っている場合でも**占有者**は「**管理費の値上げ**」を議題とする総会に出席して意見を述べることはできない。なお，**共同の利益に反する行為**により弁明の機会を与えられた**占有者も総会に出席することができる**。

出題 R2

5．議決権（46条）

(1)　各組合員の**議決権の割合**は，**別表第5**のとおりとする。

別表第5　議決権の割合

住戸番号	議決権割合	住戸番号	議決権割合
○○号室	○○○分の○○	○○号室	○○○分の○○
○○号室	○○○分の○○	○○号室	○○○分の○○
○○号室	○○○分の○○	○○号室	○○○分の○○
・	・	・	・
・	・	・	・
・	・	・	・
・	・	合計	○○○分の○○○

(2)　住戸1戸が**数人の共有**に属する場合，その議決権行使については，これら**共有者をあわせて一の組合員**とみなす。

(3)　**一の組合員とみなされる者**は，**議決権を行使する者1名**を選任し，その者の氏名を**あらかじめ総会開会までに理事長に届け出**なければならない。

出題 H30

(4)　組合員は，**書面または代理人によって議決権を行使**することができる。

(5)　組合員が**代理人**により**議決権を行使**しようとする場合において，その**代理人**は，次の者でなければならない。

> ①　その**組合員の配偶者**（婚姻の届出をしていないが**事実上婚姻関係と同様の事情にある者を含む**）または**一親等の親族**
> ②　その**組合員の住戸に同居する親族**
> ③　**他の組合員**

出題 R2

出題 R5

プラス
賃借人等（占有者）には**代理人**としての**資格がない**。賃借人が，賃貸人である区分所有者からの委任状の提出をしても総会で議決権を行使することはできない。

(6)　**組合員または代理人**は，**代理権を証する書面を理事長に提**

第6章　マンション標準管理規約（標準管理規約）

出しなければならない。

〔※管理組合における電磁的方法の利用状況に応じて，次のように規定〕

（ア）電磁的方法が利用可能ではない場合

（規定なし）

（イ）電磁的方法が利用可能な場合

(7)　組合員は，(4)の書面による議決権の行使に代えて，**電磁的方法によって議決権を行使**することができる。

(8)　組合員または代理人は，(6)の書面の提出に代えて，**電磁的方法によって提出**することができる。

■第46条関係コメント（抜粋）

①　議決権については，共用部分の共有持分の割合，あるいはそれを基礎としつつ**賛否を算定しやすい数字に直した割合**によることが適当である。

②　各住戸の面積があまり異ならない場合は，**住戸１戸につき各１個の議決権により対応することも可能**である。また，住戸の数を基準とする議決権と専有面積を基準とする議決権を併用することにより対応することも可能である。

③　**住戸の価値に大きな差がある場合**においては，単に共用部分の共有持分の割合によるのではなく，専有部分の階数（眺望，日照等），方角（日照等）等を考慮した**価値の違いに基づく価値割合を基礎として，議決権の割合を定める**ことも考えられる。

この価値割合とは，**専有部分の大きさおよび立地（階数・方角等）等を考慮**した効用の違いに基づく議決権割合を設定するものであり，**住戸内の内装や備付けの設備等住戸内の豪華さ等も加味したものではない**ことに留意する。

また，この価値は，必ずしも**各戸の実際の販売価格に比例するものではなく**，全戸の販売価格が決まっていなくても，各戸の階数・方角（眺望，日照等）などにより，別途基準となる価値を設定し，その価値を基にした議決権割合を新築当初に設定することが想定される。ただし，前方に建物が建築されたことによる眺望の変化等の各住戸の価値に影響を及ぼすような事後的な変化があったとしても，それによる議決権割合の見直しは原則として行わないものとする。

なお，このような価値割合による議決権割合を設定する場合には，分譲契約等によって定まる敷地等の共有持分についても，価値割合に連動させることが考えられる。

④　総会は管理組合の最高の意思決定機関であることを踏まえると，代理人は，区分所有者としての組合員の意思が総会に適切に反映されるよう，区分所有者の立場から見て利害関係が一致すると考えられる者に限定することが望ましい。(5)は，この観点から，**組合員が代理人によって議決権を行使する場合の代理人の範囲について規約に定める**ことした場合の規定例である。また，総会の円滑な運営を図る観点から，代理人の欠格事由として暴力団員等を規約に定めておくことも考えられる。なお，成年後見人，財産管理人等の組合員の法定代理人については，法律上本人に代わって行為を行うことが予定されている者であり，当然に議決権の代理行使をする者の範囲に含まれる。

⑤　**書面による議決権の行使**とは，総会には出席しないで，総会の開催前に**各議案ごとの賛否を記載した書面**（いわゆる「**議決権行使書**」）を総会の招集者に提出することである。他方，**代理人による議決権の行使**とは，**代理権を証する書面**（いわゆる「**委任状**」。電磁的方法による提出が利用可能な場合は，電磁的方法を含む）によって，組合員本人から授権を受けた代理人が総会に出席して議決権を行使することである。

　このように，**議決権行使書**と**委任状**は，**いずれも組合員本人が総会に出席せずに議決権の行使をする方法**であるが，議決権行使書による場合は組合員自らが主体的に賛否の意思決定をするのに対し，委任状による場合は賛否の意思決定を代理人に委ねるという点で性格が大きく異なるものである。そもそも総会が管理組合の最高の意思決定機関であることを考えると，組合員本人が自ら出席して，議場での説明や議論を踏まえて議案の賛否を直接意思表示することが望ましいのはもちろんである。しかし，やむを得ず総会に出席できない場合であっても，組合員の意思を総会に直接反映させる観点からは，**議決権行使書によって組合員本人が自ら賛否の意思表示をすることが望ましく**，そのためには，**総会の招集の通知において議案の内容があらかじめなるべく明確に示されることが重要である**ことに留意が必要である。

⑥　代理人による議決権の行使として，**誰を代理人とするかの記載のない委任状**（いわゆる「**白紙委任状**」）が提出された場合には，当該委任状の効力や議決権行使上の取扱いについてトラブルとなる場合があるため，そのようなトラブルを防止する観点から，例えば，委任状の様式等において，**委任状を用いる場合には誰を代理人とするかについて**

注意
「**議決権行使書**」と「**委任状**」は，規約原本や議事録と異なり閲覧の対象ではないので，組合員または利害関係人から「**理由を付した書面**」による請求があっても**閲覧させる必要はない**。**出題** H28

主体的に決定することが必要であること，適当な代理人がいない場合には**代理人欄を空欄とせず議決権行使書によって自ら賛否の意思表示をすることが必要であること等について記載しておく**ことが考えられる。

⑦　WEB会議システム等を用いて総会に出席している組合員が議決権を行使する場合の取扱いは，WEB会議システム等を用いずに総会に出席している組合員が議決権を行使する場合と同様であり，区分所有法39条３項に規定する規約の定めや集会の決議は不要である。ただし，第三者が組合員になりすました場合やサイバー攻撃や大規模障害等による通信手段の不具合が発生した場合等には，総会の決議が無効となるおそれがあるなどの課題に留意する必要がある。

プラス **【組合員の数え方】**

総会において議決権を行使する際の**組合員数**は，次の考え方により数える。

> ①　１人で**複数の住戸**を所有する者は１名と数える
> ②　１戸が**共有**に属する場合，あわせて１名とする

次の場合に組合員数は何名となるか考えてみよう。

1．住戸数が123戸，うち２戸を所有する区分所有者が３名おり，全員異なる共有名義の住戸が５戸ある場合

（出題 H23-問32のケース）

まず２戸を所有する組合員が３名であり，①よりこの組合員数は**３名**である。この３名で所有する住戸は６戸である。次に全員異なる共有名義の住戸が５戸であり，②よりこの組合員数は**５名**である。この５名が所有する住戸数は５戸である。そして，住戸数123戸のうち**１戸を所有する組合員**は，123戸から11戸（６戸＋５戸）を除いた112戸となる。これにより１戸を所有する組合員は**112名**であることがわかる。したがって，**組合員総数**は，３名＋５名＋112名＝120名となる。

2．住戸数が96戸，うち２戸を所有する区分所有者が６名おり，２名の共有名義の住戸が３戸ある場合

（出題 R３-問36のケース）

１．と同様に考え，２戸を所有する組合員が**６名**であり，この組合員数は**６名**である。この６名で所有する住戸は12戸である。２名の共有名義の住戸が３戸であり，この組合員数は**３名**である。住戸数96戸のうち**１戸を所有する組合員**は，96戸から15戸（12戸＋３戸）を除いた81戸となる。これにより１戸を所有する組合員は**81名**で

ある。したがって，組合員総数は，６名＋３名＋81名＝90名となる。

【議決権行使書と委任状の取扱い】

「議決権行使書」は，**誰の議決権行使であるのかが明確**であり，**各議案ごとの賛否の記載**があれば，押印等がなくても**有効**として扱ってよい。例えば，「**すべての議案に反対の記載があり，サインペンで署名しているが，押印のない議決権行使書**」は，**有効**である。しかし，「**賛成，反対いずれの表示もなく，区分所有者の署名のみがある議決権行使書**」や「**署名押印はあるが賛否の記載がない議決権行使書**」は，**無効**である。

出題 R４

「委任状」は，**誰が受任者であるかが明確**であり，**組合員本人からの授権**であれば**有効**として扱ってよい。例えば，「**氏名欄に署名はあるが，押印（実印）のない委任状**」は，**有効**であるが，「**区分所有者の配偶者（区分所有者でない）が自分で署名押印した委任状**」は，**無効**である。

また，「**２つの議決権を有する区分所有者が同一議案について，議決権の１つは反対する旨の，もう１つの議決権については賛成する旨の記載がある議決権行使書**」（このような議決権の行使方法を「**議決権の不統一行使**」という）も，**無効**である。

出題 R４

６．総会の会議および議事（47条）

⑴　**総会の会議**（WEB会議システム等を用いて開催する会議を含む）は，**議決権総数の半数以上を有する組合員が出席**しなければならない。

出題 R３

プラス　区分所有法は集会の定足数を定めていないが，標準管理規約は，総会の定足数を**議決権総数の半数の出席**としている。なお，定足数とは，会議が成立するため必要とされる最小限度の出席者数をいう。

⑵　**総会の議事**は，**出席組合員の議決権の過半数**で決する。

出題 H26・30

⑶　次に掲げる事項に関する総会の議事は，**組合員総数の3/4以上および議決権総数の3/4以上**で決する。

第６章　マンション標準管理規約（標準管理規約）

① **規約の制定，変更または廃止**
② **敷地および共用部分等の変更（その形状または効用の著しい変更を伴わないもの**および建築物の耐震改修の促進に関する法律25条２項に基づく認定を受けた建物の耐震改修**を除く**）
③ 義務違反者に対する使用禁止の請求，競売の請求または契約の解除・引渡し請求の訴えの提起
④ 建物の価格の1/2を超える部分が滅失した場合の滅失した共用部分の復旧
⑤ その他総会において総会で決議することとした事項

⑷ **建替え決議**は，**組合員総数の4/5以上および議決権総数の4/5以上**で行う。

⑸ **マンション敷地売却決議**は，⑵にかかわらず，**組合員総数，議決権総数および敷地利用権の持分の価格の各4/5以上**で行う。

プラス 区分所有法の普通決議は，「区分所有者および議決権の各過半数」とし，出席者の数は考慮していないが，標準管理規約では，「**出席者組合員の議決権の過半数**」としている。特別決議は，規約で別段の定めができないため標準管理規約でも「組合員総数の3/4以上および議決権総数の3/4以上」となっている。なお，「共用部分の重大変更」の決議要件について，標準管理規約は「別段の定め」をしていない（➡P.159参照）。

〔※管理組合における電磁的方法の利用状況に応じて，次のように規定〕

（ア）電磁的方法が利用可能ではない場合

⑹ 書面または代理人によって議決権を行使する者は，出席組合員とみなす。

（イ）電磁的方法が利用可能な場合

⑹ 書面，電磁的方法または代理人によって議決権を行使する者は，出席組合員とみなす。

⑺ 規約の制定，変更または廃止が一部の組合員の権利に特別の影響を及ぼすべきときは，その承諾を得なければならない。

この場合において，その組合員は**正当な理由**がなければこれを拒否してはならない。

⑻　**敷地および共用部分等の変更**が，専有部分または専用使用部分の使用に**特別の影響を及ぼすべきとき**は，その専有部分を所有する組合員またはその専用使用部分の専用使用を認められている**組合員の承諾を得なければならない**。この場合において，その組合員は**正当な理由がなければこれを拒否してはならない**。

⑼　義務違反者に対する訴え提起についての決議を行うには，あらかじめ当該組合員または占有者に対し，弁明する機会を与えなければならない。

⑽　総会においては，総会の招集通知により**あらかじめ通知した事項についてのみ**，**決議**することができる。

■**第47条関係コメント（抜粋）**

①　**定足数**について，議決権を行使することができる組合員が**WEB会議システム等を用いて出席した場合**については，定足数の算出において**出席組合員に含まれる**と考えられる。これに対して，議決権を行使することができない傍聴人としてWEB会議システム等を用いて議事を傍聴する組合員については，出席組合員には含まれないと考えられる。

②　**議長を含む出席組合員**（**書面**（電磁的方法による議決権の行使が利用可能な場合は，電磁的方法を含む）**または代理人によって議決権を行使する者を含む**）**の議決権の過半数**で決議し，**過半数の賛成を得られなかった議事は否決とすることを**意味するものである。　出題 H26

③　このような規定の下で，各工事に必要な総会の決議に関しては，例えば次のように考えられる。ただし，基本的には各工事の具体的内容に基づく個別の判断によることとなる。

ア）**バリアフリー化の工事**に関し，「**建物の基本的構造部分を取り壊す等の加工を伴わずに階段にスロープを併設し，手すりを追加する工事**」は**普通決議**により，「**階段室部分を改造したり，建物の外壁に新たに外付けしたりして，エレベーターを新たに設置する工事**」は**特別多数決議**により実施可能と考えられる。　出題 H26

イ）**耐震改修工事**に関し，「**柱やはりに炭素繊維シートや鉄板を巻き付けて補修する工事**」や，「**構造躯体に壁や筋かいなどの耐震部材を設置する工事で基本的構造部分への加工が小さいもの**」は**普通決議**により実施可能と考　出題 H26・30

第６章　マンション標準管理規約（標準管理規約）

えられる。

ウ）**防犯化工事**に関し，「オートロック設備を設置する際，配線を，空き管路内に通したり，建物の外周に敷設したりするなど共用部分の加工の程度が小さい場合の工事」や，「**防犯カメラ，防犯灯の設置工事**」は**普通決議**により，実施可能と考えられる。

出題 H26・R 3

エ）**IT化工事**に関し，「**光ファイバー・ケーブルの敷設工事**を実施する場合，その工事が**既存のパイプスペースを利用するなど共用部分の形状に変更を加えることなく実施できる場合**」や，「新たに光ファイバー・ケーブルを通すために，外壁，耐力壁等に工事を加え，その形状を変更するような場合でも，建物の躯体部分に相当程度の加工を要するものではなく，外観を見苦しくない状態に復元する」のであれば，**普通決議**により実施可能と考えられる。

出題 H30

オ）**計画修繕工事**に関し，「鉄部塗装工事」，「外壁補修工事」，「**屋上等防水工事**」，「**給水管更生・更新工事**」，「照明設備，**共聴設備**，消防用設備，**エレベーター設備の更新工事**」は**普通決議**で実施可能と考えられる。

出題 H30・R 2～3

カ）その他，「**集会室，駐車場，駐輪場の増改築工事**などで，**大規模なものや著しい加工を伴うもの**」は**特別多数決議**により，「**窓枠**，窓ガラス，**玄関扉等の一斉交換工事**」，「**既に不要となったダストボックスや高置水槽等の撤去工事**」は**普通決議**により，実施可能と考えられる。

プラス　**敷地や共用部分等の変更**を行う場合，「**形状または効用の著しい変更を伴う**」ときは，**特別決議**が必要となる。しかし，どのような工事が普通決議で行えて，どのような工事には特別決議が必要なのかの判断は簡単にはできない。そこで，標準管理規約では，工事に必要な総会の決議要件について，第47条関係コメントで**具体例**を示している。

Point整理 **総会（集会）の比較**

	区分所有法	標準管理規約
総会の定足数	規定なし	**議決権総数の半数以上を有する組合員の出席**
総会の決議要件	**区分所有者および議決権の各過半数**	出席組合員の議決権の過半数
通常総会の招集	管理者・理事が，**少なくとも毎年1回集会**を招集	理事長が，通常総会を，**毎年1回新会計年度開始以後2ヵ月以内に招集**
臨時総会	管理者・理事は，必要がある場合は，**いつでも臨時の集会を招集**できる	理事長は，必要があると認める場合には，理事会の決議**を経て，いつでも臨時総会を招集**できる
総会の招集通知（建替え決議以外）	会日より少なくとも1週間前に発する（規約で伸縮できる）	少なくとも会議を開く日の2週間前に発する（緊急を要する場合には，理事長は，**理事会の承認**を得て，5日間**を下回らない範囲**において，通知期間を短縮することができる）

7．議決事項（48条）

次に掲げる事項については，**総会の決議**を経なければならない。

① **規約および使用細則等の制定，変更または廃止**　出題 H26～28・R3～4
② **役員の選任および解任ならびに役員活動費の額および支払方法**　出題 R5
③ **収支決算および事業報告**　出題 H26
④ **収支予算および事業計画**　出題 H26
⑤ **長期修繕計画の作成または変更**　出題 H27
⑥ **管理費等および使用料の額ならびに賦課徴収方法**　出題 H30・R5
⑦ **修繕積立金の保管および運用方法**　出題 R3・5

プラス ⑦修繕積立金の保管および運用方法としては，「普通預金をおろしてマンションすまい・る債を購入する」「修繕積立金で国債を購入する」「修繕積立金を預金していたA銀行の口座から預金を引き出し，B銀行に口座を開設して預け替える」等が該当する。

⑧ 適正化法に基づく**管理計画の認定の申請，管理計画の認定の更新・変更の認定の申請**

⑨ **専有部分である設備のうち共用部分と構造上一体となった部分の管理を共用部分の管理と一体として行う必要がある場合の管理の実施**

⑩ **特別の管理の実施**ならびにそれに充てるための**資金の借入れ**および**修繕積立金の取崩し** 出題 H27～28

⑪ **行為の停止等の請求**および**使用禁止・競売・引渡し請求の訴えの提起**ならびにこれらの**訴えを提起すべき者の選任**

⑫ **建物の一部が滅失した場合の滅失した共用部分の復旧**

⑬ 円滑化法に基づく**除却の必要性に係る認定の申請**

⑭ 建替えおよびマンション敷地売却

⑮ **建物の建替え等に係る計画または設計等の経費のための修繕積立金の取崩し** 出題 H28

⑯ **組合管理部分に関する管理委託契約の締結** 出題 R 3

⑰ その他**管理組合の業務に関する重要事項**

注意
議事録の作成時期については，区分所有法にも，標準管理規約にも特に**定めはない**。 出題 H27

8．議事録の作成，保管等（49条）

〔※管理組合における電磁的方法の利用状況に応じて，次のように規定〕

（ア）電磁的方法が利用可能ではない場合

(1) 総会の議事については，**議長**は，**議事録を作成**しなければならない。

出題 H27

(2) 議事録には，**議事の経過の要領**および**その結果**を記載し，**議長および議長の指名する2名の総会に出席した組合員**がこれに**署名**しなければならない。

出題 H27

(3) **理事長**は，議事録を保管し，**組合員または利害関係人の書面による請求**があったときは，**議事録の閲覧**をさせなければならない。この場合において，閲覧につき，**相当の日時，場所等を指定**することができる。

(4) **理事長**は，**所定の掲示場所に，議事録の保管場所を掲示**しなければならない。

出題 H27

（イ）電磁的方法が利用可能な場合

(1) 総会の議事については，議長は，書面または電磁的記録により，議事録を作成しなければならない。

(2) 議事録には，議事の経過の要領およびその結果を記載し，または記録しなければならない。

(3) 議事録が書面で作成されているときは，議長および議長の指名する２名の総会に出席した組合員がこれに署名しなければならない。

(4) 議事録が電磁的記録で作成されているときは，当該電磁的記録に記録された情報については，議長および議長の指名する２名の総会に出席した組合員が電子署名（電子署名および認証業務に関する法律２条１項の「電子署名」をいう）をしなければならない。

(5) 理事長は，議事録を保管し，組合員または利害関係人の書面または電磁的方法による請求があったときは，議事録の閲覧（議事録が電磁的記録で作成されているときは，当該電磁的記録に記録された情報の内容を紙面または出力装置の映像面に表示する方法により表示したものの当該議事録の保管場所における閲覧をいう）をさせなければならない。この場合において，閲覧につき，相当の日時，場所等を指定することができる。

(6) 理事長は，所定の掲示場所に，議事録の保管場所を掲示しなければならない。

■第49条関係コメント（抜粋）

① 「**利害関係人**」とは，敷地，専有部分に対する**担保権者，差押え債権者，賃借人，組合員からの媒介の依頼を受けた宅地建物取引業者**等法律上の利害関係がある者をいい，単に事実上利益や不利益を受けたりする者，親族関係にあるだけの者等は対象とはならない。

② 電磁的記録の具体例には，磁気ディスク，磁気テープ等のような磁気的方式によるもの，ICカード，ICメモリー等のような電子的方式によるもの，CD-Rのような光学的方式によるものなどによって調製するファイルに情報を記録したものがある。

9．書面または電磁的方法による決議（50条）

〔※管理組合における電磁的方法の利用状況に応じて，次のように規定〕

（ア）電磁的方法が利用可能ではない場合

(1) 規約により総会において決議をすべき場合において，組合員全員の承諾があるときは，書面による決議をすることができる。

(2) 規約により総会において決議すべきものとされた事項については，組合員全員の書面による合意があったときは，書面による決議があったものとみなす。

(3) 規約により総会において決議すべきものとされた事項についての書面による決議は，総会の決議と同一の効力を有する。

(4) 前記**8．**(ア)(3)**議事録の閲覧**(4)**議事録の保管場所の掲示**の規定は，**書面による決議に係る書面**について準用する。

(5) 総会に関する規定は，書面による決議について準用する。

（イ）電磁的方法が利用可能な場合

(1) 規約により総会において決議をすべき場合において，組合員全員の承諾があるときは，書面または電磁的方法による決議をすることができる。ただし，電磁的方法による決議に係る組合員の承諾については，あらかじめ，組合員に対し，その用いる電磁的方法の種類および内容を示し，書面または電磁的方法による承諾を得なければならない。

(2)　(1)の電磁的方法の種類および内容は，次に掲げる事項とする。

①　電磁的方法のうち，送信者が使用するもの ②　ファイルへの記録の方式

(3)　規約により総会において決議すべきものとされた事項については，組合員の全員の書面または電磁的方法による合意があったときは，書面または電磁的方法による決議があったものとみなす。

(4)　規約により総会において決議すべきものとされた事項についての書面または電磁的方法による決議は，総会の決議と同一の効力を有する。

(5)　前記**8**．（イ）(5)(6)の規定は，書面または電磁的方法による決議に係る書面ならびに電磁的方法が行われた場合に当該電磁的方法により作成される電磁的記録について準用する。

(6)　総会に関する規定は，書面または電磁的方法による決議について準用する。

5 理事会　はじめて

1．理事会（51条）

(1)　**理事会**は，**理事をもって構成**する。

(2)　**理事会**は，次に掲げる職務を行う。

①　規約もしくは使用細則等または総会の決議により**理事会の権限として定められた管理組合の業務執行の決定** ②　**理事の職務の執行の監督** ③　**理事長，副理事長**および**会計担当理事**の**選任**および**解任**

出題 R3

(3)　**理事会の議長**は，**理事長**が務める。

■第51条関係コメント
理事の互選により選任された理事長，副理事長および会計担当理事については，(2)に基づき，**理事の過半数の一致**によりその**職を解く**ことができる。ただし，その理事としての地位については，総会の決議を経なければその職を解くことができない。

2．招　集（52条）

(1) 理事会は，**理事長**が招集する。
(2) 理事が「○分の１以上」**の理事の同意**を得て**理事会の招集を請求**した場合には，理事長は速やかに理事会を招集しなければならない。
(3) (2)による請求があった日から「○日以内」に，その請求があった日から「○日以内」の日を理事会の日とする**理事会の招集の通知が発せられない場合**には，その請求をした理事は，**理事会を招集することができる**。
(4) **理事会の招集手続**については，**総会の招集手続**（建替え決議またはマンション敷地売却決議を会議の目的とする場合の招集手続を除く）**の規定を準用する**。この場合において，「**組合員**」とあるのは「**理事および監事**」と，「**理事会の承認**」とあるのは「**理事および監事の全員の同意**」と読み替えるものとする。ただし，**理事会において別段の定め**をすることができる。

3．理事会の会議および議事（53条）

出題 R４

(1) **理事会の会議**（WEB会議システム等を用いて開催する会議を含む）は，**理事の半数以上が出席**しなければ開くことができず，その議事は**出席理事の過半数**で決する。

> プラス　**理事会**には，総会と異なり「**全員の書面による合意**」という制度はないので，**理事会を開催せず**，議案について「**理事全員の賛成の署名のある書面**」があっても，**理事会の決議**があったものとすることはできない。

出題 H30・R３～４

(2) 後出**４．**(1)⑤**の事項**については，**理事の過半数の承諾**があるときは，**書面または電磁的方法による決議**によることができる。

(3)　(1)(2)の決議について**特別の利害関係を有する理事は，議決に加わることができない**。

出題 R1

プラス　例えば，ある理事が，自己の経営する会社のために管理組合と**利益相反取引**をしようとする場合，その**取引の承認**について，その理事は，**理事会の議決に加わることができない**。

〔※管理組合における電磁的方法の利用状況に応じて，次のように規定〕

（ア）電磁的方法が利用可能ではない場合

(4)　**議事録**については，**総会の議事録の作成，保管等**（**保管場所の掲示を除く**）**の規定を準用**する。ただし，「議事録には，議事の経過の要領およびその結果を記載し，**議長および議長の指名する２名の総会に出席した組合員**がこれに署名しなければならない」については，「**総会に出席した組合員**」とあるのは「**理事会に出席した理事**」と**読み替える**ものとする。

注意　理事会の議事録の保管場所の掲示は，不要である。

出題 R4

（イ）電磁的方法が利用可能な場合

(4)　議事録については，総会の議事録の作成，保管等（保管場所の掲示を除く）の規定を準用する。ただし，「議事録には，議事の経過の要領およびその結果を記載し，議長および議長の指名する２名の総会に出席した組合員がこれに署名（電子署名）しなければならない」については，「総会に出席した組合員」とあるのは「理事会に出席した理事」と読み替えるものとする。

■第53条関係コメント

①　理事は，総会で選任され，組合員のため，誠実にその職務を遂行するものとされている。このため，**理事会には本人が出席して，議論に参加し，議決権を行使する**ことが求められる。

②　したがって，**理事の代理出席**（**議決権の代理行使を含む**）を，**規約において認める旨の明文の規定がない場合**に認めることは適当でない。

出題 H30・R3

③　**「理事に事故があり，理事会に出席できない場合は，その配偶者または一親等の親族**（理事が，組合員である法人の職務命令により理事となった者である場合は，法人が推

出題 H30・R3

挙する者）**に限り，代理出席を認める**」旨を定める**規約の規定は有効**であると解されるが，あくまで，やむを得ない場合の代理出席を認めるものであることに留意が必要である。この場合においても，あらかじめ，総会において，それぞれの理事ごとに，理事の職務を代理するにふさわしい資質・能力を有するか否かを審議の上，その職務を代理する者を定めておくことが望ましい。なお，外部専門家など当人の個人的資質や能力等に着目して選任されている理事については，代理出席を認めることは適当でない。

出題 H30・R 3

④ **理事がやむを得ず欠席する場合**には，代理出席によるのではなく，事前に**議決権行使書**または**意見を記載した書面を出せるようにする**ことが考えられる。これを認める場合には，理事会に出席できない理事が，あらかじめ通知された事項について，**書面をもって表決することを認める旨**を，**規約の明文の規定で定めることが必要**である。

出題 R 4

⑤ **理事会に出席できない理事**に対しては，理事会の議事についての**質問機会の確保**，**書面等による意見の提出や議決権行使を認めるなどの配慮**をする必要がある。また，**WEB会議システム等を用いて理事会を開催する場合は**，**当該理事会における議決権行使の方法等を**，**規約や細則において定める**ことも考えられ，この場合においても，規約や使用細則等に則り理事会議事録を作成することが必要となる点などについて留意する必要がある。なお，**定足数**について，理事がWEB会議システム等を用いて出席した場合については，定足数の算出において**出席理事に含まれる**と考えられる。

⑥ (2)は，本来，①のとおり，理事会には理事本人が出席して相互に議論することが望ましいところ，例外的に，次項**4．**(1)⑤の事項については，申請数が多いことが想定され，かつ，迅速な審査を要するものであることから，書面または電磁的方法による決議を可能とするものである。

4．議決事項（54条）

(1) 理事会は，この規約に別に定めるもののほか，次に掲げる事項を決議する。

① **収支決算案，事業報告案，収支予算案および事業計画案**
② 規約および使用細則等の制定，変更または廃止に関する**案**
③ 長期修繕計画の作成または変更に関する**案**
④ その他の総会提出議**案**
⑤ **「専有部分等の修繕等」「敷地および共用部分等の管理」「窓ガラス等の改良」**における**承認または不承認**
⑥ **「通常の管理に要する経費のうち経常的なもの」および「長期の施工期間を要する工事に係る経費」であって通常総会の承認を得る前に支出することがやむをえないと認められるものの承認または不承認**
⑦ **未納の管理費等および使用料の請求に関する訴訟その他法的措置の追行**
⑧ **違反者等に対する理事長の勧告または指示等**
⑨ **総会から付託された事項**
⑩ **災害等により総会の開催が困難**である場合における**応急的な修繕工事の実施**等
⑪ **理事長，副理事長**および**会計担当理事**の**選任および解任**

出題 R3

⚠注意
⑤の決議は，**理事の過半数の承諾**があれば，理事会を開催せず「**書面または電磁的方法による決議**」によることができる（前出3．⑵）。
出題 H30・R3

出題 R3・5

(2) 理事会は，(1)⑩**の決議をした場合**においては，当該決議に係る**応急的な修繕工事の実施に充てるための資金の借入れ**および**修繕積立金の取崩し**について**（理事会で）決議**することができる。

出題 R3・5

プラス
本来，「不測の事故その他特別の事由により必要となる修繕の実施」に充てるための**資金の借入れおよび修繕積立金の取崩し**には，**総会の決議**が必要である。(2)は，(1)⑩の**応急的な修繕工事の実施を理事会で決議した場合**について，**その例外（理事会の決議で借入・取崩しが可能）を認める規定**である。

第6章　マンション標準管理規約（標準管理規約）

■**第54条関係コメント**

① (1)⑩の「**災害等により総会の開催が困難である場合における応急的な修繕工事の実施等**」の具体的内容については，次のとおりである。

ア）**緊急対応が必要となる災害の範囲**としては，**地震，台風，集中豪雨，竜巻，落雷，豪雪，噴火**などが考えられる。なお，「災害等」の「等」の例としては，災害と連動して，または単独で発生する火災，爆発，物の落下などが該当する。

イ）「**総会の開催が困難である場合**」とは，**避難や交通手段の途絶等により，組合員の総会への出席が困難である場合**である。

ウ）「**応急的な修繕工事**」は，**保存行為に限られるものではなく**，二次被害の防止や生活の維持等のために緊急対応が必要な，**共用部分の軽微な変更（形状又は効用の著しい変更を伴わないもの）**や**狭義の管理行為（変更及び保存行為を除く，通常の利用，改良に関する行為）も含まれ**，例えば，**給水・排水，電気，ガス，通信といったライフライン等の応急的な更新，エレベーター附属設備の更新，炭素繊維シート巻付けによる柱の応急的な耐震補強**などが「応急的な修繕工事」に該当する。また，「応急的な修繕工事の実施等」の「等」としては，被災箇所を踏まえた共用部分の使用方法の決定等が該当する。

② (2)は，応急的な修繕工事の実施に伴い必要となる資金の借入れおよび修繕積立金の取崩しについて，総会の決議事項であるところ，(1)⑩の決議に基づき実施する場合には，理事会で決議することができるとするものである。

③ ①のほかにも，**共用部分の軽微な変更**および**狭義の管理行為**については，大規模マンションなど，それぞれのマンションの実態に応じて，機動的な組合運営を行う観点から，これらのうち特定の事項について，**理事会の決議事項として規約に定めることも可能**である。その場合には，理事の行為が自己契約，双方代理など組合員全体の利益に反することとならないよう監事による監視機能の強化を図るなどの取組み，理事会活動の事前・事後の組合員に対する透明性の確保等について配慮することが必要である。

【災害等の緊急時の場合の管理組合の意思決定】
理事長は，**総会または理事会の決議によらず**に，「**敷地および共用部分等の必要な保存行為**」を行うことができる。そして，総会の開催が困難である場合には，保存行為を超えるような「**応急的な修繕工事**」であっても，**理事会の決議だけ**で実施可能である。

5．専門委員会の設置（55条）

⑴　理事会は，その**責任と権限の範囲内**において，専門委員会を設置し，**特定の課題を調査または検討**させることができる。　出題 H29・R３

⑵　専門委員会は，調査または検討した結果を**理事会に具申**する。　出題 H29

■第55条関係コメント
①　「**専門委員会の検討対象が理事会の責任と権限を越える事項である場合**」や，「**理事会活動に認められている経費以上の費用が専門委員会の検討に必要となる場合**」「運営細則の制定が必要な場合」等は，専門委員会の設置に**総会の決議**が必要となる。
②　専門委員会は，検討対象に関心が強い組合員を中心に構成されるものである。必要に応じ検討対象に関する専門的知識を有する者（**組合員以外も含む**）の参加を求めることもできる。

❽ 会　計

1 会計年度（56条）

管理組合の会計年度は，「毎年○月○日から翌年○月○日まで」とする。

プラス　会計年度は，一般的に**年度**（4月1日から3月31日まで）や**暦年**（1月1日から12月31日）とされている。

2 管理組合の収入および支出（57条）

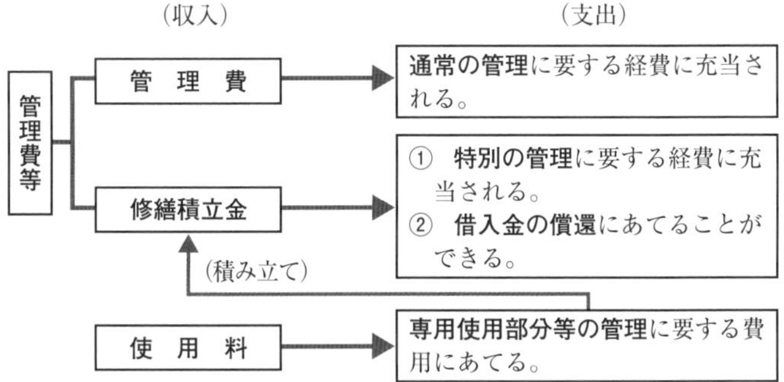

3 収支予算の作成および変更（58条）

出題 H30 (1) **理事長**は，毎会計年度の**収支予算案**を**通常総会**に提出し，その**承認**を得なければならない。

出題 H30 (2) **収支予算を変更**しようとするときは，**理事長**は，その案を**臨時総会**に提出し，その**承認**を得なければならない。

(3) 理事長は，**会計年度の開始後，通常総会の承認を得るまでの間**に，次に掲げる経費の支出が必要となった場合には，**理事会の承認を得てその支出を行うことができる。**

出題 H26～27・30・R4

① **通常の管理に要する経費**のうち，**経常的であり，かつ，通常総会の承認を得る前に支出することがやむを得ない**と認められるもの

② 総会の承認を得て実施している**長期の施工期間を要する工事に係る経費**であって，**通常総会の承認を得る前に支出することがやむを得ない**と認められるもの

(4)　(3)に基づき行った支出は，(1)により収支予算案の承認を得たときは，**当該収支予算案による支出とみなす**。

(5)　理事会が「災害等により総会の開催が困難である場合における応急的な修繕工事の実施等」の決議をした場合には，**理事長**は，**理事会の決議**に基づき，**その支出を行うことができる**。

(6)　**理事長**は，21条6項の規定（災害等の緊急時に総会または理事会の決議によらずに，敷地および共用部分等の必要な保存行為を行うことができる）に基づき，**敷地および共用部分等の保存行為を行う場合**には，**そのために必要な支出を行うことができる**。

■**第58条関係コメント**

①　通常総会は，新会計年度開始以後2ヵ月以内に招集することとしているため，新会計年度開始後，予算案の承認を得るまでに一定の期間を要することが通常である。(3)および(4)の規定は，このような期間において支出することがやむを得ない経費についての取扱いを明確化することにより，迅速かつ機動的な業務の執行を確保するものである。

②　(3)①の経費とは，「**通常の管理に要する経費**」のうち，経常的であり，かつ，通常総会の承認を得る前に支出することがやむを得ないと認められるものであることから，**前年の会計年度における同経費の支出額のおよその範囲内**であることが必要である。

③　(3)②の経費とは，**総会の承認を得て実施している工事**であって，その工事の性質上，施工期間が長期となり，**2つの会計年度を跨**（また）**ってしまうことがやむを得ない**ものであり，総会の承認を得た会計年度と異なる会計年度の予算として支出する必要があるものであって，かつ，通常総会の承認を得る前に支出することがやむを得ないと認められるものであることが必要である。

4 会計報告（59条）　はじめて

理事長は，毎会計年度の**収支決算案**を**監事の会計監査を経て**，**通常総会**に報告し，その**承認**を得なければならない。

出題 H26・30・R2～3

5 管理費等の徴収（60条） 

(1) 管理組合は，**管理費等および使用料**について，組合員が各自開設する預金口座から**口座振替の方法**により管理組合の預金口座に受け入れることとし，当月分は別に定める徴収日までに一括して徴収する。ただし，臨時に要する費用として特別に徴収する場合には，別に定めるところによる。

(2) 組合員が(1)の期日までに納付すべき金額を納付しない場合には，管理組合は，その未払金額について，「年利○％」の**遅延損害金と，違約金としての弁護士費用ならびに督促および徴収の諸費用を加算**して，その組合員に対して請求することができる。

(3) 管理組合は，**納付すべき金額を納付しない組合員**に対し，督促を行うなど，**必要な措置を講ずる**ものとする。

(4) 理事長は，**未納の管理費等および使用料**の請求に関して，**理事会の決議**により，管理組合を代表して，**訴訟その他法的措置を追行する**ことができる。

(5) (2)に基づき請求した遅延損害金，弁護士費用ならびに督促および徴収の諸費用に相当する収納金は，**管理費に充当**する。

出題 H27

(6) 組合員は，納付した管理費等および使用料について，その**返還請求または分割請求をすることができない**。

■第60条関係コメント（抜粋）

① **滞納管理費等に係る遅延損害金の利率の水準**については，管理費等は，マンションの日々の維持管理のために必要不可欠なものであり，その滞納はマンションの資産価値や居住環境に影響し得ること，管理組合による滞納管理費等の回収は，専門的な知識・ノウハウを有し大数の法則が働く金融機関等の事業者による債権回収とは違い，手間や時間コストなどの回収コストが膨大となり得ること等から，**利息制限法や消費者契約法等における遅延損害金利率よりも高く設定する**ことも考えられる。

② 督促および徴収に要する費用とは，次のような費用である。

ア）配達証明付内容証明郵便による督促は，郵便代の実費および事務手数料

イ）支払督促申立その他の法的措置については，それに伴う印紙代，予納切手代，その他の実費

ウ）その他督促および徴収に要した費用

③　(2)では，遅延損害金と，違約金としての弁護士費用ならびに督促および徴収の諸費用を加算して，その組合員に対して請求することが「できる」と規定しているが，これらについては，請求しないことについて合理的事情がある場合を除き，請求すべきものと考えられる。

6 管理費等の過不足（61条） はじめて

(1)　収支決算の結果，**管理費に余剰を生じた場合**には，その余剰は**翌年度における管理費に充当**する（繰り越す）。

出題 H27〜29・R2・4

(2)　**管理費等に不足を生じた場合**には，管理組合は組合員に対して，**各区分所有者の共用部分の共有持分に応じて算出した管理費等の負担割合**により，**その都度必要な金額の負担を求める**ことができる。

出題 H26・30・R2

7 預金口座の開設（62条）

管理組合は，会計業務を遂行するため，管理組合の預金口座を開設するものとする。

■第62条関係コメント
預金口座に係る印鑑等の保管にあたっては，施錠の可能な場所（金庫等）に保管し，印鑑の保管と鍵の保管を理事長と副理事長に分けるなど，適切な取扱い方法を検討し，その取扱いについて**総会の承認を得て細則等に定めておく**ことが望ましい。

出題 R3

8 借入れ（63条） はじめて

管理組合は，**修繕積立金を取り崩して充当する28条1項に定める業務**（特別の管理に要する経費に充当する場合 ➡P.282）を行うため**必要な範囲内**において，**借入れ**をすることができる。

出題 H26〜27・29・R1

プラス　「通常の管理に要する経費」に不足が生じた場合でも**借入れをすることができない**。また，この借入れをするには，**その都度総会の決議が必要**となる。

出題 H26・R2

9 帳票類の作成，保管（64条） 

出題 H28・R５

(1) 理事長は，会計帳簿，什器（じゅうき）備品台帳，組合員名簿およびその他の帳票類を作成して保管し，組合員または利害関係人の「理由を付した書面」による請求があったときは，これらを閲覧させなければならない。この場合において，閲覧につき，相当の日時，場所等を指定することができる。

出題 H28

(2) 理事長は，長期修繕計画書，宅建業者から交付を受けた設計図書および修繕等の履歴情報を保管し，組合員または利害関係人の「理由を付した書面」による請求があったときは，これらを閲覧させなければならない。この場合において，閲覧につき，相当の日時，場所等を指定することができる。

(3) 理事長は，閲覧の対象とされる管理組合の財務･管理に関する情報については，組合員または利害関係人の「理由を付した書面」による請求に基づき，当該請求をした者が求める情報を記入した書面を交付することができる。この場合において，理事長は，交付の相手方にその費用を負担させることができる。

プラス 理事長は，帳票類・長期修繕計画書等について閲覧請求があっても，「直ち」に閲覧させる必要はない。また，所定の掲示場所に，その保管場所を掲示する必要もない。なお，総会議事録（49条），理事会議事録（53条），規約原本等（72条）の閲覧には，書面による請求が必要であるが，帳票類・長期修繕計画書等の閲覧には，より確認の必要性が高いことから「理由を付した書面」によって請求しなければならない。

■第64条関係コメント（抜粋）

① 作成，保管すべき帳票類としては，(1)のものの他，**領収書や請求書，管理委託契約書，修繕工事請負契約書，駐車場使用契約書，保険証券**などがある。

② 組合員名簿の閲覧等に際しては，組合員のプライバシーに留意する必要がある。

③ (2)は，管理組合の業務として掲げられている各種書類等の管理について，(1)の帳票類と同様に，その保管および閲覧に関する業務を理事長が行うことを明確にしたものである。なお，理事長は，理事長の責めに帰すべき事由により(1)の帳票類または(2)に掲げる書類が適切に保管されなかったため，当該帳票類または書類を再作成することを要した場合には，その費用を負担する等の責任を負うものである。

④ (3)の書面交付の対象とする情報としては，**大規模修繕工事等の実施状況，今後の実施予定，その裏付けとなる修繕積立金の積立ての状況（マンション全体の滞納の状況も含む）や，ペットの飼育制限，楽器使用制限，駐車場や駐輪場の空き状況**等が考えられるが，その範囲については，交付の相手方に求める費用等とあわせ，細則で定めておくことが望ましい。

10 消滅時の財産の清算（65条）

管理組合が消滅する場合，その残余財産については，**各区分所有者の共用部分の共有持分割合**に応じて**各区分所有者に帰属**するものとする。

■第65条関係コメント

共有持分割合と修繕積立金等の負担割合が大きく異なる場合は負担割合に応じた清算とするなど，**マンションの実態に応じて衡平な清算の規定を定める**ことが望ましい。

9 雑　則

1 義務違反者に対する措置（66条）

区分所有者または占有者が建物の保存に有害な行為その他建物の管理または使用に関し区分所有者の共同の利益に反する行為をした場合またはその行為をするおそれがある場合には，**区分所有法の義務違反者に対する措置の規定**（57条～60条）**に基づき必要な措置**をとることができる。

2 理事長の勧告および指示等（67条）

出題 R5

(1) **区分所有者もしくはその同居人または専有部分の貸与を受けた者もしくはその同居人（区分所有者等）**が，法令，規約または使用細則等に違反したとき，または対象物件内における共同生活の秩序を乱す行為を行ったときは，**理事長**は，**理事会の決議**を経てその**区分所有者等**に対し，**その是正等のため必要な勧告または指示もしくは警告を行うことができる。**

(2) **区分所有者**は，**その同居人またはその所有する専有部分の貸与を受けた者もしくはその同居人**が(1)の違反等の行為を行った場合には，**その是正等のため必要な措置を講じなければならない。**

出題 R5

(3) **区分所有者等**がこの規約もしくは**使用細則等に違反**したとき，または**区分所有者等**もしくは**区分所有者等以外の第三者**が敷地および共用部分等において**不法行為**を行ったときは，理事長は，**理事会の決議**を経て，**次の措置を講ずる**ことができる。

> ① **行為の差止め，排除または原状回復のための必要な措置の請求**に関し，管理組合を代表して，**訴訟その他法的措置を追行**すること
> ② 敷地および共用部分等について生じた**損害賠償金または不当利得による返還金の請求または受領**に関し，区分所有者のために，訴訟において**原告または被告となること，その他法的措置**をとること

出題 R5

(4) (3)の訴えを提起する場合，**理事長**は，請求の相手方に対し，

違約金としての弁護士費用および差止め等の諸費用を請求することができる。

(5)　(4)に基づき請求した弁護士費用および差止め等の諸費用に相当する収納金は，管理費に充当する。

(6)　理事長は，(3)に基づき，区分所有者のために，原告または被告となったときは，遅滞なく，区分所有者にその旨を通知しなければならない。この場合には，総会の招集手続の規定を準用する。

Point整理　理事長の勧告および指示等

<table>
<tr><th>対象者</th><th>対象となる行為</th><th>要件</th><th>理事長の措置</th></tr>
<tr><td>区分所有者等</td><td>①法令・規約・使用細則等違反
②共同生活の秩序を乱す行為</td><td rowspan="3">理事会の決議</td><td>是正等のために必要な勧告・指示・警告</td></tr>
<tr><td>区分所有者等</td><td>規約・使用細則等違反</td><td rowspan="2">①行為の差止め・原状回復請求等に関し訴訟等法的措置の追行
②損害賠償金等の請求，受領に関し原告・被告になる等法的措置の追行</td></tr>
<tr><td>区分所有者等と区分所有者等以外の第三者</td><td>敷地及び共用部分等における不法行為</td></tr>
</table>

3 合意管轄裁判所（68条）

(1)　この規約に関する管理組合と組合員間の訴訟については，対象物件所在地を管轄する○○地方（簡易）裁判所をもって，第一審管轄裁判所とする。

(2)　行為の停止等・使用の禁止・競売請求に関する訴訟についても，(1)と同様とする。

4 市および近隣住民との協定の遵守（69条）

区分所有者は，管理組合が○○市または近隣住民と締結した協定について，これを誠実に遵守しなければならない。

参考

類似の内容を定めている前記の**1**（標準管理規約66条の行為の停止等の請求を定めた区分所有法57条関連。以下66条という）と**2**(3)①（標準管理規約67条３項１号）の規定は，以下の３点で異なる。

①**訴訟の対象となる者の範囲が67条３項１号の方が広い。**66条では，区分所有者と占有者に限定されているが，67条３項１号では，それらの同居人も対象となっている。

②66条は，措置の対象を「共同の利益に反する行為等」としているのに対し，67条３項１号では,「**管理規約や使用細則等に違反する行為**」を**対象**としている。

③67条３項１号により行為の停止等の訴訟を行う場合には，**総会の決議は必要ではなく，理事会の決議だけで行うことができる。**66条では，個々の事案ごとに総会の決議が必要とされる。

■第69条関係コメント
① 分譲会社が締結した協定は，管理組合が再協定するか，附則で承認する旨規定するか，いずれかとする。
② 協定書は規約に添付することとする。
③ ここでいう協定としては，公園，通路，目隠し，共同アンテナ，電気室等の使用等を想定している。

5 細　則（70条）

総会および理事会の運営，会計処理，管理組合への届出事項等については，別に細則を定めることができる。

■第70条関係コメント
細則は他に，役員選出方法，管理事務の委託業者の選定方法，文書保存等に関するものが考えられる。

6 規約外事項（71条）

(1) 規約および使用細則等に定めのない事項については，区分所有法その他の法令の定めるところによる。
(2) 規約，使用細則等または法令のいずれにも定めのない事項については，総会の決議により定める。

7 規約原本等（72条）

〔※管理組合における電磁的方法の利用状況に応じて，次のように規定〕

（ア）電磁的方法が利用可能ではない場合

(1) この規約を証するため，**区分所有者全員が署名した規約を1通作成**し，これを**規約原本**とする。
出題 H28
(2) 規約原本は，**理事長**が**保管**し，**区分所有者または利害関係人の書面による請求**があったときは，規約原本の**閲覧**をさせなければならない。
(3) 規約が規約原本の内容から総会決議により変更されているときは，理事長は，**1通の書面**に，**現に有効な規約の内容**と，**その内容が規約原本および規約変更を決議した総会の議事録の内容と相違ないこと**を記載し，**署名**した上で，この書面を保管する。

(4)　区分所有者または利害関係人の書面による請求があったときは，理事長は，規約原本，規約変更を決議した総会の議事録および現に有効な規約の内容を記載した書面（規約原本等）ならびに現に有効な使用細則および細則その他の細則の内容を記載した書面（使用細則等）の閲覧をさせなければならない。

(5)　(2)(4)の場合において，理事長は，閲覧につき，相当の日時，場所等を指定することができる。

(6)　理事長は，所定の掲示場所に，規約原本等および使用細則等の保管場所を掲示しなければならない。

（イ）電磁的方法が利用可能な場合

(1)　この規約を証するため，区分所有者全員が書面に署名または電磁的記録に電子署名した規約を１通作成し，これを規約原本とする。

(2)　規約原本は，理事長が保管し，区分所有者または利害関係人の書面または電磁的方法による請求があったときは，規約原本の閲覧をさせなければならない。

(3)　規約が規約原本の内容から総会決議により変更されているときは，理事長は，１通の書面または電磁的記録に，現に有効な規約の内容と，その内容が規約原本および規約変更を決議した総会の議事録の内容と相違ないことを記載または記録し，署名または電子署名した上で，この書面または電磁的記録を保管する。

(4)　区分所有者または利害関係人の書面または電磁的方法による請求があったときは，理事長は，規約原本，規約変更を決議した総会の議事録および現に有効な規約の内容を記載した書面または記録した電磁的記録（規約原本等）ならびに現に有効な使用細則および細則その他の細則の内容を記載した書面または電磁的記録（使用細則等）の閲覧をさせなければならない。

(5)　(2)(4)の場合において，理事長は，閲覧につき，相当の日時，場所等を指定することができる。

(6)　理事長は，所定の掲示場所に，規約原本等および使用細則等の保管場所を掲示しなければならない。

(7) 電磁的記録により作成された規約原本等および使用細則等の閲覧については，電磁的記録による議事録の閲覧に関する規定を準用する。

■第72条関係コメント

区分所有者全員が署名した規約がない場合には，分譲時の規約案および分譲時の区分所有者全員の規約案に対する同意を証する書面または初めて規約を設定した際の総会の議事録が，規約原本の機能を果たすこととなる。

Point整理 規約原本・議事録等の保管等のまとめ

	総会議事録（49条）	理事会議事録（53条）	帳票類等（64条）	規約原本等（72条）
保管（理事長）	○	○	○	○
閲覧	○	○	○	○
保管場所の掲示	○	×	×	○

※ 閲覧には，書面による請求が必要（帳票類等の閲覧には，さらに「理由を付した書面」であることも必要）

⑩ 団地型・複合用途型の標準管理規約

1 標準管理規約（団地型） はじめて

1．対象（全般関係コメント②）

団地型の標準管理規約が対象としているのは，**一般分譲の住居専用のマンションが数棟所在する団地型マンション**で，団地内の土地および集会所等の附属施設がその数棟の区分所有者（団地建物所有者）全員の共有になっているものである。

2．管理（全般関係コメント⑤）

団地型の標準管理規約では，団地建物所有者の共有物である団地内の土地，附属施設および団地共用部分のほか，それぞれの棟についても**団地全体で一元的に管理**するものとし，管理組合は団地全体のものを規定し，**棟別のものを規定していない。** 区分所有法で棟ごとに適用されることになっている事項（義務違反者に対する措置，復旧，建替え等）については，棟ごとの棟総会で決議する。

3．持分割合（10条関係コメント①）

⑴　**土地・団地共用部分・附属施設**

各棟の延べ面積の全棟の延べ面積に占める割合を出した上で，各棟の中での各住戸の専有部分の床面積の割合による。

⑵　**棟の共用部分**

各棟の区分所有者の専有部分の床面積の割合による。

4．管理費等（25条）

団地建物所有者は，土地および共用部分等の管理に要する経費に充てるため，⑴**管理費**，⑵**団地修繕積立金**，⑶**各棟修繕積立金**を納入しなければならない。

⑴　**管理費**

棟の管理に相当する額は，**各棟の共用部分の共有持分**に応じ，それ以外の管理に相当する額は，**各団地建物所有者の土地の共有持分**に応じて算出する。

⑵　**団地修繕積立金**（50条6号）

注意

団地型の標準管理規約は，本試験では，平成21・令和4年に1肢，平成27・29・令和元・3年に1問出題されている。**単棟型との相違点に注意しながら目を通しておこう。**

出題 H27

各団地建物所有者の土地に対する共有持分に応じて算出する。なお，取崩しには**団地総会の決議が必要**だが，**各棟の決議は不要である**。

(3) **各棟修繕積立金**（50条6号）

出題 H27

各棟の共用部分の共有持分に応じて算出する。取崩しには**団地総会の決議が必要だが，各棟の決議は不要である**。

5．団地総会

(1) **総会の招集**

団地総会は，総組合員で組織する。通常総会は，理事長が，毎年新会計年度開始以後2ヵ月以内に招集しなければならない（44条1項・2項）。

(2) **議決権の割合**

議決権については，土地の共有持分の割合，あるいはそれを基礎としつつ賛否を算定しやすい数字に直した割合によることが適当であるとされている（48条関係コメント①）。

(3) **議決事項**

次の事項については，**団地総会の決議**を経なければならない（50条）。

① 規約（後出6．(3)①を除く）および使用細則等の制定，変更 または廃止
② 役員の選任および解任ならびに役員活動費の額および支払方法
③ 収支決算および事業報告
④ 収支予算および事業計画
⑤ 長期修繕計画の作成または変更
⑥ 管理費等および使用料の額ならびに賦課徴収方法

出題 H27・R1

⑦ **団地修繕積立金および各棟修繕積立金の保管**および**運用方法**
⑧ 適正化法に基づく管理計画の認定の申請，管理計画の認定の更新・変更の認定の申請
⑨ 専有部分である設備のうち棟の共用部分と構造上一体となった部分の管理を棟の共用部分の管理と一体として行う必要があるときの管理の実施

出題 H27・29・R1

⑩ **特別の管理の実施**（後出6．(3)③④**を除く**）ならびび

にそれに充てるための**資金の借入れ**および**団地修繕積立金**または**各棟修繕積立金の取崩し**

⑪　建替え等および敷地分割に係る計画または設計等の経費のための団地修繕積立金または各棟修繕積立金の取崩し

⑫　**団地内の建物の建替えの承認**　出題 R1

⑬　団地内の建物の一括建替え

⑭　円滑化法に基づく除却の必要性に係る認定の申請

⑮　円滑化法に基づく敷地分割

⑯　組合管理部分に関する管理委託契約の締結

⑰　その他管理組合の業務に関する重要事項

6．棟総会

⑴　総会の招集

棟総会は，団地内の棟ごとに，その棟の区分所有者全員で組織する（68条1項）。その棟の区分所有者が棟の区分所有者総数の1/5以上および議決権総数の1/5以上にあたる区分所有者の同意を得て，招集する（同2項）。

⑵　議決権の割合等

棟総会における議決権や招集手続は，単棟型に準ずる（69条，71条参照）。

⑶　議決事項

次の事項については，**団地総会では決議できず，棟総会の決議**を経なければならない（72条）。

①　区分所有法で団地関係に準用されていない規定に定める事項に係る規約の制定，変更または廃止

②　**義務違反者に対する訴えの提起**および**これらの訴えを提起すべき者の選任**　出題 H27・29

③　**建物の一部が滅失した場合の滅失した棟の共用部分の復旧**　出題 H29・R1

④　**建物の建替えに係る合意形成に必要となる事項の調査の実施およびその経費に充当する場合の各棟修繕積立金の取崩し**　出題 H29

⑤　**建替えおよびマンション敷地売却**

⑥　団地内の建物の建替えを団地内の他の建物の建替えと一括して建替え承認決議に付すこと

注意
複合用途型の標準管理規約は，本試験では，令和元年に1問，令和3・4年に1肢出題された。**単棟型との相違点に注意しながら目を通しておこう。**

2 標準管理規約（複合用途型）

1．対象

(1)　複合用途型の標準管理規約が対象としているのは，**一般分譲の住居・店舗併用の単棟型マンション**で，各住戸・各店舗についてはその床面積・規模・構造等が，均質なものもバリエーションがあるものも含めている（全般関係コメント②）。

(2)　マンションの形態は，複合用途型として多数を占めている「低層階に店舗があり，上階に住宅が主体のもの」（いわゆる「下駄ばきマンション」）である（全般関係コメント③）。

2．管理（全般関係コメント⑤）

複合用途型の標準管理規約では，区分所有者全員の共有物である敷地，全体共用部分，附属施設のほか，一部の区分所有者の共有物である一部共用部分についても**全体で一元的に管理**するものとし，管理組合は全体のものを規定し，**一部管理組合は特に規定していない**。

3．共用部分等の共有（9条，10条関係コメント①）

(1)　**敷地・全体共用部分・附属施設**

区分所有者全員の共有である。持分は，**専有部分の床面積**（一部共用部分の床面積をこれを共用すべき各区分所有者の専有部分の床面積により配分して，それぞれの区分所有者の専有部分の床面積に算入する）**の割合**による。

(2)　**住宅一部共用部分**

住戸部分の区分所有者のみの共有である。持分は，これを共用すべき各区分所有者の**専有部分の床面積の割合**である。

(3)　**店舗一部共用部分**

店舗部分の区分所有者のみの共有である。持分は，これを共用すべき各区分所有者の**専有部分の床面積の割合**による。

4．全体管理費等と一部管理費等（25条，26条）

前記のように複合用途型のマンションでは，敷地と附属施設は全区分所有者の共有となり，共用部分のうち，**全体共用部分**は全区分所有者の共有，**住宅一部共用部分**は住宅部分の区分所有者の共有となり，**店舗一部共用部分**は店舗部分の区分所有者の共有となるなど，権利関係が複雑である。また，住戸部分と店舗部分とでは，使用目的や管理費等に要する費用の内訳も異なっている。このため，複合用途型の標準管理規約では，**費用の負担**を，次のように**6つに細分化**して各区分所有者の負担を明確にし，区分所有者間の利害の衡平を図っている。

出題 R1

全体管理費等（25条）		全体管理費
		全体修繕積立金
一部管理費等（26条）	住戸部分	住宅一部管理費
		住宅一部修繕積立金
	店舗部分	店舗一部管理費
		店舗一部修繕積立金

注意
駐車場使用料その他の敷地及び共用部分等に係る使用料（**使用料**）は，それらの管理に要する費用に充てるほか，**全体修繕積立金**として積み立てる（33条）。
出題 R1

(1)　**全体管理費等の納入**

区分所有者は，敷地，全体共用部分および附属施設の管理に要する経費に充てるため，①**全体管理費**，②**全体修繕積立金**（全体管理費等）を納入しなければならない。

(2)　**全体管理費等の額**

全体管理費等の額については，住戸部分のために必要となる費用と店舗部分のために必要となる費用をあらかじめ按分した上で，住戸部分の区分所有者または店舗部分の区分所有者ごとに各区分所有者の全体共用部分の共有持分に応じて算出する。

(3)　**一部管理費等の納入**

一部共用部分の管理に要する経費に充てるため，住戸部分の区分所有者は，①**住宅一部管理費**，②**住宅一部修繕積立金**（一部管理費等）を納入しなければならない。また，店舗部分の区分所有者は，①**店舗一部管理費**，②**店舗一部修繕積立金**（一部管理費等）を納入しなければならない。

(4)　**一部管理費等の額**

一部管理費等の額については，住戸部分または店舗部分の各区分所有者の一部共用部分の共有持分に応じて算出される。

5．総会

(1) 総会の招集

総会は，総組合員で組織する（46条1項）。通常総会は，理事長が，毎年新会計年度開始以後2ヵ月以内に招集しなければならない（同3項）。

(2) 議決権の割合

議決権については，全体共用部分の共有持分の割合，あるいはそれを基礎としつつ賛否を算定しやすい数字に直した割合によることが適当である（50条関係コメント①）。

6．住宅部会・店舗部会

出題 R1・3

管理組合に，住戸部分の区分所有者で構成する**住宅部会**と店舗部分の区分所有者で構成する**店舗部会**を置く（60条1項）。この住宅部会・店舗部会は，管理組合としての**意思を決定する機関ではないが**，それぞれ住宅部分，店舗部分の一部共用部分の管理等について，**協議をする組織**として位置づけるものである（60条関係コメント①）。

第7章

不動産登記法

不動産登記法は，直近の10年では，平成28・30・令和2年に各1問出題された。
専門的で奥が深いので，受験対策としては，あまり時間をかけずに，「登記のしくみと手続」と「区分所有建物の登記」を押さえておけば十分である。

1 登記の仕組みと手続

1 目　的

不動産登記法は，**不動産の表示**および**不動産に関する権利を公示**するための登記に関する制度について定めることにより，国民の権利の保全を図り，もって取引の安全と円滑に資することを目的としている（1条）。

2 登記記録の構成　はじめて

登記は，登記官が**登記簿**に**登記事項**を**記録**することによって行う（11条）。この記録のことを，**登記記録**という。

1．登記記録（2条5号）

登記記録とは，**表示に関する登記**または**権利に関する登記**について，一筆の土地または一個の建物ごとに作成される，「**電磁的記録**（電子的・磁気的方式その他，人の知覚によっては認識することができない方式で作られる記録であって，電子計算機による情報処理の用に供されるものをいう。つまり，コンピュータのハードディスク等に記録されたデータ）」のことをいう。

2．表題部（2条7号）

表題部とは，登記記録のうち，**表示に関する登記**が**記録される部分**をいう。**表題部**には，次のような**不動産の物理的現況等**が表示される。

土地	**所在**，**地番**，**地目**，**地積**，所有者等
建物	**所在**，**家屋番号**，**種類**，**構造**，**床面積**，附属建物（車庫等）の表示，所有者等

出題 H28・R2

不動産の固定資産評価額は**記録されない**。

【資料①】土地の表題部

表題部（土地の表示）				調　　製	余白	不動産番号	
地図番号	余白			筆界特定	余白		
所　　在	○×□					余白	
①**地番**	②**地目**	③**地積**　㎡		原因及びその日付〔登記の日付〕			
１番	宅　地	○○○	○○	平成○年○月○日××× 〔平成○年○月○日〕			
所有者　~~○○○　山田太郎~~							

＊　下線は抹消事項であることを示している。以下同様。

【資料②】建物の表題部

表題部（主である建物の表示）				調製		不動産番号	
所在図番号	余白						
所　　在	○×□１番地			余白			
家屋番号	１番			余白			
①**種類**	②**構造**	③**床面積**　㎡		原因及びその日付〔登記の日付〕			
居　　宅	鉄筋コンクリート造 陸屋根４階建	１階　○○○ ２階　○○○ ３階　○○○ ４階　○○○	○○ ○○ ○○ ○○	平成○年○月○日新築 〔平成○年○月○日〕			

3．権利部（2条8号）

権利部とは，登記記録のうち，**権利に関する登記が記録される部分**をいう。権利部は，さらに**甲区**と**乙区**に区分される。権利部の登記は，**物権変動の対抗要件**としての効力を有する。

出題 H28

出題 H30・R２

甲区	**所有権に関する登記**の登記事項（所有権登記名義人，**買戻権**，**所有権移転の仮登記**，**処分禁止の仮処分**，**差押え**，**仮差押え**等）
乙区	**所有権以外の権利**（地上権，**抵当権**，**賃借権**，先取特権等）**に関する登記**の登記事項

【資料③】土地の権利部（甲区）

権利部（甲区）（所有権に関する事項）			
順位番号	登記の目的	受付年月日・**受付番号**	権利者その他の事項
１	所有権保存	平成○年○月○日 第○○号	所有者　~~○○○~~ 山田太郎
付記１号	１番所有権登記名義人住所変更	平成○年○月○日 第○○号	原因　平成○年○月○日住所変更 住所　○××
２	所有権移転	令和○年○月○日 第○○号	原因　令和○年○月○日売買 所有者　△△△ 鈴木花子

【資料④】土地の権利部（乙区）

権利部（乙区）（所有権以外の権利に関する事項）				
順位番号	登記の目的	受付年月日・受付番号	権利者その他の事項	
1	抵当権設定	平成○年○月○日 第○○号	原因 債権額 利息 債務者 抵当権者	平成○年○月○日金銭消費貸借 同日設定 金○ 年○% ○○○ 山田太郎 ××× ▲銀行株式会社
2	地上権設定	平成○年○月○日 第○○号	原因 目的 存続期間 地代 支払時期 地上権者	平成○年○月○日設定 鉄筋コンクリート造建物所有 ○年 ○円 毎年○月○日 △△△ A
3	1番抵当権抹消	令和○年○月○日 第○○号	原因	令和○年○月○日弁済

【登記記録の構成】

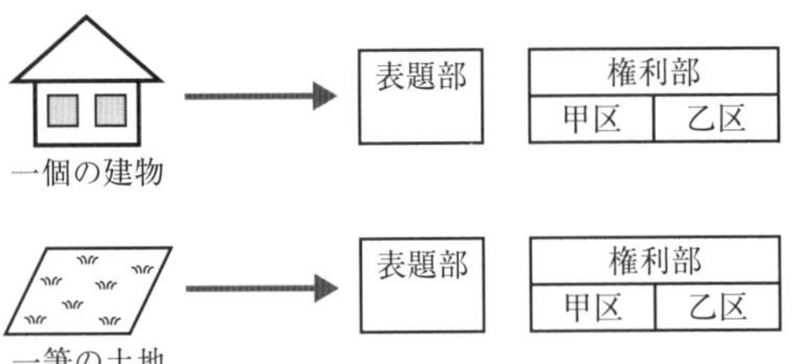

Point整理 登記記録の構成

<table>
<tr><td rowspan="3">登記記録の構成</td><td>表題部</td><td colspan="2">不動産の物理的現況が記録される
① 土地
所在，地番，地目，地積，所有者（氏名・住所）
② 建物
所在，家屋番号，種類，構造，床面積，所有者（氏名・住所）</td></tr>
<tr><td rowspan="2">権利部</td><td>甲区</td><td>所有権に関する事項が記録される
※ 所有権の保存・移転登記，所有権の仮登記，所有権の差押え登記，買戻し特約の登記等</td></tr>
<tr><td>乙区</td><td>所有権以外に関する事項が記録される
※ 地上権，賃借権，抵当権の設定登記・移転登記等</td></tr>
</table>

3 登記することができる権利

登記は，不動産の表示または不動産についての**所有権**・地上権・永小作権・地役権・先取特権・質権・**抵当権**・**賃借権**・配偶者居住権・採石権の権利の保存等（保存・設定・移転・変更・処分の制限または消滅）についてする（3条）。

4 順位番号と受付番号

登記した権利の優劣は，原則としてその**登記の前後**による（4条）。**登記の前後**は，登記に記録されている**順位番号**または**受付番号**で判断する（規則2条1項）。

1．順位番号

甲区，乙区それぞれに独立して**順位番号**が記録されており，**同区間（甲区内・乙区内）**の登記の前後は，この**順位番号**で決まる。

2．受付番号

受付番号とは，登記所で登記を受理した順番に付けていく番号である。つまり，甲区・乙区の区分にかかわらず受付順に付けていく通し番号であると考えてよい。したがって，この**受付番号**によって**別区間（甲区と乙区）**の登記の前後が判断できる。

5 登記機関

1．登記所（6条）

登記の事務は，不動産の所在地を管轄する登記所がつかさどる。**登記所**とは，国の行政機関であり，不動産の所在地を管轄する法務局，地方法務局，これらの支局または出張所のことをいう。

2．登記官（9条）

登記所における事務は，**登記官**が取り扱う。**登記官**とは，公務員であって，登記所に勤務する法務事務官のうちから，法務局または地方法務局の長が指定する者をいう。

6 登記手続の原則と例外

1．申請主義（16条1項）

(1) 原則

権利に関する登記は，法令に別段の定めがある場合を除き，**当事者の申請**または官庁もしくは公署の嘱託がなければすることができない。つまり，**物権変動が生じても申請の義務はない**。

プラス
相続登記の申請の義務化
所有者不明土地発生の未然防止やその解消のため、**2024（令和6）年4月1日施行**の改正不動産登記法により不動産の所有権の登記名義人に相続が開始した場合、**相続・遺贈**により不動産の所有権を取得した**相続人**は、「**相続の開始および所有権を取得したと知った日から3年以内**」に、相続や遺贈を原因とする**所有権移転登記の申請をすることが義務付けられた**（76条の2第2項）。

(2) 例外

表示に関する登記には，次のように申請義務がある。

① **新築した建物**または区分建物以外の表題登記がない建物の所有権を取得した者は，その**所有権取得の日から1ヵ月以内**に，建物の**表題登記を申請しなければならない**（47条1項）。

② 土地・建物が滅失したときの表題部所有者または所有権の登記名義人は，その滅失の日から1ヵ月以内に，その土地・建物の滅失の登記を申請しなければならない（42条，57条）。

また，表示に関する登記は，当事者から申請がなかった場合，**登記官は，職権で登記することができる**（28条）。

2．共同申請主義（60条）

(1) 原則

権利に関する登記の申請は，法令に別段の定めがある場合を除き，**登記権利者および登記義務者が共同してしなければならない**。登記権利者とは，例えば，売買を原因とする所有権移転登記の申請では，「買主」のように権利に関する登記をすることにより，登記上，直接に利益を受ける者をいう。一方，登記義務者とは，「売主」のように登記上，直接に不利益を受ける者をいう。

用語解説
「**官庁**」とは，裁判所や行政機関等の国の機関であり，「**公署**」とは，地方公共団体等の公の機関のこと。「**嘱託**」とは，このような公的機関が登記所に登記を依頼することをいう。

用語解説
「**表題登記**」とは，表示に関する登記のうち，不動産について表題部に最初にされる登記をいう。

参考
抵当権設定登記では，「**抵当権者**」が登記権利者であり，「**抵当権設定者**」が登記義務者である。

⑵　**例外**

次の場合は，**単独で登記を申請**することができる。

① 所有権保存の登記
② 相続による登記
③ 登記手続を命じる確定判決（給付判決）による登記
④ 登記名義人の氏名等の変更・更正の登記
⑤ 相続人に対する遺贈による所有権移転登記等

7 登記申請の方法等

１．申請情報の提供（18条）

登記の申請は，次の方法のいずれかにより，**申請情報**（不動産を識別するために必要な事項，申請人の氏名または名称，登記の目的等）を**登記所に提供**してしなければならない。

① 電子情報処理組織を使用する方法（**オンライン申請**）
② 申請情報を記載した書面（磁気ディスクを含む）を提出する方法（**書面申請**）

２．登記申請に必要となる添付情報

登記の申請は，申請情報に加えて次のような情報を登記所に提供してしなければならない。

⑴　**登記原因証明情報**（61条）

権利に関する登記を申請する場合には，申請人は，原則として，その**申請情報と併せて**，**登記原因証明情報**（売買契約書等の記載事項）**を提供**しなければならない。これは，主に登記原因の真実性を確保するために必要とされるものであるので，原則として，すべての**権利に関する登記**において，その提供が必要となる。

出題 R２

⑵　**登記識別情報**

①　**登記識別情報の提供**（22条）

登記権利者および登記義務者が共同して権利に関する登記の申請をする場合等には，申請人は，**原則として**，その申請情報と併せて**登記義務者の登記識別情報**を提供しなければならない。

②　**事前通知等**（23条）

登記申請にあたり，登記義務者の**登記識別情報を提供す**

参考
登記識別情報とは，英数字がランダムに羅列された**12桁のパスワード**のようなものであり，登記名義人でなければ知らない情報である。これにより登記官は登記名義人本人が申請していることを確認する。

ることができない場合には，登記義務者に対し，「登記申請があった旨」および「その申請の内容が真実であると思料するときは一定の期間内にその旨の申出をすべき旨」を**通知**しなければならない。登記官は，申出期間内に申出がない限り，申請に係る登記をすることができない（**事前通知制度**）。ただし，登記識別情報を提供することができない登記申請が，**登記の申請の代理を業とすることができる代理人**（司法書士，弁護士等）によってされた場合であって，登記官が代理人から申請人が登記義務者であることを確認するために必要な情報の提供を受け，かつ，その内容を相当と認めるときは，登記義務者への**事前通知をする必要はない**（**資格者代理人による本人確認情報提供制度**）。

⚠注意
登記識別情報を提供できないことに正当な理由がある場合は，事前通知制度や資格者代理人による本人確認制度があるので，**登記申請をすることができる**。

(3) **その他の政令で定められる添付情報**（26条）

代理人の権限を証する情報，許可等をしたことを証する情報等の提供が必要である。

3．登記識別情報の通知（21条）

登記官は，その登記をすることによって申請人自らが登記名義人となる場合において，その**登記が完了**したときは，速やかに，申請人に対し，その登記に係る**登記識別情報を通知**しなければならない。ただし，その申請人があらかじめ登記識別情報の通知を希望しない旨の申出をした場合等には，この通知は行われない。

❗参考
登記識別情報の通知を受けた者やその相続人は，登記官に対し，通知を受けた登記識別情報について「**失効の申出**」をすることができる（規則65条）。

Point整理　登記手続等

申請	原則	登記は当事者の**申請・公署の嘱託**で行う（権利の登記）
	例外	表示（表題部）の登記は，**登記官の職権**で可
共同申請	原則	登記権利者・登記義務者が**共同で申請**
	例外	一定の場合に単独で申請可
申請に必要な主な情報	① 登記申請情報 ② 登記原因証明情報 ③ 登記識別情報（12桁のコード番号） ※ 登記識別情報を提供できない場合 代替措置として「**事前通知制度**」と「**資格者代理人による本人確認情報提供制度**」等がある	
申請方法	出頭，郵送，**オンライン**いずれも可	

2 表示に関する登記・権利に関する登記

1 表示に関する登記

　表示に関する登記とは，**不動産の物理的形状・位置等の不動産の表示**を登記簿に記載し，不動産の客観的現況を公示するのを主な機能としており，権利に関する登記が正確かつ円滑に行われるための前提となっている。

　また，**表示に関する登記**には，原則として，**対抗力が認められない**。つまり，**表示に関する登記**は，あくまで**不動産の現況の公示**が目的であり，権利に関する登記と異なり，不動産物権変動の対抗要件としての登記ではない。ただし，例外として，**借地権の対抗要件**として，対抗力が認められている（判例）。

2 権利に関する登記

　権利に関する登記とは，実体的な**不動産物権変動を公示**することにより，不動産取引の安全と円滑を図るための登記である。**権利に関する登記**には，**対抗力が認められている**。

1．所有権の保存の登記（74条1項）

　所有権の保存の登記とは，初めてする所有権の登記のことをいう。この登記の申請は，**単独申請**によるが，**次の者しか申請することができない**。

① **表題部所有者**または**その相続人**その他の一般承継人
② 所有権を有することが**確定判決によって確認された者**
③ **収用によって**所有権を取得した者

2．仮登記（105条）

(1) 仮登記ができる場合

　仮登記とは，本登記をするだけの実体法上または手続法上の要件が具備していない場合に，将来その要件が備わったときになされるべき本登記のために，その**順位を保全する効力がある登記**をいう。仮登記は，次の場合にすることができる。

① **添付情報の不備の場合**（1号）
　権利について保存等があった場合において，その保存等

に係る登記の申請をするために登記所に対し提供しなければならない情報であって，申請情報と併せて提供しなければならないものとされている添付情報（登記識別情報，第三者許可情報等）を提供することができないとき。

② **請求権を保全する場合**（2号）

権利の設定，移転，変更または消滅に関して請求権（始期付きまたは停止条件付きのもの，その他将来確定することが見込まれるものを含む）を保全しようとするとき。

3．仮登記の申請（107条）

仮登記の申請も**共同申請が原則**である。ただし，次の①②の場合は，その仮登記の**登記権利者が単独で申請**することができる。

出題 H30

① **仮登記の登記義務者の承諾がある場合**
② **仮登記を命ずる処分がある場合**

なお，仮登記を申請する場合については，登記識別情報を提供する必要はない。

4．仮登記の効力

(1) **仮登記に基づく本登記の順位**（106条）

仮登記に基づいて**本登記**をした場合は，その本登記の順位は，その仮登記の順位による。つまり，仮登記に基づく本登記をしない限り，**対抗力は認められない**。

(2) **仮登記に基づく本登記**（109条）

所有権に関する仮登記に基づく本登記は，登記上の利害関係を有する第三者がある場合には，その**第三者の承諾があるときに限り，申請することができる**。登記官は，この申請に基づいて登記をするときは，**職権**で，仮登記後にされた**第三者の所有権移転登記等を抹消**しなければならない。

(3) **仮登記の抹消**（110条）

仮登記の抹消は，共同申請の例外として，仮登記の登記名義人が単独で申請することができる。また，仮登記名義人の承諾がある場合には，仮登記の抹消について登記上の利害関係を有する者も，単独で仮登記の抹消を申請することができる。

【資料】所有権移転請求権の仮登記

全部事項証明書　(土地)

権利部（甲区）（所有権に関する事項）			
順位番号	登記の目的	受付年月日・受付番号	権利者その他の事項
1	所有権保存	平成○年○月○日 第○○号	所有者　××× A
2	所有権移転請求権仮登記	平成○年○月○日 第○○号	原因　平成○年○月○日売買予約 権利者　○○○ B
	余白	余白	余白
3	所有権移転	令和○年○月○日 第○○号	原因　令和○年○月○日売買 所有者　△△△ C

AからBへの売買予約を原因とする順位番号2番の仮登記があっても，AからCに対して順位番号3番で**所有権移転登記をすることができる**。しかし，後に2番の仮登記が本登記になると3番のCの登記は抹消される。仮登記は，このような**順位を確保する効力がある**。なお，この本登記の申請には登記を抹消される**Cの承諾が必要**となる。

③ 区分所有建物の登記

1 区分所有建物の登記 はじめて

一棟全体の表題部，各専有部分の表題部・権利部（甲区・乙区）によって構成されている。

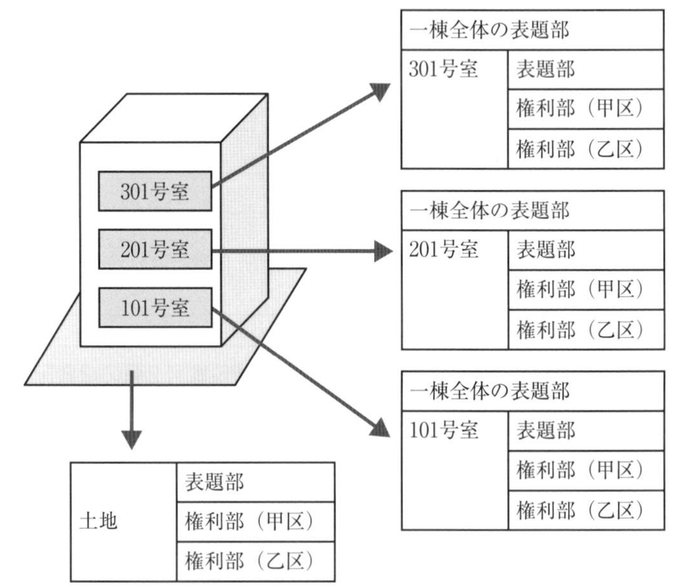

2 表題登記の申請等 はじめて

1．区分建物（2条22号）

区分建物とは，一棟の建物の構造上区分された部分で独立して住居,店舗,事務所または倉庫等の用途に供することができるものであって，区分所有法で規定する**専有部分**をいう。

2．区分建物の床面積（規則115条）

出題 H28・R2

登記記録に記録される**建物の床面積**は，壁・柱の中心線を基準とする**壁心計算**により算出される。一棟の建物の床面積はこの壁心計算で算出するが，**区分建物の床面積**については，**壁その他区画の内側線で囲まれた部分の水平投影面積**により算出する（**内のり計算**）。

３．表題登記の申請（48条）

出題 H28

区分建物が属する一棟の建物が新築された場合，その**区分建物の表題登記の申請**は，一棟の建物に属する**他の区分建物についての表題登記**の申請と**併せてしなければならない**。つまり，**原始取得者**（最初に一棟全体を所有している者で**分譲業者等**）が，**区分建物の表題登記の全部を一括して申請**することになる。

４．所有権保存の登記の申請者（74条２項）

区分建物にあっては，**表題部所有者（原始取得者）から売買契約等により所有権を取得した者**も，**直接自己名義で所有権保存登記を申請することができる**。この場合，登記原因証明情報を提供しなければならない。

出題 H30

なお，その建物が**敷地権付き区分建物**であるときは，その**敷地権の登記名義人の承諾**を得なければならない。

3 共用部分の登記

１．法定共用部分

法定共用部分については，登記をすることができない。

２．規約共用部分

規約により**共用部分（団地共用部分を含む）**となったものについては，「**共用部分である旨の登記**」をしなければ**第三者に対抗することができない**（区分所有法４条２項）。この「**規約共用部分である旨の登記**」は，専有部分や附属の建物の**登記記録の表題部**になされる。

4 敷地権の登記　はじめて

１．敷地権（44条１項９号）

敷地権とは，登記された**敷地利用権**であって**専有部分と分離して処分することができないもの**をいう。敷地利用権は，**所有権**，**借地権（地上権または賃借権）**，**使用借権**であるが，これらのうち**使用借権**は登記をすることができないので，**敷地権となることはない**。

2．敷地権の表示に関する登記（規則118条）

敷地権の表示に関する登記として次の事項が**建物**の登記記録の**表題部**に記録される。

一棟の建物の表題部	（敷地権の目的たる土地の表示） 所在，地番，地目，地積等
区分建物の表題部	（敷地権の表示） 敷地権の種類，敷地権の割合等

参考

「**権利部の相当区**」とは，敷地権が**所有権**であれば，土地の登記記録の「**甲区**」に，「**所有権以外の権利**（**地上権・賃借権**）」であれば，「**乙区**」に記録されるという意味である。

3．敷地権である旨の登記（46条，規則119条1項）

登記官は，表示に関する登記のうち，区分建物に関する敷地権について表題部に最初に登記をするときは，その敷地権の目的である**土地の登記記録**について，職権で，その**登記記録中の所有権，地上権その他の権利が敷地権である旨の登記**をしなければならない。そして，敷地権である旨の登記をするときは，敷地権の目的である土地の登記記録の**権利部の相当区（甲区または乙区）**に記録しなければならない。

参考

例えば，敷地権付き区分建物（専有部分）について売買や相続を原因に所有権移転登記をすると，**敷地権についても持分の移転登記**がされたことになるので，敷地権の持分の移転登記をする必要はない。

4．敷地権の登記の効力（73条）

敷地権付き区分建物についての**所有権または担保権**（抵当権等）**に係る権利に関する登記**は，原則として，敷地権である旨の登記をした**土地の敷地権についてされた登記としての効力を有する**。

Point整理　区分所有建物の登記の流れ

原始取得者（分譲業者等）は，**新築後1ヵ月以内**に「**一棟の建物の表題部**」と「**区分建物の表題部**」を一括申請する

建物の各表題部に次の登記がされる
- 一棟の建物の表題部 ➡「**敷地権の目的たる土地の表示**」
- 区分建物の表題部 ➡「**敷地権の表示**」

登記官は，土地（敷地）の登記記録に**職権**で次の登記をする
- 敷地権が所有権 ➡ **甲区**に「**敷地権である旨の登記**」
- 敷地権が賃借権・地上権 ➡ **乙区**に「**敷地権である旨の登記**」

【資料①】敷地権の表示の登記（一棟の建物の表題部）

区分建物全部事項証明書

専有部分の家屋番号					
【表題部】（一棟の建物の表示）		調製 余白		所在図番号 余白	
【所在】	○○××	余白			
【建物の番号】	Aマンション	余白			
【①構造】	【②床面積】㎡	【原因及びその日付】		【登記の日付】	
鉄筋コンクリート造 陸屋根4階建	1階　○○○：○○ 2階　○○○：○○ 3階　○○○：○○ 4階　○○○：○○				
【表題部】（敷地権の目的たる土地の表示）					
【①土地の符号】	【②所在及び地番】	【③地目】	【④地積】㎡	【登記の日付】	
1	○○××	宅地	○○○：○○	平成○年○月○日	

【資料②】専有部分（区分建物）の表題部

【表題部】（専有部分の建物の表示）				
【家屋番号】	○○××□□		余白	
【建物の番号】	○○		余白	
【①種類】	【②構造】	【②床面積】㎡	【原因及びその日付】	【登記の日付】
居宅	鉄筋コンクリート造1階建	○階部分　○○ ○○	平成○年 ○月○日新築	平成○年 ○月○日
【表題部】（敷地権の表示）				
【①土地の符号】	【②敷地権の種類】	【③敷地権の割合】	【原因及びその日付】	【登記の日付】
1	所有権	○○○分の○○	平成○年○月○日 敷地権	平成○年 ○月○日
【所有者】	○○××　B			

【資料③】敷地権である旨の登記

（敷地権が**所有権**の場合）

【甲区】（所有権に関する事項）				
【順位番号】	【登記の目的】	【受付年月日・受付番号】	【原因】	【権利者その他の事項】
1	所有権保存	平成○年○月○日 第○○号	平成○年 ○月○日	所有者　○○○ C
2	所有権移転	平成○年○月○日 第○○号	平成○年 ○月○日売買	所有者　△△△ A
3	**所有権 敷地権**	余白	余白	建物の表示　□□□ 1棟の建物番号　Aマンション 平成○年○月○日登記

（敷地権が**賃借権**の場合）

【乙区】（所有権以外の権利に関する事項）				
【順位番号】	【登記の目的】	【受付年月日・受付番号】	【原因】	【権利者その他の事項】
1	賃借権設定	平成○年○月○日 第○○号	平成○年 ○月○日設定	目的　建物所有 賃料　○○円 支払時期　毎月月末 存続期間　○年 賃借権者　××× A
2	**1番賃借権 敷地権**	余白	余白	建物の表示　□□□ 1棟の建物番号　Aマンション 平成○年○月○日登記

区分所有建物の登記のまとめ

<table>
<tr><td colspan="4">表題部の申請</td><td>原始取得者（マンションデベロッパー等）は，マンション新築後1ヵ月以内に一棟の建物の表題登記と区分建物の表題登記を一括して申請しなければならない</td></tr>
<tr><td rowspan="7">登記記録の構成</td><td rowspan="2">一棟の建物の表題部</td><td colspan="2">一棟の建物の表示</td><td>所在，建物所在図の番号，名称，構造，各階の床面積（共用部分を含む，壁心計算），原因および日付，登記の日付</td></tr>
<tr><td colspan="2">敷地権の目的たる土地の表示</td><td>土地の符号，所在および地番，地目，地積，登記の日付</td></tr>
<tr><td rowspan="4">各区分建物の表題部・権利部</td><td rowspan="2">表題部</td><td>建物の表示</td><td>不動産番号，区分建物の家屋番号，名称，種類，構造，床面積（内のり計算），登記原因および日付，登記の日付</td></tr>
<tr><td>敷地権の表示</td><td>土地の符号，敷地権の種類，敷地権の割合，原因および日付，登記の日付</td></tr>
<tr><td rowspan="2">権利部</td><td>甲区</td><td>所有権に関する事項
※　所有権の仮登記，買戻し権の登記等</td></tr>
<tr><td>乙区</td><td>所有権以外の権利に関する事項
※　抵当権・賃借権等の設定登記等</td></tr>
<tr><td>敷地の権利部</td><td colspan="3">登記官の職権で，事項欄に次の登記を記録する
① 敷地権が所有権
➡ 甲区に「敷地権である旨の登記」
② 敷地権が地上権・賃借権
➡ 乙区に「敷地権である旨の登記」</td></tr>
<tr><td colspan="4">区分建物の保存登記</td><td>原始取得者から売買契約等で専有部分の所有権を取得した者は，直接自己名義で保存登記をすることができる</td></tr>
<tr><td colspan="4">敷地権の登記の効力</td><td>区分建物についてされた権利の登記（所有権，抵当権等）は，土地の敷地権についてされた登記としての効力を有する</td></tr>
</table>

第8章

宅地建物取引業法

（宅建業法）

宅地建物取引業法は，例年2問程度出題される（令和5年は1問）。
特に，頻出項目である「重要事項」と「契約不適合責任の特約の制限」を中心に学習しよう。「契約不適合責任の特約の制限」は，民法，品確法，アフターサービスとの複合問題としても出題される。
出題範囲が広がりつつある科目であるが，手は広げすぎずに過去問で問われた内容を押さえておこう。

① 3大書面

1 宅地建物取引業法（宅建業法）とは

はじめて

宅建業法では，免許制度，宅地建物取引士制度，保証金制度，書面の交付義務，業務上の規制，監督・罰則等の規定を設け，宅地建物取引業者を規制している。このうち出題される可能性が高いのは，「**書面の交付義務**」と「業務上の規制（取引における諸規定と**契約不適合責任の特約の制限**）」である。

1．宅建業法の目的（1条）

宅建業法は，宅地建物取引業を営む者について**免許制度を実施**し，その事業に対し必要な規制を行うことにより，その業務の適正な運営と宅地および建物の取引の公正を確保するとともに，宅地建物取引業の健全な発達を促進し，もって購入者等の利益の保護と宅地および建物の流通の円滑化を図ることを目的としている。

2．宅地建物取引業（宅建業）とは（2条2号）

「**宅地**」「**建物**（アパートの一室のような建物の一部も含む）」の**売買契約**，**交換契約**を**自ら当事者**としてする行為と「**宅地**」「**建物**」の**売買契約**，**交換契約**，**貸借契約**の**代理**や**媒介**（仲介）をする行為で**業**として行う（不特定多数の者に反復継続して行う）行為をいう。したがって，マンションの「建設」や「管理」，アパートやマンションを「自ら当事者として貸借する行為」は，宅建業には該当せず，宅建業法の免許は必要ではない。

3．宅地建物取引業者（宅建業者）とは（2条3号）

宅建業者とは，宅建業法上の**免許**を受けて**宅建業を営む者**をいう。

4．宅地建物取引士（宅建士）とは（2条4号）

宅地建物取引士資格試験に合格し，都道府県知事の**登録**を受け，**宅地建物取引士証の交付を受けた者**をいう。宅建業者の事務所には，一定数の成年者である専任の宅建士の設置義務がある。

2 書面の交付義務　はじめて

宅建業者は，取引を行う過程で，取引の相手方等に**書面を交付する**ことが義務付けられている。この書面は，①**媒介契約書**，②**重要事項説明書（35条書面）**，③**契約締結後に交付すべき書面（37条書面）**の３種類である。

1．媒介契約書（34条の２）

(1)　媒介契約書の交付義務

宅建業者は，**媒介**を依頼した者との間で，売買・交換の**媒介契約**を合意により締結することにより，依頼内容を達成すれば**報酬**を受け取ることができる。このため，報酬額等の契約内容がはっきりしていないと後日トラブルに発展する可能性がある。そこで，宅建業者は，**媒介契約を締結したときは，遅滞なく，**(2)の事項を記載した**書面（媒介契約書）を作成**して，**依頼者に交付**しなければならない。なお，書面の交付に代えて，依頼者の承諾を得て，(2)の事項を**電磁的方法により提供**することもできる。また，貸借の媒介（代理）の場合には媒介契約書の交付義務はない。

(2)　媒介契約書の記載事項

① 物件を特定するために必要な事項（所在，地番，種類，構造等）
② 宅地建物の売買すべき価額または評価額
③ 媒介契約の種類
④ （既存の建物である場合）建物状況調査を実施する者のあっせんに関する事項
⑤ 媒介契約の有効期間および解除に関する事項
⑥ 指定流通機構への登録に関する事項
⑦ **報酬に関する事項**
⑧ 違反に対する措置
⑨ 媒介契約が，**国土交通大臣の定めた標準媒介契約約款に基づくものであるか否かの別** 出題 H26

参考
代理契約についても**媒介契約の規定がすべて準用**される。

用語解説
「**標準媒介契約約款**」とは，国土交通省が作成した**媒介契約書のモデル（ヒナ型）**のことである。「契約書」と「約款」の２つの部分から構成されている。

2．媒介契約

(1) 媒介契約の種類

媒介契約は，複数の宅建業者に依頼ができる「**一般媒介契約**」と１つの宅建業者にしか依頼ができない「**専任媒介契約**」に分かれる。さらに一般媒介契約は，重ねて依頼した他の宅建業者を明示する義務のある明示型と義務のない非明示型に，**専任媒介契約**は，自己発見取引（依頼者が自分で取引相手を見つけること）を許す**専任媒介契約**と許さない**専属専任媒介契約**に分かれる。

!参考
媒介契約の目的物である宅地建物の**売買・交換の申込み**があったときは，媒介の依頼を受けた宅建業者は，遅滞なく，その旨を**依頼者に報告**しなければならない。

(2) 専任媒介契約および専属専任媒介契約

専任媒介契約や専属専任媒介契約は，他の宅建業者に重ねて依頼のできない媒介契約であり，依頼者は１つの宅建業者に拘束されることになるので，次の規定に反する特約で**依頼者に不利なものは無効**となる。

① **有効期間**

３ヵ月を超えてはならない。３ヵ月を超えて定めたときは，**３ヵ月に短縮**される。

② **更新**

出題 H26

依頼者の申出により，更新することができる。したがって，「**自動更新する**」旨の特約は，**無効**である。また，更新後の期間も３ヵ月以内としなければならない。

③ **報告義務**

出題 H26

宅建業者は，**専任媒介契約**においては，**２週間（14日）に１回以上**，**専属専任媒介契約**においては，**１週間（７日）に１回以上**，依頼者に対して業務の処理状況を報告しなければならない。

3．重要事項説明書（35条）

(1) 重要事項の説明と重要事項説明書（35条書面）の交付義務

マンション等の所有権や賃借権等を取得しようとする者が，何も知らないまま取引をしてしまうと，後で思わぬ損害を被ることがある。そこで，宅建業法では，**契約を締結する前**に，契約を締結するかどうかの判断材料を提供することを目的に，**宅建業者**は，そのマンション等についての**重要な事項を宅建士をして説明させ，かつ，宅建士が記名した書面**（重要事項説明書）を交付しなければならないとしている。

(2) 重要事項の説明と書面の交付

① 重要事項の説明方法等

宅建業者は，**宅建士**をして，**重要事項を記載した書面**（**重要事項説明書**）**を交付して説明**させなければならない。この**重要事項説明書**には**宅建士が記名**しなければならない。説明する宅建士は，**専任か一般**（パート，アルバイト等）**かを問わない**。また，重要事項の説明をするときは，取引の相手方から請求がなくても**宅建士証を提示**しなければならない。なお，**説明する場所**については**制限がない**ので，**買主の自宅や現地の案内所等で説明しても構わない**。

出題 H27・30・R2・5

② 説明の相手方

権利を取得しようとする者（売買契約の場合は買主，貸借契約の場合は借主）に対して行う。

③ 説明時期

契約が成立するまでの間に行う。また，**すべての重要事項の説明を契約成立前に行う必要がある**ので，例えば，契約の成立に先立ち，重要事項の一部を抜粋した書面を示して説明をし，契約成立後に残りの重要事項を記載した書面を交付するような取り扱いをすることはできない。

> プラス　**買主の承諾**があっても，**重要事項の説明や書面の交付の省略はできない**。
> なお，権利を取得しようとする者が**宅建業者**の場合は，**宅建士が記名した書面の交付**だけすればよく，**宅建士による説明は不要**である。

出題 H27・29～30・R1

④ 電磁的方法による提供

重要事項説明書の交付に代えて，説明の相手方の承諾を得て，重要事項説明書に記載すべき事項を**電磁的方法により提供**することもできる。

Point整理 重要事項の説明

説明義務者	宅建業者
説明の相手方	権利を取得しようとする者（買主，借主，交換の当事者）
説明の時期	契約が成立するまでの間
説明者	宅建士 ※　専任か一般かを問わない ※　請求がなくても宅建士証を提示
方法	重要事項を記載した書面を交付（電磁的方法により提供）して行う ※　宅建士の記名を要する ※　買主等の承諾が得られても，説明・書面の交付（電磁的方法による提供）の省略はできない

4．重要事項説明書の記載事項

(1)　マンションの売買の場合

	物件自体・取引条件・その他の記載事項
①	登記簿上の権利関係
②	法令に基づく制限の内容
③	私道に関する負担に関する事項（私道負担の有無とその内容） 出題 R5
④	飲用水・電気・ガス等の供給施設，排水施設の整備状況 出題 H29
⑤	未完成マンションの場合 ➡ 完成時の形状・構造等
⑥	（既存のマンションである場合）建物状況調査を実施しているかどうか・実施している場合にその概要，建物の建築・維持保全の状況に関する書類（設計図書・点検記録等）の保存の状況 出題 H30・R2～3
⑦	代金以外に授受される金銭の額・授受の目的
⑧	契約の解除に関する事項
⑨	損害賠償額の予定・違約金に関する事項 出題 R2
⑩	手付金等の保全措置の概要
⑪	支払金，預り金を受領する場合の保全措置の概要 出題 H29
⑫	代金に関する金銭の貸借のあっせん内容・あっせんに係る金銭の貸借が成立しないときの措置 出題 R1

⑬	**建物の種類・品質に関する契約内容の不適合**（契約不適合）**を担保すべき責任の履行措置の概要**（保証保険契約等の措置を講ずるかどうか・講ずる場合，その概要） 出題 H28
⑭	割賦販売契約の場合の事項
⑮	**マンションが造成宅地防災区域内**にあるときは，その旨
⑯	**マンションが土砂災害警戒区域内にあるときは，その旨** 出題 R５
⑰	**マンションが津波災害警戒区域内にあるときは，その旨**
⑱	**水害ハザードマップ**にマンションの位置が表示されているときは，**ハザードマップにおけるマンションの所在地** 出題 R３
⑲	**マンションについて石綿**（アスベスト）**の使用の有無の調査結果が記録されているときは，その内容** 出題 H28・R３
⑳	**マンションが耐震診断を受けたものであるときは，その内容**（**昭和56年６月１日以降に新築工事に着手**した**現行の耐震基準に適合するマンションを除く**） 出題 H27・28
㉑	**住宅性能評価を受けた新築住宅であるときは，その旨** 出題 H27

プラス ⑥は**既存の建物**であっても宅地建物取引業者が自ら建物状況調査を実施した上で，その結果の概要について，**説明する必要はなく**，⑳は**現行の耐震基準に適合しないマンション**であっても宅地建物取引業者が自らその耐震診断を実施した上で，その結果の内容について，**説明をする必要はない**。また，㉑は具体的な評価内容について，**説明をする必要はない**。

出題 H27・30・R３

	【マンション特有の追加記載事項】 ②～⑥ ➡ 規約がまだ**案の段階**である場合，その案を説明 ②～⑥・⑧ ➡ 定めも案もなければ**説明不要**
①	**敷地に関する権利**（敷地権）**の種類および内容**
②	**共用部分に関する規約の定め** 出題 R１
③	**専有部分の用途，その他の利用制限に関する規約の定め** 【例】**ペットの飼育禁止**，ピアノの使用制限，**楽器演奏禁止**等 出題 R４
④	**専用使用権に関する規約の定め** 【例】専用庭等の専用使用権が設定されているときは，その内容
⑤	**一棟の建物の計画的な維持修繕のための費用等を，特定の者にのみ減免する旨の規約の定め**

⚠注意

⑥⑦は，前所有者の滞納額がある場合，滞納額も重要事項として書面に記載し，説明しなければならない。

⑥	計画修繕積立金に関する事項の規約の定め，既に積み立てられている額（積立総額） 出題 R2
⑦	区分所有者が負担する通常の管理費用の額 出題 H30
⑧	建物および敷地の管理の委託先（委託を受けている者の氏名，住所，法人の場合，商号または名称，主たる事務所の所在地） 出題 H30
⑨	一棟の建物の維持修繕の実施状況が記録されているときは，その内容 出題 H28

出題 H28～29・R1

プラス 「物件の引渡し時期」や「所有権保存・移転登記の申請時期」「天災その他不可抗力による損害の負担に関する事項」は，37条書面の記載事項だが，重要事項ではない。また，⑧については，「管理委託契約のうち管理事務の内容およびその実施方法」までは重要事項とはなっていないので，説明をする必要はない。

(2) マンションの貸借の場合

	物件自体・取引条件・その他の記載事項
①	登記簿上の権利関係
②	法令に基づく制限の内容
③	飲用水・電気・ガス等の供給施設，排水施設の整備状況
④	未完成マンションの場合 ➡ 完成時の形状・構造等
⑤	（既存のマンションである場合）建物状況調査を実施しているかどうか・実施している場合には，その概要
⑥	借賃以外に授受される金銭の額・授受の目的
⑦	契約の解除に関する事項
⑧	損害賠償額の予定・違約金に関する事項
⑨	支払金，預り金を受領する場合の保全措置
⑩	マンションが造成宅地防災区域内にあるときは，その旨
⑪	マンションが土砂災害警戒区域内にあるときは，その旨
⑫	マンションが津波災害警戒区域内にあるときは，その旨
⑬	水害ハザードマップにマンションの位置が表示されているときは，ハザードマップにおけるマンションの所在地
⑭	マンションについて石綿（アスベスト）の使用の有無の調査結果が記録されているときは，その内容
⑮	マンションが耐震診断を受けたものであるときは，その内容（昭和56年6月1日以降に新築工事に着手したものを除く）

	【貸借特有の追加記載事項】
①	**台所・浴室・便所等の整備状況** 出題 R３・５
②	契約期間・契約の更新に関する事項
③	定期借地権・定期借家権・終身建物賃貸借に関する事項
④	金銭（敷金）の契約終了時の精算に関する事項

	【マンション特有の追加記載事項】 ① ➡ 規約がまだ案の段階である場合，その案を説明 ①② ➡ 定めも案もなければ説明不要
①	専有部分の用途，その他の利用制限に関する規約の定め
②	**建物および敷地の管理の委託先**

５．契約締結後に交付すべき書面（37条）

(1)　契約締結後に交付すべき書面（37条書面）の交付義務

37条書面とは，宅建業に関する取引における，**法定の事項が記載された契約書**（売買契約書，交換契約書，賃貸借契約書）をいう。民法上，契約は合意のみで成立するが，それが口頭での約束にとどまると契約締結後に契約内容をめぐるトラブルに発展する原因となることもある。そこで宅建業法では，宅建業者は，**契約が成立したときは，遅滞なく，契約に関する一定事項を記載した書面を交付**しなければならないとしている。

(2)　交付方法等

①　書面への記名

37条書面には，**宅建士が記名**しなければならない。ただし，宅建士が記名すれば足り，契約や書面の説明または交付を宅建士が行う必要はない。

②　交付の相手方

交付の相手方は，重要事項説明書と異なり，**契約の両当事者**（売買契約の場合は**売主**と**買主**，貸借契約の場合は**貸主**と**借主**）である。

③　電磁的方法による提供

37条書面の交付に代えて，書面の交付の相手方の承諾を得て，37条書面に記載すべき事項を**電磁的方法により提供**することもできる。

⚠注意
重要事項説明書と同様に記名する宅建士は**専任か一般かは問わない**。また，宅建業者間の取引でも，書面の交付は省略できない。

(3) 37条書面の記載事項

	記載事項	売買・交換	貸借
①	当事者の氏名・住所	○	○
②	物件を特定させるため必要な事項（所在・地番等）	○	○
③	（既存のマンションである場合）**構造耐力上主要な部分等の状況**について**当事者双方が確認した事項**	○	×
④	代金・交換差金・借賃の額・支払時期および方法	○	○
⑤	**移転登記の申請時期**	○	×
⑥	宅地・建物の引渡し時期	○	○
⑦	代金等以外に授受される金銭の額・目的・授受の時期	○	○
⑧	**契約の解除に関する定め** 出題 R4	○	○
⑨	**損害賠償額の予定・違約金に関する定め**	○	○
⑩	**代金等の金銭の貸借のあっせんに係る金銭の貸借が成立しないときの措置** 出題 R4	○	×
⑪	**天災等不可抗力による損害の負担（危険負担）に関する特約** 出題 R1・4	○	○
⑫	**契約不適合を担保すべき責任に関する特約，契約不適合責任の履行措置の概要**	○	×
⑬	**租税その他の公課（固定資産税等）の負担に関する定め**	○	×

● ①～⑥は**絶対的記載事項**（必ず記載する）

● ⑦～⑬は**任意的記載事項**（定めるかどうかは任意，定めたら必ず記載する）

Point整理 契約締結後に交付すべき書面等

交付義務者	宅建業者
交付の相手方	契約の両当事者（売主・買主，貸主・借主，交換の両当事者）
交付時期	契約成立後，遅滞なく
方法	**宅建業法37条所定の事項を記載した書面**を交付（**電磁的方法**により提供） ※ 宅建士の**記名を要するが，説明は不要**

② 業務上の規制

1 誇大広告の禁止

宅建業者は，業務に関して広告をするときは，次の事項について，**著しく事実に相違する表示，実際のものよりも著しく優良であると人を誤認させるような表示，実際のものよりも著しく有利であると人を誤認させるような表示をしてはならない**（32条）。カン違いを招くような大げさな広告やウソの広告を規制して取引の安全を図ることが目的である。広告を見て誤認した者がいなかった場合や実害がなかった場合でも，誇大広告を出しただけで宅建業法違反となる。

【誇大広告の禁止の対象となる事項】
①**所在**，②**規模**，③**形質**，④利用の制限，⑤環境，⑥交通等の利便，⑦**代金等の対価の額・支払方法**，⑧代金等の金銭の貸借のあっせん

参考
存在はしているが売る意思のない物件を広告する等のいわゆる「**おとり広告**」も，**誇大広告として規制の対象**になる。

2 広告開始・契約締結の時期の制限

未完成の分譲マンションの場合，あまり早い時期から広告がなされたり，契約が締結されたりすると，実際の完成マンションとの間に食い違いが生じて，購入者との間にトラブルが生ずるおそれがある。このようなトラブルを最小限におさえるため，宅建業法では，未完成の分譲マンションでは，**建築確認や開発許可等**があった後でなければ，**広告を開始したり，契約を締結してはならない**としている（33条，36条）。

1．広告開始時期の制限

宅建業に該当する**すべての取引**（ただし，自ら当事者となる貸借は除く）が規制の対象となる。建築確認や開発許可等があった後でなければ広告を開始できないので，「建築確認申請済」や「開発許可申請中」と明示したとしても，広告することはできない。

2．契約締結時期の制限

宅建業に該当する取引のうち売買契約と交換契約のみが規制の対象となる。**貸借契約を媒介・代理する場合は含まれない**。不特定多数を対象とする広告と異なり契約は相手方が特定されるため影響が小さいことと，貸借契約であればそれほど大きい被害にならないことが，その理由である。

3 取引態様の明示義務

宅建業者は，マンション等の売買，交換，貸借に関して**広告**をするとき，および**注文**を受けたときは，遅滞なく，**取引態様を明示しなければならない**（34条）。取引態様とは，**代理**なのか，**媒介**なのか，**当事者**なのかという**契約への関わり合い方**をいう。この取引態様により，取引の相手方の報酬支払義務の有無や宅建業者が負う責任の内容が異なるからである。

4 不当な履行遅延の禁止

宅建業者は，業務に関してなすべき宅地建物の**登記・引渡しや対価の支払い**等を**不当に遅延する行為をしてはならない**（44条）。

5 守秘義務

宅建業者およびその**使用人**，その他の**従業者**は，正当な理由なしで，**業務上知り得た秘密を他に漏らしてはならない**（45条，75条の3）。宅建業を営まなくなった後や宅建業者の使用人その他の従業者を辞めた後でも，この守秘義務は免れない。正当な理由とは，例えば，本人の承諾がある場合や，裁判における証人として証言を求められた場合である。

6 報酬の受領の制限

宅建業者は，宅地建物取引の**媒介**または**代理**を行い契約を成立させたときは，依頼者から**報酬を受領**することができる。ただし，その報酬の限度額は，国土交通大臣が定めており，その**限度額を超えて受領してはならない**（46条）。

7 事実不告知等の禁止

宅建業者は，その業務に関して，相手方等に対し，宅地建物の売買・交換・貸借契約の締結について勧誘をするに際し，またはその契約の申込みの撤回・解除・宅建業に関する取引により生じた債権の行使を妨げるため，次のいずれかに該当する事項について**故意に事実を告げず**，または**不実のことを告げてはならない**（47条1号）。

> ①　重要事項説明書（35条書面）の記載事項
> ②　契約締結後に交付すべき書面（37条書面）の記載事項
> ③　宅地建物の所在，規模，形質，現在・将来の利用の制限，環境，交通等の利便，代金，借賃等の対価の額・支払方法等

8 手付貸与等による契約締結誘引の禁止

宅建業者は，業務に関し，相手方等に対して，手付について**貸付その他信用の供与**をすることによって，**契約の締結を誘引する行為をしてはならない**（47条3号）。手付の貸与・信用の供与とは，①手付を貸し付ける，②手付を数回に分けて受領する，③手付の支払いを猶予する，④約束手形を受領する等をいう。

！参考
誘引する行為自体が禁止されており，実際に契約に至らなくても宅建業法違反となる。

9 契約締結の勧誘をする際の禁止行為

宅建業者等（宅建業者またはその代理人，使用人その他の従業者）は，宅建業に係る契約の締結の勧誘をするに際し，宅建業者の相手方等に対し，**利益を生ずることが確実であると誤解させるべき断定的判断を提供する行為をしてはならない**（47条の2第1項）。例えば，「数年後には物件価格の上昇が確実である」等と告げて勧誘する場合等である。

10 相手方等を威迫する行為の禁止

宅建業者等は，宅建業に係る契約を締結させ，または申込みの撤回や解除を妨げるため，**相手方等を威迫してはならない**（47条の2第2項）。

Point整理 宅建業者の主な業務上の規制

誇大広告の禁止	広告をするときは，所在，規模，形質，代金等の対価の額・支払方法等の一定事項について，著しく事実に相違する表示をし，または実際のものよりも著しく優良・有利であると人を誤認させるような表示をしてはならない
取引態様の明示	① 広告をするとき ➡ 広告中に明示 ② 注文を受けたとき ➡ 遅滞なく注文者に明示
広告・契約締結の時期の制限	未完成マンションは，建築確認等があった後でなければ，広告の開始や売買・交換の契約の締結をしてはならない
報酬額の受領制限	国土交通大臣の定める額を超えて報酬を受領してはならない（媒介，代理の場合）

11 契約不適合責任の特約の制限 はじめて

出題 H28

売買契約の対象であるマンション等に**種類・品質に関する契約内容の不適合**（**契約不適合**）があった場合，**買主**に対し，**売主**は民法に定める一定の**契約不適合責任を負う**（民法562条等）。しかし，この規定は，**任意規定**であることから，特約により売主の責任を軽減したり，免責したりすることもできる（572条）。そこで，宅建業法では，**宅建業者が自ら売主**となって，**宅建業者でない者**と売買契約を締結する場合には，買主を保護するためにこの**特約に関する規定が次のように制限**されている（宅建業法40条）。

1．特約の制限（原則）

出題 H27

宅建業者が自ら売主となる**宅建業者でない者との間の売買契約**においては，原則として，**民法の規定**（➡P.105）**より，買主に不利となる特約をすることはできない。**

プラス なお，**契約不適合責任**について特約をするかどうかは当事者の自由であるので，宅建業者である売主と宅建業者でない買主との間において，**契約不適合責任について何ら特約をしなかったとしても，宅建業法に違反したことにはならない。**また，この場合には，売主である宅建業者は，**民法の規定に基づき契約不適合責任を負う**ことになる。

2．例外

契約不適合を通知すべき期間（通知期間）については，特約で「**引渡しの日から2年以上（最低2年）**」と定めることができる。例えば，「通知期間を引渡し日から3年とする」という特約は有効である。この特約の場合，引渡し日から2年6ヵ月経過時に不適合を発見したとしても，通知できるのは引渡し日から3年までである。つまり，「発見から6ヵ月間」となり，「不適合を知った時（発見）から1年」としている民法の規定よりも買主に不利である。しかし，上記の特約は有効である。このように，**通知期間**に関しては，**買主に不利になることもあり得ることから「例外」となる**。

プラス
「**売主が契約不適合責任を負うのは，契約締結日から2年以内に通知した場合に限る**」旨の特約は，無効である。
通常「契約締結日」は，「引渡し日」より前である。「契約締結の日から2年以内」とすると，**引渡し日から数えると2年より短い期間になってしまう**から無効となる。

3．買主に不利となる特約をした場合

買主に不利となる特約はすべてが**無効**となり，**民法の規定が適用**される。

［例］　宅建業者が売主となり，宅建業者でない者が買主となる中古マンションの売買契約において契約不適合責任に関して特約をした場合

①「**売主は，損害賠償責任を負うとともに，買主からの履行の追完請求や代金減額請求にも応ずる**」
➡　民法の規定どおりの特約であるから，**有効**。

②「**通知期間を引渡しの日から1年以内とする**」
➡　引渡しの日から2年以上とする規定に反するから，**無効**。この場合，買主は，民法の規定が適用され，**不適合を知った時から1年以内**に売主に**通知**しなければ，原則として，売主に対して契約不適合責任を追及することができない。

出題 H27～28

第8章　宅地建物取引業法（宅建業法）

出題 H28

【無効または有効となる特約の例】

民法の規定より買主に不利となり，無効になる特約

① 「買主は，損害賠償の請求に代えて，修補の請求をしなければならない」

➡ 民法で認めている損害賠償請求をすることができないので，買主に不利であり無効である。

② 「契約不適合がある場合，買主は損害賠償の請求と履行の追完請求をすることができるが，いかなる場合でも契約の解除はできない」

➡ 民法で認めている契約の解除ができないので，買主に不利であり無効である。

③ 「売主は重大な過失があったときは損害賠償責任を負うが，軽過失のときはその責任を負わない」

➡ 民法上，売主は「帰責事由」があれば，損害賠償責任を負わなければならない。この特約は，売主の責任を「重大な過失があった場合」に限定するもので，買主に不利であり無効である。

民法と同じ内容であり，有効となる特約

④ 「買主は，契約不適合を知った時から，１年以内に売主にその旨を通知しなければ，契約不適合責任を追及することができない」

⑤ 「売主は，契約不適合が，買主の責めに帰すべき事由によるものであるときは，履行の追完について，その責任を負わない」

➡ 単に民法の規定を確認する特約にすぎず，買主に不利ではなく有効である。

Point整理 契約不適合責任の特約の制限

原　則	①宅建業者が売主，宅建業者でない者が買主となる売買契約において，民法上の契約不適合責任の規定より買主に不利となる特約をしてはならない ②買主に不利な特約は無効 ※　無効となる場合は，民法の規定が適用される
例　外	通知すべき期間を目的物の引渡しの日から２年以上とする特約は有効

⑫ 手付金の性質と額の制限

売買契約における手付金については，民法上，証約手付，違約手付，解約手付の性質があるが，**いずれにするかは当事者の自由である**。当事者間に手付の目的についての取り決めがない場合は，**解約手付と推定される**（民法557条）。また，売主が受領する手付金の額については，特に規定されていない。

しかし，宅建業法では，**宅建業者が自ら売主**となって，**宅建業者でない者**と売買契約を締結する場合には，買主を保護するために手付金の目的（性質）と額について次のように制限されている（39条）。

1．手付の目的

宅建業者が，自ら売主となる締結に際して**手付金**を受領したときは，たとえ当事者間でどのように定めた場合であっても，その手付金は**解約手付とみなされる**。また，これに反する特約で**買主に不利なものは，無効である**。

［例］　宅建業者Aが自ら売主となって，宅建業者でないBから手付金600万円を受け取っている場合

① Aが，証約手付の名目で手付金を受領していても，Bは，Aが履行に着手する前であれば，**手付金を放棄して契約を解除できる**。

② 「Aは，Bから受領した600万円をBに返還すれば，手付に基づく解除をすることができる」旨の特約をしても無効である。Aは，解約手付による契約の解除として，**1,200万円を現実に提供（倍返し）しなければならない**。

2．手付の額の制限

手付金の額は，**代金の2/10を超えてはならない**。

13 手付金等の保全措置

宅地・建物の売買契約においては，**「手付金」**や**「内金」**等**の名目で代金に充当される金銭（手付金等）**の授受が行われる。ところが宅建業者の倒産等により，物件の引渡しができなくなるどころか支払った手付金等が戻ってこないおそれがある。そこで，宅建業法では，**宅建業者が自ら売主**となって，**宅建業者でない者**と売買契約を締結する場合には，買主を保護するため

参考
保全措置は，①**保証委託契約**（連帯保証人を付ける），②**保証保険契約**（保険に入る），③**手付金等寄託契約**（保管機関に預ける）の3種類がある。未完成物件の場合は，③の措置を採ることはできない。いずれか1つの保全措置を講ずれば足りる。

に，売主である宅建業者は，支払った手付金等が確実に買主に返還できるように，次のような保全措置を講じなければならないとしている（41条，41条の2）。

1．保全措置（原則）

宅建業者が自ら売主となる売買契約においては，原則として，一定の**保全措置を講じた後**でなければ，宅建業者でない買主から**手付金等を受領してはならない**。

2．保全措置が不要となる場合（例外）

次のいずれかに該当する場合は，**保全措置を講じなくても**，手付金等を受領することができる。

(1) **買主が所有権保存の登記**をしたとき，または**所有権移転の登記**がなされたとき

(2) 受領する手付金等の金額が**次の金額以下**であるとき

未完成物件	代金の**5％以下**，かつ，**1,000万円以下**
完成物件	代金の**10％以下**，かつ，**1,000万円以下**

［例］ 宅建業者Aが自ら売主となって，宅建業者でないBに代金4,000万円の中古マンション（完成物件）を売却する場合

① Aは，**保全措置を講じなくても**，Bから手付金400万円を受領することができる。手付金400万円は，**代金の10％以下で1,000万円以下**であるからである。

② Aは，500万円（**10％超**）の手付金を受け取る場合は，**保全措置を講じなければならない**。しかし，すでにBに**所有権の移転登記**をしているのであれば，保全措置を講じていなくても，Bは手付金500万円を**受領することができる**。

第9章

住宅の品質確保の促進等に関する法律

（品確法）

品確法は，直近の10年では，平成26・28・令和元・2・4・5年に各1問出題された。
「住宅性能評価」「紛争処理」「瑕疵（契約不適合）担保責任」の3本柱があるが，「瑕疵担保責任」から出題されることが多い。これは民法の契約不適合責任に関する特則なので，品確法において民法の規定をどのように修正しているかに着目して学習しよう。

1 目　的 はじめて

出題 R2

(1) **品確法**は，①**住宅の性能に関する表示基準**及び**これに基づく評価の制度**を設け，②**住宅に係る紛争の処理体制を整備**するとともに，③**新築住宅の請負契約または売買契約における瑕疵(かし)担保責任について特別の定め**をすることにより，住宅の品質確保の促進，住宅購入者等の利益の保護および住宅に係る紛争の迅速かつ適正な解決を図り，もって**国民生活の安定向上**と**国民経済の健全な発展**に寄与することを目的としている（1条）。

出題 H26・29・R1・4～5

(2) この法律でいう「**新築住宅**」とは，**新たに建設された住宅**で，**まだ人の居住の用に供したことがないもの**で，**建設工事の完了の日から1年を経過していないもの**をいう。この住宅には，一戸建住宅だけではなく，**マンションも含まれる**。また，住宅と店舗等が混在した複合用途型のマンションでもよいが，特例の適用対象となるのは，**住宅部分に限られる**。

2 住宅性能表示制度

住宅性能表示制度は，住宅の性能（構造耐力・遮音性・省エネルギー性等）に関する表示の適正化のため，表示の方法や評価の基準に関する**共通のルール**（**日本住宅性能評価基準**）を設け，消費者が住宅の性能を比較できるようにしたものである。この制度は，**新築住宅・既存**（**中古**）**住宅を対象**とする。ただし，あくまでも**任意の制度**であり，この制度を利用するかどうかは，当事者の判断に委ねられている。

(1) **住宅性能評価書**

登録住宅性能評価機関が選任した評価員が，住宅性能評価を実施し，基準に達していれば**住宅性能評価書**が申請者に交付される。

住宅性能評価書には，次の**2つの種類**がある。なお，そもそも任意の制度なので，**契約書に住宅性能評価書の添付が義務付けられているわけではない**。出題 H28

① **設計住宅性能評価書**	**設計図書**の段階での評価結果をまとめたもの
② **建設住宅性能評価書**	**施工・完成**段階での検査を経て，その評価結果をまとめたもの

注意

マンションなどの共同住宅では，専有部分に比べて共用部分の占める割合が大きいため，**既存の共同住宅に係る建設住宅性能評価**を受ける場合，**共用部分と専有部分の両方の評価**が**必要**となる。

出題 H29

(2) 性能表示（評価）事項

新築住宅の住宅の性能は，次の各事項について，**等級や数値**等で表示する。**等級（等級０〜等級５）は，性能が高いものほど数字が大きくなる**。また，**性能表示事項**は，必ず評価・表示する「**必須項目**」と任意で評価・表示する「**選択項目**」に区分されている。なお，「**必須項目**」は，主に住宅取得者等の関心の高い項目であり，かつ，建設後では調査しにくい項目が対象となっている。 出題 H28

① 構造の安定に関すること（必須項目）	地震や風等の力が加わった時の建物全体の強さ
② 火災時の安全に関すること（選択項目）	火災発生時の避難のしやすさや建物の燃えにくさ
③ 劣化の軽減に関すること（必須項目）	建物の劣化を防止・軽減するための対策
④ 維持管理・更新への配慮に関すること（必須項目）	給・排水管とガス管の日常における維持管理のしやすさ
⑤ 温熱環境・エネルギー消費量に関すること（必須項目）	冷暖房時の省エネルギーの程度
⑥ 空気環境に関すること（選択項目）	内装材のホルムアルデヒド発散量の少なさや換気の方法
⑦ 光・視環境に関すること（選択項目）	開口部の面積の大きさや位置
⑧ 音環境に関すること（選択項目）	居室の外壁開口部に使用されるサッシの遮音性能
⑨ 高齢者等への配慮に関すること（選択項目）	加齢等に伴って身体機能が低下した時の移動のしやすさや介助のしやすさ
⑩ 防犯に関すること（選択項目）	開口部の侵入防止対策

出題 H28（⑥）　出題 H28（⑦）　出題 H28（⑨）

3 指定住宅紛争処理機関（67条1項）

建設住宅性能評価書の交付を受けた住宅（**新築住宅・既存住宅**）について，建設工事の請負契約または売買契約に関する紛争が生じた場合，当該紛争の当事者の双方または一方は，**指定住宅紛争処理機関に対し**，当該紛争のあっせん，**調停および仲** 出題 H29

裁を申請することができる。

4 瑕疵(かし)担保責任 はじめて

1．住宅の新築工事の請負人の瑕疵担保責任（94条）

用語解説
品確法において「瑕疵(かし)」とは、種類・品質に関して契約の内容に適合しない状態（契約不適合）をいう。

(1) 住宅を新築する建設工事の請負契約（住宅新築請負契約）においては，請負人は，注文者に引き渡した時から10年間，住宅のうち「構造耐力上主要な部分または雨水の浸入を防止する部分として政令で定めるもの（住宅の構造耐力上主要な部分等）」の瑕疵について，民法で定められた担保責任（履行の追完の請求・報酬の減額の請求・損害賠償の請求・契約の解除）を負う。出題 R1・5

出題 R4～5

(2) (1)よりも注文者に不利な特約は，無効である（強行規定）。

(3) 注文者が，その瑕疵を知った時から1年以内にその旨を請負人に通知しないときは、注文者は、担保責任を追及することができなくなる。ただし、請負人が引き渡し時に瑕疵を知り、または重大な過失で知らなかったときは、この権利行使期間の制限を受けない。

2．新築住宅の売主の瑕疵担保責任（95条）

出題 H26・29・R5

(1) 新築住宅の売買契約においては，売主は，買主に引き渡した時から10年間，住宅の構造耐力上主要な部分等の瑕疵について，民法で定められた担保責任（履行の追完の請求・代金の減額の請求・損害賠償の請求・契約の解除）を負う。

(2) (1)よりも買主に不利な特約は，無効である（強行規定）。

出題 H29・R1・5

プラス 例えば，「責任を負うべき期間を，買主に引き渡した時から5年間とする」や「責任内容を履行の追完請求に限定し，契約の解除や損害賠償請求はできない」旨の特約をしても，その特約は無効となる。

出題 R4

(3) 売買契約の目的である新築住宅が住宅新築請負契約に基づき請負人から売主（注文者）に引き渡されたものである場合は，その引渡しの時から10年間，売主（注文者）は，買主に対して担保責任を負う。

プラス 例えば，AがBと請負契約を締結して，Bに新築住宅を造らせ，その引渡しを受けた場合，その後Aが，その新築住宅をCに売却し，引き渡したとき，AはCに対して，請負人であるBから**引渡しを受けた時から10年間**，担保責任を負う。

(4) 買主が，その**瑕疵を知った時から１年以内**にその旨を売主に**通知しない**ときは、買主は、担保責任を追及することができなくなる。ただし、売主が引渡しの時に**瑕疵を知り**、または**重大な過失で知らなかった**ときは、この制限を受けない。

3．適用除外 (96条)

前述**1．2．**の規定は，**一時使用**のために建設されたことが明らかな住宅については，**適用しない**。

4．瑕疵担保責任の期間の伸長等の特例 (97条)

住宅新築請負契約または**新築住宅の売買契約**においては，請負人が担保責任を負うべき期間または売主が瑕疵について担保責任を負うべき期間は，**注文者または買主に**引き渡した時から**20年以内**とすることができる。

出題 R5

プラス **【品確法の特例と民法・宅建業法との関係】**
新築住宅で，品確法の規定が適用される場合でも，**民法や宅建業法の規定が排除されるわけではない。**
例えば，宅建業者が自ら売主となり，宅建業者でない者が買主となる新築マンションの売買契約において，構造耐力上主要な部分等については，品確法の特例により担保責任を負い，その他の部位については，民法や宅建業法に基づき担保責任を負うことになる。

Point整理 瑕疵担保責任の特例

対象	新築住宅（建設工事完了後１年以内，人の居住の用に供したことがないもの） ※既存住宅・一時使用目的の新築住宅には適用がない ※住宅店舗複合用途型マンションの場合，住宅部分のみに適用	
対象部位	① 構造耐力上主要な部分 ② 雨水の浸入を防止する部分	
責任追及手段	請負	追完請求・報酬減額請求・損害賠償請求・解除
	売買	追完請求・代金減額請求・損害賠償請求・解除
責任追及期間	① 引渡しから10年間（特約で**20年まで伸長**できる） ② 新築住宅が，請負契約に基づき，請負人から売主（注文者）に引き渡された場合は，買主の責任追及期間は，**請負人から売主（注文者）に引き渡された時から10年**	
特約	**買主・注文者に不利な特約は**無効（強行規定） ［無効になる特約の例］ ●「瑕疵修補請求はできるが，損害賠償請求はできない」 ●「構造耐力上主要な部分等の責任期間を引渡し時から５年とする」	

第10章

アフターサービス

アフターサービスは，直近の10年ではH27年度に１問出題されている。民法や宅建業法，品確法との複合問題として出題されることがある。アフターサービスは，あくまで当事者の契約に基づく約定責任であるという点に注意して，法律に基づく担保責任との違いを明確にしておこう。

1 アフターサービスとは

マンションの売買契約には，民法の契約不適合責任，宅建業者が売主で，買主が宅建業者でない場合には宅建業法の契約不適合責任の特約の制限，さらに新築居住用マンションの分譲契約であれば，品確法の瑕疵担保責任の規定が適用される。これらは法律の規定に基づき売主が負わされる**法定責任**である。これとは別に，売買契約の締結後，契約で定めた一定の期間に，契約に定めた部位について，売主が**約定責任**として，マンションの**欠陥や不具合が生じた箇所の補修を無償で行う責任**を負う旨を定めることが広く行われている。これを**アフターサービス**という。**契約不適合責任**が法律で定められている**法定責任**であるのに対し，**アフターサービス**は**契約の当事者間で特約により定められる約定責任**である。アフターサービスには，主に次のような特徴がある。

⑴ **対象**

① アフターサービスの対象は，契約時から存在する**欠陥に限定されない**。契約後に発生したものであっても，一定の場合を除いて，対象となる。

出題 H27

② アフターサービスの対象部位は，マンションの**共用部分（構造耐力上主要な部分および雨水の浸入を防止する部分等）**だけではなく，**専有部分や専有部分内の内装・設備も含む**のが一般的である。

⑵ **内容・期間**

① アフターサービスの内容は，**欠陥を無償で補修する**ことであり，一般的に，**契約の解除や損害賠償は認めていない**。

② アフターサービスの内容について，売主が宅地建物取引業者であっても，国土交通大臣や免許権者である都道府県知事の**認定を受ける必要はない**。

③ アフターサービスを行う**期間やその起算日**は，当事者の約定で定められるので一律ではなく，対象となる**部位や欠陥の種類**によって**異なる**。

(3) 法律との関係

アフターサービスの内容について売主が遵守しなかった場合，売主は民法に基づき**債務不履行責任を負う**ことはあるが，宅地建物取引業法や消費者契約法にアフターサービスに関する規定はないので，**宅建業法や消費者契約法に違反したことにはならない**。

2 中高層住宅アフターサービス規準

アフターサービスの内容については，**不動産業者の団体が標準的な規準**を制定している。ここでは，社団法人不動産協会の「**中高層住宅アフターサービス規準**」を参考として掲載しておく（表の内容は覚える必要はない）。「中高層住宅アフターサービス規準」は，**様式A（工事種目別）**と**様式B（部位・設備別）**に分かれている。

なお，この基準によりアフターサービスに関する特約をしても，それにより当然に民法に定める**契約不適合責任を免れるわけではなく**，また，強行規定である**宅建業法40条の規定**（契約不適合責任の特約の制限➡P.368参照）**や品確法の規定**（瑕疵担保責任➡P.376参照）**も適用される**。

1．中高層住宅アフターサービス規準（様式Ａ：抜粋）

(1) 建築Ⅰ（構造耐力上主要な部分および雨水の浸入を防止する部分）

工事種目	箇所	部位	状態	サービス期間					備考
				1年	2年	5年	7年	10年	
コンクリート工事	外壁	躯体	雨漏り					○	屋内への雨水の浸入
	基礎・柱・梁・耐力壁・内部床・屋上・屋根	躯体	亀裂・破損					○	構造耐力上影響のあるもの（鉄筋のさび汁を伴った亀裂・破損およびこれに準じるものとし，毛細亀裂および軽微な破損は除く）に限ります。
	外階段の床 はね出し式のバルコニー，外廊下の床	躯体	亀裂・破損					○	上記と同様とします。尚，はね出し式のバルコニー，外廊下の床については，先端部の亀裂・破損や短辺方向（主筋に平行方向）の亀裂は構造耐力上の影響が少ないので原則として除きます。
防水工事等	屋上・屋根・ルーフバルコニー	アスファルト防水等	雨漏り					○	屋内への雨水の浸入
	外壁		雨漏り					○	屋内への雨水の浸入
	屋上・屋根・外壁の開口部	戸，わくその他の建具	雨漏り					○	屋内への雨水の浸入
	屋上・屋根・外壁・屋内	外部貫通（雨水排水）管	屋内への漏水					○	

(2) 建築Ⅱ（建築Ⅰ以外の部分）

工事種目	箇所	部位	状態	サービス期間 1年	2年	5年	7年	10年	備考
コンクリート工事	非耐力壁・雑壁（外廊下，外階段，バルコニーの壁を含む）・パラペット・庇	躯体	亀裂・破損		○				毛細亀裂および軽微な破損を除きます。
	屋上・屋根・バルコニー・外階段・外廊下・玄関ホール・ピロティ	躯体	排水不良		○				
防水工事等	屋上・屋根・ルーフバルコニー	防水層	ふくれ		○				軽微なふくれは除きます。
	浴室	アスファルト防水等	漏水					○	ユニットバスは浴室設備に掲載。
木工事	下地材	床組・天井	変形・破損		○				
	〃	柱・間仕切り	〃		○				
	造作材	鴨居・敷居	〃		○				
タイル工事	内外壁	タイル	亀裂・浮き・はがれ		○				毛細亀裂および軽微な浮き，はがれを除きます。
	床	タイル	〃		○				
石工事	内外装・壁	石	亀裂・浮き・はがれ		○				毛細亀裂および軽微な浮き，はがれを除きます。
	床	石	〃		○				
左官工事	内外壁	モルタル塗り	亀裂・浮き・はがれ		○				毛細亀裂および軽微な浮き，はがれを除きます。浮きは小規模なもので，はがれおよび亀裂を誘引しないものは除きます。
		プラスター塗り	〃		○				
	床・バルコニー	モルタル塗り	〃		○				
	床・その他	人造石塗り	〃		○				
	〃	テラゾーブロック	はがれ・破損		○				
金属工事	屋上・バルコニー	手摺	取付不良		○				
	廊下	面格子	〃		○				
	階段	ノンスリップ	〃		○				
	バルコニー	物干金具	〃		○				
	屋上	TVアンテナ支持金物	〃		○				
	〃	吊り環	〃		○				
	〃	マンホール	がたつき・作動不良		○				
	外部開口部	窓・玄関扉	変形・破損・作動不良		○				
建具工事	外部	鋼製・アルミ製	取付・作動不良・変形・破損		○				
		付属金物・網戸	〃		○				網の破れは引渡し時の確認のみ。
	内部	木製・造付家具	〃		○				
		付属金物	取付・作動不良		○				
		襖・戸	建付不良・変形・破損		○				襖紙は引渡し時の確認のみ。
		障子	〃		○				障子紙は引渡し時の確認のみ。
	内外部	ガラス	破損		○				引渡し時の確認のみ。
		ビード	はがれ・すきま		○				
塗装工事	内外部	鉄部	錆・ひびわれ・はがれ		○				外階段の踏面を除く。引渡し後の褪色，傷は含みません。
		木部	はがれ・ひびわれ		○				
		コンクリート面・モルタル面	はがれ・変色		○				
吹付け工事	内外部	リシン・スタッコ等	はがれ		○				

【アフターサービス規準適用上の留意事項：抜粋】

(1) **本アフターサービス期間の始期（起算日）**については，次に定めるとおりとし，具体的な適用については，アフターサービス規準に基づいて行う。
① 建築Ⅰ（構造耐力上主要な部分および雨水の浸入を防止する部分）において，10年間のアフターサービスを行う部分については，建設会社から分譲会社（売主）に引き渡された日
② ①以外の共用部分については，供用を開始した日（区分所有者の一人が最初に使用した日）
③ その他の部分については，当該物件の引渡し日

(2) 本アフターサービス規準は，次の場合を**適用除外**とする。
① 天災地変（**地震・火災・風・水・雪害**）等，**不可抗力**による場合
② **経年変化，使用材料の自然特性による場合**
③ **管理不十分，使用上の不注意による場合**
④ **増改築等により，形状変更が行われた場合**
⑤ 地域特性による場合
⑥ **第三者の故意または過失に起因する場合**
⑦ 建物等の通常の維持・保全に必要となる場合

2．中高層住宅アフターサービス規準（様式B：抜粋）

本規準は，住宅の品質確保の促進等に関する法律（瑕疵担保責任の特例）の施行に合わせて改定するものであり，平成12年4月1日以降の工事発注分から適用されている。

(1) 建築／共用部分Ⅰ（構造耐力上主要な部分および雨水の浸入を防止する部分）

部位・設備	現　象　例	期間（年）	備　　考
基礎・柱・梁・耐力壁・内部床・屋上・屋根	コンクリート躯体の亀裂・破損	10	構造耐力上影響のあるもの（鉄筋のさび汁を伴った亀裂・破損およびこれに準じるものとし，毛細亀裂および軽微な破損は除く）に限ります。
外階段の床 はね出し式のバルコニー，外廊下の床	コンクリート躯体の亀裂・破損	10	上記と同様とします。なお，はね出し式のバルコニー，外廊下の床については，先端部の亀裂・破損や短辺方向（主筋に平行方向）の亀裂は構造耐力上の影響が少ないので原則として除きます。
屋上・屋根・ルーフバルコニー	雨漏り	10	屋内への雨水の浸入
外壁	雨漏り	10	屋内への雨水の浸入

(2) 建築／専有部分等

部位・設備		現　象　例	期間（年）	備　　考
内部壁	非耐力壁	亀裂・破損	2	毛細亀裂および軽微な破損を除きます。
	間仕切（木造）	変形・破損	2	＜変形＞そり
	下地材	破損	2	
	モルタル塗り	破損	2	
	タイル張			
	ボード張り			
	クロス張り・紙張り 塗装吹付	破損	2 2	＜破損＞はがれ・浮き等 ただし，傷および日焼けは引渡し時の確認のみとします。
敷居・鴨居・柱		変形・破損	2	＜変形＞きしみ，そり，ねじれ
内部扉・襖・障子		変形・破損 作動不良・取付不良	2	＜破損＞襖紙，障子紙は引渡し時の確認のみとします。
建具金物・カーテンレール		変形・破損 作動不良・取付不良	2	
造付家具（押入を含む）		変形・破損 作動不良・取付不良	2	

アフターサービスのまとめ

性質	売買契約上の約定責任
内容	① 不動産業者の団体が標準的な規準を制定している(**中高層住宅アフターサービス規準**) ② 宅建業法で定められているものではないので,宅建業者が遵守しなかった場合でも宅建業法に違反しない ③ 売買契約締結後,**契約で定めた一定期間**,**契約で定めた部位**について売主が無償で欠陥を補修するという内容のサービスを行い,**解除や損害賠償の請求はできない**のが一般的である
期間	**対象となる建物の部位や状態,欠陥の種類により**期間と起算点を異にしている**場合が多く,一律ではない** **【アフターサービス規準による始期**※(**起算日**)**】** ① 構造耐力上主要な部分・雨水の浸入を防止する部分において10年間アフターサービスを行う部分:建設会社から分譲会社(売主)に引き渡された日 ② ①以外の共用部分:供用を開始した日(区分所有者の1人が最初に使用した日) ③ その他の部分:物件の引渡し日 ※:いずれも,買主に引き渡した日には限定されていない
対象	① 売買契約時に存在していた欠陥に限られず,**契約に定められた期間内に発生した欠陥も含まれる**のが通常である ② 建物の構造耐力上主要な部分および雨水の浸入を防止する部分(基本構造部分)に限られず,**共用部分や専有部分**(**内装や各種の設備等**)**の欠陥を含む**のが通常である ③ **天災地変**(**地震,台風等**)**の不可抗力による破損,損壊の場合は**,対象から除外していることが多い ④ **購入者の使用ミスによるものについては**,対象から除**外**していることが多い

Nested table in 期間:

部分	始期(起算日)
① 構造耐力上主要な部分・雨水の浸入を防止する部分において10年間アフターサービスを行う部分	建設会社から分譲会社(売主)に引き渡された日
② ①以外の共用部分	供用を開始した日(区分所有者の1人が最初に使用した日)
③ その他の部分	物件の引渡し日

第11章

消費者契約法

消費者契約法は，直近の10年では，平成26・28・30・令和３年に各１問出題された。「消費者契約の定義（消費者契約法の適用範囲）」と「消費者契約の免責条項の無効」に関する基本事項を押さえ，学習にあまり時間をかけすぎないようにしよう。

参考
消費者保護の目的のために，各種の個別法（例えば，宅建業法）が定められているが，個別法はあくまでも特定の個別取引のみに適用されるため，消費者保護のためには民法の原則を修正する広い適用範囲を持つ特別法が必要と考えられてきた。**消費者契約法**は，このような事情を背景として，**民法の特別法**として制定された。

1 総則 はじめて

1．目的（1条）

消費者契約法は，消費者と事業者との間の**情報の質および量ならびに交渉力**の格差に鑑み，①事業者の一定の行為により消費者が誤認し，または困惑した場合等について契約の申込みまたその承諾の**意思表示を取り消すことができる**こととするとともに，②**事業者の損害賠償の責任を免除する条項**その他の消費者の利益を不当に害することとなる条項の**全部または一部を無効**とするほか，③消費者の被害の発生または拡大を防止するため**適格消費者団体**が事業者等に対し**差止請求をすることができる**こととすることにより，消費者の利益の擁護を図り，**国民生活の安定向上**と**国民経済の健全な発展に寄与する**ことを目的としている（1条）。出題 H28

2．用語の定義（2条）

(1) 消費者

出題 H26・30・R3

消費者とは，**個人**（事業としてまたは事業のために契約の当事者となる場合を除く）をいう。したがって，個人であっても**個人事業者**は，事業として，または事業のために契約の当事者となる場合には，**消費者には含まれない**。例えば，賃貸用共同住宅を経営する個人（賃貸マンションの貸主）は**事業者**にあたる。

(2) 事業者

出題 H26・30・R3

事業者とは，**法人**その他の団体および事業としてまたは**事業のために契約の当事者となる場合における個人**をいう。法人はすべて事業者に該当し，**個人事業者**は，事業としてまたは事業のために契約の当事者となる場合には**事業者に含まれる**。例えば，賃貸用共同住宅を経営する個人（賃貸マンションの貸主）は**事業者**にあたる。

(3) 消費者契約

出題 H30・R3

消費者契約とは，消費者と事業者との間において締結される契約をいう。したがって，**事業者間の契約**や**事業者が媒介**した**消費者間の契約**は，消費者契約に該当せず，消費者契約法は**適用されない**。

プラス 事業者間（例えば，株式会社と株式会社，株式会社と個人事業者）の契約や事業者が媒介した消費者間の契約は，消費者契約には該当せず，消費者契約法は適用されない。これに対して個人事業者と消費者である個人の間の契約には，消費者契約法が適用される。

出題 H30

(4) 適格消費者団体

適格消費者団体とは，不特定かつ多数の消費者の利益のためにこの法律の規定による**差止請求権を行使する**のに必要な適格性を有する法人である**消費者団体として内閣総理大臣の認定を受けた者**をいう。出題 H26

参考
「**適格消費者団体**」は，消費者全体の利益を擁護するため，**事業者の不当な行為**（不当な勧誘，不当な契約条項の使用）に対する**差止請求権を行使すること**ができる。

2 消費者契約の申込み又はその承諾の意思表示の取消し

1．誤認による意思表示の取消し（4条1項・2項）

事業者の不適切な行為（**不実の告知，断定的判断の提供，不利益事実の不告知**）が原因で，**消費者が誤認**をし，それにより消費者契約を締結したときは，**消費者**はその**契約を取り消すこと**ができる。

プラス **不実の告知**とは，**重要事項**について事実と異なることを告げることをいう。**断定的判断の提供**とは，物品や権利に関して，将来の変動が不確実な事項について断定的な判断を提供することをいい，**不利益事実の不告知**とは，**重要事項**について消費者に不利益となる事実を故意または重大な過失によって告げないことをいう。

参考
「**重要事項**」には，消費者の**生命・身体・財産等**の重要な利益についての**損害または危険を回避するために通常必要であると判断される事情**も含まれる。

2．困惑による意思表示の取消し（4条3項1号・2号）

事業者の不退去，退去妨害により，**消費者が困惑**し，それにより消費者契約を締結したときは，**消費者**は，その**契約を取り消すこと**ができる。

プラス **不退去**とは，消費者宅を訪問し，帰らずに居座り続ける行為等をいい，**退去妨害**とは，消費者を勧誘している場所から帰さず困惑させる行為等をいう。

3．過量な内容の意思表示の取消し（4条4項）

事業者が消費者契約の締結について勧誘をするに際し，消費者契約の目的となるものの**分量，回数または期間が消費者にとって過量の内容**（通常の分量等を著しく超えるもの）**であることを知っていた場合**，その勧誘により消費者が消費者契約を締結したときは，**消費者**はその**契約を取り消すことができる**。

プラス　上記のほかにも，①**消費者の社会生活上の経験不足の不当な利用**（不安をあおる告知，恋愛感情等に乗じた人間関係の濫用），②**加齢又は心身の故障による判断能力の低下の不当な利用**，③**霊感等による知見を用いた告知**（霊感商法），④**契約締結前に義務の内容を実施**（【例】契約前に修繕工事を実施して代金を請求），⑤**契約締結を目指した活動による損失の補償を要求**（【例】契約しないならこれまでの経費を支払えと要求）等の不当な勧誘行為によって消費者契約を締結した場合には，**消費者**はその**契約を取り消すことができる**（4条3項）。

4．第三者との関係（4条6項）

消費者契約の申込みまたはその承諾の意思表示の取消しは，**善意無過失の第三者に対抗することができない**。

5．取消権の行使期間（7条）

取消権は，**追認をすることができる時から1年間**行わないときは，**時効によって消滅する**。また，**消費者契約の締結の時から5年**を経過したときも，同様である。

3 事業者の損害賠償の責任を免除する条項等の無効

1．事業者の損害賠償責任を免除する条項（8条1項）

消費者の利益を一方的に害する条項として，次のような消費者契約の条項は，**無効**である。

(1)　事業者の**損害賠償責任の全部を免除**し，または**事業者自身にその責任の有無を決定する権限を付与する条項**。

(2)　事業者の**故意または重大な過失**による場合に**損害賠償責任の一部を免除**し，または**事業者自身にその責任の限度を決定**

する**権限を付与する条項**。

> プラス 「**事業者の損害賠償責任を免除する条項**」とは，例えば，「事業者に故意または過失があっても一切損害賠償責任を負わない」，「事業者の損害賠償責任は○○円を限度とする」等である。また，「**事業者自身にその責任の有無を決定する権限を付与する条項**」とは，例えば，「当社が過失のあることを認めた場合に限り，損害賠償責任を負う」等である。

> プラス 売主が消費者であり，買主が事業者の売買契約において，**消費者である売主の契約不適合責任を免除する特約**は，消費者の利益を不当に害する条項ではないので有効である。

出題 H26

2．消費者の解除権を放棄させる条項等（8条の2）

事業者の**債務不履行**により生じた消費者の**解除権を放棄**させ，または**事業者自身にその解除権の有無を決定する権限を付与**する消費者契約の条項は，**無効**である。

4 消費者の利益を一方的に害する条項の無効

①**消費者の権利を制限**し，または**消費者の義務を加重**する消費者契約の条項であって，②**信義誠実の原則に反して消費者の利益を一方的に害するような内容の契約条項**であれば，**無効**となる（10条）。

> プラス マンションの賃貸借契約において，契約終了時に**敷金から一定額を償却する（敷引き）とする特約は，消費者契約法10条には抵触せず有効である**とされている（判例）。

> プラス 上記のほかにも，①事業者に対し，消費者が**後見開始・保佐開始・補助開始の審判を受けたことのみを理由とする解除権を付与する条項**，②消費者が支払う契約の解除に伴う損害賠償額の予定等を定める場合で，その額が同種の消費者契約の**平均的な損害額を超える条項**や**遅延損害金の利率につき年利14.6%を超える条項**（いずれも超える部分）は，**無効**である（8条の3，9条）。

参考

消費者の不作為をもって消費者が新たな消費者契約の申込み，またはその承諾の意思表示をしたものとみなす条項（例えば，注文していない商品が届いた場合に，継続しない旨の連絡をしない限り継続した契約をしたものとみなす旨の条項）も，**①に該当し，無効**である。

5 他の法律の適用

消費者契約の申込み，またはその承諾の意思表示の取消しおよび消費者契約の条項の効力については，消費者契約法の規定によるほか，民法・商法の規定による。消費者契約の申込みまたはその承諾の意思表示の取消しおよび消費者契約の条項の効力について「**民法・商法以外の他の法律**（例えば，**宅建業法**）」**に別段の定め**があるときは，**その定めるところによる**（11条）。

したがって，ひとつの契約に①**消費者契約法**，②**民法・商法**，③**民法・商法以外の法律**が競合する場合，**その契約に適用される法律の優先順位は，③➡①➡②となる。**

出題 H26

プラス　例えば，消費者契約が適用される売買契約について，**宅建業法の消費者保護の規定**（宅建業者が自ら売主，宅建業者でない者が買主の場合にのみ適用される規定）が適用される場合には，**宅建業法の規定が優先的に適用される**。この場合でも宅建業法に規定がなく，消費者契約法に規定がある事項については，消費者契約法が適用されるので，**消費者契約法が適用されなくなるわけではない**。そして，消費者契約法に規定がない事項には，民法が適用される。

消費者契約法のポイント

定義	消費者	個人のみ（下記の②は除く）
	事業者	① 法人その他の団体 ② 個人事業者
	消費者契約	消費者と事業者との間で締結される契約
適用	事業者と消費者間	あり
	消費者と消費者間	なし
	事業者と事業者間	
取消し	① 事業者の不適切な行為（**不実告知, 断定的判断の提供, 不利益事実の不告知**）による消費者契約 ② 事業者の**不退去, 退去妨害**による消費者契約 ③ **過量な内容**の消費者契約等 ④ 取消しは**善意無過失の第三者に対抗できない** ⑤ 取消権は**追認できる時から1年**または**契約締結時から5年**で消滅する	
無効	① 事業者の**賠償責任の全部または一部を免除する条項** ② 消費者の**解除権を放棄させる条項** ③ **消費者の利益を一方的に害する条項**等	

第12章

個人情報の保護に関する法律

（個人情報保護法）

個人情報保護法は，直近の10年では，平成27・30・令和２・５年に各１問，令和３年に１肢出題された。「用語の定義」と「個人情報取扱事業者の義務」からほとんど出題されている。基本事項を押さえ，学習にあまり時間をかけすぎないようにすること。

1 総則 はじめて

1．目的（1条）

個人情報保護法は，デジタル社会の進展に伴い個人情報の利用が著しく拡大していることに鑑み，個人情報の適正な取扱いに関し，**個人情報を取り扱う事業者**および行政機関等の**遵守すべき義務等**を定めるとともに，個人情報保護委員会を設置することにより，**個人の権利利益を保護すること**を目的とする。

2．用語の定義（2条，16条）

⑴ **個人情報**

出題 H30

個人情報とは，次の①②のどちらかに該当するものである。なお，**生存する個人に関する情報**であるので，既に死亡している個人の情報や会社の情報等は，個人情報に該当しない。

出題 R5

① その情報に含まれる**氏名・生年月日その他の記述等**（文字ではなくても，顔が識別できる映像や，声で誰かがわかる録音でもよい）により**特定の個人を識別できる情報**（他の情報と容易に照合することができ，特定の個人を識別できる情報を含む）
② **個人識別符号**（後述）**が含まれる情報**

出題 H27・R2

プラス 「防犯カメラの映像」や「テープに記録された音声情報」は，それらから特定の個人を識別できる場合，個人情報に該当する。

⑵ **個人識別符号**

個人識別符号とは，次の①②のどちらかに該当するものをいう。

① **特定の個人の身体の一部の特徴を電子計算機のために変換した符号**で当該特定の個人を識別できるもの
【例】 顔認識データ，指紋認識データ等
② 対象者ごとに異なるものとなるように**役務の利用，商品の購入または書類に付される符号**で対象者を識別できるもの
【例】 旅券番号，免許証番号

個人識別符号が含まれていれば，記述等から個人を識別できるか，あるいは他の情報と安易に照合でき個人が識別できるかを問わず，その情報は個人情報に該当する。

(3)　要配慮個人情報

要配慮個人情報とは，個人情報のうち，本人の人種，信条，社会的身分，病歴，犯罪の経歴，犯罪により害を被った事実その他本人に対する不当な差別，偏見その他の不利益が生じないように**その取扱いに特に配慮を要する記述等が含まれる個人情報**である。要配慮個人情報については，取得にあたって，原則として，本人の事前同意が必要とされ，本人の同意を得ない第三者提供の特例（「オプトアウト」，**2** 7.(2)）は禁止されている。

(4)　個人情報データベース等

個人情報を含む情報の集合物であって，次のものをいう。

> ①　特定の個人情報を**電子計算機（コンピュータ）**を用いて検索することができるように**体系的に構成**したもの
> ②　**上記①のほか**，特定の個人情報を容易に検索することができるように，**目次，索引**その他検索を容易にするためのものを有し，**体系的に構成**したもの

出題 H30

出題 R 5

プラス **組合員の氏名や電話番号が記載されている**組合員名簿が，コンピュータに入力されておらず，**紙面で作成されている場合**でも，五十音順等の一定の規則に従って整理・分類され，容易に検索できるようなときは，その名簿は，②に該当し，**個人情報データベース等**とされる。また，その**名簿上の氏名等**は**個人データ**に該当する。出題 H27・R 2

(5)　個人情報取扱事業者

個人情報データベース等を**事業の用に供している者**をいう。ただし，国の機関，地方公共団体，独立行政法人等は除かれる。なお，一般的に，**マンションの分譲業者**や**マンション管理業者**，管理組合も，**個人情報取扱事業者に該当**する。

出題 H30・R 5

個人情報取扱事業者について，以前は過去6ヵ月のいずれの日においても扱っている個人情報が5,000を超えることという限定があったが，**改正によってこの限定が撤廃され，5,000以下であっても，個人情報取扱事業者に該当する**ことになった。
出題 R 2～3

(6)　個人データ

個人情報データベース等を構成する個人情報をいう。

出題 H30

(7) **保有個人データ**

個人情報取扱事業者が，**開示，内容の訂正，追加または削除，利用の停止，消去および第三者への提供の停止を行うことのできる権限を有する個人データ**をいう。

プラス 例えば，個人情報取扱事業者Aが，個人情報取扱事業者Bから委託を受けてBの「**保有個人データ**」を保管している場合，その個人データは，Aが自ら開示，訂正，追加または削除等を行うことはできないため，Aにとっては「**保有個人データ**」ではない。

(8) **本人**

個人情報によって識別される**特定の個人**をいう。

(9) **匿名加工情報**

特定の個人を識別できないよう加工し，かつ個人情報を復元できないデータをいう。匿名加工情報は，個人情報に該当するものではなく，これを活用するための，加工方法が定められるとともに，事業者による公表等，その取扱いについてのルールが設けられている。

参考
特定の個人を直ちに特定できないよう変換された「**仮名加工情報**」は個人の権利利益の侵害のおそれが低いので，通常の「**個人情報**」に比べて**個人情報取扱事業者の義務が緩和**されている。

(10) **仮名加工情報**

(1)①②の個人情報について，記述の一部の削除，個人識別符号の全部の削除等の措置が講じられて，**他の情報と照合しない限り特定の個人を識別することができないように個人情報を加工して得られる個人に関する情報**をいう。

プラス 個人情報が**仮名加工情報**にあたる場合，個人情報取扱事業者は，後述の漏えい等の報告義務（26条）や開示請求（33条）等の**適用対象外**となる（41条第９項）。

2 個人情報取扱事業者の義務

１．利用目的の特定（17条）

(1) **個人情報取扱事業者**は，**個人情報**を取り扱うに当たっては，その利用目的をできる限り**特定しなければならない**。

(2) 個人情報取扱事業者は，利用目的を変更する場合には，変更前の利用目的と相当の関連性を有すると合理的に認められる範囲を超えて行ってはならない。

2．利用目的による制限（18条）

個人情報取扱事業者は，あらかじめ**本人の同意を得ないで**，特定された利用目的の達成に**必要な範囲を超えて，個人情報を取り扱ってはならない**。

3．不適正な利用の禁止（19条）

個人情報取扱事業者は，**違法または不当な行為を助長**し，または**誘発するおそれがある方法により個人情報を利用してはならない**。

4．取得に際しての利用目的の通知等（21条）

(1) **個人情報取扱事業者**は，個人情報を取得した場合は，**あらかじめその利用目的を公表している場合を**除き，速やかに，その**利用目的を，本人に通知**し，または**公表**しなければならない。

(2) 個人情報取扱事業者は，本人との間で契約を締結することに伴って契約書その他の書面（電磁的記録を含む）に記載された本人の個人情報を取得する場合その他本人から直接書面に記載された本人の個人情報を取得する場合は，あらかじめ本人に対し，その利用目的を明示しなければならない。ただし，人の生命，身体または財産の保護のために緊急の必要がある場合は，例外となる。

出題 H27・R5

参考
「**利用目的の通知，公表**」は，契約書や申込書に記載をする，DMや電子メールで個別に通知する，HPや店頭に掲示する等の方法により行われる。

5．従業者の監督（24条）

個人情報取扱事業者は，その従業者に個人データを取り扱わせるに当たっては，個人データの安全管理が図られるよう，従業者に対する必要かつ適切な監督を行わなければならない。

6．漏えい等の報告等（26条）

(1) **個人情報取扱事業者**は，その取り扱う**個人データの漏えい，滅失，毀損その他の個人データの安全の確保に係る事態であって個人の権利利益を害するおそれが大きいもの**として個人情報保護委員会規則で定めるものが生じた場合，原則として当該事態が生じた旨を**個人情報保護委員会に報告**しなければならない。

(2) (1)の場合には，**個人情報取扱事業者**は，原則として，当該事態が生じた旨を**本人に対して通知**しなければならない。

7．第三者提供の制限（27条）

(1) **個人情報取扱事業者**は，**あらかじめ本人の同意を得ないで，個人データを第三者に提供してはならない**。

なお，以下の場合は例外となる。

① **法令**に基づく場合
② **人の生命，身体または財産の保護のために必要がある場合**であって，本人の同意を得ることが困難であるとき
③ 公衆衛生の向上または児童の健全な育成の推進のために特に必要がある場合であって，本人の同意を得ることが困難であるとき
④ 国の機関・地方公共団体またはその委託を受けた者が法令の定める事務を遂行することに対して協力する必要がある場合であって，本人の同意を得ることにより当該事務の遂行に支障を及ぼすおそれがあるとき等

出題 R1

プラス マンション管理業者が，**管理費を滞納している組合員の氏名・滞納額が記載された滞納者リスト**を管理組合の管理者に提供することは，②の**財産の保護を図る**ために必要がある場合であって，本人の同意を得ることが困難である場合に該当するので，**個人情報保護法に違反しない**。

(2) **個人情報取扱事業者**は，第三者に提供される**個人データ**（要配慮個人情報を除く）について，次の①～⑤の事項を，事前に本人に通知し，または本人が容易に知り得る状態におく場合に，**個人情報保護委員会に届け出れば，本人の同意がなくても**，当該個人データを**第三者提供することができる**。この事前同意なしの第三者提供方式を**オプトアウト**という。**オプトアウト**が採用されているときには，本人の求めがあれば，本人が識別される個人データの第三者への提供を停止しなければならない。

① 個人情報取扱事業者の氏名または名称および住所ならびに法人にあっては代表者の氏名
② 第三者への提供を利用目的とすること
③ 第三者に提供される個人データの項目
④ 第三者に提供される個人データの取得の方法

⑤　第三者への提供の方法
⑥　本人の求めに応じて個人データの第三者への提供を停止すること
⑦　本人の求めを受け付ける方法等

(3)　次の場合において，**個人データ**の提供を受ける者は，**第三者に該当しない**。

①　利用目的の達成に必要な範囲内において個人データの取扱いの全部または一部を委託する場合（**業務委託**）
②　合併その他の事由による事業の承継に伴って個人データが提供される場合（**事業承継**）
③　個人データを特定の者との間で共同利用する場合で，その旨・共同して利用される個人データの項目・共同して利用する者の範囲・利用する者の利用目的・その個人データの管理について責任を有する者の氏名・名称等につき，あらかじめ，本人に通知し，または本人が容易に知り得る状態に置いているとき（**共同利用**）

プラス
「業務委託」とは，個人データを提供して，印刷業者に宛名ラベルの印刷を依頼する場合等をいい，「**共同利用**」とは，グループ企業で顧客にサービスを提供するために個人データを共同して使用する場合等をいう。

8．第三者提供に係る記録の作成等（29条）

個人情報取扱事業者は，個人データを**第三者に提供した**ときは，原則として，①個人データを提供した年月日，②第三者の氏名または名称その他の事項に関し，**記録を作成しなければならない**。

9．第三者提供を受ける際の確認等（30条）

個人情報取扱事業者は，**第三者から個人データの提供を受ける**に際しては，原則として，①第三者の氏名または名称および住所ならびに法人にあっては，その代表者の氏名，②第三者による個人データの取得の経緯について，**確認を行わなければならない**。

10. 保有個人データに関する事項の公表等（32条）

⑴　個人情報取扱事業者は，保有個人データに関し，一定の事項について，本人の知り得る状態に置かなければならない。

⑵　個人情報取扱事業者は，本人から，その本人が識別される保有個人データの利用目的の通知を求められたときは，原則として，本人に対し，遅滞なく，利用目的を通知しなければならない。

11. 開示（33条）

個人情報取扱事業者は，本人から，その本人が識別される保有個人データの**電磁的記録の提供による方法等による開示**を求められたときは，本人に対し，**本人が請求した方法**（その方法による開示に多額の費用を要する場合やその方法による開示が困難である場合は，書面の交付による方法）により，**遅滞なく，当該データを開示しなければならない**。

12. 訂正等（34条）

個人情報取扱事業者は，本人から，保有個人データの内容が事実でないという理由によって，その内容の訂正，追加または削除を求められた場合には，利用目的の達成に必要な範囲内において，遅滞なく必要な調査を行い，保有個人データの内容の訂正等を行わなければならない。

出題 R2

13. 手数料（38条）

個人情報取扱事業者は，**保有個人データの利用目的の通知**または**開示**を求められたときは，その通知または開示の措置の実施に関し，**手数料を徴収することができる**。

14. 個人情報保護委員会

個人情報保護委員会は，特定個人情報保護委員会を改組した内閣府の外局である。平成28年１月１日に，個人情報保護法の所管が，消費者庁から個人情報保護委員会に移り，また，事業者への監督は，これまでの国土交通大臣など各事業を所管する主務大臣から，個人情報保護委員会に移管されている。**マンション管理業者の個人情報の取扱いについての監督も個人情報保護委員会の所管**である。

第13章

マンションの管理の適正化の推進に関する法律（適正化法）

例年5問出題される。全範囲を網羅的に学習する必要があるが，難易度はそれほど高くはないので，満点を狙いたい科目である。
テキストを読むことと過去問の演習を繰り返すことで，正確な知識を身につけるようにしよう。

1 総　則

1 目　的

マンションの管理の適正化の推進に関する法律（**マンション管理適正化法**）は，土地利用の高度化の進展その他国民の住生活を取り巻く環境の変化に伴い，多数の区分所有者が居住するマンションの重要性が増大していることにかんがみ，**基本方針の策定**，**マンション管理適正化推進計画の作成**および**マンションの管理計画の認定**ならびに**マンション管理士の資格**を定め，**マンション管理業者の登録制度**を実施する等マンションの管理の適正化を図るとともに，**マンションにおける良好な居住環境の確保を図り，もって国民生活の安定向上と国民経済の健全な発展に寄与する**ことを目的とする（1条）。

2 用語の定義 はじめて

1．マンション（2条1号）

次の(1)(2)のいずれかに該当する場合を「**マンション**」という。

出題 H26・29～30・R5

(1)　**2以上の区分所有者が存する建物で，人の居住の用に供する専有部分があるもの**，ならびにその**敷地・附属施設**（**駐車場・ごみ集積所**・集会所等）。

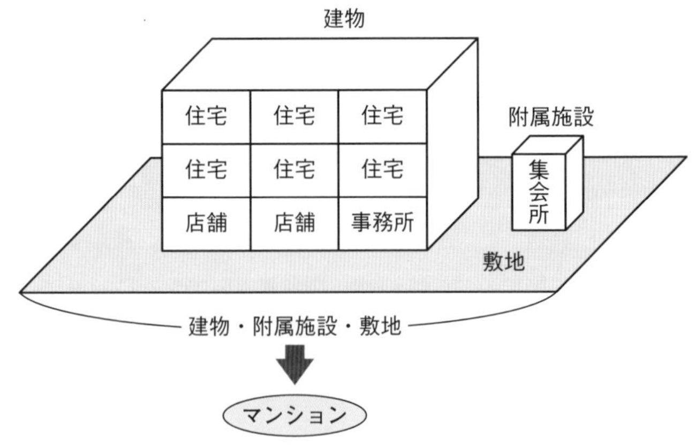

区分所有者が2人以上いることが必要であるため，例えば，**1人がすべての専有部分を所有している場合**は，「マンショ

ン」ではない。1人が一棟全部を所有して，**各専有部分を賃貸している場合**（いわゆる賃貸マンション）も**「マンション」ではない**。また，人の居住の用に供する専有部分が1つは必要なので，**すべてが店舗，事務所等の用に供せられている場合**も，**「マンション」ではない**。

プラス　**「区分所有建物」の定義と「マンション」の定義は異なる。**「区分所有建物」のうち，「人の居住の用に供する専有部分があるもの」がマンション管理適正化法の「マンション」に該当する。したがって，すべての専有部分の用途が事務所である建物の場合，「区分所有建物」ではあるが，「マンション」ではない。

(2)　**一団地内**の**土地または附属施設**が，**その団地内にある前記(1)の建物を含む数棟の建物の所有者（専有部分のある建物については区分所有者）の共有**に属する場合の**土地・附属施設**。

出題 H26・29

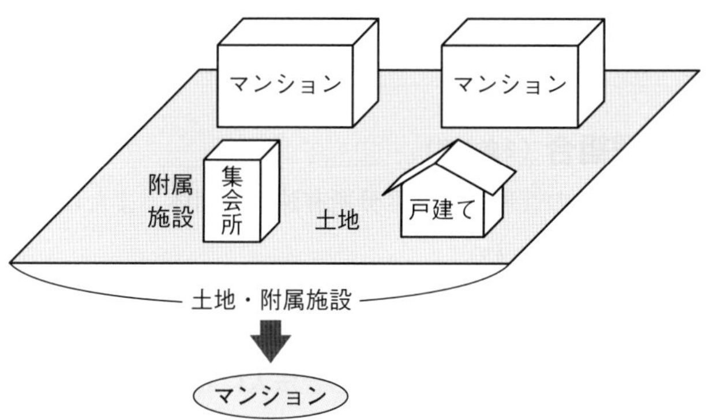

団地内の建物に(1)のマンションが含まれる場合に，団地内の数棟の建物所有者が共有する土地や附属施設も「マンション」に該当し，管理対象部分としてマンション管理適正化法の適用を受ける。ただし，**団地内の戸建て住宅**は，**「マンション」ではない**。

Point整理 マンションの定義（用語の定義①）

① ２以上の区分所有者が存する建物で「人の居住の用に供する専有部分のあるもの」と「その敷地および附属施設」
【マンションの例】 ・ 住居と店舗が混在し，区分所有者が異なる ・ 居住用の専有部分が１戸，他は事務所 ・ ２人以上の区分所有者が存在し，居住用の専有部分があるが，居住者がすべて賃借人 【マンションではない例】 ・ 居住用の専有部分があるが，区分所有者が１人 ・ 全戸が事務所または店舗の区分所有建物
② 一団地内の土地または附属施設が団地内にある①を含む数棟の建物の所有者の共有に属する場合の「土地および附属施設」
・ 建物がすべてマンションである必要はない

２．マンションの区分所有者等（２条２号）

① 前記**１．**⑴の建物の区分所有者
② 前記**１．**⑵の土地・附属施設の所有者

３．管理組合（２条３号）

マンションの管理を行う**区分所有法上の団体**，または**管理組合法人**のことをいう。

４．管理者等（２条４号）

出題 H30

管理組合の管理者または**管理組合法人における理事**のことをいう。

５．マンション管理士（２条５号）

マンション管理士とは，次の者をいう。

① 一定の登録を受け，
② マンション管理士の名称を用いて，
③ 管理組合の運営等マンションの管理に関し，
④ 管理組合の管理者等またはマンションの区分所有者等の相談に応じ，
⑤ **助言・指導・援助**を行うことを業務とする者

6．管理事務（2条6号）

マンションの管理に関する事務であり，基幹事務を含むものをいう。

出題 H30

【基幹事務の内容】
① 管理組合の会計の収入および支出の調定
② 管理組合の出納事務
③ マンション（専有部分を除く）の維持または修繕に関する企画または実施の調整

なお，基幹事務の一部しか行わないものは管理事務ではない。

出題 R5

7．事務所（規則52条）

事務所とは，①本店または支店（商人以外の者にあっては，主たる事務所または従たる事務所），②継続的に業務を行うことができる施設を有する場所で，マンション管理業に係る契約の締結または履行に関する権限を有する使用人を置くものをいう。

出題 R1

8．マンション管理業（2条7号）出題 H30・R5

管理組合から委託を受けて，管理事務を行う行為で，業として行うものをいう。「業として行う」とは，不特定多数を相手に反復継続して行うことをいい，営利目的を有するかどうかを問わない。

❗参考
管理組合が自分たちのマンションを自主管理することは「管理業」には該当しない。

9．マンション管理業者（2条8号）

一定の登録を受けてマンション管理業を営む者をいう。

出題 R5

10．管理業務主任者（2条9号）

管理業務主任者証の交付を受けた者をいう。

出題 R5

Point整理 その他の定義（用語の定義②）

管理者等	管理組合の管理者または管理組合法人の理事
管理事務	マンションの管理に関する事務であって，基幹事務を含むもの 基幹事務：管理組合の会計の収入および支出の調定／出納／マンション（専有部分を除く）の維持または修繕に関する企画または実施の調整 ※　基幹事務の一部しか含まないものは管理事務ではない
管理業務主任者	管理業務主任者証の交付を受けた者

3 基本方針

出題 R4

国土交通大臣は，マンションの管理の適正化の推進を図るための**基本的な方針（基本方針）**を定め，これを公表している（3条，➡P.459〜参照）。**基本方針**は，**住生活基本法15条1項に規定する全国計画との調和が保たれたもの**でなければならない。

4 マンション適正化推進計画

(1) **都道府県等**（市の区域内にあってはその市，町村であって適正化推進行政事務を処理する町村の区域内にあってはその町村）は，国土交通大臣が定める方針に基づき，当該都道府県の区域内における**マンション管理適正化の推進のための計画（マンション管理適正化推進計画）を作成することができる（任意）**。

(2) 適正化推進計画では，管理の適正化に関する目標や施策，管理の状況を把握するための措置，都道府県等マンション管理適正化指針，計画期間等が定められる（3条の2第2項）。

出題 R5

(3) **都道府県等**は，マンション管理適正化推進計画に基づく措置の実施に関して特に**必要があると認める**ときは，関係**地方公共団体，管理組合，管理業者**に対し，**調査を実施するため必要な協力を求める**ことができる（3条の2第6項）。

5 国および地方公共団体の措置

国および地方公共団体は，マンション管理の適正化の推進を図るため，必要な施策を講じ，マンションの管理の適正化に資するため，管理組合またはマンションの区分所有者等の求めに応じ，必要な情報および資料の提供その他の措置を講ずるよう努めなければならない（4条）。

6 管理組合等の努力義務

⑴ **管理組合**は，マンション管理適正化指針の定めるところに留意して，**マンションを適正に管理するよう自ら努める**とともに，国および地方公共団体が講ずるマンションの管理の適正化の推進に関する施策に**協力するよう努めなければならない**。 出題 R5

⑵ マンションの**区分所有者等**は，マンションの管理に関し，**管理組合の一員としての役割を適切に果たすよう努めなければならない**（5条）。 出題 R5

7 助言・指導等

⑴ **都道府県等**は，マンション管理適正化指針に即し，**管理組合の管理者等**（管理者等が置かれていないときは，当該管理組合を構成するマンションの区分所有者等）に対し，**マンションの管理の適正化を図るために必要な助言および指導をすることができる**。 出題 R4

⑵ **都道府県知事等**（市または管理適正化推進行政事務を処理する町村の区域内にあっては，それぞれの長）は，管理組合の運営がマンション管理適正化指針に照らして著しく不適切であることを把握したときは，当該管理組合の管理者等に対し，**マンション管理適正化指針に即したマンションの管理を行うよう勧告することができる**（5条の2）。 出題 R5

⑶ ⑴⑵の助言等を行う判断基準の目安は基本方針の中に示されている（➡P.475参照）

8 管理計画認定制度

⑴ **管理組合の管理者等**は，管理組合による**マンションの管理** 出題 R4

に関する計画（管理計画）を作成し，マンション管理適正化推進計画を作成した都道府県等の長（計画作成都道府県知事等）の認定を申請することができる（5条の3第1項）。この認定基準は基本方針の中に示されている（➡P.476参照）

出題 R5

(2) 管理組合の管理者等は，管理計画の認定を受けるために申請する管理計画の中に，①当該マンションの修繕その他の管理の方法，②当該マンションの修繕その他の管理に係る資金計画，③当該マンションの管理組合の運営の状況等を記載しなければならない（5条の3第2項）。

(3) 計画作成都道府県知事等は，認定をしたときは，速やかにその旨を認定を受けた者（認定管理者等）に通知しなければならない（5条の5）。

出題 R4

(4) 計画作成都道府県知事等は，次の場合，(1)の認定を取り消すことができる（5条の10）。

① 認定管理者等が改善命令に違反したとき
② 認定管理者等から認定管理計画に基づく管理計画認定マンションの管理を取りやめる旨の申出があったとき
③ 認定管理者等が不正の手段により認定または認定の更新を受けたとき

② 管理業務主任者

1 管理業務主任者とは はじめて

出題 H30・R5

管理業務主任者とは，管理業務主任者資格試験に**合格**し，**国土交通大臣の登録**を受け，**管理業務主任者証の交付を受けた者**をいう。管理業務主任者は，次の業務を行うことができる（**独占業務**）。

① 重要事項の説明 ② 重要事項説明書への記名 ③ 契約成立時の書面への記名 ④ 管理事務の報告

2 管理業務主任者の登録 はじめて

1．登録要件（59条1項，規則68条）

出題 H27

管理業務主任者試験に**合格した者**で，管理事務に関し，次のどちらかに該当する者は，**国土交通大臣の登録**を受けることができる。なお，**登録**には**有効期間はなく**，**登録の更新という制度もない**。

出題 H30

① **2年以上の実務の経験**を有する者 ② **国土交通大臣**がその実務の経験を有するものと**同等以上の能力を有する**と認めたもの

②の「同等以上の能力を有すると認めたもの」とは，管理事務に関する**実務についての講習**であって，**国土交通大臣が指定するものを修了した者**（登録実務講習修了者）等である。

2．登録の拒否事由（59条1項ただし書）

次の事由のいずれかに該当すると，**登録を受けることができない**。

(1) **破産手続開始の決定を受けて復権を得ない者**

後述のマンション管理士の登録拒否事由と異なるのは，この「**破産手続開始の決定を受けて復権を得ない者**」が入っている点だけである。破産者は，**復権を得れば**，**直ちに登録を受けることができる**。

参考

破産者が免責の申立てをし，裁判所が免責の決定をすると，公私における資格制限がなくなる。これを「**復権**」という。

(2) 一定の刑罰に処せられたことがある場合

次の２つに大別される。

① **禁錮以上の刑**に処せられ，その執行を終わり，または執行を受けることがなくなった日から**２年を経過しない者**

② **マンション管理適正化法違反により罰金の刑**に処せられ，その執行を終わり，または執行を受けることがなくなった日から**２年を経過しない者**

用語解説
「**禁錮以上の刑**」とは，**死刑・懲役・禁錮**である。

① マンション管理適正化法以外の法律，例えば，道路交通法違反の罪で罰金の刑に処せられていても登録できる。「**刑に処せられた**」とは，判決が確定したことをいう。したがって，**裁判中である「控訴中」「上告中」**は，まだ判決が確定（犯罪者であると確定）したわけではないので，**登録を受けることができる**。

② 確定した判決が**執行猶予**付の場合，**執行猶予期間中**は，犯罪者として**登録を受けることができない**。しかし，執行猶予期間が満了した場合は，刑法の執行猶予制度の効果として，刑の言い渡しがなかったことになる（犯罪者ではなかったことになる）ので，**期間満了後は２年間を待たずに登録を受けることができる**。

③ 「**執行を終わり２年を経過しない**」とは，**罰金，禁錮，懲役の刑を終了してから２年が経過していない**ことをいう。この期間の経過後は，登録を受けることができる。また，「執行を受けることがなくなった」とは，例えば，刑法の恩赦制度の一つである「刑の執行の免除」を受けた場合等である。

用語解説
「**控訴**」とは，第１審の判決に不服がある場合に行う第２審裁判所への上訴をいう（控訴審）。「**上告**」とは，控訴審の判決に対しても不服がある場合に行う上訴をいう（上告審）。
また，「**執行猶予**」とは，刑の言い渡しをした場合に，情状により執行を一定期間猶予し，その期間を無事経過すると，刑を受けることがなくなる制度をいう。

(3) マンション管理士の登録を取り消されたことがある場合

マンション管理士として登録していたが，次のいずれかに該当し**登録を取り消され，取消しの日から２年**を経過しない者

① **偽りその他不正の手段により登録を受けた**
② 信用失墜行為の禁止規定に違反した
③ 講習受講義務規定に違反した
④ 秘密保持義務規定に違反した

(4) 管理業務主任者の登録を取り消されたことがある場合

出題 H30

管理業務主任者として登録していたが，次のいずれかに該当し**登録を取り消され，取消しの日から2年を経過しない者**

ア．管理業務主任者（主任者証の交付を受けた者）

① **偽りその他不正の手段により登録を受けた**
② 偽りその他不正の手段により管理業務主任者証の交付を受けた
③ 指示処分事由に該当し情状が特に重い
④ 事務の禁止処分に違反した

イ．管理業務主任者登録者（登録はしたが，主任者証の交付を受けていない者）

① 偽りその他不正の手段により登録を受けた
② 管理業務主任者としてすべき事務を行い，情状が特に重い

(5) マンション管理業者の登録を取り消されたことがある場合

マンション管理業者として登録していたが，次のいずれかに該当し**登録を取り消され，取消しの日から2年を経過しない者**

① 偽りその他不正の手段により登録を受けた
② 業務停止命令事由に該当し情状が特に重い
③ 業務停止命令に違反した

法人業者が上記を理由に登録取消処分を受けた場合は，**取消しの日前30日以内**にその法人の**役員**であった者で**取消しの日から2年を経過しない者**は，**管理業務主任者**として登録することができない。

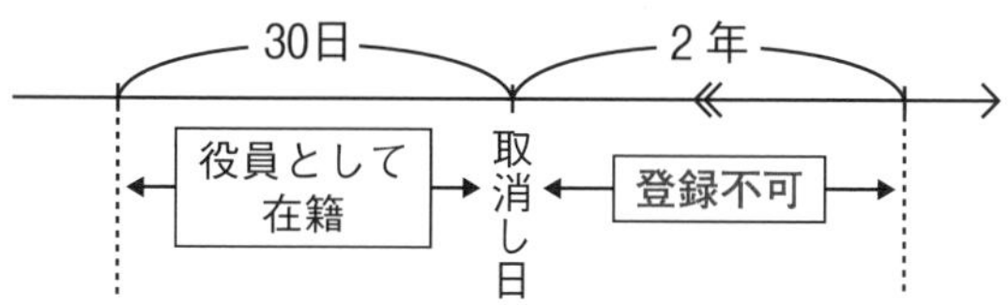

(6) 心身の故障により管理業務主任者の事務を適正に行うことができない者として国土交通省令で定めるもの

参考

(6)は，「**精神の機能の障害**により管理業務主任者の事務を適正に行うに当たって必要な**認知，判断および意思疎通**を適切に行うことができない者」である（規則69条の18）。

登録の拒否事由をおおまかにまとめると，次のようになる。
① 破産手続開始の決定を受けて復権を得ない者
② 一定の刑罰を受け2年を経過していない者
③ マンション管理士，管理業務主任者，マンション管理業者の登録の取消しを受けた者で2年を経過していない者

3．登録簿の登載事項（59条2項，規則72条）

登録は，**国土交通大臣**が，**管理業務主任者登録簿**に，次の事項を登載してする。

① 登録番号および登録年月日
② **氏名**
③ 生年月日
④ **本籍**（日本の国籍を有しない者にあっては，その者の有する国籍）および性別
⑤ **住所**
⑥ 試験の合格年月日および合格証書番号
⑦ 実務の経験を有する者である場合は，申請時現在の実務経験の期間およびその内容，従事していたマンション管理業者の商号または名称および登録番号
⑧ 国土交通大臣から能力を有すると認められた者である場合は，当該認定の内容および年月日
⑨ **マンション管理業者の業務に従事する者にあっては，当該管理業者の商号または名称および登録番号**

4．登録事項の変更の届出（62条，規則76条）

出題 H27・29・R2

(1) 管理業務主任者の登録を受けた者は，**登録を受けた事項**（**上記②④⑤⑨**）に変更があったときは，**遅滞なく**，その旨を**国土交通大臣に届け出なければならない**。
(2) 管理業務主任者は，「**氏名**」に変更があって**変更の届出**をする場合には，**管理業務主任者証を添えて提出**し，その**訂正を受けなければならない**。

５．死亡等の届出（規則80条，31条）

管理業務主任者が，次のいずれかに該当するに至った場合には，当該**管理業務主任者**または**戸籍法に規定する届出義務者**もしくは法定代理人は，**遅滞なく**，その旨を国土交通大臣に**届け出なければならない**。

①	**死亡**・失踪の宣告を受けた場合
②	**登録の拒否事由**に該当するに至った場合
③	精神の機能の障害を有することにより**認知・判断・意思疎通を適切に行うことができない状態**となった場合

> **参考**
> **戸籍法上の届出義務者**には，以下の順序に従って届出義務がある。
> ①　同居の親族
> ②　その他の同居者
> ③　家主，地主または家屋もしくは土地の管理人

３ 管理業務主任者証の交付等　はじめて

１．主任者証の交付申請（60条１項，規則74条）

登録を受けている者は，**国土交通大臣**に対し，次の事項を記載した管理業務主任者証の交付を申請することができる。

①　**氏名**
②　生年月日
③　登録番号および登録年月日
④　管理業務主任者証の交付年月日
⑤　管理業務主任者証の有効期間の満了する日

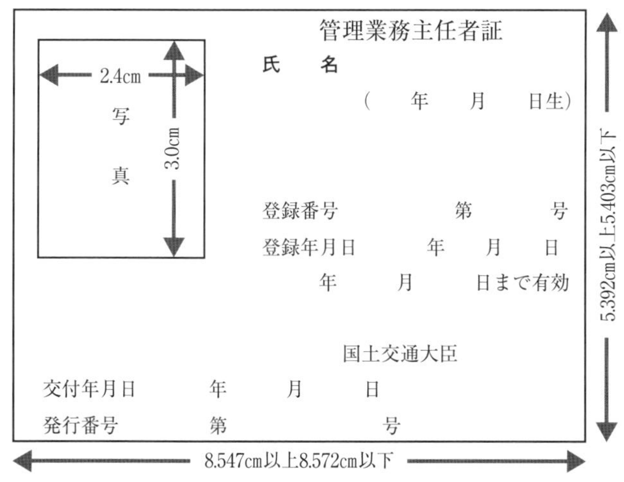

> **参考**
> 管理業務主任者証の記載事項のうち，**旧姓使用を希望する者**に対しては**管理業務主任者証に旧姓を併記**し，書面の記名等の業務において旧姓を使用することができる。

出題 H27・29

プラス 主任者証には「住所」「本籍」や「管理業者の商号」は記載されていない。したがって，**住所・本籍が変わった場合や転職により勤務先の管理業者に変更があった場合**，遅滞なく，**変更の届出をしなければならないが**，**管理業務主任者証の訂正を受ける必要はない。**

2．講習の受講（60条2項）

出題 H26・R2

(1) 管理業務主任者証の交付を受けようとする者は，国土交通大臣の登録を受けた**登録講習機関**が行う講習で，**交付の申請の日前6ヵ月以内**に行われるものを受けなければならない。

(2) 試験に**合格した日から1年以内**に管理業務主任者証の交付を受けようとする者については，この講習を**受講する義務はない**。

3．管理業務主任者証の有効期間（60条3項）

出題 H26・R2～3

管理業務主任者証の**有効期間は**，5年である。

4．管理業務主任者証の更新（61条）

出題 R3

管理業務主任者証の有効期間は，**申請により更新**する。**更新後の有効期間**も5年となる。更新を受けようとする者は，上記**2．**の講習を受講しなければならない。

プラス この講習を受講しなかった場合，**管理業務主任者証は効力を失う**。しかし，登録には有効期間はないので，登録は，なお有効であり，講習を受講しなかった場合でも**登録が取り消されることはない。**

5．管理業務主任者証の返納・提出・提示

(1) **返納**（60条4項）

管理業務主任者は，次のいずれかに該当したときは，**速やかに**，管理業務主任者証を**国土交通大臣に返納**しなければならない。

① **登録が消除**されたとき
② **管理業務主任者証**がその**効力を失った**とき
③ **管理業務主任者証の亡失によりその再交付を受けた後において，亡失した管理業務主任者証を発見**したと

き（規則77条4項）

無効となった主任者証を返却することを**返納**という。前記③**の場合**，再交付によって無効となってしまっている失くした主任者証を発見した場合は，廃棄してはならず，**発見した方の主任者証を返納しなければならない**。

出題 H29

(2)　提出（60条5項・6項）

管理業務主任者は，**事務の禁止の処分**を受けたときは，**速やかに**，管理業務主任者証を**国土交通大臣に提出**しなければならない。なお，国土交通大臣は，事務の禁止の期間が満了した場合において，**提出者から返還の請求があったときは，直ちに返還しなければならない**。

出題 R2

プラス　有効である主任者証を一時的に預けておくことを，**提出**という。

(3)　提示（63条）

管理業務主任者は，その事務を行うに際し，マンションの区分所有者等その他の**関係者から請求**があったときは，**管理業務主任者証を提示しなければならない**。

出題 H26

Point整理　管理業務主任者証の提示義務のまとめ

(1)　関係者から請求があったとき	マンションの区分所有者等その他の関係者から**請求があったとき**は，管理業務主任者証を提示しなければならない
(2)　重要事項説明時	重要事項の説明をするときは，説明の相手方に対し，管理業務主任者証を提示しなければならない
(3)　管理事務報告時	管理事務の報告の説明をするときは，説明の相手方に対し，管理業務主任者証を提示しなければならない

※　「**(2)重要事項説明時**」「**(3)管理事務報告時**」には，相手方から請求がなくても，管理業務主任者証を**提示しなければならない**。

6．管理業務主任者証の再交付等（規則77条）

(1)　管理業務主任者は，管理業務主任者証を**亡失**し，**滅失**し，

汚損し，または**破損**したときは，国土交通大臣に**管理業務主任者証の再交付を申請することができる。**

(2) 汚損または破損を理由とする管理業務主任者証の再交付は，汚損し，または破損した管理業務主任者証と引換えに新たな管理業務主任者証を交付して行う。

Point整理 管理業務主任者証のまとめ

記載事項	① 氏名 ② 生年月日 ③ 登録番号・登録年月日 ④ 主任者証の交付年月日 ⑤ 主任者証の有効期間の満了する日	
講習受講	原則	主任者証の交付を受けようとする者は，登録講習機関が行う国土交通省令で定める講習で，交付の**申請日前6ヵ月以内**に行われるものを受けなければならない
	例外	合格日から**1年以内に交付を受ける場合**は不要
有効期間	**5年**	
返納	下記の場合，速やかに国土交通大臣に**返納**する ① 登録が消除されたとき ② 主任者証が効力を失ったとき（有効期間の満了等） ③ 亡失し，再交付を受けた後，亡失した主任者証を発見したとき ※ 発見した方の主任者証を返納	
提出	事務の禁止処分を受けたときは，速やかに，国土交通大臣に**提出**する	

4 専任の管理業務主任者の設置 はじめて

1．事務所への設置数（56条，規則61条，62条）

出題 H26〜27・30・R4

⚠注意
マンション管理業者が宅建業を兼業する場合でも，1人の従業者が「**専任の管理業務主任者**」と「**専任の宅地建物取引士**」を兼務することはできない（通達）。
出題 H26

(1) マンション管理業者は，その**事務所ごと**に，**30管理組合に1人以上（端数については1人と数える）**の**成年者**である**専任の管理業務主任者を置かなければならない（原則）**。これが，管理業務主任者が責任をもって管理できる管理組合数と考えられている。「**専任**」とは，**常勤**のことであり，**パートやアルバイトは除かれる**が，**その事務所がマンション管理業以外の業務を兼業している場合**で，一時的にマンション管理業の業務が行われていない間に**他の業種の業務に従事する**

ことは差し支えない。

> プラス　専任ではないパートやアルバイトの管理業務主任者を「一般の管理業務主任者」という。

(2)　**人の居住の用に供する独立部分**（専有部分）が**5以下のマンション管理組合**から委託を受けた管理事務をその業務とする事務所については，**成年者である専任の管理業務主任者の設置義務はない（例外）**。住居部分が少ないマンションについては，区分所有者も数が少なく，管理業務が容易であるからである。

出題 H26～27・R4

(3)　**設置数の具体例**

①　A事務所は，**マンション管理組合39組合**から委託を受けた管理事務をその業務としており，当該管理組合に係るマンションは，**すべて人の居住の用に供する独立部分が6以上**である。

➡　39÷30＝1.3

端数は1人と数えるので，A事務所に設置すべき成年者である**専任の管理業務主任者の数は2人以上**である。

②　B事務所は，**人の居住の用に供する独立部分が6以上**であるマンション管理組合20組合および**独立部分が5以下のマンション管理組合30組合**から委託を受けた管理事務をその業務としている。

➡　人の居住の用に供する独立部分が5以下のマンションの管理組合には設置義務がないので，**設置数を算出する際の管理組合数には含めない**。

20÷30＝0.66…

B事務所に設置すべき成年者である**専任の管理業務主任者の数は1人以上**である。

> **参考**
> **複合用途型マンション**で複数の管理組合が併存している場合や，**団地型のマンション**で複数の管理組合が併存する場合，これらの組合と一の契約をもって管理事務の委託を受けているときは，これらの組合を**まとめて1つの管理組合として**専任の管理業務主任者の数を算定することができる（通達）。

> プラス　専任の管理業務主任者の設置数は，「**居住用の専有部分が6以上の管理組合数を30で割って切り上げる**」と覚えておこう。

2．みなし管理業務主任者（56条2項）

出題 H30

マンション管理業者（法人である場合は，その役員）が管理

業務主任者であるときは，その者が自ら主として業務に従事する事務所については，その者は，その事務所に置かれる成年者である**専任の管理業務主任者とみなされる**。未成年者である管理業務主任者であっても，その未成年者がマンション管理業者である場合（法人の場合は，その役員）であるときは，この規定により専任の管理業務主任者になることができる。

プラス
「マンション管理業者が管理業務主任者であるとき」とは，**個人**が，**管理業者として登録**をしていて，さらにその個人が主任者証の交付を受けて**主任者**でもある場合のことである。

3．設置数に不足する場合の措置（56条3項）

出題 H26・28

マンション管理業者は，専任の管理業務主任者の法定設置数を満たしていない事務所を開設してはならず，既にある事務所が**法定設置数に欠ける**ことになったときは，**2週間（14日）以内**に，**適合させるための必要な措置（補充する等）**をとらなければならない。

Point整理　管理業務主任者の設置のまとめ

原則	管理業者は，**事務所ごと**に，**30管理組合に1人以上の成年者である専任の管理業務主任者を置かなければならない** ※　設置義務に抵触するに至った場合，2週間以内に適合させるための措置（欠員を補充等）をとらなければならない
例外	**人の居住の用に供する独立部分が5以下の管理組合**から委託を受けた管理事務を，その業務とする事務所については，上記の**設置義務はない** ※　管理業務主任者を設置しなくてもよい事務所の管理事務については，事務所を代表する者またはこれに準じる地位にある者が，管理業務主任者がすべき事務を行うことができる

③ マンション管理士

1 マンション管理士の資格

マンション管理士試験に合格した者は，マンション管理士となる資格を有する（6条）。なお，合格の段階では，まだ「資格者」であるから，**登録**を受けるまでは，「**マンション管理士**」の名称を使用したり，マンション管理士として業務を行うことはできない。

2 マンション管理士の登録

1．登　録（30条1項）

マンション管理士となる資格を有する者（マンション管理士試験合格者）は，**国土交通大臣の登録**を受けることができる。登録に有効期間はなく，登録の更新という制度もない。また，登録の要件には，マンション管理に関する**実務経験は必要ない**。

2．登録の拒否事由（30条1項ただし書）

次の事由のいずれかに該当すると，**登録を受けることができない**。これを**登録の拒否事由**（欠格要件）という。

⑴　**一定の刑罰に処せられたことがある場合**

次の2つに大別される。

①　**禁錮以上の刑**に処せられ，その執行を終わり，または執行を受けることがなくなった日から**2年を経過しない者**

②　**マンション管理適正化法違反により罰金の刑**に処せられ，その執行を終わり，または執行を受けることがなくなった日から**2年を経過しない者**

⑵　**マンション管理士の登録を取り消されたことがある場合**

マンション管理士として登録していたが，一定の事由に該当し**登録を取り消され，取消しの日から2年を経過しない者**

⑶　**管理業務主任者の登録を取り消されたことがある場合**

管理業務主任者として登録していたが，一定の事由に該当し**登録を取り消され，取消しの日から2年を経過しない者**

⑷　**マンション管理業者の登録を取り消されたことがある場合**

マンション管理業者として登録していたが，一定の事由に

該当し**登録を取り消され，取消しの日から2年を経過しない者**

法人業者が上記を理由に登録取消処分を受けた場合は，**取消しの日前30日以内**にその法人の**役員**であった者で**取消しの日から2年を経過しない者**は，**マンション管理士**として登録することができない。「役員」とは，業務を執行する社員，取締役，執行役またはこれらに準ずる者をいう。単なる専任の管理業務主任者は，「役員」にあたらない。

(5) **心身の故障によりマンション管理士の業務を適正に行うことができない者**として国土交通省令で定めるもの

3．登録事項（30条2項，規則26条1項）

登録は，国土交通大臣が，**マンション管理士登録簿**に，次の事項を登載してする。

① **氏名**
② 生年月日
③ **住所**
④ **本籍**（日本の国籍を有しない者にあっては，その者の有する国籍）および性別
⑤ 試験の合格年月日および合格証書番号
⑥ 登録番号および登録年月日

4．マンション管理士登録証（31条）

国土交通大臣は，マンション管理士の登録をしたときは，申請者に，登録簿の登載事項を記載した**マンション管理士登録証**を交付する。

プラス 「マンション管理士登録証」の交付がされていなくてもマンション管理士として業務を行うことができる。また，登録証にも**有効期間はない**。

5．登録事項の変更の届出（32条）

マンション管理士は，登録事項（氏名，住所，本籍）に変更があったときは，**遅滞なく**，その旨を**国土交通大臣**に**届け出**なければならない。変更の届出をするときは，当該届出に**登録証を添えて提出**し，その**訂正を受けなければならない**。

6．死亡等の届出（規則31条）

マンション管理士が，管理業務主任者の「**死亡等の届出**」が必要となる事由に該当するに至った場合には，当該マンション管理士または戸籍法に規定する届出義務者もしくは法定代理人は，**遅滞なく**，登録証等を添え，その旨を**国土交通大臣に届け出なければならない**。

3 マンション管理士の義務等

1．マンション管理士の3大義務

マンション管理士には，次の3つの義務が課されている。

⑴　**信用失墜行為の禁止**（40条）

マンション管理士は，マンション管理士の**信用を傷つける**ような行為をしてはならない。例えば，管理組合に法外な報酬を要求したり，管理業者の利益になるよう誘導する等の行為である。

⑵　**講習の受講**（41条，規則41条）

マンション管理士は，**5年**ごとに，国土交通大臣の登録を受けた者（登録講習機関）が国土交通省令で定めるところにより行う**講習**を受けなければならない。マンションの管理に関する最新の知識を定期的に補充する必要があるからである。

⑶　**秘密保持義務**（42条）

マンション管理士は，正当な理由（本人の承諾があった，裁判で証言する等）がなく，その業務に関して知り得た**秘密を漏らしてはならない**。マンション管理士でなくなった後においても，秘密を保持しなければならない。

2．名称の使用制限（43条）

マンション管理士でない者は，マンション管理士またはこれに紛らわしい名称を使用してはならない。ただし，マンション管理士でない者であっても，マンション管理士の名称を用いなければ，マンション管理士の業務を行うことはできる。

④ マンション管理業

【1 マンション管理業者】

1 マンション管理業者の登録 はじめて

1．登録（44条1項）

マンション管理業を営もうとする者は，国土交通省に備える**マンション管理業者登録簿**に**登録**を受けなければならない。

2．登録の有効期間（44条2項）

登録の有効期間は，**5年**である。

> プラス　マンション管理業者の「登録」には「登録証」がない。したがって，「登録証」の更新という制度はなく，更新されるのは「登録」である。これに対して，**マンション管理士**の「登録」と「登録証」は有効期間がなく，一生有効である。また，**管理業務主任者**の「登録」も有効期間がなく，一生有効だが，「主任者証」の有効期間は5年である。

3．更新の登録と申請期間（44条3項～5項，規則50条）

出題 R1・3

(1) 有効期間の満了後引き続きマンション管理業を営もうとする者は，更新の登録を受けなければならない。更新の登録を受けようとする者は，**登録の有効期間満了の日の90日前から30日前までの間に登録申請書を提出**しなければならない。

出題 R1～3

(2) 更新の登録の申請があった場合において，有効期間の満了の日までにその申請に対する**処分がなされないとき**は，従前の登録は，その**有効期間の満了後もその処分がなされるまでの間は，なお効力を有する**。

(3) 前記(2)の場合において，更新の登録がなされたときは，その登録の有効期間は，**従前の登録の有効期間満了日の翌日**から起算する。

［例］登録期間：2018/5/1〜2023/4/30

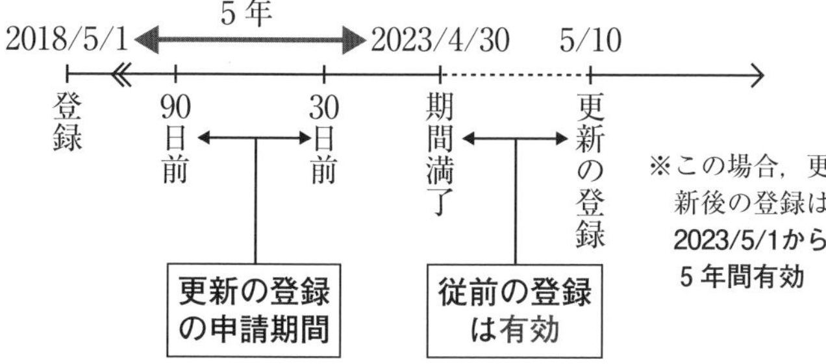

4．登録の申請（45条）

登録を受けようとする者（登録申請者）は，**国土交通大臣**に，次に掲げる事項を記載した登録申請書を提出しなければならない。

① **商号**，名称または氏名，住所
② **事務所の名称，所在地**，当該事務所が「成年者である専任の管理業務主任者を置かなくてもよい」事務所であるかどうかの別
③ **法人**である場合においては，その**役員の氏名**
④ **未成年者**である場合においては，その**法定代理人の氏名**，住所
⑤ 事務所ごとに置かれる**成年者である専任の管理業務主任者**（その者とみなされる者を含む）**の氏名**

5．登録の実施（46条）

国土交通大臣は，登録の申請書および添付書類の提出があったときは，登録の拒否事由に該当する場合を除き，遅滞なく，次に掲げる事項を**マンション管理業者登録簿に登録**しなければならない。

⑴　前記**4．**①〜⑤に掲げる事項
⑵　登録年月日および登録番号

参考
登録をしたとき，国土交通大臣は，遅滞なく，その旨を**登録申請者に通知**しなければならない（46条2項）。

6．登録事項の変更の届出（48条）

マンション管理業者は，前記**4．①〜⑤に掲げる事項**に変更があったときは，その日から**30日以内**に，その旨を**国土交通大臣に届け出なければならない**。

出題 H27

Point整理 変更の届出

変更の届出が必要な事項
① **商号**，名称・氏名，住所 ② **事務所の名称・所在地**，当該事務所が「成年者である専任の管理業務主任者を置かなくてもよい」事務所であるかどうかの別 ③ 法人である場合においては，その**役員の氏名** ④ 未成年者である場合においては，その**法定代理人の氏名・住所** ⑤ 事務所ごとに置かれる成年者である**専任の管理業務主任者の氏名** 注）マンション管理業者は，上記①～⑤に変更があったときは，その日から**30日以内に国土交通大臣に届け出なければならない**

7．マンション管理業者の登録簿等の閲覧（49条，規則57条）

国土交通大臣は，**マンション管理業者登録簿**その他国土交通省令で定める書類（登録の申請および登録の変更の届出に係る書類）を一般の閲覧に供するため，**マンション管理業者登録簿閲覧所**を設けなければならない。

参考

現在，マンション管理業者の登録簿は，マンション管理業者の主たる事務所を管轄する国土交通省の**地方整備局**で閲覧することができる。

Point整理 管理業者の登録

有効期間	5年
更新	① 登録の**有効期間満了の日の前90日前から30日前まで**の間に登録申請書を提出 ② 有効期間の満了の日までに申請に対する処分がなされないときは，**従前の登録は処分がなされるまで有効** ③ ②の場合，更新の登録がなされたときは，その登録の有効期間は，**従前の登録の有効期間満了日の翌日から起算**
登録簿の閲覧	国土交通大臣は，登録簿を一般の閲覧に供するためマンション管理業者**登録簿閲覧所**を設けなければならない

8．登録の拒否事由（47条）

次の事由のいずれかに該当すると，登録を受けることができない。

⑴　**破産手続開始の決定を受けて復権を得ない者**

> 復権を得れば，直ちに登録を受けることができる。

出題 R２

⑵　**一定の刑罰に処せられたことがある場合**

次の２つに大別される。

①　**禁錮以上の刑**に処せられ，その執行を終わり，または執行を受けることがなくなった日から**２年を経過しない者**

②　**マンション管理適正化法違反により罰金の刑**に処せられ，その執行を終わり，または執行を受けることがなくなった日から**２年を経過しない者**

出題 R２

⑶　**マンション管理業者の登録を取り消されたことがある場合**

①　マンション管理業者として登録していたが，**登録を取り消され，取消しの日から２年を経過しない者**

②　**法人業者**が登録取消処分を受けた場合は，**取消日前30日以内**にその法人の**役員**であった者で**取消日から２年を経過しない者**は，**個人業者**として登録することができない。

注意
⑶は，マンション管理士・管理業務主任者と異なり，**取消事由が限定されていない**。

⑷　マンション管理業者の**業務の停止**を命じられ，**その停止の期間が経過しない者**

⑸　暴力団員による不当な行為の防止等に関する法律に規定する**暴力団員**または**暴力団員でなくなった日から５年を経過しない者**（**暴力団員等**）

出題 R３・５

⑹　**心身の故障によりマンション管理業を適正に営むことができない者**として国土交通省令で定めるもの

参考
⑹は，「**精神の機能の障害**によりマンション管理業を適正に営むに当たって必要な**認知，判断および意思疎通を適切に行うことができない者**」である（規則53条の２）。

⑺　マンション管理業に関し「**成年者と同一の行為能力を有しない未成年者**」で，その**法定代理人**（法定代理人が法人である場合には，その役員）が，**上記⑴〜⑹のいずれかに該当する場合**

> ①「**成年者と同一の行為能力を有しない未成年者**」とは，法定代理人から**マンション管理業を行う許可を受けていない未成年者**のことである。この場合，その未成年者だけではなく，**法定代理人**（法人である場合には，その役員）も拒否事由に該当しなければ，登録を受けることができる。
>
> ②「**成年者と同一の行為能力を有する未成年者**」とは，法定代理人から**マンション管理業を行う許可を受けた未成年者**のことである。この場合，その未成年者が拒否事由に該当しなければ，登録を受けることができる。

出題 R2～3

(8) **法人の役員**に，前記(1)～(6)のいずれかに該当する者がいる場合

(9) 暴力団員等がその事業活動を支配する者

(10) 事務所について，「**成年者である専任の管理業務主任者の設置**」の要件を欠く者

出題 R1

(11) マンション管理業を行うために必要と認められる国土交通省令で定める基準に合う**財産的基礎**（**基準資産額300万円以上**）を有しない者

> **[基準資産額]**
> 基準資産額は，貸借対照表または資産に関する調書（基準資産表）に計上された**資産の総額から**当該基準資産表に計上された**負債の総額に相当する金額を控除した額**をいう。

(12) 登録申請書・添付書類の重要な事項について虚偽の記載があり，または重要な事実の記載が欠けている場合

Point整理　主な登録拒否事由

1	制限行為能力者等	**破産者で復権を得ない者**
2	一定の刑に処せられた場合	① **禁錮以上の刑**に処せられ，その執行を終わり，または執行を受けることがなくなった日から**2年を経過しない者** ② **マンション管理適正化法違反により罰金の刑**に処せられ，その執行を終わり，または執行を受けることがなくなった日から**2年を経過しない者**
3	マンション管理業者が登録を取り消された場合	① 登録を取り消され，**取消しの日から2年を経過しない者** ② **法人が①の登録取消処分を受けた場合**に，取消しの日前30日以内にその法人の役員であった者で取消しの日から2年を経過しない者
4	**暴力団員**または**暴力団員でなくなった日から5年を経過しない者**	
5	**心身の故障によりマンション管理業を適正に営むことができない者**	
6	マンション管理業に関し**成年者と同一の行為能力を有しない未成年者**で，その**法定代理人**が，上記1～5のいずれかに該当する場合	
7	**法人の役員**に，上記1～5のいずれかに該当する者がいる場合	
8	マンション管理業を行うために必要と認められる国土交通省令で定める基準に合う**財産的基礎（基準資産額300万円以上）を有しない者**	

2 廃業等の届出 (50条)　はじめて

(1)　マンション管理業者が，次のいずれかに該当することとなった場合においては，次に定める者は，**その日（死亡の場合は，その事実を知った日）から30日以内**に，その旨を**国土交通大臣に届け出**なければならない。

事　由	届出者		期　限
	個人業者	法人業者	
① 死　亡	相続人	――	その事実を知った日から30日以内
② 法人の合併消滅	――	消滅した法人の代表役員であった者	その日から30日以内
③ 破産手続開始の決定	破産管財人		
④ 法人の解散	――	清算人	
⑤ 廃　止	個　人	法人の代表役員	

出題 R2

出題 H28・R1・3

参考

廃業等の届出により，**登録が効力を失う**のは①～⑤に「**該当するに至った時**」であり，「届出の時」ではない。

(2)　マンション管理業者が，前記(1)①～⑤のいずれかに**該当するに至ったときは**，マンション管理業者の登録は，**その効力を失う**。そして，国土交通大臣は，マンション管理業者の登録が効力を失ったときは，その登録を消除しなければならない（51条）。

3 管理業者の禁止行為

1．無登録営業の禁止（53条）

マンション管理業者の登録を受けない者は，マンション管理業を営んではならない。

2．名義貸しの禁止（54条）

マンション管理業者は，自己の名義をもって，他人にマンション管理業を営ませてはならない。

【2 マンション管理業者の業務】

1 重要事項の説明等　はじめて

重要事項の説明は，区分所有者や管理者が管理受託契約に不当な条項がないことを確認し，契約上の管理組合の権利と義務やマンション管理業者の責任の範囲に関する事項等について，**管理受託契約を締結する前に十分検討した上で，契約を締結できるようにすること**を目的としている。

1．新規に契約する場合（72条1項，規則82条）

(1)　原則

マンション管理業者は，管理組合との間で**管理受託契約**を締結しようとするときは，**あらかじめ，説明会を開催し**，管理組合を構成する**マンションの区分所有者等および管理組合の管理者等**に対し，**管理業務主任者**をして，管理受託契約の内容およびその履行に関する事項であって国土交通省令で定めるもの（**重要事項**）について**説明をさせなければならない。**

出題 H30・R1～2・4～5

(2)　例外

新たに建設されたマンションの分譲に通常要すると見込まれる期間その他の**管理組合を構成する区分所有者等が変動することが見込まれる期間**として**国土交通省令で定める期間中**に，**契約期間が満了**する場合は，**重要事項の説明義務はない。**

出題 H26・R2～3

プラス　この**国土交通省令で定める期間**とは，次の通りである。
①　**新たに建設されたマンションを分譲した場合**
　専有部分の**引渡日のうち最も早い日から1年**
②　**既存のマンションの区分所有権の全部を1人または複数の者が買い取り，そのマンションを分譲した場合**
　買取り後におけるそのマンションの専有部分の**引渡日のうち最も早い日から1年**

出題 R3

(3)　重要事項説明の手続き

マンション管理業者は，**説明会の日の1週間前**までに，管理組合を構成する**マンションの区分所有者等および管理組合の管理者等の全員**に対し，**重要事項ならびに説明会の日時お**

出題 R1・4～5

よび場所を記載した書面（この案内書面にも**管理業務主任者の記名が必要**）を**交付しなければならない**。

出題 R2～3

① 説明会は，できる限り**説明会に参加する者の参集の便を考慮して開催の日時および場所を定め**，管理事務の委託を受けた**管理組合ごとに開催する必要がある**。

出題 R3

② マンション管理業者は，**説明会の開催日の1週間前**までに，**説明会の開催の日時および場所**について，区分所有者等および管理者等の**見やすい場所に掲示しなければならない**。

2．更新の場合（72条2項・3項）

(1) 従前の管理受託契約と同一の条件で更新する場合

① 管理者等が置かれていない場合

出題 H28・R5

マンション管理業者は，**あらかじめ**，**管理組合を構成するマンションの区分所有者等全員**に対し，**重要事項を記載した書面を交付しなければならない**。**説明会の開催**や**管理業務主任者による説明**は**不要**である。

② 管理者等が置かれている場合

出題 H26・28・R1・3～4

マンション管理業者は，**マンションの区分所有者等全員**に対し，**重要事項を記載した書面を交付**するのに加え，**管理者等**に対し，**管理業務主任者**をして，**重要事項**を記載した**書面を交付して説明をさせなければならない**。この場合も**説明会の開催**は**不要**である。なお，**認定管理者等から重要事項について説明を要しない旨の意思の表明**があったときは，認定管理者等に対する**重要事項を記載した書面の交付**をもって，重要事項の説明に代えることができる。

> プラス
> **同一条件で更新**する場合，管理者が置かれている場合もいない場合も，**説明会の開催は不要**である。

「**同一条件**」には，**管理組合に不利益をもたらさない契約内容の軽微な変更**を含んでいる。具体的には，次のような例が通達で示されている。

［同一条件に含まれる場合］

① マンション管理業者の**商号**または名称，登録年月日および登録番号の**変更**

② 従前の管理受託契約と**管理事務の内容および実施方法を同一**とし，**管理事務に要する**費用の額を減額しようとする場合

③ 従前の管理受託契約に比して**管理事務の内容および実施方法の範囲を拡大**し，**管理事務に要する**費用の額を同一とし，または減額しようとする場合

④ 従前の管理受託契約に比して**管理事務に要する費用の支払いの時期を後に変更**（前払いを当月払いもしくは後払い，または当月払いを後払い）しようとする場合

⑤ 従前の管理受託契約に比して**更新後の契約期間を短縮**しようとする場合

⑥ 管理事務の対象となるマンションの所在地の名称が変更される場合

出題 H26・30

出題 H26・28

プラス　つまり，「内容および実施方法は**同一**」だけれども「費用の額を**減額**」する場合（②）や「内容および実施方法の範囲は**拡大**」だけれども「費用の額を同一か**減額**」する場合（③），「契約期間を**短縮**」する場合（⑤）のように，**変更が管理組合にとって有利となるもの**や，「**商号**の変更」（①）や「所在地の変更」（⑥）のように**管理組合にとって有利でも不利でもないものが「同一条件」に含まれる**。これに対して，「内容および実施方法を**縮小**」して「費用の額を**同一**」とする場合や「契約期間を**延長**」する場合のように，**管理組合にとって不利となる（検討が必要となる）ものは「同一条件」に含まれない**。

(2)　従前の管理受託契約と契約条件を変更して更新する場合

従前の管理受託契約の**条件を変更して更新**するときは，**新規に契約する場合と同様に説明会を開催**して行わなければならない。

3．重要事項（規則84条）

① マンション管理業者の商号または名称，住所，登録番号および登録年月日 ② 管理事務の対象となるマンションの所在地に関する事項 ③ 管理事務の対象となるマンションの部分に関する事項 ④ 管理事務の内容および実施方法（財産の分別管理の方法を含む） ⑤ 管理事務に要する費用ならびにその支払いの時期および方法 ⑥ 管理事務の一部の再委託に関する事項 ⑦ 保証契約に関する事項 ⑧ 免責に関する事項 ⑨ 契約期間に関する事項 ⑩ 契約の更新に関する事項 ⑪ 契約の解除に関する事項

4．管理業務主任者証の提示（72条4項）

出題 R5

管理業務主任者は，**重要事項の説明**をするときは，説明の相手方に対し，**管理業務主任者証を提示**しなければならない。

相手方から**請求がなくても**，**提示が必要**である。

5．重要事項説明書への記名（72条5項）

出題 H30・R1

マンション管理業者は，重要事項説明書を作成するときは，**管理業務主任者**をして，**重要事項説明書に記名**させなければならない。なお，重要事項説明書に「**記名**」されるべき**管理業務主任者**は，原則として，重要事項について**十分に調査検討**し，それらの事項が**真実に合致し**，**誤りおよび記載漏れがないかどうか等を確認した者**であって，実際にその重要事項説明書をもって**重要事項説明を行う者**である。

出題 H28

プラス 「重要事項の説明」や「重要事項説明書への記名」は，事務所ごとに置かれている専任の管理業務主任者だけではなく，一般の管理業務主任者も行うことができる。

6．電磁的方法による情報の提供（72条6・7項）

出題 R5

マンション管理業者は，1．2．の**重要事項説明書の交付に**

代えて，管理組合を構成するマンションの**区分所有者等または管理組合の管理者等の承諾を得て**，重要事項説明書に記載すべき事項を，**管理業務主任者による記名に準じた措置を講じた電磁的方法より提供**することができる。

Point整理　重要事項の説明等

<table>
<tr><th colspan="2"></th><th>重要事項説明書＊②を交付する相手</th><th>説明する相手</th><th>説明会＊③</th></tr>
<tr><td colspan="2">新規＊①</td><td colspan="2" rowspan="2">管理者等および区分所有者等全員</td><td rowspan="2">必要</td></tr>
<tr><td colspan="2">条件を変えて更新</td></tr>
<tr><td rowspan="2">同一条件で更新</td><td>管理者等なし</td><td>区分所有者等全員</td><td>不要</td><td rowspan="2">不要</td></tr>
<tr><td>管理者等あり</td><td>管理者等および区分所有者等全員</td><td>管理者等</td></tr>
</table>

＊①　P.431プラスの**期間内に契約期間を満了するものは重要事項の説明不要**

＊②　重要事項説明書（重要事項，説明会の日時・場所を記載した書面）には，**管理業務主任者の記名が必要**

＊③　説明会の日の**１週間前**までに，**説明会の日時・場所を見やすい場所に掲示**

７．ＩＴを活用した重要事項の説明

マンション管理業者は，管理業務主任者が行う重要事項説明を，WEB会議システム等の**ＩＴを活用**して行うことができる（**ＩＴ重説**）。**ＩＴ重説**を行うためには，**次の要件をすべて満たしている**必要がある。なお，管理業務主任者は，ＩＴ重説を開始した後，映像を視認できない又は音声を聞き取ることができない状況が生じた場合には，直ちに説明を中断し，その状況が解消された後に説明を再開しなければならない。

(1)　管理業務主任者および重要事項説明を受けようとする者が，**関係書類および説明の内容について十分に理解できる程度に映像を視認**でき，かつ，**双方が発する音声を十分に聞き取ることができる**とともに，**双方向でやりとりできる環境において実施**していること。

(2) 重要事項説明を受けようとする者に**重要事項説明書を法令に従って送付**していること。

(3) 重要事項説明等を受けようとする者が，関係書類を確認しながら説明を受けることができる状態にあること並びに映像および音声の状況について，**管理業務主任者が重要事項説明等を開始する前に確認**していること。

(4) 管理業務主任者が，**管理業務主任者証を提示**し，重要事項説明等を受けようとする者が，**管理業務主任者証を画面上で視認できたことを確認**していること。

2 契約の成立時の書面の交付 はじめて

出題 H26～27・29・R2・4～5

1．書面の交付（73条1項）

(1) マンション管理業者は，管理組合から管理事務の委託を受けることを内容とする契約を締結したときは，その**管理組合の管理者等**に対し，遅滞なく，次の**2．**の事項を記載した書**面を交付しなければならない。**

プラス この場合は，管理者等に対して交付すれば足り，マンションの区分所有者等全員に対し，交付する義務はない。

⚠注意
適正化法に定める「契約成立時の書面」の標準的なモデル（契約書のヒナ型）が，「マンション標準管理委託契約書（後出第14章）」である。「契約成立時の書面」の記載事項は，「マンション標準管理委託契約書」の記載事項とほぼ同じであり，適正化法の問題としてはほとんど出題されていない。したがって，「契約成立時の書面」の記載事項については，「マンション標準管理委託契約書」の学習後に確認しておけば十分である。

(2) **マンション管理業者がその管理組合の管理者等である場合**または**その管理組合に管理者等が置かれていない場合**は，マンションの**区分所有者等全員**に対し，**書面を交付しなければならない。** 出題 H27・R3

プラス 新たに建設されたマンションの分譲に通常要すると見込まれる期間その他の管理組合を構成する区分所有者等が変動することが見込まれる期間として国土交通省令で定める期間中に契約期間が満了する場合，重要事項の説明義務はないが，契約成立時の書面は交付しなければならない。 出題 H27・29

2．記載事項（73条1項，規則85条）

(1) **必要的記載事項（必ず記載しなければならない事項）**

① 管理事務の対象となるマンションの部分
② 管理事務の内容および実施方法（財産の分別管理の方法を含む）
③ 管理事務に要する費用，支払いの時期・方法
④ 契約期間に関する事項
⑤ 管理受託契約の当事者の名称および住所ならびに法人である場合においては，その代表者の氏名
⑥ 管理事務の報告に関する事項
⑦ 管理事務として行う管理事務に要する費用の収納に関する事項
⑧ **免責に関する事項**

(2) **任意的記載事項（定めがあるときのみ記載すればよい事項）**

⑨ **管理事務の一部の再委託に関する定めがあるときは，その内容**
⑩ 契約の更新に関する定めがあるときは，その内容
⑪ 契約の解除に関する定めがあるときは，その内容
⑫ マンション管理業者による管理事務の実施のため必要となる，マンションの区分所有者等の行為制限またはマンション管理業者によるマンションの区分所有者等の専有部分への立入りもしくはマンションの共用部分（区分所有法に規定する共用部分をいう）の使用に関する定めがあるときは，その内容
⑬ マンションが滅失しまたは損傷（毀損）した場合において，管理組合およびマンション管理業者が当該滅失または損傷の事実を知ったときはその状況を契約の相手方に通知すべき旨の定めがあるときは，その内容
⑭ 宅地建物取引業者からその行う業務の用に供する目的でマンションに関する情報の提供を要求された場合の対応に関する定めがあるときは，その内容
⑮ 毎事業年度開始前に行う当該年度の管理事務に要する費用の見通しに関する定めがあるときは，その内容

出題 R３

3．書面への記名（73条２項）

出題 H29・R２

マンション管理業者は，**契約の成立時に交付すべき書面**を作

成するときは，**管理業務主任者**をして，その**書面に記名させなければならない**。

出題 H27・R 2

プラス 管理業務主任者が内容を**説明**したり，**主任者証を提示**する必要はない。また，「**契約成立時の書面への記名**」は，**事務所ごとに置かれている専任の管理業務主任者**だけではなく，**一般の管理業務主任者も行う**ことができる。

Point整理 **契約の成立時の書面の交付**

	交付する相手	時期	書面
管理業者が管理者等の場合	区分所有者等全員	契約成立後，遅滞なく	管理業務主任者の記名が必要
管理者等が置かれていない場合			
管理者等が置かれている場合	管理者等		

4．電磁的方法による情報の提供（73条3項）

出題 R 3

マンション管理業者は，**1．の契約の締結時の書面の交付**に代えて，管理組合を構成するマンションの**区分所有者等または管理組合の管理者等の承諾を得て**，書面に記載すべき事項を，**管理業務主任者による記名に準じた措置を講じた電磁的方法により提供**することができる。

3 管理事務の報告 はじめて

1．管理者等が置かれている場合（77条1項）

出題 H26～27・29～30・R 1

マンション管理業者は，定期に，**管理者等**に対し，**管理業務主任者**をして，**管理事務に関する報告**をさせなければならない。

(1) **管理事務の報告**（規則88条）

マンション管理業者は，管理事務に関する報告を行うときは，管理事務を委託した**管理組合の事業年度終了後，遅滞なく**，その期間における管理受託契約に係るマンションの管理の状況について次の事項を記載した**管理事務報告書を作成**し，**管理業務主任者**をして，これを**管理者等に交付して説明をさせなければならない**。この報告は，**専任の管理業務主任**

者だけではなく，**一般の管理業務主任者も行うことができる**。また，この**報告書**には**管理業務主任者をして記名させる必要はない**。

> プラス　この場合は，管理者等に対して交付すれば足り，マンションの区分所有者等全員に対し，**交付する義務はない**。

(2)　**管理事務報告書の記載事項**

出題 H26〜27・29〜30・R１

①　**報告の対象となる期間**
②　**管理組合の会計の収入および支出の状況**
③　その他**管理受託契約の内容に関する事項**

出題 H27〜29・R５

> プラス　「**管理受託契約の期間**」は管理事務報告書の記載事項ではない。また，毎月，「**会計の収入および支出の状況に関する書面（５項書面）**」（➡ P.446）を管理者等に対して交付し，説明している場合でも，**管理事務の報告**については，②**を省略することはできず**，あらためて報告しなければならない。

２．管理者等が置かれていない場合（77条２項）

マンション管理業者は，定期に，**説明会を開催し**，管理組合を構成するマンションの**区分所有者等**に対し，**管理業務主任者**をして，**管理事務に関する報告**をさせなければならない。

(1)　**管理事務の報告**（規則89条１項）

出題 H27・30

マンション管理業者は，管理事務に関する報告を行うときは，管理事務を委託した**管理組合の事業年度の終了後，遅滞なく**，その期間における管理受託契約に係るマンションの管理の状況について前記**１．**(2)①〜③の事項を記載した**管理事務報告書を作成**し，**説明会を開催し**，**管理業務主任者**をして，これを，管理組合を構成するマンションの**区分所有者等**に交付して**説明をさせなければならない**。なお，この報告は専任の管理業務主任者だけではなく，一般の管理業務主任者も行うことができる。また，この**報告書**には**管理業務主任者をして記名させる必要はない**。

(2)　**説明会の開催**（規則89条２項・３項）

出題 H29

①　説明会は，できる限り**説明会に参加する者の参集の便を考慮して開催の日時および場所を定め**，管理事務の委託を

受けた**管理組合ごと**に**開催**する必要がある。

出題 H27・29〜30・R1

② マンション管理業者は，**説明会の開催日の1週間前まで**に**説明会の開催の日時および場所**について，当該管理組合を構成するマンションの**区分所有者等の見やすい場所に掲示しなければならない**。

出題 H28

プラス 管理者等が置かれていない場合には，**必ず説明会を開催しなければならない**。「**管理事務報告書**」を作成し，区分所有者等に閲覧させても，**説明会を省略することはできない**。

Point整理 **管理事務の報告**

管理組合の態様	報告先	時期	報告方法
管理者等が置かれている場合	管理者等	事業年度終了後，遅滞なく	管理業務主任者をして，報告書を交付して説明
管理者が置かれていない場合	区分所有者等全員		説明会を開催し，管理業務主任者をして，報告書を交付して説明

3．電磁的方法による情報の提供（規則88条2項）

出題 R3

マンション管理業者は，**1．2．**の**管理事務報告書の書面の交付**に代えて，**1．**の場合には**管理組合の管理者等**，**2．**の場合には管理組合を構成するマンションの**区分所有者等の承諾**を得て，書面に記載すべき事項を，**電磁的方法により提供**することができる。

4．管理業務主任者証の提示（77条3項）

出題 H28・30

管理業務主任者は，**管理事務の報告**をするときは，説明の相手方に対し，**管理業務主任者証を提示**しなければならない。相手方から**要求がなくても提示が必要**である。

5．ＩＴを活用した管理事務の報告

マンション管理業者は，**管理業務主任者が行う管理事務の報告**を，WEB会議システム等の**ＩＴを活用**して行うことができる。この場合，**ＩＴ重説**を行う場合と同様の要件を満たしている必要がある。

4 その他の業務に関する規制　はじめて

１．標識の掲示（71条）

マンション管理業者は，その事務所ごとに，公衆の見やすい場所に，国土交通省令で定める**標識を掲げなければならない**。

出題 H27・R２・５

マンション管理業者票	
登録番号	国土交通大臣（　　）第　　号
登録の有効期間	年　月　日から　年　月　日まで
商号，名称または氏名	
代表者氏名	
この事務所に置かれている専任の管理業務主任者の氏名	
主たる事務所の所在地	電話番号　（　　）

30cm以上

35cm以上

２．再委託の制限（74条）

マンション管理業者は，管理組合から委託を受けた管理事務のうち**基幹事務については，一括して他人に委託してはならない**。これは，基幹事務のすべてを一括で再委託することの禁止を規定したものであるが，基幹事務のすべてを複数の者に分割して委託する場合についても再委託として禁止される。

出題 H27・R２・４

プラス　基幹事務であっても「**一部**」の再委託であれば可能である。例えば，「管理組合の会計の収入および支出の調定」のみを他の管理業者に再委託することができる。

３．帳簿の作成等（75条，規則86条）

(1)　**帳簿の作成**（規則86条１項）

マンション管理業者は，管理受託契約を締結したつど，**帳簿**に一定事項を記載し，その**事務所ごとに**，その業務に関する**帳簿を備えなければならない**。出題 H27・28

(2)　**保存期間**（規則86条３項）

マンション管理業者は，**帳簿**（電子計算機に備えられたフ

参考
【帳簿に記載する事項】
① **管理受託契約を締結した年月日**
② **管理受託契約を締結した管理組合の名称**
③ 契約の対象となるマンションの所在地および管理事務の対象となるマンションの部分に関する事項
④ 受託した管理事務の内容
⑤ 管理事務に係る受託料の額
⑥ 管理受託契約における特約その他参考となる事項

ァイルまたは磁気ディスク等を含む）を各事業年度の末日をもって閉鎖するものとし，**閉鎖後5年間当該帳簿を保存しなければならない。** 出題 H28・R2・4

> プラス 帳簿の作成・保存義務を負うのは，マンション管理業者であり，管理業務主任者ではない。

4．財産の分別管理（76条，規則87条）

出題 R1・3～4

マンション管理業者は，**管理組合から委託を受けて管理する修繕積立金その他国土交通省令で定める財産**については，整然と管理する方法として**国土交通省令で定める方法**により，**自己の固有財産および他の管理組合の財産と分別して管理**しなければならない。

(1) 用語の定義

① **国土交通省令で定める財産**（規則87条1項）

出題 R1

管理組合またはマンションの区分所有者等から受領した**管理費用に充当する金銭または有価証券**をいう。

② **収納口座**（規則87条6項1号）

出題 H30

マンションの区分所有者等から徴収された**修繕積立金等金銭または管理費用を預入**し，**一時的に預貯金として管理**するための口座をいう。

③ **保管口座**（規則87条6項2号）

出題 R3

マンションの区分所有者等から徴収された**修繕積立金を預入**し，または**修繕積立金等金銭もしくは管理費用の残額を収納口座から移し換え，これらを預貯金として管理**するための口座であって，**管理組合等を名義人**とするものをいう。

④ **収納・保管口座**（規則87条6項3号）

出題 H30・R2

マンションの区分所有者等から徴収された**修繕積立金等金銭を預入**し，**預貯金として管理**するための口座であって，**管理組合等を名義人**とするものをいう。

(2) **国土交通省令で定める方法**（規則87条2項）

① **修繕積立金等が金銭の場合**（2項1号）

修繕積立金等が金銭の場合は，次の**イ～ハのいずれかの方法**によらなければならない。

[イの方法]

マンションの区分所有者等から徴収された**修繕積立金等金銭を一括して収納口座に預入**し，毎月，その月分として徴収された修繕積立金等金銭から**その月中の管理事務に要した費用を控除した残額**を，**翌月末日までに収納口座から保管口座に移し換え**，**保管口座において預貯金として管理する方法**

出題 H30・R1・5

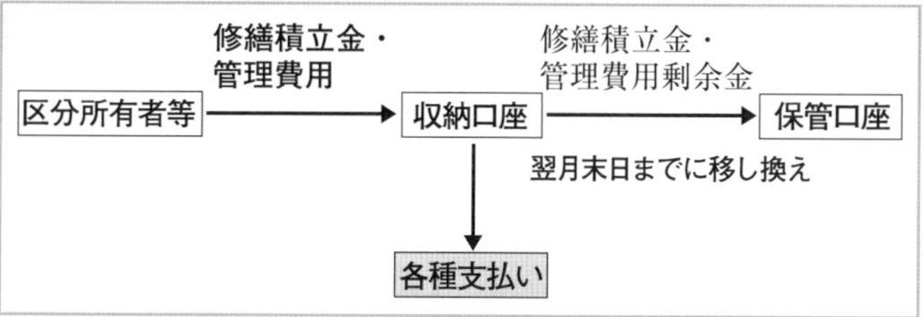

[ロの方法]

マンションの区分所有者等から徴収された**修繕積立金**（金銭に限る）を**保管口座に預入**し，保管口座において預貯金として管理するとともに，マンションの区分所有等から徴収された**管理費用のみ**（金銭に限る）を**収納口座に預入**し，毎月，その月分として徴収された管理費用から**その月中の管理事務に要した費用を控除した残額**を，**翌月末日までに収納口座から保管口座に移し換え**，**保管口座において預貯金として管理する方法**

出題 H28・R5

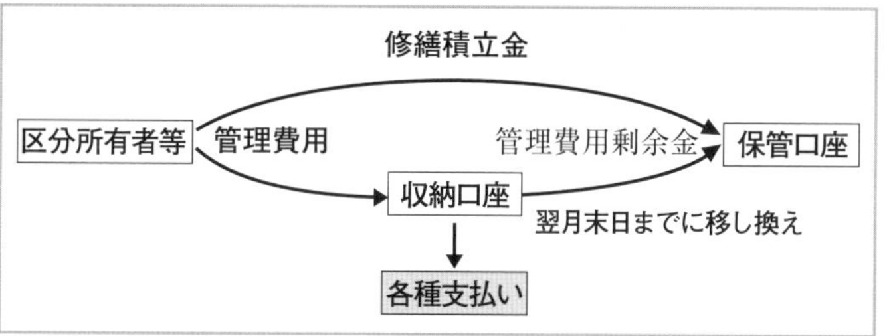

[ハの方法]

マンションの区分所有者等から徴収された**修繕積立金等金銭を一括して収納・保管口座に預入**し，**収納・保管口座において預貯金として管理する方法**

出題 R5

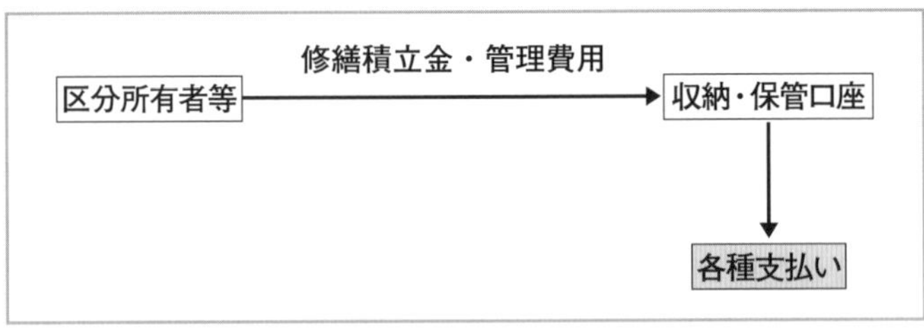

② **修繕積立金等が有価証券の場合**（2項2号）

金融機関または**証券会社**に，有価証券（受託有価証券）の保管場所を**自己の固有財産および他の管理組合の財産である有価証券の保管場所と明確に区分**させ，かつ，受託有価証券が**受託契約を締結した管理組合の有価証券であることを判別できる状態で管理させる方法**によらなければならない。出題 R1

(3) **保証契約の締結**（規則87条3項）

マンション管理業者は，**イの方法**または**ロの方法**により修繕積立金等金銭を管理する場合，マンションの区分所有者等から徴収される1ヵ月**分の修繕積立金等金銭または管理費用の合計額以上の額**につき有効な**保証契約を締結していなければならない**。ただし，次の①②の**いずれにも該当する場合**は，**保証契約の締結**は**不要**である。

① 修繕積立金等金銭もしくは管理費用がマンションの区分所有者等からマンション管理業者が受託契約を締結した**管理組合もしくはその管理者等を名義人とする収納口座に直接預入される場合**または**マンション管理業者もしくはマンション管理業者から委託を受けた者**がマンションの区分所有者等から修繕積立金等金銭もしくは管理費用を**徴収しない場合**

② マンション管理業者が，管理組合等を名義人とする収納口座に係る管理組合等の**印鑑**，**預貯金の引出用のカードその他これらに類するものを管理しない場合**

参考
「**有価証券**」とは，小切手，国債証券，社債券，商品券等をいう。**積立型マンション保険証券**も含まれる。

出題 H28・30・R2～3・5

注意
管理委託契約の契約期間の途中で**保証契約の期間が満了**する場合には，その**保証契約の更新等**をしなければならない（通達）。出題 R1

注意
ハの方法の場合，**保証契約の締結**は**不要**である。出題 R4

> **プラス**　つまり，**保証契約の締結が必要**となるのは，マンション管理業者が修繕積立金等を口座から勝手に払い戻すことができる「**マンション管理業者名義の収納口座に収納される場合**」または「**収納口座の印鑑，預貯金の引出用カード等をマンション管理業者が保管する場合**」等である。なお，マンション管理業者が各口座の**通帳のみを管理する場合**には，修繕積立金等を勝手に払い戻すことができないので，**保証契約の締結は不要**である。

(4)　印鑑・カード等の管理の禁止（規則87条４項）

マンション管理業者は，前出(2)の**イ〜ハの方法**により修繕積立金等金銭を管理する場合，「**保管口座**」または「**収納・保管口座**」に係る**管理組合等の印鑑，預貯金の引出用のカード等**を管理してはならない。ただし，管理組合に管理者等が置かれていない場合で，**管理者等が選任されるまでの比較的短い期間に限り**保管する場合は，管理することができる。

出題 H30・R1〜5

「通帳」のみの管理はできる。
出題 H28

Point整理　口座の名義と印鑑等の保管者

	口座名義	印鑑等の管理
収納口座	管理組合等または管理業者	
保証契約が必要	管理業者名義とする場合	管理業者が保管する場合
保管口座 収納・保管口座	管理組合等のみ （印鑑等の管理には例外あり）	

Point整理　印鑑等の管理の禁止

原則	管理業者は，イ〜ハの方法により修繕積立金等金銭を管理する場合，「**保管口座**」または「**収納・保管口座**」に係る管理組合等の印鑑・預貯金の引出用のカード等を管理してはならない
例外	**管理者等が置かれていない場合**において，**管理者等が選任されるまでの比較的短い期間に限り**，保管（管理）することは**可能**

Point整理 **財産の分別管理の理解のヒント**

[ヒント①]

イ～ハの方法の区別は，**口座の扱い**（「収納口座」と「保管口座」の２本にするか，「収納・保管口座」１本にするか）と，**収納金の扱い**（修繕積立金と管理費を一体として扱うか，別々に扱うか）との組合せで決まる。

イの方法	口座は２本・収納金は一体
ロの方法	口座は２本・収納金は別々
ハの方法	口座は１本，収納金は一体

[ヒント②]

イ・ロの方法の場合，原則として，**保証契約が必要**である。例外として，マンション管理業者が**修繕積立金等の収納を行わず**，かつ，**収納口座の印鑑等を管理しない**場合は，マンション管理業者が独断で収納口座から払い戻しを受けることができないので，**保証契約は不要**である。

[ヒント③]

ハの方法の場合，マンション管理業者が**印鑑**，**引出用カード等を管理できない「収納・保管口座」１本**しか使わないので，**保証契約は不要**である。

[ヒント④]

マンション管理業者は，原則として，**イ・ロの方法**の「**保管口座**」，**ハの方法**の「**収納・保管口座**」の**印鑑**，**引出用カード等を管理できない**。例外として，管理者が選任されていない場合に，管理者が選任されるまでの**比較的短い期間**であれば管理することができる。

出題 H28

⚠注意

「**５項書面**」の交付は，書面での交付に代えて，**電子メール**によって行うこともできるが，その場合は，当該方法により交付を行うことについて**交付の相手方（管理組合）の承諾**を得なければならない（民間事業者書面保存法６条１項）。

⑸ 会計の収入および支出の状況に関する書面の交付等

（規則87条５項）

① 管理者等が置かれている場合

マンション管理業者は，**毎月**，管理事務の委託を受けた管理組合のその月（対象月）における**会計の収入および支出の状況に関する書面（５項書面）を作成し**，**翌月末日までに**，その書面を当該管理組合の**管理者等に交付しなければならない**。

> **プラス** 「5項書面」とは，一般会計，修繕積立金会計等委託者たる管理組合の**会計区分ごとの収支状況および収納状況が確認できる書面**をいう。

② **管理者等が置かれていない場合**　出題 R2

書面の交付に代えて，対象月の属する管理組合の**事業年度の終了の日から2ヵ月を経過する日までの間**，その書面をその**事務所ごとに備え置き**，管理組合を構成するマンションの区分所有者等の求めに応じ，マンション管理業者の業務時間内において，これを**閲覧させなければならない**。

5．管理業務主任者としてすべき事務の特例（78条）

出題 H28

マンション管理業者は，**人の居住の用に供する独立部分が5以下**のマンション管理組合から委託を受けた場合の管理事務については，管理業務主任者に代えて，その**事務所を代表する者またはこれに準ずる地位にある者**をして，**管理業務主任者としてすべき事務**（①重要事項の説明・重要事項説明書への記名，②契約締結後遅滞なく交付されるべき書面への記名，③管理事務の報告）**を行わせることができる**。

6．書類の閲覧（79条，規則90条）

出題 H27～28

マンション管理業者は，「**マンション管理業者の業務および財産の状況を記載した書類**（**業務状況調書，貸借対照表，損益計算書**または，**これらに代わる書面**）」を事業年度経過後3ヵ月以内に作成して，遅滞なくその**事務所ごとに備え置き**，その日から起算して**3年を経過する日までの間**，その事務所の営業時間中，その業務に係る関係者の求めに応じ，これを**閲覧させなければならない**。

7．秘密保持義務（80条，87条）

⑴ **マンション管理業者の義務**

マンション管理業者は，**正当な理由がなく**，その業務に関して知り得た**秘密を漏らしてはならない**。マンション管理業者で**なくなった後**においても，**同様である**。

⑵ **使用人等の義務**

マンション管理業者の使用人その他の従業者（管理業務主

任者を含む。）は，**正当な理由がなく**，マンションの管理に関する事務を行ったことに関して，**知り得た秘密を漏らしてはならない**。マンション管理業者の使用人その他の従業者でなくなった後においても，**同様である**。

プラス 「**裁判において**証人尋問を受けた際，業務に関して知り得た秘密について**証言**」することは，**正当な理由**にあたる。

8．証明書の携帯等（88条）

(1) 携帯義務

出題 H29

! 参考
プライバシー保護の観点等から**従業者の生年月日**は記載事項とされていない。

マンション管理業者は，**使用人その他の従業者**に，**その従業者であることを証する証明書**（**従業者証明書**）を**携帯**させなければ，その者をその業務に従事させてはならない。

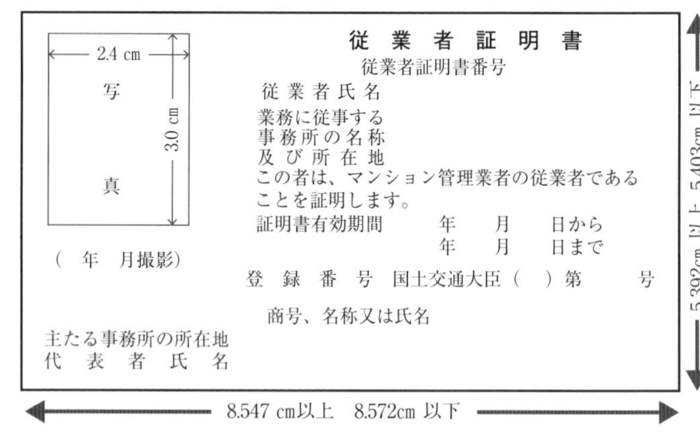
従　業　者　証　明　書
従業者証明書番号
従業者氏名
業務に従事する事務所の名称及び所在地
この者は、マンション管理業者の従業者であることを証明します。
証明書有効期間　年　月　日から
年　月　日まで
登録番号　国土交通大臣（　）第　号
商号、名称又は氏名
主たる事務所の所在地
代表者氏名

(2) 提示義務

出題 H26

マンション管理業者の使用人その他の従業者は，マンションの管理に関する事務を行うに際し，マンションの区分所有者等その他の**関係者から請求**があったときは，この**証明書を提示しなければならない**。

9．登録の失効に伴う業務の結了（89条）

マンション管理業者の**登録がその効力を失った場合**には，**マンション管理業者であった者**またはその一般承継人は，マンション管理業者の管理組合からの委託に係る**管理事務を結了する目的の範囲内**においては，なお**マンション管理業者とみなされる**。

プラス　例えば，マンション管理業者Aが，管理組合Bとの管理委託契約の期間中にマンション管理業を廃止し，**廃業の届出をしたことで，登録が効力を失った場合**でも，Bとの管理委託契約の期間が満了する日までは，**管理事務を結了する目的の範囲内**において，Aはマンション管理業者とみなされ，業務を継続**することができる**。

出題 H28

10. 適用の除外 (90条)

マンション管理業に関する規定（44条～89条）は，**国**および**地方公共団体**には，適用されない。

Point整理　その他のマンション管理業者の業務

標識の掲示	事務所ごとに，公衆の見やすい場所に，①登録番号，②登録の有効期間，③商号・名称または氏名，④代表者氏名，⑤この事務所に置かれている専任の管理業務主任者の氏名，⑥主たる事務所の所在地（電話番号を含む）が記載された**標識**を掲げなければならない
再委託の制限	管理組合から委託を受けた管理事務のうち**基幹事務**については，**一括して他人に委託してはならない** ※　基幹事務の一部の再委託**はすることができる**
帳簿の作成	①　管理組合から委託を受けた管理事務について，帳簿を作成し，保存しなければならない ②　管理受託契約を締結したつど，帳簿に一定事項を記載し，事務所ごとに，**帳簿を備えなければならない** ③　帳簿は各事業年度末日をもって閉鎖し，**閉鎖後5年間保存**
書類の閲覧	**業務・財産の状況を記載した書類**（業務状況調書・貸借対照表・損益計算書等）を事業年度経過後3ヵ月以内に作成し，その**事務所ごと**に備え置き，関係者の求めに応じ**閲覧させなければならない** ※　備え置かれた日から**3年を経過する日まで備え置く**
秘密保持義務	正当な理由（裁判において証人尋問を受ける等）なく，**業務に関して知り得た秘密を漏らしてはならない** ※　管理業者でなくなった後も秘密保持義務を負う
従業者証明書の携帯	使用人等の従業者に，従業者であることを証する証明書を携帯させなければ，その者を業務に従事させてはならない

5 監督処分・罰則

1 マンション管理士に対する監督処分

1．必要的登録取消処分（33条1項）

国土交通大臣は，マンション管理士が，次のいずれかに該当する場合は，その**登録を取り消さなければならない**。

(1) マンション管理士の**登録の拒否事由**（マンション管理士の登録を取り消された場合を除く）**のいずれかに該当**するに至ったとき

(2) 偽りその他**不正の手段**により**登録を受けた**とき

2．任意的取消処分・名称の使用停止処分（33条2項）

国土交通大臣は，マンション管理士が，次のいずれかの義務等に違反したときは，その**登録を取り消し**，または期間を定めてマンション管理士の**名称の使用の停止を命ずることができる**。

① **信用失墜行為の禁止**
② 講習受講義務
③ 秘密保持義務

3．登録証の返納（規則30条2項）

マンション管理士の**登録を取り消された者**は，その通知を受けた日から起算して**10日以内**に，登録証を国土交通大臣に**返納**しなければならない。

2 管理業務主任者に対する監督処分

1．指示処分（64条1項）

はじめて

国土交通大臣は，管理業務主任者が次のいずれかに該当するときは，その管理業務主任者に対して，**必要な指示**をすることができる。

(1) マンション管理業者に**自己が専任の管理業務主任者として従事している事務所以外の事務所の専任の管理業務主任者である旨の表示をすることを許し**，マンション管理業者が**その**

旨の表示をしたとき（兼任の禁止）

⑵　他人に自己の名義の使用を許し，その他人がその名義を使用して管理業務主任者である旨の表示をしたとき（名義貸しの禁止）

⑶　管理業務主任者として行う事務に関し，**不正または著しく不当な行為をしたとき**　出題 H29・R３

２．事務の禁止処分（64条２項）

国土交通大臣は，管理業務主任者が次のいずれかに該当するときは，管理業務主任者に対し，**１年以内の期間**を定めて，**管理業務主任者としてすべき事務を行うことを禁止**することができる。

⑴　**指示処分事由のいずれかに該当する**とき

⑵　指示処分に従わないとき

３．登録の取消処分（65条）

⑴　**管理業務主任者に対する必要的登録取消処分**

国土交通大臣は，管理業務主任者が次のいずれかに該当するときは，その**登録を取り消さなければならない**。

① 管理業務主任者の**登録の拒否事由**（管理業務主任者登録を取り消された場合を除く）**のいずれかに該当**するとき

② 偽りその他**不正の手段により登録を受け**たとき

③ 偽りその他**不正の手段により管理業務主任者証の交付を受け**たとき

④ **指示処分事由のいずれかに該当し情状が特に重い**とき，または**事務の禁止の処分に違反**したとき　出題 H29・R３

⑵　**管理業務主任者登録者に対する必要的登録取消処分**

国土交通大臣は，登録を受けている者で管理業務主任者証の交付を受けていない者が次のいずれかに該当するときは，その**登録を取り消さなければならない**。

① 管理業務主任者の**登録の拒否事由**（管理業務主任者の登録を取り消された場合を除く）**のいずれかに該当**するとき

出題 H29

② 偽りその他**不正の手段により登録を受けた**とき
③ **管理業務主任者としてすべき事務を行った場合**であって，**情状が特に重い**とき

⑶ **登録の取消しの通知等**（規則78条２項）

⑴を理由として管理業務主任者の**登録を取り消された者**は，その通知を受けた日から起算して**10日以内**に，管理業務主任者証を国土交通大臣に**返納**しなければならない。

3 マンション管理業者に対する監督処分

１．指示処分（81条）

国土交通大臣は，マンション管理業者が，次のいずれかに該当するときは，当該マンション管理業者に対し，**必要な指示**をすることができる。

⑴ 業務に関し，管理組合またはマンションの区分所有者等に損害を与えたとき，または損害を与えるおそれが大きいとき
⑵ 業務に関し，その公正を害する行為をしたとき，またはその公正を害するおそれが大きいとき
⑶ 業務に関し他の法令に違反し，マンション管理業者として不適当であると認められるとき
⑷ 管理業務主任者が，監督処分を受けた場合において，マンション管理業者の責めに帰すべき理由があるとき
⑸ マンション管理適正化法の規定に違反したとき

２．業務停止命令（82条）

国土交通大臣は，マンション管理業者が，次のいずれかに該当するときは，当該マンション管理業者に対し，**１年以内の期間**を定めて，その**業務の全部または一部の停止を命ずる**ことができる。

⑴ 指示処分事由の前記**１．**⑶⑷に該当するとき
⑵ 次の規定に違反したとき

① 登録事項の変更の届出
② 名義貸しの禁止
③ 成年者である専任の管理業務主任者の設置
④ 標識の掲示
⑤ 重要事項の説明等

⑥　契約の成立時の書面の交付
⑦　基幹事務の一括再委託の禁止
⑧　帳簿の作成等
⑨　財産の分別管理
⑩　管理事務の報告
⑪　書類の閲覧
⑫　秘密保持義務
⑬　使用人その他の従業者に，従業者証明書を携帯させる義務

⑶　指示処分に従わないとき

⑷　マンション管理適正化法の規定に基づく国土交通大臣の処分に違反したとき

⑸　マンション管理業に関し，**不正または著しく不当な行為をしたとき**

⑹　営業に関し成年者と同一の行為能力を有しない未成年者である場合において，その法定代理人が業務の停止をしようとするとき以前２年以内にマンション管理業に関し，不正または著しく不当な行為をしたとき

⑺　法人である場合において，役員のうちに業務の停止をしようとするとき以前２年以内にマンション管理業に関し，不正または著しく不当な行為をした者があるに至ったとき

プラス
「マンション管理業者の違反行為に対する監督処分の基準」によれば，**業務停止処分**を受けたマンション管理業者は，**業務停止処分期間中**でも，**業務停止命令前に管理受託契約を締結した管理組合の管理事務は，そのまま継続して行うことができる**とされている。

３．登録の取消し処分（83条）

国土交通大臣は，マンション管理業者が，次のいずれかに該当するときは，その**登録を取り消さなければならない**。

⑴　マンション管理業者の**登録拒否事由**（マンション管理業者登録を取り消された場合と，業務停止命令期間中の場合を除く）**のいずれかに該当**するに至ったとき　出題 R５

⑵　**偽りその他不正の手段により登録を受けた**とき

(3) **業務停止命令事由**のいずれかに該当し**情状が特に重い**とき，または**業務の停止の命令に違反**したとき

4 罰　則　はじめて

1．罰則の種類とその適用

(1) **1年以下の懲役または50万円以下の罰金**（106条）

① 偽りその他不正の手段によりマンション管理業の登録（更新の登録を含む）を受けた者 ② 無登録で，マンション管理業を営んだ者 ③ 名義貸しの禁止規定に違反して，他人にマンション管理業を営ませた者 ④ マンション管理業者が業務の停止の命令に違反して，マンション管理業を営んだ者

(2) **1年以下の懲役または30万円以下の罰金**（107条）

秘密保持義務の規定に違反したマンション管理士（**告訴がなければ公訴を提起できない**※）

(3) **30万円以下の罰金**（109条）

① マンション管理士の名称の使用の停止を命ぜられた者で，当該**停止を命ぜられた期間中**に，**マンション管理士の名称を使用**したもの ② マンション管理士でない者が，マンション管理士またはこれに紛らわしい名称を使用した場合 ③ 登録事項の変更の届出をせず，または虚偽の届出をしたマンション管理業者 ④ 成年者である専任の管理業務主任者の設置義務規定に抵触するに至った場合で，２週間以内に必要な措置をとらなかった者 ⑤ 保証業務に係る契約の締結の制限規定に違反して契約を締結した指定法人 ⑥ 国土交通大臣に対する報告をせず，または虚偽の報告をした管理業務主任者・マンション管理業を営む者 ⑦ **契約成立時の書面の交付義務規定に違反**して，書面を交付せず，または法定事項を記載しない書面もしくは**虚偽の記載のある書面を交付**したマンション管理業

参考
※：このような罪を「**親告罪**」という。被害者の意思を問わずに公開裁判を行うと，秘密にしておきたいことが世間にさらされるような性質の罪であるため，このような手続にしている。

者

⑧　契約成立時に書面を交付すべき者に対して，管理業務主任者の記名のない書面を交付したマンション管理業者

⑨　秘密保持義務の規定に違反したマンション管理業者・使用人その他の従業者

⑩　立入検査の規定による立入り・検査を拒み・妨げ・忌避し，または質問に対して陳述をせず・虚偽の陳述をした者

⑪　従業者証明書不携帯者を業務に従事させたマンション管理業者

出題 R３

(4)　**10万円以下の過料**（113条）

①　廃業等の届出を怠ったマンション管理業者

②　標識の掲示義務に違反したマンション管理業者

③　**管理業務主任者証**の**返納義務に違反**した管理業務主任者

④　**管理業務主任者証**の**提出義務に違反**した管理業務主任者

⑤　**重要事項の説明時**に，**管理業務主任者証**を提示しなかった管理業務主任者

⑥　管理事務に関する**報告の説明時**に，**管理業務主任者証**を提示しなかった管理業務主任者

出題 R３

プラス　区分所有者等その他**関係者から請求があったときの管理業務主任者証の提示義務違反**には**罰則がない**。

2．両罰規定（111条）

法人の代表者または法人・人の代理人，使用人その他の従業者が，その法人・人の業務に関して，一定の違反行為をしたときは，その行為者を罰するほか，その法人・人に対しても，これらの罰金刑が科される。

⑥ マンション管理業者の団体

1 管理業者の団体の指定

国土交通大臣は，**マンション管理業者の業務の改善向上**を図ることを目的とし，かつ，**マンション管理業者を社員とする一般社団法人**であって，次の2の業務を適正かつ確実に行うことができると認められるものを，その申請により，業務を行う者として指定することができる（指定法人，95条1項）。現在，「一般社団法人マンション管理業協会」が，この指定を受けている。

2 指定法人の業務内容等

1．指定法人の業務（95条2項）

指定法人は，次の業務を行う（**必要的**）。

① **社員（団体に加入したマンション管理業者）**の営む業務に関し，社員に対し，適正化法または適正化法に基づく命令を遵守させるための**指導**，**勧告**その他の業務
② 社員の営む業務に関する管理組合等からの**苦情の解決**
③ 管理業務主任者その他マンション管理業の業務に従事し，または従事しようとする者に対する**研修**
④ マンション管理業の健全な発達を図るための**調査および研究**
⑤ その他，マンション管理業者の業務の改善向上を図るために必要な業務

2．保証業務（95条3項，97条1項）

指定法人は，上記**1．**の業務のほか，社員であるマンション管理業者との契約により，当該マンション管理業者が管理組合またはマンションの区分所有者等から受領した管理費，修繕積立金等の返還債務を負うことになった場合において，その**返還債務を保証する業務（保証業務）**を行うことができる（**任意的**）。指定法人は，保証業務を行う場合においては，あらかじめ，**国土交通大臣の承認**を受けなければならない。

⑦ マンション管理適正化推進センター

1 センターの指定

国土交通大臣は，**管理組合によるマンションの管理の適正化の推進に寄与することを目的とする一般財団法人**であって，次の2の業務（「管理適正化業務」）に関し，一定の基準に適合すると認められるものを，その申請により，全国に一に限って，**マンション管理適正化推進センター**として指定することができる（91条）。現在，「公益財団法人マンション管理センター」が，この指定を受けている。

2 センターの業務内容

マンション管理適正化推進センターは，次の業務を行う（92条）。

① マンションの管理に関する**情報および資料の収集および整理**をし，ならびにこれらを管理組合の管理者等その他の関係者に対し提供すること
② マンションの管理の適正化に関し，管理組合の管理者等その他の関係者に対し**技術的な支援**を行うこと
③ マンションの管理の適正化に関し，管理組合の管理者等その他の関係者に対し**講習**を行うこと
④ マンションの管理に関する**苦情の処理のために必要な指導および助言**を行うこと
⑤ マンションの管理に関する**調査および研究**を行うこと
⑥ マンションの管理の適正化の推進に資する**啓発活動**および広報活動を行うこと
⑦ その他，マンションの管理の適正化の推進に資する業務を行うこと

3 センターの都道府県知事または市町村長による技術的援助への協力

マンション推進センターは，マンションの建替え等円滑化法の規定により都道府県知事また市町村長から協力を要請されたときは，要請に応じ，技術的援助に関し協力する。

8 雑　則

1 設計図書の交付等

宅地建物取引業者は，**自ら売主**として人の居住の用に供する独立部分がある建物（**新たに建設された建物で人の居住の用に供したことがないもの**に限られる。つまり新築のマンションである）を分譲した場合においては，**1年以内**にその建物またはその附属施設の管理を行う管理組合の管理者等が選任されたときは，速やかに，**管理者等**に対し，その**建物またはその附属施設の設計に関する図書**（構造詳細図，構造計算書等）を**交付しなければならない**（103条1項，規則101条）。

❾ マンションの管理の適正化の推進を図るための基本的な方針（基本方針）

これまで国土交通大臣は，マンション管理適正化の推進を図るため「**マンション管理適正化指針（適正化指針）**」を定めることとされていたが，改正された適正化法では，この指針を拡張し，国土交通大臣が「**マンションの管理の適正化の推進を図るための基本的な方針（基本方針）**」として策定し，公表することとされた（3条）。この規定に基づき，2021（令和3）年9月28日に「**基本方針**」が公表された。なお，これまでの「**適正化指針**」は，以下の**4**として，基本方針の一部と位置付けられることになった。

プラス　本年は「**基本方針」全体からの出題**が予想される。**個数問題**（適切なものはいくつあるかを問う形式）として出題されることもあるが，その場合，正解を得るためには正確な知識が必要となるので，**太字にしてあるキーワードに注意しながら繰り返し読み込んでおこう。**

1 方針の体系

我が国におけるマンションは，土地利用の高度化の進展に伴い，職住近接という利便性や住空間の有効活用という機能性に対する積極的な評価，マンションの建設・購入に対する融資制度や税制の整備を背景に，都市部を中心に持家として定着し，重要な居住形態となっており，国民の一割以上が居住していると推計される。

その一方で，一つの建物を多くの人が区分して所有するマンションは，各区分所有者等の共同生活に対する意識の相違，多様な価値観を持った区分所有者等間の意思決定の難しさ，利用形態の混在による権利・利用関係の複雑さ，建物構造上の技術的判断の難しさなど建物を維持管理していく上で，多くの課題を有している。

特に，今後，建設後相当の期間が経過したマンションが，急激に増大していくものと見込まれるが，これらに対して適切な修繕がなされないままに放置されると，老朽化したマンションは，区分所有者等自らの居住環境の低下のみならず，外壁等の剥落などによる居住者や近隣住民の生命・身体に危害，ひいては周辺の住環境や都市環境の低下を生じさせるなど深刻な問題を引き起こす可能性がある。

このような状況の中で，我が国における**国民生活の安定向上と国民経済の健全な発展に寄与**するためには，**管理組合がマンションを適正に管理**するとともに，**行政はマンションの管理状況，建物・設備の老朽化や区分所有者等の高齢化の状況等を踏まえてマンションの管理の適正化の推進のための施策を講じていく**必要がある。

この基本的な方針は，このような認識の下に，マンションの管理の適正化の推進を図るため，必要な事項を定めるものである。

2 マンションの管理の適正化の推進に関する基本的な事項

管理組合，国，地方公共団体，マンション管理士，マンション管理業者その他の関係者は，それぞれの役割を認識するとともに，効果的にマンションの管理の適正化およびその推進を図るため，相互に 連携して取組を進める必要がある。

1．管理組合および区分所有者の役割

マンションは私有財産の集合体であり，**その管理の主体は，あくまでマンションの区分所有者等で構成される管理組合**である。マンション管理適正化法（適正化法）においても，管理組合は，マンション管理適正化指針および都道府県等マンション管理適正化指針の定めるところに留意して，マンションを適正に管理するよう自ら努めなければならないとされている。マンションストックの高経年化が進む中，これらを可能な限り長く活用するよう努めることが重要であり，**管理組合**は，自らの責任を自覚し，**必要に応じて専門家の支援も得ながら，適切に管理を行う**とともに，**国および地方公共団体が講じる施策に協力するよう努める**必要がある。

マンションの区分所有者等は，**管理組合の一員としての役割および修繕の必要性を十分認識**して，**管理組合の運営に関心を持ち，積極的に参加する等，その役割を適切に果たすよう努め**

る**必要**がある。

2．国の役割

国は，マンションの管理水準の維持向上と管理状況が市場において評価される環境整備を図るために**マンションの管理の適正化の推進に関する施策を講じていくよう努める**必要がある。

このため，**マンション管理士制度**および**マンション管理業の登録制度**の**適切な運用**を図るほか，マンションの実態調査の実施，「マンション標準管理規約」および各種ガイドライン・マニュアルの策定や適時適切な見直しとその周知，マンションの管理の適正化の推進に係る財政上の措置，リバースモーゲージの活用等による大規模修繕等のための資金調達手段の確保，マンション管理士等の専門家の育成等によって，**管理組合や地方公共団体のマンションの管理の適正化およびその推進に係る取組を支援していく**必要がある。

また，**国**は，マンションの長寿命化に係る先進的な事例の収集・普及等に取り組むとともに，管理組合等からの求めに応じ，**マンション管理適正化推進センターと連携しながら**，**必要な情報提供等に努める**必要がある。

3．地方公共団体の役割

地方公共団体は，区域内のマンションの管理状況等を踏まえ，**計画的にマンションの管理の適正化の推進に関する施策を講じていくよう努める**必要がある。

このため，区域内のマンションの実態把握を進めるとともに，適正化法に基づく**マンション管理適正化推進計画を作成**し，施策の方向性等を明らかにして**管理計画認定制度を適切に運用**することで，マンションの管理水準の維持向上と管理状況が市場において評価される環境整備を図っていくことが望ましい。

その際，特に必要がある場合には，関係地方公共団体，管理組合，マンション管理士，マンション管理業者，マンションの管理に関する知識や経験を生かして活動等を行うＮＰＯ法人等の関係者に対し，調査に必要な協力を求めることも検討し，これらの関係者と連携を図りながら，効果的に施策を進めることが望ましい。

さらに，マンション管理士等専門的知識を有する者や経験豊かで地元の実情に精通したマンションの区分所有者等から信頼される者等の協力を得て，**マンションに係る相談体制の充実を図る**とともに，管理組合等からの求めに応じ，**必要な情報提供等に努める**必要がある。

なお，管理が適正に行われていないマンションに対しては，マンション管理適正化指針等に即し，必要に応じて適正化法に基づく**助言，指導等を行うとともに，専門家を派遣するなど能動的に関与していく**ことが重要である。

4．マンション管理士およびマンション管理業者等の役割

マンションの管理には専門的知識を要することが多いため，**マンション管理士**には，**管理組合等からの相談に応じ，助言等の支援を適切に行う**ことが求められており，**誠実にその業務を行う**必要がある。

また，**マンション管理業者**においても，管理組合から管理事務の委託を受けた場合には，**誠実にその業務を行う**必要がある。

さらに，**マンション管理士**および**マンション管理業者**は，**地方公共団体等からの求めに応じ，必要な協力をするよう努める**必要がある。

また，分譲会社は，管理組合の立ち上げや運営の円滑化のため，分譲時に管理規約や長期修繕計画，修繕積立金の金額等の案について適切に定めるとともに，これらの内容を購入者に対して説明し理解を得るよう努める必要がある。

3 マンションの管理の適正化に関する目標の設定に関する事項

マンションの適切な管理のためには，**適切な長期修繕計画の作成や計画的な修繕積立金の積立が必要**となることから，国においては，住生活基本法に基づく**住生活基本計画**において，**25年以上の長期修繕計画**に基づき修繕積立金を設定している管理組合の割合を目標として掲げている。

地方公共団体においては，国が掲げる目標を参考にしつつ，

マンションの管理の適正化のために管理組合が留意すべき事項も考慮し，**区域内のマンションの状況を把握し，地域の実情に応じた適切な目標を設定**することが望ましい。

4 管理組合によるマンションの管理の適正化の推進に関する基本的な指針（マンション管理適正化指針）に関する事項

はじめて

「マンション管理適正化指針」は，管理組合によるマンションの管理の適正化を推進するため，その基本的な考え方を示すとともに，地方公共団体が適正化法に基づき管理組合の管理者等に対して助言，指導等を行う場合の判断基準の目安を 別紙一 に，管理計画を認定する際の基準を 別紙二 に示すものである。

1．管理組合によるマンションの管理の適正化の基本的方向

マンションは，我が国における重要な居住形態であり，その適切な管理は，マンションの区分所有者等だけでなく，社会的にも要請されているところである。

このようなマンションの重要性にかんがみ，マンションを社会的資産として，この資産価値をできる限り保全し，かつ，快適な居住環境が確保できるように，以下の点を踏まえつつ，マンションの管理を行うことを基本とするべきである。

(1)　**マンションの管理の主体は**，マンションの区分所有者等で構成される**管理組合**であり，**管理組合**は，マンションの**区分所有者等の意見が十分に反映**されるよう，また，**長期的な見通しを持って，適正な運営を行うことが重要**である。特に，その**経理は，健全な会計を確保する**よう，十分な配慮がなされる必要がある。また，**第三者に管理事務を委託する場合**は，その**内容を十分に検討して契約を締結する**必要がある。

出題 H26・27

(2)　管理組合を構成するマンションの**区分所有者等**は，管理組合の一員としての役割を十分認識して，**管理組合の運営に関心を持ち，積極的に参加する**等，その役割を適切に果たすよ

出題 H28

う努める必要がある。

出題 H28・R1
(3) マンションの管理には，専門的な知識を必要とすることが多いため，**管理組合**は，問題に応じ，**マンション管理士等専門的知識を有する者の支援**を得ながら，**主体性をもって適切な対応**をするよう心がけることが重要である。

出題 H28
(4) さらに，マンションの状況によっては，**外部の専門家**が，管理組合の**管理者等または役員に就任することも考えられる**が，その場合には，マンションの区分所有者等が当該**管理者等または役員の選任や業務の監視等を適正に行う**とともに，**監視・監督の強化のための措置等を講じる**ことにより適正な業務運営を担保することが重要である。

2．マンションの管理の適正化のために管理組合が留意すべき事項

(1) 管理組合の運営

管理組合の自立的な運営は，マンションの**区分所有者等の全員が参加し，その意見を反映する**ことにより成り立つものである。そのため，**管理組合の運営は，情報の開示，運営の透明化等，開かれた民主的なものとする**必要がある。

また，**集会**は，**管理組合の最高意思決定機関**である。したがって，**管理組合の管理者等**は，その意思決定にあたっては，**事前に必要な資料を整備し，集会において適切な判断が行われるよう配慮する**必要がある。

管理組合の**管理者等**は，マンション管理の目的が達成できるように，**法令等を遵守し，マンションの区分所有者等のため，誠実にその職務を執行する**必要がある。

(2) 管理規約

管理規約は，マンション管理の**最高自治規範**であることから，管理組合として管理規約を作成する必要がある。その作成にあたっては，管理組合は，**建物の区分所有等に関する法律に則り，「マンション標準管理規約」を参考として**，当該マンションの実態およびマンションの区分所有者等の意向を踏まえ，適切なものを作成し，**必要に応じて，その改正を行う**こと，これらを十分に周知することが重要である。

さらに，**快適な居住環境**を目指し，マンションの区分所有者等間のトラブルを未然に防止するために，**使用細則等マンションの実態に即した具体的な住まい方のルールを定めておくこと**も重要である。

また，**管理費の滞納等管理規約または使用細則等に違反**する行為があった場合，**管理組合の管理者等**は，その是正のため，**必要な勧告，指示等を行う**とともに，法令等に則り，少額訴訟等その**是正または排除を求める措置をとる**ことが重要である。

出題 H26

(3)　共用部分の範囲および管理費用の明確化

管理組合は，マンションの快適な居住環境を確保するため，あらかじめ，**共用部分の範囲**および**管理費用**を**明確にし，トラブルの未然防止を図る**ことが重要である。

出題 R1

特に，専有部分と共用部分の区分，専用使用部分と共用部分の管理および駐車場の使用等に関してトラブルが生じることが多いことから，適正な利用と公平な負担が確保されるよう，**各部分の範囲およびこれに対するマンションの区分所有者等の負担を明確に定めておく**ことが重要である。

(4)　管理組合の経理

管理組合がその機能を発揮するためには，その**経済的基盤が確立されている**必要がある。

このため，**管理費**および**修繕積立金等**について必要な費用を徴収するとともに，管理規約に基づき，これらの**費目を**帳簿上も**明確に区分して経理を行い，適正に管理する**必要がある。

また，管理組合の**管理者等**は，**必要な帳票類を作成してこれを保管するとともに**，マンションの**区分所有者等の請求**があったときは，これを速やかに**開示**することにより，**経理の透明性を確保する**必要がある。

出題 H26

(5)　長期修繕計画の策定および見直し等

マンションの**快適な居住環境**を**確保し，資産価値**の**維持向上を図る**ためには，**適時適切な維持修繕を行う**ことが重要である。特に，経年による劣化に対応するため，あらかじめ**長期修繕計画を作成し，必要な修繕積立金を積み立てておく**ことが必要である。

長期修繕計画の作成および見直しにあたっては，「**長期修繕計画作成ガイドライン**」を**参考**に，必要に応じ，**マンション管理士等専門的知識を有する者の意見を求め**，また，あらかじめ**建物診断等を行って，その計画を適切なものとする**よう配慮する必要がある。

長期修繕計画の実効性を確保するためには，**修繕内容，資金計画を適正かつ明確に定め**，それらをマンションの**区分所有者等に十分周知させることが必要**である。

出題 H26・29

管理組合の管理者等は，**維持修繕**を円滑かつ適切に実施するため，**設計に関する図書等を保管すること**が重要である。また，この図書等について，マンションの区分所有者等の求めに応じ，**適時閲覧できるように配慮すること**が望ましい。

出題 R1

なお，**建築後相当の期間を経たマンション**においては，長期修繕計画の検討を行う際には，必要に応じ，**建替え等についても視野に入れて検討する**ことが望ましい。

建替え等の検討にあたっては，その過程をマンションの区分所有者等に周知させるなど**透明性に配慮**しつつ，**各区分所有者等の意向を十分把握し，合意形成を図りながら進める**必要がある。

(6) 発注等の適正化

出題 H29

管理業務の委託や工事の発注等については，**事業者の選定に係る意思決定の透明性確保や利益相反等に注意して，適正に行われる必要があるが**，とりわけ**外部の専門家**が管理組合の管理者等または役員に就任する場合においては，マンションの**区分所有者等から信頼されるような発注等に係るルールの整備が必要**である。

(7) 良好な居住環境の維持および向上

マンションの資産価値や良好な居住環境を維持する観点から，防災に係る計画の作成・周知や訓練の実施，被災時を想定した管理規約上の取り決め，火災保険への加入等，管理組合として**マンションにおける防災・減災や防犯に取り組む**ことは重要である。

また，防災・減災，防犯に加え，日常的なトラブルの防止などの観点からも，マンションにおけるコミュニティ形成は重要なものであり，管理組合においても，区分所有法に則り，**良好なコミュニティの形成に積極的に取り組む**ことが重要である。

一方，**自治会および町内会等**（自治会）は，管理組合と異なり，**各居住者が各自の判断で加入するものである**ことに留意するとともに，特に**管理費の使途**については，マンションの管理と自治会活動の範囲・相互関係を整理し，**管理費と自治会費の徴収，支出を分けて適切に運用することが必要**である。なお，このように適切な峻別や，代行徴収に係る負担の整理が行われるのであれば，自治会費の徴収を代行することや，防災や美化などのマンションの管理業務を自治会が行う活動と連携して行うことも差し支えない。　出題 H28

(8)　その他配慮すべき事項

マンションが**団地を構成する場合**には，**各棟固有の事情**を踏まえつつ，**全棟の連携**をとって，**全体としての適切な管理がなされるように配慮する**ことが重要である。　出題 H27

複合用途型マンションにあっては，**住宅部分と非住宅部分との利害の調整を図り，その管理，費用負担等について適切な配慮をする**ことが重要である。　出題 R1

また，**管理組合**は，組合員名簿や居住者名簿の管理方法等，個人情報の取り扱いにあたっては，個人情報の保護に関する法律による**個人情報取扱事業者としての義務を負う**ことに十分に留意する必要がある。

3．マンションの管理の適正化のためにマンションの区分所有者等が留意すべき事項

マンションを**購入しようとする者**は，マンションの管理の重要性を十分認識し，売買契約だけでなく，**管理規約，使用細則，管理委託契約，長期修繕計画**等管理に関する事項に十分に留意することが重要である。また，管理組合およびマンションの区分所有者等は，マンションを購入しようとする者に対するこれらの情報の提供に配慮する必要がある。　出題 H29

マンションの**区分所有者等**は，その居住形態が戸建てのものとは異なり，**相隣関係等に配慮を要する住まい方であることを**　出題 H27

十分に認識し，その上で，マンションの快適かつ適正な利用と資産価値の維持を図るため，**管理組合の一員として，進んで，集会その他の管理組合の管理運営に参加する**とともに，定められた管理規約，**集会の決議等を遵守する**必要がある。

そのためにも，マンションの**区分所有者等**は，**マンションの管理に関する法律等に関する理解を深める**必要がある。

出題 H27

専有部分の賃借人等の**占有者**は，建物またはその敷地もしくは附属施設の**使用方法**につき，マンションの**区分所有者等が管理規約または集会の決議に基づいて負う義務と同一の義務を負うことに十分に留意する**ことが必要である。

4．マンションの管理の適正化のための管理委託に関する事項

管理組合は，**マンションの管理の主体は管理組合自身である**ことを認識した上で，管理事務の全部または一部を第三者に委託しようとする場合は，**「マンション標準管理委託契約書」**を参考に，その委託内容を十分に検討し，**書面または電磁的方法**（管理組合の管理者等またはマンションの区分所有者等の承諾を得た場合に限る）をもって**管理委託契約を締結**することが重要である。

管理委託契約先を選定する場合には，管理組合の管理者等は，**事前に必要な資料を収集**し，マンションの区分所有者等にその**情報を公開する**とともに，**マンション管理業者の行う説明会を活用し，適正な選定がなされるように努める**必要がある。

管理委託契約先が選定されたときは，管理組合の**管理者等**は，**説明会等を通じて**マンションの区分所有者等に対し，当該契約内容を周知するとともに，マンション管理業者の行う**管理事務の報告等を活用し，管理事務の適正化が図られるよう努める**必要がある。

万一，マンション管理業者の業務に関して問題が生じた場合には，管理組合は，当該マンション管理業者にその解決を求めるとともに，必要に応じ，**マンション管理業者の所属する団体にその解決を求める等の措置を講じる**必要がある。

5 マンションがその建設後相当の期間が経過した場合その他の場合において当該マンションの建替えその他の措置に向けたマンションの区分所有者等の合意形成の促進に関する事項

日常のマンションの管理を適正に行い，そのストックを有効に活用していくことは重要だが，一方で，修繕や耐震改修等のみでは良好な居住環境の確保や地震によるマンションの倒壊，老朽化したマンションの損壊その他の被害からの生命，身体および財産の保護が困難な場合には，**マンションの建替え等を円滑に行い，より長期の耐用性能を確保するとともに，良好な居住環境や地震に対する安全性等の向上を実現**することが重要である。

マンションの建替え等の円滑化に関する法律では，地震に対する安全性が不足しているマンションや外壁等の剥落により周囲に危害を生ずるおそれのあるマンション等を，建替え時の容積率特例やマンション敷地売却事業および団地型マンションにおける敷地分割事業の対象とし，また，バリアフリー性能が不足しているマンション等を含めて建替え時の容積率特例の対象としている。

マンションが**建設後相当の期間が経過**した場合等に，修繕等のほか，これらの特例を活用した**建替え等を含め，どのような措置をとるべきか，様々な区分所有者等間の意向を調整し，合意形成を図っておく**ことが重要である。管理組合においては，区分所有者等の連絡先等を把握しておき，必要に応じて外部の専門家を活用しつつ，適切に集会を開催して検討を重ね，長期修繕計画において建替え等の時期を明記しておくこと等が重要である。

6 マンションの管理の適正化に関する啓発および知識の普及に関する基本的な事項

マンションの管理の適正化を推進するためには，必要な情報提供，技術的支援等が不可欠であることから，**国および地方公**

共団体は，マンションの実態の調査および把握に努め，必要な情報提供等について，その充実を図ることが重要である。

国においては，適正化法およびマンション管理適正化指針の内容の周知を行うほか，「マンション標準管理規約」や各種ガイドライン・マニュアルの策定や適時適切な見直しとその周知を行っていく必要がある。

また，国，地方公共団体，マンション管理適正化推進センター，マンション管理士，ＮＰＯ法人等の関係者が相互に連携をとり，管理組合等の相談に応じられるネットワークを整備することが重要である。

地方公共団体においては，必要に応じてマンション管理士等専門的知識を有する者や経験豊かで地元の実情に精通したマンションの区分所有者等から信頼される者，ＮＰＯ法人等の協力を得て，セミナーの開催やマンションに係る相談体制の充実を図るよう努める必要がある。

マンション管理適正化推進センターにおいては，関係機関および関係団体との連携を密にし，管理組合等に対する積極的な情報提供を行う等，管理適正化業務を適正かつ確実に実施する必要がある。

これらのほか，国，地方公共団体，関係機関等は，管理計画認定制度の周知等を通じて，これから管理組合の一員たる区分所有者等としてマンションの管理に携わることとなるマンションを購入しようとする者に対しても，マンションの管理の重要性を認識させるように取り組むことも重要である。

7 マンション管理適正化推進計画の策定に関する基本的な事項

マンションは全国的に広く分布しており，各地域に一定のストックが存在するが，中でも大都市圏への集中が見られ，建設後相当の期間が経過し，管理上の課題が顕在化しているものも多い。また，大都市以外でも，都市近郊の観光地等で主に別荘として利用される，いわゆるリゾートマンションを多く有する地域もある。

地方公共団体は，このように各地域で異なるマンションの状況等を踏まえつつ，適正化法および本基本方針に基づき，住生活基本計画（都道府県計画）と調和を図るほか，マンションの管理の適正化の推進に関する施策の担当部局と福祉関連部局，防災関連部局，まちづくり関連部局，空き家対策関連部局，地方住宅供給公社等と連携し，マンション管理適正化推進計画を策定することが望ましい。

１．マンションの管理の適正化に関する目標

区域内のマンションの状況に応じ，25年以上の長期修繕計画に基づく修繕積立金額を設定している管理組合の割合等，明確な目標を設定し，その進捗を踏まえ，施策に反映させていくことが望ましい。

２．マンションの管理の状況を把握するために講じる措置に関する事項

マンションの管理の適正化の推進を図るためには，大規模団地や長屋型のマンション等も含めた区域内のマンションストックの状況を把握した上で，マンションの管理の実態について把握することが重要であり，登記情報等に基づくマンションの所在地の把握，管理組合へのアンケート調査等の実態調査，条例による届出制度の実施等，地域の状況に応じた措置を位置づけることが考えられる。

なお，マンションの管理の実態の把握については，規模や築年数等に応じ，対象を絞って行うことも考えられる。

３．マンションの管理の適正化の推進を図るための施策に関する事項

地域の実情に応じてニーズを踏まえつつ，適切な施策を行っていくことが重要であり，管理組合向けのセミナーの開催，相談窓口の設置，マンション管理士等の専門家の派遣，長期修繕計画の作成等に必要な取組に対する財政支援等を位置づけることが考えられる。

また，きめ細やかな施策を推進するため，地方公共団体，地域の実情に精通したマンション管理士等の専門家，マンション管理業者等の事業者，管理組合の代表者，ＮＰＯ法人等で協議会を設置することも考えられる。

このほか，必要に応じ，地方住宅供給公社によるマンションの修繕その他の管理に関する事業を定めることが考えられる。この場合において，地方住宅供給公社は，当該都道府県等の区域内において，地方住宅供給公社法に規定する業務のほか，管理組合の委託により，当該事業を行うことができる。

４．管理組合によるマンションの管理の適正化に関する指針（都道府県等マンション管理適正化指針）に関する事項

適正化法に基づき，管理組合は，マンション管理適正化指針のほか，都道府県等マンション管理適正化指針にも留意してマンションを適正に管理するよう努めることとなるほか，都道府県等マンション管理適正化指針は，適正化法に基づく助言，指導等の基準や,管理計画の認定の基準ともなり得るものである。

マンション管理適正化指針と同様のものとすることも差し支えないが，必要に応じ，例えば，浸水が想定される区域においては適切な防災対策を講じていることなど地域の実情を踏まえたマンションの管理に求められる観点や水準を定めることが望ましい。

５．マンションの管理の適正化に関する啓発および知識の普及に関する事項

マンションの管理の適正化の推進を図るためには，必要な情報提供，技術的支援等が不可欠であることから，マンション管理適正化推進センターやマンション管理士会，ＮＰＯ法人等と連携したセミナーの開催，相談窓口の設置，専門家の派遣や，これらの取組を広く周知することを位置づけることなどが考えられる。

６．計画期間

地域のマンションの築年数の推移や，人口動態等の将来予測を踏まえて，適切な計画期間を設定することが望ましいが，例えば，住生活基本計画（都道府県計画）が，計画期間を10年とし，５年毎に見直しを行っている場合にはこれと整合を図ることなどが考えられる。

7．その他マンションの管理の適正化の推進に関し必要な事項

管理計画認定制度の運用にあたって，例えば，適正化法に基づく指定認定事務支援法人を活用する場合にはその旨等を定めることが考えられる。

このほか，地域の実情に応じて取り組む独自の施策を積極的に位置づけることが望ましい。

8 その他マンションの管理の適正化の推進に関する重要事項

1．マンション管理士制度の一層の普及促進

マンションの管理には専門的な知識を要する事項が多いため，国，地方公共団体およびマンション管理適正化推進センターは，マンション管理士制度がより一層広く利用されることとなるよう，その普及のために必要な啓発を行い，マンション管理士に関する情報提供に努める必要がある。

なお，管理組合は，マンションの管理の適正化を図るため，必要に応じ，マンション管理士等専門的知識を有する者の知見の活用を考慮することが重要である。

2．管理計画認定制度の適切な運用

管理計画認定制度の活用によって，マンションの管理水準の維持向上と管理状況が市場において評価される環境整備が図られることが期待されることから，同制度を運用する地方公共団体においては，その積極的な周知を図るなど適切に運用していくことが重要である。また，国においては，既存マンションが対象となる管理計画認定制度に加え，マンションの適切な管理を担保するためには分譲時点から適切な管理を確保することが重要であることから，新築分譲マンションを対象とした管理計画を予備的に認定する仕組みについても，マンション管理適正化推進センターと連携しながら，必要な施策を講じていく必要がある。

なお，地方公共団体は，指定認定事務支援法人に，認定に係る調査に関する事務を委託することも可能であり，必要に応じ

てこれを活用するとともに，指定認定事務支援法人は個人情報等も扱う可能性があることや利益相反も想定されることに鑑み，委託する際は適切に監督を行う必要がある。

3．都道府県と市町村との連携

適正化法において，都道府県は町村の区域内に係るマンション管理適正化推進行政事務を行うこととされているが，市区町村と連携を図り，必要に応じて市区の区域内を含めて施策を講じていくことが 重要である。

また，町村が地域のマンションの詳細な実情を把握していることも想定されることから，都道府県と町村においては，連絡体制を確立し，密に連携をとる必要がある。

なお，適正化法に基づき，町村がマンション管理適正化推進行政事務を行う場合には，都道府県と適切に協議を行い，必要な引継ぎを確実に受けるほか，その旨を公示等で周知するなど同事務の実施に遺漏のないようにする必要がある。

4．修繕等が適切に行われていないマンションに対する措置

適正化法において，都道府県等は管理組合の管理者等に対してマンションの管理の適正化を図るために必要な助言，指導および勧告を行うことができることとされているが，助言等を繰り返し行っても，なおマンションの管理の適正化が図られないことも考えられる。修繕等が適切に行われなかった結果，老朽化したマンションがそのまま放置すれば著しく保安上危険となり，または著しく 衛生上有害な状態となる恐れがあると認められるに至ったなどの場合には，建築基準法に基づき，特定行政庁である地方公共団体が改善の命令等の強制力を伴う措置を講じることも考えられる。

5．修繕工事および設計コンサルタントの業務の適正化

マンションの修繕工事や長期修繕計画の見直しにあたっては，管理組合の専門的知識が不足し，修繕工事業者や設計コンサルタント等との間に情報の非対称性が存在する場合が多いこ

とから，国は，管理組合に対する様々な工事発注の方法の周知や修繕工事の実態に関する情報発信，関係機関とも連携した相談体制の強化等を通じて，マンションの修繕工事や設計コンサルタントの業務の適正化が図られるよう，必要な取組を行う必要がある。

６．ＩＣＴ化の推進

国は，ＷＥＢ会議システム等を活用した合意形成の効率化や，ドローンを活用した外壁の現況調査等，モデル的な取組に対して支援することにより，ＩＣＴを活用したマンションの管理の適正化を推進していく必要がある。

また，適正化法では，管理組合の負担軽減およびマンション管理業者の生産性向上の観点から，重要事項説明時や契約成立時の書面交付について，ＩＴを活用した電磁的記録による交付が可能である旨定められている。併せて，通常，対面で行われる重要事項の説明等についても，ＩＴを活用した説明が可能であり，これらについてマンション管理業者の団体等を通じて広く周知していくことが重要である。

別紙一

助言，指導および勧告を行う際の判断の基準の目安

管理組合の管理者等に対して助言，指導および勧告を行う際の判断の基準の目安は，以下の事項が遵守されていない場合とする。

なお，個別の事案に応じて以下の事項以外の事項についても，**4**のマンション管理適正化指針や**7** 4.の都道府県等マンション管理適正化指針に即し，必要な助言および指導を行うことは差し支えない。

１．管理組合の運営

(1)　管理組合の運営を円滑に行うため管理者等を定めること

(2)　集会を年に１回以上開催すること

２．管理規約

管理規約を作成し，必要に応じ，その改正を行うこと

３．管理組合の経理

管理費および修繕積立金等について明確に区分して経理を

行い，適正に管理すること

4．長期修繕計画の作成および見直し等

適時適切な維持修繕を行うため，修繕積立金を積み立てておくこと

別紙二

管理計画の認定の基準

管理計画の認定の基準は，以下の基準のいずれにも適合することとする。

1．管理組合の運営

⑴　管理者等が定められていること

⑵　監事が選任されていること

⑶　集会が年１回以上開催されていること

2．管理規約

⑴　管理規約が作成されていること

⑵　マンションの適切な管理のため，管理規約において災害等の緊急時や管理上必要なときの専有部の立ち入り，修繕等の履歴情報の管理等について定められていること

⑶　マンションの管理状況に係る情報取得の円滑化のため，管理規約において，管理組合の財務・管理に関する情報の書面の交付（または電磁的方法による提供）について定められていること

3．管理組合の経理

⑴　管理費および修繕積立金等について明確に区分して経理が行われていること

⑵　修繕積立金会計から他の会計への充当がされていないこと

⑶　直前の事業年度の終了の日時点における修繕積立金の３カ月以上の滞納額が全体の一割以内であること

4．長期修繕計画の作成および見直し等

⑴　長期修繕計画が「長期修繕計画標準様式」に準拠し作成され，長期修繕計画の内容およびこれに基づき算定された修繕積立金額について集会にて決議されていること

⑵　長期修繕計画の作成または見直しが７年以内に行われていること

(3)　長期修繕計画の実効性を確保するため，計画期間が30年以上で，かつ，残存期間内に大規模修繕工事が２回以上含まれるように設定されていること
(4)　長期修繕計画において将来の一時的な修繕積立金の徴収を予定していないこと
(5)　長期修繕計画の計画期間全体での修繕積立金の総額から算定された修繕積立金の平均額が著しく低額でないこと
(6)　長期修繕計画の計画期間の最終年度において，借入金の残高のない長期修繕計画となっていること

５．その他

(1)　管理組合がマンションの区分所有者等への平常時における連絡に加え，災害等の緊急時に迅速な対応を行うため，組合員名簿，居住者名簿を備えているとともに，１年に１回以上は内容の確認を行っていること
(2)　都道府県等マンション管理適正化指針に照らして適切なものであること

第14章

マンション標準管理委託契約書

例年３問程度出題される。試験では，条文だけではなく，管理委託契約の具体的内容を定めた別表や関係コメントについても細かい内容が出題される。
まずは過去問を解きながら内容をひと通り確認し，次に繰り返しテキストを読み込もう。また，標準管理委託契約書は，適正化法の規定に基づいていることも強く意識して学習してほしい。

> **【注意！】**
> 本書は「マンション標準管理委託契約書およびマンション標準管理委託契約書関係コメント」を原文に近い形で掲載しています。ただし，「関係コメント」は，重要度の高いものを厳選して掲載していますので，コメントの番号が原文の番号（過去問題集等の解説に記載された番号）と異なるものがありますのでご注意ください。なお，本文中の「○○」は「任意（の数）」という意味です。

1 マンション標準管理委託契約書とは

管理組合とマンション管理業者（管理業者）が業務の委託契約を締結する場合，管理業者は，マンション管理適正化法に基づき，遅滞なく，**一定事項を記載した書面（契約成立時の書面）を交付しなければならない**。この書面を作成する際の指針として**作成されたモデル（ヒナ型）が「マンション標準管理委託契約書（標準管理委託契約書）」**である。また，「マンション標準管理規約」と同様に「標準管理委託契約書」の的確な運用が可能となるように，契約の各条文に「関係コメント」として，注釈も記載されている。

なお，「標準管理委託契約書」はあくまで契約書のモデル（ヒナ型）であるから，適正化法上の「**契約成立時の書面**」として**使用が義務付けられているわけではない**。出題 R５

2 マンション標準管理委託契約書

○○マンション管理委託契約書

○○マンション管理組合と○○マンション管理業者とは，マンションの管理に関し，次のとおり**管理委託契約**（「本契約」という）を締結する。

■全般関係コメント

① この管理委託契約書は，マンションの管理組合（管理組合）とマンション管理業者（管理業者）の間で協議が調った事項を記載した契約書を，マンション管理適正化法（適正化法）第73条に規定する「**契約成立時の書面（73条書面）」として交付する場合の指針として作成したものである。**

② この契約書は，典型的な**住居専用の単棟型**マンションに共通する管理事務に関する標準的な契約内容を定めたものであり，実際の契約書作成に当たっては，**個々の状況や必要性に応じて適宜内容の追加・修正・削除を行いつつ活用されるべきものである。**

出題 H28・R１・４

③ この管理委託契約では，管理組合が適正化法２条６号に定める管理事務を管理業者に委託する場合を想定しているため，適正化法第三章に定める**マンション管理計画**

認定制度および民間団体が行う評価制度等に係る業務ならびに**警備業法に定める警備業務**および**消防法に定める防火管理者が行う業務**は，**管理事務に含まれない**。そのため，これらの業務に係る委託契約については，**本契約と別個の契約にすることが望ましい**。

1．総則（1条）

管理組合は，本マンションの管理に関する業務を，以下に定めるところにより，管理業者に委託し，管理業者はこれを受託する。

2．本マンションの表示および管理対象部分（2条）

本マンションの表示および管理事務（本マンションの管理に関する業務のうち，管理組合が管理業者に委託する業務をいう）の対象となる部分は，次のとおりである。

⑴ **名　称**

⑵ **所在地**

⑶ **敷　地**

面　積

権利形態

⑷ **建　物**

構造等　　○○造地上○階建地下○階建共同住宅

建築面積　　　　　㎡

延床面積　　　　　㎡

専有部分　住宅○戸

⑸ **管理対象部分**

① **敷　地**

② **専有部分に属さない建物の部分**（規約共用部分を除く）　出題 H29

エントランスホール，廊下，階段，エレベーターホール，共用トイレ，屋上，屋根，塔屋，ポンプ室，自家用電気室，機械室，受水槽室，高置水槽室，パイプスペース，内外壁，床，天井，柱，**バルコニー**，**風除室**

③ **専有部分に属さない建物の附属物**

エレベーター設備，電気設備，給水設備，排水設備，**テレビ共同受信設備**，消防・防災設備，避雷設備，各種の配　出題 H29・R 1

線・配管，オートロック設備，宅配ボックス

④　**規約共用部分**

出題 H29

管理事務室，管理用倉庫，清掃員控室，集会室，**トランクルーム**，倉庫

⑤　**附属施設**

出題 H26・29

塀，フェンス，**駐車場**，通路，**自転車置場**，ゴミ集積所，排水溝，排水口，外灯設備，植栽，掲示板，**専用庭**，プレイロット

■**第2条関係コメント**

出題 H28・R1・4

①　ここでいう**管理対象部分**とは，**管理規約により管理組合が管理すべき部分のうち，管理業者が受託して管理する部分**をいい，組合員が管理すべき部分を含まない。この**管理対象部分**は，名称を含めて，個々の状況や必要性に応じて**適宜追加・修正・削除すべきものである**。管理規約において管理組合が管理すべきことが明確になっていない部分が存在する場合は，管理業者は管理組合と協議して，契約の締結までに，管理組合が管理すべき部分の範囲および管理業者の管理対象部分の範囲を定める必要がある。

出題 H26・28

②　**専用使用部分**（バルコニー，トランクルーム，専用庭等）については，**管理組合が管理すべき部分の範囲内**において**管理業者が管理事務を行う**。

出題 H26

③　管理事務の対象となるマンションが以下に掲げるものである場合，または**共用部分の設備等の故障等発信機器やインターネット等の設備等が設置され，当該設備等の維持・管理業務**を**管理業者に委託**するときは，**本条を適宜追加・修正・削除をすることが必要**である。

一　単棟で，大多数の組合員がマンション外に住所地を有する「**リゾートマンション**」，専有部分の用途が住居以外の用途（事務所等）が認められている「**複合用途型マンション**」

二　**数棟のマンションが所在する団地**

3．管理事務の内容および実施方法（3条）

管理事務の内容は，次のとおりとし，以下の各別表に定めるところにより実施する。

〔管理事務の全体構造〕
一　**事務管理業務（別表第１）**
　1　基幹事務
　　(1)　管理組合の会計の収入および支出の調定
　　(2)　出納
　　(3)　本マンション（専有部分を除く）の維持または修繕に関する企画または実施の調整
　2　基幹事務以外の事務管理業務
　　(1)　理事長・理事会支援業務
　　(2)　総会支援業務
　　(3)　その他
二　**管理員業務（別表第２）**
三　**清掃業務（別表第３）**
四　**建物・設備等管理業務（別表第４）**

出題 R1

■第３条関係コメント

①　第１号から第４号までの管理事務の具体的な内容および実施方法は，別表で示している。なお，実際の契約書作成に当たっては，次のような業務を管理業者に委託する場合等に，**個々の状況や必要性に応じて本条を適宜追加，修正，削除する**ものとする。
一　共用部分の設備等の監視・出動業務
二　インターネット，ＣＡＴＶ等の運営業務
三　除雪・排雪業務
四　**植栽管理業務**（施肥，剪定，消毒，害虫駆除等）
五　**管理組合が行うコミュニティ活動の企画立案および実施支援業務**（美化や清掃，防災・防犯活動等，管理規約に定めて組合員全員から管理費を徴収し，それらの費用に充てることが適切であるもの）
　また，第２条で定める管理対象部分の部位に応じて，本条の管理事務の内容および実施方法を変更する必要がある場合には，別表においてその相違が明らかになっていることが望ましい。

②　第１号の事務管理業務には，適正化法２条６号に定める基幹事務が含まれている。

③　管理業者が組合員から**専有部分内の設備の修繕等で対応**を求められるケースがある。管理業者の管理対象部分は，原則として敷地および共用部分等であるが，**専有部分である設備のうち共用部分と構造上一体となった部分（配管，配線等）**は，共用部分と一体で管理を行う必要

出題 H30・R5

出題 R1

があるため，管理組合が管理を行うとされている場合において，**管理組合から依頼があるときに本契約に含めることも可能**である。

また，こうした業務以外にも，管理業者によって**専有部分内を対象とする業務**が想定されるが，費用負担をめぐってトラブルにならないよう，原則として**便益を受ける者が費用を負担することに留意した契約方法とする必要がある。**

④ 我が国の高齢化の進展に伴い，マンション管理の現場においても，身体の不自由や認知機能の低下により日常生活や社会生活での介護を必要とする管理組合の組合員およびその所有する専有部分の占有者（組合員等）が増加している。こうした状況を踏まえ，管理業者によって**高齢者や認知症有病者等の特定の組合員を対象とする業務**が想定されるが，費用負担をめぐってトラブルにならないよう，原則として**便益を受ける者が費用を負担することに留意した契約方法**とする必要がある。

ただし，各マンションの個別の事情を踏まえ，マンション全体の居住環境の維持および向上や防災に資するなどマンション標準管理規約32条12号（➡P.287参照）に該当すると認められる業務は，管理組合から依頼があるときに本契約に含めることも可能である。

⑤ 管理業者は，管理員業務や清掃業務の労働条件等の見直しを行う場合は，必要に応じ，管理組合に対し，労働時間に関する法制度の概要や平成31年４月１日から順次施行された「働き方改革関連法」の「時間外労働の上限規制」および「年５日の年次有給休暇の確実な取得」の趣旨等を説明し，理解を促すことが望ましい。説明に当たっては，厚生労働省がホームページで公表している「時間外労働の上限規制　わかりやすい解説」や「年５日の年次有給休暇の確実な取得　わかりやすい解説」等を参考とすることが考えられる。

＊ 以下，別表中「管理組合➡甲」，「管理業者➡乙」とする。

プラス

別表第１の事務管理業務である**基幹事務**のうち「⑵出納」については、委託を受ける業務内容により次の**４タイプ**（A～D）に**区分して掲載**されている点に注意しよう。

A：**保証契約を締結して甲の収納口座と甲の保管口座を設ける場合**

B：**乙の収納口座と甲の保管口座を設ける場合**

C：**保証契約を締結する必要がないときに甲の収納口座と甲の保管口座を設ける場合**

D：**甲の収納・保管口座を設ける場合**

標準管理委託契約書には、この４タイプの出納業務が掲載されているが、実際の契約書の別表には、採用したタイプの出納業務が１つだけ掲載されることになる。

［別表第１　事務管理業務］

1　基幹事務	
⑴　**管理組合の会計の収入および支出の調定**	
①　収支予算案の素案の作成	甲の**会計年度開始の「○月前」**までに，甲の会計区分に基づき，甲の次年度の**収支予算案の素案**を作成し，甲に提出する。
②　収支決算案の素案の作成	甲の**会計年度終了後「○月以内」**に，甲の会計区分に基づき，甲の前年度の**収支決算案**（収支報告書および貸借対照表）**の素案**を作成し，甲に提出する。
③　収支状況の報告	乙は，**毎月末日までに**，前月における甲の**会計の収支状況に関する書面**の交付を行うほか，**甲の請求があったときは**，甲の**会計の収支状況に関する報告を行う**。なお，あらかじめ**甲が当該書面の交付に代えて電磁的方法による提供を承諾**した場合には，乙は，**当該方法による提供**を行うことができる。
⑵　**出納（保証契約を締結して甲の収納口座と甲の保管口座を設ける場合）　A**	
①　甲の組合員が甲に納入する管理費，修繕積立金，専用使用料その他の金銭（以下「管理費等」という。）の収納	一　乙は，**甲の管理規約等の定め**もしくは**総会決議**，**組合員名簿**もしくは**組合員異動届**または**専用使用契約書**に基づき，**組合員別の１月当たりの管理費等の負担額の一覧表**（以下「**組合員別管理費等負担額一覧表**」という）を甲に**提出**する。 二　組合員別管理費等負担額一覧表に基づき，毎月次号に定める預金口座振替日の○営業日前までに，預金口座振替請求金額通知書

出題 H27・R1

⚠注意
「**組合員別管理費等負担額一覧表**」は，負担額に変更があった場合に提出するのであり，**毎月提出するものではない**。
出題 H27

		を，○○銀行に提出する。 三　甲の組合員の管理費等の収納は，甲の管理規約第○条に定める預金口座振替の方法によるものとし，毎月○日（当該日が金融機関の休業日に当たる場合はその翌営業日）に，甲の組合員の口座から甲の収納口座に振り替えし，④の事務を行った後その残額を，当該管理費等を充当する月の翌月末日までに，甲の保管口座に移し換える。 四　乙は，以下の**保証契約**を締結する。 イ　**保証する第三者の名称**　○○○○ ロ　**保証契約の名称**　○○○○ ハ　**保証契約の内容** a　**保証契約の額および範囲** ○○○○ b　**保証契約の期間** ○○○○ c　**更新に関する事項** ○○○○ d　**解除に関する事項** ○○○○ e　**免責に関する事項** ○○○○ f　**保証額の支払に関する事項** ○○○○
注意 **管理費等の滞納状況の報告**は，**管理業務主任者**が行う**必要はない**。	②　管理費等滞納者に対する督促	一　**毎月**，甲の組合員の**管理費等の滞納状況**を，甲に**報告**する。 出題 R4 二　甲の組合員が管理費等を滞納したときは，**最初の支払期限から起算**して○月の間，**電話**もしくは**自宅訪問**または**督促状**の方法により，その支払の督促を行う。 三　二の方法により督促しても甲の組合員がなお滞納管理費等を支払わないときは，**乙はその業務を終了する**。
出題 H27	③　通帳等の保管者	一　収納口座および保管口座に係る通帳等の保管者は **別紙4** のとおりとする。 二　乙は，掛け捨て保険に限り甲の損害保険証券を保管する。なお，甲の請求があったときは，遅滞なく，当該保険証券を甲に提出する。 三　甲の管理費等のうち**余裕資金**については，

	必要に応じ，**甲の指示に基づいて**，定期預金，金銭信託等に振り替える。
④ 甲の経費の支払い	乙は，甲の収支予算に基づき，甲の経費を，**甲の承認の下に甲の収納口座**から，または**甲の承認を得て甲の保管口座**から支払う。
⑤ 甲の会計に係る帳簿等の管理	一 乙は，甲の**会計に係る帳簿等を整備，保管する。** 二 乙は，前号の帳簿等を，甲の**通常（定期）総会終了後，遅滞なく**，甲に引き渡す。
⑥ 現金収納業務	**現金収納は行わない。** （現金収納を行う場合には，次のとおりとする。） 一 乙が現金で受領する使用料等の種類は次に掲げるものとし，これら以外は，現金で受領することはできないものとする。 ・○○使用料 ・××使用料 二 乙は，現金を受領したときは，あらかじめ甲の承認を得た様式の領収書を支払者に発行するとともに，一に掲げる使用料等を毎月末で締め，速やかに乙の収納口座に入金する。 三 乙は，一に掲げる使用料等の収納状況に関して所定の帳簿を備え，これに記載する。
(2) 出納（乙の収納口座と甲の保管口座を設ける場合） B	
① 甲の組合員が甲に納入する管理費等の収納	一 乙は，甲の管理規約等の定めもしくは総会決議，組合員名簿もしくは組合員異動届または専用使用契約書に基づき，組合員別の１月当たりの管理費等の負担額の一覧表（以下「**組合員別管理費等負担額一覧表**」という）を甲に提出する。 二 組合員別管理費等負担額一覧表に基づき，毎月次号に定める預金口座振替日の○営業日前までに，預金口座振替請求金額通知書を，○○銀行に提出する。 三 甲の組合員の管理費等の収納は，甲の管理規約第○条に定める預金口座振替の方法によるものとし，毎月○日（当該日が金融機関の休業日に当たる場合はその翌営業日）に，甲の組合員の口座から乙の収納口座に収納し，④の事務を行った後その残額を，

出題 H27

出題 H27

	当該管理費等を充当する月の翌月末日までに，甲の保管口座に移し換える。この場合，甲の保管口座に移し換えるまでの管理費等については，利息を付さない。 四　乙は，以下の**保証契約**を締結する。 イ　**保証する第三者の名称**　○○○○ ロ　**保証契約の名称**　○○○○ ハ　**保証契約の内容** a　**保証契約の額および範囲** ○○○○ b　**保証契約の期間** ○○○○ c　**更新に関する事項** ○○○○ d　**解除に関する事項** ○○○○ e　**免責に関する事項** ○○○○ f　**保証額の支払に関する事項** ○○○○
②　管理費等滞納者に対する督促	一　**毎月**，甲の組合員の管理費等の滞納状況を，甲に**報告**する。 二　甲の組合員が管理費等を滞納したときは，最初の支払期限から起算して○月の間，**電話**もしくは**自宅訪問**または**督促状**の方法により，その支払の督促を行う。 三　二の方法により督促しても甲の組合員がなお滞納管理費等を支払わないときは，乙はその業務を終了する。
③　通帳等の保管者	一　**収納口座および保管口座**に係る通帳等の保管者は **別紙４** のとおりとする。 二　乙は，掛け捨て保険に限り甲の損害保険証券を保管する。なお，甲の請求があったときは，遅滞なく，当該保険証券を甲に提出する。 三　甲の管理費等のうち余裕資金については，必要に応じ，甲の指示に基づいて，定期預金，金銭信託等に振り替える。
④　甲の経費の支払い	乙は，甲の収支予算に基づき，甲の経費を，**甲の承認の下に乙の収納口座**から，または**甲の承認を得て甲の保管口座**から支払う。

⑤　甲の会計に係る帳簿等の管理	一　乙は，甲の会計に係る**帳簿等を整備，保管する。** 二　乙は，前号の帳簿等を，**甲の通常総会終了後，遅滞なく，**甲に引き渡す。
⑥　現金収納業務	現金収納は行わない。 （現金収納を行う場合には，次のとおりとする。） 一　乙が現金で受領する使用料等の種類は次に掲げるものとし，これら以外は，現金で受領することはできないものとする。 ・○○使用料 ・××使用料 二　乙は，現金を受領したときは，あらかじめ甲の承認を得た様式の領収書を支払者に発行するとともに，一に掲げる使用料等を毎月末で締め，速やかに甲の収納口座に入金する。 三　乙は，一に掲げる使用料等の収納状況に関して所定の帳簿を備え，これに記載する。
⑵　出納（保証契約を締結する必要がないときに甲の収納口座と甲の保管口座を設ける場合）　C	
①　甲の組合員が甲に納入する管理費等の収納	一　乙は，甲の管理規約等の定めもしくは総会決議，組合員名簿もしくは組合員異動届または専用使用契約書に基づき，組合員別の１月当たりの管理費等の負担額の一覧表（以下「**組合員別管理費等負担額一覧表**」という）を甲に提出する。 二　組合員別管理費等負担額一覧表に基づき，毎月次号に定める預金口座振替日の○営業日前までに，預金口座振替請求金額通知書を，○○銀行に提出する。 三　甲の組合員の管理費等の収納は，甲の管理規約第○条に定める預金口座振替の方法によるものとし，毎月○日（当該日が金融機関の休業日に当たる場合はその翌営業日）に，甲の組合員の口座から甲の収納口座に振り替えし，④の事務を行った後その残額を，当該管理費等を充当する月の翌月末日までに，甲の保管口座に移し換える。
②　管理費等滞納者に対する督促	一　**毎月**，甲の組合員の管理費等の滞納状況を，甲に**報告**する。 二　甲の組合員が管理費等を滞納したときは，

	最初の支払期限から起算して○月の間，**電話**もしくは**自宅訪問**または**督促状**の方法により，その支払の督促を行う。 三　二の方法により督促しても甲の組合員がなお滞納管理費等を支払わないときは，乙はその業務を終了する。
③　通帳等の保管者	一　収納口座および保管口座に係る通帳等の保管者は**別紙４**のとおりとする。 二　乙は，掛け捨て保険に限り甲の損害保険証券を保管する。なお，甲の請求があったときは，遅滞なく，当該保険証券を甲に提出する。 三　甲の管理費等のうち余裕資金については，必要に応じ，甲の指示に基づいて，定期預金，金銭信託等に振り替える。
④　甲の経費の支払い	乙は，甲の収支予算に基づき，甲の経費を，**甲の承認を得て，甲の収納口座および甲の保管口座**から支払う。
⑤　甲の会計に係る帳簿等の管理	一　乙は，甲の会計に係る**帳簿等を整備，保管する。** 二　乙は，前号の帳簿等を，甲の通常総会終了後，遅滞なく，甲に引き渡す。
⑥　現金収納業務	現金収納は行わない。 (現金収納を行う場合には，次のとおりとする。) 一　乙が現金で受領する使用料等の種類は次に掲げるものとし，これら以外は，現金で受領することはできないものとする。 ・○○使用料 ・××使用料 二　乙は，現金を受領したときは，あらかじめ甲の承認を得た様式の領収書を支払者に発行するとともに，一に掲げる使用料等を毎月末で締め，速やかに甲の収納口座に入金する。 三　乙は，一に掲げる使用料等の収納状況に関して所定の帳簿を備え，これに記載する。
(2)　出納（甲の収納・保管口座を設ける場合）　D	
①　甲の組合員が甲に納入する管理費等の収納	一　乙は，甲の管理規約等の定めもしくは総会決議，組合員名簿もしくは組合員異動届または専用使用契約書に基づき，組合員別の１月当たりの管理費等の負担額の一覧表

	（以下「**組合員別管理費等負担額一覧表**」という）を甲に提出する。 二　組合員別管理費等負担額一覧表に基づき，毎月次号に定める預金口座振替日の○営業日前までに，預金口座振替請求金額通知書を，○○銀行に提出する。 三　甲の組合員の管理費等の収納は，甲の管理規約第○条に定める預金口座振替の方法によるものとし，毎月○日（当該日が金融機関の休業日に当たる場合はその翌営業日）に，甲の組合員の口座から甲の収納・保管口座に振り替える。
②　管理費等滞納者に対する督促	一　**毎月**，甲の組合員の管理費等の滞納状況を，甲に**報告**する。 二　甲の組合員が管理費等を滞納したときは，最初の支払期限から起算して○月の間，**電話**もしくは**自宅訪問**または**督促状**の方法により，その支払の督促を行う。 三　二の方法により督促しても甲の組合員がなお滞納管理費等を支払わないときは，乙はその業務を終了する。
③　通帳等の保管者	一　**収納・保管口座**に係る通帳等の保管者は **別紙４** のとおりとする。 　その他（　　　） 二　乙は，掛け捨て保険に限り甲の損害保険証券を保管する。なお，甲の請求があったときは，遅滞なく，当該保険証券を甲に提出する。
④　甲の経費の支払い	乙は，甲の収支予算に基づき，甲の経費を，**甲の承認を得て**，**甲の収納・保管口座**から支払う。
⑤　甲の会計に係る帳簿等の管理	一　乙は，甲の会計に係る**帳簿等を整備，保管する。** 二　乙は，前号の帳簿等を，甲の**通常総会終了後，遅滞なく**，甲に引き渡す。
⑥　現金収納業務	現金収納は行わない。 （現金収納を行う場合には，次のとおりとする。） 一　乙が現金で受領する使用料等の種類は次に掲げるものとし，これら以外は，現金で受領することはできないものとする。 　・○○使用料

・××使用料

二　乙は，現金を受領したときは，あらかじめ甲の承認を得た様式の領収書を支払者に発行するとともに，一に掲げる使用料等を毎月末で締め，速やかに甲の収納・保管口座に入金する。

三　乙は，一に掲げる使用料等の収納状況に関して所定の帳簿を備え，これに記載する。

(3)　本マンション（専有部分を除く。以下同じ）の維持または修繕に関する企画または実施の調整

出題 H28～30・R2

一　乙は，甲の**長期修繕計画**における修繕積立金の額が著しく低額である場合もしくは設定額に対して実際の積立額が不足している場合または管理事務を実施する上で把握した本マンションの劣化等の状況に基づき，**当該計画の修繕工事の内容，実施予定時期，工事の概算費用もしくは修繕積立金の見直しが必要であると判断した場合**には，書面**をもって甲に助言する**。

出題 H28～29・R2・4～5

なお，乙は，**長期修繕計画案の作成業務**ならびに建物・設備の劣化状況等を把握するための調査・診断の実施およびその結果に基づき行う**当該計画の見直し業務を実施する場合は，本契約とは別個の契約**とする。

出題 H29～30・R2

二　乙は，甲が**本マンションの維持または修繕**（**大規模修繕を除く修繕または保守点検等**）を**外注により乙以外の業者に行わせる場合**には，**見積書の受理，甲と受注業者との取次ぎ，実施の確認**を行う。なお，「**実施の確認**」とは，**管理員が外注業務の完了の立会いにより確認できる内容**のもののほか，別表第２ ２ (3) 一に定める管理員業務に含まれていない場合または管理員が配置されていない場合には，**乙の使用人等が完了の立会いを行うことにより確認できる内容**のものをいう。乙の使用人等が立会う場合における必要な費用負担については，甲と乙が協議して定めるものとする。ただし，甲と乙の協議により，施工を行った者から提出された作業報告書等の確認をもって「実施の確認」とすることを妨げるものではな

	い。また，乙は，本マンションの維持または修繕を自ら実施する場合は，本契約とは別個の契約とする。

別紙4

1　通帳等の保管者

番号	口座の種類	金融機関名	支店名	預貯金の種類	名義	通帳等の保管				
						通帳の保管者	印鑑の保管者	印鑑以外の預貯金引出用パスワード等		
								電子取引を利用する場合のパスワード（預貯金引出用）		甲または乙の収納口座における電子取引を利用する場合のパスワード（預貯金引出用）以外に乙が保管する預貯金引出用のキャッシュカード等の有無
								パスワードの名称	保管者	
1										
2										
3										
4										
5										

2　乙が保管する通帳等の管理責任者（乙名義の収納口座を含む。）

通帳、印鑑、パスワード等の別	部署名	役職名

■別表第1　1(2)関係コメント（抜粋）
（保証契約を締結して管理組合の収納口座と管理組合の保管口座を設ける場合）

①　出納業務として，**各専有部分の水道料等の計算，収納を委託する場合は，本表に以下の規定を加えるものとする。**

組合員等が甲に支払うべき水道料，冷暖房料，給湯料等（以下「水道料等」という）の計算，収納

甲の管理規約等の定めに基づき，○月ごとに，組合員等別の水道料等を計算し，甲の管理規約第○条に定

める預金口座振替の方法により，組合員等の口座から，甲の口座に振り替える。

② 管理業者が**管理費等の収納事務を集金代行会社に再委託する場合**は，**別表第1 1⑵①**二および三を以下のとおり記載するものとする。

二 組合員別管理費等負担額一覧表に基づき，毎月次号に定める預金口座収納日の○営業日前までに，預金口座振替請求金額通知書を，乙が再委託する次の**集金代行会社**（以下「集金代行会社」という）に提出する。

再委託先の名称 ○○○○
再委託先の所在地 ○○○○

三 甲の組合員の管理費等の収納は，甲の管理規約第○条に定める預金口座振替の方法によるものとし，毎月○日（当該日が金融機関の休業日に当たる場合はその翌営業日。以下「収納日」という）に，甲の組合員の口座から集金代行会社の口座に振り替え，収納日の○営業日後に集金代行会社の口座から甲の収納口座に収納し，甲の経費の支払いの事務を行った後その残額を，当該管理費等を充当する月の翌月末日までに，甲の保管口座に移し換える。

③ 適正化法施行規則87条2項1号**ロに定める方法**による場合は，**別表第1 1⑵①**三を以下のとおり記載するものとする。

三 甲の組合員の修繕積立金の収納は，甲の管理規約第○条に定める預金口座振替の方法によるものとし，毎月○日（当該日が金融機関の休業日に当たる場合はその翌営業日。以下同じ）に，甲の組合員の口座から甲の保管口座に振り替える。甲の組合員の管理費等（修繕積立金を除く）の収納は，甲の管理規約第○条に定める預金口座振替の方法によるものとし，毎月○日に，甲の組合員の口座から甲の収納口座に振り替えし，甲の経費の支払いの事務を行った後その残額を，当該管理費等を充当する月の翌月末日までに，甲の保管口座に移し換える。

④ **別表第1 1⑵①**四ハのdからfの項目（**解除に関する事項，免責に関する事項，保証額の支払に関する事項）は，保証契約書等を添付することにより，これらが確認できる場合は記載を省略することができる。**

注意
再委託先の「**代表者名」は記載事項ではない。**

⑤ **別表第１　１⑵④**は，支払に使用する収納口座について，管理業者が印鑑等を保管している場合には，管理組合からの支払委託により包括的に承認を得ていると考えられるため「承認の下に」と表記し，管理組合が印鑑等を保管している場合には，支払の都度管理組合から承認を得ることになるため「承認を得て」と表記する。また，経費等の支払いに際し，複数の口座を使用している場合には支払の流れがわかるように**別表第１　１⑵④**に追記すること。

■別表第１　１⑶関係コメント

① **長期修繕計画案の作成および見直し**は，**長期修繕計画標準様式，長期修繕計画作成ガイドライン，長期修繕計画作成ガイドラインコメント**（平成20年６月国土交通省公表）**を参考にして作成することが望ましい**。また，長期修繕計画における修繕積立金の額が著しく低額である場合の確認については，**マンションの修繕積立金に関するガイドライン**（平成23年４月国土交通省公表（令和５年４月追補版））において修繕積立金の額の目安を示しているため，参考とすることが望ましい。

出題 H30

② 長期修繕計画案の作成業務（長期修繕計画案の作成のための建物等劣化診断業務を含む）以外にも，必要な年度に特別に行われ，業務内容の独立性が高いという業務の性格から，以下の業務を管理業者に委託するときは，**本契約とは別個の契約にすることが望ましい**。

一　**修繕工事の前提としての建物等劣化診断業務（耐震診断を含む）**

二　**大規模修繕工事実施設計**および**工事監理業務**

三　**建物・設備の性能向上に資する改良工事の企画または実施の調整**（耐震改修工事，防犯化工事，バリアフリー化工事，ＩＴ化工事等）

四　**マンション建替え支援業務**

出題 H30

③ **別表第１　１⑶**三の「本マンションの維持または修繕（大規模修繕を除く修繕または保守点検等）を外注により乙以外の業者に行わせる場合」とは，本契約以外に管理組合が自ら本マンションの維持または修繕（日常の維持管理として管理費を充当して行われる修繕，保守点検，清掃等）を第三者に外注する場合をいう。

④ **別表第１　１⑶**二の「**大規模修繕**」とは，**建物の全体または複数の部位**について，**修繕積立金を充当して行う計画的な修繕または特別な事情により必要となる修繕等を**

出題 R2

出題 H30・R5

いう。

⑤ **別表第1 1(3)二**の「**見積書の受理**」には，見積書の提出を依頼する業者への現場説明や見積書の内容に対する**管理組合への助言等（見積書の内容や依頼内容との整合性の確認の範囲を超えるもの）は含まれない**。また，「甲と受注業者との取次ぎ」には，工事の影響がある住戸や近隣との調整，苦情対応等，管理組合と受注業者の連絡調整の範囲を超えるものは含まれない。ただし，管理組合と管理業者の協議により，これらを追記することは可能である。なお，これらを追記する場合には，費用負担を明確にすること。

⑥ **別表第1 1(3)二**の「実施の確認」について，本契約とは別個の契約として，建築士やマンション維持修繕技術者等の有資格者による確認を行うことも考えられる。

プラス

【「承認の下(もと)に」と「承認を得て」の違いについて】

前記表中の「**④経費の支払い**」について「承認の下に」と「承認を得て」という表現が使い分けられている。「承認の下に」という表現が使われているのは，**保証契約が締結されており，管理業者が，自由に収納口座から経費の支払いをすることができる場合**である。つまり，「保証契約を締結して甲の収納口座と甲の保管口座を設ける場合」と「乙の収納口座と甲の保管口座を設ける場合」の2つである。この2つのケースでは，管理業者が収納口座から経費の支払いをすることを管理組合が包括的に認めているので「**承認の下に**」と表現する。これに対して，「**承認を得て**」という表現が使われているのは，**管理業者が経費の支払いをするのに，その都度，管理組合の承認を得なければならない場合**である。つまり，「保証契約を締結する必要がないときに甲の収納口座と甲の保管口座を設ける場合」と「甲の収納・保管口座を設ける場合」の2つである。この2つのケースでは，いずれも管理業者が自由に収納口座から経費の支払いをすることができず（管理業者が収納口座や収納・保管口座の印鑑を保管していない），支払の必要がある場合は，その都度，払戻書と委任状に管理組合の印鑑をもらわなければならないので「**承認を得て**」と表現する。

2　基幹事務以外の事務管理業務	
(1)　**理事長・理事会支援業務**	
①　組合員等の名簿の整備	組合員等異動届に基づき，**組合員および賃借人等の氏名，連絡先（緊急連絡先を含む）を記載した名簿を整備し，書面をもって理事長に提出**する。
②　理事会の開催，運営支援	一　甲の理事会の開催日程等の調整 二　甲の役員に対する理事会招集通知および連絡 三　甲が乙の協力を必要とするときの理事会議事に係る助言，資料の作成 四　甲が乙の協力を必要とするときの理事会議事録案の作成 五　WEB会議システム等を活用した理事会を行う場合において，甲が乙の協力を必要とするときの機器の調達，貸与および設置の補助 なお，上記の場合において，甲が乙の協力を必要とするときは，甲および乙は，その協力する会議の開催頻度（上限回数○回／年），出席する概ねの時間（1回当たり○時間を目安）等の協力方法について協議するものとする。
③　甲の契約事務の処理	甲に代わって，甲が行うべき共用部分に係る**損害保険契約，マンション内の駐車場等の使用契約，マンション管理士その他マンション管理に関する各分野の専門的知識を有する者との契約等に係る事務を行う**。
(2)　**総会支援業務**	一　甲の総会の開催日程等の調整 二　甲の次年度の事業計画案の素案の作成 三　総会会場の手配，招集通知および議案書の配付 四　組合員の出欠の集計等 五　甲が乙の協力を必要とするときの総会議事に係る助言 **六　甲が乙の協力を必要とするときの総会議事録案の作成**　出題 R4 七　WEB会議システム等を活用した総会を行う場合において，甲が乙の協力を必要とするときの機器の調達，貸与および設置の補助

第14章　マンション標準管理委託契約書

	なお，上記の場合において，甲が乙の協力を必要とするときは，甲および乙は，その協力する会議の開催頻度（上限回数○回／年，臨時総会への出席），出席する概ねの時間（1回当たり○時間を目安）等の協力方法について協議するものとする。
(3) **その他** ① 各種点検，検査等に基づく助言等	管理対象部分に係る**各種の点検，検査等の結果を甲に報告する**とともに，**改善等の必要がある事項**については，**具体的な方策を甲に助言する**。この報告および助言は，書面をもって行う。
② 甲の各種検査等の報告，届出の補助	一 甲に代わって，**消防計画の届出**，消防用設備等点検報告，**特定建築物定期調査または特定建築物の建築設備等定期検査の報告等に係る補助**を行う。 二 甲の指示に基づく**甲の口座の変更に必要な事務**を行う。 三 諸官庁からの各種通知を，甲および甲の組合員に通知する。
③ 図書等の保管等	一 乙は，**本マンションに係る設計図書**を，**甲の事務所で保管**する。 二 乙は，甲の**管理規約の原本，総会議事録，総会議案書**等を，**甲の事務所で保管**する。
出題 H28	三 乙は，**解約等により本契約が終了した場合**には，乙が保管する**前2号の図書等**，本表2(1)①で整備する**組合員等の名簿**および**出納事務のため乙が預かっている甲の口座の通帳，印鑑等**を遅滞なく，甲に引き渡す。

出題 H29・R4

出題 R1

⚠注意
管理規約の原本・総会議事録・総会議案書等を保管するのは，**管理組合の事務所**であり，**管理業者の事務所**ではない。
出題 H29

■別表第1 2関係コメント（抜粋）

出題 R5

① **理事会支援業務**は，理事会の円滑な運営を支援するものであるが，**理事会の運営主体があくまで管理組合である**ことに留意する。

② **別表第1 2(1)①**の規定に基づき整備する名簿について，マンション標準管理規約において理事長に組合員名簿の作成・保管等が義務付けられていることを踏まえ，管理業者が組合員等から閲覧の請求を受けた場合には，閲覧の請求先が理事長であることを説明すること。ただし，法令の定めに基づく閲覧の請求の場合は，この限りではない。また，名簿を理事長に提出する頻度やタイミ

ングについては，理事長とあらかじめ協議しておくことが望ましい。なお，「理事長」には管理組合法人における理事および代表理事も含むものとする。

③ 必要に応じて理事会および総会に管理業者の使用人等を出席させる場合には，あらかじめ出席時間の目安や頻度，理事会および総会が長時間または深夜に及ぶ場合の対応等を決めておくことが望ましい。

④ 管理業者は，業務時間外や休日に管理組合が管理業者の使用人等に連絡した場合，翌営業日または休日明けの対応となる可能性があることを事前に伝えておくことが望ましい。

⑤ 理事会および総会の議事録は，管理組合の活動の重要な資料となることを踏まえ，管理業者に議事録の案の作成を委託する場合は，その内容の適正さについて管理組合がチェックする等，十分留意する。議事録については，**議事の経過の要点**および**その結果**を記載する必要がある。「**議事の経過**」とは，議題，議案，討議の内容および採決方法等を指すが，それらの要点を記載することで足り，**すべての発言を一言一句記録するものではない**。しかし，**議事に影響を与える重要な発言は記録することに留意する**。また，管理業者は，管理組合がチェックする上で十分な余裕をもって議事録の案を提出する。 出題 H30

⑥ 大規模修繕，長期修繕計画変更，管理規約改正等，**理事会が設置する各種専門委員会の運営支援業務**を実施する場合は，その**業務内容**，**費用負担について**，**別途**，**管理組合および管理業者が協議して定める**ものとする。 出題 H28

⑦ **別表第1 2⑵四**の**組合員等の出欠の集計等の業務**を実施する場合は，総会の成立要件とも関係するため，管理組合が事前にチェックできるように**十分留意**する。なお，**議決権行使書や委任状により議決権を行使する方法**について，管理組合から管理業者が協力を求められたときは，その協力方法について，別途，**管理組合および管理業者が協議して定める**ものとする。

⑧ **理事会支援業務**や**総会支援業務**について，区分所有法および管理組合の管理規約に照らし，管理組合の管理者等以外の正規に招集の権限があると考えられる者から当該支援業務に関する契約書に規定する業務の履行の要求があった場合にも，これを**拒否すべき正当な理由がある場合**を除き，**管理業者は業務を履行すべきもの**である。 出題 H30

ただし，**あらかじめ定めた理事会等支援業務の頻度を超える場合には超えた部分の費用**について，WEB会議システム等を活用した理事会・総会を行う場合には機器の調達，貸与および設置の補助に係る費用（アカウントのライセンス費用を含む）について，別途，**管理組合および管理業者が協議して定めるものとする**。

なお，**別表第1　2⑴②**一～四，⑵一～六の業務のうち，電磁的方法の活用が可能である場合，具体的に明示すること。

⑨　**別表第1　2⑶③**一の「本マンションに係る設計図書」とは，適正化法施行規則102 条に規定する設計図書その他の管理組合が宅地建物取引業者から承継した図書および管理組合が実施したマンションの修繕等に関する図書であって管理組合から管理を依頼された図書をいう。

⑩　管理業者が**別表第1　2⑶③**一・二の**図書等の保管業務**を行う場合には，管理組合の役員の交替等により預かっている図書等の種類が当事者間で食い違うことのないように，例えば，定期的な管理組合と管理業者双方の立会いや図書等の保管リストにより**保管状況を確認**することも考えられる。

⑪　本契約書第３条に個々のマンションの状況や必要性に応じて業務を追加した場合には，具体的な内容および実施方法を記載すること。

[別表第2　管理員業務]

1　業務実施の態様	
⑴　業務実施態様	通勤方式，管理員○名
⑵　勤務日・勤務時間	勤務日・勤務時間等は，次の各号に掲げるとおりとする。 一　勤務日・勤務時間は，次のとおりとする。 週○日 （○曜日，○曜日，○曜日，○曜日，○曜日） 午前・午後○時○分～午前・午後○時○分 （休憩時間 ○分を含む） 二　緊急事態の発生したときその他やむを得ない場合においては，当該勤務日・勤務時間以外に適宜執務するものとする。
⑶　休日	休日は，次の各号に掲げるとおりとする。 一　日曜日，祝日および国が定める休日 二　夏期休暇○日，年末年始休暇（○月○日～○月○日），その他休暇○日（健康診断，

	研修等で勤務できない場合を含む)。この場合，乙はあらかじめ甲にその旨を届け出るものとする。 三　忌引，病気，災害，事故等でやむを得ず勤務できない場合の休暇。この場合の対応について，乙はあらかじめ甲と協議するものとする。
(4)　執務場所	執務場所は，管理事務室とする。

2　業務の区分および業務内容	
(1)　**受付等の業務**	一　甲が定める各種使用申込の受理および報告 二　甲が定める組合員等異動届出書の受理および報告 三　**利害関係人に対する管理規約等の閲覧** 四　共用部分の鍵の管理および貸出し 五　管理用備品の在庫管理 六　引越業者等に対する指示
(2)　**点検業務**	一　**建物，諸設備および諸施設の外観目視点検** 二　照明の点灯および消灯ならびに管球類等の点検，交換（高所等危険箇所は除く） 三　諸設備の運転および作動状況の点検ならびにその記録 四　**無断駐車等の確認**
(3)　**立会業務**	一　管理事務の実施に係る外注業者の業務の着手，**実施の立会い** 二　ゴミ搬出時の際の立会い 三　災害，事故等の処理の立会い
(4)　**報告連絡業務**	一　甲の文書の配付または掲示 二　**各種届出，点検結果，立会結果等の報告** 三　**災害，事故等発生時の連絡，報告**

出題 R4

出題 R4

出題 R4

出題 R4

プラス　2(3)一の「**実施の立会い**」とは，**終業または業務の完了確認等を行う**ものであり，外注業者の業務中，**常に立会うこと**を意味しない。

出題 R5

［別表第3　清掃業務（抜粋）］

1　日常清掃	
清掃対象部分	清掃仕様
①　建物周囲	
一　建物周囲	ゴミ拾い　（○回／○）
二　植栽	散水　（○回／○） 除草　（○回／○） ゴミ拾い　（○回／○）
三　駐車場	ゴミ拾い　（○回／○）
四　自転車置場	ゴミ拾い　（○回／○）
五　プレイロット	ゴミ拾い　（○回／○）
六　排水溝，排水口	ドレンゴミ除去　（○回／○）
七　ゴミ集積所	ゴミ整理　（○回／○） 床洗い　（○回／○）
②　建物内部	
一　ポーチ	床掃き拭き　（○回／○） 排水口・ドレンゴミ除去　（○回／○）
二　風除室	床掃き拭き　（○回／○）
三　エントランスホール	床掃き拭き　（○回／○） ゴミ箱処理　（○回／○） 備品ちりはらい　（○回／○） ドア拭き　（○回／○） 金属ノブ磨き拭き　（○回／○） ガラス拭き　（○回／○）

2　定期清掃	
清掃対象部分	清掃仕様
①　エントランスホール	床面洗浄　（○回／○） 床面機械洗浄　（○回／○） ワックス仕上げ　（○回／○） カーペット洗浄　（○回／○）
②　エレベーターホール	床面洗浄　（○回／○） 床面機械洗浄　（○回／○） ワックス仕上げ　（○回／○） カーペット洗浄　（○回／○）
③　階段	床面洗浄　（○回／○） 床面機械洗浄　（○回／○） ワックス仕上げ　（○回／○） カーペット洗浄　（○回／○）

[別表第4　建物・設備等管理業務]

1　建物等点検，検査			
(1)　本契約書第2条第5号に記載する管理対象部分の外観目視点検			
①建物	一　屋上，屋根，塔屋	ひび割れ，欠損，ずれ，剥がれ，浮き，保護層のせり上がり，破断，腐食，接合部剥離，塗膜劣化，錆・白華状況，ゴミ・植物，排水の有無または状態	○回／年
	二　エントランス周り（屋外）	ひび割れ，段差，陥没等の有無または状態	
	三　エントランスホール，エレベーターホール，オートロック設備	破損，変形，玄関扉の開閉作動・錆，破損状態・緩み・変形の有無または状態	
	四　外廊下・外階段	破損，変形，障害物，排水，ノンスリップ取付，鉄部の錆・腐食・ぐらつき等の有無または状態	
	五　内廊下・内階段	破損，変形，障害物，ノンスリップ取付の有無または状態	
	六　内壁・外壁・柱	ひび割れ，欠損，剥がれ，腐食，浮き，剥離，錆・白華状況等の有無または状態	
	七　床，天井	ひび割れ，欠損，剥がれ，腐食等の有無または状態	
	八　管理事務室，管理用倉庫，清掃員控室，集会室，共用トイレ，ポンプ室，機械室，受水槽室，高置水槽室，倉庫，パイプスペース，自家用電気室，風除室，宅配ボックス	破損，変形等の有無または状態	

① 建物	九　テレビ共同受信設備	アンテナ，増幅器・分岐器の破損・変形等の有無または状態	○回／年
	十　避雷設備	避雷針および避雷導線の錆，腐食，ぐらつき，破損，変形，ケーブル破断等の有無または状態	
② 附属施設	一　塀，フェンス	錆，腐食，ぐらつき等の有無または状態	○回／年
	二　駐車場，通路	ひび割れ，段差，陥没等の有無または状態	
	三　自転車置場	ひび割れ，段差，陥没，錆，腐食，ぐらつき等の有無または状態	
	四　ゴミ集積所	清掃，換気の有無または状態	
	五　排水溝，排水口	変形，がたつき，排水，ゴミ・植物の有無または状態	
	六　プレイロット	遊具の破損，変形等の有無または状態	
	七　植栽	立ち枯れ等の有無または状態	
	八　掲示板	変形，がたつき，破損等の有無または状態	
	九　外灯設備	変形，がたつき，破損等の有無または状態	

出題 R1

(2)　建築基準法12条１項に規定する特定建築物定期調査

（１回／６月～３年）

①	敷地および地盤	地盤の不陸，排水の状況，通路の確保の状況，塀・擁壁の劣化および損傷の状況等
②	建築物の外部	基礎，土台，外壁躯体，外装仕上げ材，窓サッシ等の劣化および損傷の状況，外壁等の防火対策の状況等
③	屋上および屋根	屋上面，屋上周り，屋根等の劣化および損傷の状況，屋根の防火対策の状況等

④　建築物の内部	防火区画の状況，室内躯体壁・床の劣化および損傷状況，給水管・配電管の区画貫通部の処理状況，界壁・間仕切壁の状況，防火設備の設置の状況，照明器具の落下防止対策の状況，採光・換気のための開口部の状況，石綿の使用および劣化の状況等
⑤　避難施設	通路，廊下，出入口，階段の確保の状況，排煙設備，非常用エレベーター，非常用照明設備の作動の状況等
⑥　その他	免震装置，避雷設備等の劣化および損傷の状況等

(3)　建築基準法12条3項に規定する特定建築物の建築設備等定期検査　（1回／6月～1年）

出題 R1

①　換気設備	機械換気設備の外観検査・性能検査，自然換気設備，防火ダンパーの設置等の状況の検査等
②　排煙設備	排煙機・排煙口・排煙風道・自家用発電装置の外観検査・性能検査，防火ダンパーの取付け状況，可動防煙壁の作動等の状況の検査等
③　非常用の照明装置	非常用の照明器具・蓄電池・自家用発電装置の外観検査・性能検査等
④　給水設備および排水設備	飲料用の配管・排水管の取付け・腐食および漏水の状況，給水タンクの設置の状況，給水ポンプの運転の状況，排水トラップの取付けの状況，排水管と公共下水道等への接続の状況，通気管の状況の検査等

	⑤　防火設備	随時閉鎖式の防火設備の設置状況，劣化の状況，作動等の状況の検査等	

出題 H27

2　エレベーター設備（○○○方式） （注：エレベーターの点検方式は，**フルメンテナンス方式**または，**POG方式**を選択とする）		
(1)　エレベーター設備の点検・整備	機械室，調速機，主索，かご室，かご上，乗り場，ピット，非常用エレベーター，戸遮煙構造等の点検・整備	(○回／月)
(2)　建築基準法12条3項に規定する昇降機定期検査（日本産業規格に基づく）	機械室，調速機，主索，かご室，かご上，乗り場，ピット，非常用エレベーター，戸遮煙構造等の検査	(1回／6月～1年)

3　給水設備			
(1)　専用水道			
①　水道法施行規則に規定する水質検査			(○回／年)
②　水道法施行規則に規定する色度・濁度・残留塩素測定			(○回／日)
③　水道施設の外観目視点検			(○回／年)
	一　受水槽，高置水槽	ひび割れ，漏水，槽内沈殿物・浮遊物，マンホール施設，防虫網損傷等の有無または状態	
	二　自動発停止装置，満減水警報装置，電極棒	接点劣化・損傷，作動の有無または状態	
	三　定水位弁，ボールタップ，減圧弁	錆，衝撃，漏水，損傷，作動等の有無または状態	
	四　揚水ポンプ，圧力ポンプ	異音，振動，過熱，漏水等の有無または状態	
	五　散水栓・止水栓，量水器，給水管	錆，損傷，変形，漏水等の有無または状態	
(2)　簡易専用水道			
①　水道法施行規則に規定する貯水槽の清掃			(1回／年)
②　水道法施行規則に規定する検査			(1回／年)

③　水道施設の外観目視点検		(○回／年)
一　受水槽，高置水槽	ひび割れ，漏水，槽内沈殿物・浮遊物，マンホール施設，防虫網損傷等の有無または状態	
二　満減水警報装置，電極棒	接点劣化・損傷，作動の有無または状態	
三　定水位弁，ボールタップ，減圧弁	錆，衝撃，漏水，損傷，作動等の有無または状態	
四　揚水ポンプ，圧力ポンプ	異音，振動，過熱，漏水等の有無または状態	
五　散水栓・止水栓，量水器，給水管	錆，損傷，変形，漏水等の有無または状態	

4　浄化槽，排水設備		
(1)　**浄化槽法7条および11条に規定する水質検査**		(○回／年)
(2)　浄化槽法10条に規定する保守点検		(○回／年)
(3)　浄化槽法10条に規定する清掃		(○回／年)
(4)　排水桝清掃		(○回／年)
(5)　専有部分，共用部分排水管清掃		(○回／年)
(6)　外観目視点検		(○回／年)
①　排水槽，湧水槽	槽内堆積物・ゴミ等の有無	
②　自動発停止装置，満減水警報装置，電極棒	接点劣化・損傷，作動の有無または状態	
③　排水ポンプ	異音，振動，過熱，漏水，逆止弁の作動の有無または状態	
④　雨水桝，排水桝	破損，がたつき，ゴミ・植物，排水等の有無または状態	
⑤　通気管，雨水樋，排水管	破損，変形の有無	

出題 H28

5 電気設備		
(1) 自家用電気工作物		
電気事業法42条，43条に基づく自主検査	受電設備，配電設備，非常用予備発電設備等に係る絶縁抵抗測定，接地抵抗測定，保護リレー試験等	○回／年
(2) 上記(1)以外の電気設備		
① 動力制御盤・電灯分電盤	異音，異臭，破損，変形，施錠等の有無または状態	○回／年
② 照明，コンセント，配線	球切れ，破損，変形等の有無または状態	
③ タイマーまたは光電式点滅器	作動時間設定の良否	

6 消防用設備等		
(1) **消防法17条の3の3に規定する消防用設備等の点検**		
① 消防用設備等の機器点検		(1回／6月)
② 消防用設備等の総合点検		(1回／年)
(2) 外観目視点検		(○回／年)
① 消火設備	変形，損傷，液漏れ，紛失等の有無または状態	
② 警報設備	異音，発熱，球切れ，破損等の有無または状態	
③ 避難設備	球切れ，破損等の有無または状態	
④ 消防用水	変形，損傷，障害物等の有無または状態	
⑤ 消防活動上必要な施設	変形，損傷等の有無または状態	

7 機械式駐車場設備		
(1) 外観目視点検	錆，破損，作動，排水ポンプ作動，移動式消火ボックス損傷等の有無または状態	(○回／年)
(2) 定期保守点検		(○回／月)

4．第三者への再委託（4条）

(1) 管理業者は，「**事務管理業務の一部**」（つまり，「**全部**」は**不可**）または「**管理員業務，清掃業務，建物・設備等管理業務の全部もしくは一部**」を，別紙1に従って**第三者に再委託**（再委託された者が更に委託を行う場合以降も含む）することができる。

出題 H28・R2～3

(2) 管理業者が管理事務を**第三者に再委託した場合**においては，**管理業者は，再委託した管理事務の適正な処理**について，管理組合に対して，**責任を負う**。

出題 H30・R2

■4条関係コメント（抜粋）
契約締結時に再委託先の名称が明らかな場合または契約締結後に明らかになったときには，管理組合に通知することが望ましい。

出題 R2

別紙1

業務対象	第三者への再委託の有無
別表第1 事務管理業務	
1 基幹事務	
(1) 甲の会計の収入および支出の調定	有・無
(2) 出納	
・収納業務	有・無
・収納業務以外	有・無
(3) 本マンション（専有部分を除く）の維持または修繕に関する企画または実施の調整	有・無
2 基幹事務以外の事務管理業務	
(1) 理事長・理事会支援業務	有・無
(2) 総会支援業務	有・無
(3) その他（○○）	有・無
別表第2 管理員業務	有・無
別表第3 清掃業務	
1 日常清掃	有・無

2　定期清掃	有・無
別表第4　建物・設備等管理業務	
1　建物等点検，検査	有・無
2　エレベーター設備	有・無
3　給水設備	有・無
4　浄化槽，排水設備	有・無
5　電気設備	有・無
6　消防用設備等	有・無
7　機械式駐車場設備	有・無

Point整理　再委託の可否

○：できる　×：できない

	全部再委託	一部再委託
事務管理業務	×	○
管理員業務	○	
清掃業務		
建物・設備等管理業務		

5．善管注意義務（5条）

管理業者は，**善良な管理者の注意**をもって管理事務を行うものとする。もし，この義務を果たしていないと，後述の免責条項（9条，11条，12条，14条，19条）は適用されないことになる。

6．管理事務に要する費用の負担および支払方法（6条）

(1)　管理組合は，管理事務として管理業者に委託する事務のため，管理業者に**委託業務費**を支払う。

出題 H27

(2)　管理組合は，委託業務費のうち，その負担方法が**定額**でかつ**精算を要しない**費用（**定額委託業務費**）を，管理業者に対し，毎月，次のとおり支払う。

①　**定額委託業務費の額**

合計月額○○円

消費税および地方消費税抜き価格 ○○円

消費税額および地方消費税額（以下，本契約において「消費税額等」という）○○円

内訳は，別紙２のとおりとする。

② **支払期日および支払方法**

毎月○日までにその○月分を，**管理業者が指定する口座**に振り込む方法により支払う。

③ **日割計算**

期間が１月に満たない場合は当該月の**暦日数によって日割計算**を行う。（１円未満は四捨五入とする。）

別紙２

【内訳明示例１】 第１号から第４号までの各業務費には一般管理費および利益が含まれておらず，第５号で別に表示されているもの

定額委託業務費月額内訳

一	事務管理業務費	月額	円
二	管理員業務費	月額	円
三	清掃業務費	月額	円
四	建物・設備等管理業務費	月額	円
ア	○○業務費	月額	円
イ	○○業務費	月額	円
ウ	○○業務費	月額	円
五	管理報酬	月額	円
	消費税額等	月額	円

【内訳明示例２】 第１号の管理手数料に事務管理業務費，一般管理費および利益が含まれており，第２号から第４号までの各業務費には一般管理費および利益が含まれていないもの

定額委託業務費月額内訳

一	管理手数料	月額	円
二	管理員業務費	月額	円
三	清掃業務費	月額	円
四	建物・設備等管理業務費	月額	円
ア	○○業務費	月額	円
イ	○○業務費	月額	円
ウ	○○業務費	月額	円
	消費税額等	月額	円

【内訳明示例３】 第１号から第４号までの各業務費に一般管理費および利益が含まれているもの

定額委託業務費月額内訳

一	事務管理業務費	月額	円
二	管理員業務費	月額	円
三	清掃業務費	月額	円
四	建物・設備等管理業務費	月額	円
ア	○○業務費	月額	円
イ	○○業務費	月額	円
ウ	○○業務費	月額	円
	消費税額等	月額	円

出題 H27

(3) 前記(1)の委託業務費のうち，**定額委託業務費以外の費用の額**（消費税額等を含む）は **別紙３** のとおりとし，管理組合は，**各業務終了後**に，管理組合および管理業者が別に定める方法により精算の上，**管理業者が指定する口座に振り込む方法により支払う**。

別紙３

【内訳明示例】 第１号から第４号までの各業務費に一般管理費および利益が含まれているもの

定額委託業務費以外の費用

一	○○業務費	円（消費税額等を含む）
二	○○業務費	円（消費税額等を含む）
三	○○業務費	円（消費税額等を含む）
四	○○業務費	円（消費税額等を含む）

出題 H27・R５

(4) 管理組合は，委託業務費のほか，**管理業者が管理事務を実施するのに伴い必要となる水道光熱費，通信費，消耗品費等の諸費用を負担する**。

■第６条関係コメント（抜粋）

① 定額委託業務費の**内訳を明示すること**により，管理事務の範囲・内容と定額委託業務費の関係を明確化することとした。

ただし，管理委託契約締結前に行う**重要事項説明の際**に，管理業者が管理組合に対して**見積書等であらかじめ定額委託業務費の内訳を明示している場合**であって，当**事者間で合意しているときは**，本契約書に**定額委託業務費の内訳を記載しないことができる**。

② 定額委託業務費以外の費用とは，例えば，業務の一部が専有部分で行われる排水管の清掃業務，消防用設備等の保守点検業務等に支払う費用が想定される。

③ **３年ごとに実施する特定建築物定期調査**のように，契**約期間をまたいで実施**する管理事務の取扱いについては，「**本契約と別個の契約とする方法**」，「**定額委託業務費に含める方法**」または「**定額委託業務費以外の費用に含める方法**」が考えられる。**定額委託業務費に含める場合**には，**実施時期や費用を明示し**，**管理事務を実施しない場合の精算方法をあらかじめ明らかにすべき**である。

④ **１年に１回以上実施する消防用設備等の点検**のように，**契約期間内に複数回実施**する管理事務の取扱いについては，「**定額委託業務費に含める方法**」または「**定額委託業務費以外の費用に含める方法**」が考えられる。定額委託業務費に含める場合には，実施時期や費用を明示し，管理事務を実施しない場合の精算方法をあらかじめ明らかにすべきである。

出題 H28

出題 H28

７．管理事務室等の使用（７条）

⑴ **管理組合**は，管理業者に管理事務を行わせるために不可欠な**管理事務室**，**管理用倉庫**，**清掃員控室**，**器具**，**備品等**（**管理事務室等**）を**無償**で**使用**させる。

出題 R３～４

⑵ 管理業者の**管理事務室等の使用に係る諸費用**（水道光熱費，通信費，備品，消耗品費等）**の負担**は，次のとおりとする。

出題 H26

① ○○○○費　**管理組合**（**または管理業者**）の負担とする。

② ○○○○費　**管理組合**（**または管理業者**）の負担とする。

③ ○○○○費　**管理組合**（**または管理業者**）の負担とする。

④ ○○○○費　**管理組合**（**または管理業者**）の負担とする。

プラス 「管理事務室等の使用に係る諸費用」の負担は，契約時に協議の上，**どちらが負担する**かを決める。

Point整理 **諸費用等のまとめ**

管理業者が管理事務を実施するのに伴い必要となる諸費用	管理組合が負担
管理事務室等の使用	管理組合が無償で使用させる
管理事務室等の使用に必要な諸費用	管理組合または管理業者の負担（協議して決定）

8．管理事務の指示（8条）

本契約に基づく**管理組合の管理業者に対する管理事務に関する指示**については，法令の定めに基づく場合を除き，**管理組合の管理者等**または**管理組合の指定する管理組合の役員**が**管理業者の使用人その他の従業者（使用人等）のうち管理業者が指定した者に対して行う**ものとする。

■8条関係コメント

① この規定は，**カスタマーハラスメントを未然に防止**する観点から，管理組合が管理業者に対して管理事務に関する指示を行う場合には，管理組合が指定した者以外から行わないことを定めたものであるが，組合員等が管理業者の使用人等に対して行う情報の伝達，相談や要望（管理業者がカスタマーセンター等を設置している場合に行うものを含む）を妨げるものではない。また，「法令の定め」とは，区分所有法34条３項に規定する集会の招集請求などが想定される。

② 管理組合または管理業者は，この規定に基づき指定する者について，あらかじめ**相手方に書面で通知**することが望ましい。

9．緊急時の業務（9条）

出題 H26・29・R1・3・5

(1) 管理業者は，前記**3．の規定**（受託した管理事務の内容）にかかわらず，次の①②に掲げる**災害または事故等の事由**により，管理組合のために，**緊急に行う必要がある業務**で，**管理組合の承認を受ける時間的な余裕がないもの**については，**管理組合の承認を受けないで実施することができる**。この場合において，管理業者は，速やかに，**書面**をもって，その**業務の内容**およびその**実施に要した費用の額**を管理組合に**通知しなければならない**。

① **地震**，台風，突風，集中豪雨，落雷，雪，噴火，ひょう，あられ等
② **火災**，漏水，破裂，爆発，物の飛来もしくは落下または衝突，犯罪，孤立死（孤独死）等

プラス 「**緊急に行う必要がある業務**」とは，例えば，地震により共用部分の給水管から漏水が発生している場合に，その止水の作業を行ったり，地震発生後に，エントランスホール入口部分の天井が剥がれ，落下の可能性がある危険な状態にあるために緊急に補修工事を行う場合等である。

(2) 管理組合は，**管理業者が上記(1)の業務を遂行する上でやむを得ず支出した費用**については，**速やかに**，管理業者に**支払わなければならない**。ただし，**管理業者の責めによる事故等の場合はこの限りでない**。 出題 R3

■第9条関係コメント（抜粋）

① 災害または事故等とは，天災地変による災害，漏水または火災等の**偶発的な事故等**をいい，**事前に事故等の発生を予測することが極めて困難なもの**をいう。
② 専有部分は組合員が管理することになるが，専有部分において犯罪や孤立死（孤独死）等があり，当該専有部分の組合員の同意の取得が困難な場合には，警察等から管理業者に対し，緊急連絡先の照会等の協力を求められることがある。
③ 管理業者は，災害または事故等の発生に備え，管理組合と管理業者の役割分担やどちらが負担すべきか判断が難しい場合の費用負担のあり方について，あらかじめ管理組合と協議しておくことが望ましい。
④ 組合員等で生じたトラブルについては，組合員等で解決することが原則であるが，管理組合がマンションの共同利益を害すると判断した場合，管理組合で対応することとなる。この場合に管理組合が管理業者に助言等の協力を必要とする場合，緊急時の業務に明記することも考えられる。

10. 管理事務の報告等（10条）

出題 R1・3
(1) 管理業者は，管理組合の**事業年度終了後○月以内**に，管理組合に対し，「**その年度における管理事務の処理状況および管理組合の会計の収支の結果を記載した書面**」を**交付**し，**管理業務主任者をして**，**報告**をさせなければならない。

出題 H27・R1・3
(2) 管理業者は**毎月末日**までに，管理組合に対し，「**前月における管理組合の会計の収支状況に関する書面**」を**交付**しなければならない。

出題 R1・3
(3) 管理業者は，管理組合から**請求があるときは**，「**管理事務の処理状況および管理組合の会計の収支状況**」について報告を行わなければならない。

出題 R3
(4) 上記(1)～(3)の場合において，管理組合は，管理業者に対し，「**管理事務の処理状況および管理組合の会計の収支に係る関係書類**」の提示を求めることができる。

出題 H27・R1
プラス
(2)毎月の書面による報告，(3)請求があるときの報告，(4)関係書類の提示は，管理業務主任者以外の者でも行うことができる。

■第10条関係コメント（抜粋）

① 「管理組合の会計の収支の結果を記載した書面」は，「収支決算案の素案」を提出することで代えることができる。

② (1)の書面の交付を電磁的方法により提供する場合には，管理業者は，適正化法施行規則88条に定める要件を満たす必要がある。なお，電磁的方法とは，電子情報処理組織を使用する方法その他の情報通信の技術を利用する方法であって次のものをいう。

イ 送信者の使用に係る電子計算機と受信者の使用に係る電子計算機とを電気通信回線で接続した電子情報処理組織を使用する方法であって，当該電気通信回線を通じて情報が送信され，受信者の使用に係る電子計算機に備えられたファイルに当該情報が記録されるもの

ロ 磁気ディスクその他これに準ずる方法により一定の情報を確実に記録しておくことができる物をもって調製するファイルに情報を記録したものを交付する方法

③ (2)は，適正化法施行規則87条５項に基づく書面の交付であるため，適正化法施行規則の規定に従って交付する必要がある。なお，「国土交通省の所管する法令に係る民間事業者等が行う書面の保存等における情報通信の技術の利用に関する法律施行規則」に規定する要件を満たした場合，当該書面は電磁的方法により提供することができる。

④ (3)の報告については，当事者間の合意により，**あらかじめ期日を定めて行う方法**とすることも考えられる。

11. 管理費等滞納者に対する督促 (11条)

(1) **管理業者**は，前記**3.** の事務管理業務のうち，出納業務を行う場合において，管理組合の組合員に対し［**別表第１ 事務管理業務**］による**管理費，修繕積立金，使用料その他の金銭（管理費等）の督促**（**電話，自宅訪問，督促状**）を行っても，なお当該**組合員が支払わないときは**，その責めを免れるものとし，**その後の収納の請求は管理組合が行う**。 出題 H26・R1・3・5

(2) 上記(1)の場合において，管理組合が管理業者の協力を必要とするときは，管理組合および管理業者は，**その協力方法について協議する**。 出題 H26

■第11条関係コメント

① 弁護士法第72条の規定を踏まえ，**債権回収はあくまで管理組合が行うものであることに留意**し，管理業者の管理費等滞納者に対する督促に関する協力について，**事前に協議が調っている場合**は，**協力内容**（管理組合の名義による配達証明付内容証明郵便による督促等），**費用の負担等に関し，具体的に規定**するものとする。 出題 R4

② 滞納者が支払わない旨を明らかにしている状態または複数回の督促に対して滞納者が明確な返答をしない状態にもかかわらず，管理業者が督促業務を継続するなど法的紛争となるおそれがある場合には，弁護士法72条の規定に抵触する可能性があることに十分留意する必要がある。

12. 有害行為の中止要求 (12条)

(1) 管理業者は，管理事務を行うため必要なときは，**管理組合** 出題 H29

の組合員およびその所有する専有部分の占有者（組合員等）に対し，管理組合に代わって，次に掲げる行為の中止を求めることができる。

①　法令，管理規約，使用細則または総会決議等に違反する行為 ②　建物の保存に有害な行為 ③　所轄官庁の指示事項等に違反する行為または所轄官庁の改善命令を受けるとみられる違法もしくは著しく不当な行為 ④　管理事務の適正な遂行に著しく有害な行為（カスタマーハラスメントに該当する行為を含む） ⑤　組合員の共同の利益に反する行為 ⑥　上記①～⑤のほか，共同生活秩序を乱す行為

出題 H29

(2)　(1)に基づき，管理業者が組合員等に行為の中止を求めた場合は，速やかに，その旨を管理組合に報告する。

(3)　管理業者は，(1)に基づき中止を求めても，なお組合員等がその行為を中止しないときは，書面をもって管理組合にその内容を報告しなければならない。

出題 H29

(4)　(3)の報告を行った場合，管理業者はさらなる中止要求の責務を免れるものとし，その後の中止等の要求は管理組合が行う。

(5) 管理組合は，(4)の場合において，(1)④に該当する行為については，その是正のために必要な措置を講じるよう努めなければならない。

13. 通知義務（13条）

出題 H26・R１

(1)　管理組合または管理業者は，本マンションにおいて滅失，き損，瑕疵等の事実を知った場合においては，速やかに，その状況を相手方に通知しなければならない。

(2)　管理組合または管理業者は，次の①～⑥のいずれかに該当したときは，速やかに，書面をもって，相手方に通知しなければならない。

① 管理組合の**役員または組合員が変更**したとき
② 管理組合の組合員がその**専有部分を第三者に貸与**したとき
③ 管理業者が**商号または住所を変更**したとき
④ 管理業者が**合併または会社分割**したとき
⑤ 管理業者が**管理適正化法の規定に基づき処分**（指示，業務停止命令，登録の取消し）を受けたとき
⑥ 管理業者が後述**20.** (2)①～③**に掲げる事項に該当**したとき

出題 R1

プラス (1)の「**マンションの滅失，き損，瑕疵等の事実を知った場合**」は，「**書面**」をもって**通知する必要はなく，口頭で通知**すれば足りる。

出題 R1

■**第13条関係コメント**

① (1)は，建物等の滅失，き損，瑕疵等の事実を知った場合の通知義務を定めたものであるが，新型コロナウイルス感染症の流行により組合員等の共同生活に重大な影響を及ぼす事態が生じたことを踏まえ，今後，管理業者が，管理事務の実施に際し，**マンション内で初めて，健康の維持に重大な影響を及ぼすとされる新たな感染症への罹患の事実を知った場合**にも，協議の上で，**相手方に通知**しなければならない内容とすることが考えられる。この場合には，行政からの指示や情報を踏まえて対応することが望ましい。また，管理事務の実施に際し，**組合員等にひとり歩き等の認知症の兆候がみられ，組合員等の共同生活や管理事務の適正な遂行に影響を及ぼすおそれがあると認められる場合**にも，協議の上で，**相手方に通知**しなければならない内容とすることが考えられる。なお，管理業者がこれらの情報を本契約の範囲内で取得した場合は，本人の同意なくこれらの情報を管理組合に提供でき，管理組合も本人の同意なく取得することができる。ただし，管理業者が通知するこれらの情報については，特定の個人を識別する情報が含まれているため，当該情報の取扱いを適切に行う観点から，あらかじめ管理組合において，その取扱いについて定めておく必要がある。また，管理業者は，「個人情報取扱事業者等に係るガイドライン・Q&A等（個人情報保護法総則規定，第４章

等関係）」（個人情報保護委員会公表）を遵守する必要があり，管理組合は，個人情報保護法25条に基づき管理業者を監督する義務があることに留意すること。また，障害者差別解消法により，事業者は，社会的障壁（障害がある者にとって日常生活または社会生活を営む上で障壁となるような社会における事物，制度，慣行，観念その他一切のもの）の除去の実施について必要かつ合理的な配慮の提供を行うことが義務化された。そのため，管理業者は，管理組合から，社会的障壁の除去の実施についての必要かつ合理的な配慮の提供に関する助言を求められた場合には，地域包括支援センター等の支援施設の役割や連絡先に関する情報を提供するなどの対応を行うことが必要である。

② 管理規約や使用細則に組合員の住所変更や組合員等の長期不在等について届出義務を設けている場合は，(2)に適宜追加することが望ましい。

14. 専有部分等への立入り（14条）

出題 H29

(1) 管理業者は，**管理事務を行うため必要があるときは**，組合員等に対して，その**専有部分または専用使用部分**（専有部分等）への**立入りを請求することができる**。

(2) この場合，管理業者は，組合員等がその専有部分等への**立入りを拒否したときは**，その旨を管理組合に**通知**しなければならない。

出題 R 3

(3) 管理業者は，前記**9．**(1)①②**の災害または事故等の事由**により，管理組合のために**緊急に行う必要がある**場合，専有部分等に**立ち入ることができる**。この場合，管理業者は，管理組合および管理業者が**立ち入った専有部分等に係る組合員等**に対し，**事後速やかに**，**報告**をしなければならない。

プラス (3)の災害等の緊急時には，**組合員等に対する請求やその承諾は不要**で立ち入ることができる。

■14条関係コメント

(1)に規定する管理事務は，その都度管理組合の承認を得て行われるものであり，管理組合の協力が不可欠なものである。管理業者は，組合員等が正当な理由なく管理業者（または再委託の業者）の立入りを拒否したときは，(2)によりその部分に係る管理事務の実施が不可能である旨を管理組合に通知するものとする。また，管理業者は、その場合の取扱い（費用負担を含む）について，あらかじめ管理組合と協議しておくことが望ましい。

15. 管理規約等の提供等（15条）

⑴ 管理業者は，**管理組合の組合員からその組合員が所有する専有部分の売却等の依頼を受けた宅地建物取引業者**（宅建業者）が，その媒介等の業務のために，**理由を付した書面の提出**またはその書面を電子情報処理組織を使用する方法その他の情報通信の技術を利用する方法であって次の①または②の**電磁的方法により提出**することにより，「**管理組合の管理規約，管理組合が作成し保管する会計帳簿，什器備品台帳およびその他の帳票類，管理組合が保管する長期修繕計画書および設計図書（管理規約等）**」の**提供**または「**別表第5に掲げる事項**」の**開示**を求めてきたときは，管理組合に代わって，その宅建業者に対し，**管理規約等の写しを提供**し，**別表第5に掲げる事項**について**書面**をもって，または**電磁的方法により開示**する。管理組合の組合員が，その組合員が所有する専有部分の売却等を目的とする情報収集のためにこれらの提供等を求めてきたときも，同様とする。

出題 H29～30・R5

① 送信者の使用に係る電子計算機と受信者の使用に係る電子計算機とを電気通信回線で接続した電子情報処理組織を使用する方法であって，当該電気通信回線を通じて情報が送信され，受信者の使用に係る電子計算機に備えられたファイルに当該情報が記録されるもの

② 磁気ディスクその他これに準ずる方法により一定の情報を確実に記録しておくことができる物をもって調製するファイルに情報を記録したものを交付する方法

⑵ 管理業者は，⑴**の業務に要する費用**を**管理規約等の提供または別表第5に掲げる事項の開示を行う相手方**（宅建業者，組合員）から**受領**することができる。

出題 H29・R3・5

⑶ ⑴の場合，管理業者は，**当該組合員が管理費等を滞納**しているときは，管理組合に代わって，当該宅建業者に対し，その清算に関する**必要な措置**を求めることができる。

出題 R3

出題 R３

出題 H27・R３

■第15条関係コメント（抜粋）

① **管理組合の財務・管理に関する情報**を，宅建業者または売主たる組合員を通じて**専有部分の購入等を予定する者に提供・開示**することは，当該購入等予定者の利益の保護等に資するとともに，マンション内における**トラブルの未然防止，組合運営の円滑化，マンションの資産価値の向上等の観点からも有意義**であることを踏まえて，提供・開示する範囲等について定めた規定である。

② 本来，宅建業者等への「**管理組合の管理規約，管理組合が作成し保管する会計帳簿，什器備品台帳およびその他の帳票類，管理組合が保管する長期修繕計画書および設計図書（管理規約等）」の提供**および「**別表第５に掲げる事項」の開示**は管理規約および使用細則の規定に基づき管理組合が行うべきものであるため，これらの事務を管理業者が行う場合にあっては，**管理規約および使用細則において宅建業者等への提供・開示に関する根拠が明確に規定**されるとともに，これと**整合的に管理委託契約書において管理業者による提供・開示に関して規定されることが必要**である。

また，**管理業者が提供・開示できる範囲**は，原則として管理委託契約書に定める範囲となる。**管理委託契約書に定める範囲外の事項**については，組合員または**管理組合に確認するよう求める**べきである。管理業者が受託した管理事務の実施を通じて知ることができない**過去の修繕等の実施状況に関する事項等**については，管理業者は**管理組合から情報提供を受けた範囲**で，これらの事項を開示することとなる。なお，管理委託契約書に定める範囲内の事項であっても，「**敷地および共用部分における重大事故・事件**」のように該当事項の個別性が高いと想定されるものについては，該当事項ごとに**管理組合に開示の可否を確認し，承認を得て開示する事項**とすることも考えられる。

③ 提供・開示する事項に組合員等の個人情報やプライバシー情報が含まれる場合には，個人情報保護法の趣旨等を踏まえて適切に対応する必要がある。なお，**別表第５**に記載する事項については，「敷地および共用部分における重大事故・事件」に関する情報として特定の個人名等が含まれている場合を除き，個人情報保護法の趣旨等に照らしても，提供・開示に当たって，特段の配慮が必要となる情報ではない（売主たる組合員の管理費等の滞

納額を含む)。

④ 管理業者が，管理組合の組合員から当該組合員が所有する専有部分の売却等の依頼を受けた**宅建業者に対して総会等の議事録を閲覧させる業務を受託する場合は，本契約内容に追加を行う**ものとする。この場合において，当該議事録が電磁的記録で作成されているときは，当該議事録の保管場所において，当該電磁的記録に記録された情報の内容を書面または出力装置の映像面に表示する方法により表示したものを閲覧させるものとする。なお，議事録には個人情報やプライバシー情報が含まれる場合も多いことから，**発言者や審議内容から特定の個人が識別できないように加工する**など，個人情報保護法の趣旨等を踏まえて適切に対応することが必要である。

⑤ 管理業者が(1)に基づいて提供・開示した件数，(2)に基づいて受領することとする金額等については，前記10.(3)の報告の一環として管理組合に報告することとすることも考えられる。

⑥ (1)の「その他の帳票類」とは，領収書や請求書，本契約書，修繕工事請負契約書，駐車場使用契約書，保険証券などのことをいう。

⑦ (1)の「設計図書」とは，適正化法施行規則102条に定める図書のことをいう。

[別表第5　宅建業者等の求めに応じて開示する事項]

1　マンション名称等
①　物件名称・総戸数
②　総戸数
③　物件所在地
④　対象住戸の住戸番号
2　管理計画認定の有無，認定取得日
3　管理体制関係
①　管理組合名称
②　管理組合役員数（理事総数および監事総数）
③　管理組合役員の選任方法（立候補，輪番制，その他の別）
④　通常総会の開催月と決算月
⑤　理事会の年間の開催回数
⑥　管理規約原本の発効年月と変更年月
⑦　共用部分に付保している損害保険の種類 (火災保険（マンション総合保険），地震保険など)

⑧　使用細則等の規程の名称
（駐車場使用細則，自転車置場使用細則，ペット飼育細則，リフォーム細則など）

4　共用部分関係

(1)　**基本事項**

①　建築年次（竣工年月）

②　**共用部分に関する規約等の定め**

・共用部分の範囲（規定している規約条項・別表名）

・共用部分の持分（規定している規約条項・別表名）

③　**専用使用に関する規約等の定め**（規定している規約条項・使用細則条項・別表名）

(2)　**駐車場**

①　駐車場区画数

・敷地内台数（内訳：平面自走式台数・機械式台数）

・敷地外台数（内訳：平面自走式台数・立体自走式台数・機械式台数）

②　駐車場使用資格（賃借人の使用可否・規定している規約条項・使用細則条項）

③　駐車場権利承継可否（駐車場使用の権利が専有部分と一体として承継することの可否）

④　車種制限（規定している規約条項・使用細則条項・別表名）

⑤　空き区画の有無　⑥　空き区画の待機者数

⑦　空き区画補充方法（抽選，先着順，その他の別）

⑧　駐車場使用料

(3)　**自転車置場・バイク置場・ミニバイク置場**

①　区画数（自転車置場，バイク置場，ミニバイク置場毎）

②　空き区画の有無（自転車置場，バイク置場，ミニバイク置場毎）

③　使用料の有無とその使用料（自転車置場，バイク置場，ミニバイク置場毎）

(4)　**共用部分の点検・検査・調査**

①　共用部分の点検・検査・調査の実施の有無（有（ 年 月），無）

②　共用部分の点検・検査・調査の実施者（○○）

③　共用部分の点検・検査・調査の実施結果に基づく是正の有無（有，無，検討中の別）

5　売主たる組合員が負担する管理費等関係（①～⑬の項目毎に金額を記載（滞納がある場合は滞納額も併せて記載））

①　**管理費**

②　**修繕積立金**

③　**修繕一時金**

④　**駐車場使用料**
⑤　自転車置場使用料
⑥　バイク置場使用料
⑦　ミニバイク置場使用料
⑧　**専用庭使用料**
⑨　ルーフバルコニー使用料
⑩　トランクルーム使用料
⑪　**組合費**
⑫　戸別水道使用料・冷暖房料・給湯料
⑬　その他
⑭　**遅延損害金の有無とその額**
⑮　**管理費等の支払方法**（「翌月分（または当月分）を当月○○日に支払い）
⑯　管理費等支払手続き（口座振替（○○銀行○○支店），自動送金（○○銀行○○支店），振込，集金代行会社委託の別）

6　管理組合収支関係

(1)　**収支および予算の状況**（①～⑩の項目について直近の収支報告（確定額）を記載し，①～③および⑥～⑧については当年度の収支予算（予算額）も併せて記載）　出題 H29
①　管理費会計収入総額
②　管理費会計支出総額
③　管理費会計繰越額
④　管理費会計資産総額
⑤　管理費会計負債総額
⑥　修繕積立金会計収入総額
⑦　修繕積立金会計支出総額
⑧　修繕積立金会計繰越額
⑨　**修繕積立金会計資産総額**　出題 H27
⑩　修繕積立金会計負債総額

(2)　**管理費等滞納および借入の状況**
①　**管理費滞納額**　出題 H27
②　**修繕積立金滞納額**　出題 H27
③　借入金残高

(3)　**管理費等の変更予定等**（①～⑬について「**変更予定有**（○年○月から）」，「**変更予定無**」，「**検討中**」**の別を記載**）　出題 H27・29
①　**管理費**
②　**修繕積立金**
③　修繕一時金
④　**駐車場使用料**
⑤　自転車置場使用料

⑥　バイク置場使用料
⑦　ミニバイク置場使用料
⑧　**専用庭使用料**
⑨　ルーフバルコニー使用料
⑩　トランクルーム使用料
⑪　組合費
⑫　戸別水道使用料・冷暖房料・給湯料
⑬　その他

(4)　**修繕積立金に関する規約等の定め**（規定している規約等の条項・別表名）

(5)　**特定の組合員に対する管理費等の減免措置の有無**（規定している規約条項・別表名）

7　専有部分使用規制関係

①　**専有部分用途の「住宅専用（住宅宿泊事業は可）」・「住宅専用（住宅宿泊事業は不可）」・「住宅以外も可」の別**（規定している規約条項）

②　**専有部分使用規制関係**
・ペットの飼育制限の有無（規定している使用細則条項）
・専有部分内工事の制限の有無（規定している使用細則条項）
・楽器等音に関する制限の有無（規定している使用細則条項）
・一括受電方式による住戸別契約制限の有無

③　**専有部分使用規制の制定・変更予定の有無**

8　大規模修繕計画関係

出題 H27
①　**長期修繕計画の有無**（有（ ○年○月作成（見直し）），無，検討中の別）

出題 H27
②　**共用部分等の修繕実施状況**（工事概要，実施時期（年月））

③　**大規模修繕工事実施予定の有無**（有（○年○月予定・工事概要），無，検討中の別）

9　アスベスト使用調査の内容

①　**調査結果の記録の有無**
②　調査実施日
③　調査機関名
④　**調査内容**
⑤　**調査結果**

10　耐震診断の内容

①　**耐震診断の有無**
②　**耐震診断の内容**

11　建替え関係
①　建替え推進決議の有無（有（○年○月決議），無，検討中の別） ②　**要除却認定の有無**（有（○年○月認定），無，申請中（○年○月申請），検討中の別） ③　**建替え決議，マンション敷地売却決議の有無**（有（○年○月決議），無，検討中の別）
12　管理形態
①　**マンション管理業者名** ②　業登録番号 ③　**主たる事務所の所在地** ④　委託（受託）形態（全部，一部の別）
13　管理事務所関係
①　管理員業務の有無（有（契約している業務内容），無） ②　管理員業務の実施態様（通勤方式，住込方式，巡回方式の別および従事する人数） ③　管理員勤務日 ④　管理員勤務時間 ⑤　管理事務所の電話番号 ⑥　本物件担当事業所名 ⑦　本物件担当事業所電話番号 ⑧　本物件担当者氏名
14　備考
・**敷地および共用部分における重大事故・事件があればその内容** ・ゴミ出しや清掃に関する情報 ・自治体や民間団体が行う認定・評価制度等による結果 ・設計図書等保管場所

プラス　8 ②は，あくまで**共用部分等の修繕の実施状況**についての開示なので，「**専有部分の修繕の実施状況**」は**開示の対象ではない**。また，「**組合員の名簿および連絡先**」を，**書面をもって開示することはできない**。

出題 H27

■別表第5　6(3)関係コメント

「変更予定有」とは，値上げ等が総会で承認されている場合または総会に上程されることが決定している場合をいう。

■別表第5　8関係コメント

① 「大規模修繕」とは，建物の全体または複数の部位について，修繕積立金を充当して行う計画的な修繕または特別な事情により必要となる修繕等をいう。

出題 H27

② 8③の大規模修繕工事実施予定の「有」とは，修繕工事の実施が総会で承認されている場合または総会に上程されることが決定している場合であり，また，「検討中」とは，理事会で修繕工事の実施が検討されている場合をいう。なお，「工事概要」とは，工事内容・期間・工事費・一時金の予定等をいう。

16. 管理業者の使用者責任（16条）

出題 H29

管理業者は，管理業者の使用人等が，管理事務の遂行に関し，管理組合または組合員等に損害を及ぼしたときは，管理組合または組合員等に対し，使用者としての責任を負う。

17. 秘密保持義務（17条）

出題 H28

管理業者および管理業者の使用人等は，正当な理由なく，管理事務に関して知り得た管理組合および組合員等の秘密を漏らし，または管理事務以外の目的に使用してはならない。

■17条関係コメント

管理業者は，管理事務に関して知り得た秘密について，書面をもって管理組合の事前の承諾を得た場合等を除き，開示，漏えいしたり，目的外の利用をしてはならない。なお，適正化法80条および87条の規定では，管理業者でなくなった後および管理業者の使用人等でなくなった後にも秘密保持義務が課せられている。

18. 個人情報の取扱い（18条）

(1) 管理業者は，管理事務の遂行に際して組合員等に関する個人情報（個人情報）を取り扱う場合には，本契約の目的の範囲において取り扱い，正当な理由なく，第三者に提供，開示または漏えいしてはならない。

(2) 管理業者は，**個人情報への不当なアクセス**または**個人情報の紛失，盗難，改ざん，漏えい等**（以下「**漏えい等**」という）**の危険に対し，合理的な安全管理措置を講じなければならない**。

(3) 管理業者は，個人情報を管理事務の遂行以外の目的で，使用，加工，複写等してはならない。

(4) 管理業者において**個人情報の漏えい等の事故が発生したとき**，管理業者は，管理組合に対し，速やかに**その状況を報告**するとともに，**自己の費用において，漏えい等の原因の調査**を行い，その結果について，**書面をもって管理組合に報告し，再発防止策を講じる**。

(5) 管理業者は，**個人情報の取扱いを再委託してはならない**。ただし，**書面をもって管理組合の事前の承諾を得たときはこの限りではない**。この場合において，管理業者は，再委託先に対して，本契約で定められている管理業者の義務と同様の義務を課すとともに，必要かつ適切な監督を行わなければならない。

(6) 管理業者は，**本契約が終了**したときは，管理組合と協議を行い**個人情報を返却または廃棄**するものとし，その結果について，**書面をもって管理組合に報告**する。

■18条関係コメント

① 本条は，管理業者は，管理事務に関して個人情報に接する機会が多いことに鑑み，個人情報保護法の適用を受ける事業者が本法令を遵守することはもとより，個人情報取扱事業者等に係るガイドライン・Q&A等を参考にして，**個人情報の適正な取扱いの確保を図ることが重要であることを踏まえた規定**である。

② 管理業者が管理組合から委託を受けて作成，管理していた個人情報以外の情報についての返却または廃棄の取扱いや，管理業者において特定の個人が識別できないように加工した情報の活用に関する取扱いについては，あらかじめ，管理組合に対して十分に説明し，明確にしておくことが望ましい。

③ 管理業者が本契約の管理事務の遂行とは関係のない目的で組合員等から取得した個人情報については，本規定の対象外であるが，当該個人情報についても本規定の趣旨にのっとり適切に管理すべきである。

出題 H30

19. 免責事項（19条）

出題 H29・R３

管理業者は，管理組合または組合員等が，前記**９.**(1)①②に掲げる**災害または事故等**（**管理業者の責めによらない場合に限る**）による損害および次の①～③の損害を受けたときは，その損害を賠償する**責任を負わない**。

> ①　管理業者が善良な管理者の注意をもって管理事務を行ったにもかかわらず生じた**管理対象部分の異常または故障による損害**
> ②　管理業者が，**書面をもって注意喚起したにもかかわらず**，管理組合が承認しなかった事項に起因する損害
> ③　上記①②に定めるもののほか，**管理業者の責めに帰すことができない事由**による損害

出題 R３

■19条関係コメント

出題 R１

①　管理業者の免責事項について，昨今のマンションを取り巻く環境の変化，特に感染症がまん延したり，予期できない自然災害が増えてきていることから，当該マンションの地域性，設備の状況に応じて，管理組合および管理業者の協議の上，例えば「**感染症の拡大のため予定していた総会等の延期に係る会場賃借・設営に対する損害**」，「**排水設備の能力以上に機械式駐車場内に雨水流入があったときの車両に対する損害**」等，**必要に応じて具体的な内容を記載する**ことも考えられる。

②　管理業者がITを活用して管理事務を行う場合，インターネット回線や通信機器の不具合等が想定されることから，当該マンションの設備の状況等に応じて，管理組合および管理業者が協議の上，例えば「**通信機器の不具合等により生じた総会等の延期に伴う出席者の機会損失に対する損害**」等，**必要に応じて具体的な内容を記載する**ことも考えられる。

20. 契約の解除（20条）

⚠注意

「(1)相手方が契約に定められた義務の履行を怠った場合」は，(2)とは異なり，「直ちに」契約を解除することはできない。

出題 R２

(1)　管理組合または管理業者は，その相手方が，**本契約に定められた義務の履行を怠った場合**は，**相当の期間を定めてその履行を催告**し，相手方が当該期間内に，その義務を履行しないときは，**本契約を解除することができる**。この場合，管理組合または管理業者は，その相手方に対し，**損害賠償を請求**

することができる。 出題 H26・R1～2・5

(2) **管理組合または管理業者の一方**について，次の①～⑤のいずれかに該当したときは，その相手方は，**何らの催告を要せず**して，**本契約を解除することができる**。

① 管理業者が，**銀行の取引を停止**されたとき ② 管理業者に，**破産手続，会社更生手続，民事再生手続その他法的倒産手続開始の申立て**，もしくは**私的整理の開始**があったとき ③ 管理業者が，合併または②以外の事由により解散したとき ④ 管理業者が，**マンション管理業の登録の取消しの処分**を受けたとき ⑤ 後記27．の**確約に反する事実が判明**したとき

出題 R2

出題 H26・29・R2

出題 H30・R3・5

プラス 管理業者が適正化法に基づく「**業務の停止命令の処分**」を受けた場合は，**解除できない**。

21．解約の申入れ（21条）

前記**20．**の規定にかかわらず，**管理組合または管理業者**は，その相手方に対し，少なくとも3ヵ**月前**に**書面**で**解約の申入れ**を行うことにより，**本契約を終了させることができる**。

出題 R2～3・5

プラス 管理委託契約は，**契約の有効期間の途中であっても**，**相手方の同意がなくても**，**債務不履行等の理由がなくても**，この規定に基づき相手方に**解約の申入れ（契約の解除）をすることができる**。

出題 H28

22．契約の有効期間（22条）

本契約の有効期間は，○○年○月○日から○○年○月○日までとする。

23．契約の更新等（23条）

(1) 管理組合または管理業者は，本契約を更新しようとする場合，本契約の有効期間が満了する日の3ヵ**月前**までに，その相手方に対し，**書面**をもって，その旨を**申し出る**。

出題 H26

出題 H26・28・R5

(2) 本契約の更新について申出があった場合において，その有効期間が満了する日までに**更新に関する協議が調う見込みがないとき**は，管理組合および管理業者は，本契約と同一の条件で，**期間を定めて暫定契約を締結することができる**。

(3) 本契約の更新について，**管理業者・管理組合いずれからも申し出がない**ときは，**本契約は有効期間満了をもって終了**する。

(4) 管理業者は，**本契約の終了時**までに，**管理事務の引継ぎ等を管理組合または管理組合の指定する者に対して行う**。ただし，引継ぎ等の期限について，**管理組合の事前の承諾**を得たときは，**本契約終了後の日時**とすることができる。

> プラス 標準管理委託契約書は，**契約の自動更新を認めていない**。したがって，期間満了前までに両者から更新の申出がない場合であっても，**契約が自動更新されることはない**。また，更新の申出があった場合としても自動更新されるわけではなく，**別途契約更新の手続が必要**となる。

24. 法令改正に伴う契約の変更（24条）

管理組合および管理業者は，本契約締結後の法令改正に伴い管理事務または委託業務費を変更する必要が生じたときは，**協議の上，本契約を変更することができる**。

出題 R1

ただし，**消費税法等の税制の制定または改廃**により，税率等の改定があった場合には，委託業務費のうちの**消費税額等**は，その**改定に基づく額に変更**する。

25. IT の活用（25条）

(1) 管理組合または管理業者は，あらかじめ，相手方に対し，その用いる電磁的方法の種類および内容を示した上で，**その承諾を得た場合**は，**本契約に規定する書面およびその事務処理上必要となる書面を電磁的方法により提供**することができる。

(2) 管理業者は，管理組合の承諾を得た場合は，前記**10.** (1)**および**(3)**に規定する報告**その他の報告を**WEB会議システム等**（電気通信回線を介して，即時性および双方向性を備えた映像および音声の通信を行うことができる会議システム等）

により行うことができる。

26. 誠実義務等 (26条)

(1) 管理組合および管理業者は，本契約に基づく義務の履行について，信義を旨とし，誠実に行わなければならない。

(2) 本契約に定めのない事項または本契約について疑義を生じた事項については，管理組合および管理業者は，誠意をもって協議する。

27. 反社会的勢力の排除 (27条)

(1) **管理組合および管理業者**は，それぞれ相手方に対し，次の①～④の事項を**確約する**。

> ① **自ら**が，暴力団，暴力団関係企業，総会屋，社会運動等標ぼうゴロもしくはこれらに準ずる者またはその構成員（**反社会的勢力**）**ではないこと**
>
> ② 自らの**役員**（管理組合の役員および管理業者の業務を執行する社員，取締役，執行役またはこれらに準ずる者）が**反社会的勢力ではない**こと
>
> ③ 反社会的勢力に自己の名義を利用させ，本契約を締結するものではないこと
>
> ④ 本契約の有効期間内に，**自らまたは第三者を利用して，次の行為をしないこと**
>
> ア）**相手方に対する脅迫的な言動または暴力を用いる行為**
>
> イ）偽計または威力を用いて相手方の業務を妨害し，または信用をき損する行為

出題 R1

28. 合意管轄裁判所 (28条)

本契約に関する**管理組合・管理業者間の紛争**については，訴訟を提起する必要が生じたときは，訴額に応じて**本マンションの所在地を管轄する○○地方裁判所または○○簡易裁判所を第一審の専属管轄裁判所**とする。

■第28条関係コメント

支払督促を申し立てる裁判所については，この規定にかかわらず，民事訴訟法の定めるところにより，債務者の住所地等を管轄する簡易裁判所においてするものとする。

29. 存続条項（29条）

本契約において別途定める場合を除き，本契約は，その終了後も，**17. 秘密保持義務**，**18. 個人情報の取扱い**，**20. 契約の解除**，**28. 合意管轄裁判所**は**効力が存続**する。

第15章 管理組合の会計等

会計の仕訳問題が2問，標準管理規約，標準管理委託契約書，適正化法等の会計関連の規定を問う問題が1問，税務・保険に関する問題が1問，管理費等の滞納処理に関する民事訴訟法等の知識を問う問題が1問程度出題されるのが，ここ数年の出題パターンである。仕訳で難問が出題される可能性があるが，まずは過去問の範囲を押さえよう。

1 管理組合会計の特徴等

1 会計の種類

「**会計**」とは，取引を**記録・処理**し，**結果を表示・報告**することをいう。

会計を大別すると，次のように，「**営利会計**」と「**非営利会計**」とに分類される。

(1)　営利会計	企業会計	①　**管理会計** **企業内部の経営責任を負う経営者**に対して，意思決定に役立つ情報を提供することを目的とする会計 ②　**財務会計** **外部の利害関係者**に対して，経済的意思決定に役立つ情報を提供することを目的とする会計
(2)　非営利会計		①　家　計 ②　官庁会計 ③　**非営利法人会計** **公益法人会計**，学校法人会計，宗教法人会計，医療法人会計　等

! 参考

公益法人会計とは，営利を目的とせず，宗教・学術・技芸・祭祀等の社会一般の利益となる事業を行うことを目的とする公益法人（財団法人や社団法人）が受託資金をどのように使い，財産がどうなったかを明確化するための会計をいう。

2 管理組合の会計

管理組合会計は，**公益法人会計基準**に基づき会計処理をすることが望ましいとされているが，**現在のところ明確な管理組合会計の基準は定められていない**。そこで，多くの管理組合では，管理業務を委託しているマンション管理業者の採用している企業会計をベースとした独特な方式により会計処理が行われているのが実情である。

1．管理組合会計の目的

管理組合会計では，建物等の維持保全のために限られた収入（管理費，修繕積立金，専用使用料等）の範囲内で，最大限の効果をあげることが重要であり，管理組合を構成する組合員に**予算執行の結果（決算）や組合の財政状態を報告**することが主たる目的となる。

2．管理組合会計の基本原則

管理組合会計の基本原則は，企業会計と共通する「**一般会計**

原則」と管理組合会計の目的から生じる「**特有の原則**」の２つから成り立っている。

⑴ 管理組合会計の一般会計原則

一般会計原則は，法令上の規定や基準によるものではないが，会計に関する基本的な考え方であり，**会計処理をする際に必ず従うべき規範**である。

① **真実性の原則**	取引や発生事象に基づいて，**整然かつ正確にして真実な内容の報告書を作成**しなければならない。つまり，**虚偽の報告書を作成してはならない**ということである。
② **正規の簿記の原則**	会計帳簿は，形式にはとらわれないが，**整然・明瞭に記帳**しなければならない。管理組合会計では，**複式簿記**により，会計帳簿を作成することが**望ましい**。
③ **明瞭性の原則**	利害関係者に対し，**必要な会計事実を財務諸表によって適正・公正・明瞭に表示**しなければならない。
④ **継続性の原則**	**会計処理の原則・手続き・計算書類の表示方法**は，**毎事業年度これを継続**し，**みだりに変更してはならない**（みだりに変更できないだけであり，「**正当な理由**」があれば変更できる）。
⑤ **保守主義の原則**	財政に不利益な影響を及ぼす可能性がある場合は，これに備えて**健全な会計処理**をしなければならない。つまり，**適度に予想マイナス面を盛り込み**，**会計処理**をする。
⑥ **単一性の原則**	会計報告の内容は，**会計帳簿に基づいて作成**されるものであり，政策等により事実の表示を変更することはできない。いわゆる**二重帳簿は禁止**されている。つまり，すべて同一の会計帳簿から作成しなければならない。

⑵ 管理組合会計に特有の原則

① 区分経理の原則（目的別会計）

管理組合会計においては，**目的に応じた会計処理を行う**必要がある。管理費は経常的な費用に充てるために，修繕積立金は周期的かつ計画的な大規模修繕に充てるための準備金として徴収されているものである。この目的どおりに会計処理を行わないと，一方に不足が生じた場合に安易に流用することになり，予算の適正な管理が望めなくなる可能性がある。このため管理規約には，**管理組合の会計処理方針（区分経理の原則）を明確に定めておくことが望ましい**とされている。

区分経理の原則による場合，一般会計（管理費会計）または特別会計（修繕積立金会計）において赤字が生じるおそれがあるときは，支出予算で削減できるものはないか，無駄な支出はないか等を検討し，節約できる支出がなければ管理費または修繕積立金の改定（値上げ）を検討することとなる。

② 予算準拠性の原則（予算準拠主義）

「管理目的を達成するための会計」という性質を有する管理組合会計は，予算の管理運営が主目的であるため，**予算の執行が重要**である。予算と決算との差異を分析することにより，予算の執行の良否，責任の所在を把握することができ，それにより管理執行の評価を行い，次期予算の編成の参考として，収支の均衡や合理化を図ることができる。**予算準拠性の原則**においては，**予算と決算の差異が少ないほどよい**とされ，会計は，常に勘定科目ごとの残高を把握し，実績との比較をしながら予算を執行することになり，無駄のない効果的な収支管理を行うことができる。

② 管理組合の予算・決算

1 予算手続

1．収支推移表の作成

次期会計年度の収支予算案の作成にあたり，当期会計年度の収支状況を確認し，その結果を参考にする。当期会計年度の「収支状況を確認」することにより，収支のバランスがとれているかを点検するのである。そのために，次のような「**収支推移表**」を作成し，各科目の内訳を把握する。

【月次収支推移表】

〇〇マンション　　令和　年　月　日　作成　　（単位：円）

項　目		平成〇年度予　算	実績												平成〇年度実績累積	平成〇年度予算対比
			月	月	月	月	月	月	月	月	月	月	月	月		
収入の部																
小　計																
支出の部																
小　計																
収支差額																

2．支出予算案の作成

次に次期会計年度の支出予算案を作成する。この場合，管理費・修繕積立金の支出項目ごとに予算額を算出する。改定が不可欠な項目や修繕または取替えが明らかな項目については，改定を想定した予算額を計上する。各支出項目について改定の必要がない場合は，前年度と同一の予算額を計上する。

3．収支予算案の作成

次期会計年度の支出予算額が確定後，管理費収入および修繕積立金収入の12ヵ月分を計上した収入予算と対比する。支出予算額が収入の予算額を超えたときは，再度支出項目を見直し，支出を収入の範囲内に収める。もし，支出項目の削減が不可能の場合は，管理費・修繕積立金の改定案を作成する。

4．収支予算案の提出時期

収支予算案については，会計年度開始前に確定することが望ましいが，一般的には，会計年度開始後に定期総会を開催し，前期の収支報告および当期の収支予算案が承認されるのが一般的である。

2 決算手続 はじめて

1．収支報告書作成上の留意事項

管理組合会計では，決算手続として，予算の執行状況と管理組合の財産の状況を組合員に報告するための財務諸表として，**収支報告書**と**貸借対照表**とを作成する。

収支報告書は，**会計年度内の収入と支出を予算額と決算額との対比で明確にするもの**であり，**収入**，**支出**の科目ごとに，次の点に留意して作成する。

⑴ 管理組合の管理規約において，会計区分の定めがない場合を除いて，**一般会計**（管理費会計）と**特別会計**（修繕積立金会計）の別に作成する。

⑵ 収支報告書の各勘定科目は，「**発生主義の原則**」に基づいて作成する。発生主義とは，すべての収入や支出は，**その発生した期間に正しく割り当てられるように処理**しなければならないという考え方である。

プラス 「**債権や債務が発生した時**に会計処理をする考え方が**発生主義**」と考えると理解しやすい。発生主義に対して，実際に現金・預金の受取り・支払があった時点で計上するという考え方を「現金主義」という。取引の実態を適正に表示するには，現金主義よりも発生主義の方が優れているとされている。

収支状況 ➡ **決算 － 予算 ＝ 差額**
（少ないほどよい）

【収支報告書（例）】

令和○年度一般会計収支報告書
（自　令和○年4月1日
○○管理組合　　　至　令和□年3月31日）　　　単位：円

項　目	決　算	予　算	差　額	備　考
（収入の部合計）				
管理費 敷地内駐車場使用料 専用庭使用料 雑収入 受取利息				
（支出の部合計）				
管理委託費 水道光熱費 　電気料 　ガス料 　水道料 損害保険料 植栽保守費 排水管洗浄費 小修繕費 什器備品費 組合運営費 雑　費 予備費				
（次期繰越金）				
当期繰越金 前期繰越金				

注：支出の部の「管理委託費」の内訳は，事務管理業務費・管理員業務費・清掃業務費・管理手数料等である。

【収入科目（例)】

① **管理費，修繕積立金**
所定月額×12ヵ月分を計上する。
② **専用使用料**
駐車場使用料，専用庭使用料，ルーフバルコニー使用料，屋上使用料等がある。所定月額×12ヵ月分を計上する。
③ **受取利息，配当**
会計年度内に発生した受取利息等の合計を計上する。
④ **雑収入**
会計年度内に発生した雑収入の合計を計上する。
⑤ **その他**

【支出科目（例)】

科目	
① 管理委託費	会計年度内に発生したすべての支出（費用）科目の総額を計上する。
② 水道光熱費	
③ 損害保険料	
④ 小修繕費	
⑤ 支払利息	
⑥ 排水管洗浄費	
⑦ 植栽保守費	
⑧ その他	

2．貸借対照表作成上の留意事項

貸借対照表は，**会計年度末における財産（資産・負債）の状況を示すもの**であり，**資産，負債**の科目ごとに，次の点に留意して作成しなければならない。

管理組合の管理規約において，会計区分の定めがない場合を除いて，**一般会計**（管理費会計）と**特別会計**（修繕積立金会計）の別に作成する。

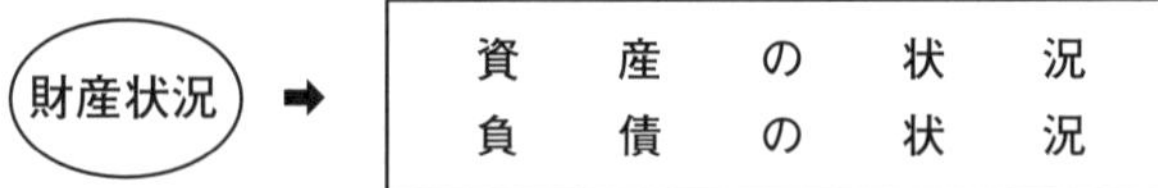

【貸借対照表（例）】

出題 R5

一般会計貸借対照表

○○マンション　（令和○年3月31日現在）　単位：千円

資産の部			負債・繰越金の部		
項　目	金　額	備　考	項　目	金　額	備　考
現金・預金			**未払金**		
現　金		保管分	什器備品費		○商店
普通預金		○銀行			
定期預金		○支店			
預け金			**前受金**		
○月○日振替予定		保管分	管理費		翌月分
			敷地内駐車場使用料		〃
			専用庭使用料		〃
未収入金					
管理費					
敷地内駐車場使用料					
前払金					
管理委託費		翌月分			
前払保険料		次年度分	**次期繰越金**		
		翌月分			
			当期繰越金		
			前期繰越金		
合　計			合　計		

【資産科目（例）】

① **現　金**

会計年度末における現金の残高を計上する。現金残高は，現金出納帳および実際の現金残高で確認する。

② **普通預金，定期預金**

会計年度末における普通預金，定期預金の残高を計上する。これは，金融機関等の発行する残高証明書と照合し確認する。

③　**損害保険（積立部分）**

積立型損害保険のうち，会計年度末における積立部分の残高を計上する。なお，管理組合が積立型損害保険に加入している場合の支払保険料は，次のとおり経理処理して計上する。

損害保険料

ア．**積立保険料**（積立部分 ➡ **資産**計上）

イ．**危険保険料**

a. **当期損害保険料**（経過保険料 ➡ **費用**計上）

b. **前払保険料**（未経過保険料 ➡ **資産**計上）

④　**預け金**

徴収方法の関係上，区分所有者から徴収した管理費・修繕積立金等（例えば，管理費等の徴収を集金代行会社等に委託しているケースで，区分所有者の口座から引き落とした管理費等）で，管理組合の預金口座に入金されるまでの間の金額を計上する。

⑤　**未収入金**

管理費・修繕積立金等，発生主義で収入として計上したものに対し，入金されていないものを計上する。

出題 R3

⑥　**前払金**

次年度に計上すべき費用で，当年度内に支払った額を計上する。

出題 R4

⑦　**仮払金**

管理組合から支出すべきか否か不確定であるが，一時的に支払った額を計上する。

【負債科目】

①　**未払金**

会計期間中に役務の提供が行われたが，支払いが翌期（翌月）になるものを計上する。

②　**借入金**

年度末における借入金残高（元本部分）を計上する。

③　**預り金**

将来返還すべき債務（駐車場敷金等）の年度末残高を計上する。

出題 R3

④　**前受金**

次年度に計上すべき収入（**翌月分**の管理費等を**当月**に収納している場合等）で，当年度内に徴収された管理費等（実入金額）を計上する。

⑤　**仮受金**
管理組合の収入になるか否か不明であるが，一時的に入金された金額を計上する。

出題 R４

プラス　資産科目は，「債権（権利）やお金」，負債科目は，「債務（義務）や借金」と考えれば理解しやすい。

３．簿記のルール

(1)　簿記とは

簿記とは，「**帳簿記入**」という言葉から生まれた造語で，帳簿に記入するためのルールを定めたものである。管理組合では，その運営から生じる様々な取引を整然と記録しなければならず，簿記は，管理組合の運営を支える重要な役割を果たしている。現在，簿記といえば帳簿に記入するだけでなく，一般に「**帳簿に記録し，これを報告する**」という一連の手続までを指しており，管理組合の日常的な取引を記録するが，最終的には前述した**収支報告書**や**貸借対照表**にまとめるのがその目的である。

(2)　仕訳

簿記では，取引が発生すると，文章ではなく，**勘定科目**と**金額**を使って記録する。この記録する手段のことを**仕訳**という。**勘定科目**とは，誰が記録しても同じ記録になるように定められた一定の用語で，性質によって**収入・支出（費用）・資産・負債**という次の４つのグループに大別できる。

出題 R３

		勘　定　科　目
貸借対照表に属する勘定科目	資産	現金，**普通預金**，**損害保険料（積立部分）**，預け金，**未収入金**，**前払金**，**什器備品**，**建物**，**構築物**，**建物附属設備**等
	負債	未払金，**借入金**，**預り金**，前受金
収支報告書に属する勘定科目	収入	管理費，修繕積立金，**駐車場使用料**，受取利息，配当，雑収入等
	支出	**管理委託費**，**特別清掃費**，**水道光熱費**，**損害保険料（掛捨部分）**，**修繕費**，小修繕費，支払利息，固定資産除却損等

第15章　管理組合の会計等

そして，勘定科目を，その取引により生ずる増減により仕訳帳の**借方**（かりかた）（左）・**貸方**（かしかた）（右）のどちらかに記入するのかが，次のように決められている。

	借方（左）	貸方（右）
資産	**増加**した場合に記入	**減少**した場合に記入
負債	**減少**した場合に記入	**増加**した場合に記入
収入	—	**発生**した場合に記入
支出	**発生**した場合に記入	—

(3) 貸借平均の原則

取引は，必ず借方に記入される要素と貸方に記入される要素が含まれている。1つの取引について，**借方に記入された金額と貸方に記入された金額**は，**必ず同じ金額**となる。これを**貸借平均の原則**という。

(4) 取引要素の結合関係

取引は必ず借方と貸方の要素から成り，次のように**収入・支出・資産・負債**の組み合わせによって成り立つ。1つの取引について，借方・貸方の要素が2つ以上になることはあるが，**借方の要素のみ，貸方の要素のみということは絶対にない**。

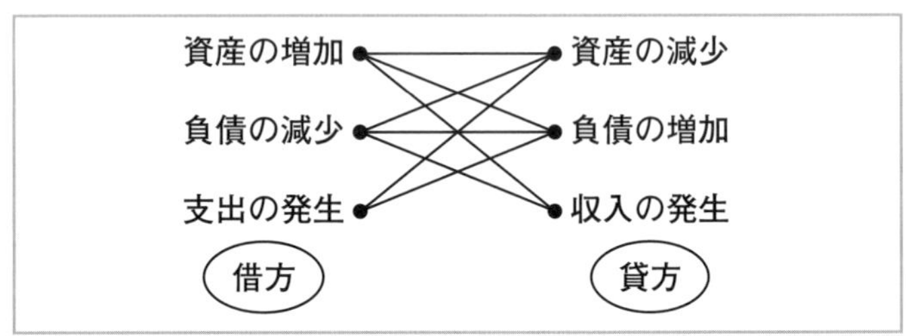

(5) 仕訳のルール

仕訳は，一定の手順により，取引要素の結合関係に基づいたルールに従って行う。

[仕訳の例]

管理組合の活動により，「**修繕費として10万円を現金で支払った**」という取引が発生したときの正しい勘定科目の仕訳はどうなるか。次の手順で考えよう。

① **勘定科目の決定をする**

取引の中から**2つ以上の勘定科目**を見つけ出す。

⬇

勘定科目は「**修繕費**」と「**現金**」

② **グループを判定する**

選び出した勘定科目が**資産**，**負債**，**収入**，**支出**のどのグループに属するか判定する。

⬇

「**修繕費**」➡「**支出**」　「**現金**」➡「**資産**」

③ **増減の判定と金額の決定**

選び出した勘定科目が**いくら増加**したのか，または**いくら減少**したのかを判定する。

⬇

「**修繕費**」➡「**支出**」➡ **増加10万円**
「**現金**」➡「**資産**」➡ **減少10万円**

④ **記入場所を決定する**

グループごとに**増加**または**減少**した場合に**借方(左)**に記入するのか，**貸方（右）**に記入するのかが決まっている。

「資産」と「支出」に属する勘定科目

増加した場合 ➡ **借方（左）**に記入
減少した場合 ➡ **貸方（右）**に記入

「負債」と「収入」に属する勘定科目

増加した場合 ➡ **貸方（右）**に記入
減少した場合 ➡ **借方（左）**に記入

⬇

「**修繕費**」➡「**支出**」➡ **増加10万円** ➡ **借方**
「**現金**」➡「**資産**」➡ **減少10万円** ➡ **貸方**

したがって，仕訳は次のようになる。　　　　　（単位：円）

借方		貸方	
修繕費	100,000	現金	100,000

出題 H26～30・R1～5

4．勘定科目の仕訳例

⑴　組合員から当月分の管理費800,000円，修繕積立金200,000円を徴収し，管理組合の普通預金口座に入金した。

（単位：円）

（借　方）		（貸　方）	
普通預金（資産の増加）	1,000,000	**管理費**（収入の発生）	800,000
		修繕積立金（収入の発生）	200,000

⑵　組合員から当月分の管理費800,000円を徴収し，管理組合の普通預金口座に入金したが，修繕積立金200,000円は未収（滞納）となった。

（借　方）		（貸　方）	
普通預金（資産の増加）	800,000	**管理費**（収入の発生）	800,000
未収入金（資産の増加）	200,000	**修繕積立金**（収入の発生）	200,000

実際には修繕積立金は納入されていないが，**発生主義**により**収入の発生**として**貸方**に計上する。これにより**未収入金**という**資産**が**増加**したので**借方**に計上する。

⑶　上記⑵の後，修繕積立金の未収入金200,000円が回収されて，管理組合の普通預金口座に入金された。

（借　方）		（貸　方）	
普通預金（資産の増加）	200,000	**未収入金**（資産の減少）	200,000

未収となっていた修繕積立金が回収された場合，計上していた**未収入金**を取り崩し，**普通預金の増加**を計上する仕訳をする。

⑷　組合員から翌月分の管理費800,000円，修繕積立金200,000円を当月に徴収し，管理組合の普通預金口座に入金した。

（借　方）		（貸　方）	
普通預金（資産の増加）	1,000,000	**前受金**（負債の増加）	1,000,000

翌月分の管理費，修繕積立金が前もって入金された場合，**発生主義**により，収入の発生とは認識しない。これは翌月分の収入に該当するものであるため，**前受金**という**負債の増加**として**貸方**に計上する。また，**普通預金が増加**することになるので，**資産の増加**として**借方**に計上する。

⑸　上記⑷の後，翌月となった。

（借　方）		（貸　方）	
前受金（負債の減少）	1,000,000	**管理費**（収入の発生）	800,000
		修繕積立金（収入の発生）	200,000

管理費，修繕積立金の発生月になった場合，**前受金**をその月の収入とする必要がある。このため**前受金**を**管理費**と**修繕積立金**に**振り替える仕訳**をする。

⑹　組合員から当月分の管理費800,000円，修繕積立金200,000円を徴収する期日となり，その徴収を集金代行会社に委託しているため，集金代行会社の口座に全額入金されたが，管理組合の普通預金口座に，まだ入金されていない。

(借　方)		(貸　方)	
預け金（資産の増加）	1,000,000	**管理費**（収入の発生）	800,000
		修繕積立金（収入の発生）	200,000

実際には管理組合の口座には入金されていないが，**発生主義**により**収入の発生**として**貸方**に計上する。しかし，集金代行会社の口座に入金されており，これにより**預け金**という**資産が増加**するので**借方**に計上する。

⑺　2月に実施完了した共用部分の修繕工事の修繕費200,000円を3月に支払うことにした。

(借　方)		(貸　方)	
修繕費（費用の発生）	200,000	**未払金**（負債の増加）	200,000

2月に発生した**修繕費**が2月に支払われなかった場合も**発生主義**により**費用の発生**として**借方**に計上する。これにより**未払金**という**負債**を負うことになるので，**負債の増加**として**貸方**に計上する。

⑻　⑺の後，3月に修繕費を普通口座から支払った。

(借　方)		(貸　方)	
未払金（負債の減少）	200,000	**普通預金**（資産の減少）	200,000

2月に発生した修繕費が3月に支払われた場合，**未払金の減少**と**普通預金の減少**の両方を認識する仕訳をする。

⑼　普通預金1,000,000円を定期預金に振り替えた。

（借　方）		（貸　方）	
定期預金（資産の増加）	1,000,000	**普通預金**（資産の減少）	1,000,000

⑽　普通預金に5,000円の利息が付された。

（借　方）		（貸　方）	
普通預金（資産の増加）	5,000	**受取利息**（収入の発生）	5,000

⑾　当月分の管理委託費200,000円，エレベーター保守点検費100,000円，清掃費50,000円を，当月に普通預金から支払った。

（借　方）		（貸　方）	
管理委託費（費用の発生）	200,000	**普通預金**（資産の減少）	350,000
保守点検費（費用の発生）	100,000		
清掃費（費用の発生）	50,000		

⑿　翌月分の管理委託費200,000円を，当月に普通預金から支払った。

（借　方）		（貸　方）	
前払金（資産の増加）	200,000	**普通預金**（資産の減少）	200,000

翌月の管理委託費を前もって支払った場合，**発生主義**により当月の支出の発生とは認識しない。これは翌月分の支出に該当するものであるため，**前払金**という**資産の増加**として**借方**に計上する。また，**普通預金**が**減少**することになるので，**資産の減少**として**貸方**に計上する。

⒀　**保険期間３年間の積立型損害保険に加入し，損害保険料（積立保険料2,350,000円，危険保険料150,000円）を当期に一括して普通預金から支払った。**

（借　方）		（貸　方）	
積立保険料（資産の増加）	2,350,000	**普通預金**（資産の減少）	2,500,000
前払保険料（資産の増加）	100,000		
損害保険料（費用の発生）	50,000		

積立型保険料のうち**積立保険料**（積立部分）は，満期に返戻されるので**資産**として計上する。**危険保険料**（掛捨て部分）は，**当期の損害保険料**部分（３年一括で150,000円だから１年分は50,000円）は，**費用**として計上し，翌期以降分（残りの２年分の100,000円）は，**前払保険料**（前払金）であるから**資産**として計上する。

⒁　**大規模修繕工事にあてるため30,000,000円の資金を金融機関から借り入れ，普通預金口座に入金があった。**

（借　方）		（貸　方）	
普通預金（資産の増加）	30,000,000	**借入金**（負債の増加）	30,000,000

⒂　**借入金の一部（元本950,000円，利息50,000円）を普通預金から返済した。**

（借　方）		（貸　方）	
借入金（元本）（負債の減少）	950,000	**普通預金**（資産の減少）	1,000,000
支払利息（費用の発生）	50,000		

⒃　**敷地内駐車場使用者から敷金50,000円が普通預金口座に入金された。**

（借　方）		（貸　方）	
普通預金（資産の増加）	50,000	**預り金**（負債の増加）	50,000

敷地内駐車場の敷金として預かった金額は，駐車場利用の対価である使用料ではなく，契約終了時に返却をしなければならない債務である。したがって，管理組合にとっては，負債であり，**預り金**という**負債の増加**として**貸方**に計上する。

3 監査

1．監査対象

監事の職務は，「**会計監査**」と「**業務監査**」に大別される。

2．監査の内容

⑴　**会計監査**

監査の主たる目的は，「予算に基づき管理行為が適正かつ効率よく実施されたか」「管理組合の財産状況はどうなっているか」を確認することであり，総会に提出される収支報告書（案）および貸借対照表（案）が適正に作成されているかを確認する。

⑵　**業務監査**

管理規約および使用細則，総会決議に従い，管理組合の運営がされているか，計画された点検・清掃および改修工事等が適切に行われているかを管理事務報告書等により確認する。

3．監査手続

財務諸表類は，総会で全組合員に配布・報告されるものであり，それまでに監査を終了する必要がある。管理組合の理事等は，決算終了後ただちに財務諸表類の作成に着手し，会計年度内の帳票類を整理する。また，監事は，収支報告書，貸借対照表（什器備品台帳等）および残高証明書を綴じ込んだ「**監査報告書**」を作成し，監査の証として「**監事**」**が署名・捺印**しておく。

4．監査報告

定期総会において，「**監事**」は，組合員に対して監査内容を報告する。

参考

管理組合法人にあっては，**監事**は必須の機関である。また**法人格を有しない管理組合**においても，**監事**を置いて監査業務を行わせるのが一般的であり，**標準管理規約**でも**監事**を置くこととしている。

③ 滞納管理費等の処理

1 督促責任の明確化

管理費等の滞納は，組合員個々の事情によるものであるから，本来管理業者に直接の責任はない。しかし，管理業者の督促責任については，一般的に管理委託契約に定められており，管理業者は，契約の範囲内で責任を負うことになる。契約当事者が互いに理解できるように，管理委託契約における管理業者の督促責任をより明確に定めておく必要がある。

2 督促の手順

初めての滞納であっても，**速やかに督促を行う**ことが妥当である。

【督促手順（例）】

滞納期間	督促方法
滞納が発生してから１～３ヵ月程度	・電話督促 ・通常文書督促 ・訪問督促
滞納が発生してから４ヵ月以上	・通常文書督促 ・内容証明郵便督促 ・支払督促の申立て ・少額訴訟の提起 ・通常訴訟の提起 ・配当要求（先取特権の実行） ・区分所有権競売請求

3 管理費等の支払義務者と請求権者

はじめて

出題 H28・30・R1・3～5

(1) 管理費等の負担義務は**区分所有者**が負う。また，区分所有者の**特定承継人（中古マンションの買主・受贈者，競売によって区分所有権を買い受けた者**等）や**包括承継人（相続人**等）は，**滞納管理費や遅延損害金の支払義務を承継する**。なお，ここでいう**特定承継人**には，**賃借人は含まれない**。

⑵　例えば，区分所有者が管理費等を滞納したまま専有部分を転売しても，**売主である前区分所有者にも依然として滞納額を請求することができる**。この場合，滞納者である前区分所有者と買主である特定承継人の間に「**買主が滞納管理費等を負担する**」旨の特約があっても，管理組合は**売主である前区分所有者に滞納管理費等を請求できる**。

出題 H28・30・R３・５

⑶　⑵と同様に，専有部分が賃貸され，賃貸借契約に「**管理費等の支払いは賃借人が行う**」旨の特約があっても，管理費等の滞納があった場合は，**賃借人である占有者は，滞納管理費等の支払い義務を負わず**，管理組合は**賃貸人である区分所有者に滞納管理費等を請求することができる**。

出題 H26・28・R１・３・５

⑷　さらに，買主が買い受け当時に**前区分所有者の滞納の事実やその額については知らず，知らないことに過失がないときであっても，買主は支払義務を負わなければならない**。

出題 H26・28

⑸　**滞納管理費等の請求権者**は，管理組合の形態により次のように異なる。

管理組合の形態		請求権者
管理組合法人		理　　事
法人格のない管理組合	管理者を定めている	管理組合（管理者）
	管理者を定めていない	管理組合（他の区分所有者全員）

⑹　**主な請求の方法**

①　配達証明付内容証明郵便督促	催告書で請求した事実の証明・発送した日付を明確にする効果があり，**訴訟となった場合の証拠価値は高い**。しかし，滞納者に対して発送しても，**督促自体に強制力はない**。したがって，滞納した区分所有者に，具体的な行為をする法的義務を生じさせない。
②　訴えの提起（少額訴訟手続を含む）	管理費等の滞納者が任意弁済に応じない場合，**強制的に弁済をさせる法的手続**である。訴えの手続は，**訴えの提起 ➡ 裁判 ➡ 確定判決 ➡ 強制執行**というプロセスとなる。

第15章　管理組合の会計等

出題 H26・28・30・R3～4

プラス 管理費の滞納者に対して，文書で督促をする場合，内容証明郵便で行わず，**普通郵便**で行った場合でも**時効の完成猶予事由**である「**催告**」**としての効力が生じる**。一般的には，配達証明付きの内容証明郵便で行うことが多い。なお，「催告」により**6ヵ月を経過するまでの間は，時効の完成が猶予**されるが，この間に**再度「催告」をしても時効の完成猶予の効力は生じない**（➡P.37参照）。

出題 H28

【再訴の禁止】

訴えの取り下げがあると，訴訟は初めからなかったことになり**終了する**（民事訴訟法262条1項）。また，**訴えの取り下げ後に再度同一の訴えを提起すること（再訴）**は，原則として自由であるが，**終局判決の後に訴えを取り下げた場合**には，判決を無駄にしたことへの制裁として**再訴は許されない（再訴の禁止**，同2項）。したがって，管理費の滞納者に対して，訴えを提起したところ，「必ず払う」との誓約書を提出したため，**終局判決の前に訴えを取り下げた場合**は，その後，支払いがなされなかったときには，**再訴の禁止には触れず，再び訴えを提起することができる**。

4 遅延損害金の設定

出題 H26・28・30・R3・5

管理費等の滞納者には，**管理規約**で，管理費等とともに**遅延損害金**の支払請求ができるように定めておくのがよい。この場合の**遅延損害金の利率**は，**約定（規約の定め）があれば約定に従い，約定がなければ，法定利率**となる（民法419条1項，404条，➡P.70参照）。なお，規約で状況に応じて利率を多少高めに設定しておくことは，滞納防止策として有効な措置である。

5 公示送達

出題 H26・30・R1～2・4

用語解説

「**公示送達**」とは，出頭すれば送達書類（訴状等）をいつでも交付する旨を**裁判所の掲示場に掲示する方法によって行う送達**。掲示の日から**2週間**経過すると，相手方に到達したものとみなされる。

訴えの提起は，**訴状を裁判所に提出**することにより行う（民事訴訟法133条1項）。その後，訴状は被告に対して**送達**（訴状を被告に送ること）され訴訟が開始する。送達は，**被告の生活の本拠としている住所**，営業所又は事務所においてする。訴訟の相手方が**行方不明**であっても，**公示送達**という方法で**訴えを提起することができる**（110条1項1号）。例えば，**管理費等の滞納者が行方不明の場合**であっても**滞納管理費等の支払請求訴訟を提起することができる**し，敷地内駐車場に違法駐車がされているが所有者が行方不明の場合であっても車両の撤去請求の訴訟を提起することができる。この方法によれば訴状の送達が不可能でも，それまでに調査した結果を上申書の形で裁判所に提出し，申出をすることで，仮に当事者が行方不明で訴訟を起こされたことを知らなくても，訴訟を提起したという扱いとなる。

6 法的手続等

1．配当要求（先取特権の実行）

配当要求は，**先取特権**に基づき行うことができる（区分所有法7条）。つまり，管理費等の滞納者の財産に対し，他の債権者が強制執行をした場合，先取特権の実行に基づいて，その手続に参加し，配当を受けることになる。

配当要求は，差し押さえられた財産の競売代金から，債権者に弁済を行う手続であり，差押債権者以外の債権者でも，配当要求の終期までに配当要求をすることにより，配当を受けることができる。もし，この配当要求の手続を行わなかった場合でも，区分所有法8条により，滞納管理費債権について，特定承継人である競落人に対しても行うことができる。

参考
配当要求により実際に配当を受領できることはまれであるが，**時効の完成猶予**の効果があり，競売の進捗状況もわかるので手続をしておく意味はある。

2．即決和解（訴え提起前の和解）

即決和解とは，財産上の争いについて，訴訟や調停によらずに，双方の合意による解決の見込みがある場合に，裁判所で和解をする手続である（民事訴訟法275条）。この申立ては，相手方の住所のある地区の裁判を担当する**簡易裁判所**に対して行うが，相手方の合意が見込まれることは少なく，この手続での解決はあまり多くない。

プラス
民事訴訟における第一審裁判所は，**簡易裁判所**または**地方裁判所**である。このうち**簡易裁判所**は，比較的軽微な事件を，簡易・迅速に解決することを目的に作られた裁判所である。金銭支払請求事件においては，**訴額が140万円を超えない場合**，**簡易裁判所に訴えを提起できる**。**簡易裁判所**では，通常の訴訟手続に対する特則（**支払督促**，**少額訴訟**等）をおいて手続を簡略化している。

出題 R2・4

参考

民事調停は，紛争を円満に解決させる手段であるが，申立てを受けた相手方は，**調停の場に出る義務はないので**，管理費等の滞納問題の解決において，**有効な手段とはいえない**。

3．民事調停

民事調停は，**裁判所の調停委員会の仲介**によって，金銭の貸借等における相手方との話し合いで，トラブルを解決する手続である。なお，調停結果に裁判上の和解と同一の効力を持たせるためには**当事者の合意が必要**であり，**調停委員の意見**が当事者に対して**強制力を持つものではない**（民事調停法１条～23条）。

出題 R３

4．支払督促

(1) 手続　出題 R３

支払督促（民事訴訟法上の「督促手続」）とは，通常の訴訟によらないで，債権の目的が「**金銭その他の代替物または有価証券の一定量の給付**」の場合，**簡易裁判所書記官**が**債権者**の申立てに理由があると認めれば，**債務者の言い分を調べることなしに，債務の支払いを命ずる手続**である。

出題 R３

(2) 通常訴訟への移行

債務者から，支払督促を発した裁判所書記官の所属する簡易裁判所に**異議の申立て（督促異議）**があった場合は，**通常の訴訟に移行する**。

(3) 支払督促の特徴（民事訴訟法382条～396条）

① 債権者（管理組合）にとっては，簡単な方法であり，少ない費用で手続ができる。通常の訴訟を起こす際の訴状に貼る印紙代の半額と郵送用の切手代ですむ。

② 時間をかけずに裁判所書記官から支払督促を発付してもらえる。

③ 相手方（管理費等の滞納者）が支払いに応じなければ，さらに裁判所書記官に申立てをして，支払督促に仮執行宣言を付けてもらい，これを**債務名義として強制執行ができる**。

一般的な債務名義を取得するための流れは，「**訴訟提起**」➡「**確定判決**」➡「**判決正本を債務名義として強制執行**」となる。しかし，金銭等の支払請求権については，債権者が簡易迅速に債務名義を得る必要があるので，この支払督促には意義がある。

用語解説

「**債務名義**」とは，判決等の**強制執行を行うことができる民事執行法22条に定められている文書**のことである。典型的な債務名義が確定判決である。

④　書類の審査だけで発付されるので，訴訟のように申立人が裁判所に出頭する必要はない。

【支払督促の流れ】

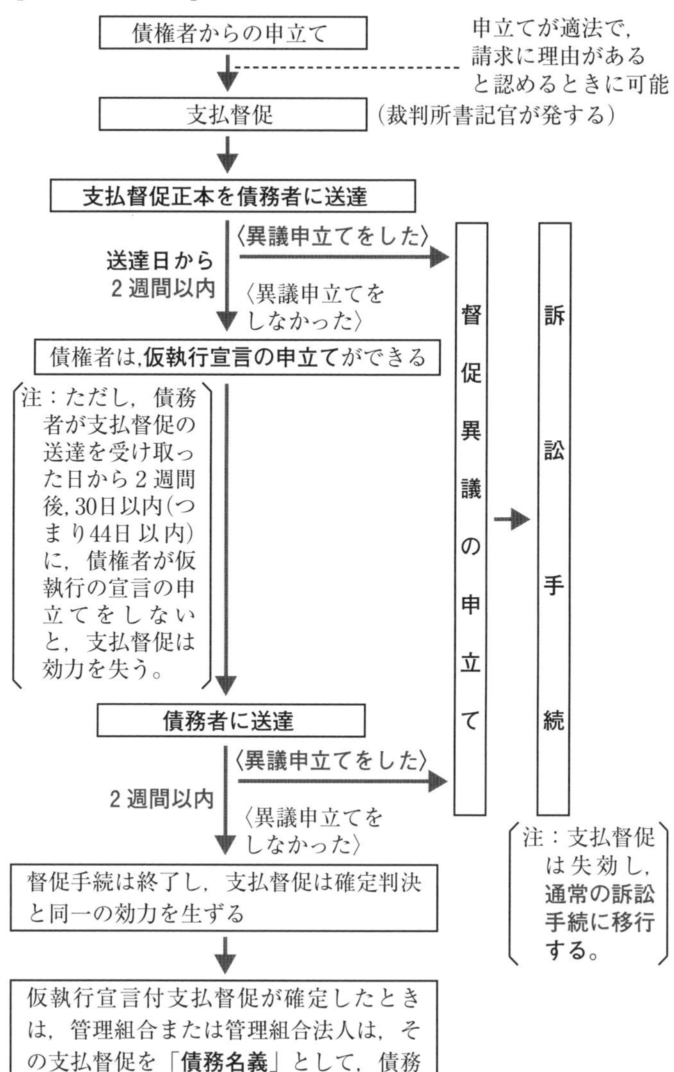

5．少額訴訟

(1) 制度目的

特に少額で，複雑・困難でないものについては，少しでも一般市民が訴額に見合った経済的負担で，迅速かつ効果的に解決することを目的としている（民事訴訟法上の「**少額訴訟に関する特則**」）。

(2) 少額訴訟の特徴（民事訴訟法368条～381条）

出題 H28・30・R3～4

① **簡易裁判所**において，訴額が**60万円以下**の**金銭支払請求事件**について**利用できる**(申立料は訴額の1％)。ただし，訴額が60万円以下の場合でも「通常の訴訟」を提起できるため「**少額訴訟**」**の手続によるかどうか**は**当事者の任意**である。また，**請求金額**はその旨を明示して**分割することも可能**である（**一部請求**）。例えば，請求総額が90万円の場合でも30万の請求を3回することができる。

② 特別の事情がある場合を除き，**1回の期日**（第1回口頭弁論期日）**だけで審理を終了**する。このために，訴訟代理人が選定されていても，裁判所は当事者本人（法定代理人）の出頭を命じることができる（規則224条）。

出題 H27・29・R2・4

③ **訴え提起の際**に，**原告が少額訴訟による審理および裁判を希望**し，**相手方**（被告）**がそれに異議を申し出ないとき**に**審理**が進められる。**相手方**（被告）は，**審理が開始されるまで**（第1回口頭弁論期日において弁論するまで）**は，通常の訴訟手続に移行させることができる。**

出題 H29

④ 当事者は，口頭弁論が続行された場合を除き，第1回口頭弁論期日前または，その期日において，**すべての攻撃または防御方法**（**主張と証拠**）**を提出**しなければならない。

⑤ 裁判所は，少額訴訟の要件を満たさない等の場合，職権で訴訟を通常の手続によって行う旨の決定をする。

出題 H29・R2

⑥ 1人の原告による**同一簡易裁判所**における**同一年内**の少額訴訟手続の**利用回数**は，**10回以内**に制限される。

出題 H27・R2・4

⑦ 少額訴訟においては，被告は**反訴**（被告が，口頭弁論終結前に同じ裁判の中で，原告を相手方として新たに提起する訴え）**を提起することはできない**。

⑧ **判決の言渡し**は，**口頭弁論の終結後**，**直ち**にする。

⑨ 裁判所は，**一定の条件**(判決の言渡しの日から**3年を超え**

ない範囲内)のもとに,**支払猶予**,**分割払い**,**訴え提起後の遅延損害金の支払免除**等を命ずることができる。この場合も原告の「勝訴」となり，不服の申立てはできない。

⑩　判決に対しては，**同じ簡易裁判所に異議の申立てをすることはできる**が,**地方裁判所に控訴をすることはできない**。異議申立て後の判決に対しては，原則として不服を申し立てることはできない。

出題 H27・29・R２・４

プラス　滞納者に対して，**通常の訴訟**や**少額訴訟**を提起する場合に，あらかじめ**調停の手続**を経ていることや**内容証明郵便による督促**を行うことは，必要ではない。

出題 R２

Point整理　**少額訴訟のまとめ**

利用制限	① **60万円以下の金銭支払請求**に限り利用できる（分割も**可能**） ② １人の原告が**同一簡易裁判所**における**同一年内**の少額訴訟の利用回数は，10回以内に制限される
訴え提起	① **被告の住所地を管轄する**簡易裁判所に訴状を提出する ② 少額訴訟による審理および裁判を求める旨の申述は，訴えの提起の際にしなければならず，**被告がそれに異議を申し出ないときに**審理が進められる ③ 被告は，**最初の口頭弁論の期日において弁論をするまで**，**通常の訴訟手続に移行**させるように，裁判所に求めることができる
弁論・判決	① 当事者は，**最初にすべき口頭弁論期日前またはその期日にすべての攻撃または防御方法を提出**しなければならない ② 原則として，**１回の期日で**審理が終了し，**口頭弁論終結後直ちに判決**が言い渡される ③ 被告は**反訴**を提起することができない ④ 判決に対しては，**同じ簡易裁判所**に**異議の申立て**をすることができるが，**地方裁判所**に**控訴**することはできない ⑤ 裁判所は，被告の資力その他の事情を考慮して特に必要があると認めるときは，判決の言渡しの日から**３年を超えない範囲内**で，**支払猶予**,**分割払い**,**訴え提起後の遅延損害金の支払免除**をすることができる

Point整理 **少額訴訟制度の特徴と通常の訴訟制度との比較**

	少額訴訟		通常の訴訟	
対象事件	金銭支払請求事件のみ			
請求額	60万円以下	簡易裁判所	140万円以下	簡易裁判所
			140万円超	地方裁判所
期日	原則として，1回の期日で審理を終了し，口頭弁論終結後，ただちに判決が言い渡される			
利用回数の制限	同一の簡易裁判所で，同一年内に10回以内			
異議申立て	異議申立て可（控訴・上告不可）		控訴・上告可	

6．破産法

(1) **目的**（1条）

支払不能または**債務超過**にある債務者の財産等の清算に関する手続を定めること等により，債権者その他の利害関係人の利害および債務者と債権者との間の権利関係を適切に調整し，もって**債務者の財産等の適正かつ公平な清算を図る**とともに，**債務者について経済生活の再生の機会の確保を図る**ことを目的とするものである。

(2) **破産財団**（2条14項）

破産者（**債務者**であり，**破産手続開始の決定**がされているもの）の財産または相続財産であって，破産手続において破産管財人にその管理および処分をする権利が帰属するものをいう。

(3) **破産債権**（15条）

出題 H26・R3

破産者に対し，**破産手続開始前の原因に基づいて生じた財産上の請求権**であって，「**財団債権**（破産手続によらないで破産財団から随時弁済を受けることができる債権をいう）」に該当しないものを**破産債権**という。そして，破産債権者は，その有する**破産債権**をもって**破産手続に参加**し，**配当を受けることができる**（103条）。例えば，管理費を滞納している区分所有者が，**支払不能**となり**自己破産の申立て**をした場合でも，管理者等は**破産手続に参加**して，**滞納管理費の請求**をすることができる。

(4)　免責許可の申立て（248条）

個人である債務者（破産手続開始の決定後にあっては，破産者）は，破産手続開始の申立てがあった日から破産手続開始の決定が確定した日以後１ヵ月を経過する日までの間に，破産裁判所に対し，**免責許可の申立て**をすることができる。

(5)　免責許可の決定の効力等（253条）

免責許可の決定が確定したときは，破産者は，破産手続による配当を除き，**破産債権について，その責任を免れる**。したがって，管理費等の滞納者は破産手続開始の決定を受け，免責許可の決定が確定したときは，原則として，**「破産手続開始の決定前」の原因に基づく債務（管理費）の支払義務を免れる**ことになる。

出題 R３

プラス　「破産手続開始の決定日の翌日以降の管理費の支払義務」は免れない。

出題 H30

なお，管理費等の滞納者が**自己破産の申立てをした場合**であっても，管理組合は，**滞納者が免責許可の決定を受けるまで**は，破産手続に参加して**滞納管理費の請求をすることができる**。

出題 H26・30

④ 管理組合の税務

1 法人税（国税）

法人格の有無に関係なく，課税上の差異がないよう配慮されている。

1．法人格のない管理組合

出題 H27～28

法人格のない社団として**公益法人と同じ扱い**がされ，**非収益**事業所得に対しては，**法人税は非課税**とされている。例えば，**組合員から徴収する専用使用料等の収入は非収益事業所得**であるので，**法人税は課税されない**。なお，収益事業を行う場合には，その**収益事業**から生じた所得に対して**法人税が課税**される。法人税法によれば，**収益事業**とは物品販売業，不動産貸付業，製造業等の事業をいい，継続して事業場を設けて営まれるものをいう。管理組合においては，次のようなものが**収益事業**に該当する。

出題 H27

① **敷地の駐車場**を**区分所有者以外**の第三者に賃貸する場合
② マンション内のゲストルームや集会室を区分所有者以外の者に利用させ，利用料を徴収する場合

出題 H29・R2

③ **屋上等の共用部分**を**携帯電話の基地局設置のために通信事業者に賃貸**する場合

さらに**敷地の駐車場**の使用については，収益事業に該当するか否かは，次のように判断する。

出題 R2

区分所有者のみ使用	非収益事業に該当
区分所有者と外部の第三者が区別・優劣なく，同条件で使用	すべてが収益事業に該当
区分所有者と外部の第三者が区別され，区分所有者が優先的に使用	外部の第三者の使用部分のみが収益事業に該当

2．管理組合法人

法人格のない通常の管理組合より不利にならないように，法人税法およびその他法人税に関する法令の適用については，**公益法人と同じ扱い**をすると定められている（区分所有法47条13

項）。

したがって，**非収益事業所得**に対しては，**法人税**は**非課税**とされている。また，収益事業を行う場合には，その**収益事業から生じた所得**に対して**法人税**が**課税**される。

2 所得税（国税）

管理組合は，所得税法11条1項の「公共法人等」としての適用はないので，**預金利子**や**配当による所得**については普通法人として**所得税**が**課税**される。

3 消費税（国税）

(1) 消費税の納税義務者

消費税の納税義務者は，事業者（法人・個人事業者）とされており，法人格のない社団も消費税法上，法人とみなされる（消費税法3条）。したがって，**法人格のない管理組合**および**管理組合法人**は，事業者として**納税義務者となる**。

出題 H26・29

(2) 基準期間

① 消費税の課税基準となる基準期間は，**前々事業年度**であり，**課税対象売上高（第三者に使用させる駐車場使用料**等）が，**1,000万円を超える場合**に，当年度において**納税義務が発生する**（9条）。

出題 H26～27・30・R2

プラス　例えば，**令和2年度，令和3年度，4年度**の各1年間の課税売上高を算定したところ，それぞれ，**1,300万円，950万円，900万円**であった場合，**令和4年度は納税義務者**となって，消費税の納税義務を負うことになる。この課税売上高には**備品の譲渡による臨時収入も含まれる**ので（4条1項），例えば，基準期間の第三者に使用させる駐車場使用料の合計が980万円であっても，備品（例えば，パソコン）の譲渡による売上高が45万円あった場合には，**合計1,025万円**の課税売上高となり，**当年度は消費税の納税義務者**となる。

参考　**消費税の課税の対象となる取引**は，事業者が事業（営業）として対価を得て行う**資産の譲渡等**（資産の譲渡，資産の貸付け，役務の提供）である。

② 基準期間（前々事業年度）における課税売上高が1,000万円以下であっても，**前事業年度開始日から6ヵ月間（特定期間）の課税売上高が1,000万円を超えた場合**は，**当年度において消費税の納税義務者となる**（9条の2）。なお，

出題 H27～28・30・R2

特定期間では「1,000万円を超えているか否かの判定」は，課税売上高に代えて，**給与等の支払額**により判定することもできる（どちらの基準で判定するかは**納税者の選択**による）。

用語解説

「**不課税**」：対価性がなく，資産の譲渡等に該当せず，消費税法上，課税対象となっていないもの。

「**非課税**」：消費税の課税対象である資産の譲渡等には該当するが，主に政策的な理由で課税しないこととされているもの。

(3) 管理組合の収入に係る消費税の取扱い 出題 H26～29

収入	取扱い
管理費等（管理費，修繕積立金，組合費等）・**借入金**	**不課税**（原則）
専用使用料（**区分所有者**が，マンション敷地内の**駐車場**・**専用庭**・自転車置場・ルーフバルコニー等を使用している場合に，管理組合に支払う使用料）	
管理費等の預貯金利息	**非課税**
管理組合が，マンションの敷地または建物共用部分を区分所有者以外の第三者に使用させている場合に，当該第三者が管理組合に支払う使用料（**駐車場使用料**等）	**課　税**

出題 H26～29・R2

(4) 管理組合の支出に係る消費税の取扱い

支出	取扱い
管理委託料，諸設備保守点検費，**備品購入費**，請負工事費，清掃費，**水道光熱費**，**振込手数料**，**電話料**，**修繕費**等	**課　税**（原則）
借入金利子（**支払利息**），損害保険料（**火災保険料等**），債務保証料	**非課税**
会費または入会金（対価性のない場合），**従業員人件費**（**管理組合が雇用している場合**）、借入金（元金部分）	**不課税**

プラス
「**収入**」は，原則として課税されない。例外として「**第三者が管理組合に支払う使用料**」は課税される。これに対して「**支出（費用）**」は，原則として課税される。例外として「**借入金利子**」「**損害保険料**」「**従業員人件費**」は課税されない。いずれも例外を覚えておこう。

4 都道府県民税・市町村民税（地方税）

都道府県民税・市町村民税のうち，法人税の額に対して課税するものを「**法人税割**」といい，資本金の額や従業員数等を基準に課税するものを「**均等割**」という。

管理組合が**収益事業を行っていない場合**，**法人でない管理組合**は，「**法人税割**」および「**均等割**」ともに**非課税**であり，**管理組合法人**は，「**均等割**」**のみ課税**され，「**法人税割**」は，**非課税**となる。また，管理組合が**収益事業を行っている場合**，**法人格の有無にかかわらず**，「**法人税割**」および「**均等割**」が**課税**される。（地方税法24条５項・６項，52条２項４号，294条７項・８項，312条３項４号）。

プラス　なお，「**均等割**」については，**地方公共団体が条例で減免措置**を講じている。例えば，東京都の場合，毎年４月30日までに一定の書類を都税事務所に提出することにより「均等割」について減免を受けることができる。

○：課税　×非課税

			法人税割	均等割
法人でない管理組合	収益事業	なし	×	×
		あり	○	○
管理組合法人	収益事業	なし	×	○※
		あり	○	○

※：条例により免除・減免される場合がある

5 事業税・事業所税（地方税）

事業税，事業所税については，**収益事業所得**についてのみ課税される（地方税法72条の５第１項９号，701条の34第２項）。

Point整理 税務のまとめ

【消費税】

納税義務	管理組合は，法人格の有無にかかわらず，消費税の納税義務者
課税基準	基準期間（前々事業年度）または特定期間（前年の１月１日～６月30日の期間）の課税対象となる収入（売上高）の合計が1,000万円を超える場合に納税義務が発生
不課税	管理費収入，修繕積立金収入，組合員から徴収する駐車場使用料や専用庭使用料等，管理組合が雇用している従業員の人件費（給与），組合費，借入金等
非課税	受取利息（管理費・修繕積立金の預貯金利息），（借入金の）支払利息，火災保険等の損害保険料等
課税	組合員以外の第三者から徴収する駐車場使用料や敷地・共用部分の使用料，管理委託費（管理委託料，管理報酬），水道光熱費，振込手数料，修繕費，備品の購入費，エレベーターの管理保守料，小修繕の工事費等

【その他の税】

所得税	預金利子（預貯金に対する受取利息），配当（受取配当金）に課税
都道府県民税 市町村民税	① 均等割は，収益事業を行う場合，課税される（管理組合法人は，収益事業を行わない場合でも課税） ② 法人税割は，収益事業を行う場合，課税される
事業税 事業所税	収益事業を行う場合，課税される

⑤ 管理組合の保険

1 損害保険の意義

マンションで**火災・爆発等の事故が発生**した場合，その被害は原因となった専有部分だけにはとどまらず，他の専有部分や共用部分にも及び，被害額が多額となることも予想される。また，マンションでは，**共用部分や共用設備等の不備・不具合**によって居住者や訪問者等に損害を与えたり，居住者の不注意から水漏れを起こし，階下に損害を与えたりなど，さまざまな事故の発生のおそれがある。

万一事故が発生しても，復旧費の調達に困ることがないように安定した管理体制を確立し，マンションの財産的価値の長期安定と，居住者間の良好な共同生活を維持していくためには，**損害保険を活用していくことが不可欠**である。

2 損害保険の種類と内容

1．マンション共用部分専用火災保険

マンションの**共用部分に被った損害を一括して補償する保険**である。後出の「**施設所有者・管理者賠償責任保険**」（**4．**），「**個人賠償責任保険**」（**5．**）を，特約として付帯することが望ましい。

【保険の対象範囲】

① 専有部分以外の建物の部分
② 専有部分に属さない建物の附属物
③ 管理規約により共用部分となる建物の部分または附属の建物（規約共用部分）
④ ①～③にある畳・建具その他これに類するもの
⑤ ①～④に収容されている区分所有者共有の財産

【保険が支払われる主な場合】

① 火災・落雷・破裂・爆発　② 風・ひょう・雪災
③ 水ぬれ　④ 盗難　⑤ 水災
⑥ 破損・汚損　等

2．積立型マンション共用部分専用火災保険

マンション共用部分専用火災保険の**補償機能に貯蓄機能を加えた保険**である。保険の範囲・内容はマンション共用部分専用火災保険と同じであるが，保険期間が満了した際に，保険料全額の払込みが完了しているときは，**契約時に設定した満期返戻金を受け取る**ことができる。

3．地震保険（地震保険に関する法律）

出題 H29・R1・4

(1) **地震もしくは噴火またはこれらによる津波**（**地震等**）**を直接または間接の原因とする火災，損壊，埋没または流失による損害**（政令で定めるものに限る）**をてん補する**ことを目的とする保険である（2条2項2号）。

出題 H29・R4

(2) **地震保険**は，**①居住の用に供する建物，②生活用動産**（**家財**）を保険の目的とすることができる（2条2項1号）。地震等により損害を受けた場合に**支払われる保険金額**は，損害の区分（程度）によって異なり，損害の区分として政令に定められているのは「**全損**」・「**大半損**」・「**小半損**」・「**一部損**」の**4つ**である（施行令1条）。

損害の区分	支払われる保険金額
全　損	建物の地震保険金額の**全額**
大半損	建物の地震保険金額の**60%**
小半損	建物の地震保険金額の**30%**
一部損	建物の地震保険金額の**5%**

出題 H29・R1・4

(3) **地震保険**は，**住宅火災保険等の火災保険の主契約に付帯して契約**することができるが，**地震保険単独では契約をすることができない**（2条2項3号）。

(4) **地震保険金額**は，主契約の火災保険金額の**30%～50%の範囲**で設定する。ただし，地震保険金額は，建物について1世帯当たり「専有部分の地震保険金額」と「共用部分の共有持分の地震保険金額」を合計して**5,000万円が限度**となる（2条）。

4．施設所有者・管理者賠償責任保険

マンションの**共用部分や設備の欠陥や不備**によって居住者や訪問者等に損害を与え，管理組合が損害賠償責任を負う場合に，**管理組合が被る損害を補償する保険**である。

【補償される事故例】

① 外壁タイルが落下して，通行人や車両に損害を与えた
② 共用配管からの水漏れで専有部分に損害を与えた
③ エレベーターの管理上の不備により，来訪者がケガをした

5．個人賠償責任保険

住戸（専有部分）の所有，使用，管理中および**日常生活において生じる偶然の事故**によって，他人にケガをさせたり，他人の物を破損したことによって損害賠償責任を負う場合に，**個人が被る損害を補償する保険**である。

6．その他の損害保険

上記**1．**～**5．**の損害保険のほか，エレベーター設備，給排水衛生設備，電気設備，機械式駐車場等の損害を補償する**機械保険**がある。

Point整理　事故・損害と対応する保険の関係

<table>
<tr><th>事故・損害</th><th colspan="2">保険</th><th>対応する者</th></tr>
<tr><td>共用部分に被った損害</td><td colspan="2">火災保険・機械保険等</td><td rowspan="3">管理組合</td></tr>
<tr><td>共用部分に起因して生じた損害</td><td colspan="2">施設所有者・管理者賠償責任保険</td></tr>
<tr><td rowspan="2">専有部分に被った損害</td><td rowspan="2">火災保険</td><td>共用部分に起因する損害</td></tr>
<tr><td>共用部分に起因しない損害</td><td rowspan="2">居住者</td></tr>
<tr><td>居住者が起こした賠償事故</td><td colspan="2">個人賠償責任保険</td></tr>
</table>

⑥ 分譲マンションの統計・データ等（国土交通省公表）

1 分譲マンションのストック数の推移

2022（令和４）年末時点の**分譲マンションのストック総数**は**約694.3万戸**である。これに2022年国勢調査による１世帯当たり平均人員2.2人をかけると，**約1,500万人**となり，**国民の１割超が居住**している推計となる。また，**分譲マンションのストック総数**は，1968（昭和43）年以降，**一貫して増加傾向**にある。

プラス
公表の対象となっているマンションとは，中高層（３階建て以上）・分譲・共同建で，鉄筋コンクリート造，鉄骨鉄筋コンクリート造または鉄骨造の住宅をいう。

なお，**分譲マンションの新規供給戸数**は，1968（昭和43）年以降，2007（平成19）年の22.7万戸が最高であり，2022（令和４）年は**9.4万戸**（対前年比92％）となっている。

2 築40年以上のマンションストック数の推移

2022（令和４）年末で，**築40年以上の老朽化マンション**は**約125.7万戸**存在する。今後，**10年後には約2.1倍**（**260.8万戸**），**20年後には約3.5倍**（**445.0万戸**）**に増加する見込み**である。

3 マンション建替え等の実施状況

2023（令和５）年３月時点における**マンションの建替えの実績**は，**累計で282件**，**約23,000戸**である。近年は，「**マンション建替え等円滑化法による建替え**」**が選択されているケースが増加**しているが，2023（令和５）年の**282件**のうち「**マンション建替え等円滑化法による建替え**」は**114件**（対前年比107％），「**マンション建替え等円滑化法によらない建替え**」は**168件**（対前年比100％）となっていて，件数では依然「**マンション建替え等円滑化法によらない建替え**」が多い。また，「マンション建替え等円滑化法にもとづくマンション敷地売却（建替えをせずに敷地を売却）」の実績は累計で10件，約600戸となっている。

第16章

建築基準法等

建築基準法からは例年 3 問程度出題される。また，建築関連の法律（耐震改修法，バリアフリー法等）・その他の諸法令からも出題されることがある。
技術的な細かい知識が問われることも多いが，基本事項や過去問からの出題もあるので，取りこぼしがないように，過去問の範囲とその周辺の知識を確実に押さえておこう。

1 建築基準法

1 建築基準法の目的

建築物は，私たちの生活の場であるため，もし，この建築物が危険な構造であったら，私たちの生命・健康そして財産が脅かされる結果となる。また，都市のような住宅密集地では，日照の問題や火災の問題等，建築物がもたらす害をも考える必要がある。そこで，建築基準法は，**建築物の敷地，構造，設備および用途に関する最低の基準**を定めて，**国民の生命や健康，財産の保護を図る**とともに，**公共の福祉の増進**に資することを目的としている。出題 R5

! 参考
建築基準法は，**制度規定**，**単体規定**，**集団規定**から構成されている。制度規定は用語の定義，適用の範囲，手続，違反建築物への罰則等を，**単体規定**（➡P.589～）と**集団規定**（➡P.609～）は建築物についての直接的な基準を，それぞれ定めている。

2 用語の定義 はじめて

1．建築物

出題 R4

土地に定着する工作物のうち，次のいずれかに該当するもの（後出「**3.建築設備**」を含む）をいう。

① **屋根**と**柱**または**壁**を有するもの（これに類する構造のものを含む）
② 上記①に付属する**門**・**塀**等
③ **建築設備**

2．特殊建築物

出題 R3

学校・体育館・**病院**・**劇場**・集会場・**百貨店**・旅館・**共同住宅**・寄宿舎・下宿・**工場**・倉庫・自動車車庫・危険物貯蔵場・汚物処理場・その他これに類する用途に供する建築物をいう。

プラス
「特殊建築物」とは，**防災面からみて特殊な用途の建築物**であり，規模は関係がなく，不特定多数の人が集まる建築物，就寝・宿泊を伴う建築物，出火の危険度が大きい建築物等が該当する。
なお，**建築基準法の各条文の目的**により，**適用される特殊建築物の範囲（用途・規模等）は異なる**。例えば，「建築確認の対象となる特殊建築物」（6条）や「耐火建築物または準耐火建築物としなければならない特殊建築物」（35条）の用途・規模は，一律ではなく，条文で定められた目的により異なっている。

3．建築設備

建築物と一体となって建築物の効用を全うするための設備で，建築物に設ける**電気**，**ガス**，**給水**，**排水**，**換気**，**暖房**，**冷房**，**消火**，**排煙**もしくは**汚物処理の設備**または**煙突**，**昇降機**（**エレベーター**）もしくは**避雷針**をいう。これらはすべて，**建築物に含まれる**。

出題 R3

参考

建築物に設けないものは建築設備ではない。例えば，観光専用として外部に独立して設置されている**エレベーター**は「建築設備」ではなく，「**工作物**」である。

4．建築

建築物を**新築**（更地に建築物を建てること），**増築**（床面積を増加させること），**改築**（建物を取り壊して用途，構造，規模がほぼ同じ建築物に建て直すこと），**移転**（建築物を同一敷地内で移動すること）することをいう。出題 R2～3

5．主要構造部

壁，**柱**，**床**，**梁**（はり），**屋根**，**階段**（建築物の構造上重要でない**間仕切壁**，間柱，付け柱，揚げ床，**最下階の床**，**屋外階段等を除く**）をいう。

出題 R1～4

主要構造部	主要構造部から除外される主な部分（構造上重要でないもの）
壁	**間仕切壁**
柱	間柱　付け柱
床	揚げ床，**最下階の床**
梁	小ばり
屋根	ひさし
階段	局部的な小階段，**屋外階段**

プラス　「**主要構造部**」とは，**防火上の観点からみて**主要な建築物の部分をいう。なお，次の「**6.構造耐力上主要な部分**」とは異なる。

6．構造耐力上主要な部分

基礎，基礎ぐい，**壁**，**柱**，小屋組，土台，**斜材**（**筋かい**，方づえ，火打材その他これらに類するもの），床版，**屋根版**または横架材（はり，けたその他これらに類するもの）で，**建築物の自重もしくは積載荷重**，積雪荷重，風圧，土圧もしくは水圧または**地震その他の震動もしくは衝撃を支えるもの**をいう。

出題 R2

7．大規模の修繕

出題 R3～4

建築物の**主要構造部の1種以上**について行う**過半の修繕**をいう。

プラス 「**大規模の修繕**」は，同じ材料，形状，寸法で行われる。例えば，屋根全部の葺換え工事や，柱30本のうち16本以上を取り替える工事等が該当する。

8．大規模の模様替

出題 R3

建築物の**主要構造部の1種以上**について行う**過半の模様替**をいう。

プラス 「**大規模の模様替**」は，材料，形状，寸法等が既存のものとは異なる。例えば，日本瓦葺の屋根を亜鉛鉄板葺の屋根へ葺き換える工事等が該当する。

9．居室

出題 R3

居住，執務，作業，集会，娯楽その他これらに類する目的のために**継続的に使用する室**をいう。

10．延焼のおそれのある部分

出題 H27

隣地境界線，**道路中心線**または**同一敷地内の2以上の建築物相互の外壁間の中心線**から，**1階にあっては**3m以下，**2階以上にあっては**5m以下の距離にある建築物の部分をいう。ただし，①**防火上有効な公園**，**広場**，**川等の空地もしくは水面**または耐火構造の壁その他これらに類するもの**に面する部分**，②建築物の外壁面と隣地境界線等との角度に応じて，当該建築物の周囲において発生する通常の火災時における火熱により燃焼するおそれのないものとして国土交通大臣が定める部分（熱の影響を受けにくい部分）は**除かれる**。

【延焼のおそれのある部分】

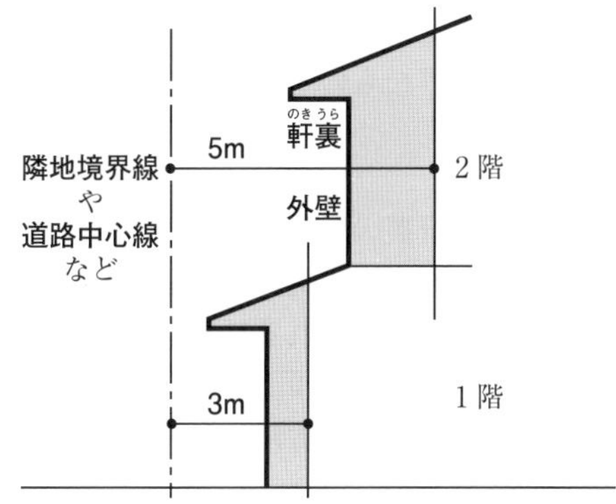

11. 耐火構造

壁，柱，床等の建築物の部分の構造のうち，耐火性能（**通常の火災が終了するまでの間**当該火災による**建築物の倒壊および延焼を防止**するために当該**建築物の部分に必要とされる性能**）に関して政令で定める技術的基準に適合する鉄筋コンクリート造，れんが造等の構造で，国土交通大臣が定めた構造方法を用いるもの，または国土交通大臣の認定を受けたものをいう。

(1)　**求められる性能**

具体的には，建築物の倒壊を防止するために求められる性能として**非損傷性**，延焼を防止するための性能として**遮熱性**と**遮炎性**がある。

非損傷性	通常の火災による火熱が一定時間加えられた場合に，**主要構造部**が構造耐力上支障のある**変形，溶融，破壊等の損傷を生じない性能**
遮熱性	通常の火災による火熱が一定時間加えられた場合に，**壁と床の加熱面以外の面（屋内に面するものに限る）の温度が可燃物燃焼温度以上に上昇しない性能**
遮炎性	屋内において発生する通常の火災による火熱が一定時間加えられた場合に，**外壁と屋根が，屋外に火災を出す原因となるき裂等の損傷を生じない性能**

用語解説

「**可燃物燃焼温度**」とは，可燃物が燃焼するおそれがある温度として**国土交通大臣が定める温度**（160℃もしくは200℃）をいう。

12. 準耐火構造

壁，柱，床等の建築物の部分の構造のうち，**準耐火性能**（**通常の火災による延焼を抑制**するために当該**建築物の部分に必要**

とされる性能）に関して政令で定める技術的基準に適合するもので，国土交通大臣が定めた構造方法を用いるもの，または国土交通大臣の認定を受けたものをいう。

13. 防火構造

建築物の**外壁**または**軒裏**の構造のうち，**防火性能**（**建築物の周囲において発生する通常の火災による延焼を抑制**するために当該**外壁または軒裏に必要とされる性能**）に関して政令で定める技術的基準に適合する鉄網モルタル塗，しっくい塗等の構造で，国土交通大臣が定めた構造方法を用いるものまたは国土交通大臣の認定を受けたものをいう。

出題 R2

プラス 防火構造は準耐火構造を含み，準耐火構造は耐火構造を含む。したがって，準耐火構造が要求される建築物は，耐火構造で建築することもできる。

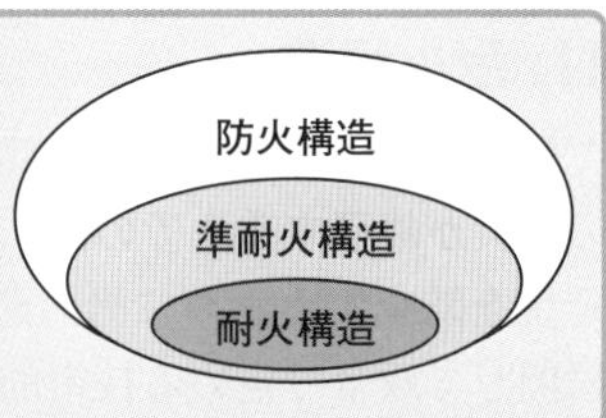

14. 不燃材料

建築材料のうち，**不燃性能**（①通常の火災時における火熱により**燃焼しない**，②防火上有害な**変形**，**溶融**，**き裂等の損傷を生じない**，③避難上有害な**煙・ガスを発生しない**ために**必要とされる性能**）の持続時間が**20分間**のもので，**国土交通大臣が定めたものまたは国土交通大臣の認定を受けたもの**をいう。

[例] コンクリート，レンガ，モルタル，石膏ボード（厚さ12mm以上），アルミニウム，金属板等

15. 準不燃材料

建築材料のうち，不燃性能の持続時間が**10分間**のもので，国土交通大臣が定めたものまたは国土交通大臣の認定を受けたものをいう。

[例] 石膏ボード（厚さ９mm以上），木毛セメント板（15mm以上）等

16. 難燃材料

建築材料のうち，不燃性能の持続時間が**５分間**のものをいう。

[例] 難燃合板（厚さ5.5mm以上），石膏ボード（厚さ７mm以上）等

プラス　難燃材料は準不燃材料を含み，準不燃材料は不燃材料を含む。したがって，「難燃材料で造ること」という規定の場合，準不燃材料や不燃材料で造ることもできる。

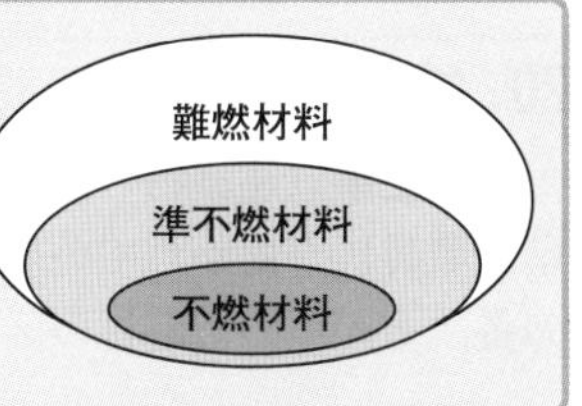

出題 H26

17. 耐火建築物

鉄筋コンクリート造やレンガ造等で，火災が発生しても火災が終了するまでの間，**倒壊や延焼をしない建築物**をいい，次の2種類がある。

出題 R2

① **主要構造部**が，**耐火構造**であり，**延焼のおそれのある外壁の開口部**に一定の**遮炎性能（通常の火災時における火炎を有効に遮るために防火設備に必要とされる性能）**をもつ**防火設備（ドレンチャー，防火戸等火災を遮る設備）**を設けたもの。

② 主要構造部が，耐火性能検証法により基準に適合することを確認したものか，国土交通大臣の認定を受けたもので，外壁の延焼のおそれのある部分に一定の遮炎性能をもつ防火設備を設けたもの。

18. 準耐火建築物

耐火建築物ほどの耐火性能はないが，火災が発生した際，簡単には倒壊や延焼をしない建築物をいい，次の2種類がある。

① **主要構造部**が，**準耐火構造**であり，**延焼のおそれのある外壁の開口部**に一定の遮炎性能をもつ**防火設備**を設けたもの。

② 主要構造部の防火の措置等が技術的基準に適合しており，延焼のおそれのある外壁の開口部に一定の遮炎性能をもつ防火設備を設けたもの。

19. 耐水材料

れんが，石，人造石，コンクリート，アスファルト，陶磁器，ガラスその他これらに類する**耐水性の建築材料**をいう。

20. 特定行政庁

建築主事（建築物の建築等の確認を行う市町村または都道府県の職員）が置かれている市町村の区域についてはその**市町村の長**，その他の市町村の区域については**都道府県知事**をいう。

21. 建築主(けんちくぬし)

建築物に関する工事の請負契約の注文者，または，請負契約によらないで自ら建築物に関する工事をする者をいう。

22. 設計図書

建築物，その敷地または一定の工作物に関する**工事用の図面**（現寸図その他これに類するものを除く）および**仕様書**をいう。

23. 敷地

1つの建築物，または，用途上不可分の関係にある2以上の建築物のある**一団の土地**をいう。

プラス　例えば，学校と体育館（用途上不可分）が建っている土地は「敷地」に該当する。

24. 地階

出題 H29　**床が地盤面下にある階**で，床面から地盤面までの高さが**その階の天井の高さの1/3以上**のものをいう。

【地階】

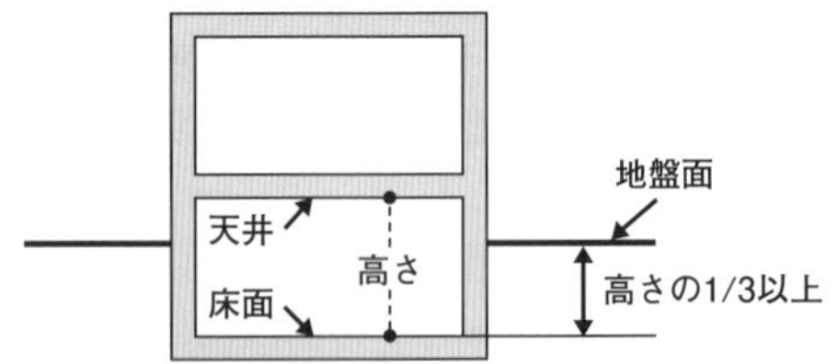

25. 面積・高さ等の算定方法

(1) **敷地面積の算定方法**

出題 H26　敷地の**水平投影面積**による。都市計画区域および準都市計画区域内において特定行政庁が指定する**幅員4m未満の道路**

に接する敷地では，**道路の中心線から水平距離で2m後退した線までの部分**は**敷地面積に算入されない**(次の左図)。また，道路の反対側が，**がけ地，川，線路敷地等の場合**は，その境界線から敷地側に4mの線が道路境界線とみなされ，その部分も**敷地面積に算入されない**（右図)。

【敷地面積に算入されない部分】

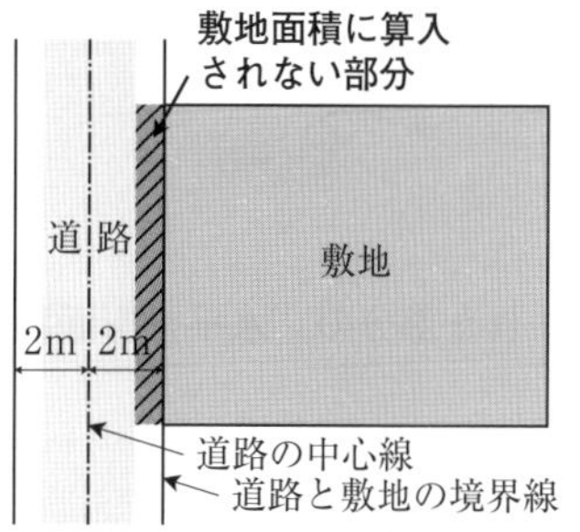

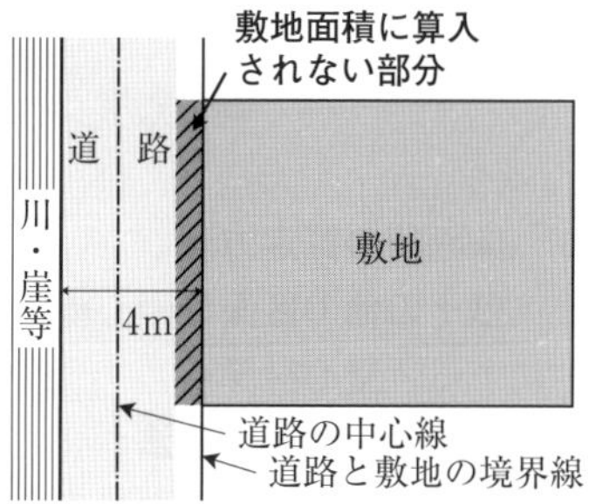

(2) **建築面積の算定方法**

建築物の**外壁またはこれに代わる柱の中心線で囲まれた部分の水平投影面積**による。ただし，次の部分は，建築面積に算入されない。

> ① **地階**で**地盤面上1m以下にある部分**
> ② **軒，ひさし，バルコニー等**で，外壁または柱の中心線から水平距離1m以上突き出たものがある場合においては，**その端から水平距離1m後退した線で囲まれた部分**

【建築面積に算入されない部分】

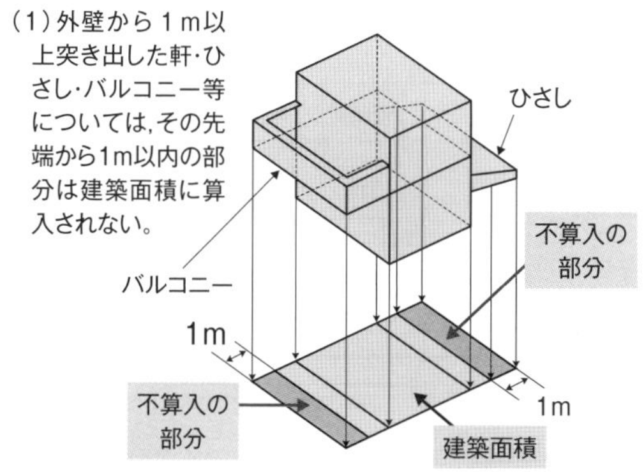

用語解説
「**都市計画区域**」とは，都市計画法に基づいて，街づくりを行う区域である。
また，都市計画区域外の区域のうち，相当数の建築物その他の工作物の建築もしくは建設またはその敷地の造成が現に行われ，または行われると見込まれる一定の区域について，都道府県により指定されるものを，「**準都市計画区域**」という。

出題 H26・28

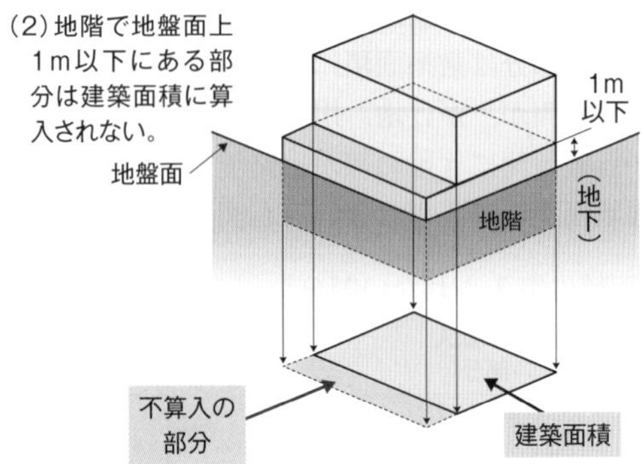

(3) **床面積の算定方法**

壁その他の区画の中心線で囲まれた部分の，水平投影面積による（**壁心計算**）。

(4) **延べ面積の算定方法**

建築物の各階の床面積の合計をいう。

(5) **建築物の高さの算定方法**

地盤面からの高さによる。ただし，下記の部分は，**高さに算入されない**。

> ① **棟飾，防火壁の屋上突出部その他これらに類する屋上突出物**
>
> ② 建築物の**屋上に設ける階段室**，**昇降機塔**，装飾塔，物見塔，屋窓等で，**屋上部分の水平投影面積の合計**が当該**建築物の建築面積の1／8以内**である場合，**その部分の高さが12mまでの部分**

出題 H26

【建築物の高さ】

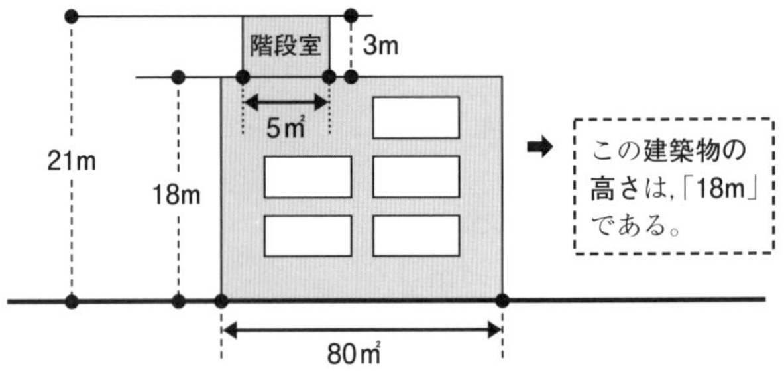

プラス 避雷設備の設置基準（➡P.596参照）である高さ（20m超）については，階段室等は面積に関係なく，その部分の高さを**建築物の高さに算入しなければならない**（この場合の図中の「**建築物の高さ**」は，21mとなるので，**避雷設備を設置する必要がある**）。

(6)　**建築物の階数の算定方法**

①　**昇降機塔，装飾塔，物見塔等の屋上部分**または**地階の倉庫，機械室等の建築物の部分**で，水平投影面積の合計が**建築物の建築面積の1/8以下のもの**は，**建築物の階数に算入しない**。　出題 H27・29

プラス この部分は，階数には算入しないが，**延べ面積には算入される**。

②　建築物の階数の算定においては，**建築物の一部が吹抜きとなっている場合**，建築物の敷地が斜面または段地である場合その他**建築物の部分によって階数を異にする場合**においては，これらの**階数のうち最大のものを当該建築物の階数**とする。　出題 H29

【階数】

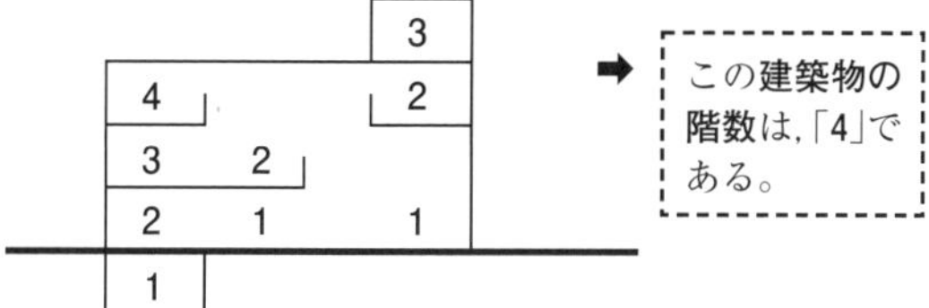

26. 地盤面

出題 H27

建築面積・建築物の高さ・軒の高さを算定する際の**地盤面**とは，建築物が周囲の地面と接する位置の**平均の高さにおける水平面**（**平均地盤面**）である。ただし，その接する位置の高低差が3mを超える場合においては，その**高低差3m以内ごとの平均の高さにおける水平面**をいう。この場合は，3m以内ごとに区分された部分それぞれに地盤面があることになる。

【地盤面】

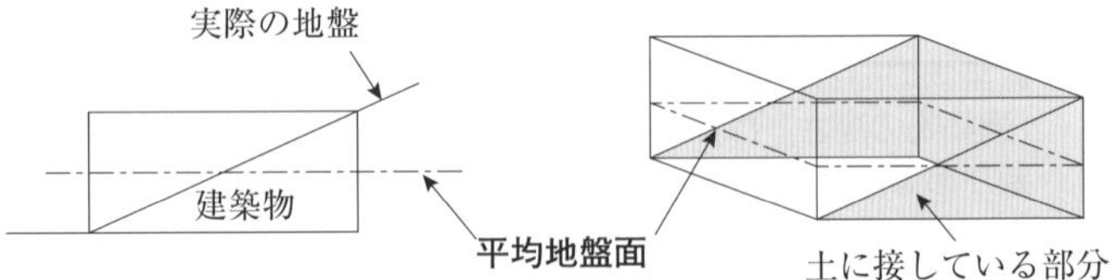

3 建築基準法の適用除外（3条）

建築基準法は，すべての建築物に適用することが望ましいが，次の一定の建築物については，**建築基準法の規定が適用されない**。

1．文化財建築物等

国宝・重要文化財等の文化財建築物や重要美術品として認定された建築物の建築や復元の際，構造，材料，形態等を制限することは，建築物の文化的価値を損なうことになるので，**建築基準法のすべての規定が適用されない**。

2．既存不適格建築物

すでに存在している建築物または**工事中の建築物**で，建築基準法の改正等，または都市計画区域や準都市計画区域の指定により，これらの規定に適合しなくなってしまった建築物を，**既存不適格建築物**という。従前の規定には適合していたため，新規定に適合しなくても**違反建築物にはならない**。ただし，法改正後または集団規定の適用後に建て直しをしたり，増改築等を行う場合は，新しい規定に適合させる必要がある。

4 建築確認（6条1項）

出題 R2

建築確認は，違反建築物が建てられることを未然に防止することを目的としている。**建築主**は，建築物の建築，大規模な修繕・模様替等を行う場合には，**建築主事**または**指定確認検査機関**の**建築確認**を受け，確認済証の交付を受けなければ，**工事に着手することはできない**。建築確認をする場合，建築主事等は，建築物の工事施工地または所在地を管轄する**消防長または消防署長の同意**を得なければならない（➡P.650参照）。

マンションを含む**共同住宅**（**床面積200㎡超**）の建築確認の

要否は，以下のとおりである。

○：建築確認が必要

区域	種類・規模	① 新築	② 増築 改築 移転	③ 大規模修繕 大規模模様替	④ 用途変更
全国	共同住宅 （床面積200㎡超）	○	○	○	○

ただし，**防火地域**，**準防火地域「外」**において，建築物を**増築・改築・移転**しようとするときで，それに係る床面積の合計が**10㎡以内**であれば，**建築確認は不要**である。 出題 R２

プラス
「④**用途変更**」とは，建築物の用途を変更して，**床面積の合計が200㎡を超える特殊建築物**にする場合をいう。例えば，共同住宅の一部を床面積**210㎡**の保育所（特殊建築物）に変更する場合には，**建築確認が必要**だが，**190㎡**にするときは**不要**である。

用語解説
「**防火地域，準防火地域**」とは，建物が密集する都市の防災，不燃化を促進するため都市計画法に基づき定められた地域をいう。

5 違反建築物に対する措置

１．特定行政庁の措置命令（９条１項）

特定行政庁は，建築基準法令の規定または建築基準法の規定に基づく許可に付した条件に違反した建築物または建築物の敷地については，建築主，工事の請負人，現場管理者または所有者，管理者，占有者に対して，**違反是正に必要な措置**（工事の施工の停止，相当の猶予期限を付けて，建築物の除却，移転，改築，増築，修繕，模様替，使用禁止，使用制限等）**をとることを命ずる**ことができる。

出題 R２

参考
措置を命じられた者が命令に従わない場合，行政代執行法の定めるところにより，特定行政庁が代わって除却等を行うことができる（**行政代執行**）。その後，その費用を措置を命じられた者から徴収することとなる。

２．緊急時の命令（９条７項）

特定行政庁は，**緊急の必要がある場合**においては，通知・聴聞手続を省略して，仮に，**使用禁止**または**使用制限を命ずる**ことができる。

３．緊急時の施工停止命令（９条10項）

特定行政庁は，建築基準法等に違反することが明らかな建築，修繕または模様替の工事中の建築物については，緊急の必要があって事前手続によることができない場合に限り，**これらの手続によらないで**，建築主，工事の請負人，現場管理者に対して，**工事の施工の停止を命ずる**ことができる。

6 維持・保全

共同住宅（マンションを含む）等の特殊建築物は，不特定多数の者が出入りをすることから，災害の発生に備えるために管理体制を整え，常時適法な状態を維持するよう，**定期的な調査・点検**等を行う必要がある。

1．維持保全の努力義務（8条1項）

出題 H29

建築物の所有者（区分所有者），**管理者**（管理組合）**または占有者**は，建築物の敷地，構造および建築設備を**常時適法な状態に維持するよう努めなければならない**。

2．維持保全計画の作成（8条2項・3項）

特殊建築物等の所有者または**管理者**は，必要に応じて，**建築物の維持・保全に関する準則または計画を作成し，適切な措置を講じなければならない**。この場合において，準則または計画の作成に必要な指針は，**国土交通大臣が定める**こととされている。

参考

維持保全計画の作成が必要となるのは，**共同住宅**の場合，床面積の合計が100㎡超のものである（200㎡以下の場合は**階数が3以上**のもののみ）

7 定期調査・定期検査 はじめて

不特定多数の人が利用する**特殊建築物等**は，構造の老朽化，避難施設の不備，建築設備の作動不良等によって，大きな事故や災害が発生するおそれがある。

そこで，事故等を未然に防ぎ建築物等の安全性や適法性を確保するために，建築基準法では所有者等に対し**専門の技術者（調査員・検査員）に建築物等を定期的に調査・検査**させ，**その結果を特定行政庁に報告すること**を，以下のように義務付けている。

1．報告・検査等（12条1項・3項）

(1) **特定建築物の定期調査**

特定建築物（共同住宅については，**床面積が200㎡を超える場合で特定行政庁が指定するもの**）の所有者（所有者と管

理者が異なる場合においては，管理者）は，これらの建築物の敷地・構造・建築設備について，おおむね**6ヵ月〜3年**までの間で特定行政庁の定める時期ごとに，**一級建築士**もしくは**二級建築士**または**建築物調査員**（**建築物調査員資格者証**の交付を受けた者）にその状況の**調査**をさせて，その結果を**特定行政庁に報告**しなければならない。

(2)　**防火設備の定期検査**

防火設備（**防火戸，防火シャッター等**）については，おおむね**6ヵ月〜1年**までの間で特定行政庁の定める時期ごとに，**一級建築士**もしくは**二級建築士**または**防火設備検査員**（**防火設備検査員資格者証**の交付を受けている者）に**検査**をさせて，その結果を**特定行政庁に報告**しなければならない。

出題 H29

(3)　**建築設備の定期検査**

建築設備（**機械換気設備・排煙設備・非常用の照明装置・給排水設備等**）については，おおむね**6ヵ月〜1年**までの間で特定行政庁の定める時期ごとに，**一級建築士**もしくは**二級建築士**または**建築設備検査員**（**建築設備検査員資格者証**の交付を受けている者）に**検査**をさせて，その結果を**特定行政庁に報告**しなければならない。

出題 H29

(4)　**昇降機等の定期検査**

昇降機等については，おおむね**6ヵ月〜1年**までの間で特定行政庁の定める時期ごとに，**一級建築士**もしくは**二級建築士**または**昇降機等検査員**（**昇降機等検査員資格者証**の交付を受けている者）に**検査**をさせて，その結果を**特定行政庁に報告**しなければならない。

Point整理　定期調査・定期検査とその実施者

○：できる　　×：できない

	特定建築物の調査	防火設備の定期検査	建築設備の定期検査	昇降機等の定期検査
一・二級建築士	○	○	○	○
建築物調査員	○	×	×	×
防火設備検査員	×	○	×	×
建築設備検査員	×	×	○	×
昇降機等検査員	×	×	×	○

参考

「防火設備検査員」「建築設備検査員」「昇降機等検査員」を**建築設備「等」検査員**という。

2．定期調査・定期検査における点検項目・方法

前記**1．**の具体的な**調査・検査の項目ならびに項目ごとの調査・検査の方法，結果の判定基準**は，国土交通省の**告示**で定められている（平成20年告示282～285号）。

定期調査の項目と方法には，次のようなものがある。

調査部位・項目		調査方法
塀 出題 H30	組積造の塀，補強コンクリートブロック造の塀等の劣化・損傷の状況	**目視，下げ振り**（垂直かどうかを調べる測定具）**等により確認**する。
擁壁	擁壁の劣化・損傷の状況	必要に応じて**双眼鏡等を使用し，目視により確認**する。
外装仕上げ材 出題 H27	タイル，石貼り等，モルタル等の劣化・損傷の状況	**手の届く範囲をテストハンマーによる打診等により確認**し，その他の部分は必要に応じて**双眼鏡等を使用し目視により確認**し，異常が認められた場合は，落下により歩行者等に危害を加えるおそれのある部分を全面的にテストハンマーによる打診等により確認する。
窓サッシ等	サッシ等の劣化・損傷の状況	必要に応じて**双眼鏡等を使用し，目視により確認**し，または開閉により確認する 。
防火設備 (防火戸・シャッター等) 出題 H27	常閉防火設備の閉鎖・作動の状況	**各階の主要な常閉防火設備の閉鎖または作動を確認**する。ただし，**3年以内**に実施した点検の記録がある場合は，当該**記録により確認することで足りる**。
非常用エレベーター	非常用エレベーターの作動の状況	**非常用エレベーターの作動を確認**する。ただし，**3年以内**に実施した定期検査等の記録がある場合は，当該**記録により確認することで足りる**。

非常用の照明装置	非常用の照明装置の設置の状況 出題 H27	目視および設計図書等により確認する。
	非常用の照明装置の作動の状況	各階の主要な非常用の照明装置の作動を確認する。ただし，３年以内に実施した定期検査等の記録がある場合は，当該記録により確認することで足りる。
免震構造建築物の免震層・免震装置 出題 H27	免震装置の劣化・損傷の状況（免震装置が可視状態にある場合）	目視により確認するとともに，３年以内に実施した点検の記録がある場合は，当該記録により確認する。
避雷設備	避雷針，避雷導線等の劣化・損傷の状況	必要に応じて双眼鏡等を使用し，目視により確認する。

8 建築・除却の届出

次の行為を行おうとする場合は，原則として，建築主事等を経由して，その旨を**都道府県知事に届け出**なければならない。建築着工統計等のデータを収集することを目的としている。ただし，その行為に係る部分の床面積の合計が**10㎡以内のときは不要**である。

行為の内容	届出義務者
建築物を建築	建築主
建築物を除却	除却の工事を施工しようとする者

9 単体規定 はじめて

単体規定とは，個々の建築物が**単体として備えていなければならない技術的な最低基準**を定めた規定で，都市計画区域・準都市計画区域の内外を問わず，**全国一律**に，**建築物単位で適用**される。

１．構造耐力（20条）

建築物は，自重，積載荷重，積雪荷重，風圧，土圧および水圧ならびに地震その他の震動および衝撃に対して安全な構造のものとして，**次の建築物の区分に応じ，それぞれに定める基準に適合するものでなければならない。**

(1) **超高層建築物（高さが60mを超える建築物）**

荷重および外力によって建築物の各部分に連続的に生じる力および変形を把握すること，その他政令で定める基準に従った**構造計算によって安全性が確かめられたものとして，国土交通大臣の認定を受けたものであること。**

(2) **大規模な建築物**（**高さ60m以下の建築物**のうち，「**木造**」**は高さ13mまたは軒高9mを超えるもの**，「鉄骨造」は地階を除く階数が4以上，「鉄筋コンクリート造・鉄骨鉄筋コンクリート造」は高さ20mを超えるもの等）

① 地震力によって建築物の地上部分の各階に生ずる水平方向への変形を把握することその他政令で定める基準に従った**構造計算**で，国土交通大臣が定めた方法によるもの，または国土交通大臣の認定を受けたプログラムによるものによって確かめられる**安全性を有すること**。

② (1)に定める基準に適合すること。

> **プラス** (1)(2)**の建築物**は，建築士法の規定により，**構造設計一級建築士が構造計算を行う**か，または**構造設計一級建築士に構造関係規定に適合するかどうかの確認を求めなければならない**とされている。

(3) **中規模の建築物**（**高さ60m以下の建築物**のうち，「**木造**」**は階数が3以上または延べ面積500㎡を超えるもの**，「**木造以外**」**は階数が2以上または延べ面積200㎡を超えるもの**，「床・屋根・階段以外の主要構造部が石造，れんが造，コンクリートブロック造等」は高さ13mまたは軒高9mを超えるもの）

① 構造上主要な部分ごとに応力度が許容応力度を超えないことを確かめることその他政令で定める基準に従った**構造計算**で，国土交通大臣が定めた方法によるもの，または国土交通大臣の認定を受けたプログラムによるものによって確かめられる**安全性を有すること**。

② 前記(1)(2)に定める基準のいずれかに適合すること。

(4) 小規模な建築物（前記(1)〜(3)以外の建築物。例えば，木造

の２階以下，木造以外の平屋で延べ面積200㎡以下の建築物）

① 構造計算は不要だが，構造方法に関して政令で定める技術的基準に適合すること。

② 前記(1)〜(3)に定める基準のいずれかに適合すること。

２．居室の採光・換気（28条）

(1) **住宅等の居室**には，**採光のための窓その他の開口部**を設け，その**採光に有効な部分の面積**（**有効採光面積**）は，その**居室の床面積**に対して，**居室の種類に応じて一定の割合**（**住宅の居室**の場合，原則として，**１／７**）**以上の面積**としなければならない。なお，国土交通大臣が定める基準に従い，照明設備の設置，有効な採光方法の確保等の措置が講じられた場合には，この割合が１／10までの範囲内で緩和されることがある。

出題 H29

【採光に有効な部分の面積】
・住宅の居室➡１/７以上（原則）

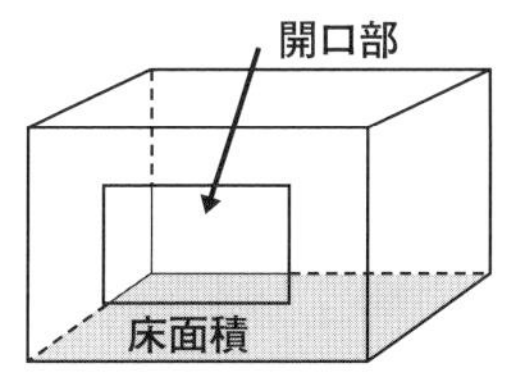

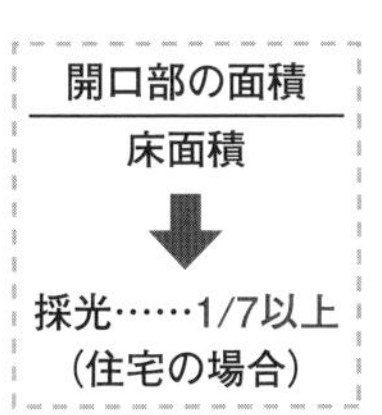

(2) **居室**には，**換気のための窓その他の開口部**を設け，その換**気に有効な部分の面積**は，**その居室の床面積に対して，１/20以上**としなければならない。

出題 H29・R４

ただし，政令で定める技術的基準に従って**換気設備を設けた場合**は，**その必要はない**。

(3) 一定の用途に供する特殊建築物の居室または建築物の調理室・浴室その他の室で，コンロその他火を使用する設備や器具を設けたものには，原則として，換気設備を設けなければならない。

(4) 前記(1)〜(3)の適用について，**襖**，**障子**等**随時開放できるもので仕切られた２室**は，**１室とみなして**計算できる。

3．居室の天井の高さ（施行令21条）

出題 H29

居室の天井の高さは，2.1m以上でなければならない。天井の高さは，室の床面から測り，１室で天井の高さの**異なる部分**がある場合には，**その平均の高さ**による。

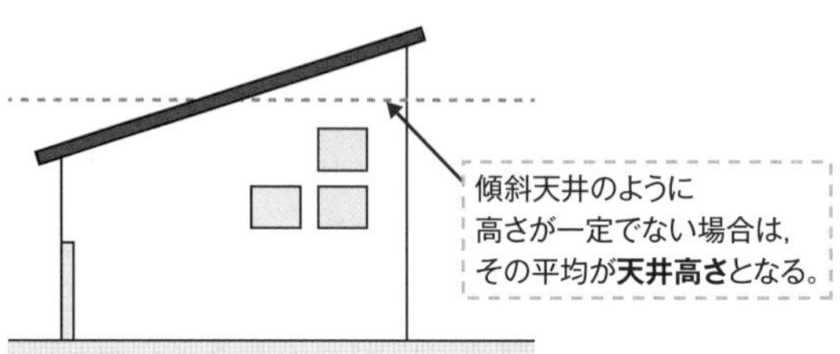

4．地階における居室の防湿の措置等（29条，施行令22条の２）

出題 H29

住宅の居室，学校の教室，病院の病室等で**地階に設けるもの**は，壁・床の防湿の措置については，**からぼり（ドライエリア）**等の**空地に面する開口部を設ける**等，防水の措置については，直接土に接する外壁・床・屋根・これらの部分に，**水の浸透を防止するための防水層を設ける**等，衛生上必要な一定の技術的基準に適合するものとしなければならない。

【防湿の措置】

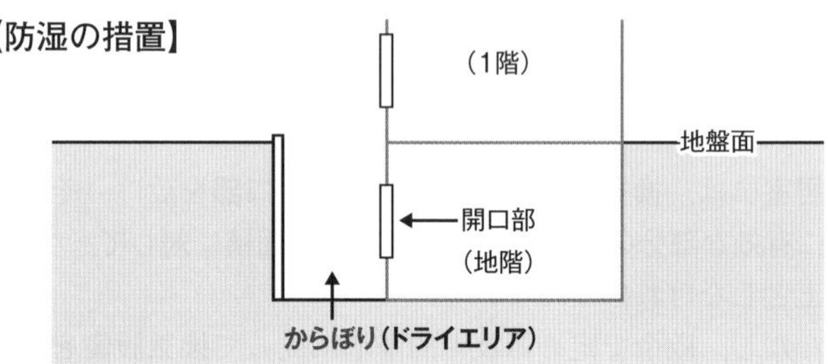

5．火を使用する室（しつ）に設けなければならない換気設備等（施行令20条の３）

(1) **換気設備を設けるべき調理室等に設ける換気設備**は一定の基準に適合する必要がある。例えば，その給気口は，その天井の高さの1/2以下の高さに設けなければならないが，**換気上有効な排気のための換気扇等を設けた場合には，適当な位置に設ければよい**。

(2) **換気設備を設けるべき調理室等に設ける換気設備**は，上記(1)の基準に適合するもののほか火を使用する設備または器具の通常の使用状態において，当該**室内の酸素の含有率をおおむね20.5%以上に保つ**ことができるものとして，**国土交通大臣の認定を受けたもの**も認められる。

(3) **換気設備を設けるべき調理室等**に煙突，排気フード等を設けず，排気口または排気筒に換気扇を設けた場合に必要となる**有効換気量**は，［(**燃料の単位燃焼当たりの理論廃ガス量**)×（**火を使用する設備または器具の実況に応じた燃料消費量**)］の**40倍以上**である（昭和45年建設省告示第1826号）。

(4) 火を使用する設備または器具の近くに**排気フードを有する排気筒**を設ける場合においては，**排気フードは，不燃材料で造らなければならない**。　出題 R3～4

6．石綿その他の物質の飛散または発散に対する衛生上の措置 (28条の2)

建築物は，石綿その他の物質の建築材料からの飛散または発散による衛生上の支障がないよう，次の基準に適合するものとしなければならない。

(1) **建築材料**に**石綿**（アスベスト）**その他の著しく衛生上有害なものとして政令で定める物質（石綿等）**を**添加しない**こと。　出題 H27

なお，現在，**政令で定める物質**は「**石綿**」のみである。

(2) 石綿等を**あらかじめ添加した建築材料**（石綿等を飛散または発散させるおそれがないものとして国土交通大臣が定めたものまたは国土交通大臣の認定を受けたものを除く）を**使用しない**こと。

(3) **居室を有する建築物**にあっては，上記(1)(2)のほか，石綿等以外の物質でその居室内において，衛生上の支障を生ずるおそれがあるものとして政令で定める物質の区分に応じ，**建築材料**および**換気設備**について，一定の技術的基準に適合すること。

なお，石綿以外の物質で，**政令で定める物質**は，**クロルピリホス・ホルムアルデヒド**である（後出）。

【参考】

⑴　**アスベストの種類**

クリソタイル（白石綿・温石綿），**クロシドライト**（青石綿），**アモサイト**（茶石綿）等がある。**クリソタイル**は他のものに比べ**発がん性が低い**。

出題 R２

⑵　**アスベストによる健康への影響**

アスベストは，世界保健機関（WHO）の付属機関である国際がん研究機関（IARC）により発がん性があると勧告されている。アスベストが原因で発症する**悪性中皮腫の潜伏期間**は，**20～50年**といわれている。これは，肺を取り囲む胸膜・肝臓・胃等の臓器を囲む腹膜・心臓・大血管の起始部を覆う心膜等にできる悪性の腫瘍である。なお，厚生労働省によれば，「世界保健機関が策定・公表している飲料水水質ガイドラインにおいて，**飲料水中のアスベスト**については，**"健康影響の観点からガイドライン値を定める必要はないと結論できる"**」としている。

⑶　**ロックウールとアスベストの違い**

ロックウールとは，工場で製造された人造の鉱物繊維である。非結晶で，**発がん性はない**（お茶と同程度）と考えられている。これに対し，アスベストは，天然に産する鉱物繊維である。結晶質で，発がん性がある（喫煙と同程度）と考えられている。

注意

吹付けロックウールでその**含有する石綿の重量が建築材料の**0.1％以下のものは，**建築材料として使用することができる。**

出題 H27・R２

7．シックハウス対策

建築基準法で規制対象となる化学物質は，**クロルピリホス**（シロアリ駆除剤に含まれる有機リン系農薬）および**ホルムアルデヒド**（壁紙・パーティクルボード・合板・塗料・仕上塗材等の製造時に使われた接着剤に含まれる化学物質）であり，**内装仕上げ材や建材等への使用制限**，**換気設備の設置の義務化**による方法で，その発散量を抑えている。

用語解説

「シックハウス」とは，新築住宅に入居した際に生じる**揮発性の有機化合物**を原因とする目・鼻・のどの痛み，頭痛，吐き気，喘息等の症状をいう。

⑴　**クロルピリホスを添加した建材の全面使用禁止**
（施行令20条の６，平成14年国交省告示第1112号）

出題 H27

①　**建築材料にクロルピリホスを添加してはならない**。これは，クロルピリホスが毒性，環境への残留度が高く，人体へ与える影響度も高いためである。

出題 H27

②　**クロルピリホスをあらかじめ添加した建築材料を用いて**

はならない。ただし，建築物に用いられた状態でその添加から**5年以上経過しているもの**で，クロルピリホスを発散するおそれがないものとして**国土交通大臣**が**認めたもの**については，**用いることができる**。

(2)　ホルムアルデヒド発散建材の使用制限
（施行令20条の7，平成14年国交省告示第1113～1115号）

建築材料は，含まれる**ホルムアルデヒド**の発散速度に応じて，次のように4つのランクに区分される。

政令で定める名称	夏季における発散速度	内装仕上材としての制限
第1種ホルムアルデヒド発散建築建材料	**0.12mg/㎡h超（発散量がもっとも多い）**	**使用禁止**
第2種ホルムアルデヒド発散建築建材料	0.12mg/㎡h以下 0.02mg/㎡h超	**使用面積が制限**
第3種ホルムアルデヒド発散建築建材料	0.02mg/㎡h以下 0.005mg/㎡h超	
なし（規制対象外）	**0.005mg/㎡h以下**	**制限なし**

出題 H27

(3)　機械換気設備の義務化（28条の2，施行令20条の8，129条の2の5）

出題 R2～3

①　気密性の高い建築物においては，内装仕上げ材にホルムアルデヒドの発散のおそれのある建材を使用しなくても，家具等からホルムアルデヒドが発散することもある。そこで，原則として，**すべての居室に機械換気設備を設置しなければならない**。**機械換気設備**は，住宅の居室では**換気回数0.5回/時以上の換気性能**（**2時間に1回**，部屋の空気がすべて入れ替わる性能）を確保しなければならない。

②　居室に機械換気設備を設ける場合にも，**天井裏，床裏等から居室へのホルムアルデヒドの流入を抑制するための措置**（例えば，天井裏等に第1種，第2種ホルムアルデヒド発散建築建材を使用しない等）を講ずる等，**衛生上の支障がないようにしなければならない**。

用語解説
「**換気回数**」とは，室内の空気が**1時間当たりに何回外気と入れ替わったか**を示す指数をいう。**室内容積**（**床面積×天井高**）**に対する換気量の割合**で表す。例えば，床面積100㎡×天井高2.5m＝250㎡の部屋で1時間に100㎡の空気が入れ替わった場合の換気回数は100㎡÷250㎡＝0.4回／時となる。

8．共同住宅等の各戸の界壁（30条，施行令114条1項）

(1)　共同住宅の各戸の界壁は，遮音対策として，次の①②の基準に適合するものでなければならない。

①　その構造が，隣接する住戸からの日常生活に伴い生ずる音を衛生上支障がないように低減するために界壁に必要と

される**遮音性能**に関して，**一定の技術的基準に適合**するもので，国土交通大臣が定めた構造方法を用いるもの等であること。

出題 R3

② **小屋裏または天井裏に達する**ものであること。ただし，**天井の遮音性能**が**一定の技術的基準に適合**するもので，国土交通大臣が定めた構造方法を用いるもの等である場合には，**小屋裏または天井裏に達する必要はない**。

(2) **共同住宅の各戸の界壁**は，防火対策として，**準耐火構造**とし，**小屋裏または天井裏に達する**ものとしなければならない。

(3) **界壁の遮音性能**に関する技術的基準では，**振動数**（単位ヘルツ）**が低い音ほど小さい数値の透過損失**（単位デシベル）が，逆に，**振動数が高い音ほど大きい数値の透過損失**が求められている（施行令22条の3）。

用語解説

「**透過損失**」とは，壁等の**遮音性能**をいう。入射音の強さから透過音の強さを引いたものである。例えば，壁に80dBで入射した音が，通過後に30dBになっていれば，この壁の透過損失は50dBであるという。

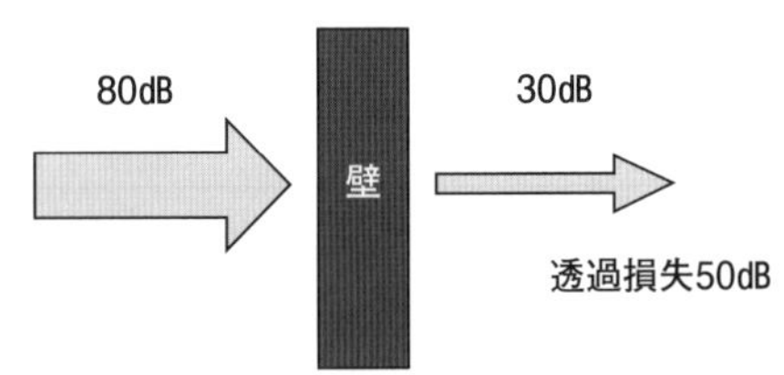

(4) 遮音性能を有する構造方法として認められるために必要な**壁厚**は，鉄筋コンクリート造，鉄骨鉄筋コンクリート造，鉄骨コンクリート造ともそれぞれ**10cm以上**であり，**異なることはない**（昭和45年建設省告示第1827号）。

(5) **気泡コンクリート**（厚さ10cm以上）**を用いた界壁**（コンクリート両面に厚さ1.5cm以上のモルタル等を塗ったもの）は，**遮音性能を有する構造方法として認められている**（昭和45年建設省告示第1827号）。

9．避雷設備（33条）

(1) 避雷設備の設置

建築物の**高さが20m**を**超える**場合は，**有効に避雷設備を設けなければならない**。ただし，高さ20mを超える建築物でも，**周囲の状況によって安全上支障がない場合は，避雷設備を設けなくてもよい**。

プラス　「有効に」とは，建築物の高さが20mを超える部分を**雷撃から保護する**よう設けなければならないという意味である（施行令129条の14）。

(2)　**避雷設備の構造**

①　雷撃によって生ずる電流を**建築物に被害を及ぼすことなく安全に地中に流す**ことができるものとして，国土交通大臣が定めた構造方法を用いるもの，または国土交通大臣の認定を受けたものでなければならない。

②　雨水等により腐食のおそれのある部分にあっては，**腐食しにくい材料**を用いるか，または**有効な腐食防止のための措置**を講じたものでなければならない。

③　構造は，2003年に改正された**新JIS**（日本産業規格）**A 4201－2003に規定する雷保護システムに適合するもの**としなければならない。

避雷設備の構造方法を規定する日本工業規格が2003年に改正され，それに伴い建設省告示も改正されたが，それ以前の1992年の日本工業規格に適合するものは，**現在の国土交通省告示に適合するものとみなされる**。

(3)　**保護レベル**

新JISでは，次のように**保護レベルをⅠからⅣの４段階に区分**し，各レベルで保護効率を明確にしている。保護レベルは，雷保護システムが，**雷の影響から被保護物を保護する確率**を表している。一般的に化学工場のような危険物を取り扱い，保管する建物では，レベルⅠが，平地の住宅密集地のマンションではレベルⅣ以上が求められる。

保護レベル	Ⅰ	Ⅱ	Ⅲ	Ⅳ
保護効率	98%	95%	90%	80%

(4)　**定期検査**

新JISでは，雷保護システムとして，被保護物の種類および腐食問題に関して決定する周期によって**定期的に検査を行わなければならない**とされている。しかし，**実施年数（頻度）は明示されていない**。

10. 非常用の昇降機（エレベーター）の設置・構造

（34条，施行令129条の13の２，３）

(1)　**非常用の昇降機の設置**

出題 R4

建築物の高さが**31mを超える**場合は，消防自動車のはしごが届かない部分があるため，消防隊が目的階に到達し，活動できるように**非常用の昇降機を設けなければならない。**

ただし，次の場合には，**設ける必要はない。**

① 高さ**31mを超える部分**を**階段室，昇降機等の建築設備の機械室**，装飾塔，物見塔，屋窓等の用途に供する建築物

② 高さ**31mを超える部分**の**各階の床面積の合計が500㎡以下**の建築物

③ 高さ**31mを超える部分**の階数が**4以下**の主要構造部を耐火構造とした建築物で，**床面積の合計100㎡以内ごとに**耐火構造の床，壁または特定防火設備で**防火区画**されたもの

プラス 例えば，高さ31mを超える**住宅部分の階数が5**で，その部分の**床面積の合計が800㎡**の場合，上記の①②③のいずれにも該当しないので，非常用のエレベーターを設置しなければならない。

(2) **非常用の昇降機の乗降ロビーの構造**

① 天井および壁の室内に面する部分は，仕上げを不燃材料でし，かつ，その下地を不燃材料で造ること。

② 予備電源を有する照明設備を設けること。

③ 床面積は，**非常用の昇降機1基**について**10㎡以上**とすること。 出題 R4

④ 屋内消火栓，連結送水管の放水口，非常コンセント設備等の消火設備を設置できるものとすること。

用語解説
「**避難階**」とは，**地上に通じている階**。通常は1階が避難階となる。

(3) **避難階**においては，非常用の昇降機の昇降路の出入口から屋外への出口のひとつに至る**歩行距離**は，**30m以下**としなければならない。

(4) 非常用の昇降機には，**かごを呼び戻す装置**を設け，かつ，その**装置の作動**は，避難階またはその直上階もしくは直下階の**乗降ロビー**および**中央管理室において行うことができるもの**としなければならない。

(5) 非常用の昇降機には，**予備電源**を設けなければならない。

(6) 非常用の昇降機の**かごの定格速度**（積載荷重を作用させて上昇する場合の**毎分の最高速度**をいう）は，**60m以上**としなければならない。

プラス　**非常用の昇降機**は，火災時等の非常時に消防隊が人の救助活動および消火活動に利用するためのエレベーターであり，居住者の避難用のエレベーターではない。

11. 災害危険区域（39条）

⑴　**地方公共団体は，条例で，津波，高潮，出水等による危険の著しい区域を災害危険区域として指定することができる。**

⑵　災害危険区域内における**住居の用途に供する建築物の建築の禁止**その他建築物の建築に関する制限で災害防止上必要なものは，**地方公共団体の条例で定める。**

12. 階段

⑴　**階段・踊場の幅，蹴上げ・踏面の寸法**（施行令23条）　出題 H28・R１

	階段および踊場の幅	蹴上げの寸法	踏面の寸法
①直上階の居室の床面積の合計が200㎡を超える地上階	120cm以上	20cm以下	24cm以上
②居室の床面積の合計が100㎡を超える地階もしくは地下工作物	120cm以上	20cm以下	24cm以上
③ ①②以外の階段	75cm以上	22cm以下	21cm以上

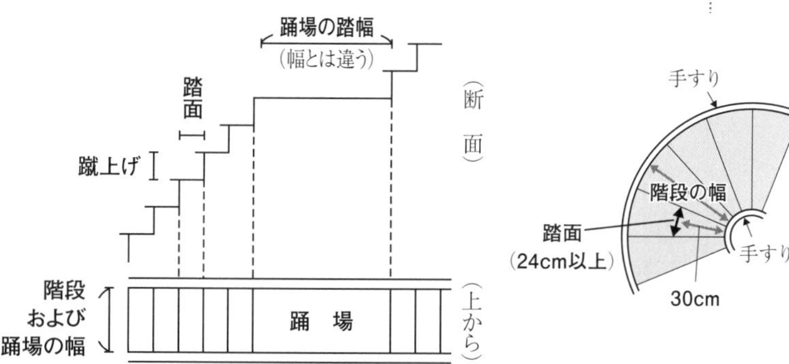

⑵　**回り階段**の部分における**踏面の寸法**は，**踏面の狭い方の端から30cm**の位置において測る。　出題 H28

⑶　**階段・その踊場に，「手すり」**および「階段の昇降を安全に行うための設備（階段昇降機等）でその高さが50cm以下の　出題 H28

もの」（**手すり等**）が設けられた場合における**階段・その踊場の幅**は，**手すり等の幅が10cmを限度として，「ないもの」とみなして算定する**。

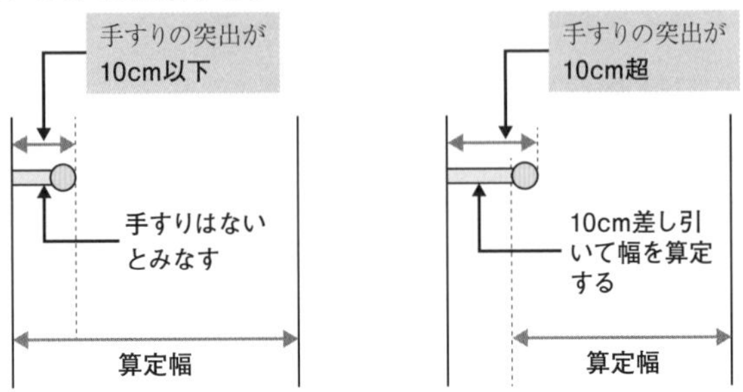

13. 踊場の位置と踏幅（施行令24条）

出題 R1

12. ⑴①〜③に該当する階段で，高さ４mを超えるものは**高さ４m以内**ごとに**踊場**を設けなければならない。また，その際の直階段の**踊場の踏幅**は，**1.2m以上**としなければならない。

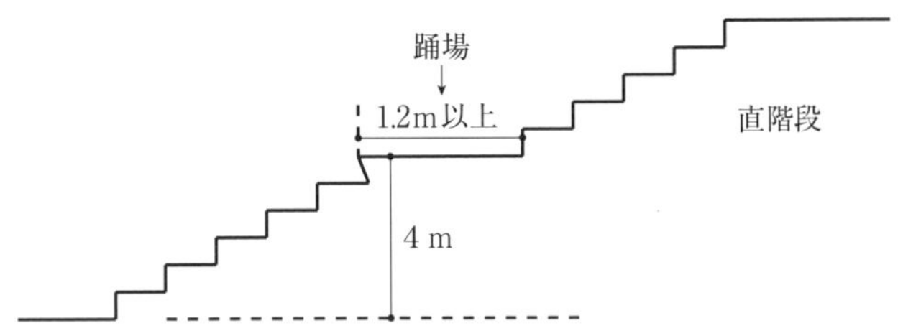

14. 階段等の手すり等（施行令25条）

⑴　階段には**手すり**を設けなければならない。ただし，高さ**1m以下の部分には手すりは不要**である。

⑵　階段およびその踊場の両側には，側壁またはこれに代わるものを設けなければならない。ただし，**手すりが設けられた側**，および**高さ1m以下の部分**には，**側壁等は不要**である。

⑶　階段の幅が３mを超える場合は，中間に手すりを設けなければならない。ただし，蹴上げが15cm以下で，かつ，踏面が30cm以上のものにあっては，中間に手すりを設ける必要はない。また，高さ１m以下の部分にも中間の手すりは不要である。

プラス　手すりを設けた場合，設けた側の側壁は省略できるが，逆に，側壁を設けても手すりは省略できない。例えば，高さ１m超の階段の両側に手すりを設け，両側の側壁を省略することはできるが，**両側に側壁を設けても**，手すりを省略することはできず，**両側か，片側のいずれかに手すりを設けなければならない。**

15．特殊の用途に専用する階段（施行令27条）

前記**12．～14．**の規定は，昇降機機械室用階段等の特殊の用途に専用する階段には適用しない。

16．階段に代わる傾斜路（施行令26条）

⑴　表面は，粗面とし，またはすべりにくい材料で仕上げる。

⑵　**傾斜路の勾配**は，**１／８**を超えてはならない。

17．基礎（施行令38条）

⑴　建築物の基礎は，建築物に作用する荷重と外力を安全に地盤に伝え，かつ，地盤の沈下または変形に対して構造耐力上安全なものとしなければならない。

⑵　建築物には，不同沈下を防ぐため，**異なる構造方法による基礎を併用してはならない。**　出題 R１

18．補強コンクリートブロック造の塀（施行令62条の８）

補強コンクリートブロック造の塀は，次に定めるところによらなければならない。ただし，国土交通大臣が定める基準に従った構造計算によって構造耐力上安全であることが確かめられた場合には，その必要はない。

高さ	2.2m以下とすること。
壁の厚さ	15cm（高さ２m以下の塀は10cm）以上とすること。
控壁	塀の高さが1.2mを超える場合，長さ3.4m以下ごとに，所定の基準に従った控壁（径９mm以上の鉄筋を配置した控壁で基礎の部分において壁面から高さの１/５以上突出したもの）を設けること。
基礎	塀の高さが1.2mを超える場合，基礎の丈は，35cm以上とし，根入れの深さは30cm以上とすること。

出題 H30（高さ）
出題 H30（控壁）
出題 H30（基礎）

19. 鉄筋コンクリート造

(1) コンクリートの材料（施行令72条）

鉄筋コンクリート造に使用するコンクリートの材料は，次に定めるところによらなければならない。

① 骨材，水および混和材料は，鉄筋をさびさせ，またはコンクリートの凝結および硬化を妨げるような酸，塩，有機物または泥土を含まないこと。

② 骨材は，鉄筋相互間および鉄筋とせき板との間を容易に通る大きさであること。

③ 骨材は，適切な粒度および粒形のもので，かつ，当該コンクリートに必要な強度，耐久性および耐火性が得られるものであること。

(2) 鉄筋の継手および定着（施行令73条）

① 鉄筋の末端は，かぎ状に折り曲げて（フックをつけて），コンクリートから抜け出さないように定着しなければならない。ただし，異形鉄筋については，煙突，柱および梁の出隅部分以外であれば，その必要はない（フック不要）。

出題 H27

② 鉄筋を連続してつないでいく場合には，鉄筋を重ねて引張力が十分に伝わるようにする。主筋または耐力壁の鉄筋（主筋等）の**継手の重ね長さ**は，継手を構造部材における**引張力の最も小さい部分**に設ける場合は，主筋等の径（径の異なる主筋等をつなぐときは細い方の径）の**25倍以上**とし，継手を**引張力の最も小さい部分以外の部分**に設ける場合は，**主筋等の径**（径の異なる主筋等をつなぐときは細い方の径）**の40倍以上**としなければならない。

【継手の重ね長さ】

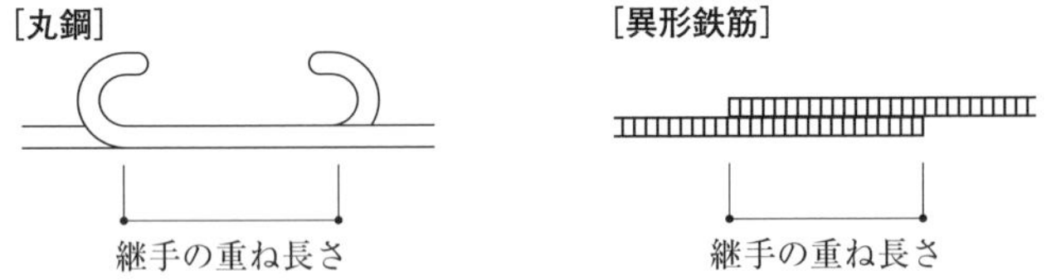

(3) コンクリートの強度（施行令74条）

鉄筋コンクリート造に使用するコンクリートの四週圧縮強度は，1 mm^2につき12N（ニュートン）（軽量骨材を使用する場合，９N）以上であること。

⑷　**コンクリートの養生**（施行令75条）

コンクリート打込み中および**打込み後５日間**は，**コンクリートの温度が２度を下らない**ようにし，かつ，乾燥，震動等によってコンクリートの凝結および硬化が妨げられないように養生しなければならない。ただし，コンクリートの凝結および硬化を促進するための特別の措置を行った場合は，この必要はない。

出題 H27

⑸　**はりの構造**（施行令78条）出題 H27

構造耐力上主要な部分である梁は，複筋ばりとし，これにあばら筋を梁の丈（高さ）の**3／4**（**臥梁**（がりょう）にあっては，**30cm**）**以下**の間隔で配置しなければならない。

用語解説
「**臥梁**」とは，レンガ造・ブロック造等の組積造の壁の上部に**壁体を補強**するため渡す鉄骨，または**鉄筋コンクリート造の梁**をいう。

⑹　**耐力壁**（施行令78条の２）

耐力壁の厚さは，**12cm以上**としなければならない。

⑺　**鉄筋のかぶり厚さ**（施行令79条）

鉄筋に対するコンクリートの**かぶり厚さ**は，次の表のように，部位別に必要な厚さが決められている。

用語解説
「**かぶり厚さ**」とは，鉄筋を覆っているコンクリートの厚さのことで，**コンクリートの表面から鉄筋の表面までの距離**をいう。

単位：cm以上

建築物の部分		一般	土に接する
壁	耐力壁	3	4
	耐力壁以外	2	
床		2	
柱・梁		3	
基礎	布基礎の立ち上がり		
	捨てコンクリートを除いた基礎		6

出題 H27・R３

20. 鉄骨鉄筋コンクリート造（施行令79条の３，79条の４）

鉄骨に対するコンクリートのかぶり厚さは，**５cm以上**としなければならない。なお，この規定のほか，**鉄骨鉄筋コンクリート造**には，**鉄骨造・鉄筋コンクリート造の主な規定が準用される**が，**鉄骨造の柱の防火被覆の規定**，鉄筋コンクリート造の柱の帯筋比の規定は**準用されない**。

出題 H29

21. 廊下の幅（施行令119条）

廊下の幅は，それぞれ次の表に掲げる**数値以上**としなければならない。

出題 H28

廊下の配置 / 廊下の用途	両側に居室がある廊下の場合（両廊下）	片側に居室がある廊下の場合（片廊下）
共同住宅の住戸または住室の床面積の合計が100㎡を超える階における共用のもの	1.6m	1.2m

22. 直通階段の設置（施行令120条）

(1) 直通階段

直通階段とは，**階段のみを通って避難階**(直接地上に通じる出入口のある階)**または地上に到達できる階段**のことである。

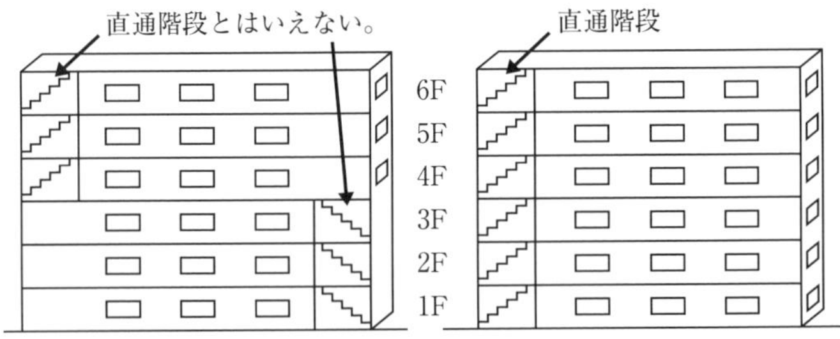

(2) 直通階段までの歩行距離

火災等非常の際の速やかな避難のため，主要構造部の構造，居室の種類，内装材，階数に応じて，避難階以外の階の居室から階段までの**歩行距離**（その階の最も遠い居室から直通階段に至るまでの通常の歩行経路の距離。これには**住戸内の歩行距離も含める**）が定められており，一定の歩行距離以内でいずれかの**直通階段**に到達できるように配慮されている。

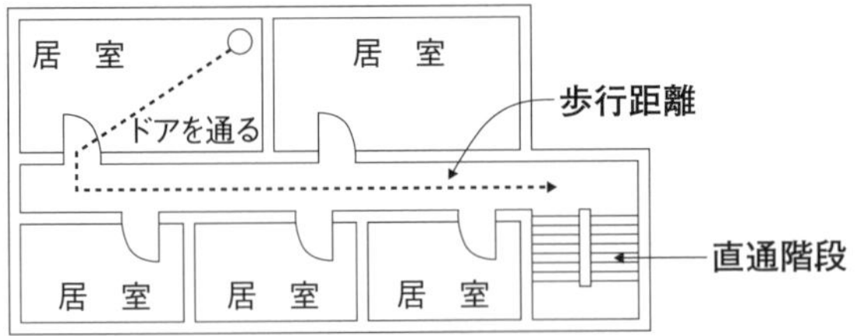

	主要構造部が耐火構造, 準耐火構造, 不燃材料の場合		その他の場合（木造等）
	内装不燃化＊1	内装不燃化しないもの	
共同住宅の居室の歩行距離	60m以内（50m以内）＊2	50m以内（40m以内）	30m以内

＊1：居室, 廊下, 階段の内装（天井, 高さ1.2m以上の壁）を不燃材料, 準不燃材料としたもの
＊2：15階以上の居室については「(　)」内の歩行距離とする

23．2以上の直通階段が必要な建築物（施行令121条）

建築物の避難階以外の階が**共同住宅の用途に供する階**で，その階における**居室の床面積の合計**が**100㎡**（主要構造部が**耐火構造**，**準耐火構造**または不燃材料で造られている場合は**200㎡**）**を超える場合**は，「**2方向避難**」を実現するためにその階から**避難階または地上に通じる2以上の直通階段を設けなければならない**。

用語解説
「2方向避難」とは，火災時の避難については，**2方向の避難経路を確保**する必要があるということ。つまり，ここでは各居室から廊下を右の方向に進もうと，左の方向に進もうと，必ず直通階段が配置されているということである。

24．避難階段の設置（施行令122条）

避難階段とは，直通階段に必要な防火措置を施した階段をいう。避難階段には，①**屋内避難階段**，②**屋外避難階段**，③**特別避難階段**の３種類がある。直通階段は，通ずる階により，原則として，次の避難階段としなければならない。

地上5階以上または**地下2階以下**の階に通ずる直通階段	**避難階段**または**特別避難階段**
地上15階以上または**地下3階以下**の階に通ずる直通階段	**特別避難階段**

25．避難階段・特別避難階段の構造（施行令123条）

(1)　屋内避難階段

出題 H26

①　**階段室**は**耐火構造の壁で囲み**，**天井および壁の室内面**は，**仕上げ・下地とも不燃材料**で造らなければならない。

②　**階段室**には，窓その他の**採光上有効な開口部**または**予備電源付の照明設備**を設けなければならない。

③　階段に通ずる出入口には，防火戸（遮煙性能を有するもの）等の防火設備を設け，直接手で開くことができ，かつ自動的に閉鎖する戸または戸の部分は，避難方向に開くよ

うにしなければならない。

④　**階段室に設ける開口部**

ア．開口面積が1㎡以内の防火戸等の防火設備で，はめごろし戸としなければならない。

イ．上記ア．以外の場合は，階段室以外の部分の開口部および階段室以外の部分の壁・屋根（耐火構造は除く）から原則として90cm以上離さなければならない。

⑤　階段は，耐火構造とし，**避難階まで直通**としなければならない。

⑵　**屋外避難階段**

①　階段は，階段に通ずる出入口以外の開口部（窓等）から，2m以上の距離に設けなければならない。

②　階段に通じる出入口には，防火戸（遮煙性能を有するもの）等の防火設備を設け，直接手で開くことができ，かつ，自動的に閉鎖する戸または戸の部分は，避難方向に開くようにしなければならない。

③　階段は，耐火構造とし，**地上まで直通**としなければならない。

⑶　**特別避難階段**

①　階段室，バルコニーおよび付室は，耐火構造の壁で囲み，**階段室**および付室の**天井および壁の室内面**は，**仕上げ・下地とも不燃材料**で造らなければならない。 出題 H26

②　耐火構造とし，**避難階まで直通**としなければならない。

用語解説
「**特別避難階段**」とは，屋内避難階段に入る前に，バルコニーまたは外気に向かって開くことのできる**窓や排煙設備のある付室を設ける**ことで，階段室へ煙が入ることを防ぎ，より安全性を高めた避難階段のこと。

【特別避難階段】

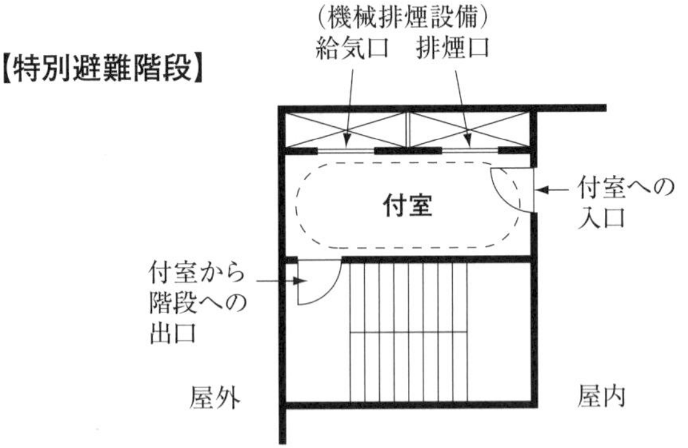

(4)　**出入口の戸**

避難階段または特別避難階段に通じる出入口の戸は，防火戸等の防火設備であって，遮炎性能があり，常時閉鎖式または煙感知型自動閉鎖式の戸とする。また，**避難方向に開くようにしなければならない**。

26. 避難階段から屋外への出口の戸（施行令125条の２）

次の出口に設ける戸の施錠装置は，屋内から**鍵を使わずに解錠できるもの**とし，**解錠方法は見やすいところに表示しておかなければならない**。

①　**屋外に設ける避難階段に屋内から通ずる出口**
②　**避難階段から屋外に通ずる出口**

27. 非常用の照明装置（施行令126条の４）

(1)　**非常用の照明装置の設置義務**

特殊建築物の居室，**階数が３以上で延べ面積が500㎡を超える建築物の居室**，これらの居室から**地上に通ずる廊下・階段その他の通路**（採光上有効に直接外気に開放された通路は除く）には，**非常用の照明装置を設けなければならない**。

(2)　**非常用の照明装置が設置不要の場合**

次のいずれかの建築物または建築物の部分は，**非常用の照明装置を設けなくてもよい**。

①　**長屋・共同住宅の住戸**または一戸建の住宅
②　避難階または避難階の直上階もしくは直下階の居室で避難上支障がないもの，その他これらに類するものとして国土交通大臣が定めたもの　等

(3)　**非常用の照明装置の構造**（126条の５）

①　照明は**直接照明**とし，**床面において１ルクス**（**蛍光灯またはLEDランプ**の場合，**２ルクス**）**以上**の照度を確保する。　出題 H27・29・R1・5

②　照明器具の構造は，火災時において温度が上昇した場合であっても，著しく光度が低下しないものとして国土交通大臣が定めた構造方法を用いる。

③　**予備電源**（**非常用電源**）**を設ける**。**予備電源**は，常用の電源が断たれた場合に**自動的に切り替えられて接続**され，　出題 H26

かつ，常用の電源が復旧した場合に**自動的に切り替えられて復帰するものとしなければならない**（昭和45年建設省告示第1830号）。

④ **非常用の照明装置の水平面の照度測定**は，十分に補正された**低照度測定用照度計**を用いた物理測定方法によって行わなければならない（同）。

出題 H26～27・R5

⑤ **停電時の予備電源として蓄電池を用いる**ものにあっては，充電を行うことなく**30分間以上継続して点灯**し，必要な照度を確保できるものでなければならない（同）。

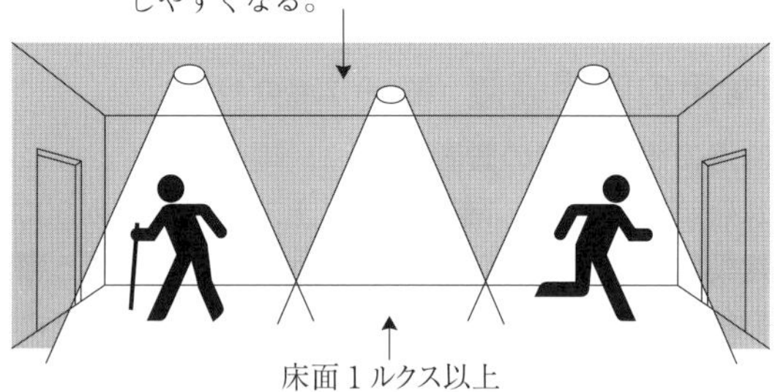

28. 敷地内の通路（施行令128条）

火災時等における避難経路を確保するため，敷地内には，屋外避難階段および避難階における屋外への出口から道路や空地等に通ずる**幅員1.5m**（階数が３以下で延べ面積が200㎡未満の建築物の敷地内では，**90cm**）**以上の通路**を設けなければならない。

【敷地内の通路】

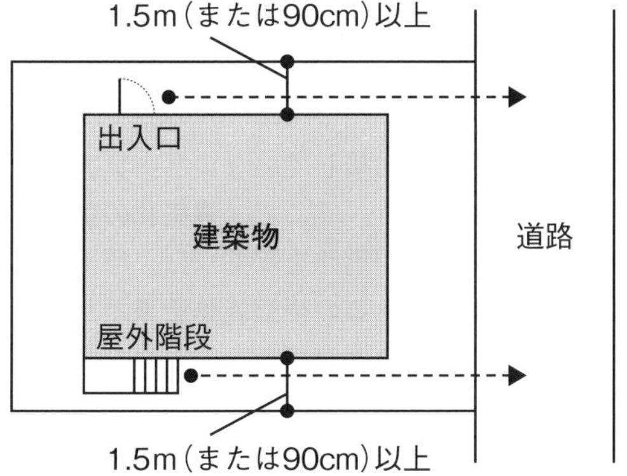

29．内装制限（35条の2，施行令128条の5）

建築物の内部で発生した火災により，**天井・壁の内装**の燃焼による火災の拡大や有毒ガスの発生といった事態が生じると人命にかかわる。そこでこうした事態を防止し，避難と消火活動を確実にするために，一定の**共同住宅の内装について仕上げを不燃材料にする等の制限**がされている。

⚠注意
「**床**」は，火災の最終段階で燃えることから火災の拡大にはあまり影響しないため，**内装制限の対象から除かれている**。
出題 H26・R2

10 集団規定

集団規定は，建築物の集団である市街地や都市における建築物を規制することによって，良好な環境を促進することを目的としている。原則として**都市計画区域および準都市計画区域内**において，**敷地単位**で適用される。また，これらの区域外で，都道府県知事が関係市町村の意見を聴いて指定する区域内においても，地方公共団体は，条例で，必要な制限を定めることができる。

1．道路（42～47条）

(1)　**道路の定義**

建築基準法上の道路は，**幅員が4m以上**でなければならない。ただし，**4m未満**であっても建築基準法が適用された際に，現に建築物が立ち並んでいる幅員4m未満の道で，**特定行政庁の指定**を受けたものは道路とみなされる（2項道路）。この場合，**道路の中心線から水平距離2m後退した線**がその道路と敷地の境界線とみなされる（➡P.580参照）。

プラス　この部分には，建物の建築が認められず，建蔽率や容積率の算出の際，**敷地面積に算入することができない。**

(2)　**接道義務**

建築物の敷地が道路に接していないと，災害等の場合に避難できなくなってしまう。そこで，**建築物の敷地**は建築基準法上の道路（自動車専用道路を除く）に，原則として**2m以上**接しなければならず，この接道義務を果たしていない敷地には建築物を建築することができない。ただし，その敷地の周囲に広い空地を有する建築物その他の一定基準に適合する建築物で，特定行政庁が交通上，安全上，防火上および衛生上支障がないと認めて建築審査会の同意を得て許可したものについては，接道義務は適用されない。

2．建蔽（ぺい）率（53条）

敷地をぎりぎりいっぱい使って建物を建てることは，防火上や住環境といった点から望ましくないので，**建蔽率の制限**が課せられている。

(1)　**建蔽率とは**

出題 H28

建蔽率とは，**建築面積**（同一敷地内に2以上の建築物がある場合においては，その建築面積の合計）を**敷地面積で割った割合**である。

$$\textbf{建蔽率}=\frac{\textbf{建築面積}}{\textbf{敷地面積}}=\frac{B}{A}$$

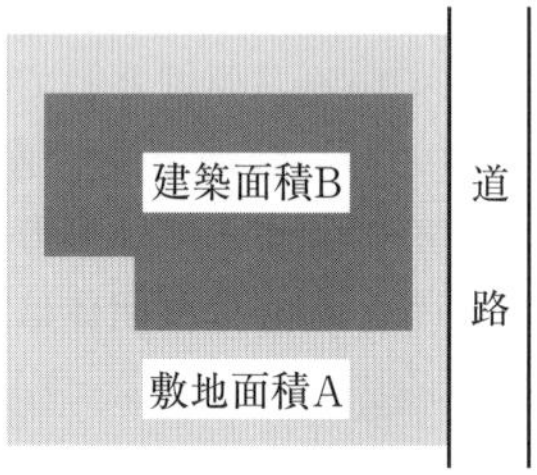

建築面積B

敷地面積A

道路

この制限によって，敷地内にとるべき空地が決まる。

(2)　**建蔽率の制限**

都市計画で**用途地域**が定められると，次の数値の中から**建蔽率の最高限度**が都市計画に定められる。

<table>
<tr><th colspan="2">用途地域</th><th>建蔽率の最高限度</th></tr>
<tr><td rowspan="2">住居系の用途地域</td><td>第１種低層住居専用地域
第２種低層住居専用地域
第１種中高層住居専用地域
第２種中高層住居専用地域
田園住居地域</td><td>3/10，4/10，
5/10，6/10</td></tr>
<tr><td>第１種住居地域
第２種住居地域
準住居地域</td><td>5/10，6/10，8/10</td></tr>
<tr><td rowspan="2">商業系の用途地域</td><td>近隣商業地域</td><td>6/10，8/10</td></tr>
<tr><td>商業地域</td><td>8/10</td></tr>
<tr><td rowspan="3">工業系の用途地域</td><td>準工業地域</td><td>5/10，6/10，8/10</td></tr>
<tr><td>工業地域</td><td>5/10，6/10</td></tr>
<tr><td>工業専用地域</td><td>3/10，4/10，
5/10，6/10</td></tr>
</table>

用語解説

「**用途地域**」とは，地域ごとに用途を定めた都市計画で，**住居系８種，商業系２種，工業系３種**に分類される（都市計画法９条）。

(3)　建蔽率の特例

いずれの用途地域であっても，敷地が**特定行政庁の指定する角地**にある場合や，**建蔽率の上限が8/10とされている地域外**で，かつ，**防火地域に耐火建築物等を建築**する場合には建蔽率の制限は，用途地域ごとに定められた数値に**1/10を加えた数値まで緩和**される。また，準防火地域内に耐火建築物等もしくは準耐火建築物等を建築する場合も同様に建蔽率は緩和される。

(4)　地域の内外にわたる場合

①　建築物の敷地が建蔽率の制限を受ける地域の２以上にわたる場合

各地域の建蔽率の限度に，その敷地の当該地域にある各部分の面積の敷地面積に対する割合を乗じて得たものの合計以下でなければならない。

プラス

例えば，**敷地面積の７割を占める部分の建蔽率が60%であり，残りの３割の部分の建蔽率が80%**の場合は，（0.7×60%）＋（0.3×80%）＝42%＋24%＝66%となり，敷地全体の建蔽率は，66%となる（加重平均）。

②　防火地域の内外にわたる場合

建築物の敷地が**防火地域の内外にわたる場合**において，その敷地内の建築物の**全部が耐火建築物**であるときは，その敷地は**すべて防火地域にあるものとみなして**，前記(3)の**特例**が適用される。

(5) **建蔽率の適用除外**

前記(2)の表中で原則，**建蔽率の上限が8/10とされている地域内**で，**防火地域内**に**耐火建築物等**を建築する場合においては，**建蔽率制限が適用されない**ほか，次の建築物についても適用されない。

> ① 巡査派出所，公衆便所，公共用歩廊その他これに類するもの
> ② 公園，広場，道路，川その他これらに類するもののうちにある建築物で特定行政庁が安全上，防火上および衛生上支障がないと認めて建築審査会の同意を得て許可したもの

3．容積率（52条）

市街地の環境の保護を図るため，建築物の容積を制限する目的で，建築物の延べ面積の敷地面積に対する割合（容積率）を定めている。

(1) **容積率とは**

出題 H28

容積率とは，**延べ面積**（**各階の床面積の合計**）を**敷地面積で割った割合**である。

この容積率の大小によって，延べ面積の限度（土地の利用率）が決まる。この容積率の制限は，都市計画に定められた数値（指定容積率）ではなく，道路の幅によって決まる場合もある。

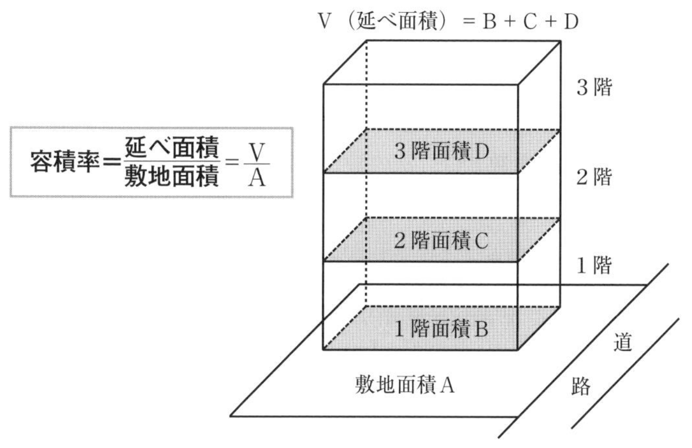

⑵　**容積率の制限**

都市計画で用途地域が定められると，その地域の特性に応じて，次の数値の中から**容積率の最高限度**が都市計画に定められる。

用途地域	容積率の最高限度（指定容積率）
第一種低層住居専用地域 第二種低層住居専用地域 田園住居地域	5/10，6/10，8/10，10/10，15/10，20/10
第一種中高層住居専用地域 第二種中高層住居専用地域 第一種住居地域 第二種住居地域 準住居地域 近隣商業地域 準工業地域	10/10，15/10，20/10，30/10，40/10，50/10
商業地域	20/10，30/10，40/10，50/10，60/10，70/10，80/10，90/10，100/10，110/10，120/10，130/10
工業地域 工業専用地域	10/10，15/10，20/10，30/10，40/10

⑶　**前面道路の幅員による容積率**

出題 H28・R1

前面道路（**2つ以上**に面する場合は，**その幅員の最大のもの**）の**幅員が12m未満の場合**は，次の①②のうち**小さいほう**が**限度**となる。つまり，**容積率**は，**前面道路の幅員**により**制限が加わる**場合がある。

① 用途地域では，都市計画で定められた容積率（指定容積率）
② 道路の幅員×法定乗数（算出容積率）

この**法定乗数**とは，次の数値である。

地　　域	法定乗数
① 第一種・二種低層住居専用地域，第一種・二種中高層住居専用地域，第一種・二種・準住居地域，田園住居地域内の建築物	4/10
② その他の用途地域内の建築物	6/10

プラス 例えば，**第二種住居地域内**の敷地において，都市計画で定められた**指定容積率**が300%であり，前面道路幅員が6mの場合，法定乗数により計算すると「6」×「4/10」＝240%（**算出容積率**）となり，300%より小さいので，この敷地の容積率は，**算出容積率**の240%となる。

(4) **地域の内外にわたる場合**

出題 R1

建築物の敷地が容積率の制限を受ける地域または区域の2以上にわたる場合，**各地域の容積率の限度**に，**その敷地の当該地域にある各部分の面積の敷地面積に対する割合を乗じて得たものの合計以下**でなければならない。

プラス つまり，加重平均（➡P.611の参照）をとるということであり，**2つの地域の容積率の単純平均や敷地面積の過半を占める地域の容積率が適用されるのではない。**

(5) **容積率の特例**（52条，施行令2条）

容積率の算定の基礎となる延べ面積に算入されないものは，以下のとおりである。

① **建築物の地階**で，天井が地盤面からの**高さ1m以下**にある**住宅または老人ホーム等の用途に供する部分の床面積**

ただし，その床面積がその建築物の住宅または老人ホームの用途に供する部分の床面積の合計の1/3を超える場合には，当該建築物の住宅または老人ホーム等の用途に供する部分の**床面積の合計の1/3を限度として延べ面積に算入されない。**

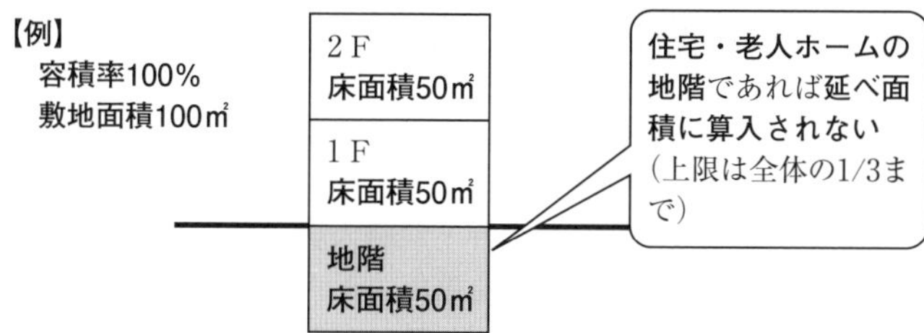

② エレベーターの昇降路の部分，共同住宅の共用の廊下・階段の用に供する部分の床面積

出題 R1

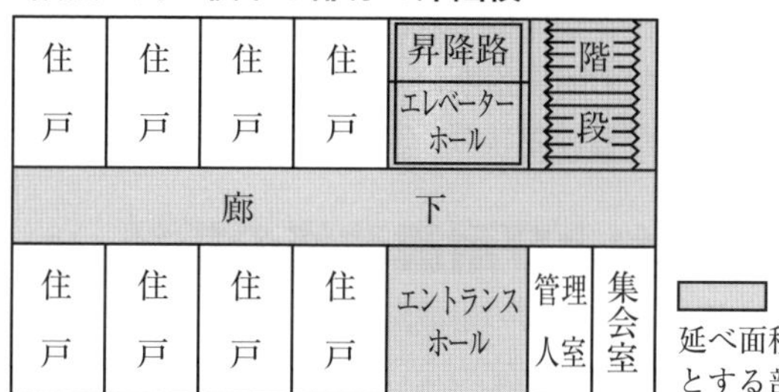

③ **自動車車庫等部分**，**備蓄倉庫部分**，蓄電池設置部分，自家発電設備設置部分，貯水槽設置部分，**宅配ボックス設置部分**の**用途に供する部分の床面積**

ただし，敷地内の建築物の各階の**床面積の合計に次の数値を掛けた面積を限度**として，**延べ面積に算入しない**。

・**自動車車庫等部分**	1/5
・**備蓄倉庫部分**	1/50
・蓄電池設置部分	1/50
・自家発電設備設置部分	1/100
・貯水槽設置部分	1/100
・**宅配ボックス設置部分**	1/100

出題 H26
出題 H27
出題 R1

第16章　建築基準法等

2 建築物の耐震改修の促進に関する法律（耐震改修法）

1 耐震改修法とは

平成７年１月に発生した**阪神・淡路大震災の被害**にかんがみ建築物の地震に対する安全性を確保するため，**建築物の耐震改修を促進する**ことを目的に「建築物の耐震改修の促進に関する法律（耐震改修法」)」が制定された。その後首都直下地震最大クラスの規模で発生した場合の被害想定では，東日本大震災を超える人的・物的被害が発生することがほぼ確実とされていることを受け，**建築物の耐震診断**および**耐震改修の一層の促進を図る**ため，改正法が施行された。

2 耐震診断および耐震改修の指針（４条）

国土交通大臣は，建築物の耐震診断および耐震改修の促進を図るための**基本的な方針**を定めなければならない。そして，基本方針を定め，またはこれを変更したときは，遅滞なく，これを**公表**しなければならない。

3 建築物の所有者が講ずべき措置

１．要安全確認計画記載建築物の耐震診断の義務（７条）

用語解説
「**既存耐震不適格建築物**」とは，地震に対する安全性に係る**建築基準法等の規定（耐震関係規定）に適合しない既存不適格建築物**のことをいう。

用語解説
「**通行障害既存耐震不適格建築物**」とは，地震によって倒壊した場合に，**その敷地に接する道路の通行を妨げ**，多数の者の円滑な避難を困難とするおそれがある既存耐震不適格建築物のことをいう。

病院・官公署等，大地震発生後の利用の確保が公益上必要な建築物で**既存耐震不適格建築物**で耐震改修促進計画に記載されたものや，**通行障害既存耐震不適格建築物**のうち耐震改修促進計画に記載された道路に敷地が接するもの等は，**要安全確認計画記載建築物**とされ，一定の期限までに耐震診断を行い，**耐震診断の結果を所管行政庁に報告**しなければならない。

２．特定既存耐震不適格建築物の所有者の努力（14条）

次の①②の建築物であって１.の**要安全確認計画記載建築物以外の既存耐震不適格建築物**（特定既存不適格建築物）の**所有者**は，その**建築物**について耐震診断を行い，その結果，地震に対する安全性の向上を図る必要があると認められるときは，**耐震改修を行うように努めなければならない**。 出題 H26

① 多数の者が利用する建築物（次の規模のもの）

建築物の用途	階数	床面積の合計
ア　幼稚園・保育所等	２以上	500㎡以上
イ　小学校・中学校等		1,000㎡以上
ウ　学校（イを除く）・病院・賃貸共同住宅等	3 以上	
エ　体育館	——	

② 通行障害建築物

地震によって倒壊した場合に道路の通行を妨げ，多数の者の円滑な避難を困難とするおそれがある，**都道府県耐震改修促進計画に記載された道路に接する敷地に建つ通行障害建築物**（分譲マンションを含む）であって，次の**a. b.**のように**道路の幅員等によって決まる限度以上の高さの部分があるもの**

a.「12m以下の道路」に面した通行障害建築物の場合

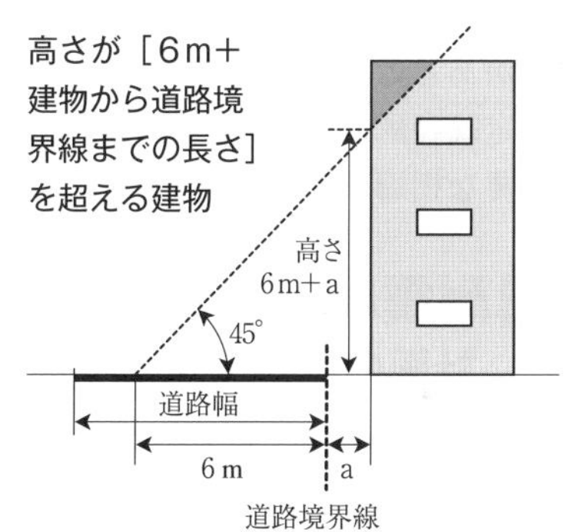

b.「12mを超える道路」に面した通行障害建築物の場合

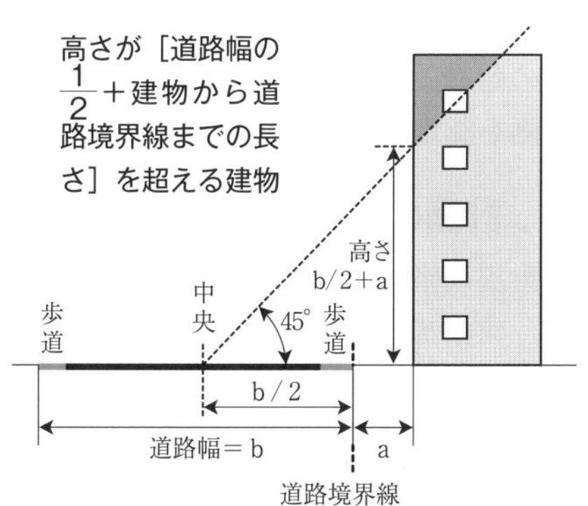

3．既存耐震不適格建築物の耐震診断・耐震改修の努力義務（16条）

「要安全確認計画記載建築物および特定既存耐震不適格建築物」以外の**既存耐震不適格建築物（分譲マンションを含む）**の所有者は，その既存耐震不適格建築物について耐震診断を行い，必要に応じ，**耐震改修を行うよう努めなければならない**。

> プラス　2．および3．の場合では，耐震改修を行うことは義務化されておらず，**努力義務**に留まっている点に注意しよう。

4 指導・助言・指示等

所管行政庁（建築主事を置く市町村は当該市町村長，その他の市町村については都道府県知事）は，**特定既存耐震不適格建築物**の耐震診断および耐震改修の適確な実施を確保するため必要があると認められる場合には，当該建築物の**所有者**に対し，特定既存耐震不適格建築物の**耐震診断および耐震改修について必要な指導および助言をすることができる**（15条）。

5 耐震改修の計画の認定等

1．計画の認定（17条1～3項）

建築物の耐震改修をしようとする者は，国土交通省令に基づき，建築物の**耐震改修の計画を作成し，所管行政庁の認定を申請することができる**。耐震改修計画には，建築物の位置，階数，延べ面積，構造および用途，耐震改修の事業内容とその資金計画等を記載しなければならない。そして，**所管行政庁**は，建築物の耐震改修の計画が一定の基準に適合すると認めるときは，**計画を認定することができる**。

2．計画の認定を受けた建築物の特例（17条6～10項）

耐震改修計画の認定を受けた建築物には，次の特例が適用され，建築基準法等の規制に関して**優遇措置を受ける**ことができる。

(1)　**既存不適格建築物**について，耐震改修計画の認定を受けて当該計画に基づき大規模な修繕等を行う場合には，工事後になお耐震関係規定以外の建築基準法等の規定に適合しない場合にも，**引き続き，既存不適格建築物と認められる**。

(2)　**建築基準法の規定のうち，次のものは適用されない**。

①　**耐火建築物**としなければならない**特殊建築物の規定** ②　防火地域内の建築物の規定 ③　準防火地域内の建築物の規定

(3)　耐震改修工事が地震に対する安全性の向上を図るため必要と認められ，かつ，当該工事により容積率または建蔽率制限に適合しないこととなることがやむを得ないものであり，また，当該工事の計画に係る建築物が交通上，安全上，防火上および衛生上支障がないと認め，**所管行政庁が耐震改修計画を認定したときは**，当該認定を受けた建築物について**容積率および建蔽率の規制を適用しない**。　出題 H26

(4)　耐震改修計画の認定をもって，**建築基準法の確認済証の交付があったものとみなされる**。したがって，建築確認の申請を，別途する必要がない。

プラス　なお，確認済証の交付があったとみなされて「**建築確認が不要**」となるだけであり，建築工事完了後に受ける完了検査の「**検査済証の交付**」は**不要とはならない**。

6 地震に対する安全性に係る認定等

(1)　**建築物の所有者**は，国土交通省令で定めるところにより，所管行政庁に対し，当該建築物について**地震に対する安全性に係る基準に適合している旨の認定**を申請することができる。

プラス　この認定の対象となるのは**昭和56年の建築基準法施行令改正以後の耐震基準に基づく建物に限られず，改正以前の耐震基準（旧耐震基準）に基づく建物**でも，耐震改修済みのものや耐震診断で耐震性があると認められたもの等は**対象となる**。　出題 R2

(2)　**地震に対して安全性に係る基準に適合していると認定を受けた建築物**について，**認定を受けている旨を利用者の視認しやすい場所や広告に任意で表示**することができる（22条）。こ　出題 H26

注意

(2)の認定を受けている旨の表示はあくまで**任意**であり，表示が**義務付けられているわけではない**。

参考

普通決議事項については，区分所有法で規約による「**別段の定め**」が認められているので，例えば，規約で「**出席組合員の議決権の過半数による**」とされている場合には，それに従って決議する。

の表示制度は，**区分所有建築物を含むすべての建築物が対象**である。これにより，建築物の利用者への広告等による情報提供，建築物の所有者の耐震安全意識向上が図られ，耐震改修が促進されることにつながる。

7 区分所有建築物の耐震改修の必要性に係る認定等

1．区分所有建築物の耐震改修の必要性に係る認定（25条）

(1) 耐震診断が行われた**区分所有建築物**（2以上の区分所有者が存する建築物）の管理者等は，所管行政庁に対し，当該区分所有建築物の**耐震改修を行う必要がある旨の認定を申請することができる**。

(2) **所管行政庁**は，(1)の申請に係る区分所有建築物が，地震に対する安全上耐震関係規定に準ずるものとして国土交通大臣が定める基準に適合していないと認めるときは，**耐震改修の必要性について認定をすることができる**。

(3) 認定を受けたマンション等の**区分所有建築物**（**要耐震改修認定建築物**）については，区分所有者の**集会の普通決議**（**規約に別段の定めがない限り，区分所有者および議決権の各過半数**）により**耐震改修を行うことができる**。出題 H26

プラス 本来，耐震改修工事の中には，「形状または効用の著しい変更を伴う」工事に該当するものもあり，その場合，区分所有者および議決権の各3/4以上の多数による集会の決議（特別決議）が必要となるところ，**耐震改修法により普通決議に緩和**され，耐震改修がより行いやすくなった。

2．区分所有者の耐震改修の努力義務（26条）

要耐震改修認定建築物の区分所有者は，**耐震改修を行うよう努めなければならない**。

③ 高齢者，障害者等の移動等の円滑化の促進に関する法律（バリアフリー法）

1 バリアフリー法とは

(1) **バリアフリー法**は，公共交通機関の旅客施設や車両，道路，路外駐車場，公園施設等，一定の建築物において**高齢者や障害者等の移動等を円滑化させるために，建築主等が講ずべき措置を定めた**ものである（1条）。

(2) この法律に基づく措置は，①**高齢者，障害者等にとって日常生活または社会生活を営む上で障壁となるような社会における事物，制度，慣行，観念その他一切のものの除去に資する**こと，および②**全ての国民が年齢，障害の有無その他の事情によって分け隔てられることなく共生する社会の実現に資することを旨として**，行われなければならない（**基本理念**，1条の2）。出題 R2

⚠注意
国民は，高齢者，障害者等の自立した日常生活・社会生活を確保することの重要性について理解を深めるとともに，これらの者の**円滑な移動および施設の利用を確保するために協力するよう努めなければならない**（7条）。
出題 R1

2 用語の定義

(1) **高齢者，障害者等**

高齢者・障害者で日常生活・社会生活に身体の機能上の制限を受ける者その他の者をいう。

(2) **建築主等**

建築物の建築をしようとする者・建築物の所有者・管理者・占有者をいう。

出題 R2

(3) **特定建築物**

共同住宅（**分譲マンション**等），学校，病院，劇場，観覧場，集会場，展示場，百貨店，ホテル，事務所，老人ホームその他の**多数の者が利用する一定の建築物やその部分**をいい，これらに附属する**建築物特定施設を含む**。

出題 H28・30

(4) **特別特定建築物**

不特定かつ多数の者が利用し，または主として高齢者，障害者等が利用する特定建築物であって，**移動等円滑化が特に必要な一定のもの**（老人ホーム，老人福祉センター，特別支援学校，病院，映画館等）をいう。**共同住宅は該当しない**。

出題 R2

(5) **建築物特定施設**

出入口，廊下，階段，エレベーター，便所，敷地内の通路，

出題 R2

駐車場その他の建築物やその敷地に設けられる施設で，一定のものをいう。

(6) **所管行政庁**

原則として，建築主事を置く市町村・特別区の区域については当該市町村・特別区の長をいい，その他の市町村・特別区の区域については都道府県知事をいう。

3 特別特定建築物の建築主等の基準適合義務等

建築主等は，**床面積の合計2,000㎡以上の特別特定建築物の建築**（用途の変更をして特別特定建築物にすることを含む）をしようとするときは，その特別特定建築物を，移動等円滑化のために必要な**建築物特定施設の構造・配置に関する建築物移動等円滑化基準に適合させなければならない**（14条1項）。

4 特定建築物の建築主等の努力義務等

出題 H30

(1) **建築主等**は，**特定建築物**（特別特定建築物を除く）**の建築**（用途の変更をして特定建築物にすることを含む）をするときは，当該特定建築物を**建築物移動等円滑化基準に適合させるために必要な措置を講ずるよう努めなければならない**（16条1項）。

(2) 建築主等は，特定建築物の建築物特定施設の修繕・模様替をしようとするときは，当該建築物特定施設を建築物移動等円滑化基準に適合させるために，必要な措置を講ずるよう努めなければならない（16条2項）。

5 特定建築物の建築等および維持保全の計画の認定

建築主等は，**特定建築物の建築**，**修繕または模様替**（修繕・模様替にあっては，建築物特定施設に係るものに限る）をしようとするときは，特定建築物の建築等および維持保全の計画を作成し，**所管行政庁の認定を申請することができる**（17条）。

この認定を受けた建築物を**認定特定建築物**という。

6 認定特定建築物の容積率の特例

建築物の**容積率の算定の基礎となる延べ面積**には，原則として，認定を受けた計画に係る**認定特定建築物の建築物特定施設の床面積**のうち，移動等円滑化の措置をとることにより通常の建築物の建築物特定施設の床面積を超えることとなる場合の**一定の床面積は，算入しない**ものとすることができる（19条）。

7 認定特定建築物の表示等

認定建築主等は，**認定特定建築物の建築等**をしたときは，当該認定特定建築物，その敷地またはその利用に関する**広告等**に，当該認定特定建築物が計画の**認定を受けている旨の表示を付することができる**（20条）。

【参考】建築物移動等円滑化基準（抄）

廊下等	① **表面を粗面**とし，または**滑りにくい材料**で仕上げる。 ② 階段または傾斜路（階段に代わり，またはこれに併設するものに限る）の上端に近接する廊下等の部分には，視覚障害者に対して段差または傾斜の存在の警告を行うために，点状ブロック等を敷設する。 ③ **幅120cm以上**とする。 ④ **50m以内ごと**に車いすの回転に支障のない場所を設ける。
階　段	① 踊り場を除き，**手すり**を設ける。 ② **主たる階段**は**回り階段でないこと**（回り階段以外の階段を確保することが困難であるときを除く）。
駐車場	① **駐車場**には，**車いす使用者が円滑に利用することができる駐車施設**を，**1以上**設けなければならない。 ② **車いす使用者用駐車施設の幅**は，車いすを回転させることができるようにするため**350cm以上**とする。 ③ **車いす使用者が利用する駐車施設から建物の出入口までの通路は**，段を設けず，**幅を120cm以上**とする。
エレベーター乗降ロビー	① かごは，利用居室，車いす使用者用便房，車いす使用者用駐車施設がある階，地上階に停止する。 ② かご・昇降路の**出入口の幅は**，**80cm以上**とする。 ③ かごの**奥行きは**，**135cm以上**とする。 ④ 乗降ロビーは，高低差がないものとし，その**幅・奥行は150cm以上**とする。 ⑤ かごおよび乗降ロビーには，車いす使用者が利用しやすい位置に制御装置を設ける。

出題 H30

出題 H30

バリアフリー法のまとめ

内容	旅客施設や車両，道路，路外駐車場，公園施設等，一定の建築物において，高齢者や障害者等の移動等を円滑化させるため，施設の管理者等が講ずべき措置を規定（**建築物移動等円滑化基準**）	
用語の定義	特定建築物	共同住宅（マンション），学校，病院，劇場，観覧場，集会場，展示場，百貨店，ホテル，事務所，老人ホームその他多数の者が利用する一定の建築物やその部分
努力義務	建築主等は，**特定建築物の建築**をする場合，建築物移動等円滑化基準に適合させるため必要な措置を講ずるよう努めなければならない	
特定建築物の建築等及び維持保全の計画の認定	① 建築主等は，特定建築物の建築等・維持保全の計画を作成し，**所管行政庁の認定**を申請することができる ② 認定された建築物（認定特定建築物）は，**容積率の算定の基礎となる延べ面積に一定の面積を算入しない特例が適用される** ③ 認定を受けた建築主（認定建築主）は，認定特定建築物に関する広告等に，認定を受けている旨の表示をすることができる	

4 警備業法

1 警備業法とは（1条）

警備業法は，警備業について必要な規制を定め，もって警備業務の実施の適正を図ることを目的とし，警備業を営むための認定，認定手続等，警備員の制限，機械警備業務の届出等を定めている。

2 用語の定義

警備業務	次のいずれかに該当する業務であって，他人の需要に応じて行うもの ① 事務所，住宅，興行場，駐車場，遊園地等（以下「警備業務対象施設」という）における**盗難等の事故**の発生を警戒し，防止する業務 ② 人もしくは車両の雑踏する場所またはこれらの通行に危険のある場所における負傷等の事故の発生を警戒し，防止する業務 ③ 運搬中の現金，貴金属，美術品等に係る盗難等の事故の発生を警戒し，防止する業務 ④ 人の身体に対する危害の発生を，その身辺において警戒し，防止する業務
警備業	警備業務を行う営業
警備業者	**都道府県公安委員会の認定**を受けて警備業を営む者
警備員	警備業者の使用人その他の従業者で警備業務に従事する者
機械警備業務	**警備業務用機械装置**（警備業務対象施設に設置する機器により感知した盗難等の事故の発生に関する情報を当該警備業務対象施設以外の施設に設置する機器に送信し，および受信するための装置で内閣府令で定めるもの）を使用して行う上記①の警備業務
機械警備業	機械警備業務を行う警備業

! 参考

ここでいう「**盗難等の事故**」とは，窃盗，強盗，不法侵入，放火等の刑事犯罪を広く含み，失火等の事故も含むとされ，警備対象施設における事業活動の正常な運行を妨げ，または施設の正常な状態を損なうような出来事をいう。

3 警備業の要件と認定

1．欠格要件（3条）

次のいずれかに該当する者は，警備業を営んではならない。

(1) **破産手続開始の決定を受けて復権を得ない者**

(2) 禁錮以上の刑に処せられ，または警備業法の規定に違反して罰金の刑に処せられ，その執行を終わり，または執行を受けることがなくなった日から起算して5年を経過しない者等

2．認定（4条）

警備業を営もうとする者は，上記**1．**の欠格要件に該当しないことについて，**都道府県公安委員会の認定**を受けなければならない。

4 警備業務実施上の義務

1．警備員の制限（14条）

出題 H28

18歳未満の者，または前記**3 1．**の欠格要件に該当する者は，**警備員となってはならない**。また，警備業者は，これらの者を警備業務に従事させてはならない。

2．警備業務実施の基本原則（15条）

警備業者および警備員は，警備業務を行うにあたっては，警備業法により特別に権限を与えられているものでないことに留意するとともに，他人の権利および自由を侵害し，または個人もしくは団体の正当な活動に干渉してはならない。

3．服装（16条）

(1) **警備業者および警備員**は，警備業務を行うにあたっては，内閣府令で定める公務員の法令に基づいて定められた**制服と，色，型式または標章により，明確に識別することができる服装を用いなければならない**。

出題 R2

(2) **警備業者**は，警備業務を行おうとする都道府県の区域を管轄する公安委員会に，警備業務を行うに当たって用いようとする**服装の色，型式等**を記載した**届出書を提出しなければならない**。また，**服装の色，型式等を変更**したときは，当該変更に係る**都道府県公安委員会に届け出なければならない**。

4．書面の交付（19条）

(1)　**契約概要についての記載書面の交付**

警備業者は，警備業務の依頼者と警備業務を行う契約を締結しようとするときは，その契約をするまでに，**契約の概要について記載した書面をその者に交付しなければならない**。

(2)　**契約内容を明らかにする書面の交付**

警備業者は，警備業務を行う契約を締結したときは，**遅滞なく，当該契約の内容を明らかにする書面を当該警備業務の依頼者に交付しなければならない**。

5．苦情の解決（20条）

警備業者は，常に，その行う警備業務について，**依頼者等からの苦情の適切な解決に努めなければならない**。

5 機械警備業

1．機械警備業務の届出（40条）

機械警備業を営む警備業者（以下「**機械警備業者**」という）は，機械警備業務を行おうとするときは，当該機械警備業務に係る受信機器を設置する施設（以下「**基地局**」という）または送信機器を設置する警備業務対象施設の所在する都道府県の区域ごとに，**当該区域を管轄する公安委員会**に，一定の事項を記載した**届出書を提出しなければならない**。

2．機械警備業務管理者の選任（42条1項）

機械警備業者は，**基地局ごとに**，警備業務用機械装置の運用を監督し，警備員に対する指令業務を統制し，その他機械警備業務を管理する業務で一定のものを行う**機械警備業務管理者**を，機械警備業務管理者資格者証の交付を受けている者のうちから，原則として**選任**しなければならない。

参考

機械警備業務の具体例として，警備対象施設（オフィスビルや個人宅等）に警備員を置かず，代わりにセンサー（警報機器）を設置して，センサーから送信される侵入や火災等の情報を基地局で365日24時間遠隔監視し，異常事態発生に際しては，待機中の警備員が現場へ急行し，初期対応をとる形態の警備業務等がある。このような機械警備業務を行っている企業としては，綜合警備保障(ALSOK)やセコム等がある。

3．即応体制の警備（43条）

機械警備業者は，都道府県公安委員会規則で定める基準に従い，**基地局**において盗難等の事故の発生に関する情報を**受信**した場合に，速やかに，現場における警備員による事実の確認その他の必要な措置が講じられるようにするため，**必要な数の警備員**，**待機所**（警備員の待機する施設をいう）**および車両その他の装備を適正に配置**しておかなければならない。

Point整理　警備業法のまとめ

警備業者	他人の需要に応じた警備業務を営業として行う業者で，一定の要件に該当しないことについて**都道府県公安委員会の認定を受けた者** ➡ 警備業者は，**18歳未満の者を業務に従事させてはならない**
警備の契約	① 警備業者および警備員は，警備業務を行うにあたっては，内閣府令で定める**公務員の法令に基づいて定められた制服と，色，型式または標章により，明確に識別することができる服装**を用いなければならない ② 書面の交付義務 ・ 警備業者は，警備業務を行う契約を締結しようとするときは，契約するまでに，契約の概要を記載した書面**を依頼者に交付**しなければならない ・ 警備業者は，契約を締結したときは，**遅滞なく**，**警備業務の内容を明らかにする書面を依頼者に交付**しなければならない
機械警備業務	① 機械警備業者は，その区域を管轄する**都道府県公安委員会に届出書を提出**しなければならない ② 機械警備業者は，**基地局ごとに機械警備業務管理者**を，機械警備業務管理者資格者証の交付を受けている者のうちから，選任しなければならない

5 自動車の保管場所の確保等に関する法律（自動車保管場所確保法）

1 目的（1条）

自動車保管場所確保法は，自動車の保有者等に自動車の保管場所を確保し，道路を自動車の保管場所として使用しないよう義務づけるとともに，自動車の駐車に関する規制を強化することにより，道路使用の適正化，道路における危険の防止および道路交通の円滑化を図ることを目的としている。

2 保管場所の確保

出題 H28

自動車の保有者は，道路上の場所以外の場所において，当該**自動車の保管場所**（自動車の使用の本拠の位置との間の距離が**2㎞を超えないもの**）**を確保しなければならない**（3条，施行令1条1号）。

3 保管場所の確保を証する書面の提出等

道路運送車両法4条に規定する自動車登録ファイルに登録を受けようとする者は，当該行政庁に対して，警察署長の交付する道路上の場所以外の場所に当該**自動車の保管場所を確保していることを証する書面**（いわゆる「車庫証明」）を提出しなければならない（自動車保管場所確保法4条1項）。

プラス ここでいう自動車には，軽自動車・小型特殊自動車・二輪の小型自動車は含まれない（道路運送車輌法4条）。

4 軽自動車の場合

軽自動車である自動車を新規に運行の用に供しようとするときは，当該自動車の保有者は，当該自動車の保管場所の位置を管轄する**警察署長**に，当該自動車の使用の本拠の位置，保管場所の位置その他一定の事項を**届け出なければならない**（5条）。

プラス 自動二輪車については，保管場所の確保を証する書面の提出は不要である。

出題 R2

5 保管場所としての道路の使用の禁止

(1) 道路上の場所を，自動車の保管場所として使用してはならない（11条1項）。

(2) 自動車が道路上の同一の場所に**引き続き12時間以上駐車することとなるような行為**（**夜間**（日没時から日出までの時間）においては**8時間以上**）は，してはならない（11条2項）。

6 両罰規定

法人の代表者または**法人・人の代理人，使用人その他の従業者**が，その法人または人の業務に関し本法に関する違反行為をしたときは，**行為者を罰するほか，その法人または人に対しても，罰金刑を科する**（18条）。

Point整理 自動車保管場所確保法のまとめ

保管場所の確保	① 保管場所は，自動車の使用の本拠の位置との間の距離が，**2kmを超えない**ものであることが必要 ② **軽自動車**を新規に運行の用に供しようとするときは，自動車の保有者は，保管場所の位置を管轄する警察署長に，一定事項を届け出なければならない
禁止行為	① 道路上の同一の場所に引き続き**12時間以上**駐車すること ② 夜間（日没時から日出までの時間）に，道路上の同一の場所に引き続き**8時間以上**駐車すること

6 動物の愛護及び管理に関する法律等（動物愛護管理法等）

1 目的

動物愛護管理法は，動物の愛護と動物の適切な管理（危害や迷惑の防止等）を目的としている（1条）。

参考 対象動物となるのは，家庭動物，展示動物，産業動物（畜産動物），実験動物等の**人の飼養に係る動物**である。

2 動物の所有者の責務

(1) **動物の所有者または占有者（所有者等）**は，**動物が人の生命，身体もしくは財産に害を加え，生活環境の保全上の支障を生じさせ**，または**人に迷惑を及ぼすことのないように努めなければならない**（7条1項）。

(2) **動物の所有者等**は，その所有し，または占有する**動物の逸走を防止するために必要な措置**を講ずるよう**努めなければならない**（努力義務，7条3項）。 出題 R3

(3) **動物の所有者**は，その**所有する動物が自己の所有に係るものであることを明らかにするための措置**として環境大臣が定めるものを**講ずるように努めなければならない**（7条6項）。

3 犬・猫の引取り

都道府県等（都道府県および指定都市，中核市その他政令で定める市（特別区を含む）をいう）は，原則として，**犬または猫の引取りをその所有者から求められたときは，これを引き取らなければならない**（35条1項）。

プラス 身体障害者補助犬法

① **住宅を管理する者**（国等を除く）は，その管理する住宅に居住する身体障害者が当該住宅において**身体障害者補助犬（盲導犬・介助犬等）を使用することを**拒まないよう**努めなければならない**（努力義務，11条）。 出題 H28

② **身体障害者補助犬**を同伴して一定の施設等（住宅を除く）の利用・使用する身体障害者は，**その者のために訓練された身体障害者補助犬である旨を明らかにするための**表示**をしなければならない**（12条）。 出題 R1

長期優良住宅の普及の促進に関する法律

1 目的

出題 H29

長期にわたり良好な状態で使用するための措置が，その構造・設備について講じられた優良な住宅（長期優良住宅）の普及を促進するため，所管行政庁による長期優良住宅の認定や，認定を受けた長期優良住宅建築等計画に基づき建築および保全が行われている住宅についての性能評価に関する措置等が定められている（1条）。

！参考

住宅を長期にわたり使用することにより，住宅にかかる費用（解体費・建替費用等）の低減を図り，環境への負荷を低減し，国民のより豊かな暮らしへの転換を図ることを目的としている。

2 用語の定義

(1) **建築** 出題 H29

住宅を**新築**し，**増築**し，または**改築**することをいう。

(2) **長期優良住宅**

長期にわたり良好な状態で使用するために，その**構造・設備について所定の措置が講じられた優良な住宅**をいう。

3 長期優良住宅建築等計画の認定

長期優良住宅を建築しようとする者は，①構造躯体の劣化対策，②耐震性，維持管理・更新の容易性，③可変性，④バリアフリー対策，⑤省エネルギー対策，⑥居住環境，⑦**住戸面積**，⑧維持保全計画について，一定の認定基準を満たす住宅の建築および維持保全に関する計画（**長期優良住宅建築等計画**）を作成し，**所管行政庁の認定を申請することができる**（5条，6条）。

！参考

認定長期優良住宅に対しては**税**（所得税，登録免許税，不動産取得税，固定資産税）**について負担を軽減**するさまざまな**特例措置**がある。また，認定長期優良住宅に対する住宅ローンについても，住宅金融支援機構による供給支援が行われている（フラット50等）。

＋プラス 上記「⑦**住戸面積**」の認定基準は，良好な居住水準を確保するために必要な規模として，原則として，一戸建ての住宅の場合は75㎡以上，マンション等の**共同住宅等の場合は40㎡以上**（共用部分の床面積を除く）とされている。出題 H29

4 記録の作成・保存

出題 H29

所管行政庁から，**長期優良住宅建築等計画の認定を受けた者**は，国土交通省令で定めるところにより，認定長期優良住宅の**建築および維持保全の状況に関する記録を作成し，これを保存**

しなければならない（11条１項）。

⑧ 景観法

1 目的

都市，農山漁村等における良好な景観の形成を促進するため，**景観計画の策定その他の施策**を総合的に講ずることにより，美しく風格のある国土の形成，潤いのある豊かな生活環境の創造および個性的で活力ある地域社会の実現を図り，もって国民生活の向上ならびに国民経済および地域社会の健全な発展に寄与することを目的としている（1条）。

プラス 2005（平成17）年に施行された日本で初めての景観に関する総合的な法律である。良好な景観の形成に関する基本理念および国等の責務を定めるとともに，**景観計画の策定，景観計画区域，景観地区等における良好な景観の形成のための規制**，景観整備機構による支援などを定めている。

2 景観行政団体

景観行政団体とは，景観法に基づいてさまざまな施策を実施する行政団体をいい，次のように分類される。

場所	景観行政団体	
指定都市の区域	指定都市	
中核市の区域	中核市	
一般の市町村の区域	原則	都道府県
	例外	あらかじめ都道府県知事と協議した場合は，その市町村

3 景観計画

1．景観計画の策定（8条）

景観行政団体は，都市，農山漁村その他市街地または集落を形成している地域およびこれ一体となって景観を形成している地域における一定の土地の区域について，**良好な景観の形成に関する計画（景観計画）**を定めることができる。

2．景観計画区域内の行為の規制（16条）

(1)　届出

景観計画区域内（景観計画が定められた区域）において，次の行為をしようとする者は，あらかじめ，**行為の種類，場所，設計または施行方法，着手予定日その他の事項を景観行政団体の長に届け出**なければならない。

出題 R3

① **建築物の新築，増築，改築もしくは移転，外観を変更することとなる修繕もしくは模様替または色彩の変更**（建築等）
② 工作物の新設，増築，改築もしくは移転，外観を変更することとなる修繕もしくは模様替または色彩の変更（建設等）
③ 都市計画法に規定する開発行為その他政令で定める行為
④ ①〜③に掲げるもののほか，良好な景観の形成に支障を及ぼすおそれのある行為として景観計画に従い景観行政団体の条例で定める行為

(2)　例外

次の行為については，(1)の届出は不要である。

① 通常の管理行為，軽易な行為その他の行為で政令で定めるもの
② 非常災害のため必要な応急措置として行う行為
③ 景観重要建造物について，現状変更の許可を受けて行う行為
④ 景観計画に基づき景観重要公共施設の整備として行う行為
⑤ 景観重要公共施設について，許可を受けて行う行為　等

(3)　勧告

景観行政団体の長は，届出があった場合において，その届出に係る行為が景観計画に定められた当該行為についての制限に適合しないと認めるときは，その届出をした者に対し，その**届出から30日以内**に，設計の変更その他の必要な措置をとることを**勧告**することができる。

9 賃貸住宅の管理業務等の適正化に関する法律（賃貸住宅管理業法）

1 賃貸住宅管理業法とは

出題 R4

賃貸住宅管理業法は，社会経済情勢の変化に伴い国民の生活の基盤としての賃貸住宅の役割の重要性が増大していることに鑑み，**賃貸住宅**の入居者の居住の安定の確保および賃貸住宅の賃貸に係る事業の公正かつ円滑な実施を図るため，**賃貸住宅管理業登録制度**を設け，その業務の適正な運営を確保するとともに，**特定賃貸借契約（マスターリース契約）の適正化のための措置等を講ずる**ことにより，良好な居住環境を備えた賃貸住宅の安定的な確保を図り，もって国民生活の安定向上および国民経済の発展に寄与することを目的としている（1条）。

2 賃貸住宅管理業登録制度

1．賃貸住宅（2条1項）

賃貸住宅とは，**賃貸借契約を締結し賃借することを目的**とした，**人の居住の用に供する家屋**（アパート・戸建て一棟）または**家屋の部分**（アパート・マンションの一室等）をいう。

2．賃貸住宅管理業（2条2項）

賃貸住宅の賃貸人から**委託**を受けて，次の業務（**管理業務**）を行う事業をいう。

> ①　**賃貸住宅の維持保全**
> 　委託に係る**賃貸住宅の維持保全**を行う業務
> ②　**金銭の管理を行う業務**（①の業務と併せて行うものに限る）
> 　賃貸住宅に係る家賃、敷金、共益費その他の**金銭の管理**を行う業務

3．賃貸住宅管理業者（2条3項）

出題 R5

賃貸住宅管理業者とは，**国土交通大臣の登録**を受けて**賃貸住宅管理業**を営む者をいう。

4．登録の有効期間・更新（3条2～4項）

(1)　登録の有効期間は**5年**である。

⑵　**有効期間の満了後**，登録の更新を受けようとする者は，**有効期間満了の日の90日前から30日前**までの間に，更新の登録申請書を**国土交通大臣**に提出しなければならない。

⑶　**更新の申請があった場合**，有効期間の満了の日までに更新の申請に対する処分がなされないときは，**従前の登録は，その処分がされるまでの間は，なおその効力を有する**。つまり，有効期間の満了後であっても業務を継続することができる。この場合，有効期間満了日の後に更新がなされたときは，更新後の登録の有効期間は，従前の登録の有効期間の満了の日の翌日から起算される。

出題 R５

５．業務上の規制（12～16条・20条）

⑴　業務管理者の選任

賃貸住宅管理業者は，その**営業所または事務所ごと**に，１人**以上の業務管理者**を選任しなければならない。そして，業務管理者をして営業所または事務所における業務に関し，管理および監督に関する事務を行わせなければならない。出題 R５

参考
業務管理者になることができる国家資格として**賃貸不動産経営管理士**と**宅地建物取引士**がある。

⑵　重要事項の説明

賃貸住宅管理業者は，**管理受託契約を締結**しようとするときは，**管理業務を委託しようとする賃貸住宅の賃貸人**に対し，管理受託契約を締結するまでに，**管理受託契約の内容およびその履行に関する事項**（**重要事項**）について，**書面を交付して説明**しなければならない。

出題 R５

⑶　管理受託契約の締結時の書面の交付

賃貸住宅管理業者は，管理受託契約を締結したときは，**管理業務を委託する賃貸住宅の賃貸人**（**委託者**）に対し，遅滞なく，一定事項を記載した**書面を交付**しなければならない。

プラス
重要事項の説明は，**業務管理者**によって行われる**必要はない**。また，重要事項説明書や契約締結時の書面に対する業務管理者の**記名も義務付けられていない**。

⑷　管理業務の再委託の禁止

賃貸住宅管理業者は，委託者から委託を受けた管理業務の全部を他の者に対し，再委託してはならない。

⑸　財産の分別管理

賃貸住宅管理業者は，管理受託契約に基づく管理業務において受領する家賃，敷金，共益費その他の金銭（家賃等）を，整然と管理する方法として国土交通省令で定める方法により，自己の固有財産および他の管理受託契約に基づく管理業務において受領する家賃，敷金，共益費その他の金銭と分別して管理しなければならない。

⑹　委託者への定期報告

賃貸住宅管理業者は，管理業務の実施状況等について，定期的に，委託者に報告しなければならない。

2 特定賃貸借契約の適正化のための措置等

1．特定賃貸借契約（2条4項）

用語解説
サブリースとは**転貸借**をいう。**サブリース事業**とは、賃貸物件を賃貸人（=所有者・オーナー）との**特定賃貸借契約**（**マスターリース契約**）により一括賃借し、それを**第三者に転貸借する事業形態**である。

特定賃貸借契約（マスターリース契約）とは，賃貸住宅の賃貸借契約であって，**賃借人がその賃貸住宅を第三者に転貸する事業**（**サブリース事業**）を営むことを目的として締結される契約をいう。

2．特定転貸事業者（2条5項）

特定転貸事業者とは，特定賃貸借契約に基づき**賃借した賃貸住宅を第三者に転貸する事業を営む者**（**サブリース業者**）をいう。賃貸住宅管理業者のうちサブリース事業を営む者は特定転貸事業者にも該当し，業務について規制を受ける。

3．勧誘者（28条）

勧誘者とは，特定転貸事業者と特定の関係性を有する者であって，**特定転貸事業者が特定賃貸借契約の締結についての勧誘を行わせる者**をいう。例えば，サブリース業者から勧誘の委託を受けた建設業者，不動産業者，金融機関等の法人やファイナンシャルプランナー，コンサルタント等の個人をいう。

4．業務上の規制（28条～32条）

⑴　誇大広告等の禁止

出題 R3

特定転貸事業者および勧誘者（**特定転貸事業者等**）は，特定賃貸借契約の条件について**広告**をするときは，次の①～③の事項について，「**著しく事実に相違する表示**（**虚偽広告**）」をし，または「**実際のものよりも著しく優良であり，もしくは有利であると人を誤認させるような表示（誇大広告）**」をしてはならない。

> ① **サブリース業者がオーナーに支払うべき家賃の額，支払期日および支払方法等の賃貸の条件ならびにその変更に関する事項**
> ② **賃貸住宅の維持保全の実施方法**
> ③ **賃貸住宅の維持保全に要する費用の分担に関する事項**
> ④ **特定賃貸借契約の解除に関する事項等**

(2)　不当な勧誘等の禁止（29条）

特定転貸事業者等は，**不当な勧誘行為等**として**次の行為**をしてはならない。

> ① **特定賃貸借契約の締結の勧誘**をするに際し，または**その解除を妨げる**ため，特定賃貸借契約の相手方または相手方となろうとする者（**オーナー等**）に対し，特定賃貸借契約に関する事項であってオーナー等となろうとする者の判断に影響を及ぼすこととなる重要な事項について，**故意に事実を告げず**（**事実不告知**），または**不実のことを告げる**（**不実告知**）行為
> ② 特定賃貸借契約に関する行為であって，オーナー等の保護に欠ける行為

> プラス　**特定転貸事業者**または**勧誘者**が**不当な勧誘等の禁止**（事実不告知・不実告知）に違反した場合，**罰則規定**が適用され，6ヵ月以下の懲役もしくは50万円以下の罰金に処せられ，またはこれが併科される（42条）。

出題 R3

(3)　特定賃貸借契約の締結前の重要事項の説明（30条）

特定転貸事業者は，特定賃貸借契約を締結しようとするときは，特定賃貸借契約の相手方となろうとする者に対し，特定賃貸借契約を締結するまでに，**特定賃貸借契約の内容およびその履行に関する事項（重要事項）**について，**書面を交付して説明**しなければならない。

(4)　特定賃貸借契約の締結時の書面の交付（31条）

特定転貸事業者は，特定賃貸借契約を締結したときは，特定賃貸借契約の相手方（賃貸人）に対し，遅滞なく，一定事項を記載した**書面を交付**しなければならない。

出題 R3

プラス 重要事項の説明は、業務管理者によって行われる必要はない。また、重要事項説明書や契約締結時の書面に対する業務管理者の記名も義務付けられていない。

(5) 書類の閲覧

出題 R3

特定転貸事業者は，特定転貸事業者の**業務および財産の状況を記載した書類**（業務状況調書等）を，特定賃貸借契約に関する業務を行う**営業所または事務所**に備え置き，特定賃貸借契約のオーナー等の求めに応じ，**閲覧**させなければならない。しかし，その**写しを交付**することまでは**求められていない**。

第17章

設備・構造

建築設備は，例年４問程度出題される。細かい知識が問われることが多いが，基本事項や過去問からの出題もある。特に「エレベーター設備」「給排水設備」「消防用設備」に関する基本事項は，必ず押さえておこう。また，建築構造は，例年１問程度の出題であるが，中でも「ＲＣ造の特徴」や「耐震補強の方法」を特に注意しておこう。

1 エレベーター設備

1 エレベーター設備 はじめて

1．エレベーターの種類

エレベーターを**駆動方式**で分類すると，次のとおりとなる。

(1) **トラクション方式ロープ式**

ワイヤーロープとつな車との**摩擦力**（トラクション）で，かごと重りをつるべ式にしてロープで駆動する方式。エレベーターとしては一般的である。**機械室を最上階に設置**することが多い。

(2) **トラクション方式ロープ式機械室レスエレベーター**

出題 H27

小型化した巻上機，制御盤をエレベーターシャフト（昇降路）内の上部または下部等に設置し，**機械室（マシンルーム）が不要な**ロープ式エレベーターである。

(3) **リニアモーターエレベーター**

リニアモーターを駆動源とするエレベーターである。モーターを昇降路内のおもり側に配置しているため**機械室が不要**である。リニアモーターは効率向上に限界があるので，消費電力の低減がしにくい。

(4) **油圧式エレベーター**

機械室に設置してある油圧パワーユニットと昇降路に設置する油圧ジャッキを油圧配管で連結し，油圧パワーユニットで油を油圧ジャッキに注入，抽出することで油圧ジャッキに連結しているかごを昇降させる方式である。

2．エレベーターの構造

(1) **エレベーターの荷重**（建築基準法施行令129条の5）

出題 H27

① エレベーターの各部の固定荷重や**かごの積載荷重**は，実**況に応じて計算しなければならない**。また，**かごの積載荷重の最小値**は，単位面積当たりでは，**床面積が小さいものほど小さくしなければならない**。

② **昇降行程が20m以下で**，かつ，**かごの床面積が1.3m²以**下の共同住宅のエレベーターについては，国土交通省の告示により，**積載荷重の下限値が定められている**（平成12年建設省告示第1415号）。

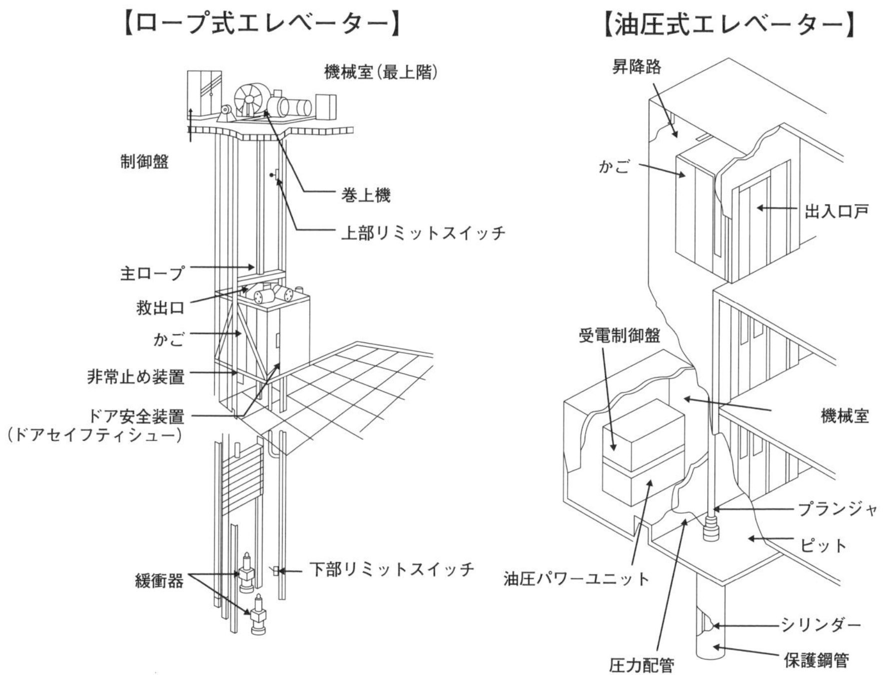

(2)　**かごの構造**（129条の６）

次に定める構造としなければならない。

①　各部は，かご内の人または物による衝撃に対して安全なものとすること。

②　原則として，構造上軽微な部分を除き，**難燃材料**で造り，または覆うこと。

③　かご内の人または物が，釣合重りや昇降路の壁等かご外の物に触れるおそれのない構造とした壁または囲いおよび出入口の戸を設けること。

④　**非常の場合**において，かご内の人を安全にかご外に救出することができる**開口部**をかごの**天井部**に設けること。

⑤　用途・積載量，および，**乗用エレベーター**・寝台用エレベーターにあっては**最大定員**（かごの種類に応じて計算した数値とし，**重力加速度を9.8m/sec^2**と，**１人当たりの荷重を65kg**として計算した定員をいう）**を明示した標識をかご内の見やすい場所に掲示**すること。

(3) 昇降路の構造（129条の7）

次に定める構造としなければならない。

① 昇降路外の人または物が，かごまたは釣合重りに触れるおそれのない構造とした丈夫な壁または囲いおよび出入口（非常口を含む）の戸を設けること。

② 原則として，構造上軽微な部分を除き，昇降路の壁または囲いおよび出入口の戸は，**難燃材料**で造り，または覆うこと。

③ **出入口の床先とかごの床先との水平距離**は，**4cm以下**とし，また，乗用エレベーターおよび寝台用エレベーターにあっては，かごの床先と昇降路との水平距離は，12.5cm以下とすること。

④ 昇降路内には，レールブラケットその他のエレベーターの構造上昇降路内に設けることが**やむを得ないものを除き，突出物を設けない**こと。突出物を設ける場合においては，地震時に鋼索，電線その他のものの機能に支障が生じないような措置を講じること。

> プラス　**光ファイバー**または**光ファイバーケーブル**（電気導体を組み込んだものを除く）は，昇降機に必要な配管設備でなくても，例外的に昇降路内に設けることができる場合がある。

(4) エレベーターの安全装置（129条の10）

出題 H28

近年の地震によるエレベーターの閉じ込め事故や扉が開いたままの走行事故を受け，**エレベーターには建築基準法により，次の安全装置の設置が義務付けられている。**

① **戸開（こかい）走行保護装置**

出題 H28・R4

エレベーターの駆動装置や制御器に故障が生じ，かごおよび昇降路の**すべての出入口の戸が閉じる前にかごが昇降したときなどに自動的にかごを制止する安全装置**である。扉が開いた状態でかごの昇降があった場合でも，所定の距離内でかごを制止させ，乗客の転落等の事故を防止する。

② **地震時等管制運転装置**

出題 H27～28・R4

エレベーターについて，地震等の加速度を検知して，自動的にかごを昇降路の**最寄りの階**（**避難階ではないことに注意**）**の出入口の戸の位置に停止させ**，かつ，**かごの出入口および**

昇降路の出入口の戸を開くことができる安全装置である。

プラス　前記以外の安全装置として，火災時管制運転装置がある。これは，防災センター等の監視盤に設けた火災管制スイッチや自動火災報知器からの信号により，火災時にエレベーターを一斉に避難階へ呼び戻し，運転を休止させる装置である。

出題 H28

Point整理　エレベーター設備

乗用エレベーターの最大定員	重力加速度を9.8m／sec^2，１人当たりの体重を65kgとして計算
エレベーターの出入口の床先とかごの床先の水平距離	４cm以下

2 エレベーター設備の維持管理　はじめて

1．点検・整備等

エレベーター機能を発揮させるためには，十分な点検・整備を行い，利用者に正しい使用方法を理解してもらう必要がある。また，故障を未然に防止するためには，予防保全が必要である。

2．保守契約の種類

エレベーターは，製造メーカーによって使用部品が異なるので，その保守点検については，製造メーカーやその系列のサービス会社または専門のメンテナンス会社と保守契約を結び行わせている。保守会社は，各部位の点検を，**JIS（日本工業規格）の昇降機の検査標準に基づいて行う**ことになる。

⑴　**フルメンテナンス契約**

①　少額の消耗品，経年劣化した電気，機械部品の取替えや修理を含む。

②　点検・調整・修理・部品取替え等の整備を含む。

③　⑵の**ＰＯＧ契約と比べて割高**。

④　月々一定の保守料金には高額な部品の取替え等も含まれている。

⑤　所有者側の不注意等による損傷や故障の修理，かご室パネル・天井・扉・床パネル・各階出入口・三方枠（さんぼうわく）・敷居等

⚠注意　**標準管理委託契約書**では，エレベーターの点検方式は，**フルメンテナンス契約またはPOG契約のどちらかを選択**することとされている（➡P.506参照）出題 H27

の意匠部品の塗装・メッキ直し・修理・取替え・清掃・巻上機・電動機等その他機器の一式取替えに係る費用は契約外であり，有償となる。

(2) **ＰＯＧ（パーツ・オイル・グリース）契約**

① 少額の消耗品の交換等管理仕様範囲内のものや潤滑油の補給等は含まれるが，高額の部品は含まれない。

② **フルメンテナンス契約と比べて割安**となるが，高額部品の取替え等については別途予算措置を講じておかなければならない。なお，**建築基準法12条に基づく法定検査に要する費用は含まれている**が，修理や高額部品交換は含まれない。

Point整理 フルメンテナンス契約とＰＯＧ契約の相違点

契約・点検項目	フルメンテナンス契約	POG契約
点検・調整・給油	行う	行う
消耗品交換	行う	行う
修理・部品交換	行う	行わない
本体交換	行わない	行わない

３．昇降機の適切な維持管理に関する指針（抄）

エレベーターの運行管理について，**建築基準法では特別に規定していない**が，国土交通省は，昇降機の安全性を維持するため，**関係者（所有者，管理者，保守点検業者，製造業者）**の役割と責任を明確にしたうえで，昇降機を常時適法な状態に維持するための協力体制を構築することを目的として，「**昇降機の適切な維持管理指針**」および「エレベーター保守・点検業務標準契約書」を策定し，公表している。

(1) **用語の定義**（第１章第２）

所有者	**昇降機の所有者**
管理者	**昇降機の保守点検を含む建築物の管理を行う者**（昇降機の保守点検を業として行う者を除く）
保守点検業者	所有者・管理者からの委託により**保守点検を業として行う者**
製造業者	**昇降機の製造を業として行う者**

(2)　**関係者の役割**（第1章第4）

①　**所有者**は，次の責任を有する。

ア）製造業者による保守・点検に関する情報を踏まえ，**昇降機を常時適法な状態に維持するよう努める**こと

イ）自ら適切に保守・点検を行う場合を除き，必要な知識・技術力等を有する保守点検業者を選定し，**保守・点検に関する契約（保守点検契約）に基づき，保守点検業者に保守・点検を行わせる**こと

②　所有者・保守点検業者は，保守点検契約において，**保守点検業者**が次の責任を有することを明確にする。ただし，保守点検契約における責任の有無にかかわらず，**保守点検業者**は，次の責任を果たすよう努めなければならない。

ア）保守点検契約に基づき，**所有者に対して保守・点検の結果（不具合情報を含む）を文書等により報告**しつつ，適切に保守・点検の業務を行うこと

イ）点検の結果，**保守点検契約の範囲を超える修理または機能更新が必要と判断した場合**は，当該修理または機能更新が必要な理由等について，**文書等により所有者に対して十分に説明を行う**こと

③　所有者・製造業者は，昇降機の売買契約等において，**製造業者**が次の責任を有することを明確にする。ただし，売買契約等における責任の有無にかかわらず，**製造業者**は次の責任を果たすよう努めなければならない。

ア）**製造した昇降機の部品等**を，当該昇降機の販売終了時から起算して当該昇降機の耐用年数を勘案して**適切な期間供給する**こと

イ）適切な維持管理を行うことができるように，所有者に対して**維持管理に必要な情報または機材を提供または公開**するとともに，**問合せ等に対応する体制を整備する**こと

ウ）製造した昇降機において，**安全な運行に支障が生じるおそれのある欠陥**（当該製造業者の責めに帰すべき事由に基づく欠陥に限る）**が判明**した場合は，速やかに当該昇降機の所有者に対してその旨を伝え，**無償修理その他の必要な措置を講じる**とともに，当該昇降機の**所有者に**

対して講じた措置の内容を文書等により報告すること

(3) **定期的な保守・点検**（第2章第1）

所有者は，自ら適切に保守・点検を行う場合を除き，保守点検契約に基づき，**昇降機の使用頻度等に応じて，定期的に，保守・点検を保守点検業者に行わせる**。

(4) **不具合の発生時の対応**（第2章第2）

① **所有者**は，昇降機に不具合が発生したことを確知した場合は，**速やかに当該昇降機の使用中止その他の必要な措置を講じ**，または**保守点検業者に対して当該措置を講じさせる**。

② **所有者**は，**保守点検業者に不具合に関する作業報告書を提出させる**ものとする。なお，所有者が自ら保守を行う場合は，所有者が不具合に関する作業記録を作成する。

(5) **事故・災害の発生時の対応**（第2章第3）

① **所有者**は，**人身事故が発生した場合**は，**応急手当その他必要な措置を速やかに講じる**とともに，**消防および警察に連絡する**。

② **所有者**は，①の人身事故が昇降機における死亡もしくは重傷または機器の異常等が原因である可能性のある人身事故に相当する場合は，「**昇降機事故報告書**」により**速やかに特定行政庁に対して報告する**ものとし，当該報告書の作成に当たって必要に応じて保守点検業者の協力を求める。

(6) **昇降機の安全な利用を促すための措置**（第2章第4）

所有者は，**標識の掲示，アナウンス等**によって昇降機の利用者に対して**その安全な利用を促す措置を講じる**。

(7) **定期検査等**（第2章第5）

① **所有者**は，**定期検査等**（建築基準法12条の規定に基づく定期検査・定期点検）**を行う資格者**（一級建築士・二級建築士・昇降機検査資格者）の求めに応じて，製造業者が作成した保守・点検に関する文書等，昇降機に係る建築確認・検査の関係図書等，その他**保守点検業者が適切に保守・点検を行うために必要な文書等**を，定期検査等を行う資格者に**閲覧させ**，または**貸与する**。

② **所有者**は，**定期検査報告済証の掲示**など定期検査等を行った旨の表示，その他昇降機の安全性に関する必要な情報提供（戸開走行保護装置または地震時管制運転装置を設置した場合にあっては，その旨の表示を含む）に努める。

(8) **文書等の保存・引継ぎ等**（第２章第６）

① **所有者**は，製造業者が作成した**保守・点検に関する文書等および昇降機に係る建築確認・検査の関係図等**を当該昇降機の**廃止まで保存**する。

② **所有者**は，**過去の作業報告書等，定期検査報告書等の写し**その他保守点検業者が適切に保守・点検を行うために必要な文書等を，**３年以上保存**する。

(9) **保守点検契約に盛り込むべき事項**（第３章第４）

① **所有者**は，保守点検業者と保守点検契約を締結する際には，契約金額等の契約に関する一般的な事項に加えて，「**保守点検契約に盛り込むべき事項のチェックリスト」を参考としつつ**，昇降機の適切な維持管理の確保に努める。

② 所有者は，保守点検契約に付随する仕様書として，点検の項目または頻度，部品の修理または交換の範囲，緊急時対応等に関する技術的細目が規定されていることを確認する。

! 参考

「**保守点検契約に盛り込むべき事項のチェックリスト**」の主なチェック項目：①業務の内容（点検項目・頻度，業務担当者の要件等），②契約の更新方法，解約方法，③契約当事者の責任範囲（免責事項や賠償義務等），④業務の再委託（第三者委託）の制限，⑤作業報告の内容・提出時期　等

② 消防法・消防用設備等

1 消防法の目的

この法律は，**火災を予防し，警戒しおよび鎮圧**し，国民の生命，身体および財産を火災から保護するとともに，**火災または地震等の災害による被害を軽減**するほか，災害等による傷病者の搬送を適切に行い，もって安寧秩序を保持し，**社会公共の福祉の増進**に資することを目的とする（1条）。

2 用語の定義

⚠注意

1．の防火対象物は，2．の**消防対象物より定義の範囲が狭い**ことに注意。

1．防火対象物（2条2項）

建築物その他の工作物もしくはこれらに属する「物等」をいう。ここでは，**建築物等**を指している。

また，防火対象物の中でも，映画館，飲食店，幼稚園，病院，マーケット等の不特定多数の人が出入りする建築物を「特定防火対象物」といい，共同住宅，小中学校，倉庫，工場，事務所等の用途の建築物を「**非特定防火対象物**」という。

2．消防対象物（2条3項）

建築物その他の工作物または「物件等」をいう。この対象物は，上記の防火対象物より定義の範囲が広く，建築物等に無関係なものも含まれる。つまり，**燃えるものすべて**が含まれる。

3．関係者（2条4項）

防火対象物または消防対象物の**所有者**，**管理者**または**占有者**をいう。

3 火災の予防

1．消防長・消防署長の同意（7条）

建築物の**新築**，**増築**，**改築**，**移転**，**修繕**，**模様替**，**用途の変更**もしくは使用について許可，認可もしくは確認をする権限を有する行政庁（**建築主事**）等または建築基準法の規定による確認を行う指定確認検査機関は，許可，認可もしくは**確認**（**建築確認**）等に係る建築物の工事施工地または**所在地を管轄する消防長ま**

たは**消防署長の同意**を得なければ，その許可，認可もしくは**確認等をすることができない**。ただし，確認に係る建築物が都市計画法に掲げる**防火地域および準防火地域以外の区域内における住宅**（長屋，**共同住宅**その他政令で定める住宅を**除く**）である場合等においては，**この同意は不要である**。

プラス　マンション（共同住宅）の場合，防火地域・準防火地域の内外にかかわらず，建築確認には消防長・消防署長の**同意**が必要となる。

2．火を使用する設備・器具（9条）

火を使用する設備（風呂場等）の位置，構造および管理や火を使用する器具（こたつ，こんろ等）の取り扱いその他火の使用に関し**火災の予防のために必要な事項**は，政令で定める基準に従い**市町村の条例で定められる**。

4 防火管理者　はじめて

1．防火管理者の選任（8条1項）

多数の者が出入りし，勤務し，または居住する防火対象物で政令で定めるものの**管理について権原を有する者**（**管理権原者**）は，政令で定める資格を有する者のうちから**防火管理者を定め**，当該防火対象物について，次のような**業務を行わせなければならない**。　出題 H28・R3

① **消防計画の作成**　出題 H28
② **消防計画に基づく消火，通報および避難の訓練の実施**　出題 R3・5
③ **消防の用に供する設備，消防用水または消火活動上必要な施設の点検および整備**　出題 R2～3・5
④ 火気の使用または取扱いに関する監督，**避難または防火上必要な構造および設備の維持管理**ならびに収容人員の管理　出題 R3・5
⑤ その他防火管理上必要な業務

2．防火管理者の資格（施行令3条）

防火管理者は，防火対象物において，**防火管理上必要な業務を適切に遂行することができる管理的または監督的地位にある**

出題 R2

出題 H28・R2

! 参考

※:「**収容人員**」は，マンションの場合，区分所有者数ではなく，**居住者数**である。

出題 R3

者で，次の者のうちから選任する。

(1) **甲種防火管理者**

① **甲種防火管理講習の課程を修了した者**
② 大学等で防災に関する学科または課程を修了した者で，**1年以上防火管理の実務経験を有する者**
③ **市町村の消防職員**で，管理的または監督的な職に1年以上あった者

(2) **乙種防火管理者**

① **乙種防火管理講習の課程を修了した者**
② **甲種防火管理者**

プラス **防火管理者**は，**管理組合の理事または組合員**からだけでなく，管理業務を委託している**マンション管理業者の従業員**から選任することもできる。

(3) **防火対象物と防火管理者の区分**

防火管理者は，下記の区分に従い選任する。

防火対象物の種別	収容人員※	延べ面積	防火管理者
非特定防火対象物（マンション等）	50人以上	500㎡以上	**甲種防火管理者**
		500㎡未満	**乙種防火管理者**
	50人未満	**選任不要**	
特定防火対象物	30人以上	300㎡以上	甲種防火管理者
		300㎡未満	乙種防火管理者
	30人未満	選任不要	

(4) **防火管理者の業務の外部委託**

防火管理者の選任資格である「管理的あるいは監督的地位にある者」とは，建物の防火管理を実質的に推進できる地位にある者という意味であり，管理組合においては組合員等がこの地位にあるといえる。したがって，マンションの防火管理者は，**組合員等の中から選任することが最も適切**である。しかし，実際には，組合員等が防火管理者に選任される例は必ずしも多くなく，結果として防火管理も適切に行われていないケースが多発していることから，消防庁は，一定の要件を満たす防火対象物（マンション，アパート等）に限って，**防火管理者の業務を外部の防火管理者の資格を有する者**（例えば，マンション管理

業者の社員）に委託できることとした。

プラス もちろん，これは防火管理者の業務について，マンション管理業者等の外部の専門業者への委託を推奨するものではない。

3．選任・解任の届出（8条2項）

管理権原者は，防火管理者を**選任**，**解任**したときは，**遅滞なく**，その旨を**所轄消防長または消防署長に届け出なければならない**。

出題 R1・5

Point整理　防火管理者の選任等

選任	防火管理者は，次の者のうちから，**防火管理上必要な業務を適切に遂行できる管理的または監督的地位にある者**を選任する。 ① **防火管理者講習の課程**（甲種・乙種）を修了した者 ② 大学等で防災に関する学科または課程を修了した者で，**1年以上防火管理の実務経験を有する者** ③ **市町村の消防職員で，管理的または監督的な職に1年以上あった者**
届出	管理権原者は，防火管理者を定めたときや解任したときは，**遅滞なく**，所轄消防長または消防署長に**届け出なければならない**。
業務	① 消防計画の作成 ② 消防計画に基づく消火，**通報および避難訓練の実施** ③ **消防用設備等の点検および整備** ④ 火気の使用または取扱いに関する監督，避難または防火上必要な構造および設備の維持管理 ⑤ その他防火管理上必要な業務

5 統括防火管理者

(1) **高さ31mを超える高層建築物**や非特定防火対象物（一定の複合用途型のマンション）等で，その**管理について権原が分かれているもの**の**管理権原者**は，政令で定める資格を有する者のうちからこれらの防火対象物の全体について**防火管理上必要な業務を統括する防火管理者**（**統括防火管理者**）を協議して選任し，当該防火対象物の全体についての**防火管理上必要な業務を行わせなければならない**（8条の2第1項）。

出題 R2～3

参考
【統括防火管理者の業務】
①防火対象物の全体についての消防計画の作成，②消防計画に基づく消火・通報および避難の訓練の実施，③防火対象物の廊下・階段・避難口その他の避難上必要な施設の管理等

(2) **管理権原者**は，統括防火管理者を**選任，解任**したときは，**遅滞なく**，その旨を**所轄消防長または消防署長に届け出なければならない**（8条の2第4項）。

6 住宅用防災機器の設置 はじめて

出題 R2

新築，既存を問わず，すべての住宅の関係者には，**火災の発生を未然または早期に感知して報知する住宅用防災警報器**または住宅用防災報知設備（**住宅用防災機器**）**を設置し，適切に維持することが義務づけられている**（9条の2）。住宅用防災機器等の設置および維持に関する条例の基準は，次のとおりである。

注意
スイッチの操作により火災警報を停止することのできる住宅用防災警報器にあっては，スイッチの操作により火災警報を停止したとき，**15分以内に自動的に適正な監視状態に復旧する**ものでなければならない。

出題 R2・4

(1) **住宅用防災警報器**または住宅用防災報知設備の感知器は，次の①②の住宅部分に設置する必要がある（施行令5条の7第1項1号）。

① **就寝の用に供する居室** 出題 R2

② ①の**住宅部分が存する階**（**避難階を除く**）**から直下階に通ずる階段**（屋外に設けられたものを除く）

(2) **住宅用防災警報器**または住宅用防災報知設備の感知器は，**天井**または**壁の屋内に面する部分**（天井のない場合は，屋根または壁の屋内に面する部分）に，火災の発生を未然にまたは早期に，かつ，有効に感知することができるように**設置**する必要がある（2号）。

【取付位置】

天井に取り付ける場合には，**壁または梁から水平距離で0.6m以上**離れた位置（天井の中心付近）とする。**壁**に取り付ける場合には，**天井の下方0.15m以上，0.5m以下**の位置とする。また，**換気口**等の空気の吹き出し口がある場合には，**1.5m以上**離れた位置に取り付ける。

出題 R2

(3) **共同住宅用スプリンクラー設備**（総務省令で定める閉鎖型スプリンクラーヘッドを備えているものに限る），**共同住宅自動火災報知設備**または**住戸用自動火災報知設備**を設置した場合は，**住宅用防災機器の設置**は**不要である**（3号）。

7 消防用設備等の設置・維持 はじめて

1．消防用設備等の分類

消防用設備等には，⑴**消防の用に供する設備**，⑵**消防用水**（消防活動に必要な水），⑶**消火活動上必要な施設**（消防隊が円滑に消火，救助を行えるようにするための施設および設備）がある。このうち，⑴**消防の用に供する設備**は，①**消火設備**（火災の初期の段階で消火するための機械器具および設備），②**警報設備**（火災を検出し，居住者や消防署に火災の発生を知らせるための機械器具および設備），③**避難設備**（居住者が安全に避難するための機械器具および設備）に分類される。

【消防用設備等】

⑴消防の用に供する設備	①消火設備	・消火器，簡易消火用具 ・屋内消火栓設備 ・スプリンクラー設備

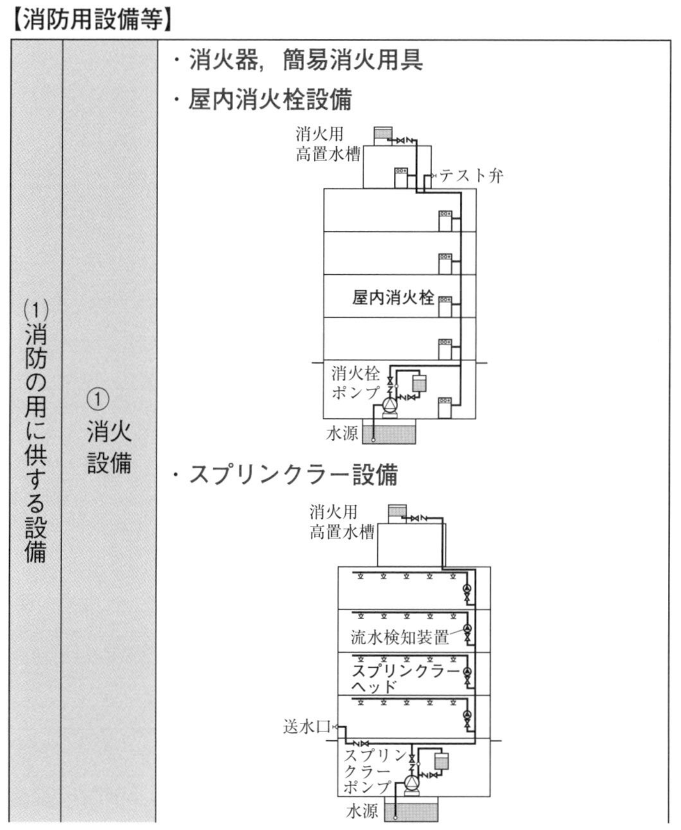

		・**泡消火設備** ・水噴霧消火設備，不活性ガス消火設備，ハロゲン化物消火設備，粉末消火設備 出題 R1 ・**屋外消火栓設備** ・動力消防ポンプ設備
	② 警報 設備	・**自動火災報知設備** ・ガス漏れ火災警報設備 ・漏電火災警報器 ・消防機関に通報する火災報知設備 出題 R1 ・**非常警報器具**（警鐘，携帯用拡声器，手動式サイレン等），**非常警報設備**（非常ベル，自動式サイレン，放送設備等）
	③ 避難 設備	・**避難器具**（すべり台・避難はしご・救助袋・緩降機等） 出題 R1 ・**誘導灯，誘導標識**
⑵消防用水		**防火水槽，貯水池，その他の用水**
⑶消火活動上必要な施設		・**排煙設備** ・連結散水設備，**連結送水管** 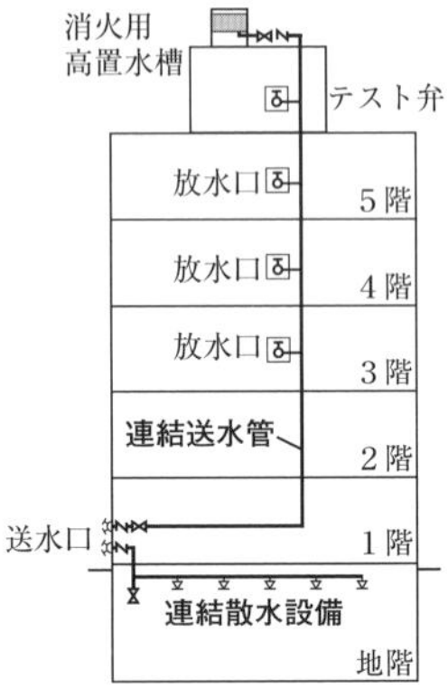 消火用高置水槽 テスト弁 放水口　5階 放水口　4階 放水口　3階 連結送水管　2階 送水口　1階 連結散水設備 地階 出題 R1 ・**非常コンセント設備** ・**無線通信補助設備**

次に，マンションにおいて，特に関わりが深い「**消防用設備等**」について解説する。

2．消火設備

(1)　消火器・簡易消火用具

① 消火器は，火災を発見した居住者が**初期消火**に使用するために設置される。**粉末消火器**（ABC粉末）が一般的に用いられ，**普通火災（A火災），油火災（B火災），電気火災（C火災）**のいずれにも対応できる。

② 簡易消火用具とは，水バケツ，水槽，乾燥砂等である。

③ マンションでは，延べ面積が150㎡以上で設置が義務付けられている。

(2)　屋内消火栓設備

① 火災に対し消火器で対応できない場合に，現場に到着した消防隊が活動を開始するまでに居住者が初期消火に使用する。屋内消火栓箱の中に，消防用ホース，ノズル，消火栓が収められている。**1号消火栓**は**通常2人の操作**によるが，**1人でも操作可能**な**易操作性**（いそうさせい）**1号消火栓**がある。**2号消火栓**は**1人で操作**できるが，1号消火栓に比べ放水量が劣る。マンションでは，延べ面積700㎡以上で設置が義務付けられるが，主要構造部を耐火構造としたもので内装制限がされた建築物の場合，延べ面積2,100㎡以上で設置義務が生ずる。

	1号消火栓	易操作性1号消火栓	2号消火栓
操作	2人以上	1人	
放水量	130ℓ/分		60ℓ/分

【1号消火栓】

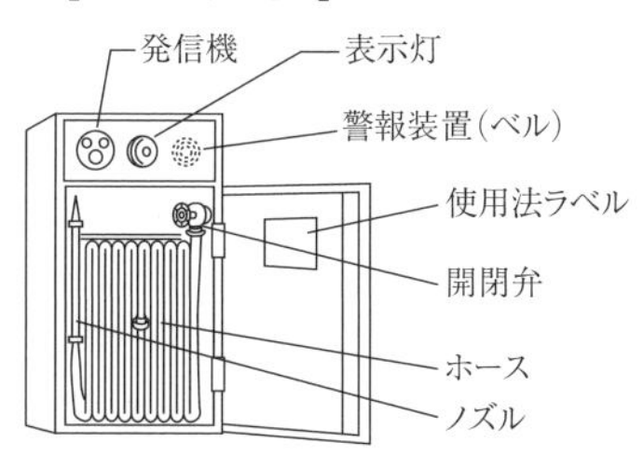

【易操作性1号消火栓または2号消火栓】

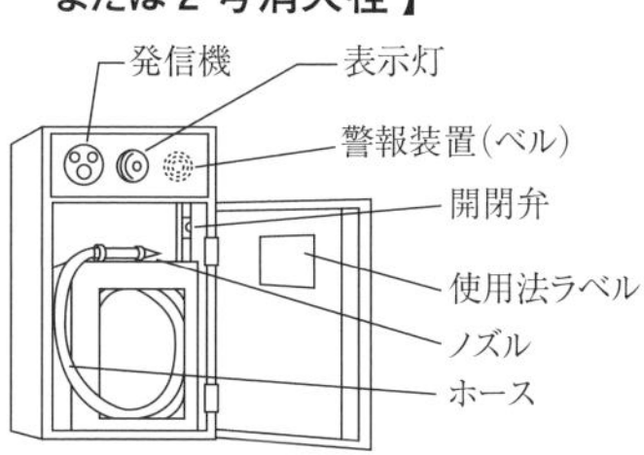

② 停電時の**非常電源**（建築基準法上の予備電源）として**自家発電設備**（ガソリンエンジン，ディーゼルエンジン等に

出題 H26

より，自家用の電気を発電する設備）を用いる**屋内消火栓設備**は，有効に**30分間以上作動できるもの**でなければならない。

(3) スプリンクラー設備

天井面に取り付けたスプリンクラーヘッドが火災時の熱を感知して，**自動的に散水して消火を行う設備**である。スプリンクラー設備には，**湿式**と**乾式**とがあり，スプリンクラーヘッドの放水口が常時閉じている**閉鎖型**と常時開放していてバルブを開いて放水する**開放型**に大別できる。

① **閉鎖型**は，**湿式**，**乾式**，**予作動式**に分類される。

湿式	配管内に加圧された水が常に充満し，スプリンクラーヘッドが加熱して開放されることにより放水する方式であり，一般的に広く採用されている。
乾式	配管内に圧縮空気を充填しておき，スプリンクラーヘッドが開放されると給水バルブが開くことにより水が配管内に充満して散水する方式である。
予作動式	スプリンクラーヘッドと火災感知器等の両方が作動しない限り放水しない方式であり，水損を嫌うコンピューター室等で用いられる。

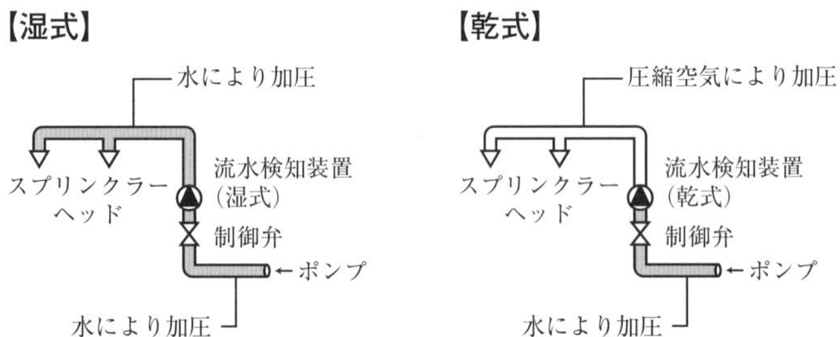

② **開放型**はヘッドが常に開いているものをいい，火災感知器等と連動して作動するか，または手動によって一斉開放弁を開いて放水する方式である。

③ **マンションの場合**，住戸間および住戸と共用部分間に防火区画等の一定の構造を備えていれば，一般のビルに比べて火災の危険性が少ないことから，原則として，**高層階（11階以上）での設置**が義務付けられている。また，標準タイプのスプリンクラーよりも少量の放水による消火を目的とした**共同住宅用スプリンクラー設備**が設置される。

【共同住宅用スプリンクラー設備（平成18年消防庁告示第17号）**】**

項目	内容
スプリンクラーヘッド	小区画型ヘッド（感度種別一種）
制御弁	**パイプシャフト，パイプダクトその他これらに類するものの中に設ける**とともに，外部から容易に操作でき，かつ，みだりに閉止できない措置が講じられていること
放水性能	**４個同時に放水した場合**に，それぞれの先端において放水量が**50ℓ/分以上**
水源の水量	**４㎥以上**

⑷　**泡消火設備**

①　**泡原液と水を泡発生器で混合し生成した泡**により，燃焼物の表面をおおって，**燃焼に必要な空気の供給を断ち消火する窒息作用と，水による冷却作用で消火する設備**である。水のみによる通常の消火方法では効果が少ないか，またはかえって火災の拡大する油脂関係の火災に用いられる。

②　マンションでは，**屋内駐車場**に設置することが多い。１階の駐車場で500㎡以上，機械式駐車場で収容台数が10台以上等の場合に，設置が義務付けられる。

３．警報設備

⑴　**自動火災報知設備**

①　火災により発生する熱，煙または炎を自動的に感知し，あるいは火災発見者が発信機のボタンを押した信号を受信して，音響装置（ベル，ブザー，音声等）で**火災の発生を居住者等に報知**するとともに，**火災の発生場所を受信機に表示**する設備である。

②　マンションでは，原則として延べ面積500㎡以上で設置が義務付けられている。

③　停電時の**非常電源**として**蓄電池**（鉛蓄電池，アルカリ蓄電池等）を用いる**自動火災報知設備**は，有効に**10分間以上作動できるもの**でなければならない。

出題 H26

(2) **非常警報器具・非常警報設備**

マンションには，**非常警報器具**（携帯用拡声器，手動式サイレン・警鐘・その他）**の設置義務はない。非常警報設備**（非常ベル，自動式サイレン，放送設備等）は，原則として収容人員50人以上のマンションでは非常ベル，自動式サイレンまたは放送設備のいずれかを，収容人員800人以上または11階以上のマンションでは，放送設備を設置した上で，非常ベルまたは自動式サイレンのいずれかを併置しなければならない。

4．避難設備

(1) **避難器具**

避難をする場合の安全を補助する器具（すべり台・避難はしご・救助袋・緩降機等）のことである。

(2) **誘導灯**

① 火災や震災時に避難する通路や方向を誘導するための照明設備である。避難口の位置を明示する**避難口誘導灯**，避難の方向を明示し，必要な床面照度を確保する**通路誘導灯**がある。

② 共同住宅（マンション等）では，地階，無窓階および11階以上の部分について設置が義務付けられている。

出題 H27

⚠注意
最近の**誘導灯**は，**高輝度誘導灯**（LEDランプ等）の採用により，従来形より大きさは1/3，寿命は約10倍，消費電力は60～85%と高性能化している。出題 H27

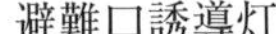
避難口誘導灯

通路誘導灯

5．消火活動上必要な施設

(1) **連結散水設備**

地下階における消火のため，地下階・地下街の天井等に散水ヘッドを設けておき，消防ポンプ自動車からの送水により，水を散水させる設備である。

(2) **連結送水管**

① 消防隊によって使用される**消防隊専用の設備**である。**湿式と乾式**（寒冷地で使用）がある。

② 配管は原則として専用とし（屋内消火栓設備と兼用することもできる），建物の外部（1階）に消防ポンプ自動車から圧力水を送水する**送水口**を設け，屋内（3階以上の各階）に消防隊のホースを接続する**放水口**を設置する。

③ **設置後10年経過後は，3年ごとに耐圧性能試験を実施**しなければならない。

④ 5階以上のマンションで延べ面積が6,000㎡以上のものおよび7階以上のマンションに，設置が義務付けられている。

6．共同住宅における設置基準の特例

マンションが，「特定共同住宅等における必要とされる防火安全性能を有する消防の用に供する設備等に関する省令」に定める**特定共同住宅等**（**複合用途型でない共同住宅等**であって火災の発生または延焼のおそれが少ないものとして，その位置，構造および設備について消防庁長官が定める基準に適合するもの）に該当する場合，通常用いる消防用設備等を設置せずに**「必要とされる防火安全性能を有する消防の用に供する設備等」**で**代替することができる**。出題 H28

⚠注意
特定共同住宅等は，**「複合用途型でない共同住宅」**なので，**特定共同住宅等**には，「1階が飲食店，2階以上が住戸になっている建物」は**含まれない**。
出題 H28

(1) 特定共同住宅等の構造類型

特定共同住宅等には，次の**4つの構造類型**がある。

出題 H28

① 二方向避難型	すべての住戸，共用室および管理人室から，**二方向避難が確保**されているもの
② 開放型	すべての住戸，共用室および管理人室について，その主たる**出入口が開放型廊下または開放型階段に面しているもの**
③ 二方向避難・開放型	すべての住戸，共用室および管理人室から，**2方向避難が確保**され，かつ，その主たる**出入口が開放型廊下または開放型階段に面しているもの**
④ その他	①～③以外の特定共同住宅等

(2) 必要とされる防火安全性能を有する消防の用に供する設備等

次の**3種類**があり，設置できる消防用設備等は，その「**構造類型**」と「**階数**」により決められている。

出題 H28・30

消防用設備等の種類	具体例
火災の拡大を初期に抑制する性能（初期拡大抑制性能）を主として有する消防用設備等	**二方向避難型特定共同住宅等で地階を除く階数が11以上の場合** ➡通常のスプリンクラー設備に代えて**共同住宅用スプリンクラー設備**を設置できる
火災時に安全に避難することを支援する性能（避難安全支援性能）を主として有する消防用設備等	**開放型特定共同住宅等で地階を除く階数が５以下の場合** ➡通常の自動火災報知設備に代えて**共同住宅用自動火災報知設備**を設置できる
消防隊による活動を支援する性能（消防活動支援性能）を主として有する消防用設備等	**特定共同住宅等**（主たる出入口が階段室等に面するもの）**の場合** ➡通常の連結送水管・非常コンセント設備に代えて**共同住宅用連結送水管・共同住宅用非常コンセント設備**を設置できる

8 消防用設備等についての従前の規定の適用

消防用設備等の技術上の基準に関する政令等の施行または適用の際，**現に存する防火対象物における消防用設備等が，これらの規定に適合しないとき**でも，当該消防用設備等については，原則として，当該政令等の規定は適用されず，**従前の規定が適用される**。つまり，消防用設備等を設置した後に法令等が改正されても，**改正後の規定に適合させるために消防用設備等を変更する**（＝**設置し直す**）**必要はない**。ただし，次の消防用設備等は，適用除外とはならず，**改正後の規定に適合させるために変更しなければならない**（17条の２の５第１項，政令34条）。

① **消火器**
② **避難器具**
③ **簡易消火器具**
④ **漏電火災警報器**
⑤ 非常警報器具および**非常警報設備**

⑥　**誘導灯**および**誘導標識**
⑦　**自動火災報知設備**（ただし，**共同住宅**に設けるものは**対象外**）

9 消防用設備等の点検・報告 はじめて

防火対象物の関係者は，消防用設備等について，**定期に点検**を行い，その結果を**消防長または消防署長に報告**しなければならない（17条の3の3）。

⑴　消防用設備等の設置が義務づけられている**防火対象物（共同住宅で延べ面積が1,000㎡以上）の関係者**は，当該防火対象物における**消防用設備等**について，**定期**に，当該防火対象物のうち一定のものにあっては**消防設備士免状の交付を受けている者等の有資格者に点検を行わせなければならない**。

⑵　その他の防火対象物にあっては，**自ら（関係者や防火管理者等）点検**を行うことができる。

⑶　**消防用設備別の点検期間**

○：必要　×：不要

消防用設備等の種類	点検内容・方法・期間	
	機器点検	総合点検
	6ヵ月	1年
消火器具，消防機関へ通報する火災報知設備，**誘導灯**，**誘導標識**，消防用水，非常コンセント設備，無線通信補助設備	○	×
屋内消火栓設備，屋外消火栓設備，**スプリンクラー設備**，泡消火設備，**自動火災報知設備**，**非常警報器具・設備**，避難器具，**連結送水管**，動力消防ポンプ設備，非常電源（配線部分を除く）等	○	○
配　線	×	○

機器点検とは，従来の作動点検，外観点検，機能点検が統合されたもので，消防用設備等の種類に応じて確認する点検で，**6ヵ月に1回**行うものをいう。また，**総合点検**とは，消防用設備等の一部または全部を作動させて，総合的な機能を確認する点検で，**1年に1回**行うものをいう。

用語解説

「**消防設備士**」とは，消防用設備等の工事，整備または点検に携わる技術者をいう。消防設備士には**甲種**と**乙種**があり，**甲種**は工事，整備，点検を，**乙種**は整備，点検を行うことができる。

⑷ 消防用設備別の点検の報告義務

防火対象物の関係者は，防火対象物が**特定防火対象物**の場合には**1年に1回**，**非特定防火対象物**の場合には**3年に1回**，**消防長または消防署長に点検結果を報告**しなければならない（施行規則31条の6第3項1号・2号）。したがって，マンションの場合は3年に1回の報告が必要である。

Point整理 消防用設備の点検・報告

機器点検	6ヵ月に1回
総合点検	1年に1回
点検を行う者	延べ面積1,000㎡以上で，消防長または消防署長が火災予防上必要と認めて指定する共同住宅の消防用設備等の点検は，**消防設備士**または総務大臣の認める資格を有する者
報告	非特定防火対象物（共同住宅等）の場合は，3年に1回**消防長または消防署長に報告**

③ 水道法・給水設備

1 水道法 はじめて

1．用語の定義（3条，14条）

(1) **水道**

導管およびその他の工作物により，水を人の飲用に適する水として供給する施設の総称をいう。

(2) **水道事業**

一般の需要に応じ，水道により水を供給する事業をいう。ただし，給水人口が100人以下である水道によるものは除かれる。水道事業は，厚生労働大臣の認可を受けて，原則として市町村が経営する（各市町村の水道局）。

(3) **専用水道**

寄宿舎，社宅，療養所，**共同住宅等における自家用の水道**であり，**水道事業の用に供する水道**（**水道局の水道**）**以外の水道**であって，**100人を超える者にその居住に必要な水を供給するもの**または**その水道施設の1日の最大給水量が20㎥を超えるもの**をいう。専用水道の水源は，**他の水道**（水道局）**から供給を受ける水の場合**でも**他の水道から供給を受ける水のみを水源としない場合**（自己水源，井戸水）でもよい。ただし，他の水道から供給を受ける水のみを水源とする場合（水道局の水が水源の場合）は，口径25mm以上の導管の全長が1,500mを超えるか，または受水槽の容量が100㎥を超えるときに，専用水道となる。

(4) **貯水槽水道**

「水道事業の用に供する水道および専用水道」以外の水道であって，**水道事業の用に供する水道**（水道局）**から供給を受ける水のみを水源**とするものである。つまり，「水道局から給水を受ける貯水槽を持つ専用水道以外の水道」ということである。この貯水槽水道は，受水槽の規模により，**簡易専用水道**（**10㎥超**），小規模貯水槽水道（10㎥以下）に分類される。**簡易専用水道**は，**水道法の規制を受ける**が，小規模貯水槽水道は，地方公共団体が条例や要綱で規制・指導できるものであり，地域により規制内容や用語が異なっている。

出題 R3

プラス　マンションに設置される水道は，貯水槽水道のうち**簡易専用水道**に該当することが多い。

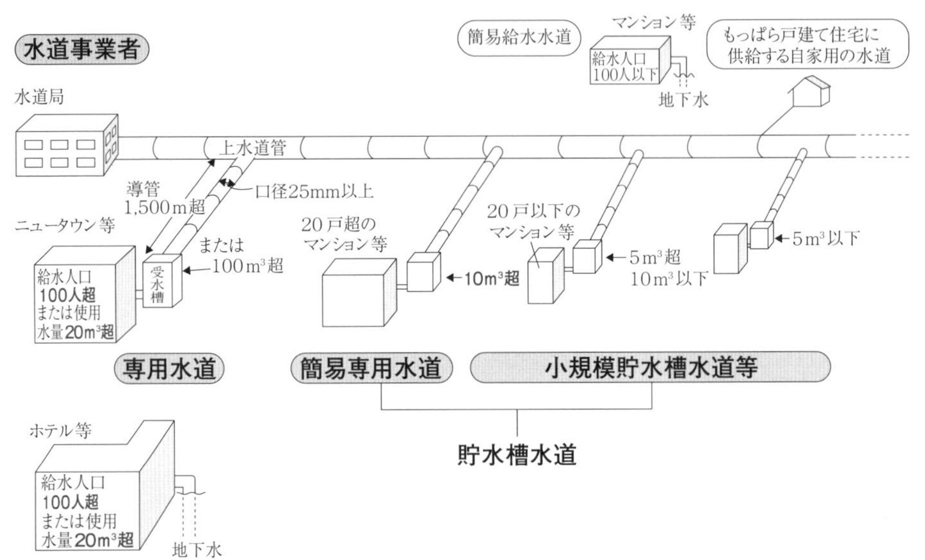

Point整理　専用水道と貯水槽水道

<table>
<tr><th>水道</th><th>種類・要件等</th><th>水源</th><th>規制</th></tr>
<tr><td rowspan="2">専用水道</td><td rowspan="2">下記のいずれかに該当
① 100人を超える居住者に給水
② 1日の最大給水量が20㎥超</td><td>自己水源</td><td rowspan="3">水道法</td></tr>
<tr><td>水道事業の用に供する水道
※口径25㎜以上の導管の全長1,500m超または受水槽の容量100㎥超の場合</td></tr>
<tr><td rowspan="2">貯水槽水道</td><td>簡易専用水道（受水槽10㎥超）</td><td rowspan="2">水道事業の用に供する水道</td></tr>
<tr><td>小規模貯水槽水道（受水槽10㎥以下）</td><td>条例等</td></tr>
</table>

(5) 給水装置

出題 H28・30

需要者に水を供給するために，**水道事業者の施設した配水管から分岐して設けられた給水管およびこれに直結する給水**

用具をいう。例えば，止水栓・水道メーター・給水栓等である。

2．水質基準（4条）

出題 H28

水道水は，厚生労働省が定める**水質基準に関する省令**で規定する**水質基準**に適合することが必要である。**水質基準に関する省令**では，**水質基準項目と基準値**（51項目）が示されている。例えば，**一般細菌**の基準値は，「**1 mℓの検水で形成される集落数が100以下**」，**大腸菌**の基準は「**検出されないこと**」である。なお，水道水の殺菌剤である**塩素は，検査項目に含まれていない**。

3．水道事業者および貯水槽水道の設置者の責任（14条）

水道事業者は，料金や給水装置工事の費用負担区分等の供給条件について，**供給規定**を定めておかなければならない。また，**貯水槽水道**が設置される場合には，貯水槽水道に関する**水道事業者と貯水槽水道の設置者の責任**に関して次の事項が，適正かつ明確に定められていなければならない。

(1)　**水道事業者の責任に関する事項**

①　貯水槽水道の設置者に対する**指導，助言，勧告**
②　貯水槽水道の**利用者に対する情報提供**

(2)　**貯水槽水道の設置者の責任に関する事項**

①　貯水槽水道の**管理責任，管理の基準**
②　貯水槽水道の**管理の状況に関する検査**

4．給水装置の構造および材質（16条）

出題 H30

水道事業者は，当該水道によって水の供給を受ける者の**給水装置の構造および材質が，政令で定める基準に適合していない**場合，その者の**給水契約の申込を拒み**，またはその者が給水装置をその基準に適合させるまでの間その者に対する**給水を停止することができる**。

5．水道施設台帳の作成・保管義務（22条の3）

水道事業者は，**水道施設の台帳**（調書・図面）を**作成**し，これを**保管**しなければならない。

6．情報提供（24条の2）

水道事業者は，水道の需給者に対し，厚生労働省令で定めるところにより，水道法の規定による水質検査の結果その他水道事業に関する**情報を提供しなければならない**。

7．業務の委託（24条の3）

水道事業者は，水道の管理に関する技術上の**業務の全部または一部を，他の水道事業者に委託することができる**。

8．専用水道の管理等（19条～23条，34条）

⑴ 水道技術管理者の設置

専用水道の設置者は，水道の管理について技術上の業務を担当させるため，**水道技術管理者1人**を置かなければならない。ただし，設置者が自ら水道技術管理者となることもできる。

水道技術管理者は，給水開始後の水質検査，健康診断，衛生上の措置，給水の緊急停止等の事務に従事する。

⑵ 水質検査

専用水道の設置者は，水道水が水質基準に適合するか否かを判断するため，**定期**（①**1日に1回以上**行う項目，②おおむね**1ヵ月に1回以上**行う項目，③おおむね**3ヵ月に1回以上**行う項目）および**臨時**に**水質検査**を行わなければならない。

⑶ 記録の保存

専用水道の設置者は，水質検査に関する記録を作成し，水質検査を行った日から**起算して5年間**，これを**保存**しなければならない。

⑷ 健康診断

専用水道の設置者は，水道の管理に関する業務に従事する者について，**定期**（おおむね**6ヵ月ごと**）および**臨時**に**健康診断**を行うとともに，その記録を作成し，健康診断を行った日から起算して**1年間**，これを**保存**しなければならない。

⑸ 消毒等の衛生上の措置

専用水道の設置者は水道施設の管理および運営に関し，消毒その他，次のような必要な措置を講ずる必要がある。

①　水道施設の清潔の維持および水の汚染の防止 ②　水道施設へのかぎ掛けおよび柵の設置 ③　**遊離残留塩素濃度**を**基準値**（0.1mg/ℓ）**以上に保持**すること（**結合残留塩素濃度**は0.4mg/ℓ**以上**）

(6)　**給水の停止等**

専用水道の設置者は，供給する水が人の健康を害するおそれがあることを知った場合は，**直ちに給水を停止**するとともに，水の使用が危険である旨を関係者に周知させる措置を講じなければならない。

9．簡易専用水道の管理等（34条の2第2項）

(1)　**簡易専用水道の検査**

簡易専用水道の設置者は，管理基準に従ってその水道を管理するとともに**定期**（1年以内に1回）に，**地方公共団体の機関**または**厚生労働大臣の登録を受けた者**の**検査**を受けなければならない。

(2)　**簡易専用水道の管理基準**

①　**水槽の清掃**を1年以内ごとに1回，定期に行うこと。 ②　水槽の点検等，有害物，汚水等によって水が汚染されるのを防止するために必要な措置を講ずること。 ③　給水栓における**水の色**，**濁り**，**臭い**，**味**その他の状態により，供給する水に異常を認めたときは，水質基準に関する一定事項のうち，必要なものについて**検査**を行うこと。 ④　供給する水が人の健康を害するおそれがあることを知ったときは，**直ちに給水を停止する**とともに，**水を使用することが危険である旨を関係者に周知させる措置を講ずること。**

(3)　**その他**

①　**遊離残留塩素**の測定について，**水道法上の規制はない**。ただし，地方公共団体によっては，条例等により，簡易専用水道の設置者に対して，遊離残留塩素の測定を行うよう

第17章　設備・構造

定めているところもある。

② **水道技術管理者の設置や健康診断の実施**の**義務はない**。

Point整理 専用水道と簡易専用水道

<table>
<tr><th></th><th colspan="2">専用水道</th><th>簡易専用水道</th></tr>
<tr><td>水道技術管理者</td><td colspan="2">1人設置必要</td><td>設置不要</td></tr>
<tr><td>検査</td><td colspan="2">定期（1日1回以上，1ヵ月に1回以上，3ヵ月に1回以上）・臨時に行う（記録は5年間保存）</td><td>1年以内ごとに1回，定期に，地方公共団体の機関または厚生労働大臣の登録を受けた者の検査を受ける</td></tr>
<tr><td>健康診断</td><td colspan="2">水道の管理業務の従事者等について，おおむね6ヵ月ごと・臨時に健康診断を行う（健康診断の記録は1年間保存）</td><td>規定なし</td></tr>
<tr><td rowspan="2">残留塩素</td><td>遊離残留塩素</td><td>0.1mg/ℓ以上</td><td rowspan="2">原則：規定なし
（条例等で規定される場合もある）</td></tr>
<tr><td>結合残留塩素</td><td>0.4mg/ℓ以上</td></tr>
<tr><td>水槽の清掃</td><td colspan="2">消毒その他必要な措置を講じなければならない</td><td>1年以内ごとに1回，定期に行う</td></tr>
<tr><td>給水の停止</td><td colspan="3">給水する人が，給水する水が人の健康を害するおそれがあることを知ったときは，直ちに給水を停止し，かつ，その水を使用することが危険である旨を周知させる措置を講ずる</td></tr>
</table>

2 給水設備 はじめて

1．給水方式

給水方式は，水道局の水道本管と直接つながっている**水道直結方式**と水道本管からの水を一度水槽に溜めてから給水する**受水槽方式**の大きく2つに分類される。

2．水道直結方式

(1)　直結直圧方式

【直結直圧方式】

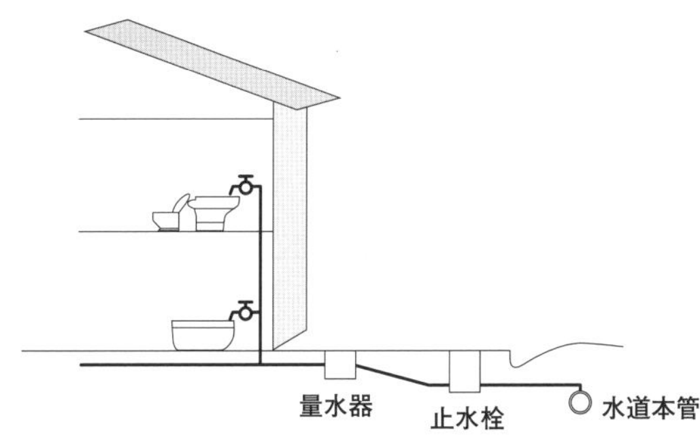

①　水道本管から給水管を直接分岐して建物内に引き込み，各住戸に直接給水する方式である。

②　**受水槽やポンプは不要**である。給水圧力は水道本管の圧力により変動するが，水道本管から直接給水を受けるので水質汚染はほとんどない。断水時には水の供給はできないが，停電時でもポンプ等を使用しないため給水が可能である。

③　使用水量変動などによる**水圧条件が最も低下する時期**にでも**給水可能**なように計画する。　出題 R5

④　一般的には戸建住宅で採用されているが，マンションにおいても水道事業体が水道本管の圧力を高めて3～5階程度までに供給できる高圧給水方式も近年増加している。

(2) 直結増圧方式

【直結増圧方式】　　　　　　　　【増圧給水ポンプユニット】

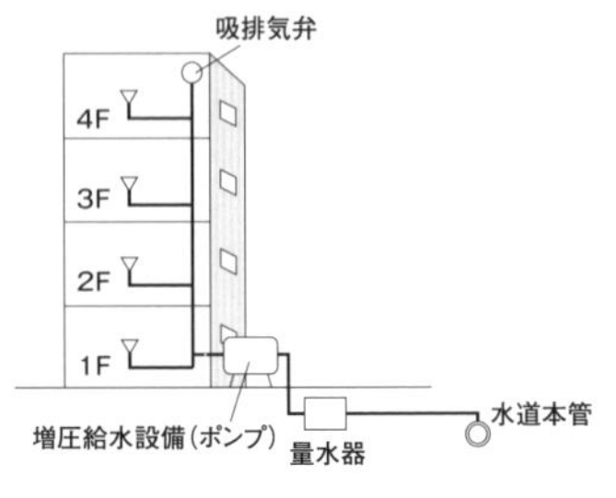

① 水道本管から分岐して引き込んだ水を，**増圧ポンプユニット**（増圧給水設備）を経て，各住戸に**直接給水する方式**である。

② **受水槽・高置水槽が不要**なため，**スペースの有効利用**や**水道本管の圧力の利用によるエネルギー低減等のメリット**がある。直結直圧方式と同様，水質汚染はほとんどないが，断水時には水の供給ができない。停電時にも断水をするが，低層階は水道本管の直圧で給水が可能である。

出題 R5 ③ 建物内の水が水道管に逆流しないように，**逆流防止装置**の設置が必要である。

④ 小中規模程度のマンションに採用されている。

3．受水槽方式

(1) 高置水槽方式（重力方式）

【高置水槽方式（重力方式）】

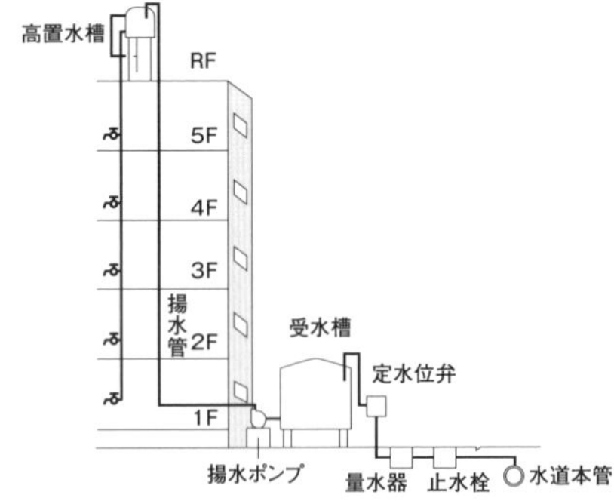

① 水道本管から分岐して引き込んだ水を，**受水槽**に貯水した後，**揚水**（ようすい）**ポンプ**で屋上の架台上に設置された**高置水槽**に揚水し，各住戸に**重力で給水する方式**である。揚水ポンプは，**通常2台設置して自動交互運転される**が，片方のポンプは故障時の予備の役割も果たしている。

② **給水圧力に変動がなく安定している**が，最上階では圧力不足，最下階では過大水圧になりやすい。受水槽・高置水槽の2ヵ所で水を溜めておくため水質汚染の可能性がある。断水時には受水槽・高置水槽両方の残量を使用できるが，停電時の給水には，高置水槽の残量のみが利用可能である。

③ **従来，マンションで最も多く採用されてきた方式**である。

(2) **ポンプ直送方式**

【ポンプ直送方式】

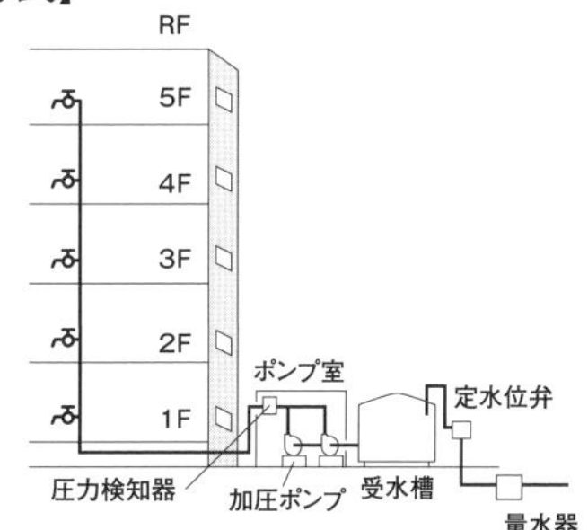

① 水道本管から分岐して引き込んだ水を，**受水槽**に貯水した後，**直送ポンプユニットで加圧**した水を各住戸に**給水する方式**である。

② ポンプの吐出側に取り付けた給水管内の圧力や流量を感知する圧力スイッチや流量計等により**ポンプの台数制御**を行う「**定速ポンプ方式**」と吐出側圧力や流量を検知して**ポンプの回転数制御**を行う「**可変速ポンプ方式**」がある。**可変速ポンプ方式**（**回転数制御方式**）には，吐出圧力を感知してポンプの回転制御を行う方式（**吐出圧力一定制御**）と使用水量の変化に応じて自動的に回転数を変化させる方式（**推定末端圧力一定制御**）がある。

③ ポンプは小流量時でも稼働するので，吐出側のバルブを閉めた状態に近い運転が続くとポンプが焼損するおそれがある。これを防止するために最小流量以下になるとポンプを停止させ，代わりに稼働する**小流量時用の圧力タンク**を設けている。

④ **給水圧力は，ポンプの制御により安定**している。受水槽で水を溜めておくため水質汚染の可能性がある。断水時には受水槽の残量を使用できるが，停電時には，給水は不可能である。

出題 H27 ⑤ 大規模な団地や**3階超から超高層マンションまで幅広く採用**されている。

(3) 圧力タンク方式

【圧力タンク方式】

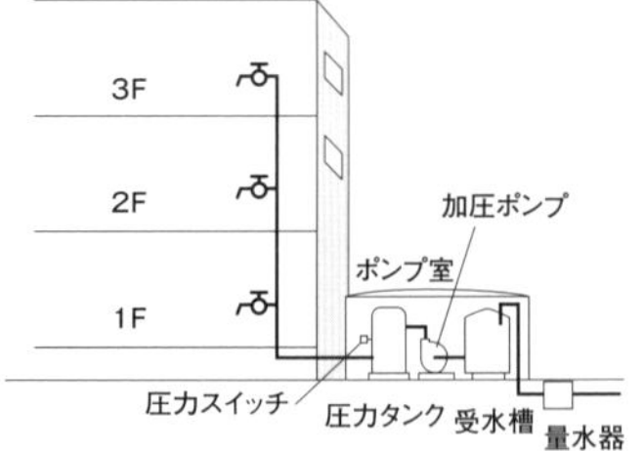

① 水道本管から分岐して引き込んだ水を，受水槽に貯水した後，加圧ポンプで圧力タンクに給水し，圧力タンク内の空気を圧縮，加圧して各住戸に給水する方式である。

② 小規模なマンションに採用されている。

プラス **最近の傾向**として，新築の中高層マンションでは，高置水槽がない**ポンプ直送方式**の採用が多くなっている。また，新築の小中規模マンションでは，高置水槽だけではなく，受水槽も不要な**直結増圧方式**の採用も多い。一方，既存マンションの改修工事においては，高置水槽や受水槽を撤去し，直結増圧方式等への変更が増加している。

Point整理　給水方式

	水道直結方式		受水槽方式	
	直結直圧	直結増圧	高置水槽	ポンプ直送
適用	戸建, 小規模	小～中	小～超高層	
設備	なし	増圧ポンプユニット	受水槽，高置水槽，揚水ポンプ等	受水槽，揚水ポンプ，制御盤等
設備費	安価	やや安価	高価	やや高価
設置スペース	不要	**必要** ※受水槽方式に比べ省スペース	必要	
水質汚染	ほとんどなし	ほとんどなし	水槽で可能性有り	
断水時	×	×	水槽の残量○	
停電時	○	× （低層階は○）	高置水槽の残量のみ○	×

4．飲料用水槽（給水タンク）

(1)　容量

出題 H27

① **受水槽 ➡ 1日の使用水量の1/2程度**

② **高置水槽 ➡ 1日の使用水量の1/10程度**

なお，マンションにおける**1日の1人当たりの水の使用量**は，**200～350ℓ**である。

【受水槽の構造】

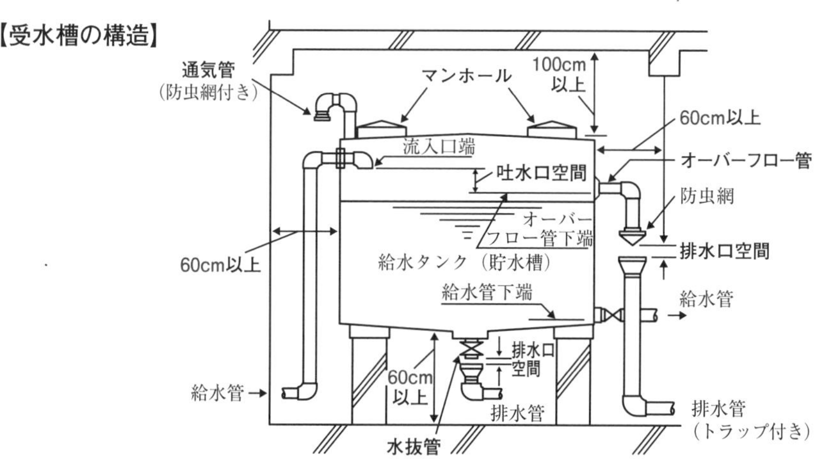

(2) **飲料用水槽（給水タンク）の設置要件**

受水槽・高置水槽等の飲料用水槽は，建物の内部，屋上，地階に設けるものすべてについて，汚染防止のため，次の要件を満たしている必要がある。

出題 H27

① 建物内部に設けられる飲料用水槽については，**有効容量2㎥以下の取外しができるものを除き**，水槽の**天井**，**周壁**，**底部の六面**すべてについて**保守点検**（六面点検）を容易，かつ，安全に行うことができるよう，**天井は1m以上**，**周壁と底部は60cm以上の距離を置いて設置**する。したがって，水槽の底部を床面に接して設置してはならず，また，耐力壁等の面に接して**堅固に固定することは禁止**されている。

② 水槽の天井，周壁，底部は，建築物の構造（躯体）と**兼用しない**。

③ 水槽の内部や上部に給水管以外の配管やダクト等の設備を設けない。

出題 H30・R3・5

④ **有効内径60cm以上のマンホール**を設け，**マンホール面は受水槽上面より10㎝以上立ち上げ**，マンホールのふたは防水密閉型とする。

⑤ 水槽の底部は，**1／100以上の勾配**を設け，最低部にピット（窪み）を設け，そこへ**水抜管**を設置する。

プラス

「**1／100の勾配**」とは，例えば，100cm進んで，1cm上がる（下がる）際に生じる**角度**をいう。

出題 H27

⑥ 常時外気に開放されている**オーバーフロー管**および**通気管**は，外部からの害虫等の侵入を防ぐために，先端に**防虫網**を設ける必要がある。これに対し，**水抜管**は，排水時以外は常時閉められているので，**防虫網**を設ける**必要はない**。

⑦ **排水口空間**

出題 H27・R2～3

排水口とは，機器や器具の排水を排出するための排水接続部または排水を受ける口をいう。**オーバーフロー管**および**水抜管**（**間接排水管**）には，水槽への排水の逆流を防ぐために，**排水管**との間に**排水口空間**（**間接排水管の管端と，水受け容器または排水器具のあふれ縁までの垂直距離**）を設け，**間接排水**としなければならない。

【間接排水】

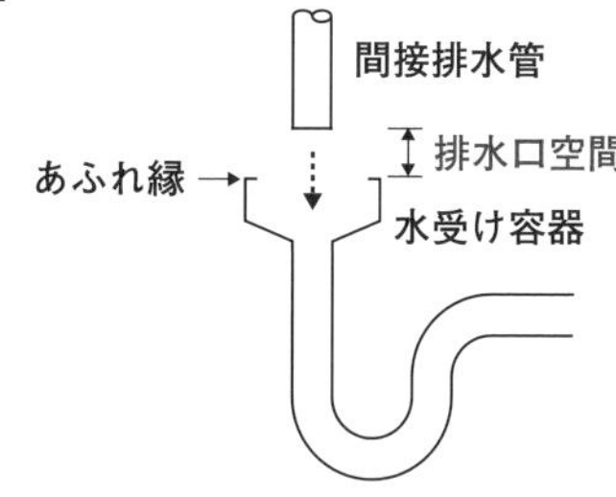

⑧　吐水口空間

吐水口とは，給水栓等の水の出口となる筒先をいう。給水タンクには，給水管への逆流を防ぐために，**給水管の流入口端**から**オーバーフロー管「下端」**までに**吐水口空間**（一定の垂直距離）を設けなければならない。出題 H27

プラス　逆サイホン作用（洗面器や流し等の水受け容器中に吐き出された**排水等が給水管内に生じた負圧による吸引作用のため給水管内に逆流する現象**）を防止するために，給水装置には**吐水口空間**を確保する等の措置を講じなければならない。出題 R２

(3)　受水槽の水位制御方式

受水槽の水位は，水道から受水槽への給水系統に**主弁と副弁で構成される定水位弁**を設けて制御する。主弁は受水槽の外部に，副弁は内部に設置される。副弁にはボールタップ（水面にボールを浮かべてその上下によって弁を開閉する）または電極（水位を電極棒によって検知し，弁を開閉する）を使用したものがある。受水槽の水位の上下により副弁が作動すると連動して，主弁が作動し，受水槽へ給水する。副弁が停止すれば主弁も停止し，水位を一定に保つことができる。**小流量の場合には副弁で給水**し，**大流量の場合には主弁で給水**する。出題 H27

(4)　受水槽の分割

総容量を**２槽以上に分割**し，中仕切りを設けると，内部清掃や修理時に断水をしないで済む（中仕切り方式）。

(5)　飲料用タンクの耐震・地震対策

①　耐震クラス

一般に**Ｓ・Ａ・Ｂに分類**されている。マンションでは，**最も性能の低いクラスＢが標準として採用**されており，一般的には，すべての設備機器が「耐震クラスB以上であればよい」とされている。ただし，最近は耐震クラスAが標準となって現場納入されている。

② **局部震度法による建築設備機器の標準設計震度**

次のとおりである。

	建築設備機器の耐震クラス		
	S	A	B
上層階・屋上・塔屋	2.0	1.5	1.0
中間階	1.5	1.0	0.6
地階・1階	1.0（1.5）	0.6（1.0）	0.4（0.6）

注：「（　）」内の値は，地階・1階（地表）に設置する水槽の場合に適用する。

参考
「**上層階**」とは，2〜6階建ての建築物では最上階を，7〜9階建ての建築物では上層の2階を，10〜12階建ての建築物では上層の3階を，13階以上の建築物では，上層の4階をいう。

飲料用タンクに作用する地震力の計算は，上記の標準設計震度に基づき一般的に**局部震度法**により行われる。地震の際には上層階の方が下層階よりも大きい加速度が加わるため飲料用タンクをしっかり固定する必要がある。そこで使用される**標準設計震度**は，「**上層階・屋上・塔屋**」で**最も大きなもの**となっており，「**1階・地階**」**よりも高い耐震性能**が求められている。 出題 H30

プラス
例えば，飲料用タンクを「**クラスS**」で屋上に設置する場合の**標準設計震度「2.0」**（2G仕様と呼ぶ）とは，飲料タンクの重量の「**2倍**」の水平力が加わっても**倒壊しない固定方法**が採用されていることを意味する。

③ **スロッシング対策**

地震時に生じる**スロッシング**（水槽に周期的な振動が加わった際に生じる，水面が大きくうねる現象）により，**飲料用タンクの側面や天井に亀裂や破損が発生**する場合がある。このため，平成7年の阪神・淡路大震災後に行われた水槽の耐震設計基準見直しにより，飲料用タンク本体には，スロッシングも考慮した十分な耐性を持たせ，適正な方法で基礎等に堅固に固定する等の対策を施すこととされている。また，飲料タンク内に抵抗板等の制震装置を設置する等さまざまなスロッシング対策が検討されている。

④　**給水機能の確保**

給水機能を確保するため，受水槽の**出口側給水口端に緊急遮断弁**（地震感知により作動する弁）を設け，**給水を遮断**できるものとする。また，受水槽には，**直接水を採取できる給水弁**を設ける。

⑤　**屋上の高置水槽に，転倒等の防止のための補強**を施すことは，地震対策として有効である。

Point整理　飲料水用水槽（給水タンク）

六面点検等	①天井は１ｍ以上，周壁・床は60cm以上の距離をおいて設置 ②水槽の天井・周壁・底と建物の構造（躯体）との兼用禁止	
マンホール	**有効内径60cm以上，受水槽上面より10cm以上立ち上げる**	
防虫網	**オーバーフロー管・通気管**	
排水口空間	**オーバーフロー管・水抜管**	
吐水口空間	**給水管の流入口端からオーバーフロー管の下端**まで	
水はけ	水抜管に向って勾配を設ける（１／100以上）	
容量	受水槽	１日の使用水量の１／２程度とする
	高置水槽	１日の使用水量の１／10程度とする
	１日の使用水量（１人）	200～350ℓ

5．給水ポンプ

(1)　材質

ポンプ本体の材質には，主に**鋳鉄製**鋳物と**ステンレス鋼製**プレス加工のものがある。鋳鉄製は，接水部をナイロンコーティングして赤水を防止している。ステンレス鋼製ポンプは，プレス加工で小型なため比較的経済的であり，急速に普及している。

(2)　耐震対策

ポンプを直接基礎に固定する場合は，ポンプと配管の接続部において地震時に無理な力が作用するので，可とう性継手等で力を吸収する。また，**ポンプを防振架台上に設置する場合**は，地震時にポンプが飛び出さないように，**耐震ストッパを設置**する。

6．給水管

(1) 給水管の材料

① 水道用亜鉛めっき鋼管

水に含まれる酸素で配管内部に錆が形成され，錆が給水とともに流出する赤水問題が発生しやすい。白ガス管とも呼ばれ，**現在ではほとんど採用されない**。

② 水道用硬質塩化ビニルライニング鋼管

錆の発生を防ぐために**鋼管の内部に合成樹脂である硬質塩化ビニル管が挿入されたもの**で，鋼管の強靭性，耐衝撃性および耐火性と合成樹脂の耐食性とを併せ持っており，現在も最も多く使用されている。当初は，継手の鉄部露出部分と鋼管のネジ部分が錆びやすい弱点があったが，継手接合部の防食処理を施した管端防食継手が採用され，一般に普及した。

③ 水道用ステンレス鋼管等

硬質塩化ビニルライニング鋼管と比べ，より耐久性が高いステンレス鋼管を採用するマンションもある。また，専有部分で使用される給水管は，共用部分と同じ硬質塩化ビニルライニング鋼管や塩化ビニル管が多かったが，樹脂管である**水道用架橋ポリエチレン管**や**水道用ポリブテン管**の採用も増加している。

(2) クロスコネクション（混交配管）の禁止

クロスコネクションとは，**飲料水の配管**（**給水管**）**と他の配管とを直接連結する**ことをいう。他の配管とは，井戸水や工業用水，排水をいったん処理した中水等の配管をいう。飲料水の配管の圧力低下時にこれらの水が飲料水の配管内に混入する恐れがあるため，**給水系統**はいかなる場合も**クロスコネクションは禁止**される（建築基準法施行令129条の2の5第2項1号）。

(3) 給水管劣化防止対策

給水管に使用されている鋼管が，経年変化により腐食が進み，**赤水**問題が発生した場合には，劣化防止策として次のようなものがある。

① **新規配管工事**

既設の配管はそのまま残し，別経路の新規配管工事を施工する工事である。

② **ライニング更生工事**

配管を延命させるために行う工事である。ブロアー（送風機）等により細かい砕石を高圧で２方向から吹き付け，管内を研磨して錆を削り取り，その後エポキシ樹脂液を内面に塗布する方法である。

(4) **ウォーターハンマー（水撃作用）の防止**

① 給水配管中の水栓や弁を**急閉**すると，それまで流れていた水が水流の慣性で管内各部に衝突して異常な圧力上昇を生じ，その結果生じる**配管の振動**や**衝撃音**を，**水撃作用**（ウォーターハンマー）という。配管等が破壊されることもある。 出題 H27

② **給水管内の流速**を1.5～2.0m/秒に抑えれば，**ウォーターハンマーは生じない**とされている。 出題 R3

③ 給水配管に**ウォーターハンマー防止器**を取り付けることで防止できる。

④ 高層建築物では，**数階ごとの中間水槽**や**減圧弁**を設けて，適切な水圧に調整する必要がある（**ゾーニング**）。

(5) **止水弁の設置**

給水配管において，**給水立て主管から各住戸へ配水する分岐管**には，分岐点に近接した部分で，かつ，操作を容易に行うことができる箇所に**止水弁**を設ける。止水弁は，分岐管に対する水量調整や，分岐管系統の故障時や増設時に，他の給水系統に影響を与えることなく工事ができるように止水するために設置する。

(6) **バキュームブレーカ**

バキュームブレーカとは，給水管内に負圧が生じたとき，逆サイホン作用（給水管内が負圧になることにより，吐水された水が給水管に吸い込まれる現象）により，**使用した水等が逆流し汚染されることを防止**するため，負圧部分へ自動的に空気を取り入れる機能を持つ**逆止弁**（**逆流防止のための弁**） 出題 H27

のことである。

7．給水設備の点検・維持管理

⑴　**受水槽**

出題 H27

水槽回りは，**漏水の有無やマンホールの施錠**，**オーバーフロー管の防虫網**，定水位弁のゴミ詰まり等の点検を行う。

⑵　**給水ポンプ**

出題 H27

給水ポンプに空気が入るとポンプが空転して送水しなくなり，**電流計の値および圧力計器の値が正常値より低く**なるので，正常稼働時に印を付ける等，あらかじめ正常値を把握しておく。

⑶　**その他の給水設備**

出題 H27

①　**給水配管で最も腐食しやすく漏水が発生しやすい場所**は，水道メーターやバルブ等の**砲金製部材と接触する部分**である。これらは各戸のＰＳ（パイプスペース）内にあり，漏水が発生しやすい場所でもあるので，注意して確認する。

出題 H27

②　**受水槽のオーバーフロー管の排水口**や**水栓の吐水口**から汚染された水等が浸入することのないように，適切な排水口空間・吐水口空間が確保されていることを確認する。

④ 排水設備

1 マンションの排水の種類

マンションから排出される排水には，次の３種類がある。

① トイレや汚物流しからの排水（**汚水**） ② 浴室・流しからの排水（**雑排水**） ③ **雨水**

さらに，排水処理施設の有無やその種類等によって，後出**3**のように分類される。

2 排水の方法

(1) 汚水と雑排水は，高所から低所に**勾配を利用**して自然流下させる方法（**重力式排水**）が一般的である。排水は，衛生器具（洗面器，便器，浴槽等）・**排水トラップ**・**排水横枝管**・**排水立て管**・排水横主管を経て，屋外の敷地排水管から公共下水道に放流される。公共下水道が完備していなければ，敷地内に設置した**浄化槽**を経由して下水路に放流する。

(2) 排水の放流先である公共下水道がマンションより高い位置にあり，重力式排水ができない場合は，地下等に**排水槽**（排水タンク）を設けて，**ポンプで排水**する**機械式排水**（圧送排水）を行う場合もある。

3 排水方式の分類

排水は，排水の種類に対する処理施設の有無やその種類等により「**敷地内の排水方式**」と「**公共下水道の排水方式**」があり，それぞれが「**合流式**」と「**分流式**」に分かれる。

【敷地内の排水方式】

合流式	**汚水・雑排水を同じ排水系統**にし，**雨水**※**を別の排水系統**にする。
分流式	**汚水・雑排水・雨水**※**をそれぞれ別々の排水系統**にする。

※　雨水は常に別系統とする。

第17章　設備・構造

【公共下水道の排水方式】

合流式	**汚水・雑排水・雨水を合流**させ，**終末処理場**に排水する
分流式	**汚水・雑排水を終末処理場に排水**し，**雨水を都市下水路等へ放流**する

4 排水設備 はじめて

1．排水管の構成

マンション内にある排水管において，樹木の幹にあたる部分を**排水立て管**，幹から分岐する枝にあたる部分を**排水横枝管**（よこえだかん），器具に接続する配管が器具排水管という。そして，排水立て管から下水道に至る屋外の敷地排水管に接続するために横引きする部分を，**排水横主管**（よこしゅかん）という。

【排水配管の構成】

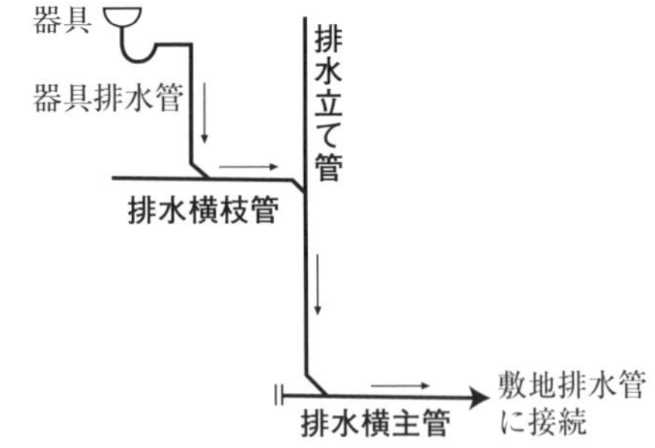

2．排水管

(1) 排水横枝管

① 排水横枝管の勾配は，**急にすれば良いというわけではなく**，緩勾配（ゆるい傾き）にすると排水の流れが悪く，急勾配にすると水だけが流れてしまい固形物が残ってしまう。したがって，固形物を含まない台所・浴室の**雑排水横枝管の勾配**は，固形物を含む便所の**汚水横枝管の勾配より大きくする**のが一般的である。

出題 H30

② マンションにおける台所・浴室の管径は，**通常65㎜以下で勾配は1／50（2％）以上**であり，便所（大便器）の管経は，**通常75㎜・100㎜で勾配が1／100（1％）以上である。管径が太いものほど緩勾配**となる。

【管径と勾配】

管径（mm）	勾配
65以下	1／50以上
75・100	1／100以上
125	1／150
150	1／200

③　排水管は，**排水の流下方向の管径を縮小してはならない。** また，**排水管の管径**は，**排水トラップ（４．）の口径以上**で，かつ30mm以上とする。また，**地中または地階の床下に埋設される排水管の管径**は，**50mm以上**が望ましい。

⑵　**排水立て管**

排水立て管の管径は，これに接続する排水横枝管の最大管径以上とし，**どの階においても建物の最下部における最も大きな排水負荷を負担する部分の管径と同一**としなければならず，**排水の流下方向の管径を縮小してはならない。**

出題 R３

３．排水槽（排水タンク）

重力式排水が不可能な場合，いったん**排水槽**に排水を溜めてから，**排水ポンプ**等で排出する。

⑴　**排水槽**には，貯留する排水の種類に応じて，①汚水のみ，②汚水と雑排水の両方を貯留する**汚水槽**，③雑排水のみを貯留する**雑排水槽**，④湧水と雨水の両方を貯留する**湧水槽**（**雨水槽**）がある。いずれの排水槽を設けるかは，その地域の公共下水道の有無・方式によって異なる。

出題 H28

⑵　**排水槽内部の保守点検**のため，**直径60cm以上のマンホール**を設ける。

⑶　**排水槽の底**には，**吸込みピット**を設け，かつ，**吸込みピット**に向かって，**１／15以上，１／10以下の勾配**をつける。

⑷　**排水ポンプ**は，平時の最大排水量を十分に排水できるものを**運転用**と**予備用**の**２台を設置**し，通常は**１台ずつ交互に自動運転**するように設定し，ポンプやシャフトの錆びつきを防止するために**予備用のポンプを常時休止させてはならない。** また，排水流入量が多くなった場合の対策として，２台同時運転を可能とすることも必要である。

出題 H28

⑸　通気管等で，タンク内を直接外気に衛生上有効に開放する。

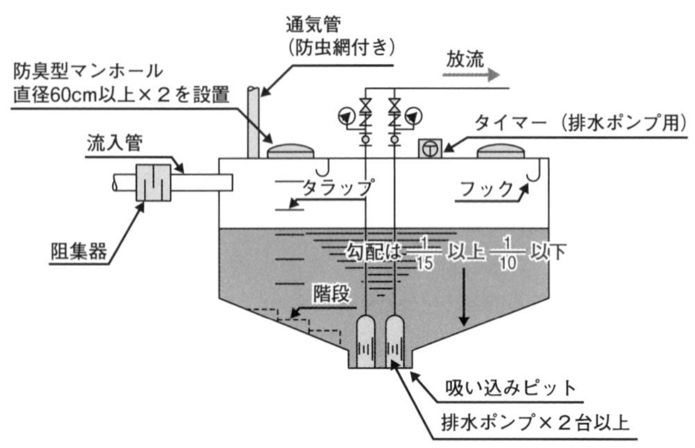

4．排水トラップ

出題 H27

(1) 排水トラップとは，**排水管を曲げる**等の方法で水で封じること（**封水**（ふうすい））により，排水管内から**臭気や害虫が室内に侵入することを防止する設備**をいう。トラップの封水の深さを**封水深**といい，**50㎜以上100㎜以下が必要**となる。封水深が浅いと**封水破壊**（後述）しやすく，深いと自浄作用がなくなる。**阻集器**（排水管に有害物質が混入するのを阻止する装置）**を兼ねる排水トラップの封水深は50㎜以上**でなければならない。

出題 R3

> プラス　**1つの排水系統にトラップを直列に2個以上設ける**と，トラップとトラップの間が閉そく状態となり，排水の流れを悪くするので行ってはならない（**二重トラップの禁止**）。

① Sトラップ

一般的によく用いられる。サイホン作用（後述）を起こしやすいという欠陥がある。

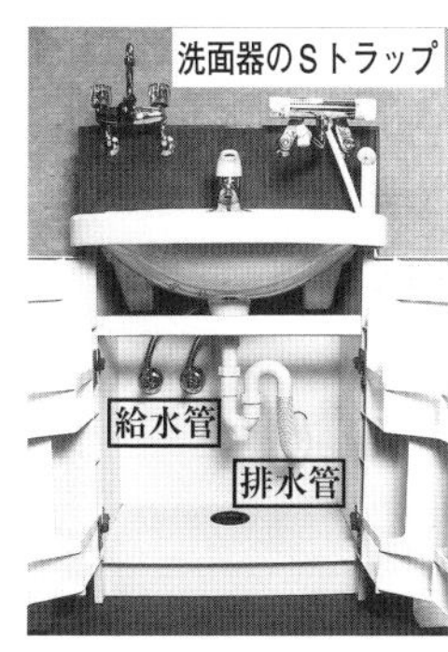

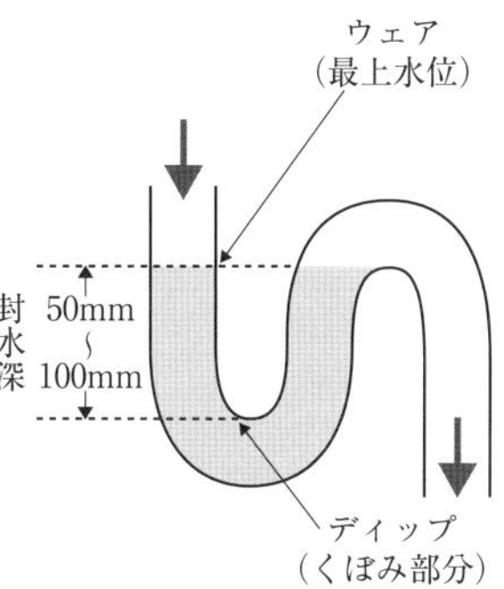

② **Uトラップ**

横走管途中に設けられるのが普通であるが，汚水の流動を妨げる原因になりやすい。封水の安定度は，Sトラップや Pトラップより劣る。

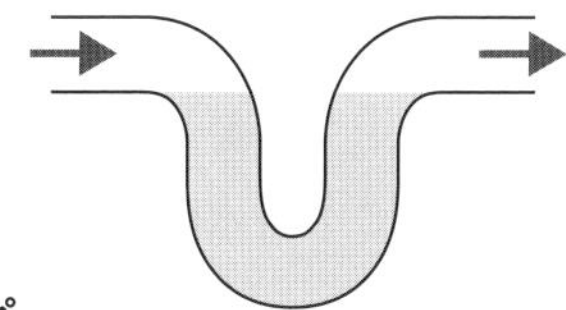

③ **Pトラップ**

最も多く使用される形である。サイホン作用による封水破壊は少なく，通気管を接続すれば封水は安定する。

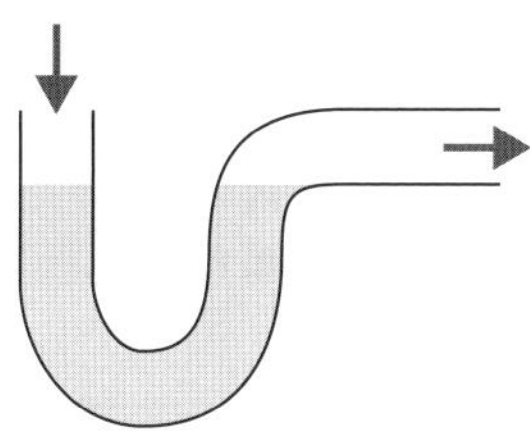

④ **ドラムトラップ**

厨房の流し等に使用され，封水の安定度は高い。

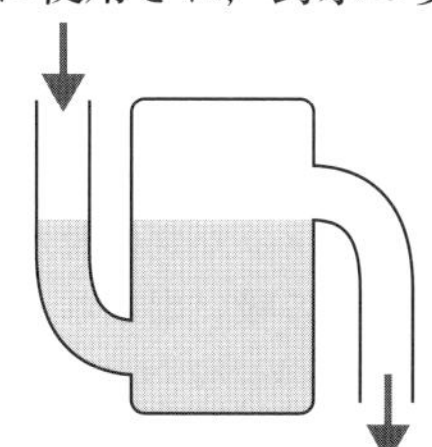

⑤ **わんトラップ（ベルトラップ）**

浴室，洗濯機置場等の床排水に使用される。

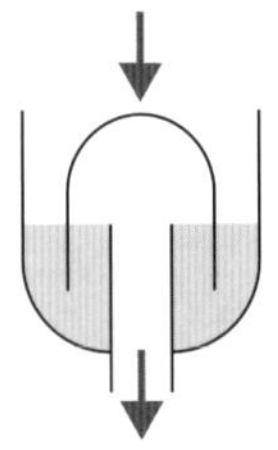

プラス マンションでは，台所流し，浴室洗い場，洗濯機用防水パンに**わんトラップ**が，洗面所には**Sトラップ**または**Pトラップ**が使われるのが一般的である。

(2) トラップの封水破壊

出題 H27

トラップの**封水がなくなる現象**を**封水破壊**（破封（はふう））という。また，排水管内に正圧（大気より気圧が高い）または負圧（大気より気圧が低い）が生じたときの**排水トラップの封水保持能力**を**封水強度**という。この封水強度が小さいと，封水破壊が起こりやすい。

封水破壊の原因には次のようなものがある。

① **自己サイホン現象**	多量の水が一気に排水されると，配管内の水が満水となり，トラップ内の**封水が排水と一緒に排出されてしまう現象**をいう。Sトラップで起こりやすい。	空気 吸引
② **吸い出し現象**	排水立て管の上部から満水状態で排水が流下すると，**横枝管との連結部分**付近において瞬間的に**負圧**を生じ，その結果，トラップの**封水が排水管側に吸い出されてしまう現象**をいう。	空気 落下水 吸引 立て管

③　**はね出し現象**	排水立て管がすでに満水状態である場合に，さらに上から満水状態で排水が落下してくるとピストン作用により**横枝管との連結部分**付近において**正圧**が生じ，トラップの**封水が室内側に飛び出してしまう現象**をいう。	
④　**蒸発**	長時間水を流さない場合に封水が**蒸発してなくなってしまう現象**をいう。	
⑤　**毛細管現象**	トラップのあふれ部に，糸類のようなものが掛かった場合，**毛細管現象によって封水を次第に吸い出してしまう現象**をいう。	

５．通気管（ベントパイプ）

(1)　**排水設備**には，一般に**通気管**が併設されている。通気管を設ける主な目的は，次のとおりである。

①　**封水破壊を防止**する。

②　排水管内の気圧と外圧の気圧差をできるだけ生じないようにして，**排水の流れをスムーズ**にする。

③　水の流下に伴って，排水管内に空気を流通させ，管内の換気も行う。

(2)　**通気管**は，直接外気に衛生上有効に開口していることが必要である。ただし，配管内の空気が**屋内に漏れることを防止する装置**（**通気弁**）が排水管に設けられている場合には，**直接外気に開放された通気立て管**は**不要**である（昭和50年建設省告示第1597号）。なお，**通気弁**とは，排水通気管の端部に設け

出題 R３

る**吸気機能だけを有する可動弁**である。排水が行われて排水管内に**負圧が発生すると弁が開き，大気を吸込んで排水管内の圧力を均等化**し，排水をスムーズに行う。また，排水管内に正圧が発生した場合には**通気弁**が空気の取込み口を塞ぐので，**臭気が配管の外に漏れることはない**。

6．通気方式の種類

(1) 各個通気方式

各々の衛生器具ごとにそれぞれに通気管を取り付ける方式である。

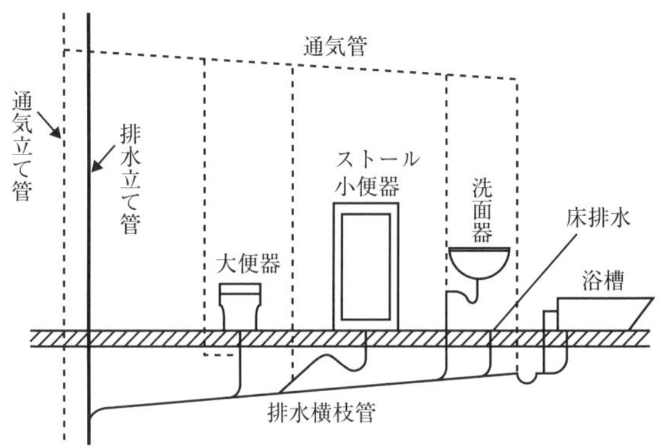

(2) ループ通気方式

排水横枝管の最上流側の衛生器具の排水管接続点直後から通気管を立ち上げ，**通気立て管**または**伸頂通気管**に接続して，数個のトラップを保護する方式である。

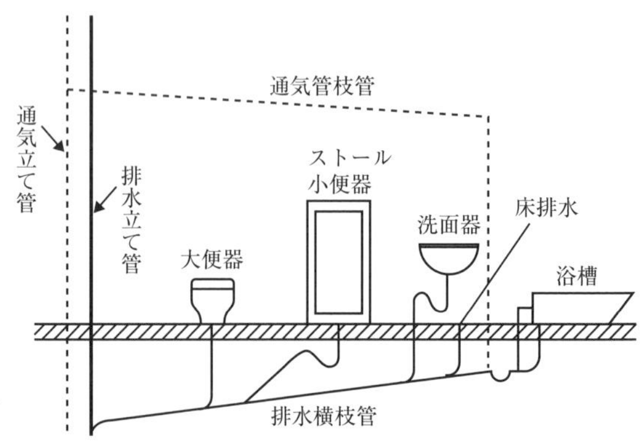

用語解説
「**伸頂通気管**」とは，最上部の排水横枝管が排水立て管に接続した点よりもさらに上方へ，その**排水立て管を立ち上げて**，これを**通気管に使用する部分**をいう。
出題 R2

(3) 伸頂通気方式

排水立て管が上に伸ばされて大気に開放されたものである。**伸頂通気管の管径**は，**排水立て管の管径**より**小さくしてはならず**，排水立て管の管径以上としなければならない。

(4) 特殊継手排水システム

出題 R３

伸頂通気方式の一種で，**通気立て管を併設せずに**，排水立て管と横枝管の継手部に**特殊な継手**を設けて，立て管内部の排水を旋回させることで**通気性能を高めたもの**をいう。一般に立て管内の流れと排水横枝管内の流れが交差して合流することを円滑にし，立て管内の流下速度を減少させ，同時に管内の圧力変動も減少させている。複数の排水横枝管を１つの継手に合流できる集合管継手の機能もあるので，**汚水系と雑排水系の複数の排水立て管を１本の立て管に集約**することもできる。

主に**高層・超高層マンション**に採用されている。

７．雨水排水

出題 H28

(1) **雨水排水立て管**（屋根の雨水を屋外排水管へ排水するための雨水専用の排水立て管）は，**汚水排水管もしくは通気管**と**兼用**し，またはこれらの管に**連結してはならない**（昭和50年建設省告示1597号）。また，汚水排水管や通気管だけではなく，**雑排水管とも兼用したり，接続することはできない**。

出題 H29・R１

プラス **雨水排水立て管の管径**は，建設地の**最大降水量**とその立て管が受け持つ屋根面積により算定される。壁面に吹き付ける雨水が下部の屋根面に流下する場合は，一般に，**壁面面積の50%を下部の屋根面積に加算した上で降水量を算定**し，雨水排水立て管の管径を求める。

(2) 雨水排水設備

① 雨水排水ます

出題 H29・R１

敷地内の排水のために埋設する**雨水排水管の起点や合流箇所等**には，保守点検・清掃を容易にするために**雨水排水ます**を設置する。**雨水排水ます**には，**深さ150㎜以上の泥だめ（泥だまり）**を設けて，直接土砂が下水道等に流れこまない構造となっている。

出題 R1

② **雨水排水管とトラップます**

公共下水道が合流方式の場合には，敷地内において雨水排水管と排水横主管を接続することになる。この場合，**臭気が雨水系統へ逆流していかないように**，合流箇所にはトラップ機能を有するトラップますを設ける必要がある。

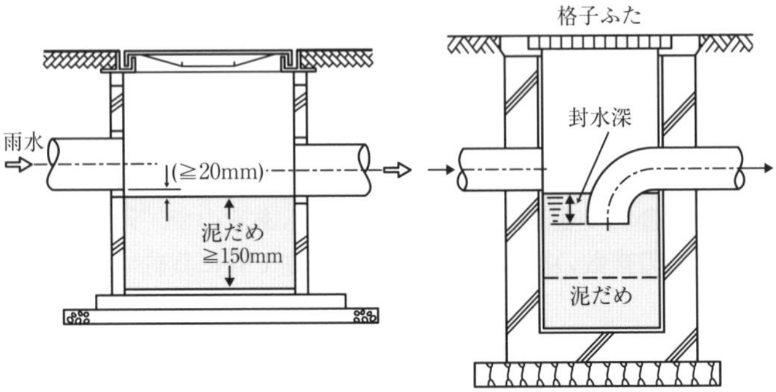

【雨水排水ます】

【トラップます】

出題 H28

③ **屋外排水ますは**，定期的にふたを開けて点検・清掃をする必要がある。清掃は高圧洗浄車，汚泥吸引車，補給水タンク車により実施し，**ゴミ堆積物は引き上げ**，**汚泥は吸引**するようにし，**下水道やし尿浄化槽に流さない**ようにしなければならない。

出題 R2

プラス **排水ます**には，上記のような**雨水排水ます**のほかに，汚水・雑排水用の汚物が滞留しないように**底面に半円筒状のインバート（溝）を設けた汚水・雑排水ます（インバートます）**がある。

8．ディスポーザ排水処理システム

ディスポーザ（台所の野菜くず等を粉砕する機械）を台所流しに設置し，生ごみを破砕して水とともに**専用配管**で**排水処理槽**に導き，公共下水道の排除基準に合致するように処理して放流するものである。

下水道未整備地域でもこのシステムを**設置することができる**。この場合，次のいずれかとする。

① ディスポーザ対応型浄化槽を設け，すべての排水を処理する。

参考

ディスポーザ排水処理システムの設置に当たっては，**下水道事業体（通常，市町村）の認可が必要**である。設置後は，配管，処理槽等の維持管理計画に基づいた維持管理を行っていくことも必要になる。

②　専用の排水処理装置および高度処理型合併処理浄化槽を設け，専用の排水処理装置で処理したディスポーザ排水を高度処理浄化槽によってさらに処理する。

5 浄化槽設備

1 浄化槽設備

1．浄化槽とは

公共下水道のない地域では，汚水と雑排水を排水するためには，浄化槽を設けなければならない。**浄化槽**とは，**汚水の有機物**を河川に放流したり，土中に浸透させるために好気性または嫌気性の微生物の働きによって，**人畜に無害な状態にまで浄化する設備**のことをいう。

2．浄化槽の種類と浄化方法

(1) 便所から排出される汚水だけを処理する「単独処理浄化槽」と，厨房排水，洗濯排水，浴室排水等の雑排水も含めて処理する「**合併処理浄化槽**」がある。**単独処理浄化槽**は，未処理の生活雑排水が河川を汚す原因となることが多いので，**現在は設置禁止**とされている。

(2) **浄化槽の処理方法**には，大別して①**生物膜法**（接触材等に好気性微生物を付着させて，微生物の好気性分解により汚水中の汚濁物質を除去する方法）と②**活性汚泥法**（槽内に浮遊している微生物を含む活性汚泥と汚水を接触させて，汚濁物質を吸着・酸化させ活性汚泥を沈澱分離した後に上澄み水を放流する方法）の**2種類**がある。出題 H29

【嫌気(けんき)ろ床接触ばっ気方式の合併処理浄化槽】

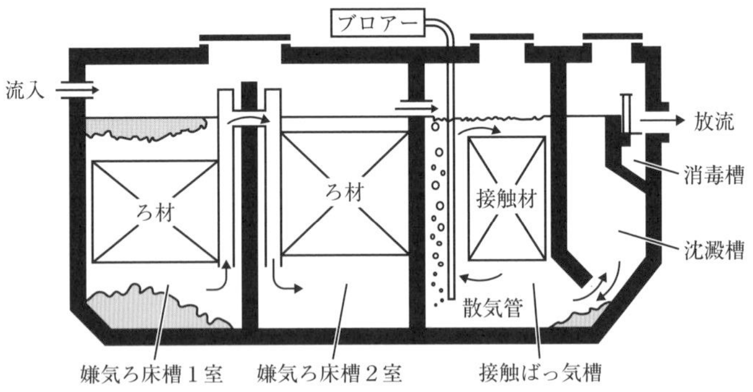

⚠注意
合併処理浄化槽の処理性能に関して，放流水に含まれる**大腸菌群数**が，**1㎤につき3,000個以下**とする**技術的基準**がある（建築基準法施行令32条１項２号）。
出題 H29

⚠注意
し尿浄化槽・合併処理浄化槽は，満水して**24時間以上漏水しない**ことを確かめなければならない（漏水検査，施行令33条）。
出題 H29

2 浄化槽法

浄化槽の設置，保守点検，清掃，検査等に関する規制措置，浄化槽工事業者と保守業者の登録制度，浄化槽清掃業者の許可制度，浄化槽設備士および浄化槽管理士の資格制度等については，浄化槽法により規定されている。

１．浄化槽の定義（２条）

浄化槽とは，便所と連結して**し尿およびし尿と併せて雑排水を処理**し，下水道法に規定する終末処理場を有する**公共下水道以外に放流するための設備または施設**であって，公共下水道および流域下水道ならびに市町村が設置した，し尿施設以外のものをいう。

２．浄化槽に関する基準等（４条）

環境大臣は，**浄化槽から公共用水域等に放流される水の水質**について，環境省令で，**技術上の基準**を定めなければならない。

３．設置後等の水質検査（７条）

⑴　**新設・変更時の検査**

浄化槽が**新設**された場合や構造・規模が**変更**された場合には，**浄化槽管理者**（**所有者，占有者その他の者で浄化槽の管理について権原を有する者**）は，指定検査機関（環境大臣または都道府県知事の指定を受けた者）の行う水質検査を**使用開始後３ヵ月を経過した日から５ヵ月の間に受けなければならない**。

⑵　**定期検査**

浄化槽管理者は，環境省令で定めるところにより，**毎年１回**，指定検査機関の行う**水質検査**を受けなければならない。

４．浄化槽の保守点検・清掃等（10条，10条の２，11条）

⑴　**浄化槽管理者の義務**

①　**浄化槽管理者**には，原則として**毎年１回**，**浄化槽の保守点検および清掃**を行うことが義務付けられている。なお，**全ばっ気方式の浄化槽**（単独処理浄化槽の一種）**の清掃**にあっては，おおむね**６ヵ月ごとに１回以上**行うものとする。

出題 R３

注意

浄化槽の処理能力の単位で，何人用の浄化槽かを示すものを「**人槽**（にんそう）」（処理対象人員）という。最小のものは「５人槽」である。JIS規格（JIS A3302-2000「建築物の用途別によるし尿浄化槽の処理対象人員算定基準」）によれば，「**共同住宅**」と「**住宅**」では**人槽の算定基準が異なっている**。

出題 H29

② **処理対象人員が501人以上**の場合，当該浄化槽の保守点検および清掃に関する技術上の業務を担当させるため，**浄化槽管理士の資格を有した技術管理者**を置かなければならない。

③ 処理対象人員500人以下の場合，当該浄化槽の保守点検を次の者に委託することができる。

ア）条例で保守点検業者の登録制度が設けられている場合	当該登録を受けた保守点検業者
イ）ア）の登録制度が設けられていない場合	浄化槽管理士

また，浄化槽の清掃業務を市町村長の許可を受けた清掃業者に委託することができる。

(2) **報告書の提出**

浄化槽管理者は，浄化槽の**使用開始日から30日以内に**，一定事項を記載した**報告書**を，浄化槽を管轄する**都道府県知事に提出**しなければならない。

(3) **保守点検・清掃の記録**

浄化槽管理者は，浄化槽の保守点検または清掃の記録を作成し，これを**３年間保存**しなければならない。

(4) **廃止の届出**

浄化槽管理者は，浄化槽の使用を廃止したときは，その日から**30日以内**に，都道府県知事に届け出なければならない。

Point整理 浄化槽管理者の義務

水質検査	① 浄化槽が新設・変更がされた場合，**使用開始後３ヵ月を経過した日から５ヵ月の間**に水質検査を受けなければならない
	② **毎年１回**，水質検査を受けなければならない
保守点検・清掃	毎年１回，浄化槽の保守点検・清掃をしなければならない ※**全ばっ気方式**の浄化槽の清掃はおおむね６ヵ月に１回
技術管理者の設置	処理対象人員が**501人以上**の浄化槽の場合は，保守点検・清掃に関する技術上の業務を担当させるため，**浄化槽管理士の資格を有した技術管理者**を置かなければならない
報告書	浄化槽の使用開始日から30日以内に，環境省令で定める事項を記載した報告書を，**都道府県知事**に提出しなければならない

6 電気設備

1 受変電設備 はじめて

電気設備とは，設備機器を動かしたり制御したりする電気の供給と配線設備のことをいう。発電所で発電された電気が送電線を伝い，変電所を経由して配電されることになる。

1．契約電力と受電電圧との関係 出題 R5

電力会社からの建物への電源供給は，供給電圧により，次の**3種類の引込みに区別**される。これらは，建物の使用電力により決定され，マンションでは，**各住戸の契約電力計と共用部分の契約電力の総量**で，これらの引込みが決まる。なお，特別高圧引込みは，マンションにおいては，ほとんど例がない。

電圧の種類	契約電力	受電電圧
低　圧	**50kW未満**	100Vまたは200V
高　圧	50kW以上2,000kW未満	6,000V
特別高圧	2,000kW以上	20,000V以上

用語解説
「**電力**」とは，電気の流れ（電流といい，単位はアンペア（A）で表される）が物体を動かしたりする能力をいい，単位はワット（W）で表される。1Wは，1Vの電圧を加えて1Aの電流が流れたときの電力である。

2．引込み方式

(1) 低圧引込み

小規模なマンションで，各住戸の契約電力と共用部分の契約電力の総量が**50kW未満**のときは，**低圧引込み**となる。引込み方には，架空引込みと地中引込みの2つの方式があるが，いずれも1つの建物に対して1つの引込みが原則となっている。引込線の接続点までは，電力会社の管理対象範囲となる。

用語解説
「**電圧**」とは，電気回路に電流を流そうとする働きをいい，単位はボルト（V）で表される。

(2) 高圧引込み

ある程度の規模のマンションで，**各住戸の契約電力と共用部分の契約電力の総量が50kW以上**のときは，**高圧引込み**（受電電圧6,000V以上）で受電し，各建物において**変電設備**を設け，低圧へと変圧する必要がある。このため敷地内に**借室方式**（建物内の1室を変圧器室として電力会社に提供する方式）による**借室**（しゃくしつ）**変電設備**（**変圧器室**）または**借棟**（しゃくとう）**方式**（建物敷地内に変圧器棟を設置して電力会社に提供する方式）による**変電設備**（**変圧器棟**）を設けなければならない。**借室・借**

注意
高圧受電で**借室方式・借棟方式**の場合は，**容量には制限がない**。しかし，**集合住宅用変圧器方式**の場合は，**容量制限がある**。

注意
借室方式・借棟方式・集合住宅用変圧器方式に加えて，近年，技術の進歩により変圧器の小型化が進み，**借柱方式**（敷地内の電柱上に変圧器を設けて供給する方法）も採用されている（ただし**容量に制限あり**）。出題 H27

棟は，電力会社が管理組合より無償で借り受けているが，電力会社関係者の立会いがなければ入室できず，その**維持管理はすべて電力会社が行う**。

また，借室方式や借棟方式の採用が難しい場合には，一般的に最大**100戸程度**までの規模のマンションに用いられるものとして，**集合住宅用変圧器方式（パットマウント方式）**がある。これは，敷地内の屋外に地上用変圧器を設置して供給する方式で，マンション１戸当たり50A契約となる。

【パットマウント方式】

3．自家用受変電設備

共用部分の契約電力（電灯・動力）だけで**50kW以上**の場合には，借室変電設備とは別に**自家用受変電設備**を設置するための自家用電気室を設ける。自家用電気室には，借室変電設備内に電力会社が設置する受変電設備から分岐して，高圧電力が供給される。この場合，共用部分には自家用電気室から，各住戸には借室変電設備から送電される。**自家用受変電設備**の形式には大型のオープン方式と受電用遮断器，変圧器，低圧配線用遮断器等がボックスにセットされたコンパクトな**キュービクル方式**がある。

Point整理 引込みの種類

種類	契約電力	電圧	変電設備
低圧	50kW未満	100Ｖ／200Ｖ	不要
高圧	50kW以上2,000kW未満	6,000Ｖ	必要
特別高圧	2,000kW以上	20,000Ｖ以上	必要

2 電気工作物

電気工作物とは，送電，配電等，電気を使用するために設置する機械，器具その他の工作物をいう。

電気工作物は，電気事業法により設備の種類や規模に応じて分類されるが，事故が発生するおそれが少ないものが**一般用電気工作物**，それ以外のものが**事業用電気工作物**と定義されており，さらに**事業用電気工作物**は，**電気事業の用に供する電気工作物**と**自家用電気工作物**に分類される。

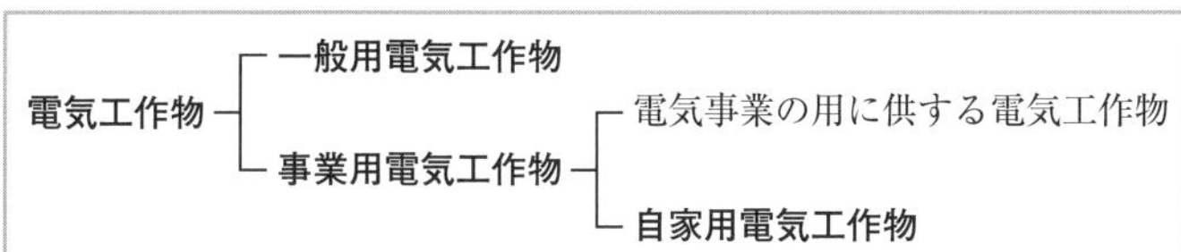

１．一般用電気工作物（電気事業法38条１項）

出題 H27

電気設備の規模が小さい，**一般の住宅や小売商店などの電気設備で，600Ｖ以下で受電するものや小出力発電設備**（**出力50kW未満の太陽電池発電設備**，出力20kＷ未満の風力発電設備，**出力10kW未満の燃料電池発電設備**等）のことをいう。

マンションへの電力引込みは，**住戸部分と共用部分の２系統**に分けられる。**共用部分への電力引込み**は，さらに**電灯**と**電力（動力）引込み**に分けられ，その合計電力が**50kW未満**の場合は，**共用部分である電気設備**は，原則として**低圧受電の一般用電気工作物**となる。

(1) 一定の技術水準に適合しているかどうかを，原則として４年に１回以上調査しなければならない（57条１項）。

(2) **第一種電気工事士**または**第二種電気工事士**免状の交付を受けている者でなければ，原則として一般用電気工作物に係る電気工事の作業に従事してはならない（電気工事士法３条２項）。

２．事業用電気工作物（38条３項）

一般電気工作物以外の電気工作物をいい，電気設備の規模が大きい。電力会社等が電気を供給する事業のために使う工作物等をいう。なお，事業用電気工作物を設置する者は，その工事・維持・運用に関する保安の監督をさせるため，**主任技術者免状**

の交付を受けている者（**電気主任技術者等**）のうちから**主任技術者を選任**しなければならない（43条1項）。

3．自家用電気工作物（38条4項）

「電気事業の用に供する電気工作物および一般用電気工作物」以外の電気工作物をいう。**大規模なマンション等で共用部分の契約電力だけで50kW以上の場合**は，高圧引込み方式で前出■1 3.の「**自家用受変電設備**」が必要となり，この設備が**自家用電気工作物**に該当する。

出題 H27

プラス 自家用電気工作物は，電気事業法により**工事等の諸届出，技術的な基準への適合等**厳しく規制されている。また，自家用電気工作物を設置する者は，**経済産業大臣の許可を受ければ，電気主任技術者でない者（主任技術者免状を受けていない者）を主任技術者として選任することができる**（43条2項）。

なお，**第一種電気工事士**免状の交付を受けている者でなければ，原則として**自家用電気工作物に係る電気工事**に従事してはならない（電気工事士法3条1項）。

■3 住戸への電気引込み・住戸ごとに設置される住宅用分電盤

はじめて

1．一般住宅の配線方式

⑴ **単相2線式**

電圧線と**中性線**の**2本**の線を利用するため，**100Vのみ**使用できる。

【「単相2線式100V」の配線図】

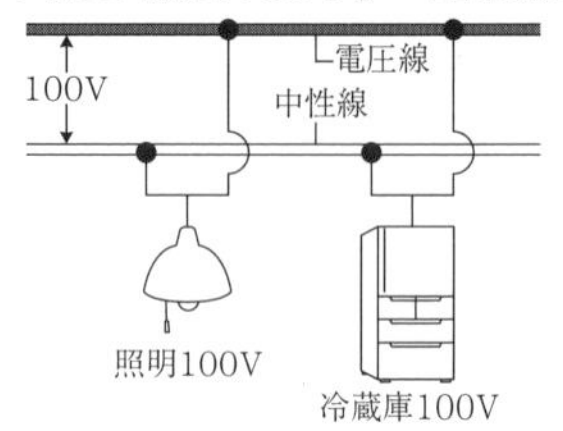

(2)　**単相3線式**

出題 R5

【「単相3線式100V・200V」の配線図】

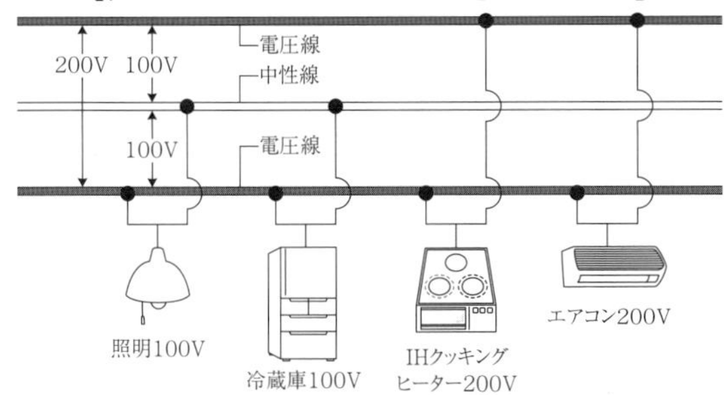

3本の電線のうち，真ん中の**中性線**と**上または下の電圧線**を利用すれば**100V**，**中性線以外の上と下の電圧線**を利用すれば**200V**が使用できる。単相3線式の場合，**中性線欠相保護機能付きにすべき**とされている。

出題 H30

参考

単相3線式において**中性線が欠相**（切れる）**となった場合**，100V負荷機器へ異常電圧が加わり，**機器が損傷するおそれ**がある。

最近のマンションの住戸への電気引込みでは，100Vと200Vを同時に供給できる**単相3線式が主流**となってきている。

2．住宅用分電盤

次のものが配置されており，これらには，電気容量のチェックや，屋内配線の安全確保等の役割がある。なお，**住宅用分電盤の設置や安全ブレーカーの増設・変更**は，いずれも電気工事に該当するので，原則として，**第一種電気工事士または第二種電気工事士でなければ行うことはできない**。

(1)　**サービスブレーカー**

アンペアブレーカーとも呼ばれ，契約電力会社によっては設置しない場合もある。各家庭が電力会社と契約している電流量よりも多く使用した場合に自動的に遮断するもので，**電力会社の所有物**である。

(2)　**漏電遮断器**

出題 H30

屋内配線や電気機器の漏電を感知した場合に自動的に遮断するもので，**消費者の所有物**である。

(3)　**安全ブレーカー（配線用遮断器）**

出題 H30

分電盤から分岐する配線のそれぞれに取り付けられ，許容電流（一般的に20A）を超えた電流が流れた場合，自動的に遮断するもので，**消費者の所有物**である。

⑦ その他の設備

1 ガス設備

1．ガス設備の安全システム

⑴ **マイコンメーター**は，ガスメーター（計量器）として使用量を計量する機能だけでなく，ガスの異常放出や**地震（震度5弱以上）を検知**した場合，**自動的にガスを遮断**し，警報を表示する機能などがある。

⑵ 一般に使用される**ガス栓**は，一度に大量のガスが流れた場合やコードが切れたり外れたりした場合に，ガスが自動的に止まる**ヒューズ機能付きのガス栓**が用いられる。

2 給湯設備 はじめて

1．給湯方式

マンションで採用されている給湯方式は，下記の3タイプに大別される。

⑴ **局所給湯方式**

必要な給湯箇所ごとに小型給湯器を設ける方式。配管が短く，維持管理が簡単である。

⑵ **住戸セントラル方式**

加熱装置を1ヵ所に集中して設け，住戸ごとに設けた給湯器から，台所・風呂・洗面等へ配管で給湯する方式。**マンションで一般的に採用**されている。

⑶ **住棟セントラル方式**

共用の機械室等に大型ボイラーや貯湯タンクを設けて配管・給湯する方式。住棟単位で給湯や暖房を行う大規模建物で利用される。

2．加熱方法

⑴ **瞬間式**

① 浴槽，シャワー，洗面台，流し等独立した箇所にガス瞬間式給湯機器等を設置して，直接に水を熱して給湯するもので，即座に湯を供給する方式。**ガス給湯機器の供給出湯能力**は**号数**で表される。

ガス瞬間式給湯器の能力表示に用いられる単位の**1号**は，**流量1ℓ/分の水の温度を25℃上昇させる能力**をいう。また，**1号**＝流量1ℓ/分×25℃×4.186kJ＝**1.74kW**に相当する。

出題 H30・R4

プラス
例えば，20℃の水の温度を45℃に上昇させ，1分間に24ℓ供給できる給湯器の給湯能力を24号という。

② 常に最良の空気やガスの比率で燃焼させる「**空燃比制御方式**」や種火のない「**ダイレクト着火方式**」のものがある。

③ **ガス給湯器の給排気方式**には，密閉式で給排気筒を外壁に貫通させて屋外に出し，**自然換気力で給排気を行い送風機（ファン）を用いない自然給排気式（BF式）**や，密閉式で**給排気を給湯器に内蔵した送風機で強制的に行う強制給排気方式（FF式）**がある。

出題 R5

④ **自動湯温安定式のガス瞬間式給湯器**には，**60℃以上**の固定された出湯温が得られる**固定湯温式**と，出湯温度の設定が可変の**可変湯温式**がある。

⑤ **潜熱回収型ガス給湯器**は，従来のガス給湯器では，そのまま捨てていた高温の排気ガス中に含まれる**水蒸気の潜熱**を，**燃焼ガス排気部に給水管を導き，燃焼時に熱交換することで回収**し，水を一度昇温してから，**燃焼部へ送り再加熱する省エネや環境に配慮した給湯器**である。水蒸気の潜熱を回収するため水蒸気が**ドレン水（強酸性の凝結水）**となって排出されるので，**中和剤で処理して排水**する。

出題 H26・28・R4・5

⑵ **貯湯式**

① 貯湯する加熱機（電気温水機）を設置し，配管により必要箇所へ給湯する方式である。一般電灯配線とは別に，200Vの**深夜電力を使用**し，一定時間（8時間または5時間程度）通電し，**タンク内に1日分の給湯量**を**85～90℃に加熱して貯湯する電気式**のものである。

出題 R5

② 一般的には湯が逆流しないように**逆止め機構**を内蔵した**水道用減圧弁**を介して給水管に直結される。

③ **逃がし弁**（機体内の圧力が規定以上になった場合に作動して，中の蒸気等を放出し，減圧して容器の破壊を防止するための安全弁）は，**出口側に設置**する必要がある。

出題 H26

④　東日本大震災で**貯湯式の給湯設備**に被害が多かったことから，人が危害を受けるおそれのない場合等を除き，**設置場所，満水時の質量，アスペクト比**（給湯設備の幅または奥行の小さい方に対する給湯設備の高さの比）ごとに，**貯湯式の給湯設備**を建築物の部分等に**固定するアンカーボルトの種類・本数等が規定されている**（国土交通省告示第1447号）。

出題 H26・R4

⑤　**自然冷媒ヒートポンプ給湯器**は，冷媒にフロン（オゾン層破壊の原因物質）等を使用せずに，自然冷媒である**二酸化炭素**を用いて，コンプレッサーで大気中の熱を効率よく集めて熱源とする**省エネや環境に配慮した給湯器**である。貯湯タンクユニットとヒートポンプユニット，これらをつなぐ配管で構成されて，これらを設置するスペースの確保や排水を処理する排水管が必要となる。

出題 H26

自然冷媒ヒートポンプ給湯器の**加熱効率**（**COP**）（加熱量［kWh］／ヒートポンプ入力電力量［kWh］）は**年間平均でほぼ3**である。つまり，投入した電力エネルギーに対して約3倍の熱エネルギーを作ることができるということである。

3．その他の関連事項

⑴　給湯栓による分類

元止め式と先止め式がある。元止め式とは，給湯器の流入側にある栓を操作することによって給湯する方式である。先止め式とは，給湯器の出湯側にある栓を操作することによって給湯する方式である。**住戸セントラル方式に用いられるのは先止め式**である。

⑵　さや管ヘッダー方式

参考

給水配管（さやの中のパイプ）には，柔らかい管材である**架橋ポリエチレン管**や**ポリブテン管**を使用する。さや管を除いた単なるヘッダー方式も採用されている。

【さや管ヘッダー方式】

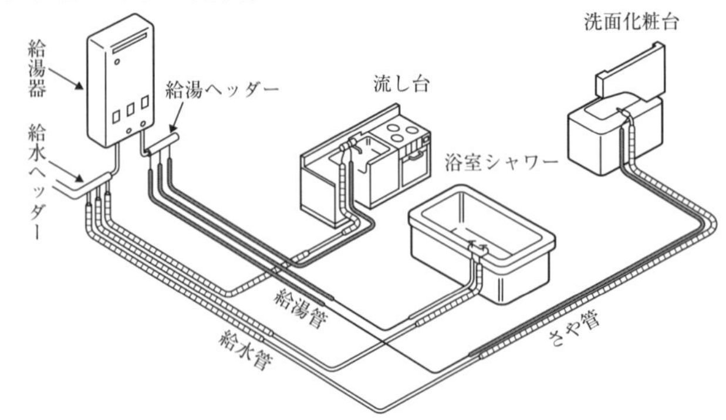

マンションの**給湯や給水の配管方式**で，各種の衛生器具への配管を途中で分岐させることなく，**ヘッダー**よりそれぞれの衛生器具へ１対１で**直接配管する方式**である。**さや管**と呼ばれる「**さや**」**となるチューブを設置**し，その中に**樹脂製のパイプを通す二重構造**である。ヘッダー部で配管が分岐するため，各水栓で同時に使用しても流量変動が小さい。また，樹脂製パイプの管径が細いため湯待ち時間が短く，樹脂管のため，腐食・赤水の発生がない。さらに，ある配管に漏水があれば，ヘッダー部分でその配管のみの給湯・給水を止めて修理すればよいので，点検や管理が容易である。

出題 R４

(3)　**サーモスタット式混合栓**

風呂やシャワー機能付洗面台で使用される水栓である。**出湯温度が安定**しやすく，より安全にお湯を使用することができる。サーモスタット式とは，混合水栓部で温度の設定ができることをいう。給湯器本体で**設定温度を変えた場合**でも，水栓部で調整することで，**ほぼ同じ温度を維持**することができる。

(4)　**給湯管**

マンションの専有部分の給湯用配管としては，従来，亜鉛メッキ鋼管やステンレス鋼管，発泡ポリエチレンで被覆された被覆銅管等が使われていたが，近年の新築マンションでは，耐熱性のある次のような樹脂管の採用が多くなっている。

①　**耐熱性硬質塩化ビニル管**

耐食性，耐電性が高い。接着接合で**施工が容易**である。**直射日光，衝撃，凍結に弱い**。

②　**水道用ポリブデン管**

耐熱性，耐食性に優れ，比較的高温でも内圧強度が高い。近年住戸部分の**給湯管に使用**されることが多い。

③　**水道用架橋ポリエチレン管**

耐熱性，耐寒性，耐食性に優れ，柔軟性がある。直射日光，溶剤に弱く，傷つきやすい。近年住戸部分の**給湯管に使用**されることが多い。

3 換気設備

マンションの高断熱・高気密化が進んだことにより，換気不足による「**結露**」や「**カビ**」の発生という問題が生じている。対策として，自然または機械的手段で適切な**換気**をすることにより，室内空気の清浄度，温湿度等を正常に保つ必要がある。

1．換気方式

換気方式は，**機械換気**と**自然換気**の2つに大別される。

機械換気	・**換気扇や送風機等の機械**を利用して，**強制的に換気**する方式。 ・自然換気に比べ，必要なときに**安定した換気**ができるが，電気をエネルギー源とするので費用がかかる。
自然換気	・**建物内外の温度差による対流や外部風等，自然の条件を利用**した換気方式。 ・換気扇が不要なので，換気扇の騒音もなく，経済的ではあるが，自然条件が相手なので**安定した換気量や換気圧力は期待できない**。

出題 R2

出題 R3～4

プラス　換気効率の指標である「**空気齢**」とは，室内に入ってきた空気が，室内のある場所に到達するまでにかかる時間をいう。**空気齢が小さいほどその地点に供給される空気が新鮮であり，空気齢が大きいほど空気が汚染されている可能性が高い。**

2．機械換気設備

シックハウス対策として，原則として，すべての建築物の**居室**に，**機械換気設備の設置が義務づけられている**。機械換気には下記の3タイプがある。

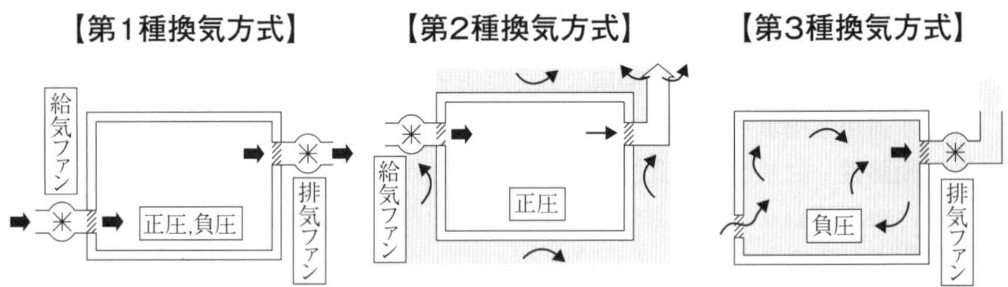

方式	給気	排気	例
第１種換気方式	機械	機械	実験室，厨房
第２種換気方式	機械	自然	手術室
第３種換気方式	**自然**	**機械**	トイレ，台所

出題 R２

プラス 「**全熱交換型の換気**」とは，排気の熱を回収して，給気した空気に移すことで，**換気による温度変化を抑えることができる方式**であり，「**第１種換気方式**」が該当する。

出題 R２・４

建築物に設ける**機械換気設備**は，次に定める構造としなければならない（施行令129条の２の６第２項）。

⑴　換気上有効な**給気機**および**排気機**，換気上有効な**給気機**および**排気口**または換気上有効な**給気口**および**排気機**を有すること。

⑵　給気口および排気口の位置および構造は，当該居室内の人が通常活動することが想定される空間における空気の分布を均等にし，かつ，著しく局部的な空気の流れを生じないようにすること。

⑶　給気機の外気取入れ口ならびに直接外気に開放された給気口および排気口には，雨水またはねずみ，虫，ほこりその他衛生上有害なものを防ぐための設備をすること。

⑷　直接外気に開放された給気口または排気口に換気扇を設ける場合には，外気の流れによって著しく換気能力が低下しない構造とすること。

⑸　風道は，空気を汚染するおそれのない材料でつくること。

３．自然換気設備（129条の２の６第１項）

建築物（換気設備を設けるべき調理室等を除く）に設ける自然換気設備は，次に定める構造としなければならない。

⑴　換気上有効な**給気口**および**排気筒**を有すること。

⑵　給気口は，居室の**天井の高さの１/２以下**の高さの位置に設け，常時外気に開放された構造とすること。

⑶　**排気口**（排気筒の居室に面する開口部）は，**給気口より高い位置に設け**，常時開放された構造とし，かつ，排気筒の立上り部分に直結すること。

(4) 排気筒は，排気上有効な立上り部分を有し，その頂部は，外気の流れによって排気が妨げられない構造とし，かつ，直接外気に開放すること。

(5) 排気筒には，その頂部および排気口を除き，開口部を設けないこと。

(6) 給気口および排気口ならびに排気筒の頂部には，雨水またはねずみ，虫，ほこりその他衛生上有害なものを防ぐための設備をすること。

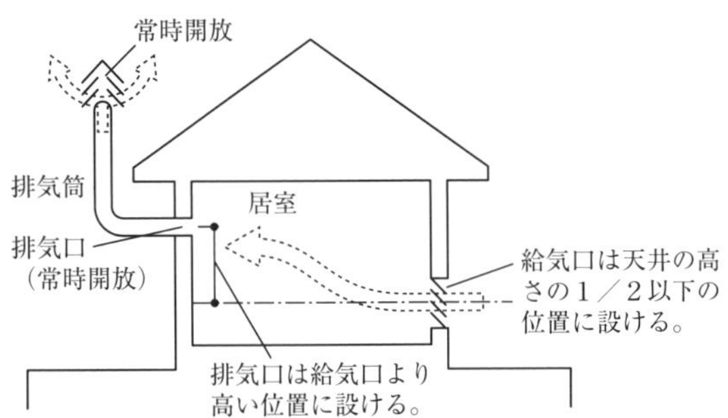

4 駐車場設備

マンションにおいては，特に共用駐車場の設置は，必要不可欠なものである。駐車場の形態としては，次のように分類され，建築基準法等の法的取扱い，建築費，利便性，管理等の面で違いがある。

1．自走式駐車

(1) **平面駐車**

① 敷地を平面的に利用する方式で，敷地の形状により**平行駐車，直角駐車，45度駐車，60度駐車**等に分類される。

② **普通乗用車1台当たりの駐車スペース**は，直角駐車の場合，**幅2.3m×奥行5.0m程度**である。

③ 建築費，管理費用が少なくすみ，駐車が容易であるため，十分な敷地が確保できればこの方式が望ましい。

(2) **立体駐車**

① 地上面に十分な敷地が確保できない場合は，2段以上の立体駐車となる。

② 立体駐車のメリットは，駐車台数の増加である。

プラス **立体自走式**は，駐車区画まで車が自走して出入りする**2階建て以上の立体構造の駐車場**の場合，建築基準法の「**建築物**」に該当する。

2．機械式駐車

(1)　特　徴

① 機械式駐車設備は，土地の有効利用に役立つ。

② 周辺道路への不法駐車を減らす効果もある。

(2)　主な種類

①　循環式

ア．垂直循環方式（メリーゴーラウンド方式）

狭い敷地でも，多くの台数の収容ができるので普及しているが，出入りに多少時間がかかるのが難点である。

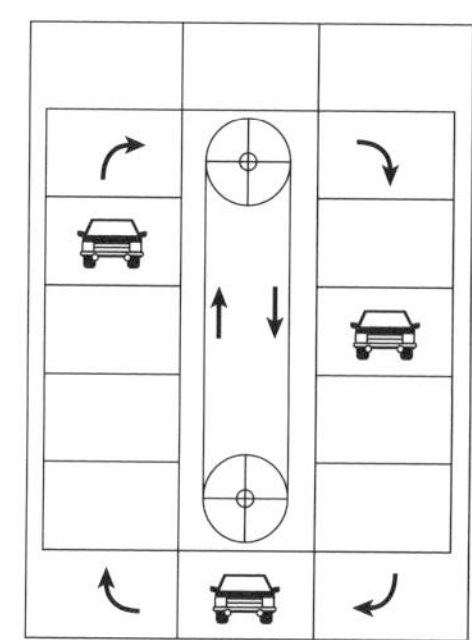

イ．水平循環方式

多数の機械を2列（以上）に配列して循環移動するものである。

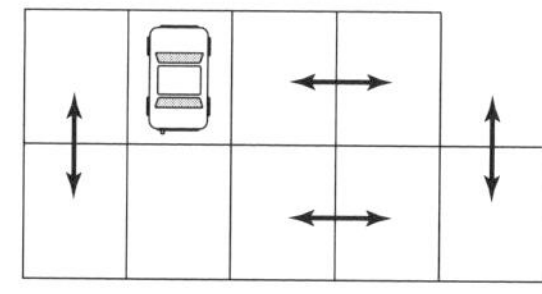

ウ．多層循環方式

1列多層に機械が配置され，任意の二層間で循環移動が行われるものである。

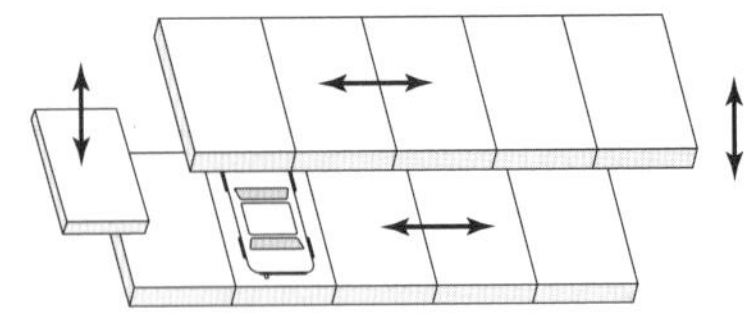

② 往復式

ア．二段・多段方式

駐車区画が，上下二段以上の立体構造を有する機械式駐車場のこと。

プラス 二段式・多段式の機械式駐車場は，**屋根**を有する場合，建築基準法の**「建築物」**に該当する。

イ．エレベーター方式

自動車用のリフトにより屋上または地下に車を移動させ，その後は自走により所定の場所に駐車するもの。

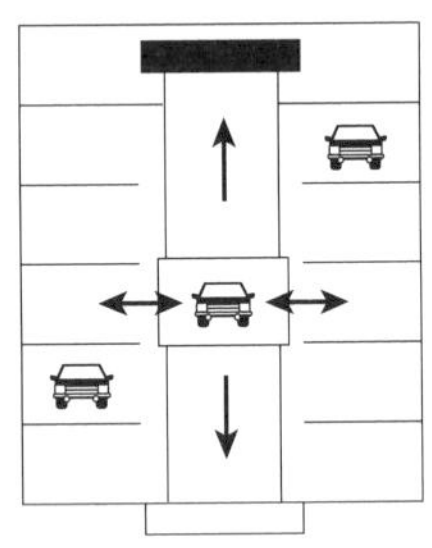

8 建築構造

1 建築構造の分類等 はじめて

1．構造形式による分類

(1) ラーメン構造

柱と梁を剛接合して建物の骨組み（フレーム）を構成し，荷重や外力に対応する。低層建物から高層建物にも幅広く採用されるが，特に階を重ねる建物に適し，鋼構造，鉄筋コンクリート造，鉄骨鉄筋コンクリート造等に用いられる。一般的には，耐震壁（耐力壁）を柱と梁で構成されるフレームに包含した耐震壁付きラーメン構造が多い。室内に柱型や梁型が生じるが，壁を少なくできるので，自由度の高い内部空間や広い開口部を確保できる。

【鉄筋コンクリート構造（ラーメン構造）】

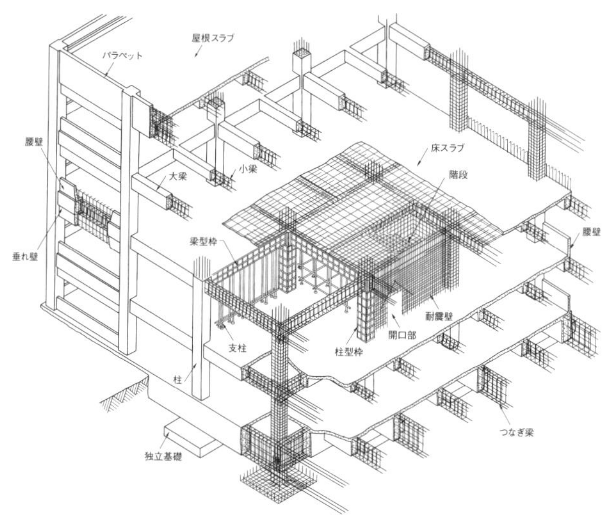

（出典：一般社団法人日本建築学会「構造用教材」〈1995年第２版〉）

(2) 壁式構造

鉄筋コンクリートの壁・**床を一体にして箱状の構造体を構成**し，荷重や外力に対応する。５階建てまでくらいの低中層のマンションに適している。柱型や梁型がない室内空間を得ることができるが，上下階の壁をそろえる必要があるので，住宅には適しているが，複合用途の建築物のプランニングは困難となりやすい。なお，鉄筋コンクリート造の低中層マンションにおいて，**壁式構造**は，一般的にラーメン構造と比べ経済的な構造であるし，**耐震性で劣っているとはいえない**。

【鉄筋コンクリート構造（壁式構造）】

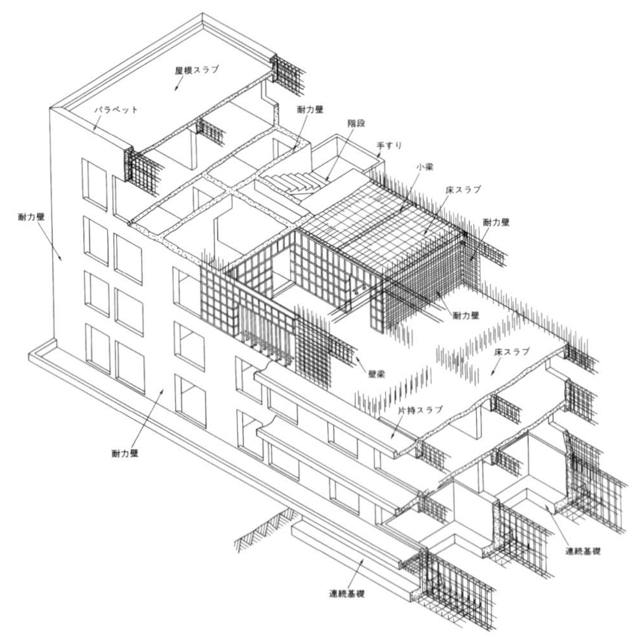

（出典：一般社団法人日本建築学会「構造用教材」〈1995年第２版〉）

２．材料と構造方法による分類

⑴　鋼（鉄骨）構造（Ｓ造）

高層建築・大スパン構造が容易であるが，超高層マンションでは一般的とはいえない。被覆のない鋼材は500℃以上の火熱を受けると，その強度の半分を失い，容易に変形する。鋼構造の**耐火被覆**は，**防錆処理**とともに不可欠である。一般的に，鉄筋コンクリート構造に比べて耐火性，遮音性，耐振動性が劣るので，分譲マンションでは，採用は少ない。

⑵　**鉄筋コンクリート構造（ＲＣ造）**

圧縮強度は低いが，引張強度が高い鉄筋と，反対に**圧縮強度は高いが引張強度が低いコンクリート**の互いの短所を補い，長所を生かすように組み合わせた構造方法である。**ラーメン構造**の鉄筋コンクリート構造が多いが，柱型・梁型をなくした住宅・マンション等に都合のよい**壁式構造**，工業化したプレキャストコンクリートパネルを用いた**プレキャストコンクリート構造**や床スラブ（版）を厚くして床荷重を支持する小梁をなくした**フラットスラブ構造**等，その目的によって自由に構造形式を選ぶことができる。従来，**超高層マンション**は，鉄骨鉄筋コンクリート構造で造られていたが，近年は高強度コンクリートの技術開発が進み，**鉄筋コンクリート構造のものが増えている**。

工法として，主に次の２つがある。

①　**現場打ち工法**

鉄筋を組み上げた後，周囲に型枠を組み立て，コンクリートを打設し硬化した後に，型枠を外して造り上げる工法。

②　**プレキャストコンクリート工法**

工場や現場構内で製造した鉄筋コンクリート版（壁・床）や柱・梁を**現場で組み立てて造り上げる工法**である。マンションではプランの多様化による部材点数の増加や工場から現場までの交通事情の悪化等により，最近では現場構内で製造するケースが多い。

プラス　プレキャストコンクリートと現場打ちコンクリートを併用するハーフプレキャストコンクリートも多く用いられている。

Point整理　コンクリートと鉄筋の特徴

	引張	圧縮	膨張率
コンクリート	弱	強	同じ ※　同じように膨張収縮をするので破損しない
鉄筋	強	弱	

出題 H29・R1

出題 H29

⑶ 鉄骨鉄筋コンクリート構造（ＳＲＣ造）

鉄骨の骨格の周囲に鉄筋コンクリートを打設し，**鉄筋コンクリート構造よりも強さとねばりを持つ耐震耐火構造**である。力学的には，**鉄骨造と鉄筋コンクリート造のそれぞれの長所を生かした構造**である。

高層建物に適しており，大スパンも可能なので，従来の20m以上の高さの建築物の多くは，鉄骨鉄筋コンクリート構造である。

【鉄骨鉄筋コンクリート構造（ラーメン構造)】

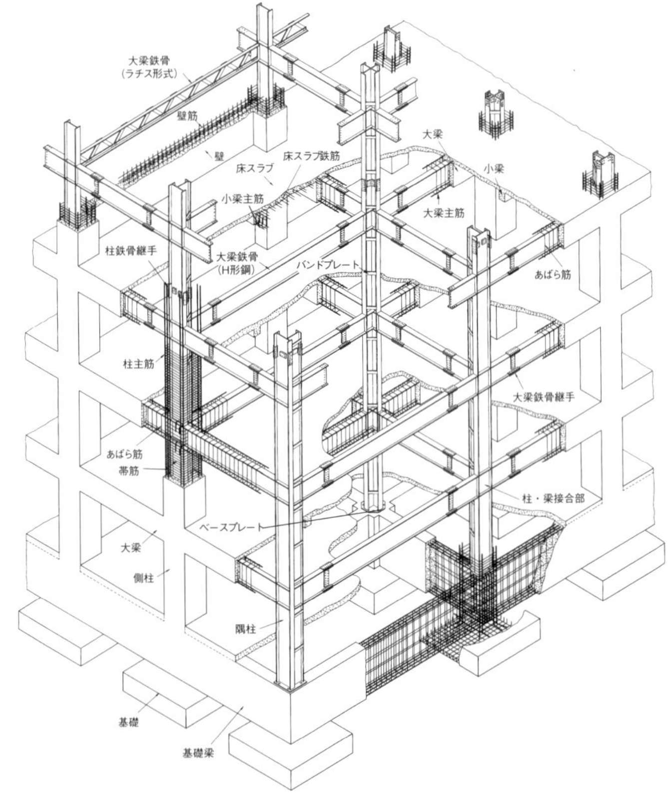

（出典：一般社団法人日本建築学会「構造用教材」〈1995年第２版〉）

3．耐震性による分類

(1)　耐震構造

地震力に耐えるように建物の**剛性を高めて設計された構造形式**である。

(2)　免震構造

建物の基礎と上部構造の間に，積層ゴムや摩擦係数の小さい滑り支承を設けた**免震装置を設置して，地震力に対して建物がゆっくりと水平移動し，建築物に作用する地震力を低減する構造形式**である。建物の耐震性能が高まるだけでなく，家具の転倒や非構造部材の破壊が少なくなるなど，耐震構造にはない長所があるが，免震装置の維持管理が必要になる。近年，新築マンションでの採用が増えている。出題 R3

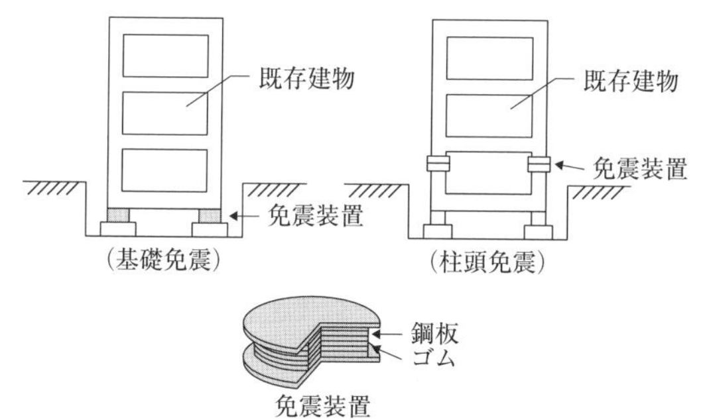

(3)　制振（震）構造

建物の骨組み等に**制振装置（ダンパー）を設けて，地震のエネルギーを吸収することにより，建物が負担する地震力を低減し，破壊されにくくする構造形式**である。鉄筋コンクリート構造の高層建築物の地震や風揺れ対策として用いられるが，免震構造と異なり，地震時において，建築物に生じる加速度を低減する効果はほぼ期待できないため，家具の転倒防止効果は免震構造よりは劣る。

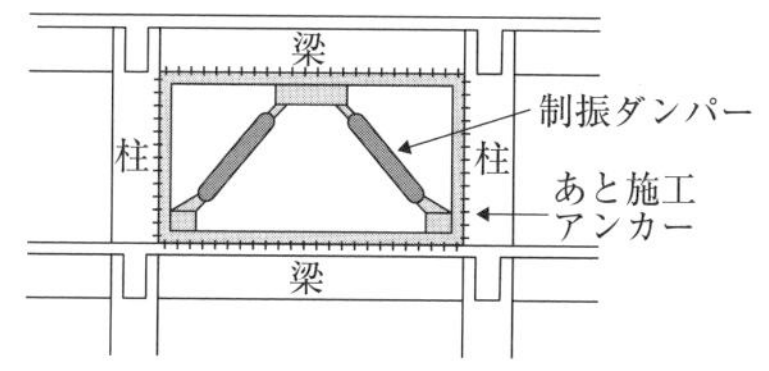

注意

免震装置（材料）には，**支承材**（水平に設置され，主として建築物に作用する鉛直荷重を支持し，建築物の水平方向の変形性能を確保するもの）や**減衰材**（速度及び変形の程度に応じた減衰の作用により上部構造の振動エネルギーを吸収するもの）等がある。

注意

可視状態にある免震装置の**定期検査**は，劣化および損傷の状況を**目視により確認**するとともに，**3年以内に実施した点検**の記録があれば，その**記録も確認**する（告示）。出題 H27

4．耐震診断・耐震改修等

(1) マグニチュードと震度

出題 H29

マグニチュードとは，**地震の規模**を表す値であり，**震度**は，ある場所での**揺れの程度**を表す指標である。マグニチュードは，値が**1増えると地震のエネルギーが32倍**になる。

プラス 例えば，マグニチュード8の地震は，マグニチュード7の地震の32個分のエネルギーを持っていることになる。

出題 H29

震度について，以前は気象庁の職員の体感や被害状況を目視により判定されていたが，現在は**震度計による地震加速度の測定数値から計測震度を算出**している。日本では，気象庁が**震度を10階級**（0，1，2，3，4，5弱，5強，6弱，6強，7）としている。マグニチュードの小さい地震でも，震源からの距離が近いと震度は大きくなり，マグニチュードの大きい地震でも，震源からの距離が遠いと震度は小さくなる。

(2) P波とS波

出題 H29

地震によって震源から放射される地震波には，**P波**（**縦波**）と**S波**（**横波**）があり，**P波の方がS波より速く伝わる**。

強い揺れによる被害をもたらすのは，主に後から伝わってくるS波である。また，これらの波は，伝わる速さが異なるので，震源から遠いほどP波とS波の到着時刻の差は大きくなる。

(3) 耐震基準

建築基準法の現行の耐震基準が施行されたのは，**昭和56年6月1日**であり，この日以降に建築確認を受けた（工事に着手した）建築物に対して適用される。なお，現行の耐震基準は，震度6強から震度7程度の地震に対して，人命に危険を及ぼすような倒壊や崩壊等が生じないことを目標としている。

(4) 耐震性の判定

出題 H28

構造耐力上主要な部分の地震に対する安全性の評価に用いられる指標には**Is値**と**q値**があり，**Is値**は建築物の各階の**構造耐震指標**（**耐震診断を行った建物の耐震性能を表す指標**）をいい，**q値**は建築物の各階の**保有水平耐力に係る指標**（**建物が地震による水平方向の力に対して対応する強さの指標**）をいう。**Is値・q値**は，**その値が小さいほど耐震性が低い**。

「**建築物の耐震診断及び耐震改修の促進を図るための基本的な方針**」（平成18年国土交通省告示184号）によると，鉄筋コンクリート造等の建築物については，**構造耐震指標・保有水平耐力に係る指標と地震被害の関係**は，次のとおりである。

構造耐震指標・保有水平耐力に係る指標	構造耐力上主要な部分の地震に対する安全性
① Is値が0.3未満の場合または q値が0.5未満の場合	地震の震動・衝撃に対して倒壊・崩壊する危険性が高い
② Is値が0.6以上の場合で，かつ，q値が1.0以上の場合	地震の震動・衝撃に対して倒壊・崩壊する危険性が低い
③ ①②以外	地震の震動・衝撃に対して倒壊・崩壊する危険性がある

つまり，**鉄筋コンクリート造のマンション**では，構造耐力上主要な部分が**地震の震動および衝撃に対して倒壊し，または崩壊する危険性が低い**（**安全性が高い**）と判断されるのは，**Is値が0.6以上**の場合で，かつ，**q値が1.0以上**の場合である。

出題 H28

(5)　耐震診断方法

耐震診断基準により，**次の3種類の診断方法**がある。診断方法の次数が上がるほど，算定法は詳しくなり，それに伴い結果の信頼性が高まるようになっている。

①　1次診断

柱と壁の量によって診断する最も簡便な診断方法である。結果の信頼性は低くなるが，壁の多い建物など耐震性能の高いと思われる建物を診断するのに適している。

②　2次診断

柱と壁の量だけでなく，コンクリート強度や配筋を考慮する標準的な診断方法である。1次診断より詳細に検討され，壁が少ない建物を診断するのに適している。1次診断より結果の信頼性が上がる。

③　3次診断

柱や壁だけでなく，梁の強度や壁の回転などを考慮する最も精度の高い詳細診断方法である。建物の特性が2次診断よりさらに詳細に検討され，結果の信頼性が上がる。2

次診断と併用することが望まれる。

(6) 鉄筋コンクリート造マンションの耐震性向上のための「**耐震補強工事**」は，主に次のように分類される。

① **鋼板巻き立て**による補強

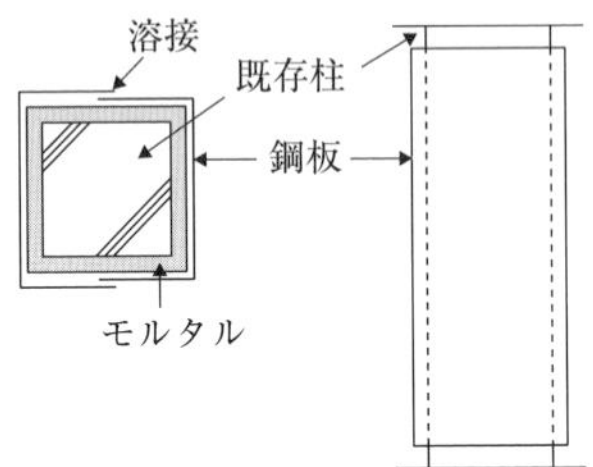

既存建物の柱に鋼板を巻き立てて，耐震性能を向上させる。

出題 H30

② **柱の炭素繊維巻き**による補強

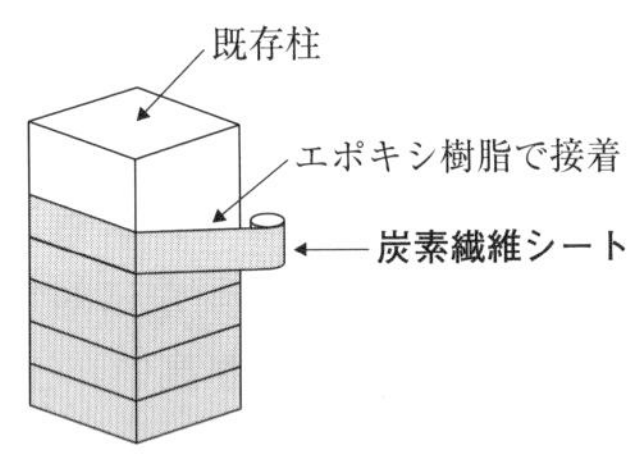

柱や梁に鋼板や炭素繊維シートなどを巻くことにより，**柱や梁のじん性（粘り強さ）を向上**させる。つまり，これにより，建築物の耐震性能のうち，じん性を高めて地震エネルギーを吸収させることができる。

③ **そで壁増設**による補強

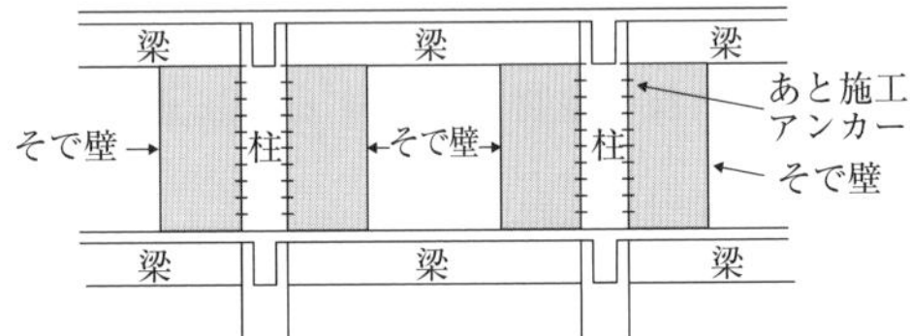

④ **RC耐力壁**による補強

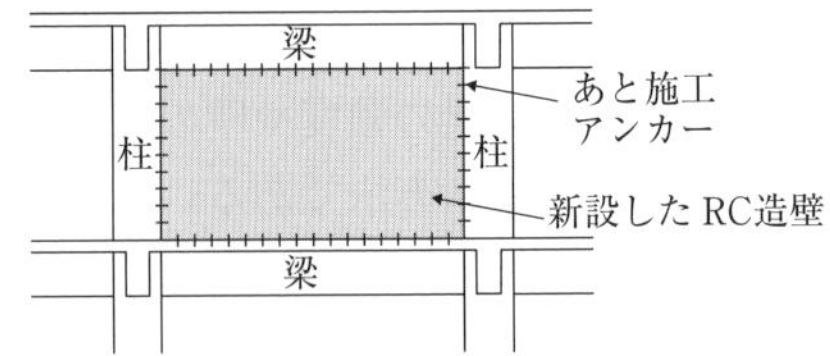

⑤　**鉄骨ブレース（筋かい）設置**による補強

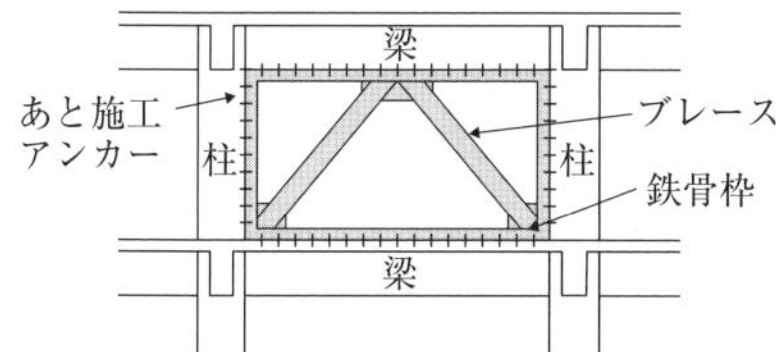

⑥　**外付けフレーム補強**

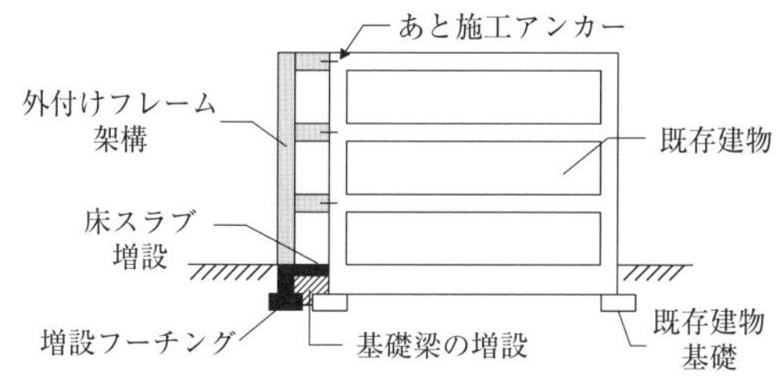

既存建物の柱・梁フレームの外側に新たにフレームを設ける。

⑦　**耐震スリットの設置**

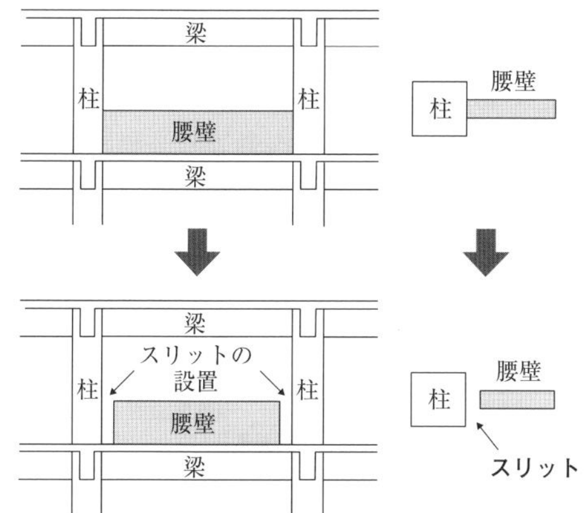

柱に取り付く**腰壁やそで壁と柱の間にスリット（隙間）**を設ける。

出題 H30

⑺ ピロティ構造

ピロティとは，**1階部で，壁によって囲まれず，柱だけの外部に開かれた空間部分**をいい，通り抜け道路や駐車場に利用されることが多い。壁がないため，通常の建物と比較して，耐震力に欠ける。1階にピロティを持つ既存建物に耐震補強を行う場合は，**1階に耐震壁や鉄骨ブレースを新設**して，補強する方法が有効である。

プラス

1階ピロティ部分の柱に**炭素繊維シート**を巻くことも，既存マンションの地震対策として効果がある。

これに対して，ピロティ部分の開口部を**軽量ブロックで塞ぐ**ことや，1階がピロティ形式となっている5階建鉄筋コンクリート造マンションの**2階から4階の外壁部分に鉄骨製のブレースを取り付ける**ことや**5階の構造体部分に制振ダンパーを設置する**ことは，地震対策として効果があるとはいえない。

⑻ エキスパンションジョイント

出題 H30

地震や温度変化による伸縮等による構造物の変形による建築物の損壊を防ぐために，建物をいくつかのブロックに分割して設ける，**変形に対して追随可能な上部にカバーをかけた接合部のことである**。カバーの片側を金物で躯体に固定し，もう一方をフリーにして建物の振動等の挙動に追随させるので**カバーの両端で躯体に固定してはならない**。

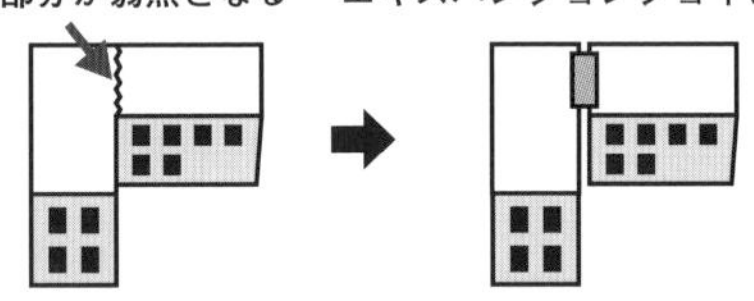

Point整理　耐震補強工事

目的	工事	概要
強度向上（構造耐力）	そで壁増設	柱に鉄筋コンクリート造のそで壁を増設する
	ＲＣ耐力壁の増設	柱・梁フレーム内にＲＣ耐力壁を増設する ➡ 構造上のバランス改善
	鉄骨ブレースの設置	柱・梁フレーム内に枠付き鉄骨ブレース（筋かい）を組み込む
	外付けフレームの設置	柱・梁フレームの外側（建物外部）に新たにフレームを配置する ➡ 専有面積に減少は生じないが，バルコニー面積の増減，専用庭や駐車場の増減を生じることがある
じん性向上	柱の鉄（鋼）板巻き	柱を鋼板で巻き，モルタルを圧入する
	柱の炭素繊維巻き	柱を炭素繊維シートで巻く

2 建築物の構成

建築物はその機能によって，次の部分に分かれる。

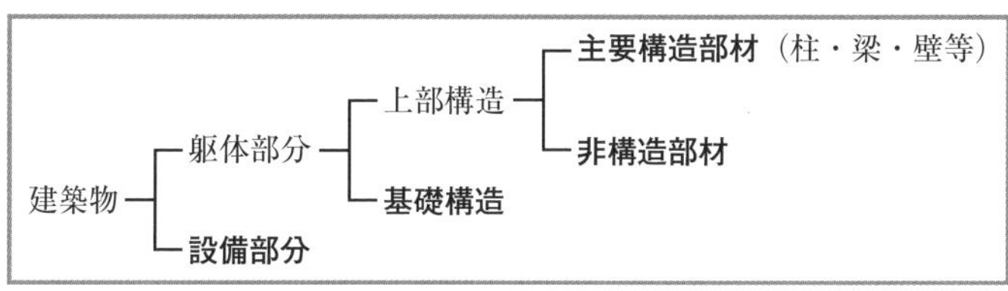

1．基礎構造

出題 R1・3

「基礎」とは，**建築物の最下部にあって，一般に上部構造からの荷重を地盤に伝達する部分**を総称していう。**基礎**には，**直接基礎**と**杭基礎**等の種類があるが，1つの建築物で高さが部分的に異なる場合であっても，部分的に**異なる構造方法による基礎を併用してはならない**（建築基準法施行令38条2項）。

【基礎の種類】

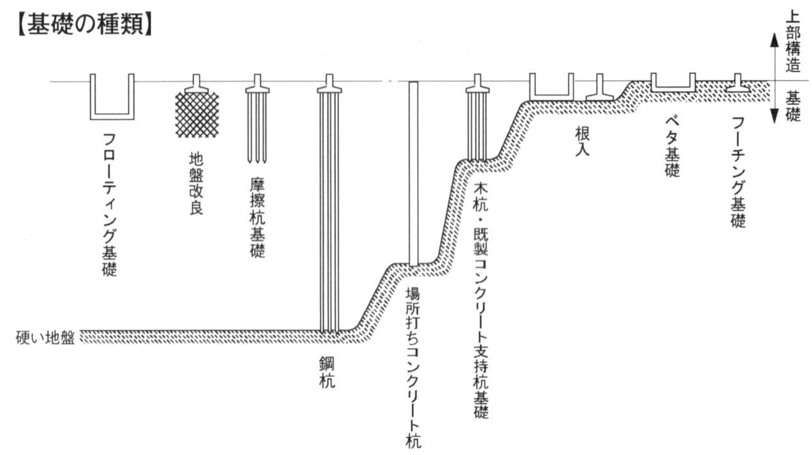

(1) 直接基礎

建築物が比較的軽量である場合や良質の土層が地表近くに存在（軟弱地盤には不適）している場合には，**杭等を使用せず**に建築物の荷重を基礎を通じて**直接地盤に支持**させることができる。このような基礎を**直接基礎**といい，**フーチング基礎**と**ベタ基礎**がある。

フーチング基礎 （布基礎）	柱や壁の直下にあって，建物の荷重や外力を地盤面に分散させる機能をもつ基礎形式をいう。建物荷重が小さい低層住宅で主に用いられる。壁下や一連の柱を結んで帯状になったフーチング基礎を布基礎（連続フーチング基礎）という。	布基礎
ベタ基礎	許容地耐力度に比較して建物の荷重が大きい場合に，建築物の全平面にわたって一体となったフーチングを設ける。このような基礎をベタ基礎という。地下室が設けられるような比較的深い掘削が行われる場合や3～4階建て程度のマンションの場合によく用いられる。	ベタ基礎

⑵　**杭基礎**

軟弱な土層が地表から相当深く，基礎スラブ底面の地盤で上部構造を支持できないときに，建築物の重量を下部地盤に伝達させる方法として杭地業がある。基礎スラブと杭地業を総称して**杭基礎**という。杭基礎は荷重の支持機能により，**支持杭**と**摩擦杭**に分類できる。原則として，同一の建築物または工作物に，**支持杭と摩擦杭を混用してはならない**。

支持杭	**軟弱地盤を貫いて下部の強固な支持層に杭先端を到達**させ，杭先端の支持力と杭周面摩擦の支持力によって**建築物の重量を支える**。
摩擦杭	「**建築物の重量が比較的軽量の場合**」または「**軟質地盤が非常に厚く存在する場合**」に用いられ，上部荷重はすべて杭周面と土の**摩擦力により支持**される。

2．主要構造部材

⑴　**柱**

柱は，基本的に建築物の隅角部や壁の交わる部分に配置する。小屋組や梁からの荷重を受け，通常は**圧縮力**※1が作用する。地震時等には**曲げモーメント**※2・**せん断力**※3が作用するので，これらの応力に対して安全であることが必要である。

用語解説
「曲げモーメント」とは，部材を横から見たとき，その長方形の形を**扇形状に変形させせようとする力のこと**である。

用語解説
「せん断力」とは，**物体をはさみ切るような作用をする力**。物体のある断面に，平行で互いに反対向きの一対の力を作用させると，物体は切断されるような作用を受ける。このような作用を及ぼす力をいう。

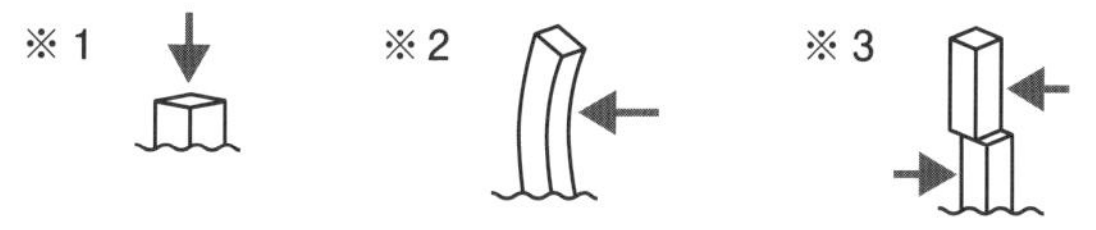

⑵　**梁（柱の間を渡す部材）**

梁には**大梁**と**小梁**がある。**大梁**は，通常，**床荷重による応力を受けているが**，ラーメン構造の場合は，地震時には強い**曲げモーメント**と**せん断力**も受ける。

鉄骨造の大梁は，たわみに対する検討が必要である。部材の剛性が足りないとたわみが大きくなり振動障害が生じる。

小梁は，床荷重のみを支持しており，**これを大梁に伝達**する。

⑶　**耐震壁**

ラーメン構造において地震時にかかる**水平力**を負担させる

壁を**耐震壁**という。柱・梁と一体になった壁は，地震時の**水平荷重**による骨組みの変形を防ぎ，建築物全体の剛性を高め，耐震要素として非常に重要な構造部材である。耐震壁がつりあいよく配置されていない建物は，場所によって強度が異なり，地震時にねじれ振動が生じやすい。

(4) 床

床は，人や物を直接支える部位であり，特に歩行時の安全性や耐久性を考慮する必要がある。水平でかつ凹凸のないことが原則であり，遮音性や荷量・衝撃に耐える強度，磨耗に耐える耐久性等の機能が要求される。

(5) 屋　根

屋根は，建築物の内部空間を外界から区切って快適な空間をつくると同時に，腐朽・劣化・延焼等から構造体を保護する役割を求められる。また，雨・風・日射等の遮断性，積雪荷重・衝撃等からの安全性，耐久性，耐火性，意匠性等の機能が要求される。

3．非構造部材

(1) 外壁・内壁（間仕切り壁）

① **外壁**は，自然条件や外敵の遮断，荷重に耐える目的を持っている。雨・風・日射等の遮断性，風荷重・衝撃等からの安全性，建築物の耐用年限まで性能を維持する耐久性，耐火性，意匠性等の機能が要求される。

【内断熱仕様の外壁を構成する建材の配置】

（屋外側）
外部仕上げ材（塗装）
コンクリート躯体
断熱材（グラスウール）
防湿フィルム
石膏ボード
室内仕上げ材（ビニールクロス）
（室内側）

② **内壁**は，内部空間を構成する要素である。住戸や集会室等を必要な大きさに区切り，間仕切られた部屋に要求される条件を満足させるものが内壁である。音・光・熱等の遮断性，人の与える衝撃に耐える強度・耐久性，防火性とともに法規的な要求を満たさなければならない。

(2) **開口部**

① 「開口部」は，採光・通風・人の出入口として建築物には不可欠の部分である。

② 外壁と違い，遮断性だけでなく，必要に応じて開閉できる必要もある。

(3) **階段**

上下階を連絡する通路であり，足掛かりとなる水平面である踏面と垂直面である蹴上げで構成されている。階高が高い場合は，中間には，原則として踊場を設ける。また，階段が納められた区画を階段室という。

3 建築材料

「**建築材料**」とは，建築物の主体構造および屋根・壁・床・窓ガラス等を構成するすべての材料の総称である。

1．コンクリート

(1) **コンクリートの定義**

「**コンクリート**」とは，**セメント**と**水**を練ったセメントペーストによって砂，砂利等の**骨材**を固めたものであり，**セメントペースト**に砂等の**細骨材**を練り混ぜたものを**モルタル**といい，広義にはコンクリートの一種である。通常，コンクリートとは，固まったものをいい，まだ**固まっていない流動性のあるものは**，**フレッシュコンクリート**または生コンという。鉄筋や混和材料を含まないコンクリートを**プレーンコンクリート**という。

(2) **コンクリートの硬化**

コンクリートは，水とセメントが**化学反応**（**水和反応**）を起こして，ガラス質の結晶を形成することによって**剛性をもった固体であるコンクリート**となる。また，水和反応に伴い生じる熱を**水和熱**という。

出題 H26・R３

⑶　コンクリートの特徴

コンクリートの**長所**は，①**圧縮強度が高い**，②**剛性が高い**，③**自由な成形が可能**，④**経済性に優れる**，⑤**水により簡単に硬化する**，⑥**耐火性がある**，⑦**鋼材との相性が良い**（**熱膨張係数がほぼ同じ**）等であるが，**短所**は，①**引張強度が小さい**，②**ひび割れが生じやすい**，③**乾燥収縮が大きい**，④**重量が大きい**，⑤**解体・廃棄が困難**，等である。これらのコンクリートの長所を生かし，鉄筋の短所（圧縮強度が低い，耐火性が低い，発錆しやすい等）を補ったものが，前述の鉄筋コンクリートである。現在，建築工事に用いられるコンクリートは，ほとんどが工場で生産され，まだ固まっていない状態で現場までコンクリートミキサー車等で運搬される。このようなコンクリートを**レディーミクストコンクリート**といい，品質が日本工業規格（JIS A5308）で規定されている。

⑷　コンクリートの組成

①　セメント

広義には，物を固める材料（接着剤）の総称であり，通常セメントといえば**ポルトランドセメント**を指す。セメントの主原料である石灰石・粘土・けい石・鉄さい等をロータリーキルン（回転窯）に入れ，約1,450℃で焼成すると，水硬性をもった化合物の集まりであるクリンカとなる。このクリンカを冷却して石膏を混ぜ粉砕して微粉末となったものがポルトランドセメントである。

②　水

清浄で，有害量の油，酸，アルカリ，塩類，有機物を含んでいないことが必要である。**海水**は，鉄筋コンクリートには**使用しない**。

③　骨材

コンクリートまたはモルタルに用いる**砂**，**砂利**をいう。骨材はその粒径から，直径５mmを境として，小さいものを**細骨材**といい，大きいものを**粗骨材**という。

④　混和材料

コンクリートまたはモルタルの性質を改善し，かつ，**新しい特性を付与する材料**を総称して混和材料という。混和材料には**ＡＥ剤**，**減水剤**，**ＡＥ減水剤**等がある。

ＡＥ剤	**空気連行剤**ともいう。コンクリート中に微細な気泡を混入させると，この気泡がベアリングの働きをして**ワーカビリティーを高め**，**余分な水を抑えながら水和反応を促進**することができる。硬化後も気泡がクッションとなり，コンクリート中の水分が冬季に凍結するときに生じる膨張圧を吸収し，**凍害に対する耐久性が向上**する
減水剤	**陰イオン界面活性剤**で，陰イオンがセメントの粒子の表面に吸着し，反発作用で粒子を分散作用させることによって単位水量を減少させ，**コンクリートの均質性**，**作業性を改善**するとともに**強度**，**水密性を増進**させる
ＡＥ減水剤	ＡＥ剤および減水剤の**両者の効果を併せもつ界面活性剤**である

⑤　**空隙**（くうげき）

コンクリートが実質欠如している部分（すき間）のことである。「練り混ぜの際に含まれるもの」と「硬化後に混練水の一部が乾燥により失われ，あとに残ったもの」がある。

(5)　**コンクリートの種類**

①　**軽量コンクリート**

コンクリートの比重が**2.0以下**のものをいう。断熱効果等にすぐれ，**間仕切り壁**等に用いられる。

②　**普通コンクリート**

川砂，川砂利，砕石等を骨材としたものをいう。

コンクリートの比重が**2.2～2.4**程度の一般的なコンクリートのことをいう。

③　**重量コンクリート**

鉄粉，磁鉄鉱等の骨材を用いたもので，主に放射線の透過防止等の目的で用いられ，普通コンクリートよりも比重の大きいもの（3.0以上）をいう。

④　**気泡コンクリート**

ア．内部に多量の小気泡を含ませて造った多孔質（たこうしつ）のコンクリートのことで，**軽量で断熱性，耐火性にすぐれている**。その主原料は，セメント等の強度発現材とアルミニウム粉末等の発泡剤からなる。

イ．比重は**0.5～1.2程度**のものが多い。

用語解説

「ＡＬＣ板」とは，主に中低層建築物の外壁や床板，超高層マンションの廊下・バルコニー側の外壁等で用いられることの多い建築材料のひとつ。高温高圧多湿養生で製造管理された**軽量気泡コンクリート製品**のことをいう。

ウ．ALC板（オートクレーブ養生の板状製品）が一般的である。

エ．吸水性が大きいので，使用場所によっては防水処理をする必要がある。

(6) **コンクリートの調合（ちょうごう）**

① コンクリートの調合は，セメント・水・骨材の混合の割合を調整（配合）することをいう。

② 水は，セメントに対する比率で示すことが多く，セメントに対する水の**重量比**を「**水セメント比**（$\frac{\text{水}}{\text{セメント}}\times 100$）」（最高で65%）といい，「**W／C**」の記号で示す。

③ 調合を定める際には，所要のワーカビリティー，所要の強度・耐久性，経済性等が要素となる。

④ 一般的には，**水を多くするほどワーカビリティーと経済性は高まるが，乾燥収縮による亀裂が生じやすく，圧縮強度・耐久性も低下する**。

例えば，セメント100kgに対して，水が50kgの場合，水セメント比は50%となる。水セメント比が小さいほど（水が少ないほど）圧縮強度は強くなる。

(7) **ワーカビリティー（施工難度）**

ワーカビリティーとは，完全な打上りを前提とした，フレッシュコンクリートの**作業性の難易の程度**をいう。コンクリートの**軟度**（**軟らかさ**）**を測定する方法**として，**スランプ試験**がある。スランプ試験で測定される**スランプ値**（フレッシュコンクリートの軟らかさの程度を示す指標）は，スランプコーンにコンクリートを充てんし，スランプコーンを引き上げた**直後に測った頂部からの下がりの値**（cm）で表す。また，スランプフロー（フレッシュコンクリートの流動性の程度を示す指標）は，スランプコーンを引き上げた後に，円状に広がったコンクリートの直径で表す。

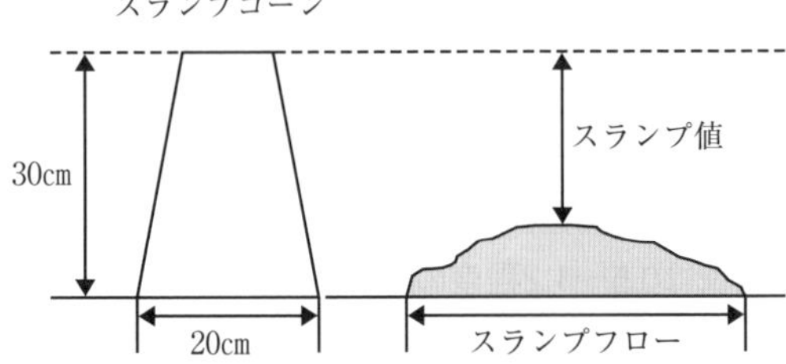

⑻　コンクリートの施工（養生）

①　打込み後，**24時間**はその上を歩行してはならない。

②　打込み後，**5日間以上**は，コンクリートの温度を**2℃以上に保つ**必要がある。　**出題** H27

③　打込み後，**7日間以上**は，**散水や養生マットにより湿潤に保つ**。

④　セメントの**水和熱**により，部材中心部温度が外気温より25℃以上高くなるおそれがある場合，マスコンクリートに準じ，**温度応力の影響がないように養生**を行う。

⑼　コンクリートの中性化

①　**定義等**

コンクリートは，**強アルカリ性**の性質をもつため，鉄筋を腐食から保護している。しかし，長い年月の間に，コンクリート中の**水酸化カルシウム**が，空気中の**炭酸ガス**（**二酸化炭素**）と化合して**炭酸カルシウムとなり**，**アルカリ性を失っていく現象を中性化**という。一般的に，屋外より，人体から排出される二酸化炭素の多い**屋内において中性化が進行しやすい**。また，**豆板**（ジャンカ➡P.754参照）があると，その周囲で**中性化が進行しやすい**。　**出題** H30・R3

②　**中性化とコンクリートの強度**

中性化が進むと鉄筋コンクリート中の鉄筋の腐食が促進され，コンクリートのひび割れや剥離等の症状を引き起こす。中性化は鉄筋コンクリートとしては，劣化症状であるが，中性化によって，**コンクリートそのものの圧縮強度が低下するわけではない**。

③　**中性化対策**

一般的に，**混和材料**（**ＡＥ剤**，**減水剤**等）を用いたコンクリートは，**中性化が進行しにくい**。また，**中性化速度**は，コンクリートの強度，気候風土，コンクリートを保護する塗装の有無等で変わる。中性化が鉄筋に到達するまでの年数を長くするためには，**鉄筋のかぶり厚さ**（鉄筋まわりのコンクリートの厚さ）**の確保が重要**である。

④　**中性化の速度と水セメント比の関係**

水セメント比が小さいコンクリートは，一般的に，セメントペーストと組織が緻密で透気性が小さくなるので，中性化速度は遅くなる。反対に水セメント比が大きいコンクリートは，中性化速度が速い。

2．外装仕上げ材（タイル仕上げ）

タイルは，仕上げ材の中で**最も耐候性に優れている**。また，汚れにくい材料としてマンションの外壁に多く用いられている。タイルの種類や規格は，**日本工業規格**・セラミックタイル（JIS A5209）で定められている。

(1) タイルの大きさ

一般的な**外壁タイル**の呼称として「**小口**(こぐち)**タイル**」や「**二丁**(にちょう)**掛**(が)**けタイル**」がよく使われるが，これは積みレンガのサイズを基準にしている。

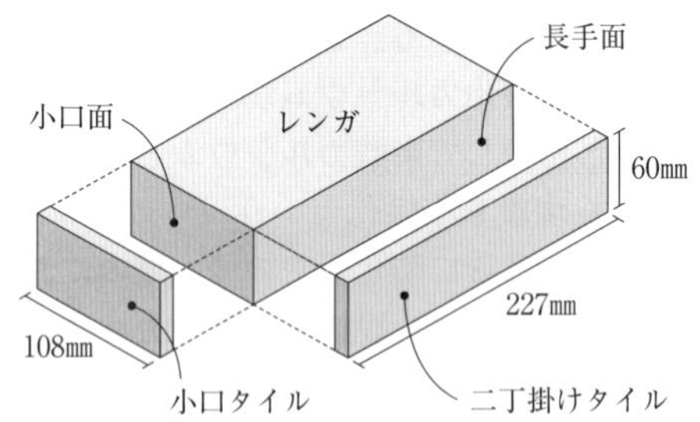

四丁掛けタイル，**三丁掛けタイル**，**二丁掛けタイル**の長さ（**長辺**）は，**すべて同じ**であるが，幅が異なり，**四丁掛けタイルの幅**（**120mm**）**は，二丁掛けタイルの幅**（**60mm**）**の２倍の幅がある**。

(2) タイルの吸水率

タイルの吸水率は，素地の質により**Ⅰ類**(吸水率３％以下)・**Ⅱ類**（10％以下）・**Ⅲ類**（50％以下）**の３種類**に分けられ，そのうち**吸水率が最も高いものはⅢ類である**。

(3) タイルの施工法

外壁に対する施工法としては，マンションでは**手張り工法**が主流である。主な手張り工法は次のとおりである。

① 改良圧着張り

下地に「**張付けモルタル**」を塗り付けるとともに，**タイル裏面**にも「**張付けモルタル**」を塗り付け，下地が硬化しないうちにタイルを張っていく工法である。

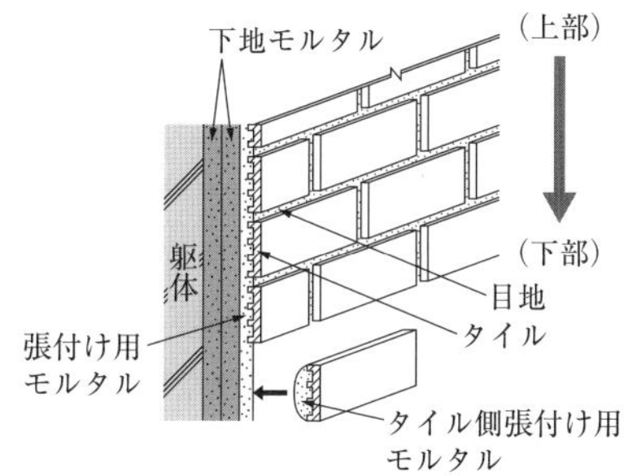

② **密着張り**

「**張付けモルタル**」を下地に塗り，それが硬化しないうちに，タイル張り用の**振動工具**（**ヴィブラート**）を使い，タイルをモルタルの中に埋め込むように張っていく工法である。

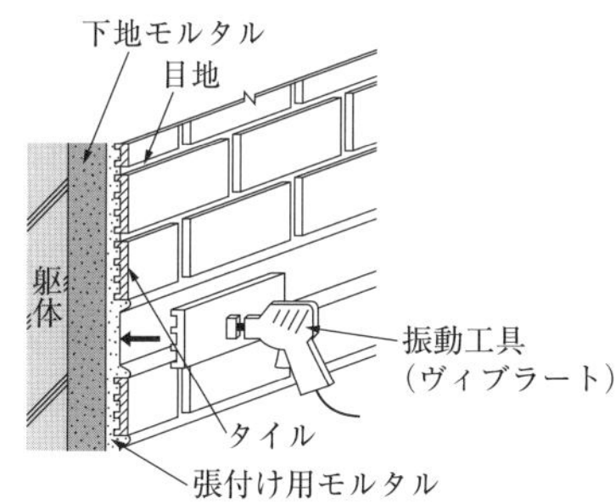

③ **マスク工法**

モザイクタイルに適用される。ユニットタイルの裏面に専用のマスクをかぶせて「張付けモルタル」を塗り付け，下地にユニットタイルをたたき板で張り付ける工法である。

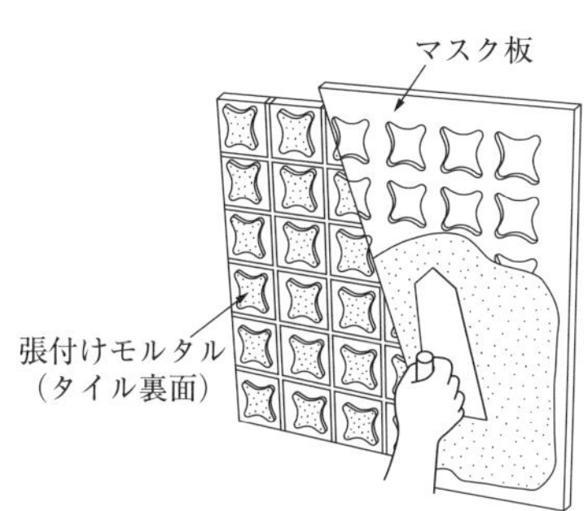

④　**モザイクタイル張り**

下地に「張付けモルタル」を塗り，ユニットタイルをたたき板でたたいて張り付ける工法である。施工効率がよく，採用が多い。

外壁タイルの下地には，モルタルとコンクリートがある。**コンクリート下地に直接タイルを張る工法**は，**直張り工法**と呼ばれており，近年に建築されたマンションでは，この**直張り工法が多く用いられている**。**直張り工法**は「**密着張り**」「**モザイク張り**」の場合に限定される。

3．仕上げ材料

⑴　**木材**は，大気中では含水率が大きいと腐朽菌の害，虫害（シロアリ等）を受けやすいので，**含水率はできるだけ小さい**方が望ましい。

⑵　**集成材**は，挽き板（ラミナ）または小角材等を，繊維方向を長さの方向と平行に組み合わせ，接着剤により集成したものであり，主として柱・はり・造作の板材等に使用される。

⑶　**ファイバーボード**は，繊維材ともいわれ，木材等の植物繊維を原料として成形した面材の総称である。

⑷　**石膏ボード**は，焼石膏を芯材として両面に石膏液をしみこませた厚紙を貼り，圧縮成形した面材であり，防火性・遮音性に優れ，天井や壁の内装材として広く用いられる。

⑸　**押出し法ポリスチレンフォーム**は，発泡プラスチック系の断熱材であり，外壁の外断熱にも使用される。

4．ガラス

出題 H26

⑴　**フロート板ガラス**は，溶解したガラスを溶融した金属（すず）の上に浮かべて製板する，透明で平滑なガラスである。平面精度が高く，自然のままで平滑面となるので，研磨する必要がない。現在，**流通する板ガラスの主流**である。

⑵　**網入りガラス・線入りガラス**は，板ガラスの中間部に，金属網または金属線を入れたガラスである。金属網によって破片が飛散しにくく主に防火ガラスとして用いられている。

出題 H26

⑶　**合わせガラス**は，**2枚以上のガラス**の間に接着力の強い**特殊樹脂フィルムを挟み**，**高温・高圧で接着**し，生産される。

破損しても，樹脂フィルムによって破片の大部分が飛散しない。また，耐貫通性に優れた樹脂フィルムを使用した**防犯合わせガラス**もある。

(4) **強化ガラス**は，板ガラスを650～700℃程度まで加熱した後，両面に空気を吹き付け，急冷すると表面に圧縮層が形成されるので，普通の板ガラスに比べ，**3～5倍の耐風圧強度**がある。破損時の破片が細片となるので，鋭利な破片が生じにくい性質がある。 出題 H26

(5) **複層ガラス**は，**2枚のガラス**をスペーサーで**一定の間隔**に保ち，その周囲を封着材で密封し，内部に**乾燥空気を満たしたガラス**である。普通の板ガラスに比べ，**2倍以上の断熱効果**があり，結露防止効果がある。 出題 H26

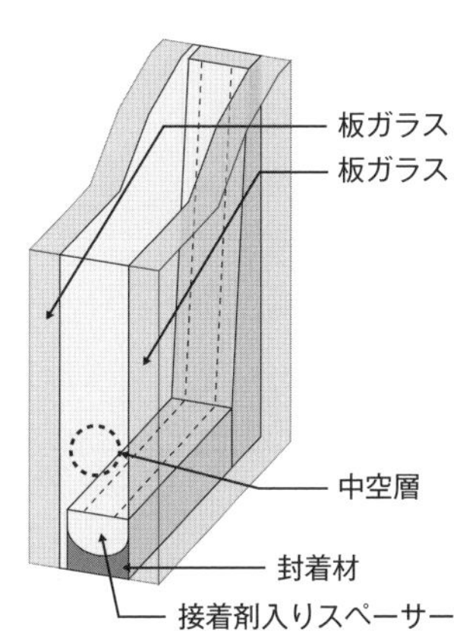

(6) **熱線吸収板ガラス**は，日射吸収性に優れた微量の鉄やニッケル，コバルト等の金属をガラスの原材料に加えて着色したフロート板ガラスで，日射を30～40％程度吸収し，冷房負荷の軽減効果がある。

(7) **熱線反射ガラス**は，フロート板ガラスの表面に反射率の高い金属酸化物の膜を焼き付けたもので，窓際のまぶしさや局部的な温度上昇の防止，冷房負荷の軽減効果がある。

第18章

維持・保全

維持・保全は，例年５問程度問われる。マンションの劣化症状やその診断・改修方法，長期修繕計画作成ガイドライン等が出題される。特にここ数年長期修繕作成ガイドラインが複数問出題されている（令和５年は４問）。技術的な知識が必要な科目ではあるが，高度な専門知識を要求される出題はほとんどないので，過去問の範囲とその周辺の知識を確実に押さえておこう。

1 マンションと大規模修繕

1 大規模修繕の意義と目的

1．大規模修繕とは

「**大規模修繕**」とは，**長期修繕計画**を踏まえて計画的に実施する「**計画修繕**」のうち，建物の全体または複数の部位について行う**大規模な修繕**をいう。主に経年で劣化損傷した屋上や外壁等の建物の部位の性能や機能を，**原状または実用上支障がない状態までに回復させる修繕**がメインであるが，必要に応じて**性能や機能を向上させるグレードアップの要素を含めた改修工事**も行われる。

プラス　建築基準法では，「**大規模の修繕**」とは，建築物の主要構造部（屋根，壁，柱，梁，床，階段）について行う過半の修繕と定義されている。

大規模修繕の目的は，事故防止（タイル剥落，手すり腐食落下等），不具合の解消および予防（雨漏り，赤水，漏水等），耐久性向上（躯体，鉄部等），美観・快適性向上（塗装等），居住性・機能性向上（耐震性・断熱性の向上，バリアフリー化等），資産価値向上（エントランスホールの改修等）等である。

2．大規模修繕の基本的な進め方とその方式

(1)　進め方（例）

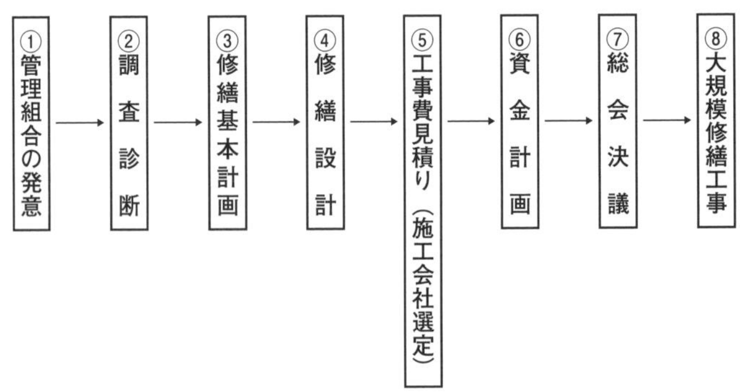

大規模修繕工事では，施工数量の変動・設計変更による工事費の変動を免れない。特に，コンクリートのひび割れ長さ・タイルの浮きの枚数などは，足場が掛かっていない段階で数量を確定することが困難であり，**実費精算方式**を採用することが多い。

実費精算方式とは，設計時点で，**調査や経験に基づいて仮定した数量（指定数量）で業者見積りを行い**，その数量で契約し（単価は決定），工事が始まり，**実施数量が確定した後，精算する方式**である。つまり，設計監理者が，工事が終了した時点で施工会社の提出する工事精算書案の精査を行い，妥当性があると判断した場合に，管理組合にその旨を報告する。そして，管理組合と施工会社の合意があって，精算額が確定する。この結果，最終工事代金は，工事請負契約の金額とは一致せず，一定の増減が生ずることになり，この分を精算することになる。

(2) 方　式

①　設計監理方式

「管理組合の発意」の後，設計事務所などコンサルタントを選び，「**調査診断**」**から**「**総会決議**」**までの専門的・技術的・実務的な部分を委託**し，「**大規模修繕工事**」**の段階では工事監理を委託する方式**。設計と施工会社が分離しているので，施工会社の選定を同一基準で適正に行うことができ，工事の厳正なチェックも期待できるので，管理組合にとって安心して進められる方式である。

用語解説
「工事監理」とは，一般的に**設計者が設計内容と工事内容が適合しているか否かを確認する行為**をいうが，他の者がこれを行うこともできる。

②　責任施工方式

「管理組合の発意」の後，信頼のおける施工会社数社に呼びかけ，「**調査診断**」**から**「**工事費見積り**（一般的に，**仮設費用も含まれる**）」**までを依頼し**（一般的に無償），そのうちから**1社を選んで**「**大規模修繕工事**」**も請け負わせる方式**である。専門的な第三者によるチェックがないので，割高になったり，安易な工事に終わることがある。

なお，最初から1社に決めて行う場合もあるが，価格競争がないので，特殊なケースに限られる。

③　管理業者主導方式

管理組合が弱体な場合，管理組合に企画立案力や執行力

第18章　維持・保全

が欠けるため，**マンション管理業者が管理組合の意向を受け，大規模修繕工事の準備や実施を主導的に行っていく方式**である。

決定は管理組合が行うが，その事前の準備は管理業者が行うため，管理組合の手間は省けるが，第三者によるチェックが入らないので，②と同様な問題点がある。

2 長期修繕計画作成ガイドライン

はじめて

1．長期修繕計画とは

マンションの快適な居住環境を確保し，資産価値を維持するためには，不具合が発生する前に適切な修繕を施し，建設当初の性能・機能を維持することが不可欠である。また，必要に応じて建物および設備の性能向上を図る改修工事を行うことも望まれる。そこで，マンションを構成している各部位の**物理的な耐用年限を予測して行う計画修繕をまとめた長期にわたる修繕計画**をあらかじめ作成することが重要となる。この計画を「**長期修繕計画**」という。長期修繕計画を作成する主な目的は，次のとおりである。

① 将来見込まれる**修繕工事及び改修工事の内容，時期，概算の費用等を明確にする**。
② 計画修繕工事の実施のために積み立てる**修繕積立金の額の根拠を明確にする**。
③ 修繕工事および改修工事に関する長期計画について，あらかじめ合意しておくことで，**計画修繕工事の円滑な実施を図る**。

2．長期修繕計画作成ガイドライン

国土交通省では，平成20年６月に「**長期修繕計画標準様式**」と「**長期修繕計画作成ガイドライン及び同コメント**」を公表し，令和３年９月に改訂している。

出題 R４

建物等の劣化に対して適時適切に修繕工事等を行うために作成する**長期修繕計画**は，①**計画期間**，②**推定修繕工事項目**，③**修繕周期**，④**推定修繕工事費**，⑤**収支計画**を含んだもので作成

し，これに基づいて⑥**修繕積立金の額**の算出を行う必要がある。このため，「**長期修繕計画標準様式**」，「**長期修繕計画作成ガイドラインおよび及び同コメント**」は，長期修繕計画の標準的な様式を示し，長期修繕計画を作成・見直しするための基本的な考え方と「**長期修繕計画標準様式**」を使用しての作成方法を示すことで，計画の内容および修繕積立金額の設定等について**区分所有者間で合意形成を行いやすくする**ために作成されたものである。

以下，「**長期修繕計画作成ガイドライン及び同コメント**」のポイントである。

(1)　**目的**

ガイドラインは，マンションにおける長期修繕計画の作成または見直しおよび修繕積立金の額の設定に関して，基本的な考え方等と「**長期修繕計画標準様式**」を使用しての作成方法を示すことにより，**適切な内容の長期修繕計画の作成およびこれに基づいた修繕積立金の額の設定を促し，マンションの計画修繕工事の適時適切かつ円滑な実施を図る**ことを目的としている。

出題 R2

(2)　**用語の定義**

推定修繕工事	長期修繕計画において、計画期間内に見込まれる**修繕工事および改修工事**
計画修繕工事	長期修繕計画に基づいて**計画的に実施する修繕工事および改修工事**
大規模修繕工事	**建物の全体または複数の部位について行う大規模な計画修繕工事**（全面的な外壁塗装等を伴う工事）
修繕積立金	**計画修繕工事に要する費用に充当するための積立金**
推定修繕工事費	推定修繕工事に要する概算の費用
修繕工事費	**計画修繕工事の実施に要する費用**

出題 R1・3（推定修繕工事）
出題 R1・3（計画修繕工事）
出題 R1（大規模修繕工事）
出題 R1・3（修繕積立金）
出題 R3（修繕工事費）

(3)　**長期修繕計画の対象の範囲**

長期修繕計画は**単棟型**のマンションの場合，「**管理規約に定めた組合管理部分である敷地**」，「**建物の共用部分および附属施設**」を対象とする。**専有部分**については，「**共用部分の修繕工事または改修工事に伴って修繕工事が必要となる専有部分**」の**みが対象**となる。また，団地型のマンションの場合，「**団地全**

出題 R3～5

体の土地」,**「附属施設および団地共用部分」**,**「各棟の共用部分」**が対象となる。

(4) 長期修繕計画の作成および修繕積立金の額の設定の目的

マンションの快適な居住環境を確保し，資産価値を維持するためには，次の①～③を目的とした長期修繕計画を作成し，これに基づいて修繕積立金の額を設定することが不可欠である。

出題 R5
① **将来見込まれる修繕工事および改修工事の内容，おおよその時期，概算の費用等を明確**にする。

② 計画修繕工事の実施のために積み立てる**修繕積立金の額の根拠を明確**にする。

③ 修繕工事および改修工事に関する長期計画について，あらかじめ合意しておくことで，計画修繕工事の円滑な実施を図る。

(5) 長期修繕計画の作成の前提条件

長期修繕計画の作成に当たっては，次に掲げる事項を前提条件とする。

出題 H26・R2
① **推定修繕工事**は，建物および設備の性能・機能を新**築時と同等水準に維持，回復させる修繕工事を基本**とする。

出題 R2
② 区分所有者の要望など必要に応じて，**建物および設備の性能を向上させる改修工事を設定**する。

出題 R2
③ 計画期間において，**法定点検等の点検**および**経常的な補修工事を適切に実施**する。

出題 R1～2・5
④ **計画修繕工事の実施の要否，内容等**は，事前に**調査・診断**を行い，その**結果に基づいて判断**する。

(6) 設計図書等の保管

出題 R4
管理組合は，分譲会社から交付された設計図書，数量計算書等のほか，計画修繕工事の設計図書，点検報告書等の**修繕等の履歴情報を整理し，区分所有者等の求めがあれば閲覧できる状態で保管**することが必要である。

(7) 長期修繕計画の作成および修繕積立金の額の設定の手順

出題 R1
新築マンションの場合は，分譲事業者が提示した長期修繕計画（案）と修繕積立金の額について，**購入契約時の書面合意により分譲事業者からの引渡しが完了した時点で決議した**

ものとするか，または引渡し後速やかに開催する管理組合設立総会において，長期修繕計画および修繕積立金の額の承認に関しても決議することがある。**既存マンションの場合**は，長期修繕計画の見直し及び修繕積立金の額の設定について，理事会，専門委員会等で検討を行ったのち，専門家に依頼して長期修繕計画及び修繕積立金の額を見直し，総会で決議する。

(8)　検討体制の整備

長期修繕計画の見直しに当たっては，必要に応じて**専門委員会を設置**するなど，検討を行うために管理組合内の体制を整えることが必要である。　出題 R1・4

(9)　長期修繕計画の周知

管理組合は，長期修繕計画の作成および修繕積立金の額の設定に当たって，**総会の開催に先立ち説明会等を開催**し，その内容を区分所有者に説明するとともに，長期修繕計画について**総会で決議**することが必要である。　出題 R4

(10)　長期修繕計画の保管，閲覧

管理組合は，**長期修繕計画**を管理規約等と併せて，**区分所有者等から求めがあれば閲覧できるように保管**することが必要である。　出題 R4

(11)　長期修繕計画の構成

長期修繕計画の構成は，次の①～⑤の**５項目**を基本とする。　出題 R5

①　マンションの**建物・設備の概要**等
②　**調査・診断の概要**
③　**長期修繕計画の作成・修繕積立金の額の設定の考え方**
④　**長期修繕計画の内容**
⑤　**修繕積立金の額**の設定

(12)　マンションの建物・設備の概要等

長期修繕計画において，**敷地，建物・設備および附属施設の概要**（規模・形状等），関係者，管理・所有区分，**維持管理の状況**（**法定点検等の実施，調査・診断の実施，計画修繕工事の実施，長期修繕計画の見直し**等），**会計状況，設計図書等の保管状況等の概要**について示すことが必要である。　出題 R5

(13)　計画期間の設定

計画期間は，**30年以上**で，かつ**大規模修繕工事が２回含**

まれる期間以上とする。

⒁ **推定修繕工事項目の設定**

出題 R5

推定修繕工事項目は，**新築マンション**の場合は，**設計図書等**に基づいて，また，**既存マンション**の場合は，現状の長期修繕計画を踏まえ，**保管されている設計図書**，**修繕等の履歴**，**現状の調査・診断の結果**等に基づいて設定する。なお，マンションの形状，仕様等により該当しない項目，または**修繕周期が計画期間に含まれないため推定修繕工事費を計上していない項目**は，その旨を**明示**する。また，**区分所有者等の要望**など必要に応じて，**建物・設備の性能向上に関する項目を追加**することが望ましい。

⒂ **修繕周期の設定**

修繕周期は，**新築マンションの場合**，推定修繕工事項目ごとに，マンションの仕様，立地条件等を考慮して設定する。また，**既存マンションの場合**，さらに建物および設備の劣化状況等の調査・診断の結果等に基づいて設定する。設定に当たっては，**経済性等を考慮し，推定修繕工事の集約等を検討する**。

⒃ **推定修繕工事費の算定**

① **数量計算の方法**

数量計算は，**新築マンションの場合**，設計図書，工事請負契約による請負代金内訳書，数量計算書等を参考として，**既存マンションの場合**，現状の長期修繕計画を踏まえ，保管している設計図書，数量計算書，修繕等の履歴，現状の調査・診断の結果等を参考として，「建築数量積算基準・同解説（平成29年版）（(一財）建築コスト管理システム研究所発行)」等に準拠して，長期修繕計画用に算出する。

② **単価の設定の考え方**

単価は，修繕工事特有の施工条件等を考慮し，部位ごとに仕様を選択する。**新築マンションの場合**，設計図書，工事請負契約による請負代金内訳書等を参考として，**既存マンションの場合**，過去の計画修繕工事の契約実績，その調査データ，刊行物の単価，専門工事業者の見積価格等を参考として設定する。

出題 H26

なお，「**現場管理費・一般管理費・法定福利費，大規模**

修繕瑕疵保険の保険料等の諸経費および消費税等相当額」は，**単価とは別途設定する方法**と**見込まれる推定修繕工事ごとの総額に応じた比率の額を単価に含めて設定する方法**がある。

③　**算定の方法**

推定修繕工事費は，推定修繕工事項目の詳細な項目ごとに，**算出した数量に設定した単価を乗じて算定する**。修繕積立金の運用益，借入金の金利および物価変動について考慮する場合は，作成時点において想定する率を明示する。また，消費税は，作成時点の税率とし，会計年度ごとに計上する。

プラス　各部分の**修繕工事費用**は，新築時の工事費用を採用するのではない。なお，**推定修繕工事費用**には，**長期修繕計画の見直しの費用も含まれる**。

出題 H26

⒄　**長期修繕計画の見直し**

出題 R2～3

長期修繕計画は，次に掲げる不確定な事項を含むため，5年程度ごとに調査・診断を行い，その結果に基づいて**見直すことが必要である**。なお，**見直しには一定の期間**（おおむね1～2年）**を要する**ことから，見直しについても計画的に行う必要がある。また，長期修繕計画の見直しと併せて，**修繕積立金の額も見直す**。

①　建物および設備の劣化の状況
②　社会的環境および生活様式の変化
③　新たな材料，工法等の開発およびそれによる修繕周期，単価等の変動
④　修繕積立金の運用益，借入金の金利，物価，工事価格，消費税率等の変動

出題 R1・3・5

なお，長期修繕計画の見直しは，①**大規模修繕工事と大規模修繕工事の中間の時期に単独で行う**場合，②**大規模修繕工事の直前に基本計画の検討に併せて行う**場合，③**大規模修繕工事の実施の直後に修繕工事の結果を踏まえて行う**場合がある。なお，見直しのための**建物・設備の調査・診断**は，①の場合については，**目視等による簡易**なものだが，②または③の場合については，**詳細**に行う。

出題 H26・R2
出題 R2
出題 R2・5
出題 R5

⒅ **修繕積立金の積立方法等**

① 修繕積立金の積立ては，長期修繕計画の作成時点において，**計画期間に積み立てる修繕積立金の額を均等にする積立方式（均等積立方式）**を基本とする。

② 区分所有者が積み立てる修繕積立金のほか，**専用庭等の専用使用料および駐車場等の使用料からそれらの管理に要する費用に充当した残金**を，**修繕積立金会計**に繰り入れる。

③ 購入時に将来の計画修繕工事に要する経費として**修繕積立基金を負担**する場合または**修繕積立金の総額の不足などから一時金を負担**する場合は，これらを**修繕積立金会計**に繰り入れる。

④ 修繕積立金の使途は，**標準管理規約28条に定められた事項に要する経費に充当**する場合に限る（P.282～参照）。

⒆ **修繕積立金の額の設定方法**

長期修繕計画における計画期間の推定修繕工事費の**累計額を計画期間（月数）で除し，各住戸の負担割合を乗じて**，月当たり修繕積立金の額を算定する。

また，新築マンションにおいて，購入時に修繕積立基金を負担する場合の月当たり戸当たりの修繕積立金の額は，上記で算定された修繕積立金の額から，修繕積立基金を一定期間（月数）で除した額を減額したものとする。

出題 R4

プラス 「マンションの修繕積立金に関するガイドライン」（平成23年4月・令和3年9月改訂）によれば，「**修繕積立金の額の目安（Z：長期修繕計画の計画期間全体での修繕積立金の平均額（円/㎡・月）**」は，次のように算出するとされている。

A：計画期間当初における修繕積立金の残高（円）
B：計画期間全体で集める修繕積立金の総額（円）
C：計画期間全体における専用使用料等からの繰入額の総額（円）
X：マンションの総専有床面積（㎡）
Y：長期修繕計画の計画期間（ヵ月）

算出式　Z＝（A＋B＋C）÷X÷Y

3．修繕項目と修繕周期

「**長期修繕計画標準様式**」に記載されている**修繕項目**と**修繕**

周期の具体例は，次のとおりである。

	修繕工事項目	工事区分	修繕周期
Ⅰ 仮設	1　仮設工事		
	①　共通仮設	仮設	12～15年
	②　直接仮設	仮設	12～15年
Ⅱ 建物	2　屋根防水		
	①　屋上防水（保護）	補修・修繕	12～15年
		撤去・新設	24～30年
	②　屋上防水（露出）	補修・修繕	12～15年
		撤去・新設	24～30年
	③　傾斜屋根	補修	12～15年
		撤去・葺替	24～30年
	④　庇·笠木等防水	修繕	12～15年
	3　床防水		
	①　バルコニー床防水	修繕	12～15年
	②　開放廊下・階段等床防水	修繕	12～15年
	4　外壁塗装等		
	①　躯体コンクリート補修	補修	12～15年
	②　外壁塗装（雨掛かり部分）	塗替	12～15年
		除去・塗装	24～36年
	③　外壁塗装（非雨掛かり部分）	塗替	12～15年
		除去・塗装	24～30年
	④　軒天塗装	塗替	12～15年
		除去・塗装	24～30年
	⑤　タイル張補修	補修	12～15年
	⑥　シーリング	打替	12～15年
	5　鉄部塗装等		
	①　鉄部塗装（雨掛かり部分）	塗替	5～7年
	②　鉄部塗装（非雨掛かり部分）	塗替	5～7年
	③　非鉄部塗装	清掃・塗替	12～15年
	6　建具・金物等		
	①　建具関係	点検・調整	12～15年
		取替	34～38年
	②　手すり	取替	34～38年

出題 R5

出題 R5

	③　屋外鉄骨階段	補修	12～15年
		取替	34～38年
	④　金物類（集合郵便受等）	取替	24～28年
	⑤　金物類（メーターボックス扉等）	取替	34～38年
	7　共用内部		
	①　共用内部	張替・塗替	12～15年
Ⅲ 設備	**8　給水設備**		
	①　給水管	更生	19～23年
		(更生後)取替	30～40年
		(更生なし)取替	28～32年
	②　貯水槽	補修	12～16年
		取替	26～30年
	③　給水ポンプ	補修	5～8年
		取替	14～18年
	9　排水設備		
	①　排水管	更生	19～23年
		(更生後)取替	30～40年
		(更生なし)取替	28～32年
	②　排水ポンプ	補修	5～8年
		取替	14～18年
	10　ガス設備		
	①　ガス管	取替	28～32年
	11　空調・換気設備		
	①　空調設備	取替	13～17年
	②　換気整備	取替	13～17年
	12　電灯設備等		
	①　電灯設備	取替	12～22年
	②　配電盤類	取替	28～32年
	③　幹線設備	取替	28～32年
	④　避雷針設備	取替	38～42年
	⑤　自家発電設備	取替	28～32年
	13　情報・通信設備		
	①　電話設備	取替	28～32年
	②　テレビ共聴設備	取替	15～20年
	③　インターネット設備	取替	28～32年

	④　インターフォン設備等	取替	15～20年
	14　消防用設備		
	①　屋内消火栓設備	取替	23～27年
	②　自動火災報知設備	取替	18～22年
	③　連結送水管設備	取替	23～27年
	15　昇降機設備		
	①　昇降機	補修	12～15年
		取替	26～30年
	16　立体駐車場設備		
	①　自走式駐車場	補修	8～12年
		取替	26～30年
	②　機械式駐車場	補修	5年
		取替	18～22年
Ⅳ　外構・その他	**17　外構・附属施設**		
	①　外構	補修・取替	24～28年
	②　附属施設	取替・整備	24～28年
	18　調査・診断，設計，工事監理等費用		
	①　点検・調査・診断		10～12年
	②　設計等		12～15年
	③　工事監理		12～15年
	④　臨時点検（被災時）		－
	19　長期修繕計画作成費用		
	見直し		5年

3 建物・設備の診断

1．診断の内容

診断とは，建物各部（躯体，仕上げ，設備）の全部または一部の劣化や損耗の状態，不具合，問題点等を調査し，その原因を究明し，将来への影響を予測して，必要な基本的な対策を立てることをいい，次のようなものがある。

(1)　**劣化診断（建物診断）**

躯体，仕上げ，設備等の各部位・部材・機器の劣化状況の診断。長期修繕計画を作成するために行うもの，大規模修繕実施の前提として行うもの，または瑕疵を確認するために行うものがある。

(2)　**安全性診断**

外壁の落下防止，防災システムの機能・性能および機器・部品の安全性の診断

(3)　**耐震診断**

地震に対する安全対策の診断

(4)　**環境診断**

温度・湿度・CO_2・悪臭等に関する環境に対する診断

(5)　**省エネ診断**

設備機器等のエネルギー消費量の効率性の診断

(6)　**システム機能診断**

建築物のシステム機能変更・機能向上等の改良の診断

2．診断の手順

診断の手順は，診断の目的や対象によって異なるが，一般的には「**予備調査**」➡「**本調査**」➡「**改修基本計画作成**」の手順で行われる。

(1)　**予備調査**

①　建物所有者から依頼を受けて診断を行う場合，依頼された調査の目的をよく確認し，最適の診断方法を決めるための予備調査を行い，**診断計画書を作成**する。

②　予備調査にあたっては，**対象建物の状況を実地に確認**するとともに**設計図書や過去の診断・修繕の記録なども調査**する。

③　予備調査には，現地の下見・資料収集・調査診断の内容確認・現地調査計画・準備等があり，**調査機器・用具の準備は行うが**，これらの**使用・破壊試験は行わない**。

プラス　**予備調査**として，現地の目視調査や居住者に対する**全戸アンケート**が行われることもある。

(2)　**本調査**

本調査では，**的確な結論を得るため詳細でかつ広範な調査**が望ましいが，一般に経済性を考慮して，調査目的に応じて簡便な調査から始め，判断がつかないような場合は，詳細な調査へとステップを踏んで進められる。これらの過程を「**1次診断**」「**2次診断**」「**3次診断**」という。

(3)　**改修基本計画作成**

診断の結果，補修・修繕・改修等が必要となった場合には，**工事の項目，工事の内容，工事スケジュール，概略費用，課題などを記載**した改修基本計画書を作成する。

３．マンションの劣化の分類

(1)　**物理的劣化**

マンションは，建設されてから一定の年数を経ると雨水，空気中の炭酸ガス等の**化学的要因**および継続使用による減耗などの**物理的要因**等により，使用材料・機器の劣化が始まり，さらに経年とともに劣化範囲が拡大し，劣化程度も進行していく。

このため，各劣化状況に応じて適切な修繕が必要となり，劣化が全面に至ると大規模な修繕を実施する必要が出てくる。

(2)　**機能的劣化**

建設後の技術の向上によって，建設時よりすぐれた性能やよりコンパクトな設備機器・材料が開発され，その結果当初設置された機器等の性能が低下していなくても，相対的な評価としてその機器が**劣化**（**陳腐化**）する場合がある。

また，**法的規制の変化**によってマンションの機能が向上したり，拡大することにより，同様にその機器が劣化することになる場合もある。

このような劣化を**機能的劣化**という。

［例］・　冷暖房機器の高性能化・小型化
　　　・　各戸の電気容量やコンセント数の増加
　　　・　消防法の強化や新耐震設計の施工等に伴う既存建物の不適合

(3)　**社会的劣化**

社会的劣化とは**社会的要求水準，要求内容が変化**したことによって生じる劣化である。高度情報化，多様化，部屋構成の変化，住戸面積の増大，ＯＡ化対応，マンションの外観の高級化等が求められるが，これらに対応できないことにより生ずる劣化である。大規模修繕では，社会的劣化に対応することは困難である。

4．外壁タイルの劣化症状と診断

(1) 劣化症状

① 剥　落

タイルが1枚でも剥落した場合は，多くの場合その周辺はもちろん，その他の部位でも剥離が発生していることがあり，**タイル張り全体として性能低下を起こしている**ことが考えられ，続いて突然剥落することがあり，人身事故等の原因となり大変危険である。

② 欠　損

タイルが部分的に欠けた状態。原因は凍害，熱膨張，機械的原因（物が衝突する等）等。剥落につながるので危険である。

③ 白華現象

エフロレッセンスともいい，コンクリート中の水分や，ひび割れから浸入した雨水が，**セメント中の石灰などを溶解**し，この溶液が石材・コンクリート・レンガ目地などの表面に出てきて空気中の**炭酸ガスと化合**し，**固まって炭酸カルシウム等の白色の粉状**等になる現象をいう。

④ ひび割れ（クラック）

躯体コンクリートのひび割れに伴って生じるひび割れと，仕上げ面の収縮によるひび割れがある。幅が**0.2㎜以下**のひび割れは一般に許容範囲内とされている。**漏水**のほか，**コンクリートの中性化**や**鉄筋の腐食を促進**させる。

⑤ 錆水の付着

建具，取付け金具，手すりの埋込み部，鉄筋コンクリート中の鉄筋等，鉄部の発錆により錆水が出る現象。鉄筋の錆が原因のときは，建物の耐久性に大きく影響し得る。

⑥ 浮　き

タイルとモルタルの境界面の接着が不良となり隙間が生じ，**部分的に分離した状態**をいう。剥離ともいう。

⑦ ふくれ

タイル張り層，仕上げモルタル層の浮きが進行し，ある面積が凸状に変形し，肉眼で確認ができる状態になったものをいう。

【白華現象（エフロレッセンス）】

【ひび割れ（クラック）】

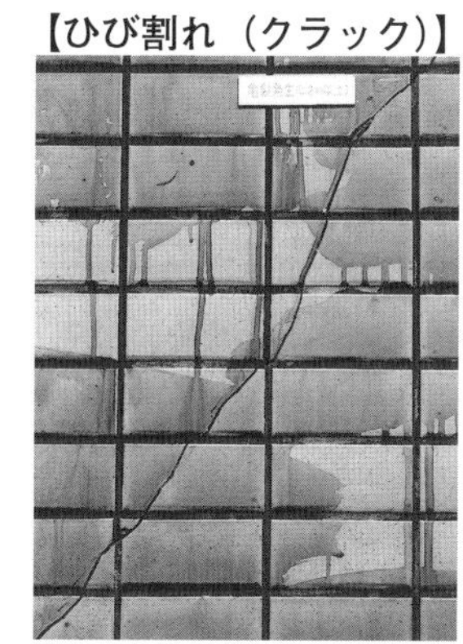

【浮き】

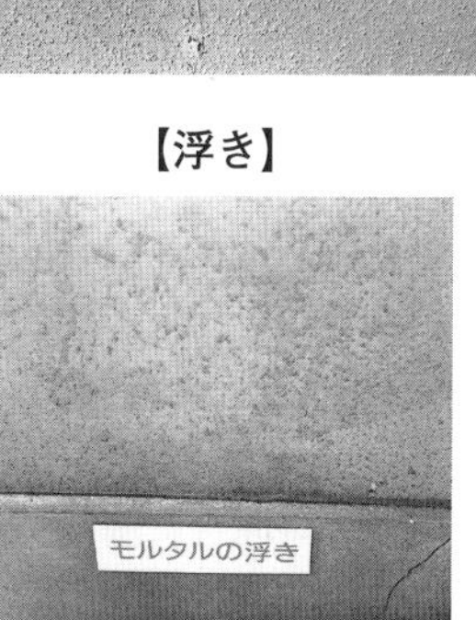

(2)　診断方法

①　外観目視診断

目視で調査する項目は，前記(1)のような劣化症状である。

②　打撃診断（打診）

パールハンマーまたは角を削って丸みをつけたテストハンマー等の**打診用ハンマー**で，部分打診，全面打診をし，その**打音により浮きの有無と程度を判断する**ものである。

【パールハンマー】

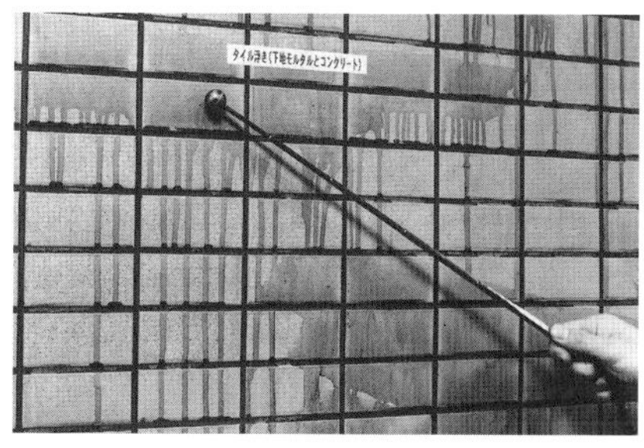

③　非破壊診断

タイル外壁面の非破壊診断は「**反発法**」（連続加振，振

出題 H30

⚠注意

外壁タイル，モルタル等の劣化・損傷の状況の定期調査は，手の届く範囲をテストハンマーによる打**診等により確認**し，その他の部分は必要に応じて **双眼鏡等を使用し目視により確認**する。異常が認められた場合は，落下により歩行者等に危害を加えるおそれのある部分を，さらに全面的にテストハンマーによる打診等により確認する（告示）。出題 H27

動測定を含む）と「**赤外線装置法**（サーモグラフィ）」とがある。

ア．「**反発法**」は，タイル面に一定の打撃を加え，その衝撃により生じた**跳ね返りの大きさを自動的に記録**し，**タイル浮き等の程度を調査**するものである。

出題 R5

イ．「**赤外線装置法**」は，建物の外壁タイルまたはモルタル仕上げ等の剥離部と健常部の熱伝導の違いによる**温度差を赤外線映像装置**（赤外線カメラ）**によって測定**し，**タイル面の浮き等の程度を調査**するものである。周辺よりも**高温部分**が浮きがある部分であると推定される。

下記の条件では，比較的精度の高い結果が得られる。

① 晴天日に測定する。

② 調査対象部分の日射受熱量が最大となる時間帯，または最高気温，最低気温の時間帯に測定する。

④ **付着力診断**

タイルの浮き，剥落が生じている周辺を対象とし，タイルの目地部分に切り込みを入れ，**建研式**（けんけんしき）**接着力試験器**を用いて，タイルを引っ張り，得られた荷重をタイルの表面積で除したものを**タイルの接着強度**とし，付着力を判断する。

プラス 「**建研式**」とは，「建設省建築研究所式」のことであり，**建研式接着力試験器**は，外壁タイルだけではなく，モルタル，塗料等の仕上材の表面引張強度を調査し，塗膜の付着力の診断をすることができる用具である。

5．鉄筋コンクリートの劣化症状と診断

(1) 劣化症状

① **剥 落**

仕上げ材がはがれ落ちた状態，あるいは**浮いていたコンクリートが躯体からはがれ落ちた状態**をいい，鉄筋の露出を伴うものと，伴わないものがある。

② **錆鉄筋露出**（さびてっきんろしゅつ）

腐食した鉄筋が表面のコンクリートを押し出し，剥離させ，露出した状態。点状，線状，網目状に露出することもあり，新築時のかぶり厚さ不足が主な原因とされている。

③ **エフロレッセンス**

前述のとおり。

④　**ひび割れ**

ア．**コンクリートの中性化（**➡P.729参照**）による鉄筋の腐食（ふしょく）によるひび割れ**

鉄筋は腐食する（錆びる）と膨張し，内部からコンクリートを押し上げ，ひび割れを生じさせる。この場合，鉄筋に沿ってコンクリート表面に，**規則性のある直線状の大きなひび割れ**が発生する。

イ．**コンクリートの乾燥収縮によるひび割れ**

開口部の周囲では放射状に，**外壁部や隅角部（ぐうかくぶ）では斜め方向に発生**する。ひび割れ発生時の開き幅は，0.05mm～0.5mm程度である。コンクリートの硬化により収縮が生じ，コンクリートの弱い箇所にひび割れが起きる。

ウ．**コンクリートのブリージングによるひび割れ**

コンクリート打設後，締固め（しめかた）を終わってコンクリートの成分が沈殿すると，それにつれて**表面に混練水（こんれんすい）**（ブリージング水）**が分離して浮き出してくる現象**をいう。この沈下に伴い，水平鉄筋や部材が変化する箇所の上面に，**規則性のある直線状の表面ひび割れ**が発生する。また，凝結の始まりからブリージング水が吸収される過程では，コンクリート表面全体にわたって，比較的短い表面ひび割れが発生する。

出題 H30・R３

エ．**コンクリートのアルカリ骨材反応によるひび割れ**

コンクリート中のアルカリ濃度が異常に高い場合，シリカ分を多く含む**骨材と化学反応**を起こし，**骨材の表面に膨張性の物質が形成**され，**表面に多くの不規則な亀甲状ひび割れ**が発生する。

オ．**建物の不同沈下（ふどうちんか）によるひび割れ**

出題 H30

⑤　**錆汚れ**

腐食した**鉄筋の錆がひび割れ部から流出**して，仕上げ材またはコンクリートの表面に付着している状態。

⑥　**ポップアウト**

コンクリート**内部の**部分的な膨張圧によって，コンクリート**表面の小部分が円錐形（えんすいけい）のくぼみ状に破壊**された状態。

⑦　**浮　き**

モルタル仕上げ等が躯体から剥離した状態や，鉄筋からかぶり厚部分のコンクリートが浮いている状態等をいう。浮きが仕上材についてだけか，コンクリート剥離を伴っているかは，打診による識別では困難である場合が多い。

⑧ **脆弱（ぜいじゃく）化した表面**

凍害（とうがい），すり減りなどにより脆弱化したコンクリートの表面で，粉状化を含む。

⑨ **その他の汚れ**

カビ，煤煙，コケ類などによる汚れで，③⑤を除く。

⑩ **漏水痕跡**

過去に漏水現象が生じた形跡。エフロレッセンスを伴うことが多い。これは，目視だけでは識別しにくいので問診により確認する。

⑪ **コールドジョイント**

打設したコンクリートに，一定時間おいて打ち足した場合に生じる**完全に一体化しないコンクリートの打ち継ぎ跡**（継ぎ目）をいう。**ブリージング**（前述④**ウ.**）が多いコンクリートほどコールドジョイントが起こりやすい。

⑫ **豆板（まめいた）（ジャンカ）**

コンクリートの打設時に粗骨材とモルタルペーストが分離して，硬化後に**空隙の多い施工不良箇所**（モルタルペーストが骨材間に充てんされていない部分）ができてしまう現象をいう。

(2) 診断方法

① **外観目視診断**

鉄筋コンクリートは，設計・施工の不備や経年，外力等により，構造躯体としての劣化現象が生じるが，中性化・鉄筋露出以外の鉄筋腐食・強度劣化は，基本的に外面からは判断することができない。しかし，上記(1)のように，構造躯体の劣化が不具合となって表面に表れた劣化症状を，目視等で観察することができる。

② **中性化深さの診断**

コンクリートの中性化が進むと鉄筋が腐食し，構造耐力の低下につながるので，中性化の診断は重要である。

ア．測定部位のコンクリートを一部円筒状にコア抜き（穴あけ）し，取り出したサンプルに**フェノールフタレイン溶液**を専用機器で噴霧した後に，**ノギス**で**中性化深さを測定**する。**フェノールフタレイン溶液**は，pHが10以上の**アルカリ側で赤色に変化**し，それ以下のpHのところでは無色である。つまり，**無色の部分を中性化範囲**（中性化深さ）としている。

イ．コンクリートの中性化深さは，測定部位に10㎜程度の孔をあけフェノールフタレイン溶液を専用機器で噴霧したあと，スケール付きの内視鏡（**コンクリートチェッカー**）で読み取る。

③ **コンクリート中の塩分量の診断**

コンクリート中の**塩分量が多いと鉄筋を腐食させ，耐力の低下につながる**ので，できるだけ診断をするのが望ましい。ただし，塩分量が多くなっても**コンクリートの強度が低下するわけではない**。塩分量の測定は，コア抜きしたコンクリートを試験場に持ち込み行う。コンクリート中の塩化物イオン量により３つに分類され，劣化要因の強さを小，中，大の３段階で評価している。

④ **鉄筋腐食状態の診断**

中性化が鉄筋位置にまで進行していた場合やコンクリー

トの塩分量が多い場合は，必ず腐食状態の診断を実施する。この診断を正確に行うには，躯体の部分的な破壊が必要となるが，非破壊検査手法を併用するなどして，できる限り広範囲に腐食状態を把握するようにする。

⑤　**コンクリート強度の診断**

コンクリート強度の診断は，**破壊試験**と**非破壊試験**による方法がある。コンクリート強度は，鉄筋コンクリートの構造耐力および耐久性能に影響する最も重要な項目であり，耐震診断など通常の改修以外の目的で必要となる場合があるので，その目的に応じて測定方法・測定個所等を決定する。

ア．破壊診断

コアドリルを用いて所定の直径（10mm以上）のコアを採取し，試験場で圧縮強度試験を行う標準コア法がある。

イ．非破壊診断

出題 R5

硬化コンクリートの表面を**シュミットハンマー**で打撃したときの反発度から，コンクリートの**圧縮強度**を推定する**反発度法**がある。

【シュミットハンマー】

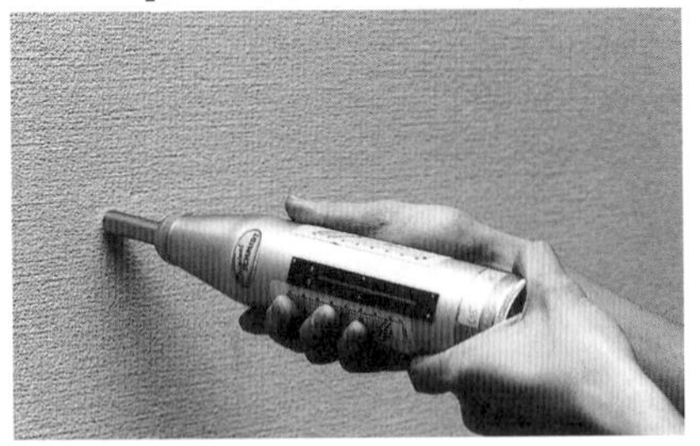

⑥　**ひび割れ診断**

ア．コンクリートとひび割れの関係

コンクリートとひび割れは，非常に縁が深く，各種の原因によりさまざまな形状を示して発生する。ひび割れの全体的な分布状態や鉄筋があると考えられる位置との関係を含めたひび割れのパターン，最大ひび割れ幅について調査する。ひび割れ幅は，0.3mm以上になると内部に雨水等が入り，漏水や鉄筋腐食の原因となり得る。

イ．ひび割れ調査

ひび割れの幅は，**クラックスケール**，ルーペ等で測定する。また，ひび割れの**深さ**は**超音波法**等により測定する。超音波法とは，コンクリート表面に設置した発振子から超音波を発振させ，受信子まで戻ってくるまでの時間を測定し，ひび割れの深さを調べる方法である。

出題 R５

６．外壁塗装の劣化

(1)　劣化症状

建築物の仕上材としてタイルを用いる場合が多いが，**塗装**および**吹付け**とする場合も多く，安価であるために幅広く採用されている。これらの塗り仕上げ材料には，意匠性（美観・耐汚染性），対候性，下地の保護性（コンクリートの中性化抑制）等の性能が要求される。これらの性能が低下するのが劣化現象であり，**塗膜表面**（①～④）や**内部**（⑤～⑦）に発生するものとして次のようなものがある。

①　**汚れの付着**

大気汚染物（ちりやホコリ，排気ガス等）・生物汚染物（藻類，カビ等の繁殖）の付着や素地の劣化現象（錆・エフロレッセンス等）の表面への析出により発生する。

②　**光沢度の低下**

紫外線・熱・水分・酸素等の作用により塗膜表面の光沢が低下する現象をいう。

③　**変退色**（へんたいしょく）

塗膜の材質が紫外線等の作用で変色したり，退色したりする現象をいう。主に彩度や明度が変化する。また，大気汚染物質の作用による変色が見られる場合がある。

④　**白亜化**（はくあか）**（チョーキング）**

塗膜表面の樹脂等が紫外線・水分・熱・酸素等の劣化外力により破壊し，**塗膜が離脱しやすくなり，粉末状になる現象**をいう。

⑤　**ふくれ**

塗り重ねた塗膜間や塗膜と素地の間に発生した気体または液体を含んで，塗膜自体が盛り上がる現象をいう。

⑥　**割れ**

素地の割れにより発生するものや凍結融解等の繰り返し

第18章　維持・保全

によって塗膜が部分的に破断するもの等がある。

⑦ **剥（は）がれ**

劣化により塗膜の接着力が低下し，塗膜の一部又は全面がはがれることをいう。

(2) **診断方法**

① **外観目視診断**

塗膜の調査はほとんどが目視による。色見本やカラーチャートとの比較が主体で，光沢計や測色色差計を使用した機器測定が行われる場合もある。また，**チョーキング**については，**手で塗膜表面をこすると白い粉が付着する**ので，その付き方で評価する（指触診断）か，あるいは黒色の布切れで塗膜正面を払拭して粉の付着状態で判断をする。

② **付着力診断**

ア．**建研式接着力試験器**

建研式接着力試験器を用いて，**塗料等の仕上材の表面引張強度**を調査診断する。

イ．**クロスカット法**

塗膜面に対してカッターナイフ等を直角に当て素地を貫通する切り込みを格子状に入れ，その部分にセロハンテープを貼り付け，引きはがして剥離した塗膜がテープに付着している状況から診断するものである。簡便で現場での調査診断には適している。

Point整理 建物に関する調査内容と調査用具等

調査内容	調査用具
試験用槌で，**外壁タイルの浮き**，**モルタル仕上げ層の浮き**やネジの締め具合を検査	テストハンマー
コンクリートの**中性化**	ノギス
外壁タイル等の剥離試験に使用される器具で，**塗膜の付着力**をみる	**建研式接着力試験器**
コンクリートの強度の測定	**シュミットハンマー**
ガラス繊維とケーブルと光源装置を用いて，**配管や機器の内部の錆**，**汚れ**を調査	**ファイバースコープ（内視鏡）**
接触することなく，遠方から画像により調査。**剥離の形状・大きさ・位置**をより正確に把握できる。**外壁タイルの浮き**を調査	**サーモカメラ（赤外線カメラ）**

② 防水・断熱・防音等

1 防水 はじめて

1．防水の種類

出題 H28・R3

防水は，メンブレン防水とシーリング防水に分類できる。**メンブレン**（「**膜**」という意味）**防水**は，**被膜を形成して防水層**を作る工法の総称であり，屋根やバルコニー等の**平面**を防水する。**シーリング防水**は，各種部材の接合部や隙間等からの雨水等の浸入を防ぎ，美観を保つために行う**線状の防水**である。なお，防水施工に関わる者には，国による技能検定制度があり，技能検定に合格した者を，国家資格者である**防水施工技能士**という。

2．メンブレン防水の種類と工法・特徴

出題 H28

メンブレン防水は，次のように分類される。現在使用されている**防水材の日本工業規格**（**JIS**）は，**1970年前後に制定されたものがほとんど**である。防水工法の種類は多岐にわたるが，それぞれの防水工法の特徴を生かして屋根・バルコニー・開放廊下等に適用されている。

出題 H28

種類	工法・特徴
アスファルト防水	(1) **露出アスファルト防水工法** ① **アスファルトルーフィング**を２～３層，**熱で溶かしたアスファルト**（溶融アスファルト）で接着し一体化させ防水層を形成する（**熱工法**）。繋ぎ目がなくどんな形状にも対応できるが，臭い，煙等が発生し，**施工現場周辺の環境に及ぼす影響が大きい**。 ② ルーフテラス，バルコニー等日常使用する場所には採用されない。 ③ 防水改修の方法には，「**全面撤去方式**」（既存保護層や旧防水層を全部撤去）と「**かぶせ方式**」（劣化部分のみ撤去）とがある。 (2) **アスファルト防水コンクリート押え工法** ① アスファルト防水の上に保護のため，押えコンクリートを打設したものであり，歩行が可能である。

用語解説
「アスファルトルーフィング」とは，**フェルト状の原紙または不織布にアスファルトを浸透・被覆**させ，**表裏面に鉱物質の粉末を付着**させた製品。主に防水工事や屋根下地材に使用される。おおよそ幅１m，長さ12～16mくらいの巻物状のシートである。

	② **縦･横３ｍ程度の間隔で幅２cm程度の伸縮目地を設け**，合成樹脂製目地材等を入れる。
改質アスファルトシート防水	① 厚さ４㎜程度の**改質アスファルトシート**の裏面を**トーチバーナー**であぶり，溶融した改質アスファルトで下地に固定し防水層を形成する（**トーチ工法**）。 ② **アスファルト防水熱工法**に比べて，施工時の煙や臭気などの発生が少なく，**防水層の性能が施工時の気温に左右されにくい**。
シート防水	① **塩化ビニル系樹脂シート防水工法** 厚さ２㎜程度の**塩化ビニル樹脂シート**を接着剤で下地に固定し防水層を形成する。保護材不要で**軽歩行が可能**である。 ② **合成ゴム系シート防水工法** 厚さ１～２㎜の**合成ゴムシート**を接着剤で下地に固定し防水層を形成する。**厚塗りの保護材を保護層とする**ことにより，**軽歩行も可能**である。
ウレタン系塗膜防水	液状の防水材を塗り重ね，表面に保護塗装（トップコート）を施す。**突出物の多い屋上改修工事**，コンクリート直仕上げのバルコニーで，**施工が容易**なため採用されることが多い。

出題 H28

出題 R３

３．シーリング防水の種類と特徴

種類	特徴
ウレタン系シーリング材	性能的・価格的に標準的で**最も多用されているシーリング材**。紫外線などに弱く劣化が速い（耐候性が高くない）ので，基本的には**外壁塗装といっしょに表面塗装できる個所に使用**される。
シリコーン系シーリング材	変成シリコーン系に比べ耐候性に優れ，主として**外部のガラス回りに使用**されるが，**表面に塗装が乗らない**。
変成シリコーン系シーリング材	**表面に塗装されても問題がない**ので，ガラス**回り以外で汎用的に使用**できる。

参考

シーリングは別名「**コーキング**」とも呼ばれ，シーリング充てん作業は通常コーキングガンを用いて行われる。

2 断熱等

1．室内環境

(1)　温熱要素

人間が感じる暑さ・寒さの感覚を**温熱感覚**（温冷感）といい，温熱感覚に影響を与える要因を温熱要素という。**温熱要素**は，**人体の体感に影響を及ぼす気温・湿度・気流・放射の4つ**の物理的要素と室内にいる人間の活動量・着衣量の2つの要素が関係する。 出題 H26

(2)　ドラフト

① 冷暖房の風量が大きい場合に，吹出口の近くでは温度や速度が周囲の気流と異なり，不快感を生じることがある。この「**望まれない局部気流**」をドラフトという。

② 断熱の不十分な建築物では，暖房時に加熱された高温の空気が上昇し，**ガラスなどの冷壁面で冷された低温の空気が下降**して，室内の上下温度差が大きくなる。この下降気流をコールドドラフトという。 出題 H26

(3)　露点温度

ある温度の空気が，最大限含むことができる水蒸気量を**飽和水蒸気量**といい，水蒸気圧で表す場合に**飽和水蒸気圧**という。**露点温度**とは，空気の温度が下がっていくときに空気中の水蒸気の圧力が**飽和水蒸気圧に達する温度**をいい，さらに冷却すると，飽和水蒸気量を超える**水蒸気が凝縮して水滴**に変わる。これを**結露**という。 出題 H26

2．熱に関する用語

熱は常に高温側から低温側に移動し，逆方向に流れることはない。建築物の壁体等での熱移動を，**熱伝達**，**熱伝導**，**熱貫流**（かんりゅう）という3つの過程として考える。

熱伝達	**空気から壁の表面**へまたは**壁の表面から空気**へ熱が伝わること（気体と固体の間の熱移動）をいう
熱伝導	**壁の高温側の表面**から**低温側の表面**に熱が移動すること（壁内部での熱移動）をいう
熱貫流	高温側の空気から壁の表面への**熱伝達**，壁の表面から反対側への**熱伝導**，壁の表面から低温側の空気への**熱伝達**という連続した熱移動をいう。つまり，熱貫流には，**熱伝達と熱伝導の2つの要素**がある

出題 H26

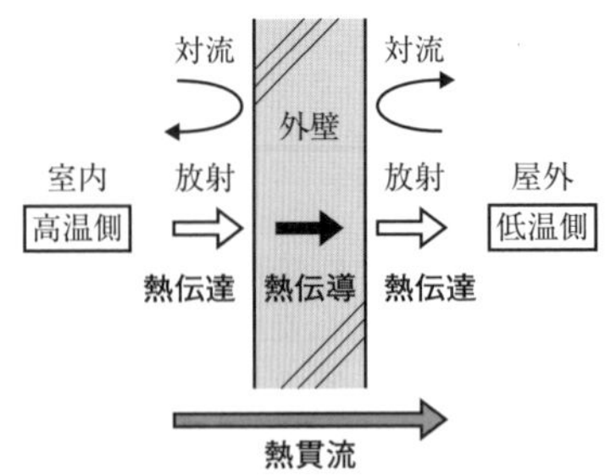

3．断熱改修

断熱工法には，**内断熱**と**外断熱**とがある。**断熱改修**は**夏季の暑さや冬の寒さ**に対して，**快適性を大きく改善することが可能**である。また，壁内の結露を防ぐことや省エネ効果も期待できる。

内断熱	構造躯体の**屋内側に断熱層**を設けるもの **メリット** ① コストが**安い** ② 空調面で有利 ③ 外壁材を自由に選べる **デメリット** ① 断熱材が湿気を吸収するので，断熱性が低下する➡**結露が生じやすくなる** ② 躯体に温度変化により負担がかかる ③ **居室の面積が減少**する
外断熱	構造躯体の**屋外側に断熱層**を設けるもの **メリット** ① 気密性が確保できる➡**結露対策**として**有効** ② 躯体に温度変化による負担が躯体にかからない **デメリット** ① コストが**割高** ② 空調面で不利（十分な換気が必要）

【外断熱のバルコニー】

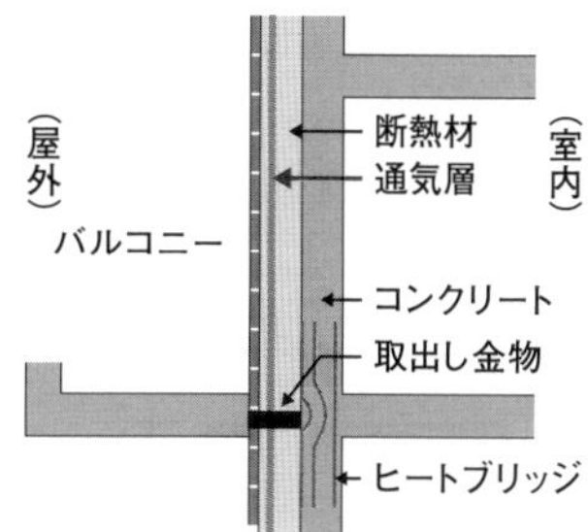

【内断熱のバルコニー】

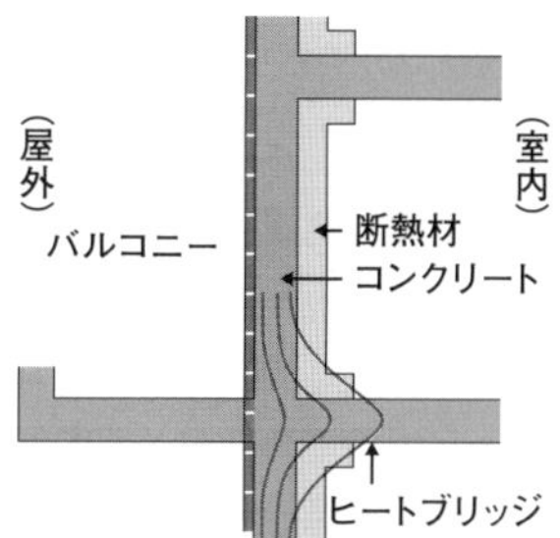

3 防音

マンションの居住性を快適なものとするためには，遮音対策が重要である。**マンションの遮音**は，①**固体伝搬音**（でんぱんおん）である床衝撃音の遮音と，②**空気伝搬音**である隣戸の話声や外部騒音の遮音を考えなければならない。

1．音の伝わり方

① **固体伝搬音**

建物内外の**振動**が，コンクリートの**躯体の床や壁**（固体）**を振動させて伝わり，音として聞こえるもの**をいう。 出題 H29

② **空気伝搬音**

空気中を伝わり，窓・壁・開口部等を透過して室内に入ってくる音で，話し声，道路騒音，生活騒音等がある。

2．床の遮音

床衝撃音には，①**重量衝撃音**と②**軽量衝撃音**の２種類がある。

① **重量衝撃音**

重量衝撃音とは，子供が飛び跳ねるように，比較的重くて硬い物体が床に落下したときに下階に発生する音（ドシンッ）をいう。重量衝撃音の大きさは，躯体の特性によって決定され，柱や梁に囲まれた床版の大きさと厚さや密度，剛性等がその要因となる。

② **軽量衝撃音**

軽量衝撃音とは，スプーンを落とした等，比較的軽い物体が床に落下したときに発生する音（カツーン・コツン等）を

⚠注意

人間が音として聴き取れる周波数帯（可聴領域）は，約20ヘルツから20,000ヘルツであり，高い周波数帯の可聴限界は年齢とともに下がり，高齢になると10,000ヘルツ以上の音が聴こえにくくなる（**加齢性の難聴は**高い周波数から始まる）。

出題 H29

いう。軽量衝撃音を小さくするためには，衝撃力が少ない表面材の処理，すなわち表面に柔軟な弾性素材（じゅうたん等）を用いることが有効である。

3．界壁の遮音

固体伝搬音と空気伝搬音を遮る能力の高さを**遮音性能**といい，界壁の遮音性能は，主に壁の密度と厚さによって決まる。

4．遮音等級

遮音性能のレベルを表す指標を**遮音等級**という。**床衝撃音の遮音等級はL値**（L－40，L－50等）で表す。さらに床衝撃音は重量衝撃音LHと軽量衝撃音LLに区分される。

L値は，その値が小さいほど遮音性能が高い（大きいほど遮音性能は低い）。また，**界壁の遮音等級**は壁や窓の外側と内側でどれだけ音圧レベルの差があるかを意味する**D値**（D－40，D－50等）で表し，**D値は，その値が大きいほど遮音性能が高い**（小さいほど遮音性能は低い）。

4 マンションと防犯

国土交通省では，「共同住宅に係る防犯上の留意事項」および「防犯に配慮した共同住宅に係る設計指針」を公表している。

1．企画・計画・設計の基本原則

この設計指針では，防犯に配慮した企画・計画・設計の基本原則を，次のとおり定めている。

監視性の確保	周囲からの見通しを確保する。
領域性の強化	居住者の帰属意識の向上，コミュニティ形成の促進を図る。
接近の制御	犯罪企図者の動きを限定し，接近を妨げる。
被害対象の強化・回避	部材や設備等を破壊されにくいものとする。

2．既存住宅改修の設計の指針

既存住宅における**共用部分**の改修の設計指針は，次のとおりである。

共用部分の名称	照度ランク	設計指針（抜粋）
共用出入口	①	共用玄関扉は，内外を見通せる構造とすることが望ましい。また，オートロックシステムを導入することが望ましい。
共用メールコーナー	①	郵便受箱は，施錠可能なものとする。
エレベーターホール	①	共用玄関の存する階
エレベーターホール	②	その他の階
エレベーター	① （かご内）	かごおよび昇降路の出入口の扉は，エレベーターホールからかご内を見通せる構造の窓が設置されたものとする。
共用廊下・共用階段	②	各住戸のバルコニー等に近接する部分については，当該バルコニー等に侵入しにくい構造とすることが望ましい。
自転車置場・オートバイ置場	③	道路等，共用玄関または居室の窓等からの見通しが確保されたものとすることが望ましい。
駐車場	③	道路等，共用玄関または居室の窓等からの見通しが確保されたものとすることが望ましい。
通路	③	道路等，共用玄関または居室の窓等からの見通しが確保されたものとすることが望ましい。
児童遊園・広場・緑地等	③	道路等，共用玄関または居室の窓等からの見通しが確保されたものとすることが望ましい。

なお，**照度のランク**は，次のとおりである。

①：**10m先の人の顔，行動を明確に識別でき，誰であるか明確にわかる程度以上の照度**をいい，平均水平面照度（床面又は地面における平均照度）がおおむね**50ルクス以上**のものをいう。　出題 H26

②：**10m先の人の顔，行動が識別でき，誰であるかわかる程度以上の照度**をいい，平均水平面照度がおおむね**20ルクス以上**のものをいう。　出題 H26

③：**４m先の人の挙動，姿勢等が識別できる程度以上の照度**をいい，平均水平面照度がおおむね**３ルクス以上**のものをいう。　出題 H26

5 その他改修等

1．サッシの改修・種類

(1)　サッシの改修

マンションのサッシは，一般的に**共用部分の工事**となる。しかし，**既存サッシの内側に新規サッシを設置して二重サッシ**とする場合には，**専有部分の工事**となることがある。

(2)　種　類

- サッシ改装工法
  - かぶせ工法
    ・既存サッシを残したまま，新規サッシを取り付ける。
    - 出題 H28　カバー工法
      ・既存サッシよりも有効開口寸法が高さ・幅寸法とも約70㎜程度狭く（小さく）なる。
    - 出題 H28　ノンシール工法
      ・新規サッシと既存躯体との間はタイト材で塞ぐので，**外部側のシーリング材充填作業が省略で**きる。
      ・**主にトイレや浴室などの比較的小型のサッシに採用**される。
    - 出題 H28　持出し工法
      ・基本的には**カバー工法と同様の工法**である。
  - 撤去工法
    ・既存サッシを除去し，新規サッシを取り付ける。
    - 出題 H28　引抜き工法
      ・既存サッシを**油圧工具またはジャッキ等で撤去**し，新規サッシを取り付ける。
      ・はつり工法と比べると**騒音が発生しにくい**。
    - 出題 H28　はつり工法
      ・既存サッシを**はつり**（**削る**）**取り**，新規サッシを取り付ける。
      ・騒音・振動・粉塵が多く，**周囲への影響が大きい**。

2．排水管の清掃方法（機械式洗浄方法）

高圧洗浄法	高圧洗浄機・高圧洗浄車からホースで導水し，ホースの先端に取り付けられたノズルから噴射する**高速噴流**により管内付着・堆積物等を除去する方法。噴射孔の角度により，**前方噴射**，**後方噴射**，**横噴射**の各タイプとそれらを組み合わせたものがある。**後方噴射タイプ**には，**洗浄とともに自走機能**もある。
スネークワイヤー法	**スクリュー形・ブラシ形等のヘッドが先端に取り付けられたワイヤー**を，排水管内に回転させながら挿入し，押し引きを繰り返しながら，管内停滞・付着物等を除去する方法。なお，**塩化ビニール管**では，ワイヤーにより曲り部分を**削ってしまう危険性**がある。
ロッド法	**1.0～1.8m程度のロッド（長い棒）**をつなぎ合わせて，手動で排水管内に挿入して閉塞物等を除去する方法。**敷地排水管**や**雨水敷地排水管**に適用され，**排水ますから挿入して作業**する。
ウォーターラム法	閉塞した管内に水を送り込み，空気ポンプを使用して**圧搾空気**を管内に一気に放出し，その**衝撃波**により閉塞物等を破壊・離脱して除去する方法
化学的洗浄法	**機械式洗浄法が適用しにくい場合**等に用いられる。アルカリ性または酸性洗浄剤により**排水管内の閉塞物や付着物等を溶解して除去**する方法。排水管が金属の場合は，いずれの洗浄剤の場合も腐食が生じる。

出題 H26

出題 H26

出題 H26

出題 H26

索　引

や

ゆ

よ

ら

り

る

れ

ろ

わ

【執筆】
中西 伸太郎（TAC専任講師）

2024年度版　管理業務主任者　基本テキスト

（平成19年度版　2007年3月22日　初版 第1刷発行）
2024年2月25日　初　版　第1刷発行

編著者　TAC株式会社
（管理業務主任者講座）
発行者　多田敏男
発行所　TAC株式会社　出版事業部
（TAC出版）
〒101-8383 東京都千代田区神田三崎町3-2-18
電話　03(5276)9492（営業）
FAX　03(5276)9674
https://shuppan.tac-school.co.jp/
組　版　朝日メディアインターナショナル株式会社
印　刷　日新印刷株式会社
製　本　株式会社常川製本

ISBN 978-4-300-10949-6
N.D.C.673

マンション管理士・管理業務主任者

2月・3月・4月・5月開講　初学者・再受験者対象

マン管・管理業両試験対応　**W合格本科生S**（全42回：講義ペース週1～2回）／マン管試験対応　**マンション管理士本科生S**（全36回：講義ペース週1～2回）／管理業試験対応　**管理業務主任者本科生S**（全35回：講義ペース週1～2回）

合格するには、「皆が正解できる基本的な問題をいかに得点するか」、つまり基礎をしっかりおさえ、その基礎をどうやって本試験レベルの実力へと繋げるかが鍵となります。
各コースには「過去問攻略講義」をカリキュラムに組み込み、
基礎から応用までを完全マスターできるように工夫を凝らしています。
じっくりと徹底的に学習をし、本試験に立ち向かいましょう。

5月・6月・7月開講　初学者・再受験者対象

マン管・管理業両試験対応　**W合格本科生**（全36回：講義ペース週1～2回）／マン管試験対応　**マンション管理士本科生**（全33回：講義ペース週1～2回）／管理業試験対応　**管理業務主任者本科生**（全32回：講義ペース週1～2回）

毎年多くの受験生から支持されるスタンダードコースです。
基本講義、基礎答練で本試験に必要な基本知識を徹底的にマスターしていきます。
また、過去20年間の本試験傾向にあわせた項目分類により、
個別的・横断的な知識を問う問題への対策も行っていきます。
基本を徹底的に学習して、本試験に立ち向かいましょう。

8月・9月開講　初学者・再受験者対象

管理業務主任者速修本科生
（全21回：講義ペース週1～3回）

管理業務主任者試験の短期合格を目指すコースです。
講義では難問・奇問には深入りせず、基本論点の確実な定着に主眼をおいていきます。
週2回のペースで無理なく無駄のない受講が可能です。

9月・10月開講　初学者・再受験者・宅建士試験受験者対象

管理業務主任者速修本科生（宅建士受験生用）
（全14回：講義ペース週1～3回）

宅建士試験後から約2ヵ月弱で管理業務主任者試験の合格を目指すコースです。
宅建士と管理業務主任者の試験科目は重複する部分が多くあります。
その宅建士試験のために学習した知識に加えて、
管理業務主任者試験特有の科目を短期間でマスターすることにより、
宅建士試験とのW合格を狙えます。

TACの学習メディア

教室講座 Web講義フォロー標準装備

- 学習のペースがつかみやすい、日程表に従った通学受講スタイル。
- 疑問点は直接講師へ即質問、即解決で学習時間の節約になる。
- Web講義フォローが標準装備されており、忙しい人にも安心の充実したフォロー制度がある。
- 受講生同士のネットワーク形成ができるだけでなく、受講生同士で切磋琢磨しながら、学習のモチベーションを持続できる。

ビデオブース講座 Web講義フォロー標準装備

- 都合に合わせて好きな日程・好きな校舎で受講できる。
- 不明点のリプレイなど、教室講座にはない融通性がある。
- 講義録(板書)の活用でノートをとる手間が省け、講義に集中できる。
- 静かな専用の個別ブースで、ひとりで集中して学習できる。
- 全国公開模試は、ご登録地区の教室受験(水道橋校クラス登録の方は渋谷校)となります。

Web通信講座

- いつでも好きな時間に何度でも繰り返し受講できる。
- パソコンだけではなく、スマートフォンやタブレット、その他端末を利用して外出先でも受講できる。
- Windows®PCだけでなくMac®でも受講できる。
- 講義録をダウンロードできるので、ノートに写す手間が省け講義に集中できる。

DVD通信講座 Web講義フォロー標準装備

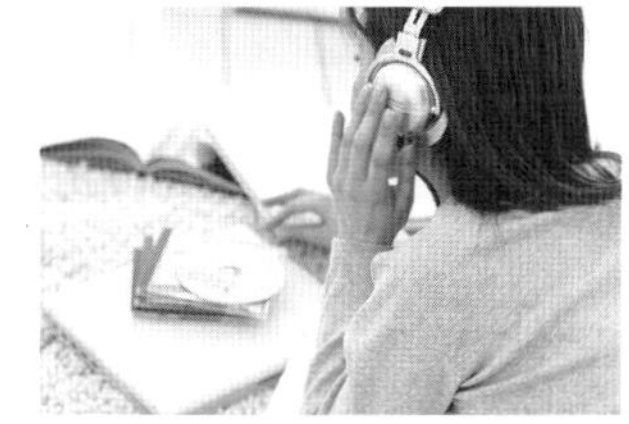

- いつでも好きな時間に何度でも繰り返し受講することができる。
- ポータブルDVDプレーヤーがあれば外出先での映像学習も可能。
- 教材送付日程が決められているので独学ではつかみにくい学習のペースメーカーに最適。
- スリムでコンパクトなDVDなら、場所をとらずに収納できる。

●DVD通信講座は、DVD-Rメディア対応のDVDプレーヤーでのみ受講が可能です。パソコン、ゲーム機等での動作保証はしておりませんので予めご了承ください。

マンション管理士・管理業務主任者

2024年合格目標　初学者・再受験者対象　2月 3月 4月 5月開講（W合格本科生S・2月開講のみ）

注目
「過去問攻略講義」で、過去問対策も万全！

マン管・管理業両試験に対応
W合格本科生S

マン管試験に対応
マンション管理士本科生S

管理業試験に対応
管理業務主任者本科生S

ムリなく両試験の合格を目指せるコース

学習期間 6～11ヶ月　講義ペース 週1～2回

合格するには、「皆が正解できる基本的な問題をいかに得点するか」、つまり基礎をしっかりおさえ、その基礎をどうやって本試験レベルの実力へと繋げるかが鍵となります。
各コースには**「過去問攻略講義」**をカリキュラムに組み込み、基礎から応用までを完全マスターできるように工夫を凝らしています。じっくりと徹底的に学習をし、本試験に立ち向かいましょう。

カリキュラム〈W合格本科生S（全42回）・マンション管理士本科生S（全36回）・管理業務主任者本科生S（全35回）〉

INPUT［講義］

基本講義　全22回　各回2.5時間

マンション管理士・管理業務主任者本試験合格に必要な基本知識を、じっくり学習していきます。試験傾向を毎年分析し、その最新情報を反映させたTACオリジナルテキストは、合格の必須アイテムです。

民法／区分所有法等	9回
規約／契約書／会計等	6回
維持・保全等／マンション管理適正化法等	7回

▼

マン管過去問攻略講義	全3回（※1）	各回2.5時間
管理業過去問攻略講義	全3回（※2）	各回2.5時間

過去の問題を題材に本試験レベルに対応できる実力を身につけていきます。マンション管理士試験・管理業務主任者試験の過去問題を使って、テーマ別に解説を行っていきます。

▼

総まとめ講義　全4回　各回2.5時間

本試験直前に行う最後の総整理講義です。各科目の重要論点をもう一度復習するとともに、横断的に知識を総整理していきます。

OUTPUT［答練］

基礎答練　全3回　70～80分解説

基本事項を各科目別に本試験同様の四肢択一形式で問題演習を行います。早い時期から本試験の形式に慣れること、基本講義で学習した各科目の全体像がつかめているかをこの基礎答練でチェックします。

民法／区分所有法等	1回（70分答練）
規約／契約書／会計等	1回（60分答練）
維持・保全等	1回（60分答練）

▼

マン管直前答練（※1）　全3回　各回2時間答練・50分解説

管理業直前答練（※2）　全2回　各回2時間答練・50分解説

マンション管理士・管理業務主任者の本試験問題を徹底的に分析。その出題傾向を反映させ、さらに今年出題が予想される論点などを盛り込んだ予想問題で問題演習を行います。

▼

マンション管理士全国公開模試（※1）　全1回

管理業務主任者全国公開模試（※2）　全1回

▼

マンション管理士本試験

管理業務主任者本試験

※5問免除科目であるマンション管理適正化法の基礎答練は、自宅学習用の配付のみとなります（解説講義はありません）。
（※1）W合格本科生S・マンション管理士本科生Sのカリキュラムに含まれます。
（※2）W合格本科生S・管理業主任者本科生Sのカリキュラムに含まれます。

受講料一覧 (教材費・消費税10%込)

教材費は全て受講料に含まれています！別途書籍等を購入いただく必要はございません。

W合格本科生S

学習メディア	通常受講料	宅建割引制度	再受講割引制度	受験経験者割引制度
教室講座 ※				
ビデオブース講座 ※	¥143,000	¥110,000	¥ 96,800	¥110,000
Web通信講座				
DVD通信講座	¥154,000	¥121,000	¥107,800	¥121,000

※一般教育訓練給付制度は、2月開講クラスが対象となります。予めご了承ください。

マンション管理士本科生S

学習メディア	通常受講料	宅建割引制度	再受講割引制度	受験経験者割引制度
教室講座				
ビデオブース講座	¥132,000	¥ 99,000	¥ 86,900	¥ 99,000
Web通信講座				
DVD通信講座	¥143,000	¥110,000	¥97,900	¥110,000

管理業務主任者本科生S

学習メディア	通常受講料	宅建割引制度	再受講割引制度	受験経験者割引制度
教室講座				
ビデオブース講座	¥126,500	¥ 95,700	¥ 83,600	¥ 95,700
Web通信講座				
DVD通信講座	¥137,500	¥106,700	¥94,600	¥106,700

2022年マンション管理士／管理業務主任者 合格者の声

笹木 裕史 さん

マンション管理士
管理業務主任者
W合格

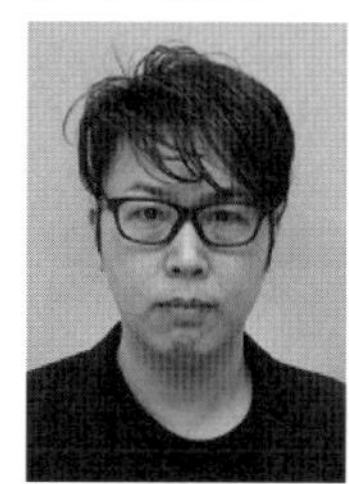

マンション管理士と管理業務主任者の試験範囲の多くが被っており、勉強するうえで、両者の試験を分けて考えたことはありませんでした。両方の過去問を解くことで、問題演習量も充実するため、結果的に合格への近道になると思います。ですので、ぜひ、ダブル受験・合格を目指して頑張ってください！

近藤 勇真 さん

マンション管理士
管理業務主任者
W合格

私は運よくW合格することができましたが、両試験には片方の資格を持っているともう片方の受験の際に5問免除される制度があります。マンション管理士試験の受験者は、4割の方が管理業務主任者資格者という情報もあり、W合格を目指す方はそこで差がつかないように力を入れるべきかと思います。日々取れる学習時間を考えて、管理業務主任者に集中されるのも良いと思います。

お申込みにあたってのご注意

※0から始まる会員番号をお持ちでない方は、受講料のほかに別途入会金(¥10,000・10%税込)が必要です。会員番号につきましては、TAC各校またはカスタマーセンター(0120-509-117)までお問い合わせください。
※上記受講料は、教材費・消費税10%が含まれます。
※コースで使用する教材の中で、TAC出版より刊行されている書籍をすでにお持ちの方は、TAC出版刊行書籍を受講料に含まないコースもございます。
※各種割引制度の詳細はTACマンション管理士・管理業務主任者講座パンフレットをご参照ください。

無料公開イベント&個別相談会のご案内

参加無料

無料公開セミナーはテーマに沿って、TACマンション管理士・管理業務主任者講座の講師が担当いたします。

※無料公開セミナーのテーマは都合により変更となる場合がございます。予めご了承ください。
※TAC動画チャンネルでも各セミナーを配信いたします。視聴無料ですのでぜひご利用ください。

無料公開イベント出席者特典 ¥10,000入会金免除券プレゼント!!

無料公開イベント&講座説明会 参加者全員にプレゼント!!
◆マンション管理士・管理業務主任者講座案内一式
◆月刊TACNEWS 他

無料イベント日程

1～7は、マンション管理士・管理業務主任者を目指される方対象の無料公開セミナーです。
(セミナー40～50分+講座説明会20～30分)
★は、開講前無料講座説明会です。

個別受講相談も実施しております!!

	新宿校	池袋校	渋谷校	八重洲校
2024年 1月	19(金)19:00～ 1	—	27(土)10:00～ 1	24(水)19:00～ 1
2月	9(金)19:00～ 2	—	17(土)10:00～ 2	14(水)19:00～ 2
3月	5(火)19:00～ 3 31(日)10:30～ 4	—	2(土)10:00～ 3 16(土)10:00～ 4	27(水)19:00～ 3
4月	28(日)10:30～ 1	—	20(土)10:00～ 3	10(水)19:00～ 4
5月	12(日)10:30～ 3	—	18(土)10:00～ 4	—
6月	—	—	1(土)12:30～ ★	5(水)18:00～ ★
7月	—	—	—	—
8月	—	15(木)19:00～ 5	—	17(土)13:00～ 6 31(土)13:00～ ★
9月	8(日)10:30～ 5	5(木)18:30～ ★ 16(祝)11:00～ 7	—	22(日)11:00～ 5 29(日)10:30～ 7

無料公開セミナー&講座説明会 テーマ一覧

マンション管理士・管理業務主任者を目指される方《セミナー40分～50分+講座説明会20分》 ●初学者向け ●学習経験者向け

	テーマ	内容
1	● 早期学習でW合格を掴む! ●「マン管・管理業 W合格のすすめ!」	マンション管理士試験と管理業務主任者試験は試験範囲が似通っており、また試験日程も近いため、効率的に2つの資格を勉強できます。当セミナーではW合格にスポットを当てて、W受験のメリットや合格の秘訣についてお伝えいたします。
2	2023年度の本試験を徹底解説! ●「マン管・管理業 本試験解答解説セミナー」	2023年マンション管理士試験・管理業務主任者試験を徹底分析し、合否の分かれ目・難易度・出題傾向など最新の情報をお伝えします。第1回本試験から培ってきたTACの合格ノウハウ・分析力を体感してください!
3	● 合格の秘訣を伝授! ●「マン管・管理業 本試験合格に向けた正しい学習法」	マンション管理士試験・管理業務主任者試験で合格を掴み取るには、どのような学習方法が効果的なのでしょうか。誰もが悩むその疑問をTACの講師陣がズバリ解決!2024年度の両本試験合格のための正しい学習法をお伝えします。
4	● 過去の本試験から出題傾向を知る! ●「マン管・管理業 2024年本試験の傾向と対策」	当セミナーでは、近年の本試験の出題傾向を丸裸にし、今年の試験に合格するための対策をお伝えいたします。これから合格を目指される方はもちろん、学習経験者にも必見のセミナーです。
5	● 直前期の過ごし方が合否を左右する! ●「マン管・管理業 直前期の正しい過ごし方」	直前期から本試験までに取り組むべきことや押さえておきたいポイントなど、残された時間で最大の学習効果を得るために「今すべきこと」についてお伝えいたします。当セミナーでライバルに差をつけましょう!

管理業務主任者を目指される方《セミナー40分～50分+講座説明会20分》 ●初学者向け ●学習経験者向け

	テーマ	内容
6	● 効率よく短期合格へ ●「管理業務主任者試験の分野別学習法」	分野ごとの特徴を押さえ、対策を立てることは短期合格を目指す法うえで重要です。当セミナーでは管理業務主任者試験の分野別学習法をお伝えします。
7	宅建士試験の学習が活きる ●「宅建士×管理業 W合格のすすめ!」	宅建士試験と管理業務主任者試験は出題内容が重なる部分があり、宅建士の学習経験が非常に役立ちます。当セミナーでは宅建士学習経験者を対象に、管理業務主任者試験合格に向けた効果的な学習法をお伝えします。

書籍の正誤に関するご確認とお問合せについて

書籍の記載内容に誤りではないかと思われる箇所がございましたら、以下の手順にてご確認とお問合せをしてくださいますよう、お願い申し上げます。
なお、正誤のお問合せ以外の**書籍内容に関する解説および受験指導などは、一切行っておりません。**
そのようなお問合せにつきましては、お答えいたしかねますので、あらかじめご了承ください。

1 「Cyber Book Store」にて正誤表を確認する

TAC出版書籍販売サイト「Cyber Book Store」の
トップページ内「正誤表」コーナーにて、正誤表をご確認ください。

CYBER BOOK STORE TAC出版書籍販売サイト

URL:https://bookstore.tac-school.co.jp/

2 1の正誤表がない、あるいは正誤表に該当箇所の記載がない ⇒ 下記①、②のどちらかの方法で文書にて問合せをする

★ご注意ください★

お電話でのお問合せは、お受けいたしません。
①、②のどちらの方法でも、お問合せの際には、「お名前」とともに、
「対象の書籍名(○級・第○回対策も含む)およびその版数(第○版・○○年度版など)」
「お問合せ該当箇所の頁数と行数」
「誤りと思われる記載」
「正しいとお考えになる記載とその根拠」
を明記してください。
なお、回答までに1週間前後を要する場合もございます。あらかじめご了承ください。

① ウェブページ「Cyber Book Store」内の「お問合せフォーム」より問合せをする

【お問合せフォームアドレス】

https://bookstore.tac-school.co.jp/inquiry/

② メールにより問合せをする

【メール宛先　TAC出版】

syuppan-h@tac-school.co.jp

※土日祝日はお問合せ対応をおこなっておりません。
※正誤のお問合せ対応は、該当書籍の改訂版刊行月末日までといたします。

乱丁・落丁による交換は、該当書籍の改訂版刊行月末日までといたします。なお、書籍の在庫状況等により、お受けできない場合もございます。
また、各種本試験の実施の延期、中止を理由とした本書の返品はお受けいたしません。返金もいたしかねますので、あらかじめご了承くださいますようお願い申し上げます。

TACにおける個人情報の取り扱いについて
■お預かりした個人情報は、TAC(株)で管理させていただき、お問合せへの対応、当社の記録保管にのみ利用いたします。お客様の同意なしに業務委託先以外の第三者に開示、提供することはございません(法令等により開示を求められた場合を除く)。その他、個人情報保護管理者、お預かりした個人情報の開示等及びTAC(株)への個人情報の提供の任意性については、当社ホームページ(https://www.tac-school.co.jp)をご覧いただくか、個人情報に関するお問い合わせ窓口(E-mail:privacy@tac-school.co.jp)までお問合せください。

(2022年7月現在)